EMDR e Terapia Famíliar

Editado por
Francine Shapiro
Florence W. Kaslow
Louise Maxfield

TraumaClinic Edições

Título: **EMDR e Terapia Famíliar**

ISBN-13: 978-1-941727-24-9

TraumaClinic Edições
SEPS 705/905 Ed. Santa Cruz sala 441
70390-055 Brasília, DF Brasil

www.traumaclinicedicoes.com.br
info@traumaclinicedicoes.com.br

Tradução: Marina Junqueira Zampieri e Maria Aparecida Junqueira Zampieri
Revisão: Andréa de Almeida Lara Ribeiro
Arte: Claudio Ferreira
Layout: Marcella Fialho

Publicado originalmente em inglês:
Handbook of EMDR and Family Therapy Processes
ISBN: 978-0471709473
© 2007 John Wiley & Sons International Rights, Inc., Hoboken, NJ 07030-5774
All Rights Reserved. This translation published under license.

Para

Robbie Dunton,

que nutriu o desenvolvimento do tratamento

infantil com EMDR e assentou os fundamentos

para todos os que se seguiram.

"Para colocar o mundo em ordem, primeiro, nós temos que colocar a nação em ordem; para colocar a nação em ordem, primeiro, nós temos que colocar a família em ordem;

para colocar a família em ordem, primeiro, nós temos que cultivar nossa vida pessoal; em primeiro lugar, nós temos que colocar em ordem nossos corações."

Confúcio

"Já que você não pode se livrar do esqueleto da família, você pode, pelo menos, fazê-lo dançar."

George Bernard Shaw

Content

Prólogo

Fiquei extremamente satisfeito com o convite para escrever o prólogo deste livro que, a meu ver, é tão importante que se tornará rapidamente leitura essencial para todos em nosso campo. Nas últimas duas décadas, Dessensibilização e Reprocessamento Através de Movimentos Oculares (EMDR) tem se tornado um dos mais importantes métodos para o tratamento de trauma. Foi reconhecido recentemente pela American Psychiatric Association,[1] bem como tem sido elogiado em diversos países, como Turquia e Irlanda, onde profissionais têm utilizado o tratamento em populações atingidas por desastres naturais e por desastres de guerra e conflitos civis. A ideia das três editoras (Francine Shapiro, Florence W. Kaslow e Louise Maxfield) em reunir EMDR e teorias sistêmicas familiares foi, de fato, brilhante. Sinto-me honrado em participar deste projeto pioneiro.

O foco deste livro (apego, relacionamentos familiares e funcionamento intrapessoal) é bastante similar à minha atuação profissional: neurobiologia intrapessoal. Essa perspectiva multidisciplinar (Siegel, 1999) permite uma ampliação no conhecimento de muitas disciplinas científicas, e na definição da mente e saúde mental. O foco integrativo é extremamente útil para o entendimento dos mecanismos subjacentes aos efeitos de traumas e meios efetivos de facilitar a cura (Solomon & Siegel, 2003). Neste livro, as abordagens sistêmicas familiares e o EMDR são integrados de maneira única para reforçar como as maneiras pelas quais o tratamento de indivíduos e famílias que sofrem as consequências de traumas pode levar ao bem-estar.

Nossos cérebros são os órgãos sociais de nossos corpos. Nos primeiros anos de vida, as interações interpessoais moldam as conexões importantes no nosso cérebro, que, por sua vez, influenciam nosso senso interno de *self* e nossa capacidade para relacionamentos saudáveis com outras pessoas. O interno e o interpessoal são entrelaçados durante os primeiros anos e esses domínios de experiências continuam a tecer um tapete dos nossos estilos de vida ao longo da nossa existência. Em termos clínicos, "autorregulação" é o caminho pelo qual manejamos e equilibramos coisas, tais como emoções, funcionamento corporal, pensamentos e até mesmo nossos padrões de comunicação com os outros. O termo *self* pode ser equivocado: um indivíduo é continuamente moldado pelas relações com os outros ao longo de seu tempo de vida. Essa visão é bastante reforçada por novos achados, de que o cérebro se reestrutura continuamente em resposta a experiências de vida.

As conexões sinápticas entre os neurônios criam a estrutura fundamental do cérebro. Os genes são importantes para determinar a arquitetura geral do cérebro, mas as condições no útero também influenciam essas conexões, contribuindo para o temperamento com o qual o sujeito nasce. O temperamento é a maquiagem constitucional do sistema nervoso, sensibilidade, tendências a reagir intensamente ou sutilmente, humor em geral, consistência e capacidade para se engajar em situações novas. Quando um bebê nasce, seu padrão de comunicação com os outros, especialmente com seus cuidadores, tem um papel fundamental na moldagem do desenvolvimento contínuo do cérebro. Pesquisas sobre apego têm revelado que são esses padrões de comunicação entre cuidador e criança que influenciam o desenvolvimento da capacidade de autorregulação desse novo ser: equilíbrio das emoções, intimidade interpessoal e até mesmo o progresso de autorreflexão (Sroufe, Egeland, Carlson, & Collins, 2005).

---

[1] N. da T.: Associação Psiquiátrica Americana.

APEGO

Quando uma criança tem interações carinhosas, harmônicas e mutuamente reguladoras com o cuidador, ela usualmente desenvolve um relacionamento de apego "seguro". Essa experiência de apego resulta em desenvolvimento saudável a caminho de uma ampla variedade de domínios, incluindo social, emocional e cognitivo (Cassidy & Shaver, 1999). Crianças menos afortunadas têm experiências subadequadas com seus cuidadores e, portanto, desenvolvem tipos de apego inseguros. Se os pais são distantes emocionalmente, o apego da criança pode se tornar "evitativo" e ela pode se tornar, prematuramente, independente. (Sroufe et alii, 2005). Uma criança nessa situação pode experimentar um distanciamento de sua própria consciência, de seu estado interno, bem como do mundo interno dos outros (Siegel, 1999). Quando os cuidadores são inconsistentes e intrusivos, os relacionamentos de apego da criança tendem a ser *ambivalentes*, e ela pode crescer com abundância de incertezas e ansiedade. Em ambas situações, a criança se adapta da melhor maneira que pode encontrando uma solução que possibilite sua sobrevivência e a faça seguir em frente.

Quando um dos pais (ou ambos) aterrorizam a criança, uma forma *desorganizada* de apego pode vir a se desenvolver. Nessa situação, diferentemente da forma segura e das duas primeiras formas inseguras, a criança "passa a ter um medo sem solução" e vive com o paradoxo biológico de dois circuitos cerebrais ativados simultaneamente: quando a criança está em estado de terror, seu cérebro ativa o reflexo "Ir para os meus pais para alívio e segurança"; simultaneamente, o cérebro também ativa o circuito "Fugir da fonte de terror". Não existe uma adaptação organizada para essas experiências conflitantes. Alguns teóricos (Hesse, Main, Yost-Abram & Rifkin, 2003) têm levantado a hipótese de que o resultado é uma fragmentação do estado da criança, o que a leva a formas clínicas de dissociação. Essa situação não é a mesma do "duplo vínculo", que tem sido aludida na literatura familiar (Watzlawick, 1963), mas é uma forma de paradoxo biológico na qual dois circuitos são ativados simultaneamente no cérebro da criança, levando-a à fragmentação de uma resposta coerente.

Pesquisadores do apego (Hesse et alii, 2003) concluíram que a melhor forma de se prever cada uma dessas quatro categorias de apego das crianças (apego-seguro, inseguro-evitativo, inseguro-ambivalente e desorganizado) é identificar a categoria do apego adulto dos pais:

Categoria de Apego da Criança	Estado de Espírito do Apego dos Pais
Seguro	Seguro-autônomo
Inseguro-evitativo	Despreocupado
Inseguro-ambivalente	Preocupado
Desorganizado	Não resolvido-desorganizado

O estado de espírito do apego adulto dos pais foi medido pela avaliação de sua *coerência narrativa*. Uma coerência narrativa indica que os pais aprenderam o sentido de sua vida bem no início e estão abertos ao impacto de relacionamentos passados nas experiências presentes. Mesmo que os pais tenham tido uma criação amedrontadora, a pesquisa sugere que, se eles conseguiram resolver suas experiências precoces de vida, seus filhos irão desenvolver um relacionamento de apego seguro. Nunca é tarde para o desenvolvimento de uma história de vida coerente. Processos que adicionam a integração do cérebro e facilitam o desenvolvimento de narrativas coerentes na vida de alguém, assim como o EMDR, podem ser bastante efetivos em ajudar os pais a explorar a natureza de seu próprio apego, para que eles *ganhem* segurança em suas próprias vidas (Siegel & Hartzell, 2003). Terapia familiar sistêmica pode ajudá-los na modificação de seu comportamento parental para que seus filhos se desenvolvam muito bem.

Se a comunicação dos pais com os filhos é distante, eles provavelmente desenvolveram um estilo de apego descuidado. A narrativa deles vai revelar um tipo de incoerência – se ainda não criaram uma história de vida coerente – que é caracterizada por uma despreocupação com a importância dos relacionamentos no passado e no presente. Existe, muitas vezes, uma insistência em não se lembrar das primeiras experiências familiares. É bastante provável que essa falta de lembrança não decorra de "repressão" ao trauma propriamente dito, mas, antes, de uma falta de codificação de interações emocionalmente estéreis. Às vezes, autorreflexão, novas formas de relacionamento e interações terapêuticas podem ajudar indivíduos a entrar em contato com as sensações não-verbais, viscerais e emocionais de sua vida interior; isso permite que eles progridam em direção a uma forma adulta de apego seguro e a uma narrativa coerente de suas vidas.

Quando os comportamentos dos pais são inconsistentes e intrusivos, suas narrativas contêm questões "desprezadas", em que os temas do passado invadem em reflexões da vida atual. Essa forma adulta de apego "preocupado", muitas vezes, revela necessidades dolorosas que não foram satisfeitas em uma situação familiar confusa na infância. Com a mente do adulto ainda espelhada em experiências passadas, emocionalmente desordenadas, é provável que essas necessidades interfiram em interações com a criança. Relacionamentos, incluindo os de psicoterapia, que ajudem os pais a examinar essas preocupações e a encontrar um senso interno de compreensão e paz, podem ajudá-los a progredir a uma forma narrativa mais livre, coerente e segura no apego.

Para pais que experimentam estados nos quais eles, de forma não intencional, aterrorizam seus filhos, a narrativa possui elementos de trauma ou sofrimento não resolvido. Na medida em que eles narram sua estória do início de suas vidas, momentos de desorganização e desorientação se tornam aparentes na comunicação tanto verbal, quanto não verbal. Esses estados de espírito não resolvidos parecem aumentar o risco de estados de comportamentos irracionais, repletos de medo, raiva ou tristeza. Isso sobrecarrega a capacidade dos pais de "serem pais" naquele momento e criam um estado de terror na criança. Terapia individual, como o EMDR, pode ajudar os pais a identificar e trabalhar essas perdas e traumas passados dolorosos, e mudar profundamente o estado de espírito. Com a ajuda de terapia familiar sistêmica, eles podem alterar a qualidade e a natureza de seus relacionamentos, mudando, dessa forma, o caminho do desenvolvimento da criança de desorganizado para seguro.

DESENVOLVIMENTO CEREBRAL

Nosso estado de conhecimento sobre os campos independentes da ciência do cérebro e pesquisas de apego aponta para a probabilidade de que cada um dos quatro padrões de comunicação molde o desenvolvimento contínuo de circuitos no cérebro (Cosolino, 2006; Schore, 2003a, 2003b; Siegel, 1999, 2001). Visão multidisciplinar do cérebro, relacionamentos familiares e desenvolvimento cognitivo levam à ideia de que experiências dentro da família influenciam diretamente o desenvolvimento dos circuitos autorreguladores do cérebro. A partir dessa perspectiva, apegos seguros saudáveis tendem a promover o desenvolvimento de regiões integrativas do cérebro, especialmente as regiões pré-frontais responsáveis pela autorregulação.

O cérebro se desenvolve a partir de uma influência genética dominante no útero, começando com o caule cerebral inferior e evoluindo para as áreas límbicas de regulação de emoção e apego, e para o topo do cérebro ao nível do córtex. Muitas das interconexões do córtex se desenvolvem após o nascimento, influenciadas tanto pela genética quanto pelas experiências à medida em que a criança interage com seu ambiente. Parece provável que as experiências de apego no começo da vida moldem diretamente os processos corticais envolvidos na regulação corporal, capacidade de comunicação com os outros, equilíbrio emocional, flexibilidade, empatia, autocompreensão e capacidade de autoconforto em estado de medo. Pesquisas sobre o cérebro (Siegel, 2007b) têm revelado que essa série diversa de processos regulatórios é carregada pelas funções do aspecto médio da parte mais frontal do córtex, chamada córtex pré-frontal médio.

Explorações recentes sobre o impacto da psicoterapia na resolução do trauma sugerem que essa área do cérebro atua de forma importante no processo de cura, tornando-se mais engajada após psicoterapia efetiva do que em seu estado não resolvido (van der Kolk, 2006). Meditação do tipo mindfulness também pode promover o desenvolvimento dessa região e prevenir sua diminuição inerente ao processo de envelhecimento do indivíduo (Lazare et alii, 2005). Esses estudos separados sugerem que o apego seguro, a psicoterapia efetiva e as práticas de atenção concentrada podem envolver o desenvolvimento e a atividade do córtex pré-frontal médio (Siegel, 2007b).

Na próxima sessão desse Prefácio, apresento uma revisão condensada como um modelo para pensar sobre essas questões intrínsecas. Ela foca em vários elementos no cerne de como a terapia utiliza essas noções fundamentais de mente, relacionamento, cérebro e bem-estar.

A terapia familiar sistêmica e o EMDR podem ser descritos como uma abordagem poderosa para facilitar a integração interior e entre indivíduos. Sua hipótese é que os cérebros de indivíduos com histórias traumáticas podem ter deficiências na capacidade de desenvolver padrões integrativos de funcionamento. Esses padrões podem ser associados a questões não resolvidas e a estados de espírito desorganizadores, seguindo dores ou traumas dolorosos. Usar o EMDR dentro de contextos conjugais e familiares canaliza e integra essa informação neurobiológica, e ajuda o cliente a mudar para estados de segurança. Libertar o indivíduo dos "t" traumas grandes e pequenos (Shapiro, 2001) permite à família e/ou ao casal interagir de novas maneiras, reforçando um estado de apego integrado e seguro. De muitas maneiras, EMDR capacita os indivíduos a captarem o sentido de seus mundos interiores, de forma que eles possam participar de um modo amoroso e mutuamente benéfico da vida familiar.

NEUROBIOLOGIA INTERPESSOAL

Para que possamos entender os mecanismos internos da mente, do cérebro e de relacionamentos humanos na psicoterapia, um amplo espectro de disciplinas científicas tem sido reunido numa perspectiva integrada chamada "neurobiologia interpessoal" (Cosolino, 2001, 2006; Schore, 2003a, 2003b; Siegel, 1999, 2001). Através do exame das descobertas paralelas de esforços independentes para compreender a realidade – da antropologia até a genética e psicologia para teoria complexa – essa visão interdisciplinar compõe um quadro mais amplo do desenvolvimento humano.

A partir da perspectiva de neurobiologia interpessoal, a mente é definida como um processo que regula as ondas de energia e informação. A mente pode ser vista como *emergindo*, momento a momento, conforme a energia e a informação fluem entre os neurônios e entre as pessoas; isto pode ser compreendido como uma transação entre os domínios do neurobiológico e do interpessoal. O *desenvolvimento* da mente é determinado tanto por sua programação genética quanto por sua experiência contínua. É pensado que durante a psicoterapia, quando os clientes focam sua atenção nos elementos de experiência mental, novos estados de adaptação neural são eliciados, o que molda diretamente o crescimento de novas conexões sinápticas dentro do cérebro. Essas conexões são produtos da plasticidade neural e podem alterar o funcionamento futuro da mente do indivíduo e seus padrões atuais de comunicação.

A neurobiologia interpessoal postula que o campo da saúde mental pode oferecer uma *definição de bem-estar mental* instrumental. Na minha própria experiência de haver palestrado para mais de 60.000 profissionais que lidam com saúde mental, apenas nos primeiros 6 anos desse milênio, verifiquei que apenas cerca de 5% deles receberam educação formal definindo a mente ou saúde mental. Naturalmente, a vasta maioria estudou transtorno, doença e intervenções focadas no sintoma. No entanto, é impressionante que em cada um desses aspectos do maior domínio da saúde mental tenha faltado uma definição do que estamos praticando.

A neurobiologia interpessoal oferece uma definição de saúde mental instrumental que emerge de várias disciplinas científicas. Ela afirma que o sistema que vai ao encontro do bem-estar é o que flui através de estados flexíveis, adaptativos, coerentes, energizados e estáveis (FACES) (Siegel, 2007b). Esse estado FACES percorre um rio de bem-estar que é margeado, por um lado, pela rigidez e, por outro, pelo caos. Um exame do *Diagnostic and Statistical Manual of Mental Disorders* (American Psychiatric Association, 2000) revela que a maioria dos sintomas listados é exemplo de rigidez ou caos. Essa definição instrumental de saúde mental oferece a cada uma de nossas disciplinas uma lente neutra através da qual podemos definir nossos objetivos pessoais e profissionais de bem-estar mental.

O estado FACES de bem-estar tem em seu centro a qualidade da COERÊNCIA (o termo em si é o acrônimo[2]) conectado, aberto, harmonioso, engajado, receptivo, emergente (um sentimento de novidade momento a momento); noético (saber com senso de claridade), compassivo e empático. Essas características da mente coerente são as articulações da qualidade de um estado FACES de bem-estar a partir do ponto de vista da neurobiologia interpessoal.

Como alguém consegue uma mente coerente e um estado FACES de bem-estar? Tendo examinado uma amplitude de disciplinas, chegamos à proposição de que o bem-estar emerge quando um sistema é *integrado*. Quando componentes diferenciados de um sistema se conectam, qualquer sistema evolui na direção de um estado integrado. Integração se define como a interligação de elementos separados para formação de um todo funcional. Integração é, em si mesma, um processo, um estado de ser em movimento constante, e, por conseguinte, bem-estar é um processo dinâmico em um estado contínuo de emergência.

O bem-estar pode ser visto como envolvendo, pelo menos, três elementos, visualizados como os três lados de um triângulo composto pela mente, cérebro e relacionamentos. Nessa perspectiva, uma mente coerente, um cérebro integrado e relações ajustadas e empáticas mutuamente reforçam e criam um ao outro.

A eficácia poderosa do EMDR pode ser entendida a partir de uma perspectiva da neurobiologia interpessoal. Durante o EMDR, tanto o protocolo quanto a estimulação bilateral contribuem para a ativação simultânea de elementos previamente desconectados nos processos neural, mental e interpessoal. A ativação espontânea, então, incentiva o sistema a atingir novos níveis de integração.

---

[2] N. da T.: Acrônimo: uma abreviação formada a partir das iniciais de outras palavras e pronunciada como uma palavra, no caso uma palavra que faz sentido, coerente, daí a distinção feita pelo Autor.

No exemplo de Transtorno de Estresse Pós-Traumático, vários impedimentos à integração da memória e à regulação afetiva podem ser vistos como bloqueio fundamental ao bem-estar (Siegel, 2003). Para pais cujos trauma e perdas pessoais do passado não "fazem sentido", há um impacto negativo direto no que se apresenta no apego de suas crianças. (Hesse et alii, 2003). Esses achados sugerem que quando pais apreendem o sentido de suas experiências nos primeiros anos de vida através da criação de uma narrativa coerente, pode existir uma mudança correspondente em seu estilo interpessoal e aumento da segurança em suas crianças (Siegel & Hartzel, 2003). A combinação de EMDR e terapia familiar oferece uma estratégia poderosa, através da qual é possível alterar padrões familiares de interações abaixo das ideais; isso também ajuda os pais a dar sentido à confusão em seu passado e seu presente que resulta de traumas não resolvidos, perdas e outras questões. Tal movimento de narrativa incoerente (que não faz sentido) para uma coerente (que faz sentido) tem se revelado por ajudar famílias a transformar os tipos de apego inseguros tanto no pai quanto na criança, em uma forma mais bem construída de apego seguro e padrões melhorados de comunicação no relacionamento pai-filho (Sroufe et alii, 2005).

Neste *Manual de EMDR e Terapia Familiar*, os autores apresentam diversos contextos em que famílias e casais encontram impedimentos à sua capacidade de se mover na direção de estados de bem-estar relacionais. Útil considerar, em cada um dos exemplos, como esses impedimentos resultaram em padrões caóticos ou rígidos de interação e experiência interna. Essas são as duas margens do rio de bem-estar coerente. O EMDR e a terapia familiar sistêmica transportam as dificuldades relacionais de um estado não integrado para um nível de funcionamento coerente. Tal facilitação pode tirar um casal ou família do caos e da rigidez para um fluxo harmonioso de integração e bem-estar.

Pais e crianças são programados para se integrar um com o outro desde o nascimento (Cozolino, 2006; Schore, 2003a, 2003b; Siegel, 1999). O circuito neural que regula os estados afetivos, o equilíbrio corporal do sistema nervoso autônomo, a consciência de autoconhecimento e a empatia são diretamente impactados pelas experiências relacionais no começo da vida (Schore, 2003a, 2003b; Siegel, 2001). Esses processos reguladores socialmente moldados parecem permanecer abertos para desenvolvimento continuado durante toda a vida. Consequentemente, parece que déficits vindos do começo da infância podem ser remediados com experiências adequadas posteriormente na vida. Parece ser possível estimular o crescimento de novas e compensadoras – senão reparadoras – conexões neurais que poderiam trazer o indivíduo para um estado neurologicamente mais integrado de bem-estar. O EMDR com a terapia familiar pode catalisar essas mudanças no cérebro de indivíduos tratados. Podemos antecipar que um resultado será uma ativação mais robusta de áreas do cérebro, tais como o aspecto médio do córtex pré-frontal, o qual contribui tanto para a autorregulação quanto para várias outras formas de integração neural. Dentro dos cenários sociais de família e vida de casal, a integração neural do indivíduo pode ser consideravelmente ampliada pelas experiências coletivas, que são inspiradas nessas questões terapêuticas e fortalecidas em casa. Parceiros e membros da família que compartilham suas vidas podem fortalecer as interações integrativas além da sessão terapêutica.

Existe um número de situações relacionais que parece aumentar essa amplificação à eficácia terapêutica e, assim, contribuir para a qualidade "integrativa" da comunicação interpessoal (Siegel & Hartzell, 2003). Isso inclui sintonia, colaboração e compaixão, e associação e cooperação. *Sintonia* está no âmago do apego seguro e pode ser descrita como a ressonância de dois indivíduos para criar a regulação mútua de estados de reverberação. Com sintonia interpessoal, um estado integrado é criado dentro da mente/cérebro/corpo de ambos indivíduos que interagem.

Os clínicos podem promover sintonia interpessoal e intrapessoal. Sintonia intrapessoal é a capacidade de o indivíduo se tornar íntimo dos mecanismos internos da própria mente e é central ao nosso potencial inato de *mindsight*. Esta é a habilidade de ver nossas próprias mentes compassivamente com *insight* e visualizar a mente de outros com consideração e empatia, e isso produz os recursos internos para o bem-estar (Siegel, 2007a). O EMDR pode melhorar a *mindsight* por facilitar a integração do cérebro que gera esses mapas mentais com claridade e fluidez na sua construção. Desenvolver *mindsight* na terapia familiar e de casal permite aos clínicos explorar o poder da integração de maneira que essa será naturalmente fortalecida em relações afetivas.

À medida em que o desejo da integração move casais e família para estados mais coerentes de funcionamento, o impulso natural em direção ao bem-estar é liberado. Esse desejo natural pela saúde (Shapiro, 2001) é o aliado do terapeuta. Nossa tarefa não é fazer alguma coisa *para* aqueles com quem trabalhamos, mas trabalhar *com* eles para que seu desejo natural por bem-estar seja liberado. Encontrar formas criativas para liberar esse instinto humano em direção à saúde e ao bem-estar é a alegria e o desafio da nossa profissão. Esse livro excelente, profundo e integrativo oferece uma janela para a jornada criativa que, eu acredito, você vai achar útil e inspirador para seu próprio exercício da profissão.

Daniel J. Siegel, MD

REFERÊNCIAS

American Psychiatric Association. (2000). *Diagnostic and statistical manual of mental disorders.* Arlington, VA: Author.

Cassidy, J., & Shaver, R. (1999). *The handbook of attachment.* New York: Guilford Press.

Cozolino, L. (2001). *The neuroscience of psychotherapy.* New York: Norton.

Cozolino, L. (2006). *The neuroscience of relationships.* New York: Norton.

Hesse, E., Main, M., Yost-Abrams, K., & Rifkin, A. (2003). Unresolved states regarding loss or abuse have "second generation" effects: Disorganization, role-inversion, and frightening ideation in the off-spring of traumatized, non-maltreated parents. In M. Solomon & D. J. Siegel (Eds.), *Healing trauma* (pp. 57-106). New York: Norton.

Lazar, S., Kerr, C. E., Wasserman, R. H., Gray, J. R., Greve, D. N., Treadway, M. T., et al. (2005). Meditation experience is associated with increased cortical thickness. *Neuro-Report,* 16, 1893-1897.

Schore, A. N. (2003a). *Affect dysregulation and the disorders of the self .* New York: Norton.

Schore, A. N. (2003b). *Affect regulation and the repair of the self .* New York: Norton.

Shapiro, F. (2001). *Eye movement desensitization and reprocessing (EMDR): Basic principles, protocols, and procedures (2nd ed.).* New York: Guilford Press.

Siegel, D. J. (1999). *The developing mind: Toward a neurobiology of interpersonal experience.* New York: Guilford Press.

Siegel, D. J. (2001). Toward an interpersonal neurobiology of the developing mind: Attachment, "mindsight" and neural integration. *Infant Mental Health Journal,* 22, 67-94.

Siegel, D. J. (2003). An interpersonal neurobiology of psychotherapy: The developing mind and the resolution of trauma. In M. Solomon & D. J. Siegel (Eds.), *Healing trauma* (pp. 1-56). New York: Norton.

Siegel, D. J. (2007a). *The mindful brain in psychotherapy: How neural plasticity and mirror neurons contribute to emotional well-being.* New York: Norton.

Siegel, D. J. (2007b). *Mindsight.* New York: Bantam/Random House.

Siegel, D. J., & Hartzell, M. (2003). *Parenting from the inside out: How a deeper self-understanding can help you raise children who thrive.* New York: Penguin Putnam.

Solomon, M., & Siegel, D. J. (Eds.). (2003). *Healing trauma.* New York: Norton.

Sroufe, L. A., Egeland, B., Carlson, E. A., & Collins, W. A. (2005). *The development of the person: The Minnesota Study of Risk and Adaptation from Birth to Adulthood.* New York: Guilford Press.

van der Kolk, B. (2006, March 5). *When you stop moving you are dead.* Paper presented at the fifth annual UCLA Attachment Conference: The Embodied Mind, Skirball Center, Los Angeles, CA.

Watzlawick, P. (1963). *A review of the double bind theory.* Family Process, 2,132-153.

Prefácio

Quando os *baby boomers* eram criados à base de uma dieta semanal de *Father knows best* e *Leave It To Beaver*,[3] claramente essa imagem de otimismo era uma fonte de muita dor para muitos que chegavam à terapia, dizendo: "Por que minha família não era assim?". A resposta é: "Poucas são". A iconografia bíblica pinta um quadro bastante diferente de pais falíveis, cujos filhos têm que sofrer por seus erros terríveis, e rivalidade entre irmãos resultando em caos e violência. A maioria das famílias está em algum lugar no meio disso, porém, é uma verdade bastante comum que os "pecados" dos pais visitam os filhos através de múltiplas gerações. Nossos clientes aceitam a terapia refletindo sua família de origem de vários modos. Os que foram criados em ambientes amorosos, apoiadores, com apego seguro, têm padrões intrapsíquicos e interacionais bastante diferentes daqueles que foram criados em ambientes humilhantes e ofensivos. Não apenas se veem de modo diferente. Sua criação influencia seu jeito de ver as possibilidades da vida, os parceiros escolhidos e, consequentemente, seu próprio estilo de atuação como pais. Existem inúmeras formas de minar o desenvolvimento da psiquê de uma criança. Portanto, o estrago em uma geração é frequentemente transmitido através de gerações sucessivas.

Embora o EMDR tenha sido desenvolvido originalmente como uma psicoterapia individual, todas as psicoterapias devem ser praticadas de forma interligada. As pessoas não vivem fora de relacionamentos. Até mesmo os gurus que meditam por décadas no topo de uma montanha estão em contato com o Divino e com aqueles que deixam o alimento no exterior de suas cavernas. Em qualquer avaliação terapêutica deve existir sensibilidade em relação àqueles que influenciaram o crescimento da psiquê do cliente. E também àqueles que continuam a influenciar para o bem ou para o mal. As interações com amigos, colegas e com a maioria dos membros da família devem ser avaliadas para possibilitar ao terapeuta a compreensão completa sobre a natureza das forças externas que continuam a moldar o senso de *self* do cliente. Felizmente, as terapias familiares sistêmicas têm focado justamente nesses padrões interacionais e transacionais, e podem ajudar a informar psicoterapeutas individuais, provendo, assim, uma compreensão mais ampla e rica do quadro clínico. Ao mesmo tempo, os terapeutas de EMDR aproveitaram o luxo de assistir a um rápido e rico desdobramento de padrões intrapsíquicos, conforme o processamento abre o caminho para a mente em câmara lenta. Ambas as disciplinas aprenderam uma com a outra.

Este livro foi desenvolvido como uma ponte tanto para psicoterapeutas individuais quanto para terapeutas sistêmico-familiares. Quer pratique ou não EMDR, o psicoterapeuta individual é engajado em uma jornada com os clientes para livrá-los dos nós de experiências prévias que os prendem em padrões repetitivos insatisfatórios de emoções, pensamentos e comportamentos. O terapeuta familiar tenta ajudar o sistema a resolver padrões destrutivos de deslocação, caos ou estagnação e a desenvolver interações mais saudáveis e padrões estratégicos. Várias formas de Terapia Familiar Sistêmica (TFS) têm identificado os padrões sutis de experiências familiares do passado e do presente que podem ser investigadas para formular alvos para atenção terapêutica. O processamento de EMDR pode, então, liberar o cliente dessas experiências, bem como trabalhar os impasses terapêuticos que impedem as interações familiares saudáveis de tomar lugar. Quando o EMDR prepara o cliente para se relacionar com os membros de sua família sem o fardo da bagagem emocional reativa, a TFS pode ajudar a ensinar os familiares como interagir mais positivamente e pode promover novos modelos para comunicação interpessoal mais saudável. Consequentemente, o processamento EMDR pode ajudar a acelerar o processo de aprendizagem pela incorporação de modelos para funcionamento positivo no futuro.

Em resumo, a consciência sobre como e quando usar EMDR e TFS de maneira complementar pode prover grande benefício tanto para clínicos quanto para clientes. Consequentemente, o propósito deste livro é oferecer o conhecimento e os procedimentos que encorajarão a aplicação clínica integrativa imediata. Para completar esse objetivo, os capítulos iniciais oferecem uma visão geral do EMDR e da TFS, além de instruções sobre como construir um genograma e uma visão "interna" (descrita por um ex-cliente) do processo de cura de um cliente. Depois da fundamentação, cada autor apresenta uma revisão abrangente da teoria atual e a base de consciência sobre as formas distintas de TFS utilizadas junto com EMDR em seu trabalho clínico, bem como questões ou queixas clínicas gerais. São apresentados extensos exemplos de casos, junto com procedimentos específicos de TFS e de EMDR. Salientamos, contudo, que nomes, idades, ocupações e outros dados sobre os indivíduos citados nos casos foram

---

[3] N. da T.: *Baby boomers* é o nome dado às gerações nascidas no otimismo da vitória na 2ª Guerra Mundial, hoje com idade por volta de 60 anos. *Father Knows Best* (Papai Sabe Tudo, no Brasil) e *Leave It To Beaver* eram séries semanais que mostravam famílias vivendo em perfeita harmonia, pai, mãe e filhos adolescentes, sem qualquer conflito entre seus membros.

alterados para proteger a identidade deles. Muitas vezes, dois ou mais casos similares foram combinados para que o reconhecimento não seja possível.

Evidentemente, uma família é composta por membros individuais que podem ser mais bem ajudados por terapias que fomentem atualização e individuação, bem como conexões e interações saudáveis. Do mesmo modo, os indivíduos são produto de suas famílias de origem e experiências atuais, o que pode incluir sua família de criação. Portanto, é vital aos profissionais dos diversos campos da psicoterapia a busca pelo conhecimento sobre as abordagens alternativas, ricas, variadas, robustas. Importante, ainda, que esses terapeutas permaneçam suscetíveis a novas informações e ideias. Este livro é uma tentativa de comunicar esse tipo de conhecimento e forjar um vínculo necessário entre terapias individuais e familiares. Embora o EMDR e a TFS sejam formas distintas de psicoterapia, cada uma com uma série de procedimentos ricos e fortes, esses tratamentos fortalecem e reforçam um ao outro quando usados em combinação apropriada – ao mesmo tempo ou sequencialmente – para tratar o quadro clínico de forma abrangente. O campo da psicoterapia pode ser visto como uma grande família, com muitas facções e afluentes ou tribos. Fronteiras não devem ser impermeáveis e o funcionamento deve ser por comunicação produtiva e saudável, de forma que os diferentes pontos de vista sejam respeitados.

Os autores foram cuidadosamente selecionados para conduzir a ampla gama de populações e cenários onde o EMDR é utilizado, além da variedade de modelos de terapia familiar, as quais os praticantes usam em seu trabalho, pois, se adaptam bem a um grande número de teorias. Ao produzir este livro, aprendemos bastante e dividimos nossas diferentes linhagens e heranças. Descobrimos que elas, muitas vezes, são enriquecidas umas pelas outras e que, em outros momentos, precisam ficar separadas. Através deste livro integrativo, desejamos a você todo o sucesso na busca por melhores habilidades terapêuticas.

Francine Shapiro
Palo Alto, Califórnia

Florence W. Kaslow
Palm Beach Gardens, Flórida

Louise Maxfield
Londres, Ontário, Canadá
Abril, 2006

Agradecimentos

Escrever um livro pode ser um empreendimento solitário. Editá-lo, porém, põe vários profissionais em constante contato interpessoal, conforme a convergência das muitas vidas, todas tendo de cumprir um prazo baseado, inicialmente, no melhor para todos. Infelizmente, a Vida (com "V" maiúsculo) muitas vezes intervém. Por essa razão, expressamos nosso apreço a todos os autores e colaboradores pela perseverança em face das exigências que surgiram ao longo do trabalho. Sabemos que não é fácil conciliar as necessidades familiares e responsabilidades clínicas ou acadêmicas de período integral. Para muitos, isso foi misturado com o enfrentamento de doenças pessoais e familiares, mortes e muitas tragédias globais que os empurraram para serviços de ajuda humanitária de emergência. Sua vontade de continuar o processo de escrita deste livro, apesar dos muitos desafios, é testemunha de seu comprometimento em oferecer ao mundo uma estrada aprimorada para a cura. Agradecemos ainda aos muitos clientes que compartilharam suas histórias em prol de outras pessoas.

Somos gratas a Peggy Alexander e a David Bernstein de Wiley, por seu apoio e ajuda nos tempos difíceis, bem como a Nancy Marcus Land e a Pamela Blackmon, da Publications Development Company, por sua cuidadosa condução do livro durante o processo final de publicação. Uma responsabilidade dessa magnitude também requer ferramentas pessoais enfatizando a importância de ter relacionamentos significativos com outros em quem você pode confiar e com quem pode contar.

Adiante, cada editora expressa seu agradecimento especial.

Francine Shapiro agradece ao seu marido, Bob Welch, por ser sempre seu oásis e companheiro incondicional, na saúde e na doença. Profunda gratidão também a Susan Sandoval, que com seu apoio fraternal e extrema gentileza durante esse período resumiu o sentido da verdadeira amizade. Muito obrigada também a Robin Robbins, por sua assistência editorial.

Florence W. Kaslow expressa sua gratidão sincera ao seu paciente e apoiador marido, Sol Kaslow, que sempre encorajou meus esforços, e a minha leal e gentil secretária, Gladys Adams, cujas habilidades valiosas e atitude positiva foram importantes na produção deste livro.

Louise Maxfield gostaria de agradecer a seus amigos e familiares pela paciência em virtude da sua falta de disponibilidade durante esse longo processo. Agradecimento especial ao seu filho, Isaac Maxfield, por seu auxílio incalculável, a minha amiga Andréa Koha, por seu apoio e ternura inabaláveis. Ao meu mentor, Bill Melnyk, por sua confiança e encorajamento.

Sobre as Editoras

Francine Shapiro, PhD, é criadora e desenvolvedora do EMDR, que tem sido tão bem pesquisado que é recomendado atualmente como um tratamento de ponta para trauma no *Practice Guidelines*, da American Psychiatric Association e pelo Department of Defense and Veterans Affair. Dra. Shapiro é uma Senior Research Fellow no Mental Research Institute, em Palo Alto, Califórnia, diretora executiva do EMDR Institute em Watsonville, California; e fundadora e presidente emérita do EMDR Humanitarian Assistance Programs, uma organização sem fins lucrativos que coordena resposta imediata a catástrofes e treinamento *pro bono* no mundo todo. Ela é ganhadora do prêmio internacional Sigmund Freud da cidade de Viena pela sua reconhecida contribuição para a psicoterapia e o prêmio Distinguished Scientific Achievement in Psychology oferecido pela California Psychological Association. A Dra. Shapiro foi indicada integrante do Cadre of Experts da American Psychological Association e da Canadian Psychological Association Joint Initiative on Ethnopolitical Warfare e tem servido como conselheira para uma ampla variedade de tratamento de traumas, organizações humanitárias e publicações. Ela já foi convidada como palestrante de conferências de psicologia ao redor do mundo e já escreveu e foi coautora de mais de 60 artigos, capítulos e livros sobre EMDR, incluindo *EMDR – Dessensibilização e Reprocessamento Através de Movimentos Oculares: princípios básicos, protocolos e procedimentos (Nova Temática, 2007); EMDR: The Breakthrough Therapy for Overcoming Anxiety, Stress and Trauma (New York: Basic Books, 1997); and EMDR as an integrative psychotherapy approach* (American Psycological Association, 2002).

Florence W. Kaslow, PhD, ABPP, é diretora do Florida Couples and Family Institute; presidente da Kaslow Associates, uma empresa de consultoria em assuntos familiares; professora convidada de psicologia no Florida Institute of Technology. Ela foi presidente do American Board of Family Psychology (1996 a 2000), a primeira presidente do American Board of Forensic Psychology (1977 a 1980), e da International Academy of Family

Psychology (1998 a 2002), e da divisão de Psicologia Familiar e Psicologia de Mídia da APA. Foi ainda a primeira presidente da International Family Therapy Association (1987 a 1990) e permaneceu na diretoria até 2004. Atualmente, ela ocupa um cargo na ABPP Board of Trustees, na Board of Division of Family Psychology, e na APA Council of Representatives e é ativa na Female Doctors Groups em North Palm Beach. Ela já foi editora-chefe do *Journal of Marital and Family Therapy* e atualmente ocupa cargos em vários conselhos editoriais de publicações nos Estados Unidos e no exterior. Ela já editou, foi autora e coautora de 30 livros e contribuiu com mais de 50 capítulos em outros livros. Mais de 180 de seus artigos foram publicados em periódicos profissionais. Dra. Kaslow já recebeu inúmeras honrarias, incluindo Distinguished Contribution to Applied Psychology Award da APA, Outstanding Contribution to the Field of Family Therapy Award da AAMFT, Award for Outstanding Contribution and Distinguished Service to the Profession da ABPP e Award for Distinguished Contribution to the International Advancement of Psychology da APA. Seu mais recente livro publicado é *Handbook of Family Business and Family Business Consultation: A Global Perspective* (International Business Press, 2006).

Louise Maxfield, PhD, é psicóloga no Programa de Cuidado da Saúde Mental no London Health Sciences Centre, e tem seu consultório particular em Londres, Ontário. É professora assistente no Departamento de Psiquiatria da University of Western Ontario e professora adjunta no Departamento de Psicologia da Lakehead University. Possui experiência clínica com trauma e sobreviventes de abuso em Ontario e Columbia Britânica e foi contratada por 3 anos pelo governo estadual da Columbia Britânica para treinar conselheiros para trabalhar com vítimas de abuso e suas famílias. Dra. Maxfield apresentou centenas de *workshops* educacionais para profissionais e comunidade em conferências regionais, nacionais e internacionais. Já atuou como investigadora em quatro trabalhos de pesquisa sobre EMDR e como consultora de pesquisa em muitos projetos internacionais, e já escreveu 20 artigos científicos e capítulos sobre tratamento de trauma e EMDR. Ela recebeu vários prêmios, incluindo dois pelas suas pesquisas da EMDR International Association e da EMDR Association of Canada, dra. Maxfield é a editora fundadora do periódico da EMDR International Association, *Journal of EMDR Practice and Research*.

Sobre o Autor do Prólogo

Daniel J. Siegel, MD, é um professor adjunto de Psiquiatria Clínica na Escola de Medicina de UCLA, onde é copesquisador do Center for Culture, Brain and Development e codiretor do Mindful Awereness Research Center. É também diretor do Mindsight Institute, uma organização educacional que estuda a interface de relacionamentos humanos e processos biológicos básicos, com foco sobre como o desenvolvimento de insight e empatia entre indivíduos, famílias e comunidades pode ser melhorado. Anteriormente, ele foi diretor do programa de treinamento em psiquiatria infantil de UCLA e recebeu prêmios de ensino, bolsas de honorários e cátedras, incluindo o Distinguished Fellowship da Associação Americana de Psiquiatria, o Soule Lectureship da Universidade de Washington, o Edna Reiss-Sophie Chair de Vista Del Mar, e o Outstanding Mentor Award da Academia Americana de Psiquiatria para Crianças e Adolescentes. Daniel Siegel é editor fundador do *Norton Series* sobre Neurobiologia Interpessoal e o autor de *The developing mind e coautor de Parenteing form the Inside Out*. Seu próximo texto inclui *Mindsight, Our Seventh Sense*, e o *Mindful Brain*, que expande as aplicações de neurobiologia interpessoal na compreensão da mente e o cultivo do bem-estar.

Coautores

Anita Bardin, MS, é supervisora autorizada em terapia familiar e exerceu o cargo de diretora do Shiluv Institute para Terapia de Casais e Famílias em Jerusalém, Israel. Atualmente, trabalha na Unidade de Tratamento de Trauma do Shiluv Institute e atende em sua clínica, em Jerusalém.

Joel Comet, PhD, é psicólogo clínico e terapeuta familiar. É diretor da Unidade de Tratamento de Trauma do Shiluv Institute para Terapia de Casais e Famílias e possui consultório particular em Israel.

Katherine E. B. Davis, MSW, é assistente social clínica em consultório particular, em New Haven, Connecticut. Foi diretora clínica do Hamden Mental Health Service. É coautora da primeira lei contra abuso infantil e coautora do Programa de Assistência Humanitária com EMDR em *Traumatologia, Estabilização* e *Trauma e Adição.*

Nancy Errebo, PhD, é psicóloga clínica no Serviço de Aconselhamento e Reajustamento do Department of Veteran Affairs, Missoula, Montana. Possui clínica particular em Missoula, onde treina terapeutas militares internacionalmente.

Robert A. Gelbach, PhD, é diretor executivo do Programa de Assistência Humanitária com EMDR em Hamden, Connecticut; professor emérito de Ciência Política na Southern Connecticut State University; e primeiro diretor do Instituto de Controle da Qualidade na mesma universidade. Durante dois anos atuando no HAP, supervisionou projetos de resposta a desastres em sete países, envolvendo mais de 100 voluntários.

Frances (Frankie) R. Klaff, PhD, é psicóloga com consultórios particulares em Elkton, Maryland e Wilmington, Delaware. Realiza programas de treinamento pela Universidade de Delaware, pelo Conselho de Delaware para Abuso de Drogas, pelo Programa de Assistência de Delaware, pela Cruz Vermelha e por meio de muitas outras instituições.

Nancy Knudsen, MEd, é terapeuta de casais e família, e possui consultório particular em Northampton, Massachusetts. É membro docente adjunta na Smith College School para assistência social. Apresenta-se em conferências locais e internacionais sobre a integração de EMDR e a Teoria de Bowen.

Wilhelmina S. Koedam, PhD, é autora de ensaios e capítulos de livro sobre transtorno de identidade dissociativa, assédio sexual e perseguição. Colaboradora no Programa Federal de Proteção à Testemunha. É psicóloga licenciada, com consultórios particulares em North Miami Beach e Davie, Flórida.

Barry Lit, MFT, é terapeuta de casais e família. Possui consultório particular em parceria com Human Dynamics Associates, em Concord, New Hampshire. É supervisor AAMFT Supervisor Aprovado e leciona sobre programas de terapia familiar na Antioch University e na Universidade de New Hampshire.

Antonio Madrid, PhD, é psicólogo, professor de aconselhamento na Universidade de São Francisco e diretor do Russian River Counsellors, em Monte Rio, Califórnia.

Marcelle Manon (pseudônimo) ela é uma ex-executiva de organização sem fins lucrativos e professora que trabalha em imóveis comerciais no sudeste dos Estados Unidos.

Margaret (Peggy) V. Moore, MSW, é assistente social independente com prática particular, em Albuquerque, Novo México. Trabalhou no departamento de pediatria no programa de Habilidades Interpessoais para Pediatras Residentes. Aposentou-se pela Escola de Medicina da Universidade do Novo México.

Mark D. Moses, PhD, é professor clínico assistente no programa MFT Graduate da Universidade de New Hampshire e Supervisor AAMFT Supervisor Aprovado. Dr. Moses é também diretor e psicólogo da Portsmouth Family Institute e mantém a prática da psicoterapia e supervisão em Portsmouth, New Hampshire.

Deborah Porten, MSW, MA, é supervisora em terapia familiar credenciada e diretora clínica do Shiluv Institute para Terapia de Casais e Família. É membro da unidade de tratamento de Trauma Shiluv Institute e possui consultório em Jerusalém, Israel.

Sylvia Shellenberger, PhD, é psicóloga e professora na Escola de Medicina, na Mercer University em Macon, Geórgia, onde dirige o programa de ciência comportamental para residentes em medicina de família. É coautora de *Genograms: Assessment and Intervention* (Norton, 1999). Foi premiada em 2005 com o Kaslow International Family Psychology Award, da Divisão de Psicologia Familiar da APA.

Rita Sommers-Flanagan, PhD, é professora do Counselor Education na Universidade de Montana. Treinada como psicologia clínica, ela também trabalha como consultora em saúde mental para o Missoula Vet Center e para o Trapper Creek Job Corps.

Julie E. Stowasser, MS, é terapeuta de casais e família e mantém consultórios particulares em San Luis Obispo e Atascadero, Califórnia. Por muitos anos, foi terapeuta no Central Coast Violence Intervention Programs, em San Luis Obispo.

Beverly S. Talan, PhD, é psicóloga clínica e terapeuta de casais e família. Através de *workshops*, ela ensina Terapia de Relacionamento Imago. Oferece consultoria empresarial e possui consultório particular em Birmingham, Michigan.

Laura Rocchietta Tafani, PhD, foi treinada em psicologia pela Universidade de Roma e certificada como terapeuta familiar pela Escola de Milão de Terapia Familiar. Trabalha como terapeuta familiar no Serviço de Saúde Nacional Italiano, como psicoterapeuta e supervisora em seu consultório particular em Ivrea, Torino, na tália.

Debra Wesselmann, MS, trabalha em Omaha, Nebraska, em consultório particular como profissional licenciada em aconselhamento. É consultora e coinvestigadora de pesquisa com YWCA Omaha e autora do *The Whole Parent: How to Become a Terrific Parent Even If You Didn'T Have One* (Perseus, 1998).

PARTE I
FUNDAMENTOS

CAPÍTULO 1
EMDR e Conceitualização de Caso Em Uma Perspectiva do Processamento Adaptativo de Informação

Francine Shapiro

A disfunção clínica é idêntica "à beleza que está nos olhos do observador". Embora certos padrões de sintomas sejam consistentemente reconhecidos, constituindo transtornos diagnosticáveis, cada modalidade psicológica é sedimentada em um paradigma específico que guia o clínico em diferentes caminhos para conceitualização de queixas clínicas. Esses paradigmas teóricos sustentam explanações de patologia e recomendam intervenções relacionadas para eliminar sintomas e ajudar o cliente.

Eye Movement Desensitization and Reprocessing[4] (EMDR) não é exceção. Ao longo de seus 20 anos de história, o EMDR evoluiu de uma simples técnica a uma abordagem de psicoterapia integrativa, com um modelo teórico que enfatiza o sistema de processamento de informações cerebrais e memórias de experiências perturbadoras como a base da patologia. As oito fases de tratamento trabalham de forma abrangente as experiências que contribuem para condições clínicas e aquelas que são necessárias para levar o cliente a um estado robusto de saúde psicológica.

HISTÓRIA DO EMDR

O EMDR nasceu em 1989 com a publicação de um estudo de controle aleatório controlado (Shapiro, 1989) que avaliou os efeitos do tratamento de sessão única em pessoas traumatizadas. Até então, era denominado *Eye Movement Desensitization* (EMD) em virtude da sua orientação comportamental. Além disso, havia a ideia de que movimentos oculares eram os únicos a causar efetiva dessensibilização. Desse vantajoso ponto, os efeitos do tratamento eram vistos primariamente como uma redução no medo e ansiedade resultante da traumatização.

Alguns anos depois foram descobertas outras formas efetivas de estimulação bilateral[5] (i.e., toques, sons) (Shapiro, 1991b, 1994a). Mais tarde houve a constatação de que a mudança na ansiedade e no medo, ou seja, todo o processo de dessensibilização, era apenas subproduto de um reprocessamento mais abrangente da experiência. Durante o tratamento, emoções negativas eram substituídas por emoções positivas, emergiam *insights*, sensações corporais mudavam e novos comportamentos surgiam espontaneamente, paralelamente com um novo senso. Em suma, os traumas eram transformados em experiências de aprendizagem que rapidamente se desdobravam e fortaleciam a vítima, tornando-a de um sobrevivente a uma pessoa bem-sucedida. Assim, o EMD se tornou EMDR, com a adição da palavra "reprocessamento" (Shapiro, 1991a, 1994b) para significar essas mudanças. Esse conceito de transformação da experiência armazenada através de um rápido processo de aprendizagem é a chave para compreender a base e a aplicação de EMDR, e seu manual do modelo de Processamento Adaptativo de Informação (Shapiro, 1995, 2001, 2002). O propósito deste capítulo é oferecer uma visão geral da teoria e da prática.

PESQUISA CONTROLADA

Assim como qualquer psicoterapia, as fundamentações neurobiológicas do EMDR, e dos efeitos do tratamento com EMDR, são atualmente desconhecidas. Embora a estimulação bilateral seja apenas um elemento processual do tratamento, em virtude da sua exclusividade, ele tem atraído mais atenção. A análise do componente dos movimentos oculares com uma população clínica mostrou apenas efeitos marginalmente significantes (Davidson & Parker, 2001), mas foram mensurados pela inclusão de populações inadequadas e quantidade limitada de tratamento (Chemtob, Tolin, van der Kolk & Pitman, 2000; Departament of Veterans Affairs e Department of Defense, 2004; Perkins & Rouanzoin, 2002). Entretanto, estudos de laboratório têm identificado efeitos distintos dos movimentos oculares sobre a recuperação de memória, redução de emoções negativas, imagens vívidas e

---

[4] Dessensibilização e Reprocessamento Através de Movimentos Oculares (EMDR).

[5] N. da T.: também descrita como estimulação de atenção dual.

flexibilidade de atenção (Andrade, Kavanagh & Baddeley, 1997; Barrowcliff, Gray, Freeman & MacCulloch, 2004; Christiman Garvey, Propper & Phaneuf, 2003; Kavanagh, Freese, Andrade & May, 2001; Kuiken, Bears, Miall & Smith, 2001-2002; Van den Hout, Muris, Salemink & Kindt, 2001).

A eficácia da aplicação do EMDR para tratamento de trauma tem sido demonstrada em, aproximadamente, 20 estudos controlados em que ele era comparado com farmacêutica (van der Kolk et alii, no prelo) e várias formas de psicoterapia (Carlson, Chemtob, Rusnak, Hedlund & Muraoka, 1998; Edmond, Rubin & Wambach, 1999; Iroson, Freund, Strauss & Willams, 2002; Jaberghaderi, Greenwald, Rubin, Dolatabadim & Zand, 2004; Lee, Gavriel, Drummond, Richards & Greenwald, 2002; Marcus, Marquis & Sakai, 1997, 2004; Power et alii, 2002; Rothbaum, Astin & Marsteller, 2005; Scheck, Shaeffer & Gillette, 1998; Taylor et alii, 2003; Vaugham et alii, 1994). Consequentemente, as normas práticas de procedimento da American Psychiatric Association (2004) e do Department of Veterans Affairs and Defence (2004) têm colocado o EMDR entre as mais altas categorias de eficiência e suporte de pesquisa. Esse *status* também é refletido em inúmeros guias de normas internacionais (Bleich, Kotler, Kutz & Shalev, 2002; Dutch National Steering Committee, 2003; National Institute for Clinical Excellence, 2005; Sjöblom et alii, 2003). Vários estudos neurobiológicos também têm demonstrado mudanças entre pré e pós-processamento com EMDR em conjunto com reversão de sintomas de trauma (Lamprecht et alii, 2004; Lansing, Amen, Hanks & Rudy, 2005; P. Levin, Lazrove & van der Kolk, 1999). Estudos de avaliação de EMDR têm concluído que o grau de adesão aos procedimentos de tratamento e protocolo é correlacionado positivamente com o grau de efeitos do tratamento (Maxfield & Hyer, 2002; Shapiro, 1999).

O guia prático e várias meta-análises publicadas (Bradley, Greene, Russ, Dutra & Westen, 2005; Van Etten & Taylor, 1998) têm documentado que o EMDR é tão efetivo e duradouro como os métodos de Terapia Cognitivo-Comportamental (TCC) mais pesquisados. No entanto, diferente das outras formas de terapia de trauma, que incluem de 30 a 100 horas de tarefas prescritas, os efeitos de EMDR são cumpridos com tratamento apenas na sessão e com menos exposição ao trauma. Essa diferença no tempo de exposição e tarefas foi notada pelos investigadores de um estudo controlado feito pelo National Institute of Mental Health comparando o EMDR (Shapiro, 2001) a exposição prolongada (Foa & Rothbaum, 1998). Os investigadores comentaram: "Será importante para pesquisas futuras explorar essas questões" (Rothbaum et alii, 2005:614).

O padrão de recuperação em sessões de tratamento com EMDR permite aos clínicos verem uma progressão rápida de conexões intrapsíquicas como emoções, *insights*, sensações, memórias emergidas e mudanças com cada nova série de estimulação bilateral. Estudos processuais e análise qualitativa têm identificado efeitos distintos do tratamento (incluindo uma rápida redução de perturbação subjetiva) que diferenciam o EMDR de outras terapias de trauma (Edmond, Sloan & McCarty, 2004; Lee, Taylor & Drummond, 2006; McCullough, 2002; Rogers & Silver, 2002; Rogers et alii, 1999). Em adição à redução de perturbação emocional e a sintomas manifestos, os clientes de EMDR experimentam respostas que indicam a emergência de reorganização compreensiva que pode ser refletida em mudanças na regulação de afetos e características da personalidade (Brown & Shapiro, 2006; Korn & Leeds, 2002; Zabukovec, Lazrove & Shapiro, 2000), o cessar da dor crônica e outras reações disfuncionais somáticas (Grant & Threlfo, 2002; Gupta & Gupta, 2002; Ray & Zbik, 2001; Schneider, Hofmann, Rost & Shapiro, 2002), e mudanças na organização cognitiva refletida em números de memórias positivas que podem ser lembradas no pós-tratamento (Sprang, 2001). Embora o EMDR possa ser usado para eliminar sintomas manifestos, ele atende a várias condições clínicas (Shapiro, 2001) como uma abordagem psicoterápica. Seu objetivo primário é trabalhar todo o quadro clínico para buscar os efeitos de tratamento mais abrangentes.

MODELO DE PROCESSAMENTO ADAPTATIVO DE INFORMAÇÃO

O amplo âmbito de aplicações de EMDR é fundamentado no modelo de Processamento Adaptativo de Informação (PAI) que guia a prática clínica. Basicamente, o EMDR é usado para tratar os elementos contribuintes de disfunção e saúde. Inicialmente usado para o tratamento de transtorno de estresse pós-traumático (TEPT), tornou-se evidente ao longo do tempo que os eventos de Critério A (por exemplo: ameaça imediata à vida da pessoa ou de alguém próximo como acidente automobilístico, agressão física ou sexual; American Psychiatric Association, 2000), oficialmente necessários para diagnosticar a doença, limitaram muito uma conceituação. Por exemplo: morte súbita da esposa. Se esse evento causar no marido pensamentos intrusivos, depressão, distúrbio do sono e persistir durante anos, ele pode ser reconhecido como um trauma e diagnosticado como TEPT. Entretanto, se os sintomas desse homem forem os mesmos porque sua esposa saiu, por exemplo, com o professor de dança, o evento não ganha a mesma dimensão e um diagnóstico de TEPT é vetado por não satisfazer o critério designado.

Claramente, pessoas ficam atormentadas por anos em virtude de uma variedade de experiências que não aparecem no nível de eventos do Critério A. No modelo PAI, eles são designados como trauma "t", não porque são menos traumáticos ou duradouros, mas porque são mais universais. Um recente levantamento realizado por Mol et alii (2005) embasa essa conceitualização. Uma amostra de 832 pessoas indicou que há mais sintomas de TEPT relacionados com eventos da vida do que para eventos indicados no Critério A. A conclusão de Mol et alii (2005:494) foi: "Eventos da vida podem gerar, ao menos, o mesmo número de sintomas de TEPT do que eventos traumáticos". O reconhecimento desse fato gerou grandes e importantes implicações para o tratamento.

O modelo PAI é usado para explicar fenômenos clínicos, prognosticar o sucesso de efeitos bem-sucedidos do tratamento e guiar a prática clínica. Consistente com achados neurobiológicos, ele postula que para dar sentido ao estímulo que entra, novas experiências são assimiladas dentro de redes de memória já existentes. Por exemplo: ao manipular uma xícara, a pessoa deve ter experiência prévia para saber o que fazer com o objeto. Do mesmo modo, uma experiência de desilusão amorosa é assimilada dentro das redes de memória associada com relacionamentos, e adiciona à base de conhecimento as coisas relacionadas com expectativas e possíveis sinais.

Em um indivíduo saudável, conforme novas experiências são processadas, elas são metabolizadas, ou "digeridas", e o que é útil é aprendido, é armazenado com emoções apropriadas, e guia a pessoa no futuro. Por exemplo: uma criança pode cair da bicicleta e chorar, mas com conforto e consolo apropriados o medo passa e ela aprende o que é necessário para ter melhor resultado no futuro. Entretanto, algumas crianças tornam-se ansiosas em relação a andar de bicicleta e a perturbação não diminui. A ansiedade persistente sugere que o sistema de processamento de informação armazenou essa experiência sem o processamento adequado para uma resolução adaptativa. Em vez da lembrança das primeiras e divertidas pedaladas (ou que a dor física passou), quando elas pensam em passear de bicicleta a recordação é o tombo. O evento está essencialmente congelado no tempo no momento de medo e dor. Isso estrutura a base para respostas futuras inapropriadas (disfuncionais) a eventos similares: torna-se o evento modelo para qualquer experiência associada.

Patologia Conforme o Modelo de Processamento Adaptativo de Informação

O modelo PAI postula que resultados patológicos resultam quando experiências não processadas são armazenadas na sua própria rede neural, ou seja, uma rede incapaz de se vincular de forma natural a outra mais adaptativa. Mais tarde, a pessoa pode observar muitos contraexemplos ou estar em terapia por anos, tentando sempre recompor alternativas e exemplos de sucesso, sem mudar as emoções envolvidas com a perturbação da falha pessoal. A nova informação, experiências positivas e afetos são incapazes de se ligar dentro das redes onde o material não processado está estocado. Por exemplo: uma pessoa com um diagnóstico de transtorno de personalidade *borderline* pode sentir positividade sobre o terapeuta (ou namorado) num momento e raiva noutro. O modelo PAI conceitualiza a seguinte dicotomia: as experiências positivas são armazenadas em uma rede de memória, mas as experiências perturbadoras de abandono prematuro ou abuso estão em outra e podem ser disparadas por qualquer coisa remanescente desses eventos. O mesmo é verdadeiro, em maior ou menor grau, para a maioria dos casais explosivos. Se os primeiros eventos têm informações incorretas ou informações que eram corretas, mas não são mais válidas em adulto (ex.: impotência e falta de escolha de uma criança), a aprendizagem adaptativa não tem lugar em virtude de uma armazenagem disfuncional.

Fobia na infância é outro exemplo de transtorno considerado resultado de experiências que não foram adaptativamente processadas. As memórias de experiências armazenadas (se forem produtos de confronto direto, da modelagem dos pais ou de traumatização vicária de uma história ou da TV) contêm emoções e sensações físicas dos eventos congelados. Quando um evento similar ocorre, automaticamente conecta o material guardado dentro da rede de memória contendo a experiência não processada, e as sensações físicas e afetos negativos previamente armazenados vêm à tona involuntariamente. Contudo, os primeiros eventos perturbadores permanecem imutáveis.

Conforme o modelo PAI, perturbações inerentes também servem para bloquear acesso a outros eventos positivos que podem existir nas redes de memória. Por exemplo, a morte de alguém querido pode causar imagens perturbadoras de dores não resolvidas, e o sofrimento emerge e bloqueia as imagens prazerosas que poderiam ser acessadas. Em resumo, o processamento de eventos sempre aumenta a lembrança positiva (Sprang, 2001). Falhar deixa as memórias negativas "quentes" e propensas a ser disparadas a qualquer momento. Consequentemente, a despeito de tantas memórias positivas subsequentes experimentadas que podem ter existido na vida da pessoa, eventos anteriores não processados podem fixar a base para empobrecer o senso de identidade e autoeficácia.

Pesquisadores neurobiológicos acreditam que essas experiências são guardadas inapropriadamente na memória (Siegel, 2002; Stickgol, 2002; van der Kolk, 1996, 2002). Por exemplo: o sistema implícito permite que a pessoa ande de bicicleta mesmo depois de 10 anos sem andar, porque as sensações físicas estão armazenadas na memória. Contudo, sensações físicas não são úteis quando retêm a dor e o medo de roubo, acidente ou assalto. Esses problemas não são limitados a traumas excepcionais. Ser intimidado na escola ou ser humilhado por um professor é um evento comum na infância. Todavia, quando as pessoas trazem à tona essas memórias décadas mais tarde, muitos dos sentimentos ainda estão quentes de emoção e o corpo parece encolher. Isso indica que essas memórias não estavam processadas e que podem ser a raiz de uma variedade de questões psicológicas no presente. Basicamente, emoções, sensações e perspectivas desses eventos da infância vêm à tona colorindo a percepção das pessoas. Em suma, o passado está presente.

O modelo PAI distingue o EMDR de outros modelos de psicoterapia por conceber que as situações presentes produzem, simplesmente, perturbação como um disparador de um incidente passado não processado. Eventos presentes possivelmente estimulam a rede de memórias fazendo emergir emoções negativas, sensações físicas e perspectivas armazenadas. Como relatado acima, uma situação atual pode se ligar automaticamente à rede de memória na qual o evento anterior está armazenado. Esses links de associação são necessários para provocar a sensação de existência e eles ocorrem tipicamente sem controle consciente. Assim, se a pessoa está ou não consciente da experiência não processada anteriormente e se pode reconhecer a semelhança com a situação atual, as emoções, sensações físicas e perspectivas disfuncionalmente armazenadas são as respostas reflexivas aos eventos atuais e dirigem o seu comportamento. O indivíduo pode ficar ansioso ao entrar em uma sala com muitas pessoas e desconhecer o motivo. Muitas pessoas têm problemas com figuras de autoridade e não conseguem explicar sua resposta de medo. No modelo PAI, as queixas clínicas (a maioria) são consideradas básicas experiencialmente, mas com gênese abaixo da consciência.

Embora essas experiências possam estar abaixo do nível de consciência, elas são basicamente responsáveis pelos comportamentos que levam a pessoa à terapia. Os clientes, em sua a maioria, não vão à terapia porque "tiveram uma infância ruim". Eles vão porque a vida se tornou difícil. Eles são impulsionados a fazer coisas que não querem ou são bloqueados de fazer as coisas que querem. Eles estão perturbados, se sentindo fora do controle, infelizes em casa ou no trabalho, ou nos relacionamentos sociais. Certos problemas podem ser puramente situacionais, como um ambiente de trabalho disfuncional. A maioria deles origina-se de padrões de pensamento e de comportamento do cliente com as pessoas próximas. O modelo PAI conceitualiza esses padrões de emoções, pensamentos e comportamentos como sintomas, e não como causas. A causa é compreendida como memórias não processadas de experiências anteriores que estão impulsionando o cliente a dar respostas inapropriadas no presente. Por exemplo: a pessoa que se sente "não muito boa" atua por meios que refletem sua crença no presente – por meios que podem levar os outros a vê-la dessa forma. Ela pode interpretar uma inocente distração por parte do outro como descaso ou degradante, o que reforça sua autoimagem negativa. A crença "Eu não sou bom o bastante" não é uma causa. Isso é um sintoma. A causa é uma experiência de vida anterior não processada que contém afeto e perspectiva.

O procedimento EMDR tem sido desenvolvido para acessar a experiência armazenada disfuncional e estimular o sistema de processamento inato, permitindo alterar a informação para uma adaptação resolutiva, mudando a informação para um sistema de memória apropriado (Siegel, 2002; Stickgold, 2002). Quando totalmente processada, a informação necessária é assimilada e as estruturas da memória têm acomodação para a nova informação. Embora o evento e o que tem sido aprendido com ele possam ser verbalizados, as sensações físicas, os afetos negativos e inapropriados têm sido descartados, e podem não ser sentidos depois. Esse processamento, ou aprendizagem rápida, é o coração de todo tratamento com EMDR. O clínico trabalha para apurar quais situações presentes estão disparando a perturbação, quais experiências têm assentado o alicerce para a disfunção e quais experiências positivas são necessárias para superar qualquer falha de conhecimento ou habilidade.

ABORDAGEM DE TRATAMENTO DE OITO FASES

O EMDR é uma abordagem que emprega um modelo de tratamento de oito fases para tratar a gama completa de queixas clínicas causadas ou intensificadas por experiências anteriores negativas. Então, se um problema é organicamente estabelecido, como certos problemas de aprendizagem ou deficiência de processamento subsequente a um acidente de carro, o EMDR possivelmente não seja um tratamento de primeira escolha. Entretanto, o EMDR pode ser usado para tratar as ramificações psicológicas desse tipo de evento, para ajudar a pessoa a enfrentar novas limitações e tratar o conflito potencial com um novo senso de identidade, e questões existenciais ou espirituais que podem emergir. As oito fases do EMDR (veja Tabela 1.1) proporcionam um meio sistemático para explorar e processar as experiências negativas que contribuem para a disfunção e as experiências positivas necessárias que levam o cliente a uma completa saúde. Para ilustrar a metodologia, utilizaremos o caso de uma cliente de 15 anos de idade.

Tabela 1.1 Visão global do tratamento EMDR

Fases	Objetivos	Procedimentos
História do Cliente	• Obter informações sobre o contexto • Identificar adequação para tratamento com EMDR. • Identificar alvos de processamento de eventos positivos e negativos na vida do cliente.	• Administrar questionários padrão de coleta de dados e diagnóstico • Rever critérios e pesquisas. • Fazer perguntas sobre eventos (1) passados que lançaram as bases para a patologia, (2) disparadores do presente, e (3) necessidades futuras.
Preparação	• Preparar o cliente para o processamento EMDR dos alvos. • Estabilizar e fortalecer o acesso a afetos positivos.	• Educar sobre o quadro de sintomas. • Ensinar metáforas e técnicas que promovam estabilização e o senso de autodomínio pessoal.
Avaliação	• Acessar os alvos para o processamento EMDR, estimulando aspectos primários da memória.	• Eliciar a imagem, crenças negativas, crença positiva desejada, e sensação física, e as medidas de base.
Dessensibilização	• Processar experiências e disparadores para uma resolução adaptativa (nível SUD 0) • Processar completamente todos os canais para permitir uma completa assimilação de memórias. • Incorporar modelos para experiências positivas.	• Processar passado, presente, futuro. • Usar protocolo padrão EMDR que viabiliza a emergência de insights espontâneos, emoções, sensações físicas, e outras memórias. • Usar Entrelaçamento Cognitivo para abrir processamento bloqueado por eliciamento de informações mais adaptativas.
Instalação	• Aumentar a conexões com redes cognitivas positivas. • Aumentar efeitos de generalização dentro das memórias associativas	• Identificar a melhor Crença Positiva (inicial ou emergente). • Aumentar a validade da Crença Positiva desejada para VOC 7.
Escaneamento corporal	• Completar o processamento de qualquer perturbação residual associada ao alvo.	• Concentrar sobre e processar qualquer sensação física residual.
Fechamento	• Garantir a estabilidade do cliente após a conclusão de uma sessão e entre as sessões.	• Usar as técnicas de imaginação guiada ou de autocontrole se necessário. • Um resumo acerca dos relatos de expectativas e comportamentos entre as sessões.
Reavaliação	• Avaliar os efeitos do tratamento. • Garantir o processamento abrangente todo o tempo.	• Explorar o que emergiu desde a última sessão. • Reavivar a memória da última sessão. • Avaliar a integração dentro do sistema social amplo.

Fonte: Manual de Treinamento Eye Moviment Desensitization and Reprocessing (EMDR), por Francine Shapiro, 2005. Watsonville, CA: EMDR Institute.

Exemplo de Caso

Tara foi conduzida à terapia por sua mãe por questões de ansiedade excessiva, ataques de pânico e uma pronunciada fobia escolar. A família é composta por três pessoas: Tara (15 anos de idade) e seus pais. Ela se apresentou com autoestima excessivamente baixa, ansiedade social, extrema autoconsciência (seu corpo se mantinha sempre encurvado e de modo constrito) e pensamentos suicidas. Ela se via como um "fardo constante" para seus pais, ainda que eles negassem sentir isso.

Tara nasceu prematura, pesando pouco mais de um quilo. Ela permaneceu na unidade intensiva da pediatria por quatro meses em um respirador. Enquanto esteve internada, experienciou traumas envolvendo estresse cardíaco e respiratório. Quando finalmente foi para casa, ela ficou no oxigênio por várias semanas. A mãe dedicava 8 horas por dia de cuidados intensivos à filha e o pai revezava ao chegar do trabalho. Em consequência disso, a mãe se tornou superprotetora. Na época em que levou Tara a um tratamento, estava muito traumatizada pela experiência e quando tentou completar a narrativa dos eventos, ela chorou durante toda a noite.

Quando Tara estava com cinco anos de idade, a família resolveu se mudar. A menina relatou que a mudança foi extremamente traumática, pois, tinha a lembrança de seus pais brigando. A mãe e o pai brigavam muito, mas, nos últimos anos, estavam vivendo bem. Mais adiante, Tara revelou nunca ter se sentido confortável em sala de aula e vomitava bastante antes de ir à escola. No momento, essa situação estava controlada, porém, continuava ansiosa e desconfortável, e ainda tinha ataques de pânico ocasionais. Ela descreveu ter alguns amigos, mas raramente se engajava em atividades sociais fora da escola. Ela parecia não ter nenhum senso de segurança.

Fase 1: História do Cliente

Essa história elementar abre várias sugestões de manejos de caso. O objetivo global do EMDR é atingir os efeitos mais profundos e abrangentes possíveis de tratamento, enquanto mantém o cliente estável em um sistema social equilibrado. Entretanto, é importante acessar o caso sistemicamente tanto quanto individualmente para identificar os alvos apropriados para o processamento.

Conceitualmente, o indivíduo é moldado por uma interação de genética e experiências. As condições pré-natais, incluindo o fluxo hormonal da mãe, podem impactar o feto em desenvolvimento. Às vezes, condições físicas também estão em jogo, incluindo níveis de fadiga e desenvolvimento físico. Alguns sistemas de processamento de informação podem ser constitucionalmente predispostos a se manter mais frágil ou mais forte, como o sistema cardíaco ou respiratório. Isso pode explicar por que alguns eventos impactam mais certas crianças do que outras. Outros fatores incluem as primeiras interações da criança, que moldam o senso de si através do qual o resto do mundo é interpretado. Essas primeiras experiências são armazenadas na memória e tornam-se a base para as redes dentro das quais outras experiências são articuladas. A criança criada numa família que engendra um senso de inadequação interagirá com amigos e na escola de modo muito diferente. Ela terá uma série de comportamentos e emoções, e escolherá a forma que mais a faça se sentir estimada. Essas experiências precoces fixam a base para favorecer traumatismo ou resiliência.

O exemplo do caso citado mostra uma garota de 15 anos com ansiedade severa e baixa autoestima. A extensa perturbação neonatal traumatizou a mãe para uma extrema superproteção. Tara sentiu que estava fisicamente "abaixo do padrão" e que sua condição estava afligindo a sua mãe. De uma perspectiva do modelo PAI, isso resultou em um senso inapropriado de deficiência internalizado, numa responsabilidade inapropriada para o distresse[6] de sua mãe (incluindo a perspectiva de ser um fardo constante) e na falta de segurança física. Esses sentimentos foram reforçados pelos medos reflexivos dos pais e respostas ansiosas a uma série de circunstâncias da infância de Tara. Os conflitos dos pais durante sua infância contribuíram para aumentar seu senso de instabilidade e questões centrais potencialmente exacerbadas de responsabilidade, falta de segurança e impotência (Shapiro, 2001).

Isso, consequentemente abaixou a autoestima de Tara e aumentou a ansiedade com as manifestações físicas, tais como a postura curvada, falta de socialização e de comportamentos interpessoais. A ansiedade, sem dúvida, foi intensificada na escola através das interações com seus colegas, causando problema social adicional, zombarias e humilhações. Isso, em troca, alimentou e manteve sua falta de autovalor. O ataque do pânico resultante mais além exacerbou o senso de deficiência e de impotência. Basicamente, ela estava bloqueada entre os relacionamentos em casa e na escola, e isso amplificou os problemas trazendo à tona sentimentos repetitivos de deficiência, falta de segurança e ausência de poder de escolha.

Em termos de processamento de informação, crianças crescem em um ambiente de experiências acumuladas que fixam o alicerce para o senso de *self*. Cada experiência é um evento discreto, mas as redes de memória são expandidas a cada nova adição. Quando criadas em um ambiente adaptativo, seu senso de *self* é flexível conforme novas experiências ocorrem e novas informações são incorporadas dentro de redes de memória existentes. Uma pessoa saudável pode aproveitar experiências positivas e negativas, e aprender com esse dualismo.

---

[6] N. da T.: Estresse é uma reação natural do organismo em resposta a uma necessidade adaptativa. Distresse é o estresse excessivo, maior que o necessário a ponto de causar problemas, sofrimento, tensão perturbadora, aflição.

No entanto, até mesmo pais amorosos (como os pais de Tara) podem fornecer uma educação que resulta em um núcleo da autodefinição de memórias não processadas disfuncionalmente armazenadas. Sendo assim, a superproteção, o medo e a ansiedade da mãe de Tara causaram na menina um efeito negativo. As respostas invasivas da mãe aos vários comportamentos, diferenciação e tentativa de autonomia fixaram em Tara o alicerce para sua percepção "Eu sou deficiente".

Uma vez que o núcleo desse tipo de identidade tenha sido formatado, ele pode ser reforçado por experiências negativas, mas é incapaz de conectar naturalmente com outra informação mais adaptativa. Ocorrem experiências alternativas e positivas, mas elas são armazenadas em redes separadas. Por exemplo: é possível que Tara, ao presenciar a humilhação de algum amigo tenha se sentido protetora e brava porque ela sabia que a crueldade era algo injusto e inapropriado. No entanto, se ela própria fosse humilhada, ela pode ter sido incapaz de se defender porque aquela experiência se ligaria a um núcleo de memórias de ser inadequada e não ser boa o suficiente. Esses sentimentos emergiriam automaticamente em seu corpo e em sua mente. Seria difícil para ela se defender ou se comportar da forma que faria por um amigo. Dinâmicas semelhantes também foram vistas em um veterano combatente, que tinha memórias de guerra não processadas e não conseguia se perdoar.

É importante lembrar que, de acordo com o modelo PAI, reações disfuncionais no presente são baseadas em memórias armazenadas que são disparadas por condições de vida atuais. Reprocessar envolve o acesso de memórias armazenadas disfuncionalmente (que contêm emoções negativas, sensações físicas e crenças) e forjar a sua ligação posterior a redes mais adaptativas. Durante a Fase da História do Cliente é importante averiguar se há redes adaptativas. Em outras palavras, Tara teve experiências claras de sucesso em algumas áreas de sua vida? Ela teve algumas experiências em que se sentiu segura ou em que se sentiu bem consigo mesma? Se não, esses tipos de incidentes deverão ser construídos terapeuticamente durante a fase de preparação.

Durante a Fase da História do Cliente, o terapeuta usa uma variedade de técnicas para identificar os grandes e pequenos traumas "t", e os disparadores que precisam ser processados. Os clientes adultos são solicitados a descrever as 10 lembranças mais perturbadoras da infância ou uma linha do tempo pode ser utilizada para que eles visualizem um esboço dos eventos mais evidentes do nascimento até o presente. Pode-se solicitar que levem fotos da família e diferentes figuras significativas, e discuti-las na terapia. O terapeuta também pode construir um genograma (Kirchur, 2005; McGoldrick, Gerson & Shellenberger, 1999; e Shellenberger, Capítulo 3 deste livro) para ajudar a identificar questões sistêmicas e contribuições familiares. É importante suplementar isso com questões sobre os pares e outras figuras significativas, cujas interações também tenham um maior impacto sobre o desenvolvimento psíquico. Alvos específicos podem ser selecionados, particularmente, quando realçados por indicadores de abuso.

As situações presentes são avaliadas por níveis de estresse, bem como as influências de experiências prévias. As dificuldades específicas do cliente no presente são listadas e ele é estimulado a recordar a primeira vez em que aconteceu qualquer coisa similar. Sendo ele incapaz de fazer isso, é solicitado a lembrar da última vez em que aconteceu, onde ele sente no corpo e deixar sua mente livre (Shapiro, 1995). Isso, às vezes, é denominado "Escaneamento afetivo" (Shapiro, 2005) ou "Ponte afetiva" (Watkins & Watkins, 1997), mas não contém o elemento hipnótico associado com regressão. O objetivo do EMDR até aqui é simplesmente identificar as memórias evidentes que contribuem para a disfunção que precisam ser processadas.

É útil também delinear os aspectos específicos das situações presentes que precedem a resposta negativa. A técnica da terapia cognitivo-comportamental de análise comportamental pode ser usada para esse propósito (Smyth & Poole, 2002). Então, para o EMDR, as experiências, afetos e pensamentos são investigados para identificar os eventos antigos que fixam seu alicerce. Outro procedimento útil é dar ao cliente uma lista de crenças negativas e então pedir para ele conferir entre aquelas quais as que ele sente como suas (veja Tabela 1.2). Parece que as crenças mais evidentes podem ser divididas em: aquelas que envolvem "responsabilidade" ("Eu tenho [ou tinha] alguma coisa errada"), "segurança" e "escolhas" (Shapiro, 2001). Como essas crenças negativas são manifestações de experiências armazenadas e são verbalizações de afetos estocados, o cliente é solicitado, então, a identificar o evento mais antigo na sua memória em que se sentiu desse jeito. Se, conscientemente, ele não conseguir se lembrar de uma experiência, ele pode ser solicitado a "Flutuar para trás" (Browning, 1999), que usa a crença negativa para realizar uma variação do escaneamento afetivo descrito anteriormente (Shapiro, 2001). Embora a crença negativa (ou crença negativa) seja considerada o sintoma, ao invés de a causa da disfunção, é extremamente útil verbalizar o problema e identificar o evento etiológico mais antigo (Shapiro, 1995, 1998).

Tabela 1.2 Exemplos de Crenças Negativas

Responsabilidade (Sou deficiente)	Não mereço amor.
	Sou uma pessoa ruim.
	Sou horrível.
	Sou inútil (inadequado).
	Sou uma vergonha.
	Não tenho valor.
	Não sou bom o bastante.
	Mereço apenas coisas ruins.
	Estou magoado para sempre.
	Sou repulsivo (meu corpo é detestável).
	Não mereço...
	Sou burro (Não sou esperto o bastante).
	Sou insignificante (pouco importante).
	Sou uma decepção.
	Mereço morrer.
	Mereço ser infeliz.
	Sou diferente (não pertenço).
Responsabilidade (Fiz alguma coisa errada)	Eu deveria ter feito alguma coisa.*
	Fiz alguma coisa errada.*
	Eu deveria saber melhor.*
Segurança/Vulnerabilidade	Não sou confiável.
	Não posso confiar em mim mesmo.
	Não posso confiar em meu julgamento.
	Não posso confiar em ninguém.
	Não posso me proteger.
	Estou em perigo.
	Não posso sentir (mostrar) minhas emoções.
	Não posso cuidar de mim mesmo.
	Não posso contar.
Controle/Escolhas	Não tenho controle.
	Sou impotente (desamparado).
	Sou um fraco.
	Não posso conseguir o que quero.
	Sou um fracasso (vou fracassar).
	Não posso ter sucesso.
	Tenho que ser perfeito (agradar a todo mundo).
	Não consigo aguentar.
	Não posso confiar em ninguém.
	Não posso fazer...*

No caso de Tara, ela poderia facilmente identificar várias experiências da infância que a fizeram se sentir inadequada e um fardo para seus pais. Entre esses muitos momentos, ela poderia identificar quando seu pai parecia ignorá-la e ocasiões quando sua mãe ia buscá-la apressada na escola ou parecia estressada sobre algo que ela havia feito. Em vários momentos, durante a terapia de Tara, foram usadas diversas técnicas. Por exemplo: o escaneamento afetivo foi usado para identificar um bom alvo para tratar sua má postura. Ela se lembrava de

---

* O que isso fala sobre você (ex.: isso faz você se sentir: Sou uma vergonha / Sou burro / Sou uma pessoa má / Não sou bom o bastante)?

Fonte: SHAPIRO, F. *Eye Movement Desensitization and Reprocessing: basic principles, protocols, and procedures.* 2ª ed. Nova York: Guilford Press, 2001.

incidentes e flutuar para trás provocou memórias evidentes de seus ataques de pânico, inclusive seus sentimentos de "Eu não sou boa o bastante" e "Eu não posso me defender" em situações na escola. A Fase da História do Cliente também foi a primeira oportunidade para Tara de esboçar o necessário e superar quaisquer déficits de desenvolvimento resultantes de sua traumatização, e falta de socialização adequada.

Fase 2: Preparação

O EMDR enfatiza a coparticipação entre o cliente e o terapeuta. Portanto, especialmente em se tratando de crianças, é fundamental instruir tanto a criança quanto os pais sobre todo o quadro clínico. É essencial para uma evolução bem-sucedida da terapia que todos compreendam de onde os problemas vêm (inclusive os ataques de pânico), o que é reforçado no presente, o que são as escolhas, o que a terapia pode atingir, e a importância de se engajar efetivamente no tratamento para identificar memórias e disparadores.

Para que a terapia procedesse, no caso de Tara, foram ensinadas técnicas de autocontrole que ela poderia usar para eliminar qualquer medo do processamento, para dissolver o estresse durante as sessões e para lidar entre as sessões. A habilidade para usar técnicas de autocontrole fora do consultório introduziu um elemento de autocondução que sustentava sua autoestima e reduzia o impacto de ocasionais problemas sociais que ocorressem na escola. Essa técnica de mudança de estado (Shapiro, 2001, 2002) permite que a vida fique mais manejável enquanto o trabalho de processamento é feito. O objetivo da terapia com EMDR é mudar traços para que as emoções e sensações negativas não continuem a emergir como habitualmente. Entretanto, até que as situações atuais e os eventos originais sejam processados, técnicas de autocontrole são úteis para diminuir os disparadores atuais. Isso ajuda a prevenir o armazenamento de novas experiências negativas e evita o aumento da rede de memória de trauma.

Grande variedade de técnicas de autocontrole (Shapiro, 2001) pode ser usada. A técnica do "Lugar Seguro", a qual os clientes são habilitados a trazer de volta, à vontade, sentimento de segurança, calma ou coragem é, geralmente, suficiente para proporcionar-lhes um sentimento de autocontrole. No entanto, quando sentimentos de desamparo ou desesperança emergem de memórias não processadas, o cliente pode estar sem ação naquele momento e incapaz de usar as técnicas. O processamento de memórias pode ser necessário para dissipar o poder dos afetos, para que não seja tão difícil automonitorar-se e usar as ferramentas de autoajuda, e para que situações atuais percam seu poder.

Durante o processamento de informações, tão logo a aprendizagem ganha espaço, a memória perturbadora se vincula a informações mais adaptativas. Se um indivíduo não tem experiências positivas suficientes e contraexemplos armazenados nas redes da memória, o processamento com EMDR não pode acontecer. O modelo PAI propõe, nessas situações, que é importante estabelecer redes adaptativas de experiências positivas através do relacionamento terapêutico e através de recurso de trabalho que inclua a incorporação de experiências de domínio antes de tentar um processamento amplo. Técnica do "Lugar Seguro", "Desenvolvimento de Recurso e Instalação" (RDI, em inglês) (Korn & Leeds, 2002) e outras técnicas imaginárias acrescentaram experiências positivas de Tara com seus amigos para capacitá-la a um processamento bem-sucedido. Particularmente, quando os clientes estão em um meio ambiente disfuncional em casa, é fundamental deixar claro que experiências positivas de outras fontes são válidas. Na sua ausência, tentativas de processar serão prematuras e fadadas a falhar.

Estabilização do cliente e seu empoderamento, e a construção de uma sólida relação terapêutica são os elementos básicos da Fase de Preparação. Para o cliente, a importância da relação terapêutica não pode ser subestimada (Dworkin, 2005; Norcross, 2002). Em termos do modelo PAI, reações de transferência são claramente a interação de situações atuais e material não processado do cliente, e contratransferência acontece quando memórias não processadas pessoais do terapeuta são estimuladas. A habilidade para sintonizar e a sensibilidade com as necessidades e sugestões não-verbais do cliente oferecem uma consideração positiva incondicional, e modela valores relacionais positivos. Isso depende da habilidade do terapeuta em estar presente, atento e interativo. Técnicas específicas e questionários têm sido inventados para ajudar os terapeutas na identificação de suas próprias áreas de problemas e memórias que possam se beneficiar do processamento (Dworkin, 2005).

Clientes dissociativos e com alguns transtornos de personalidade possivelmente necessitam de uma extensão da Fase de Preparação, mas, na maioria dos casos, não é útil esperar até que os clientes sejam capazes de controlar seu ambiente através de técnicas. Essas técnicas servem apenas para fazer a vida mais tolerável enquanto o processamento completa a terapia. Se o cliente puder usar as técnicas no consultório para remover "medo do medo" e parar o processamento à vontade, é usualmente seguro começar o processamento (Korn, van de Kolk, Weir & Rozelle, 2004).

Fase 3: Avaliação

Durante essa fase, o alvo escolhido é provocado de modo controlado e os componentes são delineados e medidos.

Ansiedade, medo, má postura e outros sintomas de Tara foram conceitualizados como o resultado de experiências armazenadas disfuncionalmente nas suas redes de memória. Incluem numerosas respostas com os pais e amigos que não deram suporte ao seu desenvolvimento físico. Acessar e processar esses eventos deveria resultar em uma transformação da informação armazenada e numa libertação de atributos negativos. Felizmente, embora muitos eventos tenham contribuído para a disfunção de Tara, não foi necessário acessar cada um. Pelo contrário, eventos similares, nesses casos, são agrupados em grupos e um evento representativo é escolhido por cada tipo. Em virtude de todos os eventos serem conectados através de redes de memória associativa, os efeitos positivos do tratamento generalizarão para outros dentro do grupo. Quando possível, os alvos são acessados cronologicamente, com os eventos mais antigos processados antes, conforme eles fixam o alicerce para os outros. Em todos os casos, o tratamento com EMDR requer o processamento de eventos do passado que fixam as bases para as disfunções atuais, as situações presentes que trazem as perturbações e os modelos para ações futuras apropriadas.

Para Tara, seu nascimento prematuro e as reações de seus pais para com aquela situação extrema fixaram o alicerce para muitos dos seus problemas. Entretanto, não foi necessário focar especificamente em memórias pré-cognitivas porque, como todas as experiências estão agregadas em redes de memórias conectadas, elas estão ligadas somaticamente aos eventos posteriores. Então, memórias pré-verbais, tais como aquelas em sua infância, podem ser acessadas através de alvos lembrados e serão genericamente processadas em um canal associativo. Essas experiências pré-cognitivas podem se manifestar durante o processamento como mudanças somáticas primárias sem verbalização. Se, apesar de todos os alvos, gatilhos e modelos abordados, ainda existir disfunção somática e se houver um trauma neonatal conhecido, este pode ser tratado, no caso de Tara, imaginando as cenas conforme descritas por seus pais (Lovett, 1999). Entretanto, processamento somático indiferenciado não é a estratégia de primeira escolha.

Qualquer experiência recordada pode ser um ponto de entrada da rede de memória para um processamento abrangente (Shapiro, 2001). Situações atuais podem ser usadas para ajudar o acesso. Tara tinha muitas situações presentes perturbadoras e cada uma foi explorada para a gênese de uma resposta negativa. Por exemplo: ela relatou ter sido insultada por um colega no começo da semana e ter ficado extremamente desconcertada com isso. Ela foi solicitada a trazer à mente o evento perturbador da escola. Depois, foi solicitada a focar sobre qualquer tipo de sentimento que estivesse mais predominante, como humilhação, medo, ansiedade (ou falta de segurança) e deixar a mente voltar atrás para as vezes mais antigas onde ela se sentiu dessa forma. Assim, além de todos os eventos específicos identificados durante a Fase da História do Cliente, os disparadores presentes eram usados para identificar os eventos precursores que podiam ser acessados no processamento inicial.

O evento processado era cuidadosamente acessado de modo estruturado para eliciar os aspectos pertinentes da informação armazenada, contendo as reações, e guiando o cliente para um processamento completo. Tara foi solicitada a identificar: (a) uma imagem que representasse a experiência alvejada (humilhação na escola); (b) a crença negativa, denominada crença negativa, que verbalizava como ela se sentia sobre ela mesma (ex.: "Eu não mereço"); (c) o desejo da crença positiva desejada, denominada crença positiva ("Eu mereço"); (d) quão verdadeira a crença positiva é sentida na escala *Validity of Cognition* (VoC) (1 = completamente falso e 7 = completamente verdadeiro; Shapiro, 1989); (e) a emoção que emerge quando lembrança e crença negativa estavam combinadas; (f) como o transtorno é sentido quando medido na escala *Subjective Units of Disturbance* (SUDS) (0 = nenhuma perturbação e 10 = máxima perturbação; Shapiro, 1989; Wolpe, 1958); e, (g) a localização de sensações físicas experimentadas.

Como outro exemplo, um dos problemas de Tara era sua ansiedade antes de ir à escola. Rastrear a ansiedade para trás, para suas mais antigas memórias, revelou o alvo primário que emergia todas as manhãs na terceira série.

De modo completo, a Fase de Avaliação incluiu:

- Imagem: vomitando antes de ir à escola.

- Crença Negativa (crença irracional): "Não consigo fazer isso".

    Geralmente, o terapeuta pesquisa uma crença que enfatiza uma declaração como essa, que indicaria um sentimento de deficiência (veja Tabela 1.2). Por outro lado, dado o nível de estresse de Tara, a afirmação foi aceita.

- Crença Positiva (crença desejada): "Eu consigo fazer isso".

  De qualquer modo, essa versão simplificada foi aceita porque era exatamente oposta à crença negativa e preservava os sentimentos de Tara.

- Validade da Cognição:

  1 = completamente falso e 7 = completamente verdadeiro. O número 2 indica um baixo nível de credibilidade, ou seja, ela seria capaz de ir à escola sem ansiedade. Contudo, isso foi suficiente para iniciar o processamento.

- Emoções: terror, desamparo.

- SUDS: 10.

  Tara classificou o evento alvo como 10 em 10 para ansiedade. É importante notar que alto nível de SUDS não significa um trauma grande "T" e, apesar de todos os incidentes (vomitar), eles haviam ocorrido há mais de 7 anos.

- Sensações físicas: no estômago e na cabeça.

  Essas sensações eram as memórias somáticas e eram parte do evento armazenado. Uma vez que o processamento tenha ocorrido com sucesso, elas não deveriam mais estar presentes.

Fase 4: Dessensibilização

Durante essa fase, o reprocessamento é conduzido de acordo com o procedimento estruturado que envolve os processos associativos do cérebro e estimula a rede de memórias para assegurar que todas as informações evidentes tenham sido tratadas. *Insights* emergem, novas memórias podem surgir, emoções negativas são substituídas por outras positivas e toda a memória se torna adaptativamente assimilada dentro de redes de memória mais amplas.

Em termos PAI, cada personalidade mostra uma constelação de respostas habituais ou consistentes que emergem de circunstâncias particulares. Cada série de respostas emerge das redes de memória que são estimuladas pelas situações atuais.

Cada uma dessas redes de memória é composta por experiências anteriores armazenadas. Quando o terapeuta diagnostica um transtorno de personalidade, ou qualquer outro tipo de síndrome, isso ocorre devido a certas respostas mal adaptativas. Essas respostas e personalidade características são alimentadas por eventos não processados que resultam em pensamentos, emoções e sensações físicas que inapropriadamente colorem a percepção da pessoa do presente e resultam em respostas e comportamentos disfuncionais. Para liberar o cliente para se mover para um estado de desenvolvimento mental saudável, é vital identificar e processar as experiências prévias que fixam o alicerce dessas respostas. Personalidade não é uma rocha imutável, mas um acúmulo de reações de memórias-base que podem ser processadas.

O procedimento padrão do EMDR usado para processar experiências perturbadoras é gerado para acessar tais memórias guardadas atualmente, estimular o sistema de processamento de informações e monitorar a transformação de informações para uma resolução adaptativa. Cada série de estimulação bilateral parece permitir que novas conexões sejam feitas entre as redes de memórias. O cliente é solicitado, inicialmente, a se concentrar na memória alvo (imagem, crença negativa, sensação), enquanto simultaneamente presta atenção à estimulação bilateral. Ao final de cada série de estimulação, que é adaptada à resposta do cliente (Shapiro, 2001), ele reporta quaisquer novas associações que podem ter emergido. Dependendo da resposta, o terapeuta pode dirigir o cliente para se concentrar em sua nova informação emergida ou retornar ao alvo. Os vários canais de associação são tratados até o cliente poder retornar para a experiência visada com nenhuma perturbação (SUDS = 0). Diferente de terapias de exposição que sujeitam o cliente a manter a concentração no evento focado por extensos períodos de tempo (Foa & Rothbaum, 1998), o EMDR incorpora um processo associativo que, frequentemente, conduz a uma exploração de longo alcance de memórias e tópicos (Rogers & Silver, 2002; para transcrições detalhadas de clientes, veja Shapiro, 2001, 2002).

Por exemplo: para processar a memória, com relação aos vômitos antes de ir à escola, Tara foi solicitada a juntar imagem, crença negativa e sensação física em sua mente enquanto seguia, simultaneamente, os dedos da terapeuta com os olhos. Ela recebeu a seguinte instrução: "Apenas deixe acontecer o que tiver de acontecer". No final de cada série, a terapeuta disse: "Vamos com isso. Respire fundo" e perguntou: "Que você tem aí agora?"

Depois da primeira série de movimentos oculares, Tara respondeu: "Sou diferente, todo mundo me odeia". Isso revelou o sentimento subjacente ao "Eu não consigo", que era "Há alguma coisa errada em mim". Depois de ser orientada a se concentrar sobre a afirmação e receber a segunda série de movimentos oculares, ela disse: "Quero ficar em casa e ser cuidada". Concentrando-se nisso, depois de três séries, ela declarou: "Minha mãe não entende". Enxergamos dessa afirmação que a memória estava sendo assimilada dentro do contexto maior. Apesar de Tara querer ficar em casa, ela não recebia naquele lugar o que necessitava. Depois de outra série, enquanto se concentrava na sua afirmação, Tara disse: "Uma vez que estou na escola, estou bem; é só na hora de entrar". A partir daí, vimos que as experiências positivas armazenadas por ela estavam se tornando acessíveis. Com o processamento seguinte, Tara foi capaz de dizer: "Eu gosto de encontrar meus amigos e a maioria dos professores". Um retorno ao alvo inicial encontrou o nível de SUDS reduzido e o processamento posterior produziu a compreensão de que havia pessoas na escola mais afinadas com suas necessidades do que seus pais. Voltando à memória no fim da fase de dessensibilização, uma vez que o processamento foi completado, Tara ponderou isso como o passado com um SUDS zero (0).

A transformação de experiências de memória armazenada de uma forma mais adaptativa ocorre através de um reprocessamento que traz junto a informação relevante estocada nas redes de memória do próprio cliente. Ainda que muitas formas de terapia dependam do terapeuta para sugerir perspectivas alternativas, ação direta ou "reenquadrar" a interpretação de uma crença inerente, o EMDR usa procedimentos que permitem que a própria história e a própria consciência do cliente reformatem a experiência alvejada. Memórias adicionais que precisam ser tratadas ou que oferecem contraexemplos emergem espontaneamente durante o processamento. Por exemplo: no caso de Tara, as memórias de experiências positivas com amigos na escola automaticamente vieram à consciência sem a intromissão do terapeuta. As mudanças observadas na imagem, sensações, crenças e perspectivas são o resultado do tecer de novas conexões entre as redes de memória.

Os clínicos de EMDR são treinados a ficarem fora do caminho tanto quanto possível, porque o terapeuta não sabe quais as melhores conexões inconscientes que precisam ser feitas. Quando não ocorre mudança após séries consecutivas de estimulação de atenção dual, então o clínico pode usar o Entrelaçamento Cognitivo e fazer uma pergunta, oferecer uma afirmação para consideração ou sugerir uma ação que é ativada para extrair a próxima informação necessária para continuar a experiência de descoberta. Por exemplo: se o processamento de Tara tivesse parado quando ela considerava ir à escola (que seria indicado por uma falta de mudança cognitiva, emocional ou sensorial depois de consecutivas séries de movimentos oculares), o terapeuta poderia ter dito: "Estou confuso! Você não me disse que tinha alguns amigos queridos lá?" Se Tara confirmasse, ela possivelmente seria solicitada a pensar sobre aquilo durante outra série. Da mesma forma, se uma vítima de estupro ficar paralisada em um senso de vergonha e culpa, o clínico pode perguntar: "Você quer dizer que se sua sobrinha tivesse sido estuprada, a culpa seria dela?" Quando a vítima de estupro responde negativamente, ela é solicitada a pensar sobre aquilo durante outra série de estimulação. Tudo que é necessário é uma possibilidade de resolução, mesmo que seja relutante ou somente a boa vontade de considerá-lo. Isso serve para acessar a informação adaptativa armazenada no cérebro em rede de memória separada. Se a informação é relevante, será assimilada durante a próxima série de movimentos oculares. Uma série curta de movimentos oculares é usada para que o cliente possa reportar se sentiu a informação como correta.

Conceitualmente, o Entrelaçamento Cognitivo simula o processamento espontâneo por acessar a rede de memória necessária. Então, o clínico sai do caminho para que a conexão neurológica apropriada aconteça (para transcrição detalhada, veja Shapiro, 2001, 2002). A ênfase é permitir que ocorra o processamento que resultará na mudança da característica, não simplesmente eliciar uma mudança de estado temporário. Uma variedade de caminhos para estimular o processamento bloqueado pode ser usada (para parâmetros detalhados, ver Shapiro, 2001). No entanto, a eliciação de informação positiva é apenas um ponto de partida, embora uma compreensão intelectual superficial de falta de responsabilidade ou recursos em potencial não é o objetivo da terapia com EMDR. Retornar ao alvo original é importante para completar o processamento e para que todas as conexões relevantes possam ser feitas.

O tratamento inicial de Tara incluiu processar toda a gama de pequenos traumas "t" lembrados, incluindo as interações familiares que contribuíram para que ela se sentisse deficiente e insegura (por exemplo: os questionamentos superprotetores de sua mãe, as caçoadas de seus primos e amigos, as brigas de seus pais), tanto quanto a mudança que a tinha perturbado e respostas humilhantes dos amigos.

Fase 5: Instalação

Essa fase fortalece conexões cognitivas positivas. Depois de processar um alvo para um SUDS de nível 0, o clínico verifica se a crença positiva desejada, identificada no começo da sessão, é apropriada ou se emergiu uma crença melhor. Não é incomum que uma nova crença positiva (CP) seja mais aplicável, uma vez que o processamento tenha clareado a confusão e trazido mais informação positiva à luz. No caso de Tara, "Eu posso fazer isso", não era mais aplicável, visto que ela percebeu ter conexões positivas com pessoas na escola que a deixavam confortável. Ela escolheu sua CP mais apropriada como sendo "Eu sou uma boa pessoa". Ela também foi orientada a pensar e graduar isso na escala VOC para acessar as crenças de sustentação. Ela reportou sentir isso no nível 5 (de 7). Foi orientada a pensar na imagem e na afirmação, e a seguir os dedos da terapeuta. Depois de cada série subsequente, ela foi questionada sobre o grau de VOC e reportou o que surgia. Consecutivas séries levaram Tara a um VOC de 6,5. Depois de uma série sem mudança, ela foi questionada com a seguinte pergunta: "Que impede você de chegar a 7?" Tara respondeu: "Tenho que ver como vou me sentir amanhã". Esse desejo de testar sua recém-confiança foi considerado ecologicamente válido, isto é, realista e praticável, dadas as circunstâncias, e ela foi encorajada a contar novamente na próxima semana. Se ela tivesse dito "Eu não fico bem fora do consultório", então mais alvos e processamentos teriam sido indicados.

Fase 6: Checagem Corporal

Uma vez zerado o SUDS e o VOC ter atingido 7 (ou 1 e 6, respectivamente, se ecologicamente válido), a fase de escaneamento corporal identifica qualquer sensação física residual. O cliente é solicitado a pensar sobre a lembrança proposta, paralelamente com a CP, e escanear mentalmente o corpo da cabeça aos pés observando suas sensações. Qualquer sensação é então focada e processada em consecutivas séries até que se dissipe. Por vezes, a sensação pode estar ligada a uma próxima informação disfuncional e outra memória pode emergir. Se for esse o caso, isto é focalizado e processado. Em outras vezes, o cliente identifica uma sensação prazerosa. Geralmente, ela está ligada a afetos positivos e é ampliada por estimulação bilateral. Essa fase fica completa quando o cliente tem um escaneamento limpo do corpo, livre de qualquer sensação negativa.

Fase 7: Fechamento

Essa fase assegura ao cliente um estado apropriado de equilíbrio ao final da sessão e condições de manter essa estabilidade entre as sessões. Sendo o processamento incompleto e estando o cliente com *distresse*, qualquer técnica de autocontrole ou de imagem conduzida será usada para que isso seja eliminado. Para clientes como Tara, que tinha falta pronunciada de autoconceito positivo, é útil terminar cada sessão com imagens positivas que incluem um reforço de amor-próprio, senso de segurança e senso de controle.

É resumido ao cliente, nessa fase de tratamento, o que ele pode esperar entre as sessões e é recomendado que meça e registre seus Disparadores, Imagens, Crenças, Emoções, Sensações no Diário DICES/SUDS. O Diário é um registro usado para identificar quaisquer experiências positivas e negativas, de modo que o cliente sempre oferece informação precisa ao terapeuta. Se Tara fosse perturbada por uma lembrança do professor, ela mostraria indicando da seguinte maneira:

Disparador	Imagem	Crença	Emoção	Sensação / SUDS
Professor disse que eu não estou prestando atenção.	*Sua expressão.*	*Sou burra.*	*Vergonha.*	*Nó no estômago.* *SUDS = 7.*

A experiência de Tara com o professor poderia disparar um alto nível de afetos negativos, porque isto se conectou dentro de experiências prévias de sentimentos de deficiência e de não ser boa o bastante. O relato Log permitiria a Tara e ao clínico observarem padrões de resposta e a informação necessária para processar os disparadores e os eventos etiológicos. Depois que ela escrevesse o ocorrido, ela deveria usar qualquer uma das técnicas de autocontrole para se livrar das emoções negativas e das sensações físicas que tenham emergido. A habilidade de automonitorar-se e usar uma "aspirina" (uma técnica para alívio temporário da dor) é importante, como indicado por numerosos estudos sobre automonitoramento (Bandura, 1977, 2000; Peterson, Maier & Seligman, 1993; Seligman, 1972). No entanto, o objetivo final do EMDR é libertar clientes dessas respostas automáticas e permitir que eles evoluam para um estado de liberdade e bem-estar coerentes com sua idade cronológica.

Tara poderia ir à sessão com 10 coisas na sua lista Log durante as primeiras semanas de terapia. Com o tempo, o processamento de memórias etiológicas deveria causar o declínio das situações desencadeadoras. Eventualmente, poderia haver algumas respostas negativas habituais, porque os eventos anteriores que contêm emoções, sensações e perspectivas disfuncionais foram processados. Enquanto Tara é uma adolescente e, portanto, incapaz de se individualizar completamente por causa de sua idade e posição na hierarquia do poder familiar, ela pode conseguir, apesar disso, um nível de autovalor que lhe permitirá adquirir um autoconceito realista, um senso de resiliência e uma habilidade para socializar-se adequadamente.

Além dos eventos anteriores, condições atuais que ainda disparam perturbações são processadas, elas podem ser o resultado de condicionamento de segunda ordem. Isto é, se ela entrar ansiosa em uma sala 100 vezes, essa resposta pode estimular várias condições na sala para eliciar ansiedade. Processar os eventos passados que fixam as bases para a disfunção – tanto quanto eventos atuais que eliciam perturbação – libera o indivíduo de respostas negativas forçadas. Uma vez que Tara se liberte dessas experiências, as técnicas e autocontrole podem ser usados ocasionalmente, como qualquer um poderia, porque a vida é complicada, com ocasionais surpresas desagradáveis. Algumas situações causam certa quantidade de estresse; até mesmo nesses casos, o autovalor é importante e técnicas de autocontrole podem permitir às pessoas sentirem-se no controle e, assim, tomarem melhores decisões.

Fase 8: Reavaliação

Essa fase abre cada sessão subsequente ao processamento inicial. É importante para assegurar que o efeito do tratamento se manteve e determinar se qualquer nova questão precisa ser explorada. Se a memória foi bem processada, ela se transformou em pensamento e sentimento. Por outro lado, talvez uma nova perspectiva que tenha emergido precise ser tratada. Por exemplo: no caso dos vômitos na terceira série, Tara pode ter resolvido suas memórias, mas, em contrapartida, se lembrar de um professor que não lhe dava apoio e que piorava suas dificuldades. Se fosse assim, essa memória poderia ser reprocessada. Se o processamento tiver sido incompleto na sessão anterior, a memória é eliciada e processada. Outras manifestações das disfunções armazenadas também são tratadas. Provavelmente, o cliente relate um pesadelo perturbador; é igualmente útil focá-lo, porque sonhos são períodos em que problemas não resolvidos são processados e pesadelos indicam uma memória perturbadora que precisa de atenção (Shapiro, 2001). A imagem do pesadelo é identificada junto com as cognições negativa e positiva, com o resto dos aspectos discutidos durante a Fase de Avaliação e processada até ficar completa. Frequentemente, o cliente obtém considerável *insight* e compreensão durante o processamento, como se o véu simbólico tivesse sido removido e a questão subjacente tivesse sido revelada (Shapiro, 2001; Wachtel, 2002).

Um propósito da Fase de Reavaliação é determinar como o cliente está funcionando agora no sistema interpessoal relevante. Como as experiências focadas são processadas, as reações automáticas do cliente e comportamentos também se alteram. O terapeuta precisa sintonizar se o cliente processou a disfunção, aumentou o positivo e ofereceu apoio e instrução suficientes para prevenir déficits futuros. Independentemente das observações durante a sessão, isso pode ser averiguado apenas com os progressos relatados após experiências reais.

Conforme Tara continuava a processar eventos etiológicos, não apenas seu autoconceito começou a dar espaço a outro mais afirmativo, mas também vários comportamentos novos e atitudes automáticas positivas emergiram conforme o aumento da sua autoestima. Entretanto, seu extremo nível de ansiedade durante seus anos de formação não havia permitido aprender uma variedade de habilidades interpessoais. De acordo com seus relatos semanais à terapeuta, tornaram-se claras quais habilidades sociais e quais comportamentos interacionais precisariam ser ensinados. O clínico poderia usar modelagem, *role playing*, instrução de grupo, videoteipes ou qualquer meio necessário para dar a instrução de forma didática. Então, para auxiliar o processo, Tara poderia ser solicitada a se imaginar engajada em novos comportamentos no futuro, enquanto seria impactada com sucessivas séries de movimentos oculares. Por exemplo: a primeira experiência de Tara indo à escola de dança foi precedida por ela receber instruções de dança e participar em *role playing* em diferentes interações, desde a entrada no ginásio para dançar com amigos, a modos de responder quando convidada a dançar com um dos rapazes. A tarde inteira poderia ser revisada imaginariamente com uma variedade de cenários, enquanto simultaneamente era estimulada com movimentos oculares para infundir uma futura base de respostas e comportamentos apropriados. Esse procedimento permitiu a ela incorporar respostas apropriadas e explorar quaisquer hesitações, distorções cognitivas ou preocupações.

Semanalmente era importante reforçar técnicas de autocontrole, e depois que as memórias etiológicas fossem completadas, processar os eventos disparadores revelados no Log de Tara. Além disso, o processamento seria usado para incorporar modelos para ações futuras apropriadas baseadas nas situações reveladas em seu diário, tanto quanto inocular, e protegê-la contra seu potencial de falhas ("Tudo bem se eu cometer um erro"). Por exemplo: depois dos eventos etiológicos terem sido processados, uma recordação humilhante por um professor foi visada. Pelo fato de Tara estar perdida acerca de como responder se tal coisa acontecesse novamente, o processamento foi seguido por um *role playing*[7] sobre como responder e um modelo futuro. Se Tara estivesse hesitante sobre como entrar em um clube da escola, isso poderia ser focado, incluindo um *role playing* completo sobre como proceder.

Após o processamento dos modelos e através das habilidades adquiridas, a sugestão é seguir direto para a prática. Importante acessar também o que for necessário para a ajuda adicional, como treino de assertividade, se arrumar, se vestir, praticar aulas de dança e outros meios para alimentar diferentes interesses físicos, de lazer e sociais. No caso de Tara, o objetivo era ter uma jovem mulher feliz, segura de si, capaz de se vincular e se conectar, enfim, confortável com seu próprio corpo. Esses procedimentos podem ser os mesmos tanto para adolescentes quanto para adultos.

Em virtude da idade de Tara, entretanto, é fundamental lembrar que ela está inserida em um sistema familiar e socioescolar. Certa parte de sua ansiedade e evitação está baseada na realidade, nascida da reatividade de seus pais e humilhações na escola. Para lidar com os sistemas familiar e escolar que não ela não poderia se livrar ou controlar foram ensinadas técnicas de autocontrole para respostas que fossem abusivas. Depois de processar disparadores potenciais, a terapeuta sugeriu comportamentos específicos para lidar com situações de dificuldades e, com isso, ajudar Tara a aprendê-los por processamento e incorporação de modelos futuros. O relacionamento cliente-terapeuta foi extremamente importante, à medida que não só ofereceu a Tara suporte emocional, mas serviu como modelo de um relacionamento bom e saudável. De grande importância foram os cuidados e interações de reforço que Tara teve com a terapeuta, relatando questões interacionais e enfatizando seu progresso em potencial.

Tara fez progresso pessoal com EMDR, perdendo sua fobia social e escolar. Depois de uma sessão de processamento direcionado a sua postura, ela percebeu que estava se encolhendo para ganhar simpatia dos outros. Percebeu que não precisava mais ficar na defensiva. Sua aparência e conduta melhoraram e essa melhora foi comentada por professores e outros profissionais da escola. Numa realidade em que o suporte social era pobre, ela passou a ter muitos amigos. Inclusive, eles fizeram uma festa surpresa em seu aniversário.

A importância da terapia familiar sistêmica (TFS) foi, infelizmente, desvalorizada nesse caso, pois o tratamento foi interrompido prematuramente. Em trabalhos com crianças e adolescentes, é importante ajudar os pais a antecipar e a sustentar mudanças no comportamento desses jovens. Usualmente, os pais estão presos em respostas mal adaptativas para as atitudes e atividades dos filhos. Como de se esperar, os traumas que os pais de Tara experimentaram sobre sua fragilidade inicial impactaram fortemente seus sentimentos, funcionamento e suas atitudes. Para viabilizar um tratamento mais abrangente, a traumatização de seus pais precisaria ser processada junto com os acontecimentos disparadores, e suas interações familiares com Tara seriam beneficiadas com a educação e o ajustamento. Por exemplo: os pais poderiam ser ensinados com maneiras mais favoráveis de comunicar suas preocupações à Tara e técnicas de autocontrole para lidar com suas próprias ansiedades, incluindo aumento de sua habilidade para permitir que ela se diferenciasse. A abordagem psicoeducacional discutida no Capítulo 2 pode ser particularmente útil para os pais.

Infelizmente, o pai acreditava numa estrutura patriarcal e permaneceu desligado da paternagem e do processo terapêutico. Ele se preocupava muito com assuntos de negócios e raramente com as questões da casa. Quando presente, suas interações primárias com Tara eram desconfortantes e degradantes. A mãe da menina havia desistido de tentar aproximar o marido da vida familiar. Em face da ausência do marido, ela se dedicou completamente aos filhos. Ela reportou uma história de depressão e ansiedade, mas recusou terapia pessoal. Não surpreendentemente, quando Tara se tornou mais assertiva, sua mãe se mostrou incapaz de permitir sua diferenciação. Quando Tara queria cortar o cabelo, a mãe não permitia, dizendo: "Eu prefiro desse jeito". Quando Tara queria assumir mais responsabilidades, já na universidade, a mãe não permitia e iniciava uma grande sabotagem. Finalmente, apesar das objeções de Tara, o tratamento foi interrompido. A angústia das questões não resolvidas, tais como os *insights* de Tara conquistados ao longo da terapia, foi verbalizada quando ela refletia sobre o futuro: "Quando eu for para a universidade, quem vai manter minha família unida? ". (Para discussão adicional de dificuldades de diferenciação de uma perspectiva TFS, veja Tofani, Cap. 13). O capítulo de conclusão deste livro recupera o caso de Tara e faz sugestões para uma variedade de perspectivas TFS sobre como essas questões podem ser resolvidas.

---

[7] N. da T. Role Playing: treinamento de papel. Criado por J. L. Moreno, como um instrumento técnico do Psicodrama, hoje empregado por várias linhas de psicoterapia e treinamento, permite que o paciente experimente como pode funcionar melhor em uma dada situação passada, presente ou futura.

PROTOCOLO DE TRÊS ETAPAS (PASSADO, PRESENTE, FUTURO)

Cada forma de psicoterapia é diferenciada por séries específicas de procedimentos e paradigmas subjacentes que guiam suas aplicações. Embora o EMDR tenha se originado de uma tradição comportamental (Shapiro, 1989), um painel recente (Barlow, Shapiro & White, 2005) enfatizou como anos seguintes têm mudado isso para uma abordagem de tratamento muito diferente. A terapia cognitivo-comportamental (TCC) foca o manejo de problemas diretamente atuais nas tentativas de mudar os pensamentos e comportamentos do cliente no aqui e agora. Em contraste, o modelo PAI que guia a prática do EMDR vê as crenças negativas e emoções, tais como medo e ansiedade, não como a causa dos problemas, mas como seu efeito. A causa é vista como memórias específicas de eventos anteriores que têm sido armazenados inapropriadamente, e contêm a perspectiva e afetos que são manifestados atualmente através de crenças verbalizadas, emoções inapropriadas e comportamentos.[8] De qualquer maneira, a maioria das terapias vê patologias como tendo um componente experiencial, conforme previamente discutido. No EMDR, as experiências são vistas como informação armazenada no cérebro em redes de memória que são estimuladas por situações atuais. Exceto em casos de deficiências orgânicas definidas, a falta de processamento adequado dessas memórias anteriores é a causa primária das respostas disfuncionais atuais.

O paradigma específico de várias psicoterapias fornece a heurística para sua prática clínica. Portanto, no tratamento com EMDR, fobias (ou ataques de pânico, como no caso de Tara) não são tratadas forçando o cliente a permanecer exposto a situações que causam *distresse* atualmente, como ocorreria nas TCC (Emmelcamp, Bouman & Scholing, 1992). Ao contrário, no EMDR as memórias anteriores, piores e mais recentes, do objeto ou evento temido são acessadas e processadas (De Jongh, Tem Broeke & Renssen, 1999; Fernandez & Faretta, no prelo; Shapiro, 1995, 1999). Feito isso, para manejar qualquer condicionamento remanescente de segunda ordem, o cliente imagina e processa situações atuais que podem ter disparado o medo, por exemplo, um claustrofóbico ficar preso no trânsito ou em um elevador. Quando o cliente não sente mais medo enquanto imagina a situação, um modelo futuro é processado para que ele se imagine calmamente no evento que antes o amedrontava. Conforme isso é feito, a cena imaginada é estocada na memória e forma a configuração neural que será gravada quando o cliente deixar o consultório e encontrar uma situação de vida real. Apenas quando os clientes não estão mais com medo, são solicitados a se expor na vida real ao evento ou objeto. Neste sentido, as interações de vida real podem ser usadas para *feedback* para identificar qualquer coisa que tenha de ser processada.

O uso dos alvos passado (o mais antigo, o pior), presente (mais recente, disparador) e futuro (modelo) caracteriza o protocolo genérico que pauta todos os protocolos específicos de EMDR, tais como aqueles de dor e adição (Shapiro, 2001). Esse protocolo também é a estrutura usada para acessar o quadro clínico e determinar o tratamento para qualquer queixa clínica. Mesmo que Tara tivesse entrado para a terapia com 30 anos de idade, ao invés de 15, seus sintomas poderiam igualmente incluir fobia social, baixa autoestima e atitude abatida. O tratamento com EMDR poderia abranger a identificação de memórias da infância, que fixaram as bases para a patologia, as situações atuais que dispararam a perturbação, e o que fosse necessário para sanar os déficits causados por uma infância dominada pela ansiedade, para que ela pudesse se tornar capaz de se diferenciar em seu sistema social atual. As mesmas memórias que causaram sua inabilidade para interagir apropriadamente na escola poderiam ser responsáveis por seus problemas sociais na vida adulta. As memórias que causam sua conduta abatida na escola poderiam ser as mesmas que contêm as sensações físicas que a fariam ter uma postura encurvada na vida adulta. Essas memórias fazem o passado se tornar presente.

Felizmente, não importa o quanto as memórias têm morado no cérebro, elas ainda podem ser processadas. Quanto mais velho o cliente, mais memórias precisarão ser tratadas e mais condições comórbidas em potencial podem existir para o tratamento. Entretanto, a função do tratamento é a mesma: libertar o cliente de suas memórias estocadas disfuncionalmente que contêm os afetos e perspectivas dirigindo a patologia atual. É mais fácil para o cliente melhorar suas habilidades sociais se ele não tiver memórias anteriores não processadas que causam sentimento de deficiência e insegurança. Consequentemente, o tratamento com EMDR procede do interior para o exterior e escuta primeiro o mundo interior antes de usar as excelentes ferramentas da TCC para a modelagem ou técnica experiencial de *role playing* para incorporar as séries de habilidades que ajudam a definir um adulto saudável.

---

[8] É possível alvejar diretamente situações atuais (as quais frequentemente resultam em eventos anteriores subjacentes na memória), mas é mais eficiente alvejar memórias precursoras de antes (para maiores detalhes, veja Shapiro, 2001).

PROCESSAMENTO ADAPTATIVO DE INFORMAÇÃO E DINÂMICAS FAMILIARES

Apesar de o EMDR ter sido desenvolvido originalmente como uma terapia individual, o modelo PAI ajuda a informar os terapeutas sistêmicos de família sobre a contribuição de experiências prévias para as patologias atuais dos seus clientes. Quando as pessoas se unem e se tornam um casal, suas interações são responsáveis por disparar informações não processadas das experiências de cada família de origem ou relacionamentos anteriores. Padrões disfuncionais de interação e defesas não são simplesmente o produto de situações atuais, mas são enraizados em experiências prévias. A avaliação é necessária para identificar se a crise que leva um casal para terapia é o mais novo exemplo de um padrão pessoal de longa duração ou o resultado de traumatização. Por exemplo: em casos de infidelidade ou abandono, o parceiro magoado poderia não ser capaz de se reconciliar por não conseguir apagar a tristeza, a falta de confiança e a imagem mental da traição. A despeito do que pode acontecer no presente, incluindo o grande remorso do parceiro e suas reafirmações, as experiências prévias não permitirão segurança ou re-comprometimento. Neste caso, o EMDR seria usado para processar a experiência para liberá-la dos eventos angustiantes anteriores. O terapeuta em EMDR também investigaria e processaria as raízes da traição anterior através de um levantamento adequado da história dos dois parceiros. Quais experiências anteriores foram os alicerces para as ações dele(a)? Quais dinâmicas eram inerentes ao relacionamento e seu histórico prévio que levaram a situação a acontecer?

Nenhum relacionamento de casais começa completamente novo; ele sempre é influenciado pelas experiências que forjaram o senso de cada indivíduo sobre si e sobre os outros. Por exemplo: como notado por Siegel no Prefácio, diferentes tipos de pais produzem filhos com apegos seguro, evitativo, ambivalente ou desorganizado. Em consequência, esses filhos irão formar relacionamentos que são influenciados por essas interações prévias de apego, talvez ataques inapropriados, rejeição ou retraimento de seus parceiros. Apesar de intenções evidentes, situações atuais se ligam às redes de memória onde as experiências anteriores estão armazenadas, e afetos e perspectivas disfuncionais emergem para colorir as percepções (Shapiro, 1998). O gesto de apoio de um parceiro pode ser interpretado como controlador ou possessivo. Assim como uma simples distração pode ser vista como abandono ou desdém.

O modelo PAI sensibiliza os clínicos a recolherem históricos apropriados dos clientes que identificam as memórias anteriores que fixaram os alicerces para a disfunção. Os modelos TFS são ressaltados, bem como as interações interpessoais dentro da família de origem ou com outras pessoas significativas podem ser claramente os eventos não processados angustiantes que foram armazenados na memória. Interações interpessoais podem desencadear as memórias, e as dinâmicas familiares podem mantê-las e exacerbá-las. No entanto, de uma perspectiva PAI, a causa é a raiz interna. Por exemplo: os comportamentos controladores do marido são vistos como consequência de experiências anteriores que podem estar alimentando medos atuais de abandono ou inadequação. Embora seus comportamentos evidentes sejam eliciados e exacerbados por percepções das ações de sua esposa, a causa essencial de sua falta de percepção crônica e comportamentos inapropriados é entendida como um material não processado. Isto é, até mesmo comportamentos inocentes da esposa ou aqueles que seriam percebidos apropriadamente pelos outros podem eliciar respostas afetivas no marido e fazer com que ele seja angustiado e controlador. Alguns relacionamentos necessitam de intervenções focadas apenas em mudanças de padrões de interação e comunicação. No entanto, no modelo PAI, sistemas interacionais crônicos resistentes são vistos como tendo base em respostas patológicas dentro do indivíduo.

Concomitantemente a uma avaliação sistêmica apropriada, o modelo PAI postula a utilidade de processar as experiências passadas de comportamento disfuncional atual de cada indivíduo. Através desses meios, o terapeuta familiar pode ser mais bem-sucedido em modelar e ensinar as habilidades de relacionamento e comunicação necessárias. Por exemplo: muitos praticantes de atos domésticos violentos testemunharam esse tipo de comportamento abusivo entre seus próprios pais, com afetos armazenados de medo ou raiva. O tratamento com EMDR incluiria processar a experiência junto com o ensinamento das técnicas necessárias de autocontrole e habilidades de relacionamento. Relatos singulares têm indicado que processar as memórias de infância de perpetradores de violência doméstica os liberta de reações disfuncionais automáticas, bem como pesquisas envolvendo o processamento de experiências infantis de perpetradores de abuso sexual têm revelado o cessar de reatividade automática e excitação fisiológica (Ricci, 2006; Ricci, Clyton & Shapiro, no prelo). Por exemplo: relatos publicados indicam a utilidade do EMDR com pessoas que experimentaram disfunções conjugais e sexuais, que agora são inaptas a manter relacionamentos mais saudáveis (Kaslow, Nurse & Thompson, 2002; Keenan & Farrell, 2000; C. Levin, 1993; Protinsky, Sparks & Flemke, 2001; Wernik, 1993).

Uma variedade de comportamentos relacionais disfuncionais pode estar enraizada em experiências infantis que, de alguma maneira, proporcionou ao indivíduo um senso de segurança ou controle. Como indicado por Siegel no Prefácio, crianças com apego inseguro têm respostas "apropriadas" para os padrões disfuncionais de seus pais; a patologia reside no fato de que, quando adulto, esses padrões interacionais não serão mais funcionais. O modelo PAI encoraja os clínicos a processarem as interações relembradas que formam esses padrões e os sensibiliza a reconhecer que os pais do cliente podem ter sido vítimas de suas próprias traumatizações, que podem advir de várias gerações. As respostas inapropriadas para seus filhos emergem de experiências perturbadoras que estão armazenadas em suas próprias redes de memórias e precisam ser processadas. Apesar de a evolução ter fortalecido as respostas automáticas para manter a sobrevivência das espécies, o trauma pode anular essa programação (Madrid, Skolek & Shapiro, no prelo, Schore, 2003; Siegel, 1999). Por exemplo: em contraste com as mães saudáveis que respondem automaticamente ao choro de seus filhos com cuidados e conforto, a mãe traumatizada pode se tornar evitativa ou ficar ansiosa e eufórica. Consequentemente, o bebê pode ser evitado ou tratado com grosseira quando chorar, iniciando um ciclo de respostas inapropriadas pela mãe às necessidades básicas do bebê e pode continuar na infância.

O modelo PAI alerta os clínicos para a necessidade de identificar e processar a memória perturbada dos pais, a fim de mudar suas respostas habituais, bem como tratar a criança através do processamento de suas experiências traumatizantes (para exemplos de casos detalhados, veja Shapiro & Forrest, 1997). A Terapia Familiar Sistêmica pode, então, ser usada para ensinar as habilidades parentais apropriadas e ajudar a estabelecer fronteiras e interações saudáveis necessárias para permitir que a família evolua. (Possivelmente, Terapia Familiar Estrutural seria o tratamento de escolha; veja Cap. 2.) Se um terapeuta individual está trabalhando com um adulto, reconciliações familiares não são tão importantes, pois o indivíduo alcançou uma idade na qual a individuação e uma variedade de escolhas são possíveis. Para crianças envolvidas dentro das dinâmicas de uma família disfuncional, o princípio do EMDR é importante para os pais para ajudar a mudar essas dinâmicas, enquanto, simultaneamente, incorpora experiências positivas, afetos e recursos para a criança.

CONCLUSÃO

O senso de *self* de uma criança é engendrado por interações acumuladas com seus pais e provê o filtro central através do qual outras experiências de vida são vistas. Por exemplo: Tara foi constantemente tratada por seus pais de maneira que a fizeram se sentir deficiente e, devido aos afetos decorrentes dessas memórias não processadas, outros eventos também foram vividos com o senso de "Eu sou deficiente / inadequada". Este seria o caso independente de Tara começar a terapia com 15 ou 50 anos. Também, uma depressão vitalícia de um cliente pode ter sido causada por respostas parentais que instigaram afetos e crenças correspondentes de "Eu não sou bom o suficiente" e "Eu nunca tenho o controle" durante os anos de formação, ou seu medo e ansiedade podem ser resultado de cuidados que o levaram ao apego ambivalente.

Como uma abordagem psicoterápica integrativa, o objetivo do EMDR é libertar clientes de qualquer idade de contribuintes experienciais que são a fundação para a patologia atual. Uma avaliação completa de todo o quadro clínico é usada para identificar as limitações do corpo, da mente, da emoção e das perspectivas existenciais. O modelo PAI guiando a prática EMDR postula que a maioria das patologias é influenciada ou causada por memórias de experiências prévias que foram armazenadas disfuncionalmente no cérebro; uma avaliação sistêmica é necessária para explorar essa fundação e identificar as situações atuais que exacerbam qualquer disfunção.

Não importa se o cliente é uma criança ou adulto. É vital lembrar que as interações interpessoais são produto de conversões de mundos internos. Alguns relacionamentos podem ser corrigidos unicamente através da educação, mas muitos clientes têm necessidade de um reajustamento psíquico profundo, a fim de quebrar padrões de respostas emocionais e cognitivas disfuncionais. Os relacionamentos problemáticos são sintomas de um mundo interior danificado. Este livro oferece um guia clínico para terapeutas individuais e familiares, e demonstra o processamento EMDR guiado pelo PAI em combinação com vários modelos de TFS. O EMDR ressalta o mundo interior do indivíduo como uma fundação primária para comportamentos interacionais. As incontáveis formas de TFS contribuem com meios para aumentar a seleção de alvos, bem como procedimentos para aumentar a compreensão e melhorar a interação entre os membros da família. Assim como as pessoas não vivem isoladas, a importância de uma prática integrativa não pode ser descartada. Esperamos que esse compêndio que cruza as estratégias do campo EMDR e TFS na prática clínica auxilie os terapeutas nesse processo.

REFERÊNCIAS

American Psychiatric Association. (2000). Diagnostic and statistical manual of mental disorders (4th ed., text rev.). Washington, DC: Author.

American Psychiatric Association. (2004). Practice guideline for the treatment of patients with acute stress disorder and posttraumatic stress disorder. Arlington, VA: American Psychiatric Association Practice Guidelines.

Andrade, J., Kavanagh, D., & Baddeley, A. (1997). Eye-movements and visual imagery: A working memory approach to the treatment of post-traumatic stress disorder. British Journal of Clinical Psychology, 36, 209-223.

Bandura, A. (1977). Self-efficacy: Toward a unifying theory of behavioral change. Psychological Review, 84, 191-215.

Bandura, A. (2000). Self-efficacy: The foundation of agency. In W. J. Perrig & A. Grob (Eds.), Control of human behavior, mental processes, and consciousness: Essays in honor of the 60th birthday of August Flammer (pp. 17-33). Mahwah, NJ: Erlbaum.

Barlow, D. H., Shapiro, F, & White, M. (2005, December). Supervision panel. Evolution of Psychotherapy Conference, Anaheim, CA.

Barrowcliff, A. L., Gray, N. S., Freeman, T. C. A., & MacCulloch, M. J. (2004). Eye-movements reduce the vividness, emotional valence and electrodermal arousal associated with negative autobiographical memories. Journal of Forensic Psychiatry and Psychology, 15, 325-345.

Bleich, A., Kotler, M., Kutz, I., & Shalev, A. (2002). Guidelines for the assessment and professional intervention with terror victims in the hospital and in the community. Position paper of the (Israeli) National Council for Mental Health, Jerusalem, Israel.

Bradley, R., Greene, J., Russ, E., Dutra, L., & Westen, D. (2005). A multidimensional meta-analysis of psychotherapy for PTSD. American Journal of Psychiatry, I62, 214-227.

Brown, S., & Shapiro, F. (2006). EMDR in the treatment of borderline personality disorder. Clinical Case Studies, 5, 403-420.

Browning, C. (1999, September). Floatback and float-forward: Techniques for linking past, present, and future. EMDRIA Newsletter, pp. 12-13.

Carlson, J., Chemtob, C. M., Rusnak, K., Hedlund, N. L., & Muraoka, M. Y. (1998). Eye movement desensitization and reprocessing (EMDR): Treatment for combat-related post-traumatic stress disorder. Journal of Traumatic Stress, II, 3-24.

Chemtob, C. M., Tolin, D. F., van der Kolk, B. A., & Pitman, R. K. (2000). Eye movement desensitization and reprocessing. In E. B. Foa, T. M. Keane, & M. J. Friedman (Eds.), Effective treatments for PTSD: Practice guidelines from the International Society for Traumatic Stress Studies (pp. 139-155, 333-335). New York: Guilford Press.

Christman, S. D., Garvey, K. J., Propper, R. E., & Phaneuf, K. A. (2003). Bilateral eye movements enhance the retrieval of episodic memories. Neuropsychology, 17, 221-229.

Davidson, P. R., & Parker, K. C. H. (2001). Eye movement desensitization and reprocessing (EMDR): A meta-analysis. Journal of Consulting and Clinical Psychology, 69, 305-316.

De Jongh, A., Ten Broeke, E., & Renssen, M. R. (1999). Treatment of specific phobias with eye movement desensitization and reprocessing (EMDR): Protocol, empirical status, and conceptual issues. Journal of Anxiety Disorders, /3.69-85.

Department of Veterans Affairs & Department of Defense. (2004). VA/DoD clinical practice guideline for the management of post-traumatic stress. Washington, DC: Author.

Dutch National Steering Committee Guidelines Mental Health Care. (2003). Multidisciplinary guideline: Anxiety disorders. Utrecht, The Netherlands: Quality Institute Heath Care CBO/ Trimbos Institute.

Dworkin, M. (2005). EMDR and the relational imperative. New York: Brunner-Routledge.

Edmond, T., Rubin, A., & Wambach, K. (1999). The effectiveness of EMDR with adult female survivors of childhood sexual abuse. Social Work Research, 23, 103-116.

Edmond, T., Sloan, L., & McCarty, D. (2004). Sexual abuse survivors' perceptions of the effectiveness of EMDR and eclectic therapy: A mixed-methods study. Research on Social Work Practice, 14, 259-272.

Emmelkamp, P. M. G., Bouman, T. K., & Scholing, A. (1992). Anxiety disorders: A practitioner's guide. Chichester, England: Wiley.

Fernandez, I., & Faretta, E. (in press). EMDR in the treatment of panic disorder with agoraphobia. Clinical Case Studies.

Foa, E. B., & Rothbaum, B. 0. (1998). Treating the trauma of rape: Cognitive-behavioral therapy for PTSD. New York: Guilford Press.

Grant, M., & Threlfo, C. (2002). EMDR in the treatment of chronic pain Journal of Clinical Psychology, 58, 1505-1520.

Gupta, M., & Gupta, A. (2002). Use of eye movement desensitization and reprocessing (EMDR) in the treatment of dermatologic disorders. Journal of Cutaneous Medicine and Surgery, 6, 415-421.

Tonson, G. I., Freund, B., Strauss, J. L., & Williams, J. (2002). Comparison of two treatments for traumatic stress: A community-based study of EMDR and prolonged exposure. Journal of Clinical Psychology, 58, 113-128.

Jaberghaderi, N., Greenwald, R., Rubin, A., Dolatabadim, S., & Zand, S. O. (2004). A comparison of CBT and EMDR for sexually abused Iranian girls. Clinical Psychology and Psychotherapy, 1I, 358-368.

Kaslow, F. W., Nurse, A. R., & Thompson, P. (2002). Utilization of EMDR in conjunction with family systems therapy. In F. Shapiro (Ed.), EMDR and the paradigm prism: Experts of diverse orientations explore an integrated treatment (pp. 289-318). Washington, DC: American Psychological Association.

Kavanagh, D. J., Freese, S., Andrade, J., & May, J. (2001). Effects of visuospatial tasks on desensitization to emotive memories. British Journal of Clinical Psychology, 40, 267-280.

Keenan, P., & Farrell, D. (2000). Treating morbid jealousy with eye movement desensitization and reprocessing utilizing cognitive inter-weave: A case report. Counselling Psychology Quarterly, I3, 175-189.

Kitchur, M. (2005). The strategic developmental model for EMDR. In R. Shapiro (Ed.), EMDR solutions (pp. 8-56). New York: Norton.

Korn, D. L., & Leeds, A. M. (2002). Preliminary evidence of efficacy for EMDR resource development and installation in the stabilization phase of treatment of complex posttraumatic stress disorder. Journal of Clinical Psychology, 58(12), 1465-1487.

Korn, D. L., van der Kolk, B. A., Weir, J., & Rozelle, D. (2004, September). Looking beyond the data: Clinical lessons learned from an EMDR treatment outcome study. Paper presented at the Annual conference of the EM DR International Association, Montreal, Canada.

Kuiken, D., Bears, M., Miall, D., & Smith, L. (2001-2002). Eye movement desensitization reprocessing facilitates attentional orienting. Imagination, Cognition and Personality, 2I(1), 3-20.

Lamprecht, F., Kohnke, C., Lempa, W., Sack, M., Matzke, M., & Munte, T. (2004). Event-related potentials and EMDR treatment of post-traumatic stress disorder. Neuroscience Research, 49, 267-272.

Lansing, K., Amen, D. G., Hanks, C., & Rudy, L. (2005). High resolution brain SPECT imaging and EMDR in police officers with PTSD. Journal of Neuropsychiatry and Clinical Neurosciences, I7, 526-532.

Lee, C., Gavriel, H., Drummond, P., Richards, J., & Greenwald, R. (2002). Treatment of posttraumatic stress disorder: A comparison of stress inoculation training with prolonged exposure and eye movement desensitization and reprocessing. Journal of Clinical Psychology, 58, 1071-1089.

Lee, C., Taylor, G., & Drummond, P. D. (2006). The active ingredient in EMDR: Is it traditional exposure or dual focus of attention? Clinical Psychology and Psychotherapy, I3, 97-107.

Levin, C. (1993, July/August). The enigma of EMDR. Family Therapy Networker, 75-83.

Levin, P., Lazrove, S., & van der Kolk, B. A. (1999). What psychological testing and neuroimaging tell us about the treatment of posttraumatic stress disorder (PTSD) by eye movement desensitization and reprocessing (EMDR). Journal of Anxiety Disorders, 13, 159-172.

Lovett, J. (1999). Small wonders: Healing childhood trauma with EMDR. New York: Free Press.

Madrid, A., Skolek, S., & Shapiro, F. (in press). Repairing failures in bonding through EMDR. Clinical Case Studies.

Marcus, S., Marquis, P., & Sakai, C. (1997). Controlled study of treatment of PTSD using EMDR in an HMO setting. Psychotherapy, 34, 307-315.

Marcus, S., Marquis, R, & Sakai, C. (2004). Three- and 6-month follow-up of EMDR treatment of PTSD in an HMO setting. International Journal of Stress Management, II, 195-208.

Maxfield, L., & Hyer, L. A. (2002). The relationship between efficacy and methodology in studies investigating EMDR treatment of PTSD. Journal of Clinical Psychology, 58, 23-41.

McCullough, L. (2002). Exploring change mechanisms in EMDR applied to "small t trauma" in short term dynamic psychotherapy: Research questions and speculations. Journal of Clinical Psychology, 58, 1465-1487.

McGoldrick, M., Gerson, R., & Shellenberger, S. (1999). Genograms: Assessment and intervention. New York: Norton.

Mol, S. S. L., Arntz, A., Metsemakers, J. F. M., Dinant, G., Vilters-Van Montfort, P. A. P., & Knottnerus, A. (2005). Symptoms of post-traumatic stress disorder after non-traumatic events: Evidence from an open population study. British Journal of Psychiatry, 186, 494-499.

National Institute for Clinical Excellence. (2005). Post traumatic stress disorder (PTSD): The management of adults and children in primary and secondary care. London: NICE Guidelines.

Norcross, J. C. (Ed.). (2002). Psychotherapy relationships that work: Therapist contributions and responsiveness to patient needs. New York: Oxford University Press.

Perkins, B. R., & Rouanzoin, C. C. (2002). A critical evaluation of current views regarding eye movement desensitization and reprocessing (EMDR): Clarifying points of confusion. Journal of Clinical Psychology, 58, 77-97.

Peterson, C., Maier, S. F., & Seligman, M. E. P. (1993). Learned helplessness: A theory for the age of personal control. New York: Oxford University Press.

Power, K. G., McGoldrick, T., Brown, K., Buchanan, R., Sharp, D., Swanson, V., et al. (2002). A controlled comparison of eye movement desensitization and reprocessing versus exposure plus cognitive restructuring, versus waiting list in the treatment of post-traumatic stress disorder. Journal of Clinical Psychology and Psychotherapy, 9, 299-318.

Protinsky, H., Sparks, J., & Flemke, K. (2001). Using eye movement desensitization and reprocessing to enhance treatment of couples. Journal of Marital and Family Therapy, 27, 157-164.

Ray, A. L., & Zbik, A. (2001). Cognitive behavioral therapies and beyond. In C. D. Tollison, 4 R. Satterhwaite, & J. W. Tollison (Eds.), Practical pain management (3rd ed., pp. 189-208). Philadelphia: Lippincott.

Ricci, R. J. (2006). Trauma resolution using eye movement desensitization and reprocessing with an incestuous sex offender: An instrumental case study. Clinical Case Studies, 5, 248-265

Ricci, R. J., Clayton, C. A., & Shapiro, F. (2006). Some effects of EMDR treatment with previously abused child molesters: Theoretical reviews and preliminary findings. Journal of Forensic Psychiatry and Psychology, 17, 538-562.

Rogers, S., & Silver, S. M. (2002). Is EMDR an exposure therapy? A review of trauma protocols. Journal of Clinical Psychology, 58, 43-59.

Rogers, S., Silver. S., Goss, J. Obenchain, J., Willis, A., & Whitney, R. (1999). A single session, controlled group study of flooding and eye movement desensitization and reprocessing in treating posttraumatic stress disorder among Vietnam War veterans: Preliminary data. Journal of Anxiety Disorders, I3, 119-130.

Rothbaum, B. 0., Astin, M. C., & Marsteller, F. (2005). Prolonged exposure versus eye movement desensitization (EMDR) for PTSD rape victims. Journal of Traumatic Stress, 18, 607-616.

Scheck, M., Schaeffer, J. A., & Gillette, C. (1998). Brief psychological intervention with traumatized young women: The efficacy of eye movement desensitization and reprocessing. Journal of Traumatic Stress, 1I, 25-44.

Schneider, J., Hofmann, A., Rost, C., & Shapiro, F. (in press). EMDR in the treatment of chronic phantom limb pain. Pain Medicine.

Schore, A. N. (2003). Affect dysregulation and the disorders of the self. New York: Norton. Seligman, M. E. (1972). Learned helplessness. Annual Review of Medicine. 23, 407-412.

Shapiro, F. (1989). Efficacy of the eye movement desensitization procedure in the treatment of traumatic memories. Journal of Traumatic Stress Studies, 2, 199-223.

Shapiro, F. (1991a). Eye movement desensitization and reprocessing procedure: From EMD to EMD/R—A new treatment model for anxiety and related traumata. Behavior Therapist, 14, 133-135.

Shapiro, F. (1991b). Stray thoughts. EMDR Network Newsletter, I,1-3.

Shapiro, F. (1994a). Alternative stimuli in the use of EMDR. Journal of Behavior Therapy and Experimental Psychiatry, 25, 89.

Shapiro, F. (1994b). EMDR: In the eye of a paradigm shift. Behavior Therapist, I7, 153-158.

Shapiro, F. (1995). Eye movement desensitization and reprocessing: Basic principles, protocols and procedures. New York: Guilford Press.

Shapiro, F. (1998). Eye movement desensitization and reprocessing (EMDR): Accelerated information processing and affect-driven constructions. Crisis Intervention and Time-Limited Treatment, 4,145-157.

Shapiro, F. (1999). Eye movement desensitization and reprocessing (EMDR): Clinical and research implications of an integrated psychotherapy treatment. Journal of Anxiety Disorders, 13, 35-67.

Shapiro, F. (2001). Eye movement desensitization and reprocessing: Basic principles, protocols and procedures (2nd ed.). New York: Guilford Press.

Shapiro, E (2002). Paradigms, processing, and personality development. In E Shapiro (Ed.), EMDR as an integrative psychotherapy approach: Experts of diverse orientations explore the paradigm prism (pp. 3-26). Washington, DC: American Psychological Association Books.

Shapiro, F. (2005). Eye movement desensitization and reprocessing (EMDR) training manual. Watsonville, CA: EMDR Institute.

Shapiro, F, & Forrest, M. S. (1997). EMDR. New York: Basic Books.

Siegel, D. J. (1999). The developing mind: Toward a neurobiology of interpersonal experience. New York: Guilford Press.

Siegel, D. J. (2002). The developing mind and the resolution of trauma: Some ideas about information processing and an interpersonal neurobiology of psychotherapy. In F. Shapiro (Ed.), EMDR as an integrative psychotherapy approach: Experts of diverse orientations explore the paradigm prism (pp. 85-122). Washington, DC: American Psychological Association.

Sjöblom, P. 0., Andréewitch, S., Bejerot, S., Mortberg, E., Brinck, U., Ruck, C., et al. (2003). Regional treatment recommendation for anxiety disorders. Stockholm, Sweden: Medical Program Committee/Stockholm. City Council.

Smyth, N. J., & Poole, D. (2002). F.MDR and cognitive behavior therapy: Exploring convergence and divergence. In E Shapiro (Ed.), EMDR and the paradigm prism (pp. 151-180). Washington, DC: American Psychological Association.

Sprang, G. (2001). The use of eye movement desensitization and reprocessing (EMDR) in the treatment of traumatic stress and complicated mourning: Psychological and behavioral outcomes. Research on Social Work Practice, 11,300-320.

Stickgold, R. (2002). F.MDR: A putative neurobiological mechanism of action. Journal of Clinical Psychology, 58, 61-75.

Taylor, S., Thordarson, D. S., Maxfield, L., Fedoroff, I. C., Lovell, K., & Ogrodniczuk, J. (2003). Comparative efficacy, speed, and adverse effects of three PTSD treatments: Exposure therapy, EMDR, and relaxation training. Journal of Consulting and Clinical Psychology, 71, 330-338.

Van den Hout, M., Muris, P., Salemink, F.., & Kindt, M. (2001). Autobiographical memories become less vivid and emotional after eye movements. British Journal of Clinical Psychology, 40, 121-130.

Van der Kolk, B. A. (1996). Trauma and memory. In B. A. van der Kolk, A. C. McFarlane, & L. Weisaeth (Eds.), Traumatic stress: The effects of overwhelming experience on mind, body, and society (pp. 279-302). New York: Guilford Press.

Van der Kolk, B. A. (2002). Beyond the talking cure: Somatic experience and subcortical imprints in the treatment of trauma. In F. Shapiro (Ed.), EMDR as an integrative psychotherapy approach: Experts of diverse orientations explore the paradigm prism (pp. 57-84). Washington, DC: American Psychological Association.

Van der Kolk, B. Spinazzola., Blaustein, J., Hopper, J., Hopper, E., Korn, D., et al. (in press). A randomized clinical trial of EMDR, fluoxetine, and pill placebo in the treatment of PTSD: Treatment effects and long-term maintenance. Journal of Clinical Psychiatry.

Van Etten, M., & Taylor, S. (1998). Comparative efficacy of treatments for post-traumatic stress disorder: A meta-analysis. Clinical Psychology and Psychotherapy, 5, 126-144.

Vaughan, K., Armstrong, M. F., Gold, R., O'Connor, N., Jenneke, W., & Tarrier, N. (1994). A trial of eye movement desensitization compared to image habituation training and applied muscle relaxation in post-traumatic stress disorder. Journal of Behavior Therapy and Experimental Psychiatry, 25, 283-291.

Wachtel, P. L. (2002). EMDR and psychoanalysis. In F. Shapiro (Ed.), EMDR and the paradigm prism (pp. 123-150). Washington, DC: American Psychological Association.

Watkins, J., & Watkins, H. (1997). Ego states, theory and therapy. New York: Norton.

Wernik, U. (1993). The role of the traumatic component in the etiology of sexual dysfunctions and its treatment with eye movement desensitization procedure. Journal of Sex Education and Therapy, I9, 212-222.

Wolpe, J. (1958). Psychotherapy by reciprocal inhibition. Stanford: Stanford University Press.

Zabukovec, I., Lazrove, S., & Shapiro, F. (2000). Self-healing aspects of EMDR: The therapeutic change process and perspectives of integrated psychotherapies. Journal of Psychotherapy Integration, I0, 189-206.

CAPÍTULO 2
Teorias Familiares Sistêmicas e Aplicações Terapêuticas:
Uma Revisão Contextual

Florence W. Kaslow

O propósito deste capítulo é oferecer uma revisão de impressões do campo da terapia/psicologia familiar de forma que os próximos capítulos possam ser mais bem compreendidos. Para completar essa tarefa significativa nos limites desse espaço, o mesmo formato tem sido seguido na sumarização de cada uma das escolas teóricas. São enfatizadas as dimensões chave comuns encontradas em quase todas as teorias. As dimensões abordadas são uma sinopse da estrutura básica de cada teoria e objetivos, técnicas e processos de cada escola de terapia, suas aplicabilidades de tratamento percebidas, e processos e/ou resultados de pesquisas sobre a metodologia. Quando um conceito particular (ou técnica) for mencionado mais adiante neste volume, o leitor usará o índice que se refere a este capítulo para elucidação adicional ou conceitualização. Onde há possibilidade, os capítulos deste livro são citados para que o leitor integre seletivamente uma perspectiva teórica particular e uma abordagem de tratamento em seu trabalho clínico com Dessensibilização e Reprocessamento Através de Movimentos Oculares (EMDR). (A seleção de teorias representa uma escolha da autora e não é completa.)

Atualmente, o campo tem evoluído a ponto de a terceira, a quarta e até mesmo a quinta geração de teóricos familiares, terapeutas, psicólogos e pesquisadores estarem ativamente envolvidos em fazer contribuições dignas de nota. Excelentes livros e artigos têm sido escritos explicando as várias escolas de terapia familiar e o leitor interessado pode consultá-los para maiores detalhes (veja Goldenberg & Goldenberg, 2004; N. J. Kaslow, Dausch & Celano, 2003; N. J. Kaslow, Kaslow & Farber, 1999; Nichols & Schwartz, 2006).

ESQUEMAS DE FAMÍLIAS SAUDÁVEIS, *MIDRANGE*[9] E DISFUNCIONAIS

É essencial ter um enquadramento para examinar e compreender as áreas de déficits e disfunção dos pacientes. Têm sido divulgados diferentes esquemas indicando o que são dinâmicas familiares saudáveis, *midrange* e processos interacionais (Walsh, 1993). Medir essas características e padrões ajuda na determinação da classificação de famílias. Tais esquemas oferecem uma imagem de funcionamento saudável que pode servir como a linha de base na qual os clínicos podem ajudar famílias estressadas a mudarem em direção a padrões e processos saudáveis.

Existem dois modelos bem delineados. Olson et alii (1979, 1983) desenvolveram um "Modelo Circumplexo de Funcionamento Familiar" integrando duas variáveis principais: adaptabilidade e coesão. *Adaptabilidade* se refere à habilidade do sistema para mudar sua estrutura de poder, relacionamentos de papéis e flexibilidade nas regras de relacionamento em resposta aos estresses situacional e relacional. *Coesão* se refere ao vínculo emocional que os membros da família têm um com o outro. Um equilíbrio entre as duas variáveis tipifica a saúde do funcionamento familiar saudável, tanto quanto a otimização do desenvolvimento de cada membro da família. Quando as famílias apresentam equilíbrio sobre uma dimensão e comportamento extremo em outra, elas são classificadas como *midrange*. Quando seu funcionamento falha em ambas as variáveis no nível extremo, as famílias tendem a ser disfuncionais. Os modelos também podem ser caóticos ou rígidos na dimensão adaptabilidade e desengajados ou fusionados na dimensão coesão. Esse modelo propõe quatro subtipos de famílias disfuncionais: *caoticamente desagregada* – os membros da família se sentem desconectados uns dos outros, fronteiras predominantes confusas, liderança e disciplina são irregulares ou quase inexistentes, e os papéis e regras são pobremente definidos e substituídos de forma rápida; *caoticamente emaranhada* – os membros da família são muito próximos, com excessiva demanda para lealdade e pouca tolerância para individualidade, privacidade, ou amigos e atividades fora; isso está combinado com imprevisibilidade e explosividade na liderança familiar e disciplina; *rigidamente desagregada* – os membros da família experimentam um senso de isolamento e solidão no regulamento, ambiente autoritário onde a negociação é rara e papéis estereotipados são impostos; e *rigidamente emaranhada* – os membros da família sentem que proximidade familiar extrema é demandada dentro de um contexto estrito estressante com rigorosa obediência

---

[9] N. da T.: Famílias "midrange" podem ser compreendidas como intermediárias entre aquelas saudáveis e as disfuncionais.

a regras e papéis rígidos, subserviência e liderança autoritária. Olson et alii (1979, 1983) incluem *comunicação familiar* como a terceira dimensão no modelo e postulam que comunicação é uma dimensão facilitadora, que capacita as famílias a alterar os domínios da coesão e da adaptabilidade. Esse sistema de classificação proporciona uma estrutura para intervenções de mudança orientada.

Beavers (1977, 1993) oferece um modelo de crescimento orientado, ao invés de mudança orientada. Na sua conceitualização, as famílias são classificadas como saudáveis, *midrange* ou disfuncionais baseadas em oito variáveis: orientação sistêmica, questões de fronteira, questões contextuais, questões de poder, encorajamento de autonomia, questões de afetividade, negociação e cumprimento de tarefas, e valores transcendentais. Ele propôs que famílias saudáveis são sistemas abertos que interagem com o mundo externo e que também têm fronteiras apropriadas entre os membros da família e entre gerações. Cada membro é livre para expressar seus sentimentos e pensamentos. Há respeito pela privacidade individual e permeabilidade de fronteiras conduzindo a proximidade nos relacionamentos. Existem papéis claros, regras e expectativas para que a confusão causada por mensagens distorcidas seja evitada. As figuras parentais compartilham o poder; então, há poucas disputas por controle. A autonomia apropriada para a idade é alimentada para que os indivíduos possam funcionar relativamente independentes, enquanto ainda há senso de pertencimento à unidade familiar. Famílias saudáveis encorajam a experiência e a expressão da gama completa de emoções positivas e negativas, e respondem empaticamente às expressões afetivas do outro. Tais famílias têm boas habilidades de resolução de problemas e são negociadores tranquilos quando surgem discordâncias. Isso os permite controlar tarefas e lidar, efetivamente, com transições de vida. Finalmente, essas famílias compartilham um sistema implícito e explícito por significado e valor. Isso as ajuda a se sentirem parte do contexto mundial mais amplo. Famílias disfuncionais têm características quase diametralmente opostas em cada variável e tendem a viver em um estado de contínuo conflito. Frequentemente, elas ficam alienadas umas das outras, da comunidade mais ampla, e/ou da família estendida. Famílias *midrange* caem no meio do caminho entre o saudável e o disfuncional.

Baseados em sua experiência, F. W. Kaslow e Hammeschimidt (1992) têm adicionado várias outras dimensões que tipificam casais saudáveis em casamentos duradouros, bem-sucedidos. Eles incluem o divertimento em conjunto, o alto nível de confiança um no outro, o respeito à integridade um do outro, a boa amizade e o prazer da companhia um do outro, o compartilhamento de vários interesses e atividades, e atenção às necessidades e vontades do outro.

Para recapitular, os dois esquemas de classificação mais amplamente aceitos indicam que as características de funcionalidade familiar saudável são contingentes aos estágios dos ciclos de vida da família e do contexto sociocultural no qual os membros da família vivem. Dimensões chave ao longo das quais a funcionalidade da família é avaliada são coesão, flexibilidade e comunicação. Famílias funcionando otimamente são coesivas, com estrutura de funcionamento clara e flexível, favorecendo para proximidade e autonomia apropriada para a idade. Famílias saudáveis adaptam sua estrutura de poder, papéis relacionais e regras em respostas a emergências situacionais e desenvolvimentais, e novas informações do meio. Uma distribuição relativamente igual de poder é normatizada pelos cônjuges, e uma clara hierarquia de poder existe entre o subsistema parental e os filhos; isto é modificado de acordo com a mudança dos estágios de desenvolvimento dos filhos. Padrões para regulação de comportamento são modificados com negociação e resolução de problemas. Funções familiares são desempenhadas de maneira que os membros não são sobrecarregados com muitas incumbências e há flexibilidade de papéis. A comunicação sobre assuntos afetivos e instrumentais é clara, com congruência entre conteúdo, intenção e processo de comunicação.

Nos casos apresentados adiante, podemos ver o progresso da maioria dos clientes no *continuum*, desde muito disfuncional até o avanço entre as categorias média e saudável, ao término do tratamento.

PERSPECTIVA INTEGRATIVA

Uma tendência importante e ampla, a qual é particularmente ligada a muitos dos casos discutidos neste livro, é a substituição de uma abordagem sistêmica familiar purista para uma teoria e perspectiva de tratamento mais integrativa, manifestada em numerosas esferas de atividade (Lebow, 2005). Muitos profissionais da área de família integram atualmente uma gama de modelos teóricos e as técnicas de intervenção associadas com as diferentes escolas de terapia familiar dentro do seu tratamento. Outro indicador dessa tendência é o ressurgimento da ênfase na significância do indivíduo no sistema familiar e o reconhecimento de impacto mútuo e recíproco sobre a família, e a família sobre o indivíduo. Um corolário disso é concernente à compreensão e à coevolução do indivíduo e da família, de forma que todas as suas necessidades diferentes são consideradas e equilibradas. Dada essa reemergência da preocupação com o indivíduo dentro do sistema familiar (Wachtel &

Wachtel, 1986), muitos terapeutas de família – para conduzir testes psicológicos – têm utilizado intervenção psicofarmacológica, terapia individual ou terapia de casal paralelamente ou sequencialmente com a terapia familiar (Pinsoff, 1995), ou para hospitalizar um membro da família com sintomatologia severa e danos que não respondem a intervenções ambulatoriais.

SUPERVISÃO DE MODELOS CONCEITUAIS

As teorias de terapia familiar não são um conjunto rígido. Antes, essa ampla categorização classifica o alcance das abordagens a partir da teoria psicanalítica tradicional e aprendizagem de teorias para sistemas, comunicações e teorias pós-modernas. Teorias familiares não são completamente distintas; elas compartilham variáveis comuns e têm muita superposição. Para iluminar o significado de pontos consistentes: a maioria das escolas vê a família como um sistema cujos membros são interdependentes, e vê ainda como abrangência de vários subsistemas com ligações geracionais e fronteiriças, redes de comunicação, coalizões e alianças, regras, segredos, mitos e rituais. Conforme abordado antes, três dimensões chave de funcionamento são o foco de abordagens múltiplas: coesão, adaptabilidade e comunicação (Olson et alii, 1979).

A maioria dos terapeutas familiares concorda que o grande objetivo da terapia é mudar os padrões interacionais do sistema familiar, com mudanças individuais ocorrendo como um produto das mudanças do sistema (Sandler, 1979). Objetivos adicionais observados por quase todas as escolas incluem o desenvolvimento da flexibilidade e adaptabilidade de papéis; um equilíbrio de poder, particularmente na terapia conjugal; o estabelecimento de individualidade dentro da coletividade familiar; e melhora da clareza e especificidade da comunicação. As principais áreas em torno do que há de divergências de opinião entre adeptos das diferentes escolas se relacionam com questões como: a definição da composição familiar (ex.: nuclear, estendida), quem deve estar presente nas sessões de terapia, a importância da história *versus* a centralização no presente, um foco sobre a dinâmica intrapsíquica *versus* interpessoal, a natureza e significado dos problemas apresentados, o papel da avaliação, os objetivos finais identificados da terapia, a ideia de problema e solução, e a personalidade e papel do terapeuta (Beels & Ferber, 1972; Gurman, 1979; F. W. Kaslow, 1987).

As várias abordagens (que serão vistas adiante) agrupadas sob as maiores teorias familiares são as seguintes:

- Psicodinâmica

  - Relações do objeto
  - Teoria do apego
  - Teoria do relacionamento imago

- Boweniana/ multigeracional
- Contextual/ relacional
- Experiencial

  - Simbólico-Experiencial

- Estrutural
- Estratégica

  - Narrativa
  - Construtivismo social e pós-modernismo

- Sistêmica
- Psicoeducacional
- Comportamental/ cognitivo-comportamental

  - Terapia familiar breve
  - Focada no problema-e-solução
  - Terapia familiar funcional

- Integrativa

Cada terapia oferece sua própria visão de realidade da família e uma perspectiva de saúde e de disfunção familiar. Embora algumas técnicas e terminologias possam ser similares, elas não são idênticas porque existem no contexto de epistemologias diferentes. Este capítulo foca sobre as teorias e não sobre terapeutas mais associados, embora a pessoa do terapeuta seja tão importante quanto às técnicas utilizadas por ele (Whitaker, 1976). Cada terapeuta possui seu próprio estilo e personalidade para interpretação e aplicação da teoria (F. W. Kaslow, Cooper & Linsenberg, 1979). Esse ponto óbvio será visto nos próximos capítulos.

TERAPIA FAMILIAR PSICODINÂMICA

Essa abordagem é a descendente mais próxima da psicoterapia individual orientada psicanaliticamente e um dos únicos modelos familiares que admite sua ligação com pensamento psicanalítico, a despeito do fato de que muitas terapias familiares pioneiras foram treinadas nessa tradição. Essa herança também aparece nas terapias familiares boweniana, contextual, experiencial e integrativa. A terapia psicanalítica familiar enfatiza o papel do inconsciente e da história passada como determinante de comportamentos e motivações. Postula que os *insights* são precursores necessários para as mudanças de comportamento e salienta a importância dos fenômenos da transferência e da contratransferência. Nos últimos anos, muitos clínicos têm integrado relações de objeto e teorias sistêmicas de família. Eles se referem ao trabalho como Terapia Familiar de Relações de Objeto (C. E. Scharff & Scharff, 1987; J. S. Scharff, 1989; Slipp, 1984) e tem se tornado a orientação psicanalítica dominante da abordagem de terapia familiar praticada atualmente.

Estrutura Básica e Objetivos

A Terapia Familiar de Relações do Objeto, uma abordagem de longo prazo, trata conflitos intrapsíquicos não resolvidos que ressurgem na vida atual de alguém, causando dificuldades relacionais e intrapsíquicas. O número de sessões varia, dependendo do problema apresentado e dos objetivos de cada fase do tratamento. Tipicamente, os objetivos incluem os segmentos (N. J. Kaslow et alii, 1999):

- Clarificar e redefinir os problemas, de modo que se tornem mais acessíveis para resolução.
- Delinear questões de vínculo.
- Explicar necessidades individuais e desejos, e como eles podem ser preenchidos dentro do sistema conjugal-familiar.
- Modificar expectativas e demandas excessivamente narcisistas.
- Aumentar as habilidades para se expressar e ouvir.
- Diminuir manifestações acusatórias e intimidantes.
- Facilitar a resolução de problemas e a resolução de conflitos.
- Modificar regras e padrões disfuncionais de comunicação.
- Ajudar os membros da família a conquistar um aumento de *insight*.
- Fortalecer a funcionalidade do ego.
- Reconhecer, validar e processar identificações defensivas projetivas.
- Atingir, de forma mais madura, um *self* interno e representações-objeto.
- Desenvolver relacionamentos interpessoais mais gratificantes, que sustentem a necessidade do outro de apego, individuação e crescimento psicológico.
- Reduzir as interlocuções patológicas entre os membros da família.
- Resolver transferências conjugais e de paciente-terapeuta.
- Encorajar o aumento da confiança e proximidade.
- Apoiar a aprovação fortalecida da individuação do outro.
- Fomentar o aumento do conforto e satisfação da sexualidade do outro.
- Criar um melhor equilíbrio entre os domínios afetivos e cognitivos da vida.
- Melhorar a autoimagem e a estima familiar para todos.
- Resolver conflitos neuróticos.

Muitos desses objetivos são consonantes com as dimensões que aparecem na discussão anterior de características da saúde familiar (F. W. Kaslow, 1981; Lewis, Beavers, Gossett & Phillips, 1976; Walsh, 1993).

Técnicas e Processo de Terapia

Na fase inicial, o terapeuta proporciona um "relacionamento apoiador" consistindo de tempo, estrutura e espaço específicos para a terapia. Isso permite aos membros da família se sentirem preservados e tão seguros que, assim, eles podem expressar suas emoções e crenças abertamente, e sentirem proximidade um com o outro enquanto mantêm um senso de *self* distinto. Isso é completamente compatível com o modo como o terapeuta de EMDR constrói o ambiente terapêutico. O terapeuta funciona como um cuidador "suficientemente bom", reparentalizando a família para prover maturação consistente e estrutura para alimentar a maturação saudável de membros individuais e da unidade familiar.

Durante essa fase, é coletada uma história abrangente de cada membro da família, com informações obtidas sobre experiências anteriores, problemas presentes e tratamentos anteriores. O clínico observa a interação da família durante a entrevista aberta para determinar o nível de relações de objeto, maior mecanismo de defesa e padrões relacionais entre os membros, e dinâmicas da família de origem. Em virtude de o par conjugal criar a unidade familiar, é necessário que o clínico explore suas razões inconscientes e conscientes para sua escolha do outro, o desenvolvimento da relação conjugal, as experiências, incluindo conflitos que precederam o casamento, e os efeitos disso sobre as interações e qualidade afetiva. Pelo impacto do passado sobre a moldagem do presente, o processo de vinculação joga um papel central na terapia familiar psicodinâmica. A significância relevante da apresentação dos problemas e os temas interacionais constituem o foco central da avaliação.

Uma vez estabelecida uma forte aliança terapêutica, o terapeuta empaticamente interpreta conflitos, resistências, transferências negativas, defesas e padrões de interação indicativos de conflitos intrapsíquicos e interacionais. Interpretações efetivas conectam a história do indivíduo e da família com seus sentimentos atuais, pensamentos, comportamentos e transações, abrindo o caminho para padrões interacionais mais adaptativos, e para ocorrer mudanças intrapsíquicas.

O clínico encoraja e apoia comunicações afetivas e aumenta as demonstrações de afeto, clareia a natureza da comunicação familiar, faz hipóteses de desafios e crenças, e tenta desalojar padrões ultrapassados rigidamente mantidos, e facilita o desenvolvimento de *insight* profundo na pessoa e a consciência dos outros membros.

Erros técnicos ocorrem quando não foi criado um ambiente que inspire segurança, quando as interpretações são pobremente marcadas e quando não há atenção para dinâmicas intrapsíquicas ou interpessoais, ou quando os comentários do terapeuta refletem questões contratransferências desarticuladas e não resolvidas.

Os terapeutas da psicodinâmica e das relações do objeto tratam questões de transferência e contratransferência para facilitar o esforço terapêutico (F. W. Kaslow & Magnavita, 2002). Eles usam suas próprias reações aos comportamentos da família e padrões de interação para entender as experiências compartilhadas (ainda que não ditas) de cada membro a respeito de padrões interacionais da família. Eles usam suas próprias reações de contratransferência objetiva para interpretar padrões interpessoais, nos quais um membro da família é induzido a se comportar de modo circunscrito e mal adaptativo (identificação projetiva) (J. S. Scharff, 1992).

Questões de perda e separação são consideradas secundárias para a força e natureza da aliança terapêutica; embora isso não defina a prática da Terapia Familiar de Relações do Objeto. Antes, as características que definem são a ligação do terapeuta com a família e a criação de um ambiente que inspire segurança dentro do qual cada membro da família possa redescobrir um ao outro e perder partes do *self* projetado no outro. Embora muitos terapeutas enfatizem o relacionamento terapêutico, aquele que é orientado psicanaliticamente foca sobre a aliança como um fator curativo, usa interpretação transferencial, como a dinâmica alicerce do tratamento, e atenta como as dinâmicas contratransferenciais influenciam o trabalho terapêutico.

Aplicabilidade do Tratamento

Usualmente, os clínicos usam a Terapia Familiar de Relações do Objeto com famílias funcionais cujos membros são orientados psicanaliticamente, bem educados e interessados em ganhar *insight*, e que possuem os recursos necessários para engajar em uma terapia de longa duração. Alguns clínicos defendem seu uso em famílias com membros com esquizofrenia, *borderline* ou narcisismo (J. S. Scharff, 1989), crianças e adolescentes, aqueles com divórcio ou recasamento, e aqueles que lidam com trauma e perda (D. E. Scharff & Scharff, 1987).

Ideias sobre a importância da vinculação mãe-criança, afeiçoamento pais-filhos e vinculação do casal são incluídos na Teoria das Relações do Objeto sob a rubrica de constância do objeto. Esse conceito postula que vínculos precoces poderiam ser seguros, cuidadosos, amorosos, predizíveis e constantes, e tornam-se o protótipo para a configuração dos relacionamentos posteriores (Bowlby, 1969, 1988). Vários capítulos neste livro abordam fortemente a teoria do apego, a necessidade de criar um ambiente que inspire segurança para um bom tratamento com EMDR ocorrer e a necessidade de a vinculação ser restaurada, e para as pessoas criarem relacionamentos confiantes aqui e agora, tudo que é objetivo da Terapia Familiar de Relações do Objeto. (Veja, por exemplo, os capítulos de Moses, Madrid, Wesselmann e Talan.)

TEORIA SISTÊMICA BOWENIANA

A terapia familiar boweniana também é aplicada como terapia da família de origem. Como os psicanalistas, Bowen considerava a doença mental como um produto de relacionamentos interpessoais perturbados. Mas ao contrário das abordagens psicanalíticas que focam primariamente sobre a mudança individual ou intrapsíquica, Bowen afirmou que a mudança deveria ocorrer no nível sistêmico de relacionamento. Ademais, enquanto na teoria psicanalítica o inconsciente é considerado para dirigir o pensamento consciente e ações de alguém, na teoria boweniana (Kerr & Bowen, 1988) a combinação do grau de ansiedade não modulada e o nível de diferenciação da família de origem são considerados os determinantes mais fortes dos relacionamentos interpessoais de alguém.

Um número de elementos centrais da teoria boweniana merece menção. Primeiro, Bowen entendia sua teoria como sendo aplicável às condições humanas em geral, não apenas familiar. Segundo, em vez de oferecer uma estrutura teórica, consistindo de conceitos psicológicos dicotomizados (natureza/educação, problemas conjugais/problemas infantis, doenças físicas/doenças emocionais), ele via fenômenos ao longo de um *continuum*. Terceiro, essa escola enfatiza a pessoa do terapeuta. Especificamente, Bowen enfatizou que é imperativo para o terapeuta estar bem diferenciado de sua própria família de origem. Ele argumentou que a capacidade do terapeuta para ser terapeuta era uma função de seu nível de diferenciação. Quarto, ele postulou que ansiedade crônica, uma característica de experiência difundida de todos os sistemas vivos, é a fonte primária de disfunções psicológicas e que diferenciação é o remédio para ansiedade crônica.

Oito constructos entrelaçados constituem grande parte da teoria de Bowen (Friedman, 1991): diferenciação de *self*, corte emocional, sistema emocional familiar, processo de projeção familiar, triangulação, posição de irmãos, processo de transmissão multigeracional e regressão social. A diferenciação de *self*, o pilar dessa teoria, se refere à extensão com que os indivíduos diferenciam entre os processos emocionais e intelectuais, e seu grau de separação da família de origem. Indivíduos altamente diferenciados são capazes de tomar decisões e resolver problemas sem responder a estímulo emocional interno. Eles não estão sitiados no clima emocional de sua família de origem, nem totalmente privados ou impenetráveis à sua importância. Reciprocamente, quando o funcionamento intelectual da pessoa está dominado por emoções, e há uma fusão entre pensamentos e sentimentos, esta pessoa está numa posição baixa no *continuum* de diferenciação. Por exemplo: algumas pessoas que superficialmente parecem funcionar bem têm problemas de diferenciação entre sentimentos subjetivos e pensamentos objetivos. Tal confusão entre processos afetivos e cognitivos é mais severa em relacionamento interpessoal fechado, como na família com um membro esquizofrênico que Bowen (1988) caracterizou como tendo uma "massa de ego familiar indiferenciada".

A diferenciação da família de origem é um processo de desenvolvimento contínuo. Alguns indivíduos com problema com tarefas de diferenciação tentam se diferenciar psicológica ou emocionalmente pelo afastamento e rejeição da importância de sua família. Eles podem se isolar por meio de um distanciamento geográfico ou ficarem virtualmente à parte de todo contato. Bowen denominou esse estilo de pseudodiferenciação, um "corte emocional".

O sistema emocional consiste de pessoas independentes emocionalmente. Pessoas que têm seus próprios princípios organizacionais, que incluem os pensamentos, sentimentos, fantasias, associações e história de relacionamentos passados de cada membro individual e coletivo. O sistema emocional familiar nuclear é tipicamente formado por parceiros conjugais com níveis equivalentes de diferenciação de *self*. Quando duas pessoas claramente *self*-diferenciadas se casam, elas criam igualmente um relacionamento estável e relativamente saudável. De forma inversa, baixos níveis de diferenciação em um ou em ambos podem estar associados com um sistema de origem familiar caracterizado por altos níveis de fusão emocional, conflitos conjugais, disfunção em um ou em ambos os parceiros, triangulação, falta de diferenciação de *self* de membros ou projeção de ansiedade. Menos sintomas de distresse são notados em gerações múltiplas dentro de uma família quando há avanço de contato emocional entre indivíduos de diferentes gerações, porém, os membros da família ainda se esforçam na direção de aumentar o nível de diferenciação de *self*.

Bowen identificou um "processo de projeção familiar" através do qual os pais projetam suas dificuldades sobre o filho mais vulnerável e isso acontece independente da ordem de nascimento dos filhos. O filho é escolhido como receptor das projeções parentais e, assim, triangulado dentro do relacionamento conjugal. Geralmente, revela uma diminuição de nível de diferenciação e está propenso a ser o filho mais fusionado. Esse filho experimenta a maior dificuldade em avançar em uma separação emocional adaptativa apropriada à idade. Quanto menos diferenciados os pais estão de suas próprias famílias de origem, maior a dependência no processo de projeção familiar para estabilizar o sistema e é mais provável que mais de um filho evidenciará disfunção emocional.

Os triângulos, os blocos básicos de construção de qualquer sistema emocional, representam o menor sistema de relacionamento estável (Bowen, 1988). A triangulação é outra técnica que pares conjugais utilizam para conter a tensão em seu relacionamento secundário para altos níveis de ansiedade, estresse e fusão. Quando a continuidade da díade está ameaçada, uma terceira parte é puxada para dentro do seu relacionamento para estabilizar a crise. Se esse triângulo falha em diluir a ansiedade e estabilizar o sistema, pessoas adicionais são seduzidas na formação de triângulos entrelaçados.

Outros conceitos centrais incluem um processo de transmissão multigeracional pelo qual severa disfunção é hipotetizada para ser transmitida através de processo sistêmico emocional familiar sobre várias gerações; posição fraternal, que reflete a afirmação de Bowen que interações entre parceiros conjugais podem ser influenciadas por suas próprias respectivas ordens de nascimento; e regressão societal, em que dinâmicas societais (como dinâmicas familiares) envolvem uma dialética entre as forças opostas de simbiose e individuação.

Estrutura Básica e Objetivos

A terapia boweniana é uma abordagem relativamente estruturada e de longa duração, tipicamente conduzida por um único terapeuta com um par conjugal ou indivíduos adultos. Membros da família (tanto quanto o sistema relacional) são a unidade paciente. Grande diferenciação de *self* dentro da família de origem de um, ao invés de um corte emocional dos progenitores, constitui o objetivo pretendido no trabalho. Um segundo objetivo associado é destriangular cada pessoa dos sistemas de três partes mal adaptativos pela resolução de tensões diádicas e desemaranhamento de todos os conflitos interpessoais que precipitaram a triangulação.

Técnicas e Processo de Terapia

As sessões de família de origem são estruturadas para capacitar cada indivíduo a falar mais racionalmente e menos emocionalmente. Para conquistar isso, o terapeuta alternadamente pergunta a cada parceiro sobre eles mesmos; eles respondem a cada comentário do outro, o problema atual, e sua família nuclear e família estendida. O clínico instrui os participantes sobre a teoria boweniana, encorajando e acompanhando visitas a (cada) família de origem para trabalhar todos os relacionamentos emocionais não resolvidos do passado e aumentar a diferenciação. Os focos de mudança entre o casal: o terapeuta propositalmente maneja como uma terceira ponta do triângulo. Como o casal torna-se conhecedor de seu processo de triangulação ao vivo na terapia, ele ganha *insight* dentro das manobras relacionais repetitivas utilizadas para triangular membros vulneráveis da família. Como o terapeuta trabalha com o casal para destriangulação, esse casal atuará diferentemente e a fusão da família diminuirá.

Os terapeutas bowenianos enfatizam a importância de averiguar dados históricos multigeracionais sobre relacionamentos dentro da família de origem. Problemas atuais podem ser interpretados no contexto de manifestações de fusão e diferenciação. Questões são recompostas, necessidades e vontades são clareadas, são promovidos aumentos na reciprocidade e na cooperação, e regras sistêmicas relacionais disfuncionais são modificadas. Bowen acreditava que evitação da transferência era necessária para aumentar a probabilidade e que a intensidade do relacionamento fosse concentrada sobre os reais membros da família e não redirecionada dentro de um intenso relacionamento transferencial com o terapeuta. Esses pressupostos fundamentais anunciaram maior afastamento da teoria e da prática psicanalítica.

Uma técnica dramática usada para facilitar o trabalho com a família de origem é construir genogramas, gráficos visuais que descrevem uma genealogia familiar ou uma árvore genealógica (F. W. Kaslow, 1995; McGoldrick, Gerson & Shellenberger, 1999). Os genogramas proporcionam informações sobre membros da família, a estrutura da família e inter-relacionamentos entre gerações. Construir genogramas é uma modalidade útil para se engajar com a família. Eles podem oferecer uma fonte rica de dados sistêmicos levando a hipóteses sobre comportamentos, crenças, mitos, valores, medos, legados e doenças, todos próprios do funcionamento da família. Eles podem capacitar o terapeuta a usar uma perspectiva sistêmica na conceitualização, reenquadramento e desintoxicação de problemas familiares passados e atuais para desbloquear o sistema relacional e encorajar o aumento da diferenciação. (Para maior aprofundamento, veja o capítulo de Shellenberger.) Como o conceito de genograma não é exclusivo de nenhuma abordagem, ele é usado por clínicos de diversas orientações teóricas (Roberto, 1992) ao redor do mundo.

Aplicabilidade do Tratamento

Usualmente, a terapia da família de origem é praticada com pessoas e casais que têm uma boa capacidade de se mover para a diferenciação e objetiva o processamento de emoções. Os terapeutas que aderem a essa orientação tendem a trabalhar com os membros da família mais diferenciados, conforme a aptidão desses indivíduos em serem os mais capazes de mudança. Essa orientação é válida para os interessados em participar de um trabalho de longa duração focado em questões relacionais centrais. É geralmente considerada imprópria para indivíduos e casais em crises agudas.

TERAPIA RELACIONAL E CONTEXTUAL

Boszormenyi-Nagy, o fundador dessa escola teórica, delineou quatro dimensões separadas, mas interligadas, que servem como base para o contexto relacional e também para as dinâmicas de funcionamento familiar (Boszormenyi-Nagy & Krasner, 1986).

São elas:

- Fatos: o que é fornecido pelo destino de alguém. Os fatos podem ser inevitáveis, devido à oportunidade e sorte (ex.: etnia, gênero, saúde física), ou evitáveis, refletindo uma construção de realidade da família ou do indivíduo (ex.: contexto histórico familiar, contexto social).

- Psicologia: as experiências emocionais do indivíduo, padrão de comportamentos, aspirações e motivações. Esses processos são indicativos de padrões interpessoais e de dinâmicas familiares.

- Transações: padrões de organização familiar em relação a papéis, estilos de comunicação e sequências, poder e intimidade.

- Ética relacional: construída como o pilar da Terapia Contextual. O conceito de ética relacional denota interações interpessoais satisfatórias e dignas de confiança, as quais o bem-estar e o direito de posse da própria pessoa, e todos os membros são reconhecidos, validados e respeitados.

Nessa teoria, heranças significam "a injunção universal de contabilidade parental, incluindo o mandato humano para reverter as injustiças do passado para o benefício das próximas gerações" (Boszormenyi-Nagy, Greenbaum & Ulrich, 1991:205). Esse legado engendra lealdades familiares expressadas como repetições inconscientes de expectativas familiares, papéis, alianças e coalizões, e modos de comportamento e comunicação. E dessa forma, a aquisição inevitável de expectativas e responsabilidades de cada indivíduo para a família como um todo.

Basicamente, esses legados e lealdades levam cada membro a proceder e a manter um livro de registro de contabilidade invisível de méritos e débitos, um sistema de contabilidade multigeracional de investimentos e obrigações dentro de cada relacionamento. Esse livro varia, dependendo da contribuição e retirada de cada membro (ex.: explorar outros). Quando os membros da família mutuamente creditam um ao outro por suas contribuições para enriquecer sua vida, há uma distribuição igual de riquezas emocionais familiares e prevalece um funcionamento adaptativo. Quando as pessoas ou famílias sentem-se elas próprias experimentando um desequilíbrio nos seus livros de méritos e débitos, a confiança é diminuída, membros da família impedidos de ter alguma coisa exibem sentimentos de direito de posse destrutivo ou superendividado, e um bode-expiatório da família frequentemente emerge. (Para maiores detalhes, veja o capítulo de Manon.)

Estrutura Básica e Objetivos

A Terapia Contextual é uma abordagem de longa duração que pode ser conduzida com sistemas individuais, unidades familiares ou multigeracionais. É mais valorosa quando conduzida por um time de coterapeutas, ou seja, dois terapeutas proporcionam equilíbrio, exemplo de complementaridade de dar e receber nas interações humanas. Incluir tantos membros familiares quanto possível é considerado ótimo, "se" os membros da família estiverem dispostos e aptos a trabalhar juntos para um resultado mutuamente benéfico. Quer a terapia inclua o sistema familiar individual, díade conjugal, família nuclear ou multigeracional, ela vai depender dos recursos potenciais favoráveis dos membros da família para aumentar a confiança mútua e autovalidação, um componente-chave da autoestima individual. Embora os coterapeutas sejam engajados com a família e sirvam como catalisadores para a mudança, reuniões familiares e rituais conduzidos entre as sessões são os momentos em que a mudança se consolida. Tarefas de casa podem ser passadas para ajudar os membros da família no desenvolvimento de relacionamentos mais positivos e confiáveis.

O objetivo da Terapia Contextual é a "reconexão", o rebalanceamento das obrigações de cada um nos relacionamentos familiares. O processo de reconexão inclui a tomada de consciência da multilateralidade equitativa, resolver problemas pela construção de lealdades conscientes e explícitas, e reparação dos relacionamentos rompidos ou afastados, comprometimento com balanço justo de dar e receber (mutualidade relacional) e processo de reengajamento (Boszormenyi-Nagy et alii, 1991). Portanto, o terapeuta encoraja os membros da família a explorar suas capacidades de corrigir os desequilíbrios do livro de méritos e débitos através do aumento da disponibilidade para com os outros e redefinição do uso dos outros como recursos. Esse processo alimenta o crédito da autovalidação ou validação derivada de considerações justas de necessidades alheias. Apesar de dentro da família de origem de alguém a dinâmica ser considerada um componente necessário da mudança e processo de cura, e, dessa forma, um objetivo do trabalho, mudanças pendentes requerem esforços na reconexão e melhora nos recursos relacionais positivos.

Técnicas e Processos de Terapia

Nesse modelo, a terapia efetiva envolve a criação de ambiente de confiança dentro do qual os membros da família sentem-se seguros o suficiente para tornar consciente o seu livro de débitos e méritos inconscientes, tornar visível suas lealdades invisíveis, engajar-se no processo de reconexão. O terapeuta assume o papel de advogado para todos os membros da família, através das gerações, seja presente, ausente ou falecido. Essa técnica, na qual o terapeuta reconhece empaticamente a perspectiva de cada indivíduo de uma maneira não crítica, é referida como exibindo parcialidade multidirecional. Isso dá a cada membro da família a oportunidade de ser ouvido enquanto comunica sua posição sobre as questões. Usando essa técnica, o terapeuta periodicamente pode tomar partido com o intuito de envolver um membro particularmente distante ou explorado, mas sempre com a percepção de que o objetivo é promover o rebalanceamento. Uma vez que as pessoas saibam que terão a oportunidade de falarem e serem ouvidas, elas estão mais abertas a começar a ouvir e a reconhecer o(s) outro(s) lado(s) de uma questão. Depois, o processo de dar e receber começa a ser dramatizado dentro da família, formando a base para confiabilidade nos relacionamentos.

A avaliação é mais bem definida como uma fase contínua, do que distinta; isso inclui avaliação das competências e vulnerabilidades da família, estado atual e padrões relacionais. Assim como na terapia boweniana, muitas vezes isso vincula o desenvolvimento de um quadro trigeracional da família através do genograma. O terapeuta avalia a ética relacional da unidade familiar e as personalidades individuais dos membros, e seus padrões transacionais. Ele discerne a capacidade dos membros da família para empatia, crédito e confiança, os conflitos interpessoais baseados em necessidades primitivas competidoras e a natureza, e qualidade dos apegos. A inclusão do levantamento da história serve como outro veículo para a construção de confiança com a família.

Seguindo a avaliação e estabelecimento de um contrato de tratamento e aliança terapêutica, a fase de trabalho começa. O terapeuta começa trabalhando o problema apresentado e encoraja cada membro da família a expressar sua visão do problema. Depois, uma rápida mudança do problema atual é feita, com o redirecionamento do foco para as questões dinâmicas mais básicas, defesas e resistências associadas. O problema apresentado é reenquadrado como um reflexo de preocupações subjacentes sobre lealdade à família de origem e o desequilíbrio que acompanha nos relacionamentos familiares. Exploração dos legados familiares, lealdade invisível e o livro de balanços são o foco.

As principais técnicas terapêuticas usadas para melhorar o processo de reconexão são as seguintes:

- Aliar-se com cada membro da família em diferentes momentos para manter parcialidade multilateral, enquanto também apoia cada membro responsável por suas visões e ações *vis-à-vis* do livro de méritos e débitos.

- Dar crédito a cada membro por seus esforços e contribuições à família, usualmente começando com o membro mais vulnerável, que foi o mais machucado.

- Eliciar propostas espontâneas dos membros para direcionar construtivamente suas próprias dificuldades em atender o balanço justo entre os indivíduos, ao invés de ser em um nível sistêmico.

- Implementar uma moratória durante a qual os membros da família são encorajados a ponderar os benefícios de fazer mudanças e escolher se e quando elas serão feitas, sem se sentirem pressionados pelo terapeuta a fazê-las.

- Utilizar o processo de reconexão para facilitar que os membros façam mudanças relacionais, reconexão com os membros de sua família imediata e expandida e rebalancear as contas.

- Engajamento na retratação da lealdade como um esforço para examinar deslealdades e mostrar a apreciação de lealdades existentes, mesmo que invisíveis.

- Ajudar os membros da família a investir no processo de exoneração justa de seus pais por suas escolhas e comportamentos, com o objetivo de estabelecer uma comunicação mais adaptativa.

Apesar de reações transferenciais serem manifestadas entre os membros da família ou entre eles e o terapeuta, o trabalho transferencial não é tido como central. Ao invés disso, os terapeutas ajudam os familiares a entender e a alterar seus relacionamentos, ressaltando a importância dos papéis familiares e provendo o reparentamento essencial para apoiar o processo de reconexão. Uma vez que os membros da família são capazes de reconhecer lealdades invisíveis, rebalancear contas pendentes e exonerar seus pais, a fase de terminação começa. A terminação bem-sucedida envolve dirigir e trabalhar com questões de perda, separação e abandono.

Aplicabilidade do Tratamento

Essa abordagem tem sido criticada como muito intelectual e imprópria para tratar famílias de classes socioeconômicas mais baixas e aquelas que não são altamente articuladas. Ainda assim, Boszormenyi-Nagy et alii (1991) acreditavam que a Terapia Contextual é aplicável à maioria dos problemas humanos, uma vez que a teoria é construída em princípios básicos relevantes a uma grande variedade de famílias, independente de raça, etnia ou *status* socioeconômico. Eles argumentam que os conceitos de confiança, justiça e reciprocidade são relacionais básicos pertinentes ao tratamento de indivíduos vindos de todos os *backgrounds* socioculturais, manifestando um amplo alcance de sintomas e dificuldades relacionais. Essa abordagem é aplicável a problemas atuais e também enfatiza o aspecto preventivo ancorado no rebalanceamento de relacionamentos atuais para o benefício de futuros rebentos (Ducomnun-Nagy, 2002). Alguns clínicos também têm colocado a apropriação da Terapia Contextual para o trabalho com crianças e suas famílias (Goldenthal, 1991).

Apesar de existir uma validação empírica mínima para a eficácia da Terapia Contextual, a validação clínica é abundante. O capítulo de Litt, neste livro, captura a essência da Terapia Contextual e traz sua riqueza para a vida em sua exposição sobre como ele a integra com o EMDR em seu exemplo de caso.

TERAPIA SIMBÓLICO-EXPERIENCIAL

Carl Whitaker, outro eminente pioneiro da terapia familiar como Bowen, veio de um *background* profissional inconformado. Seu treino em psiquiatria infantil havia proporcionado a oportunidade de conduzir ludoterapia. A partir de sua experiência clínica particular com crianças, adolescentes e adultos severamente perturbados, ele teve o *insight* sobre a natureza e utilidade de processos primários ("loucura"), a importância de regressão na nutrição do crescimento tardio, o valor de entrar intuitivamente no mundo do paciente para permitir ao seu próprio inconsciente a liberdade e espontaneidade de entendimento e metacomunicação do inconsciente do paciente, e a importância do terapeuta desenvolver um estilo consonante com sua própria natureza. Essa abordagem está enraizada primariamente em experiências afetivas inerentes ao processo de mudança. Implicitamente, nos escritos de Whitaker, ensinamentos e demonstrações clínicas apontavam para a experiência de terapia ser um "encontro autêntico" para todos os envolvidos, refletindo sua afinidade com humanistas e existencialistas.

Whitaker (1976) afirmava que atualmente a teoria impede a prática clínica e que a abordagem simbólico-Experiencial é amplamente ateórica. No entanto, alguns princípios básicos e conceitos são associados a essa abordagem; eles incluem experiência simbólica, crescimento, psicoterapia do absurdo, batalha por estrutura e iniciativa, impasse psicoterápico e a importância de brincar (Napier & Whitaker, 1978).

Whitaker et alii (1988:78) consideravam a terapia simbólico-experiencial "um esforço para lidar com o sistema de representação dominado pelo que está realmente sendo dito". Essa abordagem desenfatiza o pensamento consciente e é racional sobre os problemas, enfatizando a crescente consciência de experiências afetivas e inconscientes para ajudar pessoas a expandir sua gama de experiências de vida e viver de forma mais livre e criativa. Para fazê-lo, eles precisam trabalhar questões de vida universais, incluindo sexualidade, "loucura", amor e ódio, e morte.

Carl Whitaker também é conhecido por seus escritos sobre a saúde da família (Whitaker & Bumberry, 1988) e por oferecer guias para manter o terapeuta vivo e para evitar a sua destruição. Esse guia, que transmite algumas de suas essências e espírito, inclui o seguinte:

1. Relegar todos os demais significantes a segundo plano; 2. Aprender como amar – brincar com qualquer criança disponível; 3. Desenvolver um respeito por seus próprios impulsos e ser cuidadoso com os resultados de seu comportamento; 4. Apreciar o seu parceiro mais do que a seus filhos e ser criança com seu parceiro; 5. Quebrar a estrutura de papéis repetidamente; 6. Aprender a se retratar e avançar em qualquer posição assumida; 7. Guarde a sua impotência como uma de suas mais valiosas armas; 8. Construa relações duradouras, assim você pode estar livre para odiar seguramente; 9. Encare o fato de que você precisa crescer até morrer – desenvolva um senso do bondoso absurdo da vida (...) e aprenda, assim, a transcender seu mundo de experiências; 10. Desenvolva seu processo vivencial primário; 11. Desenvolva uma loucura conjunta com alguém com quem você está seguro; 12. Desenvolva um grupo profissional de apoio mútuo para que você não abuse de seu parceiro com o lixo que sobra de um dia de trabalho (Whitaker, 1976:164).

Outros teóricos identificados com a escola experiencial são Satir (1997, 1972), Duhl & Duhl (1981), e Kantor & Lehr (1975). Devido ao espaço restrito, a abordagem de Whitaker é a única presente em detalhes. Várias das técnicas de Terapia Familiar Experiencial de Satir, em sua abordagem de reconstrução familiar, também são mencionadas, dado que sua significância reside em seu grande potencial de alcance em famílias não comunicativas, em que abordagens estritamente verbais são usualmente ineficientes (Satir & Baldwin, 1983).

Estrutura Básica e Objetivos

O curso da terapia simbólico-experiencial tem duração intermediária, com sessões conduzidas com frequência variável. Preferencialmente, as sessões incluem o membro familiar sintomático, os membros da família nuclear que residem com o membro familiar sintomático, a família estendida e a indexação da pessoa na rede de suporte social. A terapia é edificada sobre um "supra-sistema terapêutico" (Roberto, 1991) consistindo da família ou casal em tratamento, e um time de coterapeutas ou terapeuta e consultor. Whitaker recomendava um time de coterapeutas para aumentar o poder do clínico, e oferecer a cada terapeuta suporte e um parceiro para afiançá-lo caso o terapeuta se envolvesse na dinâmica familiar. Essa abordagem capacita o terapeuta a funções alternadas, consistentes com a noção de que cada membro da família pode ser capaz de jogar todas as posições sobre o time familiar e ir além de papéis estereotipados. O time demonstra um padrão afetivo que permite à família se expor a ficar bem mais ansiosa, ao invés de contar com padrões interacionais defensivos de autoproteção. Quando um time de coterapeutas não for viável, um consultor pode proporcionar uma visão sistêmica da família, apoiar o terapeuta e melhorar o potencial de resolução de problemas (Roberto, 1992).

Essa modalidade capacita as pessoas a desenvolver um aumento de tolerância para o absurdo da vida e estabilizar as ligações interpessoais com expressões de individuação (Whitaker & Bumberry, 1988). Os alvos terapêuticos são: a) aumentar o senso dos membros de coesão familiar; b) ajudar o casal ou família a suportar as necessidades individuais no processo de individuação e negociação de tarefas desenvolvimentais; e, c) fomentar a criatividade, espontaneidade e acessibilidade de experiências afetivas individualmente, e na unidade familiar. A operacionalização desses objetivos é desenvolvida juntamente por membros do supra-sistema terapêutico.

Técnicas e Processo de Terapia

Na terapia simbólico-experiencial, uma forte aliança é crucial; assim, a personalidade do terapeuta pode projetar calor, flexibilidade, ternura, firmeza, senso de absurdo e senso humor, e genuinidade. Embora engajados efetivamente no processo terapêutico, os terapeutas não dirigem a terapia. Antes, eles ouvem, observam, refletem suas próprias respostas emocionais e desafiam padrões interacionais mal adaptativos sem focar na etiologia das dificuldades. Seus papéis são comparáveis com os de um *coach* ou avô substituto, exigindo um equilíbrio de nutrição e afeto com estrutura e disciplina. Kate & Whitaker (1981) salientaram a importância de jogar com a família inteira de forma verdadeira, simbólica ou metaforicamente. Fazendo assim, o terapeuta oferece permissão para jogar, libertando os pacientes para que possam se divertir juntos e, por meio disso, fazer a vida familiar menos séria e menos constrangida.

Como outra abordagem de terapia familiar, o tratamento simbólico-experiencial tem uma fase inicial, uma intermediária e uma final. Na fase inicial, o terapeuta foca sobre a reunião com a família, com os objetivos de construir bastante confiança e credibilidade que a família está propensa a investir no tratamento. Esse processo conjunto é melhorado pelo uso do clínico de *self*, jogo, humor, metáfora e reenquadramento para expandir a perspectiva da família sobre os problemas. O uso de *self* pode incluir alegorias metafóricas e ensinar histórias, associações livres, memórias e fantasias com o objetivo de oferecer estratégias alternativas de resolução de problemas, e apoiar as iniciativas dos membros da família para mudança. Isso pode capacitar a família a confiar no terapeuta o bastante para compartilhar seu mundo interior único (Whitaker, 1976).

A batalha pela estrutura e iniciativa precisa ser empreendida e ganha antes que uma sólida aliança terapêutica seja criada, permitindo a família se reorganizar, para curar o membro sintomático (bode-expiatório) e aumentar a diferenciação (Keith & Whitaker, 1981). A batalha para estruturar, que começa imediatamente, é uma batalha sobre regras básicas a respeito da organização do tratamento, número de membros da sessão, plano e remuneração (Napier & Whitaker, 1978). Esses objetivos são para estabelecer os coterapeutas consultores para mudança. Essa batalha termina quando um mínimo de estrutura de duas gerações é estabelecido, com os terapeutas na responsabilidade e tendo flexibilidade no trabalho com a família. Quando essa batalha é resolvida com sucesso, ocorrem regressões da família engendrando um relacionamento de transferência intensa e ressaltando a seriedade da intervenção terapêutica.

A batalha para iniciar, então, começa com a equipe terapêutica encorajando os membros da família a assumirem responsabilidade pelo seu próprio crescimento e escolhas de vida. Essa batalha é resolvida quando a família assume o controle da direção das sessões e institui mudanças, e quando a díade coterapeuta estabelece uma relação existencial Eu-Tu com cada membro da família, caracterizada por flexibilidade, afeto e envolvimento mútuo de todos os membros do supra-sistema terapêutico. Durante essa fase, são obtidas informações sobre o problema, família de origem e padrões interacionais familiares.

Na fase intermediária, as intervenções clínicas criam um "sintoma de expansão interpessoal e a família confronta seus problemas de vida". Algumas das técnicas usadas para facilitar esses processos são redefinir sintomas como um esforço de crescimento, explicar conflitos ocultos, separar estresse interpessoal e interno, e modelar alternativas fantasiadas, papéis reversos, e envolvimento de avós e outros membros da família estendida no processo de tratamento (Roberto, 1991). Outras técnicas recomendadas por Satir (1967, 1972) também podem ser usadas durante essa fase do tratamento. Especificamente, membros da família podem ser encorajados a desempenhar cenas de vidas (drama, reconstrução da família) e criar estátuas (escultura familiar) ou dinâmica (balé do estresse), apresentações não-verbais que esboçam suas percepções do relacionamento familiar. O uso de técnicas experienciais, em conjunto com o uso contínuo de *self* do terapeuta, ajuda a família a desenvolver padrões interacionais alternativos que são úteis para mudança e crescimento.

Muitas famílias negociam efetivamente a fase intermediária de terapia, mostrando melhora e se sentindo mais competente para manejar problemas. Por outro lado, para outras, o trabalho leva a um "impasse de impotência" no qual elas não assumem responsabilidade para seus próprios problemas e, consequentemente, elas não fazem mudança (Keith & Whitaker, 1981). Esse impasse é resolvido quando a família e time coterapêutico concordam mutuamente sobre decisões do tratamento.

Whitaker advertiu contra o engajamento no alívio do sintoma, afirmando que este evoluiu como uma adaptação para família disfuncional ou situações sociais, concluindo que alívio de sintoma poderia precipitar a emergência de sintomas em outros membros da família ou desintegração da unidade familiar. Ele acredita que um sintoma não pode ser "abandonado" até que o membro sintomático da família ache isso pesado e que não precise mais. Assim, Whitaker sugeriu o reenquadramento paradoxal ou a prescrição do sintoma até que ele se torne tão exagerado que é rejeitado, e enfatizou a importância de usar essa técnica com sabedoria, afeto e humor, e não como um truque. Ele praticava "psicoterapia do absurdo" muito antes de outros começarem a descrever seu uso de paradoxos na terapia familiar.

Na fase final, o time coterapeuta se desengaja do sistema familiar, restringindo suas intervenções a situações problemáticas que a família está incapaz de manejar sozinha. Isso permite à família refletir sobre seu funcionamento e assumir um aumento de responsabilidade pela tomada de decisões e resolução de problemas. O relacionamento entre o time terapêutico e a família muda de consultor-paciente para parceria. Para promover essa mudança relacional, os coterapeutas espontaneamente automanifestam tristeza pelo término e solicitam *feedback* sobre a terapia. Quando os membros da família demonstram suficiente autoconfiança e competência em resolver problemas e manejar eventos da vida, o término é indicado. Isso é consumado pelos membros da família e pela díade coterapeuta reconhecendo a interdependência mútua e a perda de um relacionamento significativo (Keith & Whitaker, 1981).

Aplicabilidade do Tratamento

A Terapia Familiar Simbólico-Experiencial tem sido usada com famílias que apresentam uma variedade de dificuldades, incluindo aquelas em que a pessoa indicada tem um diagnóstico de algum transtorno do espectro esquizofrênico. Essa abordagem de tratamento tem eficácia limitada com famílias em que um membro evidencia um transtorno de personalidade narcísica ou antissocial. Embora estudos empíricos não tenham sido apresentados na literatura, a eficácia do modelo é sugerida na descrição detalhada de caso (Napier & Whitaker, 1978; Whitaker & Bumberry, 1988).

MODELO DE COMUNICAÇÃO

Teóricos da comunicação afirmam que devido à interdependência dos atores em um sistema, o comportamento de um dos membros afeta todos os outros membros, e o tempo objetivo e a dimensão relacional é o aqui e agora. Dado que a família é a soma de personalidades individuais, mais suas interações, isso é não acumulável (Olson, 1970). Quer uma ação faça um impacto temporário ou contribua para uma mudança duradoura, depende da fonte da qual a pressão é derivada: a) sociedade ou sistema externo; b) a história específica da família e tradição de alocação de poder e dominância; ou, c) a homeostase da família e necessidade por sobrevivência, e sistema mantenedor de um dado tempo (Stanton, 1981). Então, em vez de conceituar o *locus* de dificuldades psicológicas como dentro do indivíduo, esse modelo reconceituou sintomas como refletindo dinâmicas interacional e situacional, salientando a importância de contexto social no comportamento formatado (N. J. Kaslow, 1999).

Para ilustrar as propostas, a discussão seguinte foca primariamente a escola de comunicação do Mental Research Institute (MRI) de abordagem de terapia breve.

Estrutura Básica e Objetivos

As terapias baseadas em modelos de comunicação são tipicamente de tempo limitado. As sessões são estruturadas semanalmente ou quinzenalmente, com duração máxima de 10 encontros. A abordagem é estruturada e utiliza intervenções ativas. As sessões são conduzidas por um único clínico, ou por um par de coterapeutas e consultor(es), que podem ficar atrás do espelho de uma direção para proporcionar *input* objetivo e recomendar intervenções.

O objetivo primário é a resolução do problema de reduzir ou eliminar o sofrimento. Não é esperado que a família entenda como a mudança ocorreu, nem o desenvolvimento de uma forte aliança terapêutica.

Técnicas e Processo de Terapia

Os seguidores dessa escola são pragmáticos e focados no problema. A abordagem é orientada comportamentalmente; ter *insight* e estar consciente não é profundamente necessário para a mudança. Por serem repetitivas, as sequências comportamentais e transações acontecem dentro do sistema atual, e emoções e eventos passados não são considerados essenciais para a ocorrência de alterações (Staton, 1981). Então, o terapeuta precisa usar determinados passos para mudar aspectos de padrão repetitivo de comportamento mantenedor do problema, até que o sintoma não seja mais necessário. Repetições, comportamentos mal adaptativos e padrões de comunicação são substituídos por novos e saudáveis meios de comunicação e procedimento.

Os terapeutas da comunicação diferenciam entre "mudança de primeira ordem", permissível pelas famílias porque ela requer apenas adaptações superficiais que não mudam significantemente o sistema ou seus membros, e "mudança de segunda ordem", que resulta de maiores modificações na interação e padrões transacionais. É essa mudança de segunda ordem para um resultado terapêutico bem-sucedido que teóricos da comunicação julgam crítica (Watzlawick, Weakland & Fisch, 1974).

A abordagem de terapia breve do MRI é conduzida na seguinte sequência (Segal, 1991):

- Identificação dos membros da família motivados para a intervenção.
- Coleta de dados sobre os comportamentos problema e esforços anteriores associados para resolução do problema.
- Estabelecimento de um objetivo claramente definido e operacionalizado.
- Formulação de um plano para promover mudança.

- Implementação de técnicas terapêuticas voltadas a esforços para romper resolução de problemas mal adaptativos e aumentar o uso de estratégias mais efetivas.
- Avaliação da eficácia do tratamento.
- Encerramento quando uma mudança pequena, porém significativa e aparentemente duradoura- for notada e a família transmitir capacidade de manejar problemas sem a ajuda do terapeuta.

Prescrições paradoxais frequentemente usadas pelos praticantes da terapia breve do MRI também são utilizadas por terapeutas estratégicos e sistêmicos. Duas classes de ordens paradoxais podem ser empregadas para mudar as tentativas de solução da família. A família pode ser instruída a mudar o comportamento problema ou a aumentar a frequência e/ou intensidade do comportamento sintomático. Tais "prescrições de sintomas", que apresentam "duplo vínculo terapêutico", facilitam uma mudança de segunda ordem por colocar a família ou seus membros em uma posição insustentável *vis-à-vis* com o problema, tal que qualquer ação produz dada mudança no comportamento problema. Então, se um membro sintomático da família é instruído a não mudar o comportamento problema, ele está preso num dilema. Satisfazendo a instrução do terapeuta, isto mostra que ele é capaz de controlar o sintoma e não pode mais sustentar seu comportamento sintomático. Inversamente, se ele desafiar a ordem, o sintoma é aliviado e a mudança terapêutica desejada acontece.

Praticantes da solução-focada (de Shazer, 1985) perguntam questões terapêuticas ajustadas para romper padrões comportamentais mantenedores do problema e alterar crenças familiares arcaicas. Três tipos de questões expostas durante a primeira sessão são identificados da seguinte forma:

1. Perguntas do milagre.
2. Perguntas de exceção.
3. Perguntas de escalada.

A pergunta do milagre tem se tornado a mais conhecida e é a mais usada por terapeutas de várias orientações teóricas. Observe:

Suponha que em determinada noite há um milagre e enquanto você dorme o problema que o trouxe à terapia é resolvido. Como você poderia saber? Que seria diferente? Que você poderia notar na manhã seguinte que diria que houve um milagre? (Shazer, 1988:113)

Isso ajuda o cliente a construir gradualmente uma imagem de um futuro melhor e mais satisfatório, à medida que o problema é resolvido; dessa maneira, deve ser designada a "terapia focada na solução". Isso compartilha muitas narrativas características com as abordagens pós-moderna e construtivista social, assunto que será abordado mais adiante em "Terapia estratégica familiar".

Aplicabilidade do Tratamento

A validade da abordagem de terapia breve do MRI tem sido documentada em casos reportados de famílias em que um membro evidencia uma gama de sintomas comportamentais (ex.: depressão, disfunção sexual, problemas de comportamento de crianças e adultos) que diminuíram após o tratamento. Entretanto, poucos estudos sistemáticos de resultados de tratamentos têm sido conduzidos focando a efetividade desse modelo.

TERAPIA FAMILIAR ESTRUTURAL

O modelo estrutural, que serve como base para muitas terapias familiares praticadas atualmente, foi desenvolvido por Salvador Minuchin et alii (Minuchin, Montalvo, Guerney, Rosman & Shumer, 1967), tanto quanto por Edgar Auerswald (1985), Harry Aponte (1976), Jay Haley (1963, 1971), Lynn Hoffman (1980, 1981) e H. Charles Fishman (Minuchin & Fishman, 1981).

Sua teoria e suas técnicas são explícitas e prestam-se a eles mesmos. Para utilizar essa abordagem de forma efetiva, o terapeuta precisa estar confortável, sendo um condutor (Beels & Ferber, 1972). Deve ser um terapeuta ativo e poderoso, que transmita esperteza e crença em sua habilidade para ajudar a família a mobilizar a capacidade de mudança.

Essa é uma abordagem de base teórica, conceituando funcionamento adaptativo e mal adaptativo em termos de padrões organizados de interação entre os indivíduos, suas famílias e o contexto social (Aponte & Van Deusen, 1981; Minuchin & Fisman, 1981). Terapeutas estruturais acreditam que uma família poderia não ser um grupo de iguais; antes, os pais deveriam ser responsáveis como os executivos ou administradores. Um princípio central é a ideia de uma organização hierárquica baseada sobre fronteiras apropriadas entre membros e subsistemas. Os subsistemas podem incluir o sistema conjugal (díade conjugal), subsistema parental (que pode incluir um avô ou outro adulto em papel central e/ou uma criança parentalizada), díades pai-filho e o subsistema fraterno (o primeiro grupo de pares da criança) (Minuchin, Rosman & Baker, 1978). A consciência desses subsistemas e as fronteiras separando-os são essenciais para uma compreensão da saúde ou patologia da família. Construir ou reforçar fronteiras apropriadas é uma necessidade para os membros da família individuarem apropriadamente e crescerem emocionalmente.

O alinhamento se refere ao "encaixe ou oposição de um membro de um sistema para outro executar uma operação" (Aponte, 1976:434). Coalizões, alianças ocultas de dois membros da família contra um terceiro e o compartilhar por dois indivíduos de interesse comum não envolvido pela terceira pessoa são formas primárias de alinhamentos em família. Fronteiras e alinhamentos dependem do poder ou força e a influência relativa que cada membro tem sobre o resultado de qualquer atividade dada.

Através dos ciclos da vida familiar, o sistema familiar experiencia transições enquanto seus membros crescem e se desenvolvem (Haley, 1973). A estrutura familiar precisa se adaptar a essas mudanças para permitir o crescimento, enquanto proporciona um ambiente estável. Quando não pode se adaptar, desenvolve padrões rígidos de interação que impedem a família de explorar novas alternativas.

Manifestações do funcionamento da família disfuncional incluem prejuízos nas fronteiras, alinhamentos inapropriados e desequilíbrios de poder. Famílias disfuncionais frequentemente se apresentam emaranhadas ou desengajadas, termos referentes ao modo como os membros da família estabelecem contato um com outro. Em famílias desengajadas, os membros parecem não se importar ou reagir um com outro; existe uma realidade desconectada e falta de contato. Famílias emaranhadas caem do lado oposto do alcance de expressões mal adaptativas de envolvimento familiar, são caracterizadas por muita interlocução entre membros e rápida reatividade para cada humor, e comportamentos do outro. Assim que um membro inicia uma mudança, há uma resistência imediata pelo outro (Minuchin et alii, 1978).

Para o terapeuta de família estrutural identificar alinhamentos na família disfuncional, ele precisa de, ao menos, três participantes. Quando dois membros da família estão repetidamente em concordância com um terceiro, uma coalizão estável está formada. Quando dois membros concordam em identificar um terceiro como a fonte do problema, uma coalizão desviante emerge, diminui o estresse na díade e dá a impressão de harmonia. A triangulação, o terceiro tipo de alinhamento disfuncional, acontece quando cada dois membros da família insistem que um terceiro membro fique mesmo contra vontade. A terceira pessoa, geralmente uma criança, se sente conflitada sobre sua quebra de lealdade, resultando em um comportamento sintomático. As transações nas famílias disfuncionais, que manifestam a inabilidade dos pais para usar sua autoridade para implementar papéis designados, são indicativas de problemas no equilíbrio de poder da família.

Em suma, nessa perspectiva, famílias disfuncionais demonstram fronteiras mal adaptativas, alianças e equilíbrio de poder são desorganizados e têm uma capacidade limitada para lidar, devido a uma estrutura rígida, mas consistentemente usada. Inversamente, famílias saudáveis têm estruturas bem definidas, flexíveis e relativamente coesas. Elas se acomodam para a mudança de função e de papéis de membros individuais, subsistemas familiares, a unidade familiar inteira, e o contexto sociocultural.

Estrutura Básica e Objetivos

Essa abordagem de terapia breve é flexível sobre o número de terapeutas envolvidos; sobre o número de membros da família que participam em uma dada intervenção, o local, a duração e a frequência de sessões. Usualmente, apenas um terapeuta está envolvido; os membros da família que interagem diariamente tomam parte no tratamento, que consiste em sessões semanais por período de 5 a 7 meses de tratamento. Quando o problema apresentado é sério, tal como anorexia severa, o paciente pode ser hospitalizado e a família pode ficar temporariamente no hospital ou ser submetida a uma terapia intensiva ambulatorial (Minuchin et alii, 1978).

O primeiro objetivo é a resolução do problema apresentado através da reestruturação da unidade familiar assim que emergirem padrões interacionais mais adaptativos. Um objetivo adicional é reformular a construção de realidade da família por encorajar o desenvolvimento de esquemas exploratórios alternativos para conceitualizar o problema. Isso leva a família a desenvolver transações mais adaptativas.

Técnicas e Processo de Terapia

De acordo com terapeutas estruturais, as famílias entram em tratamento quando o estresse sobrecarrega o sistema. A família se adapta às circunstâncias mudadas de modo disfuncional e, quando se estressa, continua mantendo esse equilíbrio por repetir o mesmo comportamento patológico. A tarefa da terapia é reestruturar a família, introduzindo modos alternativos de interagir. Presume-se que a família tenha capacidade para adotar novos padrões de comportamento; assim, os terapeutas buscam pela competência dentro da família ao invés de explorar as raízes do comportamento disfuncional.

Isso inclui três estágios cíclicos e superpostos: junção, avaliação e reestruturação. O terapeuta junta a família rapidamente na posição de líder para coletar dados e diagnosticar o problema. Entrando no sistema familiar, o terapeuta aprende como eles experimentam a realidade e ganha consciência das regras da família, mitos e temas. A manutenção (apoiando a estrutura existente da família ou subsistema), o seguimento (seguindo o conteúdo da comunicação da família) e a imitação (adotando comportamento e estilo afetivos da família) são usados para facilitar o processo de junção. Primeiro, o problema apresentado é aceito como o problema real, e são designadas intervenções para aliviar o sintoma e proporcionar o funcionamento do sistema. Uma vez que isso ocorre, a família tem mais confiança no terapeuta e pode decidir trabalhar outros problemas com maior otimismo sobre o resultado. Essa é uma abordagem mais orientada para o sintoma que psicodinâmica e experiencial. No entanto, não tão focada no sintoma quanto as terapias estratégicas.

Seis domínios de funcionamento familiar são tratados durante a fase de avaliação: qualidade estrutural e das fronteiras, flexibilidade e capacidade de mudança, padrões interacionais dos subsistemas, papel da pessoa identificada e como o comportamento sintomático mantém a homeostase familiar, o contexto ecológico no qual o problema apresentado emerge e é mantido, e o estágio desenvolvimental de cada membro e unidade familiar como um todo. O resultado dessa avaliação é a formulação de um mapa familiar e diagnóstico no qual o relacionamento entre problemas estruturais e sintomas presentes é articulado. Moore discute alguns desses domínios em seu capítulo usando a abordagem estrutural em famílias com problemas médicos.

Durante a fase de reestruturação, o foco de atenção é reparar as dificuldades estruturais identificadas na fase de avaliação. A posição adotada é que dentro da hierarquia, os pais devem ter o poder, com apoio do terapeuta se necessário. O processo (ou como a família interatua), ao invés do conteúdo (ou o que é dito), é a chave para a terapia. Aspectos não-verbais do processo de comunicação são considerados dados importantes.

Muitas técnicas terapêuticas estão associadas com o processo de reestruturação. Intervenções espaciais podem requerer mudar a arrumação das cadeiras ou removê-las temporariamente, ou ter certos membros observando a sessão por trás do espelho. Assim, esses membros ficam fora da sessão temporariamente e forçam os outros a interagir. Tais intervenções parciais, que lidam com distância e proximidade entre membros da família, buscam mudar as fronteiras interpessoais numa tentativa de alterar as perspectivas desses membros. Dramatizações modeladas para induzir a família a atuar fora dos padrões transacionais disfuncionais habituais ao vivo oferecem a oportunidade ao terapeuta para intervir ativa e diretamente na facilitação de mudanças estruturais. Outra tática para mudar padrões familiares incrustados envolve o uso de *self* do terapeuta para romper a homeostase mal adaptativa do sistema. O clínico junta brevemente ou apoia particularmente membros da família para alterar a configuração típica hierárquica e introduzir a possibilidade de novas combinações ou opções. Para mudar a construção de realidade de membros sobre o problema apresentado, o terapeuta tenta transformar a visão linear da família do problema (ex.: um membro é o "problema" ou o "paciente identificado") para uma de complementaridade (i.e., todos os membros da família estão envolvidos). Educação, incluindo um modelo de funcionamento normal de uma família, pode ser oferecida no esforço de reestruturar a família. Prescrições paradoxais podem ser usadas para confundir membros familiares, romper pensamentos defendidos e disparar uma busca por alternativas.

Técnicas adicionais incluem escalada de estresse, demarcação de fronteiras e indicação de tarefas para casa (Calapinto, 1991). O terapeuta pode encorajar a família a reencenar uma transação disfuncional e, então, intervir com escalada de estresse via prolongar o evento de dramatização, introduzindo novas variáveis ou indicando transações alternativas. Pelo fato da família apresentar um padrão diferente de transações (que podem incluir marcar fronteiras) a sessão serve como uma prova diagnóstica para averiguar a abertura familiar e estruturas a serem alteradas.

Para recapitular, Minuchin (1974) postulou que a terapia poderia induzir a uma otimização na organização familiar que capacita os membros da família a realizar seu próprio crescimento potencial. Isso é conseguido através de um processo terapêutico no qual a percepção de realidade da família é desafiada, caminhos alternativos de interação são apresentados e novos padrões de auto-reforço transacionais que levam a relacionamentos mais gratificantes são alimentados.

O terapeuta familiar estrutural assume um papel ativo, autoritário, por perguntar questões abertas, dar direções e prescrever tarefas para casa. Como um diretor de teatro ou um produtor de drama familiar, o terapeuta assiste os membros da família e os conduz para suas diretrizes, fazendo com que eles se comuniquem com habilidade e facilitando a mudança de cada um (N. J. Kaslow et alii, 1999).

Aplicabilidade do Tratamento

Estudos empíricos sobre os resultados do tratamento mostram que a Terapia Familiar Estrutural pode ser aplicada com sucesso em uma gama de problemas e sintomas, tais como doenças psicossomáticas, desordens de comportamento (veja Cap. 11) e abuso de substâncias. Ela pode ser aplicada em famílias de todos os níveis econômicos e com várias estruturas familiares. Essa abordagem é utilizada com frequência quando o paciente identificado é uma criança ou adolescente e o tratamento de escolha parece ser terapia familiar.

TERAPIA FAMILIAR ESTRATÉGICA

A Terapia Estratégica de Haley (1976), Madanes (1991) e Hoffman (1981), influenciada pela teoria da comunicação de Bateson (Bateson, Jackson, Haley & Weakland, 1956) e hipnose ericksoriana (Zeig, 1985a, 1985b) entende os problemas como metáforas para a disfunção familiar mantida por hierarquias falhas e incongruentes, e triângulos disfuncionais. A mudança de comportamento é seu objetivo principal. Eles acreditam que a formação de sintomas ocorre mais frequentemente em épocas de transição dos ciclos da vida familiar, quando uma tarefa de dado desenvolvimento não é empregada adequadamente, assim precipitando uma crise. Nessas circunstâncias, o desenvolvimento da pessoa torna-se fixado ou "empatado" e os sintomas envolvem as expressões de crise não resolvida. As sequências de comportamentos complexos, circulares, que constituem um esforço de resolver problemas de família, atualmente perpetuam o problema apresentado (Haley, 1976); assim, mudar dentro do sistema familiar é uma condição absolutamente necessária para a mudança individual ocorrer.

O grupo de Galveston, que originalmente idealizou a terapia de impacto múltiplo e em seguida ficou intrigado e envolvido na epistemologia, cibernética, recursividade e o trabalho de Humberto Maturana (Dell, 1981), subsequentemente mudou seu foco para uma perspectiva de construtivismo social (Goolishian & Anderson, 1990), como fizeram outros líderes da terapia familiar (ex.: Hoffman, 1992). De acordo com o modelo do construtivismo social, significador e entendimentos nascem através da coconstrução de eventos negociados através de interações sociais e adquiridos através de consenso social (Gergen, 1985). Significados se desenvolvem constantemente em relação ao contexto social de uma dada interação na qual emergem. Para a extensão de que novas narrativas explanatórias de significado podem ser coconstruídas, que são a essência do que ocorre em muitos dos casos descritos nos livros quando o EMDR é utilizado ou o reenquadramento é feito, os indivíduos ganham uma nova perspectiva sobre suas experiências de vida anteriores e então adquirem mais flexibilidade em abordar eventos da vida futura e interações sociais. A história pessoal de Manon, do tratamento com EMDR recebido para ajudá-la a revisitar e trabalhar, apesar de suas confusas e abusivas experiências de infância, ilustra a grandiosidade da coconstrução em novas narrativas. Diferente de técnicas de reenquadramento, no tratamento com EMDR a mudança na estrutura narrativa ocorre espontaneamente, enquanto chegam *insights* e durante o processamento.

A discussão a seguir se concentra principalmente sobre a terapia de resolução de problemas de Haley (1976) e Madanes (1984) como ilustrativa de abordagens estratégicas. À luz da superposição entre algumas das escolas estratégicas de terapia familiar, a comunicação e os modelos sistêmicos, estruturas terapêuticas relevantes e técnicas tratadas anteriormente são notadas apenas brevemente. Adiante, veremos a variação em direção a teorias pós-modernas.

Estrutura Básica e Objetivos

A Terapia Estratégica, tipicamente uma intervenção breve, pode incluir a família inteira ou apenas um ou dois de seus membros para sessões semanais ou quinzenais. Como a abordagem MRI, o trabalho estratégico familiar é estruturado: o terapeuta dirige o questionamento, dá diretrizes e intervém ativamente. Ensinar habilidades, divulgar conhecimentos e oferecer conselhos práticos não são prioridades. As sessões são conduzidas por um terapeuta; consultores podem ser posicionados atrás do espelho para proporcionar *input* objetivo e recomendar intervenções estratégicas.

O maior objetivo é resolver o problema apresentado pela família dentro do seu contexto social substituindo conceitos estereotipados de papéis e comportamentos com grande tolerância e flexibilidade, redistribuindo poder para um balanço mais equilibrado e permitindo que os participantes comuniquem, mais clara e assertivamente, seus pensamentos, emoções e anseios. Para conseguir isso, subobjetivos pequenos e específicos gerados para a solução dos problemas apresentados são identificados colaborativamente. Esses subobjetivos são descritos como aumento em comportamentos positivos e diminuição em comportamentos negativos. Essa estratégia melhora a motivação familiar, inflama a crença de que a mudança é possível. O objetivo terapêutico resultante é alterar a sequência interacional que mantém os comportamentos problema, facilitando, assim, a resolução de uma crise familiar e promovendo o progresso para o próximo estágio de desenvolvimento dos ciclos de vida familiar e individual. Essas mudanças são congruentes com o alcance de mudança de segunda ordem.

Técnicas e Processos de Terapia

Adeptos da escola estratégica são pragmáticos focados no sintoma. A abordagem é primariamente orientada comportamentalmente; *insight* e consciência não são considerados essenciais para a mudança. Sequências, transações comportamentais repetitivas e disfuncionais ocorrem no presente e são perpetuadas por comportamento contínuo, alternação requer intervenções no sistema atual e não atenção para emoções e eventos passados (Stanton, 1981). Assim, o terapeuta deve tomar passos definitivos, alvejados para mudar suficientemente o padrão repetitivo para que o sintoma não seja mais necessário. O clínico se esforça para substituir os padrões de comportamento e comunicação repetitivos, mal adaptativos com novas e melhores maneiras de comunicação e ação. Os terapeutas estratégicos são ativos e autoritários; eles exercitam seus poderes persuasivos para convencer a família a seguir suas diretrizes. O primeiro estágio da terapia para solução de problemas consiste em uma entrevista inicial, na qual o problema apresentado e seu contexto são determinados. Essa entrevista tem cinco componentes: estágio social, estágio do problema, estágio de interação, estágio de determinação de objetivos, estágio de estabelecimento de tarefas. Ela termina com a administração da primeira série de diretrizes terapêuticas baseada no entendimento do terapeuta sobre o diagnóstico familiar e problema apresentado.

Na fase intermediária, essas intervenções táticas são implementadas como estratégias para trabalhar com cada problema (Madanes, 1981). As diretrizes, que podem ser diretas ou paradoxais, eliciam informações sobre a família (incluindo resistência a mudanças), intensifica a aliança terapêutica e facilita a mudança estrutural nas sequências interacionais mantendo o problema. Diretrizes diretas incluem cooperação da família com o terapeuta e podem ser valorosas em tempos de crises familiares. Diretrizes paradoxais, duplas mensagens e duplo vínculo terapêutico são utilizados frequentemente. Qualquer lado da mensagem contraditória escolhida pela família irá engajá-los em alguma faceta de melhora. Uma diretriz que parece contradizer os objetivos desejados serve, na verdade, para gerar o movimento da família em direção à mudança. Assim, uma vez que a questão está claramente definida, objetivos terapêuticos estabelecidos, instruções paradoxais corrigidas e respostas observadas, o terapeuta continua a encorajar o comportamento usual (prescrição do sintoma), consequentemente, provocando "melhoras rebeldes". Ele pode expressar confusão pelas mudanças ocorridas, recusando-se a levar o crédito através delas. Haley (1963) afirmou que a regra básica era encorajar o sintoma, de maneira que ele não tenha mais utilidade para o paciente.

As principais técnicas usadas para desafiar a homeostase da família e fomentar mudança na sequência comportamental existente incluem paradoxo, reenquadramento, provocação, dramatização e desequilíbrio. As maiores técnicas paradoxais são utilizar a comunicação terapêutica de duplo vínculo, aumento de intensidade (aceitar e exagerar as comunicações familiares, salientando o absurdo da situação, então compelindo a família a reavaliar e modificar aquela atitude), inversão (desencorajar a mudança por salientar os perigos associados) e prescrição de sintomas. Com a prescrição de sintomas, ao invés de tentar acabar com o comportamento sintomático, é recomendado que o sintoma seja aumentado, claramente sancionando os comportamentos indesejáveis. O esforço do terapeuta não incita resistência do paciente identificado, que não precisa mais defender o direito de manter o comportamento problema. Por sugerir a exacerbação do sintoma até que não sirva mais como função útil ao sistema, ele é diminuído. Uma vez esclarecido que a pessoa pode deliberadamente tornar o sintoma mais severo, o terapeuta ganha uma alavanca para apontar a possibilidade de controlar o comportamento. Aumentando-o, ele similarmente pode servir para diminuí-lo.

Reenquadramento é uma técnica na qual as ações que foram criticadas como loucas ou perturbadas são ressignificadas positivamente (conotação positiva), introduzindo, assim, uma visão diferente da realidade. Por exemplo: um adolescente rebelde e hostil pode ser ressignificado como o salvador da família; seu comportamento é interpretado como um sacrifício a serviço de manter o frágil casamento dos pais, pois a única vez que eles agem conjuntamente é quando o adolescente se envolve em problemas. Essa nova visão pode capacitar a família para ser apreciativa, ao invés de crítica, e pode levar a resolução dos conflitos conjugais; isso força os pais a encarar a realidade do grande fardo que o bode-expiatório tem que suportar e que era o verdadeiro problema subjacente. Assim, o reenquadramento redefine a situação, que muitas vezes é negada ou ignorada.

Várias outras técnicas utilizadas por terapeutas estratégicos merecem menção. Desafios são gerados e utilizados como manobras terapêuticas, em que os membros da família são solicitados a se engajarem em comportamentos que não gostam, mas que irão melhorar os relacionamentos familiares (Haley, 1984). A dramatização envolve uma orientação do terapeuta de que a pessoa sintomática simule o sintoma. Essa exibição voluntária do sintoma modifica as percepções dos membros da família sobre o indivíduo problemático e a função do comportamento problema na unidade familiar. O desequilíbrio envolve o apoio estratégico de um membro familiar, muitas vezes através da prescrição de tarefas; isso rompe o equilíbrio que mantém o problema. A finalização é iniciada quando uma diminuição significativa do problema apresentado tenha ocorrido e a família revela uma capacidade de lidar com os problemas por conta própria. Na fase de encerramento, a família é parabenizada pelas mudanças, sendo ainda advertida contra desenvolver um senso de falso otimismo sobre a vida sem problemas.

Aplicabilidade do Tratamento

A Terapia Familiar Estratégica vem sendo utilizada no trabalho com casais e famílias que apresentam sintomas múltiplos, incluindo desordens do espectro da esquizofrenia, abuso de substância, violência familiar e incesto, desordens de ansiedade, problemas de comportamento da criança e do adolescente (Madanes, 1990, 1991; Szykula, Morris & Sudweeks, 1987). Há poucos trabalhos empíricos sobre a eficácia do tratamento.

TERAPIA FAMILIAR SISTÊMICA

O grupo de Milão (Itália) elucidou a terapia familiar sistêmica. Essa abordagem foca no processo vendo a família e o terapeuta como um ecossistema no qual, ao longo do tempo, cada membro afeta o bem-estar psicológico de todos os outros membros. Postula que o comportamento problema é mantido por padrões transacionais governados por regras, com os sintomas sustentando o equilíbrio familiar. Congruente com a visão de Bateson (Bateson et alii, 1956), a família é conceitualizada como um sistema cibernético não linear e complexo, com mecanismos de respostas interligados e padrões sequenciais de comportamento repetitivos. Os terapeutas dessa linha enfatizam a importância de esclarecer o significado de cibernéticas de segunda ordem.

Estrutura Básica e Objetivos

Geralmente, as sessões de terapia familiar sistêmica são poucas em número (entre 3 e 20), espaçadas em intervalos mensais para permitir tempo para intervenções a fim de enraizar e evocar mudança sistêmica. O número de sessões fixado no começo do tratamento é seguido rigorosamente. As sessões são conduzidas por um único terapeuta, ou um par de coterapeutas, e o consultor pode ficar posicionado atrás de um espelho para recomendar intervenções sistêmicas. Terapeutas sistêmicos (Selvini Palazzoli, Boscolo, Secchin & Prata, 1978) muitas vezes usam o "coro grego", um grupo de observadores atrás de um espelho, que podem chamar o terapeuta para fora e fazer sugestões, tomar partido e participar das deliberações pós-sessão.

O objetivo principal é criar um ambiente no qual é possível explorar o sistema de crenças da família, proporcionando novas conceitualizações de problemas familiares (mapas cognitivos) e facilitar a mudança. O time de tratamento mantém uma perspectiva sistêmica a fim de resolver o problema apresentado dentro de um contexto familiar. Os objetivos específicos são iniciados por todos os membros da família e o time terapêutico ressalta que é responsabilidade da família fazer as mudanças. Se o terapeuta discorda dos objetivos da família, o desejo dos familiares é respeitado, exceto em casos em que suas decisões são prejudiciais a um ou mais membros da família (ex.: abuso ou incesto). Não há necessidade da compreensão das famílias sobre como a mudança ocorre, nem é necessário o desenvolvimento de um forte vínculo terapêutico.

Técnicas e Processo de Terapia

Incorporando um ponto de vista mais revolucionário do que certos colegas estratégicos, os terapeutas sistêmicos acreditam que quando as regras da família e fundamentação conceitual para compreender a realidade (i.e., epistemologia) não são mais adaptativas, emergem comportamentos problemáticos. Usando um quadro que traz novas informações para sancionar e promover o desenvolvimento da família de uma epistemologia alternativa e mudança espontânea, as sessões são organizadas de acordo com um formato relativamente padronizado de tratamento. Durante a pré-sessão, são coletados dados pela equipe de consultores. Então, o(s) terapeuta(s) se encontra(m) com os membros da família, fornece(m) as informações coletadas na pré-sessão e guia(m) a discussão, conferindo pela observação dos padrões transacionais da família. A seguir, o terapeuta (ou coterapeutas) e o coro grego se encontram numa sala separada para troca de observações, opiniões e sugestões. Esse encontro resulta na formulação de uma hipótese sistêmica (i.e., diagnóstico) e num plano de intervenção associado. O(s) terapeuta(s) então reúne(m) a família, fornece(m) *feedback* do encontro com os consultores, e dá(dão) uma diretriz para uma tarefa a ser completada fora da sessão. Usualmente, essas diretrizes tomam a forma de sugestões paradoxais, prescrição de sintomas ou ritual. Isso pode ser dado imediatamente seguindo a consulta em forma verbal ou escrita, ou enviada como uma carta ou telegrama para a família depois da sessão. Essas prescrições são indicadas para aumentar a conectividade da família, exceto se provocarem resistência. Cada sessão é concluída com uma discussão pós-sessão entre os membros do grupo sobre as respostas da família à intervenção e ao desenvolvimento de um sumário escrito da sessão.

Somam-se às técnicas já descritas, várias outras estratégias associadas com abordagens sistêmicas, incluindo o questionário circular (solicitar a um membro da família para comentar sobre a transação entre outros dois membros), conotação positiva (reformulando todos os comportamentos como positivos para preservar a homeostase e a coesão), rituais (prescrever uma conduta individualizada ou série de ações objetivando a alteração de papéis tratando o conflito entre regras familiares não ditas e ditas), e intervenções contraparadoxais (apresentar um duplo vínculo terapêutico no qual a comunicação aberta é para a família não mudar). Essas técnicas elucidam jogos familiares (padrões repetitivos específicos de interação familiar) (Prata, 1990), introduzem uma nova conceitualização de problemas familiares e encorajam a descoberta de novas soluções para problemas através da mudança sistêmica (N. J. Kaslow et alii, 1999).

A finalização ocorre no tempo predeterminado no início da terapia. Tipicamente, nesse momento, o comportamento problema já foi resolvido ou, ao menos, foi substancialmente reduzido. O terapeuta pode sugerir que a família retorne posteriormente para uma sessão de revisão.

Os terapeutas sistêmicos, diferentemente dos seus colegas estratégicos, têm adotado uma "postura não reativa", neutra e objetiva, evitando embaraços em alianças familiares. Eles afirmam que essa posição proporciona uma alavanca máxima para criar mudança, enquanto o terapeuta pode assistir ao sistema inteiro sem ser seduzido para dentro dos jogos familiares (Selvini Palazzoli, Cirillo, Selvini & Sorrentino, 1989). Tem ocorrido uma mudança na filosofia e terapeutas sistêmicos estão, atualmente, encorajados a compartilhar suas hipóteses com a família e restringir o uso de intervenções paradoxais.

Aplicabilidade do Tratamento

Essa abordagem tem sido usada com casais e famílias experienciando uma variedade de comportamentos problema, incluindo psicóticos, humor e transtornos de personalidade, abuso de álcool e doenças psicossomáticas. Numa revisão de 10 investigações empíricas de terapia familiar sistêmica, Carr (1991) encontrou alívio sintomático entre dois terços a três quartos dos casos e mudança sistêmica em metade deles.

TERAPIA COMPORTAMENTAL E COGNITIVO-COMPORTAMENTAL

A terapia comportamental e a terapia cognitivo-comportamental de casal e família encerram uma gama de técnicas e modelos de tratamento (veja Goldenberg & Goldenberg, 2004; Holtzwouth-Munroe & Jacobson, 1991). A abordagem comportamental para avaliação e tratamento de problemas de casal e família reflete uma expansão da abordagem individual tradicional do tratamento comportamental (Bandura, 1969) baseado em ambos princípios operantes (Skinner, 1974) e condicionamento clássico (Pavlov, 1941). Os terapeutas de casal e família comportamentais examinam o comportamento dos membros da família no contexto de variáveis ambientais e formulam uma análise funcional de padrões de comportamento baseada em estímulo-resposta e reforço de contingências. Comportamento é pensado como sendo influenciado por cognições, padrões de estímulo-resposta e contingências de reforçamento.

A maior parte dos terapeutas de casal e família comportamentais reconhece conceitos de sistemas, que enfatizam a natureza interdependente de padrões de comportamento entre os membros (Fay & Lazarus, 1984). De acordo com essa perspectiva, as pessoas mantêm cada comportamento do outro através de reforço e, assim, o controle comportamental é um processo circular ou recíproco. Os terapeutas comportamentais enfatizam a importância de que membros da família aprendam ou reaprendam modos mais adaptativos de se relacionar. Eles supõem que as pessoas têm diversas histórias idiossincráticas aprendidas e, assim, uma aplicação "cookie cutter"[10] de técnicas não é aprovada.

[10] N. da T.: *cookie cutter* significa que não dá para enquadrar todos os sujeitos dentro de um mesmo modelo ou molde.

Terapeutas comportamentais de casal (TCCs) notam e aumentam potencialmente eventos reforçadores e minimizam a ocorrência de interações conjugais aversivas para equilibrar a relação custo-benefício para cada membro da díade. TCCs também buscam a melhora da capacidade de o casal reconhecer, iniciar e validar interações positivas, diminuir trocas prejudiciais, desenvolver e empregar habilidades de comunicação mais adaptativas e estratégias de resolver problemas, e negociar resolução de problemas por pacto de contingência (Liberman, Wheeler, de Visser, Kuehnel & Kuehnel, 1980).

Intervenções comportamentais também têm sido desenvolvidas para o uso com famílias (Epstein, Bishop & Levin, 1978). Alexander et alii (Alexander & Barton, 1990; Alexander & Parsons, 1982) desenvolveram a terapia de família funcional (TFF), uma abordagem na qual todo comportamento é visto como adaptável e, consequentemente, funcional. O terapeuta determina as funções interpessoais do comportamento de cada membro da família antes de iniciar a mudança no sistema. São gerados esforços no sentido de mudar a crença e respostas emocionais dos membros para assistir a família e conceitualizar dificuldades na conduta do sistema, e compartilhar responsabilidades para a mudança de comportamento. É oferecida instrução e são ensinadas novas habilidades necessárias para sustentar as mudanças positivas.

Finalmente, alguns métodos têm sido criados para tratar casais e famílias. Esses métodos são baseados na integração de psicologia cognitiva e comportamental (Epstein, Schlesinger & Dryden, 1988). Tratamento Familiar Cognitivo Comportamental (TFCC), uma expansão de terapias cognitivas individuais (Beck, 1976; Ellis & Grieger, 1977), afirma que a mediação cognitiva de eventos afeta padrões relacionais da família, enquanto modifica sentimentos e ações dos membros dessa família. Os problemas vêm das crenças distorcidas dos membros da família sobre cada um e de padrões transacionais disfuncionais. As cognições e interações são emaranhadamente interligadas e mutuamente influenciáveis. Avaliações examinam esses processos cognitivos como crenças, atribuições e comportamentos, tais como resolução de conflitos, comunicação e habilidades de negociação. As técnicas de intervenção mais frequentemente usadas incluem procedimentos de reestruturação cognitiva e treino auto-instrucional. As estratégias comportamentais incluem comunicação, assertividade e treino de resolução de problemas, tanto quanto procedimentos de permuta.

Para ilustrar essas terapias, o modelo TFF tem sido selecionado porque as abordagens cognitiva e comportamental integradas são embasadas em uma série de princípios bem articulados e recebem forte suporte empírico (Goldenberg & Goldenberg, 2004; Nichols & Schwartz, 2006).

Estrutura Básica e Objetivos

Essas terapias são breves, de tempo limitado, conduzidas por um único terapeuta. O tratamento é hábil para engendrar mudanças nas cognições e comportamentos de cada indivíduo, e na unidade familiar como um todo. É oferecida à família a explanação de narrativas alternativas de eventos e habilidades para um comportamento mais adaptativo e uma interação mais harmoniosa.

Técnicas e Processo de Terapia

A TFF ocorre em fases. No estágio de avaliação, são avaliados três níveis de funcionamento familiar: relacionamento (padrões interacionais e processos), funcional (funções adaptativas de sequência de comportamento de vários membros da família) e individual (identificação de mudanças comportamentais, cognitivas e afetivas adquiridas por cada membro da família para mudar o comportamento problema).

Intervenções familiares são divididas em estratégias terapêuticas e educacionais adaptadas para alterar cognições e afetos de membros da família. A terapia foca intervenções que tratam resistências familiares localizadas para mobilizar e motivar membros da família à mudança e prepará-la a ser beneficiada por intervenções educacionais. Defensores afirmam que a mudança comportamental requer mudanças na autopercepção de membros familiares e percepções sobre outros membros da família. Então, cada um é encorajado a questionar sua compreensão de padrões interacionais da família e o problema atual.

Requalificar é uma técnica de reatribuição usada frequentemente por terapia familiar funcional para efetuar mudança na unidade familiar. Uma técnica similar para reformulação positiva implica em requalificar uma comunicação que remodele papéis, comportamentos e emoções percebidas negativamente por membros da família em termos mais positivos (revalidação) e sensibilize membros da família às influências interpessoais recíprocas do comportamento e emoções de cada um. A revalidação facilita compreensões alternativas e respostas afetivas mais alinhadas com as expectativas dos membros familiares. Essa revalidação comunica implicitamente que a pessoa insatisfeita tem muito mais controle sobre o padrão relacional problemático do que ela imagina. Enquanto a requalificação revalida comportamentos, isso também implica que existem caminhos que os membros familiares podem substituir para obter mais diretamente o que eles querem.

Na faceta educacional da intervenção, são fornecidas instruções de maneira consistente com os resultados funcionais dos comportamentos dos membros da família e as reatribuições terapêuticas que o terapeuta tem modelado dentro da unidade familiar. Os terapeutas escolhem dentro de uma larga variedade de intervenções de mudança de comportamentos manifestos (ex.: contrato e gerenciamento de contingência, modelagem, dessensibilização sistemática, procedimentos de intervalo,[11] treinamento de habilidades de comunicação, treinamento de assertividade, treinamento de resolução de problemas) para maximizar mudanças necessárias de comportamento. As técnicas são selecionadas com base na qualidade de adaptação com as funções e processos de cada vida familiar particular.

Nas terapias de casal e de família cognitivo-comportamental, os terapeutas assumem uma postura diretiva e funcionam como cientistas, modeladores de papéis e educadores. Eles admitem que aliança de trabalho colaborativo seja requisito para mudança de comportamento. Os terapeutas de família funcional são conhecidos por suas explanações de estratégias para desenvolvimento, tal como aliança de trabalho. Eles usam as seguintes habilidades de relacionamento para estabelecer um ambiente ideal e preparar a família para mudança: apresentam-se como afetivos e empáticos, integram emoções e comportamento, adotam uma postura de não julgamento, usam humor para difundir tensão e se revelam seletivamente ao proporcionar informação à família. Eles empregam estruturação de habilidades para ajudar a família na implementação da mudança. Durante a fase de educação, eles encerram direção, autoconfiança e clareza. Seguidores dessa abordagem monitoram continuamente seu impacto sobre os membros da família e calibram seu estilo de interação para maximizar o ajustamento com as características funcionais da família (Sexton & Alexander, 2002).

Aplicabilidade do Tratamento

A TFC e TFCC têm tratado uma extensa gama de problemas comportamentais, emocionais e relacionais. Pesquisas utilizando TFF têm mostrado que modificar o processo familiar disfuncional leva a uma dramática redução na reincidência de taxas de delinquência juvenil, cujas famílias sujeitam-se ao tratamento (Alexander & Parsons, 1982). Essas intervenções também são associadas com manutenção em longo prazo de ganhos do tratamento e habilidade familiar intensificada para lidar com transições desenvolvimentais.

Essa categoria de abordagem tem sido o objeto de mais investigações empíricas que qualquer outro modelo de terapia familiar. Em uma revisão da literatura (Holtzworth-Munroe & Jacobson, 1991) foi concluído que Terapia Conjugal Comportamental é mais eficaz do que condições de controle em aliviar a discórdia conjugal e promover satisfação conjugal. Variáveis associadas com resultados positivos do tratamento incluem o desenvolvimento de uma parceria colaborativa terapeuta-casal, engajamento ativo do cliente no processo de intervenção e consentimento com as tarefas designadas. A TFC focada na criança tem se mostrado vantajosa em melhorar os problemas atuais numa variada amostra de crianças (Szykula et alii, 1987). Pesquisa de resultado de tratamento focando esse mesmo modo sobre disfunções sexuais, como ejaculação precoce, disfunção orgástica primária feminina e parafilias, tem produzido altas taxas de sucesso por tratamento comportamental (Heiman, LoPiccolo & LoPiccolo, 1981). Variáveis do cliente ligadas a bom prognóstico na terapia cognitivo-comportamental de casal e família incluem, ao menos, funcionamento intelectual médio e capacidade de abstração de todos os participantes, crianças que estejam em idade escolar ou mais velhas e membros familiares que demonstrem relativa aceitação um pelo outro (Epstein et alii, 1988).

TERAPIA FAMILIAR PSICOEDUCACIONAL

Abordagens psicoeducacionais são designadas para dificuldades individuais ou familiares e para proporcionar funcionalidade (McFarlane, 1991). Esses modelos são indicados para treinar membros da família a serem ajudantes de um ente querido (ex.: treinamento de pais para aqueles com crianças com distúrbios); ensinar aos membros da família comunicação, resolver problemas e habilidades de resolução de conflitos; e prevenir a emergência de problemas para aumentar a qualidade de vida familiar. Uma diversidade de perspectivas teóricas contribui para a base de fundação de abordagens psicoeducacionais, incluindo cognitivo-comportamental, psicodinâmica e humanística; algumas são ateóricas na orientação. Programas psicoeducacionais têm sido

---

[11] N. da T.: entre as sessões.

desenvolvidos por treinadores de pais (Carkhuff, 1971), melhoramento conjugal (Jacobson & Margolin, 1979; Stuart, 1969) e treinamento de habilidades familiares e melhoramento (Guerney, 1977; L'Abate & Weinstein, 1987).

Estrutura Básica e Objetivos

Psicoeducação familiar, uma abordagem de tratamento estruturado que pode ser conduzida com a família ou em um grupo formado de múltiplas famílias, usualmente é formada por dois clínicos. A frequência da sessão depende da gravidade psiquiátrica do paciente e o estágio do processo de educação familiar. O tratamento é, geralmente, de longa duração. As sessões são frequentes nas fases iniciais e os intervalos entre as sessões são grandes durante as fases mais tardias do tratamento.

Os dois maiores objetivos em longo prazo são prevenção à recaída e reintegração do paciente à comunidade. Para alcançar esses objetivos, eles têm sido delineados a curto e médio prazos, incluindo: estabilização dos sintomas do paciente, inscrição de membros da família em um processo educativo, provisão de educação sobre condições psicóticas e intervenções psicofarmacológicas, estabelecimento de um grupo de tratamento que inclui membros da família e continuidade de cuidados do estresse, encorajamento do desenvolvimento e uso da rede de suporte social, e assistência à família em manejar o estresse associado com os cuidados para com um membro familiar em condição psiquiátrica crônica. Ao longo do tratamento, os objetivos são discutidos francamente e negociados.

Técnicas e Processo de Terapia

As abordagens de psicoeducação familiar múltipla e individual incluem quatro fases. A primeira coincide com o primeiro episódio psicótico do membro familiar. Um relacionamento colaborativo é estabelecido com todos os membros significativos da família disponíveis e com o paciente. Enquanto a crise está sendo avaliada, as respostas dos membros da família aos sintomas do paciente e o ambiente de tratamento são solicitados. A estrutura familiar, estratégias de enfrentamento e sistema de apoio social são avaliados. No fechamento da fase 1 é escrito um contrato que especifica a estrutura da intervenção.

Na fase 2 são proporcionadas informações educativas em um *workshop* em um dia ou em um final de semana, ou uma série de sessões breves de informações de resultados intercaladas entre os encontros familiares. Esses *workshops* educacionais são apresentados no formato de leitura e discussão designadas para membros familiares e amigos do paciente. Em alguns casos, também é apresentada educação simultânea ao paciente em forma de grupo. Além disso, é oferecido, também, material sobre a natureza, sintomas e manejo de transtornos do espectro de esquizofrenia, os componentes educacionais tratam fatores de risco associados com reincidência e estratégias para lidar efetivamente com esses estressores.

A terceira fase, o período do reingresso, começa quando o paciente retorna para a comunidade e dura, aproximadamente, um ano. A ênfase recai sobre a estabilização do paciente fora do hospital. Na quarta e última fase, reabilitação, terapeutas e membros familiares colaboram para proporcionar um funcionamento adaptativo ao paciente. O encerramento é contingente tanto do estado clínico do paciente quanto do desejo da família pelos resultados do tratamento e/ou apoio social.

As técnicas empregadas em psicoeducação incluem: a) socialização informal com paciente e família do início de sessão; b) revisão de tarefas designadas; c) análise de eventos entre sessões; d) recompor estressores de maneira consistente com a informação proporcionada durante os componentes educacionais; e) ensino de habilidades de resolução de problemas e comunicação; e, f) enfatização da urgência de aceitação aos medicamentos.

Os terapeutas oferecem recomendação, orientação e informação transmitindo tanto sua perícia quanto sua apreciação dos valores da experiência familiar em ajudar seu próprio ente querido.

Aplicabilidade do Tratamento

As abordagens psicoeducacionais se mostram valiosas no trabalho com famílias em que há um membro diagnosticado com esquizofrenia ou transtorno do humor (Anderson, Reiss & Hogarty, 1986). Treinamento psicoeducacional de pais, intensificação do casamento e treinamento de habilidades familiares, e programas de fortalecimento também têm recebido modesto suporte empírico (Levant, 1986).

TERAPIA FAMILIAR INTEGRATIVA

Modelos integrativos se esforçam para unificar teorias previamente divergentes e técnicas para uma estrutura supra-ordenada com um reconhecimento das similaridades e diferenças das perspectivas combinadas (Gurman, 2005). Eles refletem uma síntese de teorias sistêmicas gerais e, ao menos, uma abordagem de terapia adicional individual ou familiar (Lebow, 1987). Esses modelos podem diferir em termos de confiança sobre a junção de estratégias de intervenção de modelos distintos dentro de uma abordagem particular, na integração de duas ou mais abordagens dentro de uma teoria unitária e entidade clínica, e no uso de técnicas de intervenção de diferentes escolas escolhidas em virtude de suas conveniências para tratar problemas específicos (Johnson & Greenberg, 1987; F. W. Kaslow & Lebow, 2002). A integração de teorias busca o desenvolvimento de paradigmas mais amplamente úteis para o entendimento e tratamento de disfunção conjugal e familiar, modelos que possam ajustar diferentes terapeutas no estilo de personalidade e nível de habilidade, e as características únicas de cada unidade familiar (Aradi & Kaslow, 1987). Entretanto, uma teoria com bom poder explanatório para uma família pode se mostrar inadequada para conceitualizar a dinâmica de outra e uma estratégia de intervenção que trabalhe bem com um tipo de sintomatologia ou síndrome pode levar a família a um impasse.

Aradi e Kaslow (1987) propuseram um processo de três estágios de integração de teoria de terapia familiar. O estágio 1 oferece seis critérios como base para exame sistemático da teoria: explicação, diagnóstico, terapêutica, prognóstico, modelo de avaliação e poder preventivo da teoria. Quanto à utilidade, as teorias conceitualizam e avaliam a força e disfunção familiar gerando uma abordagem de tratamento, predizendo o curso da disfunção e o resultado do tratamento, oferecendo uma abordagem para pesquisar processo e resultado, e tratamento preventivo. Então, a abordagem integrativa é um contingente sobre a avaliação do terapeuta da conveniência, aplicabilidade e poder de cada perspectiva teórica disponível, e modelo de intervenção associado durante o curso de tratamento.

O estágio 2 trata variáveis terapêuticas chave, realçando a suposição de que essa integração de teorias envolve uma interação entre as predileções do terapeuta, estilo de personalidade e seu objetivo de avaliação das teorias existentes. Uma visão do terapeuta sobre a natureza e definições de disfunção, o papel e foco da avaliação e diagnóstico, a estrutura e processo de tratamento, o papel do terapeuta e objetivos da intervenção influencia a seleção e a integração da abordagem terapêutica. Portanto, excelência do ajuste entre um sistema de crenças do terapeuta e componentes de várias abordagens de tratamento regulam o enquadramento para avaliar um integrante de terapia potencial ao clínico particular. Similarmente, as variáveis familiares são o foco do estágio 3 na integração teórica e representam uma dimensão contextual chave para determinar a utilidade do modelo. O terapeuta precisa incorporar a construção de realidade da família (Reiss, 1981) no desenvolvimento de um modelo conceitual mais condizente com os padrões interacionais e com o estilo da família.

De acordo com esse modelo, a essência da teoria de integração é prover um contexto para a síntese de teorias distintas e seus componentes dentro de uma abordagem mais holística, especificamente adaptada para prestar-se a variáveis contextuais únicas. Como tal, numerosos modelos integrativos de terapia conjugal e familiar são possíveis. (Para maior aprofundamento no assunto, veja F. W. Kaslow & Lebow, 2002; Pinsof, 2002).

CONCLUSÃO

O presente capítulo apresentou um mapa do percurso das maiores teorias de casal e de família. Nesse campo relativamente jovem, não é surpreendente que nenhuma escola de pensamento contenha todos os elementos para um esquema conceitual que mereça ser considerado como uma teoria completa. Até o momento, cada escola tem contribuído suficientemente para o desenvolvimento de campo e para justificar sua inclusão. Pensamos que na próxima década o campo continuará a exibir um maior rigor intelectual científico na busca de uma compreensão mais sofisticada do processo e resultados da terapia de casal e de família que começaram a ser expressas desde os anos 1990, e que esta tendência irá acelerar.

REFERÊNCIAS

Alexander, J. F., & Barton, C. (1990). Functional family therapy: A relationship and a process. In F. W. Kaslow (Ed.), Voices in family psychology (Vol. 1, pp. 209–226). Newbury Park, CA: Sage.

Alexander, J. F., & Parsons, B. V. (1982). Functional family therapy. Monterey, CA: Brooks/Cole.

Anderson, C. M., Reiss, D. J., & Hogarty, G. E. (1986). Schizophrenia and the family. New York: Guilford Press.

Aponte, H. J. (1976). Underorganization in the poor family. In P. J. Guerin (Ed.), Family therapy:

Theory and practice (pp. 432–448). New York: Gardner.

Aponte, H. J., & Van Deusen, J. M. (1981). Structural family therapy. In A. S. Gurman & D. P.

Kniskern (Eds.), Handbook of family therapy (pp. 310–360). New York: Brunner/Mazel.

Aradi, N. S., & Kaslow, F. W. (1987). Theory integration in family therapy: Definition, rationale, content and process. Psychotherapy: Theory, Research and Practice, 25, 598–608.

Auerswald, E. (1985). Thinking about thinking in family therapy. Family Process, 24, 1–12.

Bandura, A. (1969). Principles of behavior modification. New York: Holt, Rinehart andWinston.

Bateson, G., Jackson, D. D., Haley, J. E., & Weakland, J. (1956). Toward a theory of schizophrenia. Behavioral Science, 1, 251–264.

Beavers, W. R. (1977). Psychotherapy and growth: Family systems perspective. New York: Brunner/Mazel.

Beavers, W. R. (1993). Measuring family competence: The Beavers systems model. In F. Walsh

(Ed.), Normal family processes (2nd ed., pp. 73–103). New York: Guilford Press.

Beck, A. T. (1976). Cognitive therapy and emotional disorders. New York: International Universities Press.

Beels, C., & Ferber, A. (1972). What family therapists do. In A. Ferber, M. Mendelsohn, & A.

Napier (Eds.), The book of family therapy (pp. 168–232). New York: Science House.

Boszormenyi-Nagy, I., Greenebaum, J., & Ulrich, D. (1991). Contextual therapy. In A. S. Gurman & D. P. Kniskern (Eds.), Handbook of family therapy (Vol. II, pp. 200–238). New York: Brunner/Mazel.

Boszormenyi-Nagy, I., & Krasner, B. R. (1986). Between give and take: A critical guide to contextual therapy. New York: Brunner/Mazel.

Bowen, M. (1988). Family therapy in clinical practice (2nd ed.). Northvale, NJ: Jason Aronson.

Bowlby, J. (1969). Attachment and loss: Vol. 1. Attachment. New York: Basic Books.

Bowlby, J. (1988). A secure base: Parent-child attachment and healthy human development. New York: Basic Books.

Carkhuff, R. R. (1971). Training as a preferred mode of treatment. Journal of Counseling Psychology,18, 123–131.

Carr, A. (1991). Milan systemic family therapy: A review of ten empirical investigations. Journal of Family Therapy, 13, 237–263.

Colapinto, J. (1991). Structural family therapy. In A. S. Gurman & D. P. Kniskern (Eds.),

Handbook of family therapy (Vol. 2, pp. 417–443). New York: Brunner/Mazel.

Dell, P. (1981). Paradox redux. Journal of Marital and Family Therapy, 7, 127–134.

de Shazer, S. (1985). Keys to solution in brief therapy. New York: Norton.

de Shazer, S. (1988). Clues: Investigation solutions in brief therapy. New York: Norton.

Duhl, B. S., & Duhl, F. J. (1981). Integrative family therapy. In A. S. Gurman & D. P. Kniskern

(Eds.), Handbook of family therapy (pp. 483–516). New York: Brunner/Mazel.

Ducommun-Nagy, C. (2002). Contextual therapy. In F. W. Kaslow, R. F. Massey, & S. D. Massey (Eds.), Comprehensive handbook of psychotherapy: Vol. 3. Interpersonal/humanistic/existential (pp. 463–488). Hoboken, NJ: Wiley.

Ellis, A., & Grieger, R. (Eds.). (1977). Handbook of rational emotive therapy. New York: Springer.

Epstein, N. B., Bishop, D. S., & Levin, S. (1978). The McMaster model of family functioning. Journal of Marital and Family Counseling, 4, 19–32.

Epstein, N. B., Schlesinger, S. E., & Dryden, W. (Eds.). (1988). Cognitive-behavioral therapy with families. New York: Brunner/Mazel.

Fay, A., & Lazarus, A. A. (1984). The therapist in behavioral and multi-modal therapy. In F. W.

Kaslow (Ed.), Psychotherapy with psychotherapists (pp. 1–18). New York: Haworth.

Friedman, E. H. (1991). Bowen theory and therapy. In A. S. Gurman & D. P. Kniskern (Eds.), Handbook of family therapy (Vol. 2, pp. 134–170). New York: Brunner/Mazel.

Gergen, K. (1985). The social constructionist movement in modern psychology. American Psychologist, 40, 266–275.

Goldenberg, I., & Goldenberg, H. (2004). Family therapy: An overview (6th ed.). Belmont, CA: Brooks/Cole.

Goldenthal, P. (1991). Contextual therapy with children and families. Innovations in clinical practice: A sourcebook, 10, 85–97. (Published annually by Professional Resource Press, Sarasota, FL)

Goolishian, H. A., & Anderson, H. (1990). Understanding the therapeutic process: From individuals and families to systems and language. In F. W. Kaslow (Ed.), Voices in family psychology (Vol. 1, pp. 91–113). Newbury Park, CA: Sage.

Guerney, B. G., Jr. (Ed.). (1977). Relationship enhancement. San Francisco: Jossey-Bass.

Gurman, A. S. (1979). Dimensions of marital therapy: A comparative analysis. Journal of Marital and Family Therapy, 5, 5–18.

Gurman, A. S. (2005). Brief integrative marital therapy: An interpersonal-intrapsychic approach.

In J. Lebow (Ed.), Handbook of clinical family therapy (pp. 353–383). Hoboken, NJ: Wiley.

Haley, J. (1963). Strategies of psychotherapy. New York: Grune & Stratton.

Haley, J. (1971). Changing families. New York: Grune & Stratton.

Haley, J. (1973). Uncommon therapy: The psychiatric techniques of Milton H. Erickson, MD. New York: Norton.

Haley, J. (1976). Problem-solving therapy. San Francisco: Jossey-Bass.

Haley, J. (1984). Ordeal therapy: Unusual ways to change behavior. San Francisco: Jossey-Bass.

Heiman, J. R., LoPiccolo, L., & LoPiccolo, J. (1981). The treatment of sexual dysfunction. In

A. S. Gurman & D. P. Kniskern (Eds.), Handbook of family therapy (Vol. 1, pp. 592–630). New York: Brunner/Mazel.

Hoffman, L. (1980). The family life cycle and discontinuous change. In E. Carter & M. Mc-

Goldrick (Eds.), The family life cycle: A framework for family therapy (pp. 53–68). New York: Gardner Press.

Hoffman, L. (1981). Foundations of family therapy. New York: Basic Books.

Hoffman, L. (1992). A reflective stance for family therapy. In S. McNamee & K. J. Gergen (Eds.), Therapy as social construction (pp. 7–24). London: Sage.

Holtzworth-Monroe, A., & Jacobson, N. S. (1991). Behavioral marital therapy. In A. S. Gurman & D. P. Kniskern (Eds.), Handbook of family therapy (Vol. 2, pp. 96–133). New York: Brunner/Mazel.

Jacobson, N. S., & Margolin, G. (1979). Marital therapy: Strategies based on social learning and behavior exchange principles. New York: Brunner/Mazel.

Johnson, S. M., & Greenberg, L. S. (1987). Integration in marital therapy: Issues and progress. International Journal of Eclectic Psychotherapy, 6, 202–215.

Kantor, D., & Lehr, W. (1975). Inside the family: Toward a theory of family process. San Francisco: Jossey-Bass.

Kaslow, F. W. (1981). Profile of the healthy family. Interaction, 4, 1–15.

Kaslow, F. W. (1987). Marital and family therapy. In M. B. Sussman & S. K. Steinmetz (Eds.),

Handbook of marriage and the family (pp. 835–859). New York: Plenum Press.

Kaslow, F. W. (Ed.). (1995). Projective genogramming. Sarasota, FL: Professional Resource Press.

Kaslow, F. W., Cooper, B., & Linsenberg, M. (1979). Therapist authenticity: A key factor in family therapy effectiveness. International Journal of Family Therapy, 1, 184–199.

Kaslow, F. W., & Hammerschmidt, H. (1992). Long term good marriages: The seemingly essential ingredients. In B. J. Brothers (Ed.), Couples therapy: Multiple perspectives (pp. 15–38). New York: Haworth.

Kaslow, F. W., & Lebow, J. (Eds.). (2002). Comprehensive handbook of psychotherapy: Vol. 4. Integrative/eclectic. Hoboken, NJ: Wiley.

Kaslow, F. W., & Magnavita, J. (Eds.). (2002). Comprehensive handbook of psychotherapy: Vol. 1. Psychodynamic/object relations. Hoboken, NJ: Wiley.

Kaslow, N. J., Dausch, B. M., & Celano, M. (2003). The family therapies. In A. S. Gurman & S. B. Messer (Eds.), Modern psychotherapies: Theory and practice (2nd ed., 400–462). New York: Guilford Press.

Kaslow, N. J., Kaslow, F. W., & Farber, E. W. (1999). Theories and techniques of marital and family therapy. In M. B. Sussman, S. K. Steinmetz, & G. W. Peterson (Eds.), Handbook of marriage and the family (2nd ed., pp. 767–793). New York: Plenum Press.

Keith, D. V., & Whitaker, C. A. (1981). Play therapy: A paradigm for work with families. Journal of Marriage and Family Therapy, 7(3), 243–254.

Kempler, W. (1981). Experiential psychotherapy within families. New York: Brunner/Mazel.

Kerr, M., & Bowen, M. (1988). Family evaluation: An approach based on Bowen theory. New York: Norton.

L'Abate, L., & Weinstein, S. E. (1987). Structured enrichment programs for couples and families. New York: Brunner/Mazel.

Lebow, J. L. (1987). Integrative family therapy: An overview of major issues. Psychotherapy: Theory, Research and Practice, 24, 584–594.

Lebow, J. L. (2005). Handbook of clinical family therapy. Hoboken, NJ: Wiley.

Levant, R. F. (Ed.). (1986). Psychoeducational approaches to family therapy and counseling. New York: Springer.

Lewis, J. M., Beavers, W. R., Gossett, J. T., & Phillips, V. A. (1976). No single thread: Psychological health in family systems. New York: Brunner/Mazel.

Liberman, R. P., Wheeler, E., deVisser, L. A. J. M., Kuehnel, J., & Kuehnel, T. (1980). Handbook of marital therapy: A positive approach to helping troubled relationships. New York: Plenum Press.

Madanes, C. (1981). Strategic family therapy. San Francisco: Jossey-Bass.

Madanes, C. (1984). Behind the one way mirror. San Francisco: Jossey-Bass.

Madanes, C. (1990). Sex, love, and violence. New York: Norton.

Madanes, C. (1991). Strategic family therapy. In A. S. Gurman & D. P. Kniskern (Eds.), Handbook of family therapy (Vol. 2, pp. 396–416). New York: Brunner/Mazel.

McFarlane, W. R. (1991). Family psychoeducational treatment. In A. S. Gurman & D. P. Kniskern (Eds.), Handbook of family therapy (Vol. 2, p. 363–395). New York: Brunner/Mazel.

McGoldrick, M., Gerson, R., & Shellenberger, S. (1999). Genograms: Assessment and intervention (2nd ed.). New York: Norton.

Minuchin, S. (1974). Families and family therapy. Cambridge, MA: Harvard University Press.

Minuchin, S., & Fishman, H. C. (1981). Family therapy techniques. Cambridge, MA: Harvard University Press.

Minuchin, S., Montalvo, B., Guerney, B. G., Jr., Rosman, B., & Schumer, F. (1967). Families of the slums. New York: Basic Books.

Minuchin, S., Rosman, B. L., & Baker, L. (1978). Psychosomatic families: Anorexia nervosa in context. Cambridge, MA: Harvard University Press.

Napier, A. Y., & Whitaker, C. A. (1978). The family crucible. New York: Harper & Row.

Nichols, M. P., & Schwartz, R. C. (2006). Family therapy: Concepts and methods (7th ed.). Boston: Allyn & Bacon.

Olson, D. H. (1970). Marital and family therapy: Integrative review and critique. Journal of Marriage and the Family, 32, 501–538.

Olson, D. H., McCubbin, H. I., Barnes, H., Larsen, A., Muxen, M., & Wilson, M. (1983). Families: What makes them work. Beverly Hills, CA: Sage.

Olson, D. H., Sprenkle, D., & Russell, C. (1979). Circumplex model of marital and family systems: Cohesion and adaptability dimensions, family types, and clinical applications. Family Process, 18, 3–28.

Pavlov, I. P. (1941). Conditioned ref lexes and psychiatry. New York: International Publications.

Pinsof, W. M. (1995). Integrative problem centered therapy. New York: Basic Books.

Pinsof, W. M. (2002). Integrative problem solving therapy. In F. W. Kaslow & J. Lebow (Eds.), Comprehensive handbook of psychotherapy: Vol. 4. Integrative/eclectic (pp. 341–366). Hoboken, NJ: Wiley.

Prata, G. (1990). A systemic harpoon into family games. New York: Brunner/Mazel.

Reiss, D. (1981). The family's construction of reality. Cambridge, MA: Harvard University Press.

Roberto, L. G. (1991). Symbolic-experiential family therapy. In A. S. Gurman & D. P. Kniskern (Eds.), Handbook of family therapy (Vol. 2, pp. 444–476). New York: Brunner/Mazel.

Roberto, L. G. (1992). Transgenerational family therapies. New York: Guilford Press.

Sander, F. M. (1979). Individual and family therapy: Toward an integration. New York: Aronson.

Satir, V. (1967). Cojoint family therapy. Palo Alto, CA: Science & Behavior Books.

Satir, V. (1972). People-making. Palo Alto, CA: Science & Behavior Books.

Satir, V., & Baldwin, M. (1983). Satir step by step: A guide to creating change in families. Palo Alto, CA: Science and Behavior Books.

Scharff, D. E., & Scharff, J. S. (1987). Object relations family therapy. Northvale, NJ: Aronson.

Scharff, J. S. (Ed.). (1989). Foundations of object relations family therapy. Northvale, NJ: Aronson.

Scharff, J. S. (Ed.). (1992). Projective and introjective identification and the uses of the therapist's self. Northvale, NJ: Aronson.

Segal, L. (1991). Brief therapy: The MRI approach. In A. S. Gurman & D. P. Kniskern (Eds.), Handbook of family therapy (Vol. 2, pp. 171–199). New York: Brunner/Mazel.

Selvini Palazzoli, M., Boscolo, L., Cecchin, G., & Prata, G. (1978). Paradox and counterparadox. Northvale, NJ: Jason Aronson.

Selvini Palazzoli, M., Cirillo, S., Selvini, M., & Sorrentino, A. M. (1989). Family games: General models of psychotic pressures in the family. New York: Norton.

Sexton, T. L., & Alexander, J. F. (2002). Functional family therapy for at risk adolescents and their families. In F. W. Kaslow & T. E. Patterson (Eds.), Comprehensive handbook of psychotherapy: Vol. 2. Cognitive-behavioral approaches (pp. 117–140). Hoboken, NJ: Wiley.

Skinner, B. F. (1974). About behaviorism. New York: Knopf.

Slipp, S. (1984). Object relations: A dynamic bridge between individual and family treatment. New York: Aronson.

Stanton, M. D. (1981). Strategic approaches to family therapy. In A. S. Gurman & D. P. Kniskern (Eds.), Handbook of family therapy (pp. 361–402). New York: Brunner/Mazel.

Stuart, R. B. (1969). Operant-interpersonal treatment of marital discord. Journal of Consulting and Clinical Psychology, 33, 675–682.

Szykula, S. A., Morris, S. B., & Sudweeks, C. (1987). Child-focused behavior and strategic therapies: Outcome comparisons. Psychotherapy: Theory, Research, and Practice, 24, 546–551.

Wachtel, E. F., & Wachtel, P. L. (1986). Family dynamics in individual psychotherapy. New York: Guilford Press.

Walsh, F. (1993). Normal family processes (2nd ed.). New York: Guilford Press.

Watzlawick, P., Weakland, J., & Fisch, R. (1974). Change: Principles of problem formation and problem resolution. New York: Norton.

Whitaker, C. A. (1976). The hindrance of theory in clinical work. In P. J. Guerin (Ed.), Family therapy: Theory and practice (pp. 154–164). New York: Gardner Press.

Whitaker, C. A., & Bumberry, W. M. (1988). Dancing with the family: A symbolic-experiential approach. New York: Brunner/Mazel.

Zeig, J. K. (1985a). Ericksonian psychotherapy: Structures (Vol. 1). New York: Brunner/Mazel.

Zeig, J. K. (1985b). Ericksonian psychotherapy: Clinical applications (Vol. 2). New York: Brunner/Mazel.

CAPÍTULO 3
Uso de Genograma com Família:
Avaliação e Tratamento

Sylvia Shellenberger

"Uma imagem vale mais do que mil palavras", por exemplo: o genograma de um casal captura no desenho de um gráfico muito de sua história, vidas emocionais e questões atuais. Como uma árvore genealógica, o genograma representa as conexões biológicas da família. Além disso, ele pode ilustrar as conexões sociais dos membros da família, a qualidade de relações, as datas dos eventos familiares mais importantes e as características individuais dos membros-chave da família. Os genogramas são utilizados pelos terapeutas para que haja uma identificação dos padrões familiares por cliente e terapeuta, e para que os terapeutas possam reenquadrar, desintoxicar e normalizar questões carregadas emocionalmente (McGoldrick, Gerson & Shellenberger, 1999). Genogramas também ajudam terapeutas a desenvolver hipóteses sobre a natureza das relações, entre sintomas atuais e eventos familiares passados, e a determinar possibilidades de tratamento. Genogramas múltiplos podem ser construídos conforme a terapia progride e, portanto, servem como registro para mudanças familiares ao longo do tempo.

Neste capítulo, o genograma é ressaltado como ferramenta para avaliação do casal e da família, para determinar opções terapêuticas e para intervir. Perguntas feitas e símbolos típicos são usados com o propósito de construir o genograma descrito aqui. Vários casos são apresentados. O primeiro ilustra a interligação da avaliação e intervenção na terapia de casal. O segundo apresenta o desafio da entrevista e o desenho do genograma de uma família em que existem múltiplos parceiros, filhos de diferentes parceiros e dinâmicas relacionais complexas. O terceiro caso mostra a família biológica e adotiva de um adulto. Na apresentação dos casos, pontos de referência para EMDR são ressaltados. Adaptações do genograma tradicional, incluindo genogramas socialmente construídos, genogramas projetivos e genogramas comunitários, são discutidos junto com limitações da técnica do genograma.

Terapias familiares sistêmicas, baseadas na terapia de Bowen (1978; Kerr & Bowen, 1988), frequentemente usam genograma como uma ferramenta de organização primária para desenhar a constelação familiar através de múltiplas gerações, para descobrir pistas sobre o funcionamento familiar e resolver conflitos na intenção de promover um funcionamento mais saudável. A teoria de Bowen foca não simplesmente na família nuclear do cliente ou clientes, mas no campo emocional familiar completo, representado graficamente por um genograma de, pelo menos, três gerações. A terapia dirige o relacionamento do cliente em sua família nuclear e família de origem como participantes em padrões de interações através de múltiplas gerações. O genograma das famílias do cliente através de gerações captura a riqueza e complexidade de sistemas familiares estendidos. A teoria de Bowen propõe que existem forças dentro das famílias que impelem as pessoas a ficarem juntas e se conectarem, e forças opostas as impelem a se adaptarem e a se tornarem independentes. Quando os indivíduos têm dificuldade em balancear essas duas forças ou são encurralados em conflitos emocionais relacionados a essas forças, relacionamentos disfuncionais podem ser o resultado. Relacionamentos problemáticos são os fusionados, distantes, conflituosos, rompidos, triangulados e até mesmo abusivos. Relacionamentos fusionados são aqueles nos quais uma pessoa se torna tão ligada emocionalmente a outra que reage em resposta às ações e às emoções da outra, isto é, o oposto da diferenciação (Bowen, 1978). Relacionamentos triangulados ocorrem quando uma terceira pessoa é introduzida no relacionamento diádico para balancear a intimidade ou a distância excessiva e prover estabilidade no sistema (Bowen, 1978). Um triângulo comum envolve os pais e um filho, e os pais tentam ter a criança do seu lado ou contra o outro genitor. O genograma demonstra esses diferentes tipos de relacionamentos através do uso de símbolos. Os símbolos revelam relacionamentos nos quais os conflitos podem ser resolvidos através da diferenciação, que, em troca, pode levar a menos tensão ou ansiedade no sistema e adaptações familiares mais saudáveis. A diferenciação é caracterizada pela ação autônoma e sem responder a pressão de outros no sistema.

Historicamente, profissionais em terapia familiar foram os primeiros a utilizar genogramas para gravar informações sobre as famílias em suas práticas e buscar a padronização dos símbolos para que outros clínicos pudessem ler e interpretar o gráfico familiar (Jolly, Froon & Rosen, 1980). O formato padronizado foi decidido por um comitê que incluía Murray Bowen, Jack Froon e Jack Medalie, e membros do North American Primary Care Research Group (McGoldrick et alii, 1999). Usando genograma de famílias famosas, McGoldrick e Gerson (1985) e depois McGoldrick et alii (1999) posteriormente definiram o formato e princípios interpretativos, descreveram aplicações do genograma e realçaram a necessidade de pesquisas usando genogramas. O genograma computadorizado iniciado por Gerson (1975) e continuado por Shellenberger et alii contribuiu para a padronização e extensão do uso do genograma em ambientes institucionais e educacionais (Genogram-Maker, 1985; Genogram-Maker Milleniun, 2005; Relativity, 2003). Numerosos campos, tais como medicina familiar, pediatria, enfermagem, psicologia, hospícios e cuidados paliativos, antropologia médica, políticas de saúde, leis, trabalhos sociais e empresas familiares adaptaram o genograma como ferramenta para a descoberta de informações relevantes para sua prática (Carlock & Ward, 2001; Hockley, 2000; Kent-Wilkinson, 1999; Liossi, Hatira & Mistakidou, 1997; Richards, Burgess, Peterson, McCarthy, 1993; Soljar-Vrzina, 2000; Visscher & Clore, 19992; Watts & Shader, 1998).

Como uma ferramenta em terapia conjugal e familiar, o genograma serve a muitos propósitos. Para o terapeuta, a construção de um genograma auxilia na descoberta de eventos históricos que têm significância atual nas vidas dos casais, ajuda no desenvolvimento de objetivos para a terapia, leva a interpretações que podem ter significados para os clientes e facilita a tomada de decisões sobre modelos de intervenção. Através da entrevista de genograma, pontos de sofrimento, trauma e desastres são descobertos, bem como as reações dos clientes a esses eventos. Os casos seguintes ilustram o uso do genograma pelo terapeuta e pelo casal.

Exemplos de Casos

Caso 1: Dilemas e Perturbações em um Casal Perfeito

Rachel, uma CEO de alto padrão de sua própria companhia de *software*. Ela e seu marido, David, tinham questões não resolvidas sobre ter um bebê ou não. Desde que eles começaram a falar mais seriamente sobre isso, os sentimentos de pânico de David, semelhantes aos que teve durante a doença prolongada de sua mãe, começaram a ressurgir. O casal decidiu procurar terapia e recebeu a indicação do médico de família, que se adiantou explicando à terapeuta o motivo de o casal ter buscado terapia.

A terapeuta se apresentou e convidou o casal a fazer perguntas sobre a terapia. Rachel tinha ouvido de seus amigos algo sobre vários tipos de terapia e perguntou o que poderia esperar das sessões. A terapeuta explicou que trabalhava com a abordagem sistêmica, conceituada originalmente por Bowen (1978) e depois por Bowen e Kerr (1988). Ela explicou que o instrumento primário usado é o genograma e ela planejava desenhá-lo para ver como eles contavam suas histórias pela escolha da terapia. Ela explicou que o genograma poderia ajudar Rachel e David a resolver a questão de ter ou não um filho e também poderia ajudar David quanto ao pânico recorrente. Preocupada em aproveitar eficientemente o tempo, Rachel não entendeu por que era importante incluir o passado na discussão. Na verdade, ela esperava uma terapia sobre o presente e sobre a vida futura deles. A terapeuta explicou que quando decisões começam a se tornar difíceis é possível que existam fatores relacionados com a família de origem, de um ou de ambos os membros do casal, que podem criar ansiedade e deixá-los paralisados. O genograma poderia indicar áreas de tensão relacionadas a mensagens familiares recebidas por eles ou relacionamento familiar que poderia estar estagnando-os e bloqueando-os na decisão sobre ter ou não um filho. O genograma poderia ajudar a distinguir informações relacionadas ao *background* familiar, de modo que poderia ser relevante para suas vidas presentes e para suas escolhas. Rachel acenou com a cabeça, num gesto de que acreditava ser possível.

Convidados a fazer mais perguntas, eles concordaram que se sentiam confortáveis com a terapeuta e estavam dispostos a explorar as ligações entre seus *backgrounds* familiares e dificuldades atuais. A terapeuta os encorajou a perguntar sobre o processo terapêutico em qualquer momento.

No primeiro encontro, a terapeuta se dedicou à preocupação do casal em ligar o problema apresentado ao processo terapêutico previsto. Na estrutura boweniana de terapia, o objetivo era ajudar cada membro do casal a acessar sua capacidade mental, assim como suas emoções, e adaptar em um modo flexível de tomar decisões. Modelando pontos de vista diferenciados, o terapeuta mantém abertas suas questões e discute inquietações sobre sua terapia.

CRIANDO O GENOGRAMA INICIAL

Para construir o genograma, o terapeuta precisa de três coisas: papel ou um programa de computador (Genogram-Maker Millennium, 2005) para desenhar o gráfico; uma série de instrumentos para desenhar, incluindo linhas, quadrados, círculos, texto e símbolos (Genogram-Maker Millennium, 2005; McGoldrick et alii, 1999); e uma série de questões na entrevista para eliciar a apresentação do problema, dinâmicas familiares e história familiar relevante. Alguns terapeutas criam um genograma face a face com o cliente, explicando a teoria por trás do genograma se o casal estiver curioso, o que era o caso de David e Rachel. A Figura 3.1 ilustra o método para desenhar as conexões familiares usando os instrumentos-padrão, o modo de indicar padrões de relacionamento, tais como proximidade e conflito, e símbolos ou ícones representando características individuais, tais como abuso de substância, problemas psicológicos e doenças.

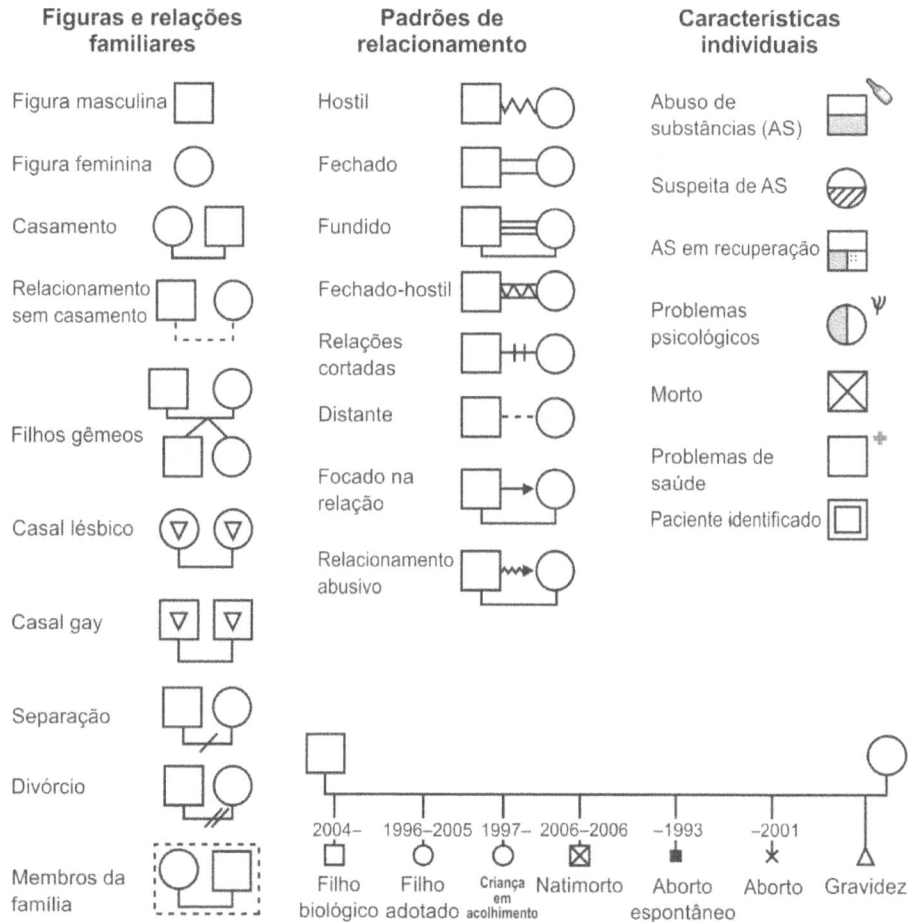

Figura 3.1 Elementos de genograma, representações e símbolos. © Silvia Shellenberger, 2006.

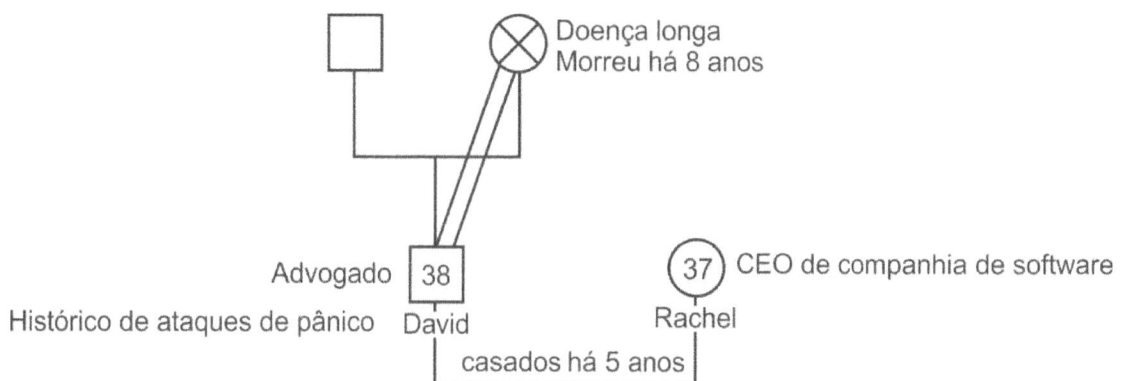

Figura 3.2 O casamento de Rachel e David.

A terapeuta iniciou a intervenção com genograma desenhando David e Rachel, e perguntando o que fez com que eles decidissem pela terapia (veja Figura 3.2). Sua forte atração inicial foi baseada em interesses comuns de viagens e ambição profissional. Seus cinco primeiros anos de casados foram marcados por viagens ao redor do mundo e dedicação às respectivas profissões. David, um advogado bem-sucedido, esperava pela sociedade na empresa em poucos anos. David e Rachel se casaram com 30 anos de idade, depois de anos de dedicação aos estudos e à vida profissional. Os ataques de pânico de David datavam desde a época em teve de cuidar de sua mãe, que era portadora de doença terminal, até a morte da mesma. Os ataques se abrandaram durante os primeiros anos de casamento e começaram a ressurgir quando cogitaram ter um filho. Rachel também se descreveu altamente ansiosa com a ideia de ser mãe. O casal esperava que o tratamento pudesse ajudar na decisão de ter um filho e na solução de ataques de pânico de David. O genograma inicial desenhado pela terapeuta pode ser visto na Figura 3.2.

Nesse genograma, David, representado pelo quadrado, é um advogado de 38 anos com história de ataques de pânico. Ele era próximo de sua mãe (isso está indicado por duas linhas entre ele e a mãe). A mãe de David morreu 8 anos antes do início da terapia do casal. Ele se casou com Rachel 5 anos antes da terapia. A linha conectando David e Rachel é cheia e indica casamento. Usualmente, o "c." para casamento é seguido pela data do casamento. Se houver divórcio ou separação, as letras "d." e/ou "s." são seguidas pela data do divórcio ou da separação acima dessa linha.

EXPANDINDO O GENOGRAMA FAMILIAR NO PROCESSO DE TERAPIA

Quando conduzindo uma intervenção com genograma, os processos de avaliação e de intervenção são entrelaçados. Por exemplo: questões emergem da entrevista (veja "Entrevista do genograma" mais adiante neste capítulo), levam à avaliação familiar e ao funcionamento individual. Da mesma forma, grafar informações do casal leva o mesmo a refletir em mais perguntas. As brechas nos genogramas de David e de Rachel levam a focar questões pelo terapeuta. Por exemplo: David nunca mencionava o pai e quando questionado sobre o papel do pai na vida familiar, ele ficou triste e revelou que sua mãe traiu o marido, um alcoólatra que a espancava quando alcoolizado. Seu pai abandonou a família quando ele estava com 2 anos de idade. Sua mãe nunca mais se casou e, desde então, passou a se dedicar ao trabalho e a cuidar do filho. Quando questionado sobre as impressões que teve do seu genograma, David disse que não tinha percebido quanta emoção havia sentido com relação ao abandono do pai. Quando questionado sobre quão intensa emoção podia sentir em sua vida atual, ele fez a conexão sobre o sentimento que a mãe teve pelo abandono do marido, sua própria tristeza sobre não ter o pai em sua vida e o medo de ser abandonado por Rachel. Rachel comentou que estava começando a entender as razões de David prendê-la energicamente. Ela achava irritante e, no passado, tinha acreditado que era uma atitude irracional.

Quando questionada sobre sua família, Rachel descreveu uma formação na qual seus pais eram engajados em suas próprias atividades profissionais. Em resposta a questão sobre membros da família com quem ela se sentia mais conectada, ela mencionou sua irmã mais velha e sua avó materna. Rachel se lembrou do quanto ficou triste e indisposta depois que a avó morreu de câncer cervical, quando ela estava apenas com 10 anos de idade.

A terapeuta encorajou o casal a refletir sobre o que eles viram no seu genograma. Eles estavam chocados pela intensidade das perdas que cada um tinha experimentado na juventude. Eles se deram as mãos, um confortando o outro sobre suas lembranças difíceis. A terapeuta perguntou como suas experiências precoces podiam se relacionar com os medos de engravidar. Eles nomearam vários medos. David tinha medo que Rachel o abandonasse depois que nascesse o filho e ambos estavam preocupados em não dar atenção devida ao filho. Questionados sobre o que queriam fazer quanto a esses medos, ambos disseram que queriam encontrar meios e acalmar a ansiedade deles, independentemente da decisão de ter um filho. David levou adiante suas intenções de revelar a Rachel suas preocupações. Assim, poderiam saber se estava tudo bem entre eles. Rachel se comprometeu a galgar logo sua carreira para determinar se e como ela poderia fazer mudanças para dar atenção ao filho. Juntos, eles se compromissaram a encontrar meios para dar vazão a sentimentos de relaxamento.

O novo genograma incluiu informações relatadas sobre o pai de David e a família de Rachel. A Figura 3.3 ilustra vários pontos importantes sobre desenhar genogramas. Irmãos são tipicamente desenhados usando uma linha em que o mais velho fica à esquerda e o mais jovem à direita. Há dois tipos de linhas de relacionamento entre os pais de David. Uma linha indica abuso do pai para com a mãe de David. Os dois cortes verticais cruzando a linha do abuso indicam um corte entre essas duas pessoas. Há dois jeitos de indicar problemas com álcool: um é mostrar o ícone da garrafa e o outro é hachurar metade da figura.

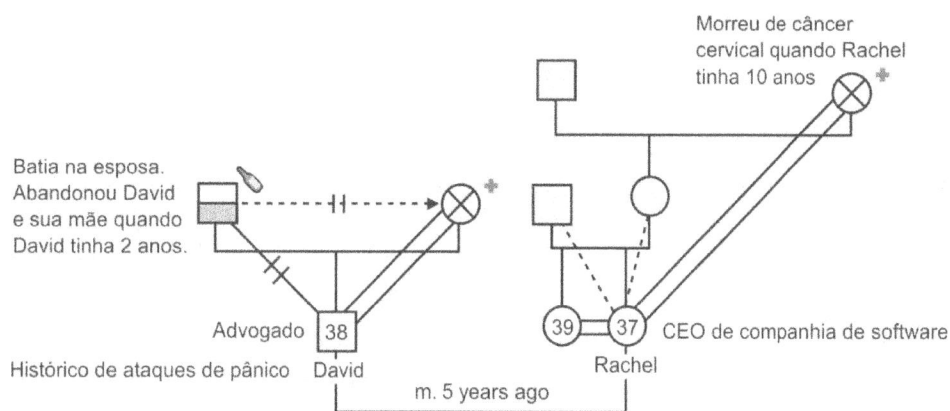

Figura 3.3 Família de origem de Rachel e David.

ANSIEDADES DO CASAL SOBRE A GRAVIDEZ

Embora eles tenham feito progresso, mesmo com seu comprometimento em relaxar mais, a ansiedade de Rachel se intensificou com a ideia de ela ter de mudar sua vida por conta de um filho. Quando questionada pela terapeuta sobre mais detalhes de seu relacionamento com seus pais, ela relatou que eles não apenas focavam em suas vias profissionais, como também raramente se engajavam completamente com os filhos. No genograma, esse tipo de distância é representado por linhas pontilhadas (veja Figura 3.4). Talvez sua ambivalência pudesse ser atribuída, em parte, por seus pais só focarem sua vida profissional e excluírem os filhos. David aceitava mais a ideia de ter um filho e assegurava seu compromisso em ajudar nos cuidados.

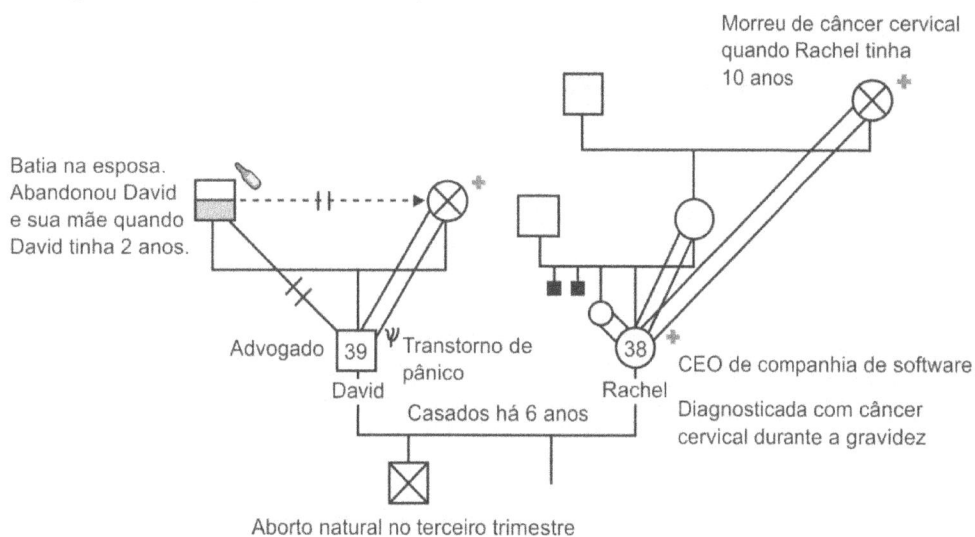

Figura 3.4 O casamento de Rachel e David.

Os medos de Rachel sobre ser mãe não eram tranquilizados pelas palavras de David. Ela continuava com grande sensação de dúvida, pensava na sua vida profissional e na de David. Durante o processo de terapia, entretanto, Rachel engravidou. Ela se sentiu muito mal durante algum tempo e ressentida pela gravidez. Ela reportou como a falta de energia afetava o seu desempenho no trabalho. David estava, pela primeira vez, entusiasmado quanto à gravidez, mas notou que Rachel estava parecendo distraída e distante dele. Seus sintomas de pânico aumentaram e ele passou a viver novamente com medo de ter outro ataque. O transtorno do pânico foi diagnosticado pela terapeuta. Ele admitiu estar bebendo mais que usualmente, como uma forma de amenizar os sintomas do pânico. A terapeuta indicou um médico de família para que ele fosse avaliado e medicado.

Durante o terceiro trimestre, Rachel constatou não sentir nenhum movimento do bebê. Ela foi imediatamente ao ginecologista, que constatou a morte do bebê. Situação totalmente perturbadora para Rachel e David. Ela deveria tirar o bebê morto.

GRAVIDEZ: UMA VISÃO DIFERENTE

Rachel sentiu grande remorso por seus primeiros sentimentos de não querer ter um filho e estava determinada a engravidar novamente. A essa época, ela e David estavam em sintonia sobre o desejo de paternidade. Ela descreveu sentir-se impulsionada a engravidar novamente. A intervenção com genograma focou sobre possíveis membros da família e amigos que poderiam ser úteis para eles durante esse tempo de pesar. Rachel se lembrava vagamente que sua mãe tinha tido vários abortos antes de dar à luz suas duas filhas. A decisão foi feita por Rachel sobre perguntar à mãe mais sobre suas perdas na gravidez. Enquanto Rachel e sua mãe exploraram essa história, um novo vínculo foi formado entre mãe e filha.

Logo, Rachel engravidou novamente. Entretanto, seis semanas depois, recebeu um diagnóstico de câncer cervical. A notícia era devastadora para David e Rachel, e a levou a múltiplas intervenções para livrá-la do câncer, inclusive licença do trabalho para ambos, esforço da parte de Rachel e seu médico para tentar salvar a gravidez, e psicoterapia mais intensa (também para ambos). O genograma reflete o trauma experimentado por eles com aqueles eventos de mudanças maiores de vida. Os símbolos desenhados ao lado da figura deles mostram diagnóstico psicológico (Ψ), indicando o transtorno do pânico de David e (+), indicando a doença de Rachel. Além disso, "x" simboliza a morte do bebê que não nasceu.

A terapeuta e o casal exploraram possíveis planos para lidarem com o trauma presente. Ela combinou com o médico de David sobre o medicamento para transtorno do pânico e com o médico de Rachel sobre seus planos para administrar sua doença.

UMA RESPOSTA DIFERENCIADA AO TRAUMA

Mesmo em meio à crise, David e Rachel mantiveram uma atitude esperançosa e relataram sucesso no tratamento de seus medos. Eles atribuíam isso à visão da terapia, a qual eles acreditavam que os ajudava a serem menos reativos a esses traumas. Ao mesmo tempo, Rachel acreditava que a terapia tinha ajudado a forjar uma aliança com sua mãe, que se tornou uma grande fonte de apoio durante a gravidez perdida e na batalha contra o câncer. Ao final de um ano, Rachel e David se tornaram pais orgulhosos de uma garotinha. O câncer de Rachel estava em remissão e os ataques de pânico de David tinham diminuído.

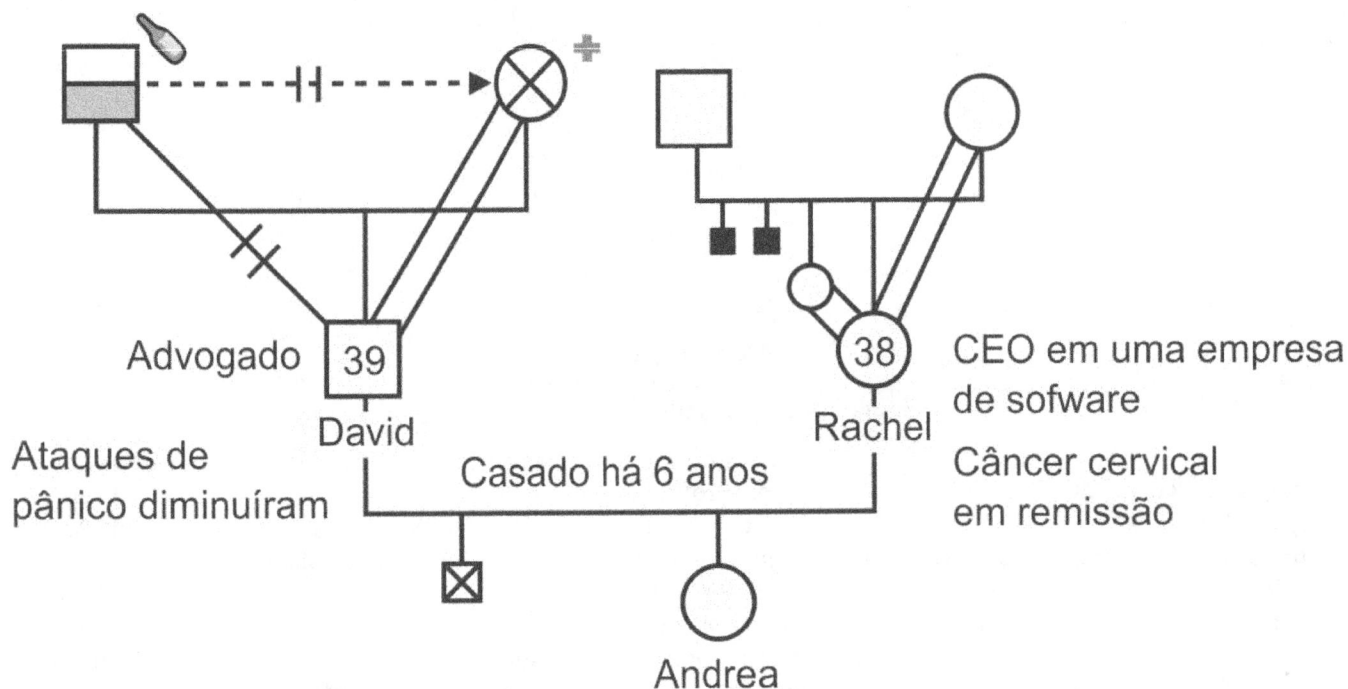

Figura 3.5 A família em recuperação

POSSÍVEIS USOS DE EMDR

A terapeuta, que era treinada em EMDR, poderia ter escolhido incorporar isso diretamente ou ter indicado o casal a outro clínico. Somavam-se ao processamento dos traumas presentes o aborto e o câncer. O genograma indicava eventos anteriores que contribuíam para os presentes sintomas, incluindo a ambivalência sobre ter um filho. Processar os eventos poderia beneficiar o casal. Para David, incluía focar o abandono pelo pai e a doença da mãe. Seus ataques de pânico e o medo de Rachel deixá-lo poderiam ser processados. Para Rachel, seria útil focar a morte da avó e algumas memórias dos pais distantes e ambivalentes. Sua ansiedade atual na relação com o trabalho também poderia ser tratada. O protocolo de três fases do EMDR poderia acessar os eventos anteriores, os disparadores atuais e platôs adequados para ações futuras (veja Cap. 1). Os objetivos da terapia com EMDR poderiam ter sido para lidar com as emoções dolorosas relacionadas às crises atuais e anteriores onde o sofrimento e o trauma tivessem integrados, abrindo o caminho para o casal seguir em frente.

ENTREVISTA DO GENOGRAMA

As seguintes questões podem ser usadas como um guia para um genograma inicial e podem ser somadas ao processo terapêutico. O terapeuta pode usar as questões nas mais diferentes ordens entre aquelas listados aqui. Esta lista é adaptada de McGoldrick et al. (1999) e destina-se a estimular ideias sobre a exploração de aspectos importantes da família.

I. Pedir uma descrição dos problemas atuais sob o ponto de vista de cada um.
   A. Desenvolver uma linha do tempo começando do presente.
   B. Perguntar o que tem feito para resolver o problema (ex.: Você tem solicitado a ajuda de outros membros da família ou de um religioso, profissionais médicos)
   C. Perguntar o que impede a solução do problema.
   D. Perguntar o que ocorreria se o problema fosse resolvido.
II. Pedir a descrição da família atual.
   A. Membros vivendo na casa (filhos, pais, casal, outros).
   B. Membros vivendo parcialmente ou o tempo todo fora da casa.
   C. Mudanças recentes na família.
III. Pedir a descrição da família de origem de cada parceiro.
   A. Pais, cuidadores importantes durante a infância, irmãos e famílias dos irmãos.
      1. País de origem dos pais e a influência do país de origem atualmente sobre a família.
      2. Questões culturais e religiosas que são fontes de conflito, conexão ou pressão dentro da família.
      3. Ordem de nascimento dos irmãos, do mais velho ao mais novo, incluindo abortos e natimortos.
      4. Pais e avós notando outros relacionamentos importantes, tais como com tios ou meio-irmãos.
      5. Relacionamentos que tenham resultado em separação, divórcio ou recasamento.
      6. Relacionamentos familiares que tenham significado particular para os clientes.
      7. Relacionamento familiar com pessoas próximas consideradas como da família.
      8. Se houver adoção ou alguém sustentado pela família, perguntar quem foi considerado a família principal
IV. Perguntar sobre parceiros anteriores significantes de cada cliente.
   A. Datas de início e término dos relacionamentos.
   B. Razão do término do relacionamento.
   C. Relacionamento atual com o antigo parceiro.
V. Perguntar sobre filhos de relacionamentos anteriores.
   A. História do relacionamento com cada filho.
   B. Relacionamento atual com cada filho.
   C. Onde se encontra cada filho atualmente.
VI. Perguntar sobre a natureza de relacionamentos significantes, tais como proximidade, conflito, abuso, rompimentos (veja coluna do meio da Figura 3.1)
VII. Perguntar sobre regras familiares.
   A. Existem regras sobre como os membros poderiam desempenhar seus papéis de gênero? (Ex.: em algumas famílias, as mulheres são próximas e podem ser cuidadoras dos outros.)
   B. Há regras sobre ficar junto ou deixar a família? (Ex.: em algumas culturas e famílias os filhos vivem com os pais até o casamento.)

VIII.   Anotar características individuais de pessoas significativas (veja o lado direito da Figura 3.1).
A. Poder.
1. Aquisições, realizações.
2. Relacionamentos positivos.
3. Conexões e contribuições familiares, social ou comunitária.
4. Esforços para melhorar a vida familiar, tais como recuperação do abuso de substâncias ou participação na terapia.
B. Outros aspectos de funcionamento.
1. História profissional.
2. Educação.
3. Uso ou abuso de substância.
4. Problemas psicológicos.
5. História médica e história de problemas, incluindo prescrições atuais de medicamentos.
6. Papel familiar (ex.: cuidador, provedor financeiro).

IX.   Pergunte sobre eventos críticos passados e atuais.
A. Trauma de guerra, desastres naturais, relacionamentos prejudiciais.
B. Doença aguda ou crônica.
C. Mortes recentes.
X.   Pergunte sobre mudanças na dinâmica (ocorrências positivas que tenham levado a melhorar a vida familiar).
A. Final de guerra, recuperação de desastres naturais, término ou melhora em relacionamento violento, nova aquisição ou mais reconhecimento no trabalho.
B. Gravidez ou nascimento desejado.
C. Recuperação de doença ou abuso de substância.

Caso 2: Genogramas Familiares Complexos

Configurações familiares complexas podem ser um desafio. O processo de intervenção pode levar um tempo extra e grafar conexões significantes pode ser difícil. Mas ver essas complexidades frequentemente é extremamente importante para entender a dinâmica multigeracional e pressões presentes sobre os clientes. Neste exemplo de caso, uma sessão de terapia inicial com Maria é descrita para mostrar como podem ser manuseados um relacionamento complexo e uma dinâmica também complexa. Maria foi à terapia por indicação do médico de família, que diagnosticou sua depressão. Na entrevista do genograma, a terapeuta perguntou quem morava na casa (veja Figura 3.5). Maria vivia com seu marido, Hugo, e os três filhos do casal; com o pai, que havia recebido diagnóstico de doença de Parkinson, e sua sobrinha, que passou a morar na casa depois do suicídio do irmão e da cunhada de Hugo. Questionada sobre as regras de família, ela declarou ressentida fazer tudo em casa: cozinhar, limpar, lavar roupas, supervisionar as tarefas dos filhos, enfim, todas as tarefas de casa, além do trabalho fora em período integral. A terapeuta perguntou como era a lida com suas inúmeras responsabilidades. Ela respondeu que não dormia, nem comia direito e que não gostava de ir para casa após o trabalho, embora ficasse preocupada com seu filho, José, que faltava aulas e fazia o que queria com uma turma errada. Maria se sentia incapaz de impor limites ou discipliná-lo. Em sua opinião, seu marido era muito severo com o filho, criticando José o tempo todo. Além do mais, Hugo se recusava a discutir a situação com Maria e ficava a maior parte do tempo amuado quando os dois estavam juntos.

Quando a terapeuta perguntou a Maria se havia alguém especial que a apoiava em momentos difíceis, ela revelou existir um colega de trabalho, Samuel, que a consolava. Ela admitiu ter saído algumas vezes para beber, após o trabalho, e que o achava atraente. Certa vez, quando Hugo ligou pelo celular, ela não disse onde estava. Quando questionada mais tarde pela terapeuta sobre o quanto havia bebido, ela admitiu ter bebido além do que seria saudável. O levantamento sobre a história de abuso de substância na família levou Maria a entender que sua mãe foi uma alcoólatra a maior parte da vida e que seu terceiro marido também bebia descontroladamente. A bebida fez com que sua mãe se separasse e perdesse vários relacionamentos significantes. Quando viu a importância do abuso de substância em seu genograma, Maria prometeu não deixar que o álcool arruinasse sua vida familiar.

A terapeuta observou no genograma que houve muitas mudanças no ano anterior. Houve três mortes de pessoas próximas, as condições de saúde de seu pai pioraram, ela se submeteu a receber mais uma pessoa na família (a sobrinha) e seu filho foi reprovado na escola. Não era surpresa que ela precisasse de um alívio da intensa carga emocional que estava sustentando em prol da família. Maria expressou alívio pela compreensão da terapeuta.

Com o passar do tratamento, a terapeuta encorajou Maria a apontar os pontos fortes e as realizações da sua família. Ela relatou a história da morte da cunhada e do cunhado. A família inteira, dos dois lados, se juntou e apoiou Maria, Hugo e as crianças cujos pais tinham morrido. Maria se emocionou com as demonstrações de preocupação, mas se sentiu esgotada quando eles foram embora. Maria e a terapeuta fixaram objetivos para o tratamento, incluindo reuniões suporte para regular as bases de sua família estendida e melhorar o modo de interagir com o marido e com os filhos, e avaliar posteriormente seus hábitos com a bebida alcoólica (veja Figura 3.6).

Conforme pode ser visto na Figura 3.6, Maria foi a paciente identificada, o que é simbolizado pelo duplo círculo. Linha pontilhada circundando membros da família indica as pessoas que viviam juntas naquela época. Maria tinha um relacionamento conflituoso com seu marido e uma convivência próxima com sua mãe, que morreu em 2005. Sua mãe teve três parceiros, conforme mostrados na figura por linhas abaixo e ao lado da figura representando Maria. Os dois primeiros maridos, ligados por linhas cheias, pediram o divórcio. A linha pontilhada do terceiro marido significa que ele foi um parceiro sem casamento. Esse relacionamento terminou em separação. A mãe de Maria teve um filho do primeiro casamento e outro do segundo. Hugo tinha um relacionamento conflituoso com Maria e com o filho José. Ele se relacionava bem com o irmão que se suicidou.

A evolução da terapia de Maria não foi muito além. Primeiro, ela hesitou em ir à terapia por sentir vergonha devido ao relacionamento fora do casamento; segundo, o recente alcoolismo também a envergonhava. A entrevista com genograma e a terapia familiar sistêmica eram as modalidades usadas primariamente. Maria sempre confidenciava à terapeuta sua decisão de largar a bebida alcoólica e persuadir seu marido a explorar as dificuldades conjugais. Ela começou a agir de modo diferente com seu marido, mais solícita e pronta a dividir o papel parental. As crianças também foram incluídas na terapia. Com a melhora no relacionamento com seus pais, José mostrou progresso no desempenho escolar. Cada vez, um novo membro da família chegava à terapia. A intervenção com o genograma foi a base para as propostas a cada novo membro, para incorporar suas perspectivas sobre sua história familiar, sem nenhum abuso, com relacionamentos presentes e aspectos de resiliência. A terapia com EMDR poderia ter sido usada para avançar o tratamento de Maria. Uma exploração de seus sentimentos de tristeza em relação à vida da sua mãe, da morte e do ressentimento sobre suas opressivas responsabilidades familiares poderiam ter levado Maria a definir alvos para a terapia com EMDR.

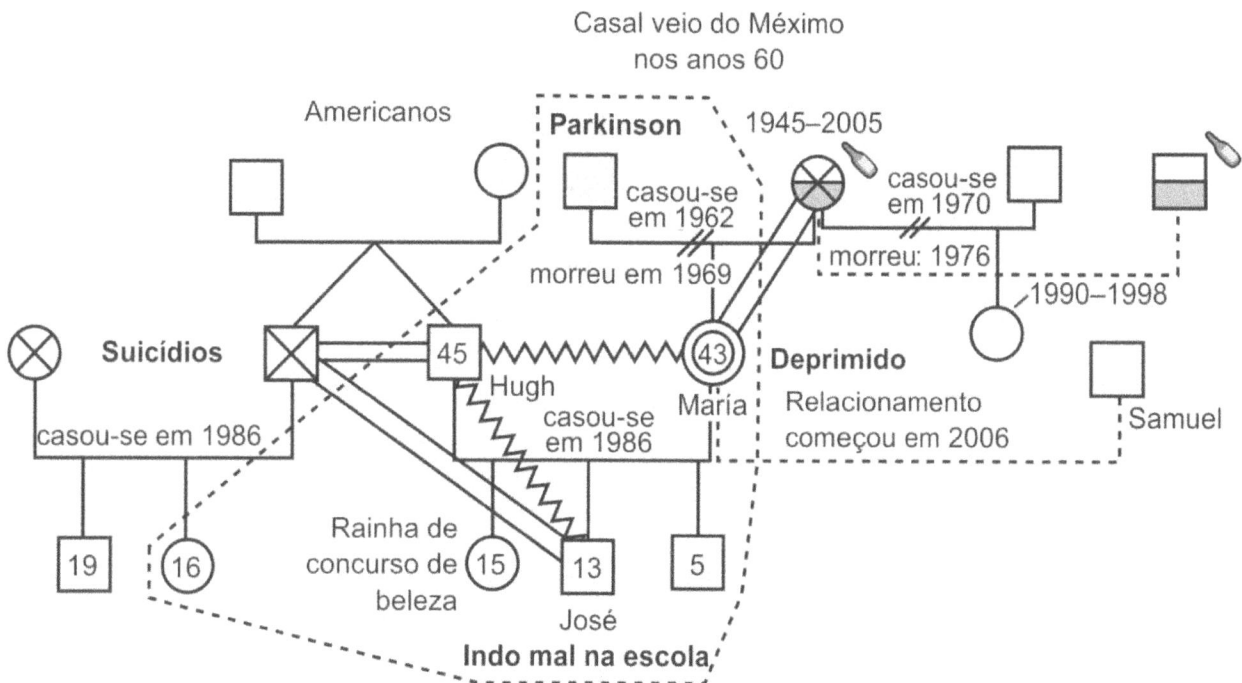

Figura 3.6 Eventos críticos na família de Maria

Caso 3: Adoção

Outro complexo tipo de relacionamento familiar para genograma existe quando há adoções. Dois desenhos ilustram a família biológica de Marty (Figura 3.7) e a família adotiva (Figura 3.8), ambas de histórico familiar da região ártica. Marty se recuperava de abuso de álcool e outras drogas. Uma limitação do genograma consiste em que ele é bidimensional. Seria ideal a possibilidade de desenhar ambas as famílias de Marty no mesmo genograma. É fácil imaginar, porém, pareceriam desorganizados os genogramas se os dois gráficos fossem superpostos. Mostrar as duas famílias separadas, como nos diagramas, parece ser o caminho mais claro para representá-las.

Marty e uma irmã mais nova foram adotados. Todos os membros da família, menos um, faziam abuso de substâncias. O pai de Marty abusava da esposa e do filho mais velho, Richard, que foi embora. Richard, finalmente, matou o pai e estava em liberdade condicional no momento da consulta de Marty. Na família adotiva de Marty, nenhum dos pais fazia uso de substâncias. Embora todos, menos dois, já tivessem usado. Os pais adotivos estavam sempre em conflito e, tanto o pai adotivo quanto o irmão mais velho, abusaram de Marty. O irmão mais velho de Marty foi preso pelo abuso e, na cadeia, cometeu suicídio. Marty admitiu ter pensado em suicidar-se quando tinha 17 anos de idade. Ele se relacionou com duas mulheres que abusavam de substâncias. Do segundo relacionamento, ele teve um filho. A linha pontilhada cortada representa o término do segundo relacionamento. Nessa entrevista, ele identificou suas áreas fortes por ter sobrevivido em um ambiente hostil e sua tenacidade para manejar sua dependência química. Marty esperava, com a terapia, regularizar sua vida: resolver as questões de abuso de substância e legalizar a paternidade de seu filho. EMDR e terapia familiar sistêmica poderiam ser modalidades apropriadas para tratar Marty, melhorar seus relacionamentos em família e se recuperar dos traumas de infância.

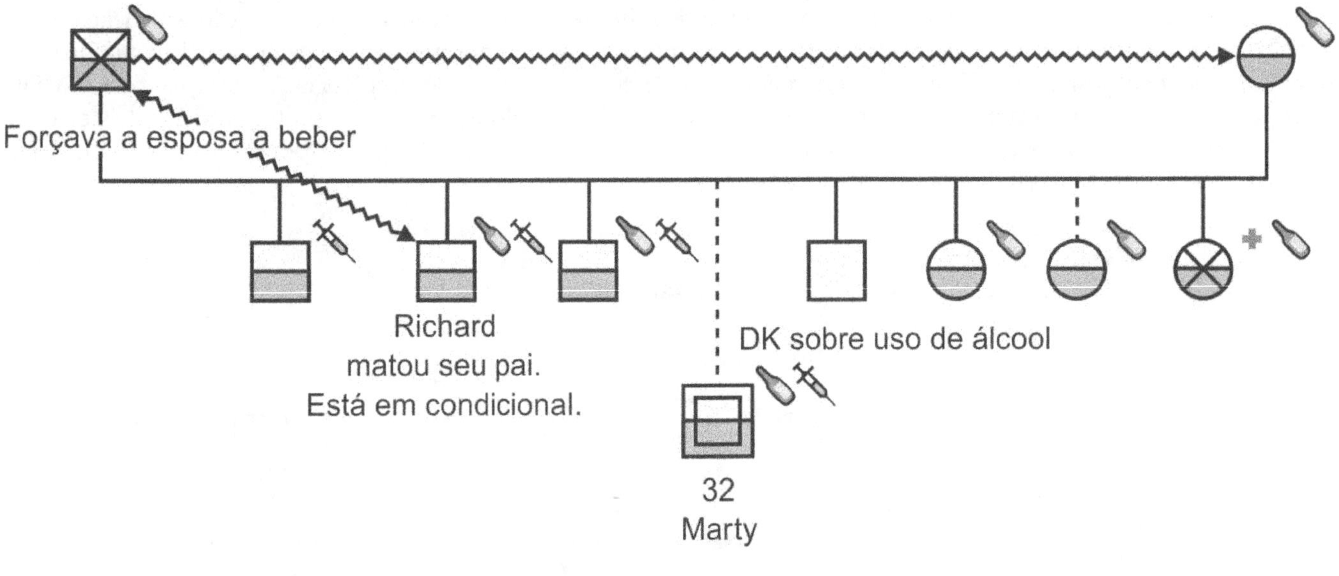

Figura 3.7 Família biológica de Marty.

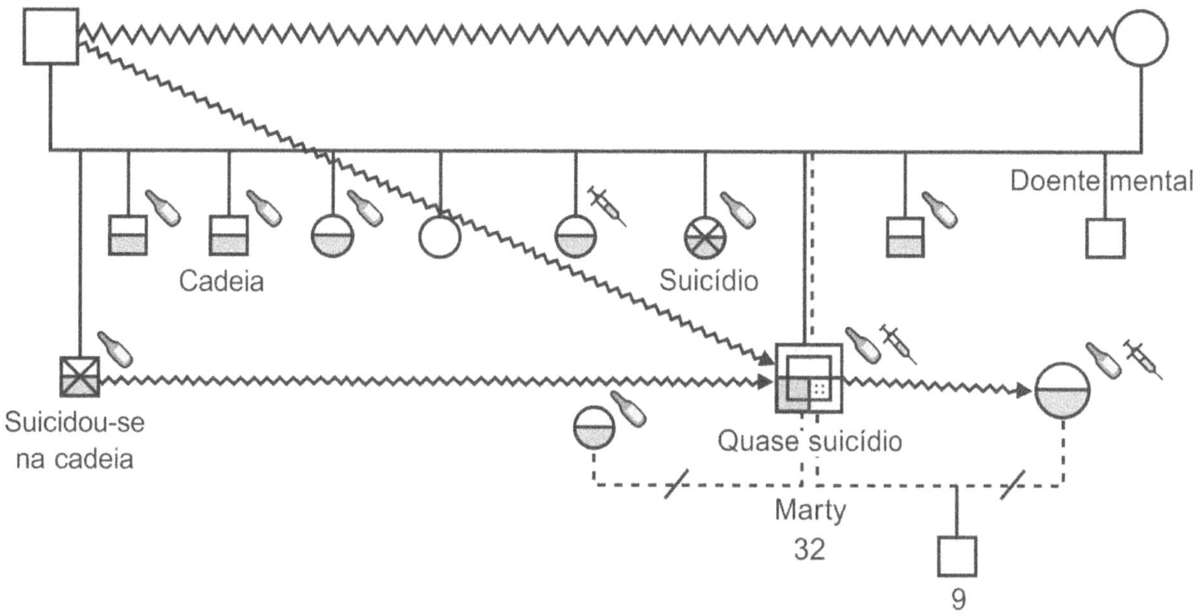

Figura 3.8 Família adotiva de Marty.

Há questões adicionais que podem ser particularmente relevantes para famílias complexas: quem você considera ser a sua família primária? Quais eram as conexões que as pessoas sabiam, mas não discutiam? Qual paternagem sua mãe considerou ser a mais importante? As respostas do cliente e o acompanhamento gráfico podem levar o terapeuta a um profundo conhecimento sobre a real natureza do sistema relacional.

ASPECTOS PRÁTICOS DE GENOGRAMA

Como nas situações de Maria e Marty, a maior parte das pessoas procura terapia para contar suas histórias. Em alguns casos, entretanto, as pessoas ficam reticentes em discutir informações sobre vida passada e vida presente. Os motivos vão desde alguns aspectos da vida familiar atual ou da história vivida, medo de problemas legais se o comportamento for revelado, crença de que o passado não tem nada a ver com as questões atuais ou, como no caso de David e Rachel, buscando terapia para a condução eficiente. Famílias escondem frequentemente eventos traumáticos danosos, tais como abuso físico, sexual ou emocional, ou negligência. Nesses casos, focar as razões atuais e desenhar o genograma das pessoas mencionadas gerará confiança entre elas. O terapeuta pode começar da seguinte forma: "Para que eu possa ter uma imagem clara do que está acontecendo contigo, gostaria de esquematizar isso no computador (ou no papel). Imagino que as coisas ficarão claras se você puder vê-las nesta figura. De acordo com suas informações, o genograma será desenhado e, assim, será possível visualizar a causa dos seus problemas, descobrir o quanto você se sente confortável nas situações". Provavelmente, o cliente perguntará se aquilo fará parte dos registros médicos ou psicológicos, ou se o material será confidencial. O terapeuta deverá explicar os limites de confidencialidade e como um fichário pode ser manipulado na prática. Por exemplo: numa solicitação judicial, o terapeuta é obrigado a apresentar as informações confidenciais às autoridades.

Alguns clientes ficarão curiosos sobre as conexões e padrões descobertos em sua família. Eles, provavelmente, vão querer desenhar seus próprios genogramas, entrevistar outros membros da família para descobrir mais e buscar novas informações. O terapeuta pode encorajar o cliente a ler sobre padrões familiares e genogramas. Podemos citar alguns livros, tais como: *The Dance of Anger* (Lerner, 1994) e *Genograms: Assessment and intervention* (MacGoldrick, 1999).

O terapeuta constrói a confiança com o cliente conforme as histórias de suas vidas são reveladas. Modelar a diferenciação é o primeiro passo para conduzir os clientes a tomar posições diferenciadas dentro de sua família. O terapeuta modela diferenciação mostrando curiosidades sobre por que coisas aconteceram enquanto o cliente estava na família ou comunicando interesse nas forças do cliente e expressando preocupação pela vida dele. A atmosfera se torna uma exploração e uma descoberta conjunta, e não julgamento ou vergonha.

ADAPTAÇÃO DO GENOGRAMA TRADICIONAL

A entrevista do genograma tradicional pode ser ampliada usando-se adaptações que podem ser desenvolvidas para tais propósitos. Por exemplo: Kaslow (1995) desenvolveu uma técnica projetiva, em que os clientes são apenas convidados a desenhar sua família. Isso permite ao cliente começar de um ponto mais significante e lógico para eles na sua história familiar. Depois que os genogramas são desenhados, o clínico pergunta uma série de questões. Tais como:

- Com quem você começou? Por que?
- Quem você omitiu ou excluiu? Por que?
- Quem você gostaria de eliminar? Por que?
- Quem você gostaria de adicionar? Por que?

Esse processo tenta abrir conexões e padrões desconhecidos ou reprimidos na consciência do cliente.

Outra adaptação é o genograma construído socialmente, em que uma avaliação ampla dos envolvimentos sociais é concluída (Milewski-Hertlein, 2001). Baseado na ideia de que o sistema relacional abarca mais do que as famílias nuclear e multigeracional, e que a ideia da família muda para as pessoas conforme o tempo de vida, o genograma construído socialmente evoca informações sobre o sistema social e os relacionamentos do cliente para essa entidade. Padrões e experiências relevantes para o cliente são incorporados dentro da figura, com o cliente desenhando ele mesmo no centro de uma série de círculos concêntricos. O terapeuta solicita ao cliente que desenhe símbolos para as pessoas consideradas membros da família. Esses membros podem ou não ser biológicos. O cliente coloca as figuras mais próximas ou mais distantes, conforme a natureza do relacionamento com cada pessoa. Veja a constelação do genograma de Maria construído socialmente na Figura 3.9, em que ela colocou o colega de trabalho Samuel mais próximo do que o marido, Hugo.

Para a proposta de EMDR, esse gráfico social também inclui pessoas que o cliente considera importantes na vida como fonte de perturbação. Indicar a fonte de dificuldade pode prover alvos úteis entre pares ou figuras de autoridade. Essa construção é planejada em conjunto com o genograma padrão para trazer à tona padrões evidentes no relacionamento social.

Os genogramas comunitários fornecem uma visão ampla e permitem entender a força cultural particular ou contexto social imprimindo influências sobre as vidas dos clientes. O objetivo desse processo é construir capacidades e recursos do cliente, da família e da comunidade. Os clientes são assistidos no trabalho clínico para análise e ação nas influências externas que têm afetado suas vidas. Progressos na terapia são documentados pelas mudanças no genograma comunitário (Rigazio-DiGilio, Ivey, Kunkler-Peck, & Grady, 2005).

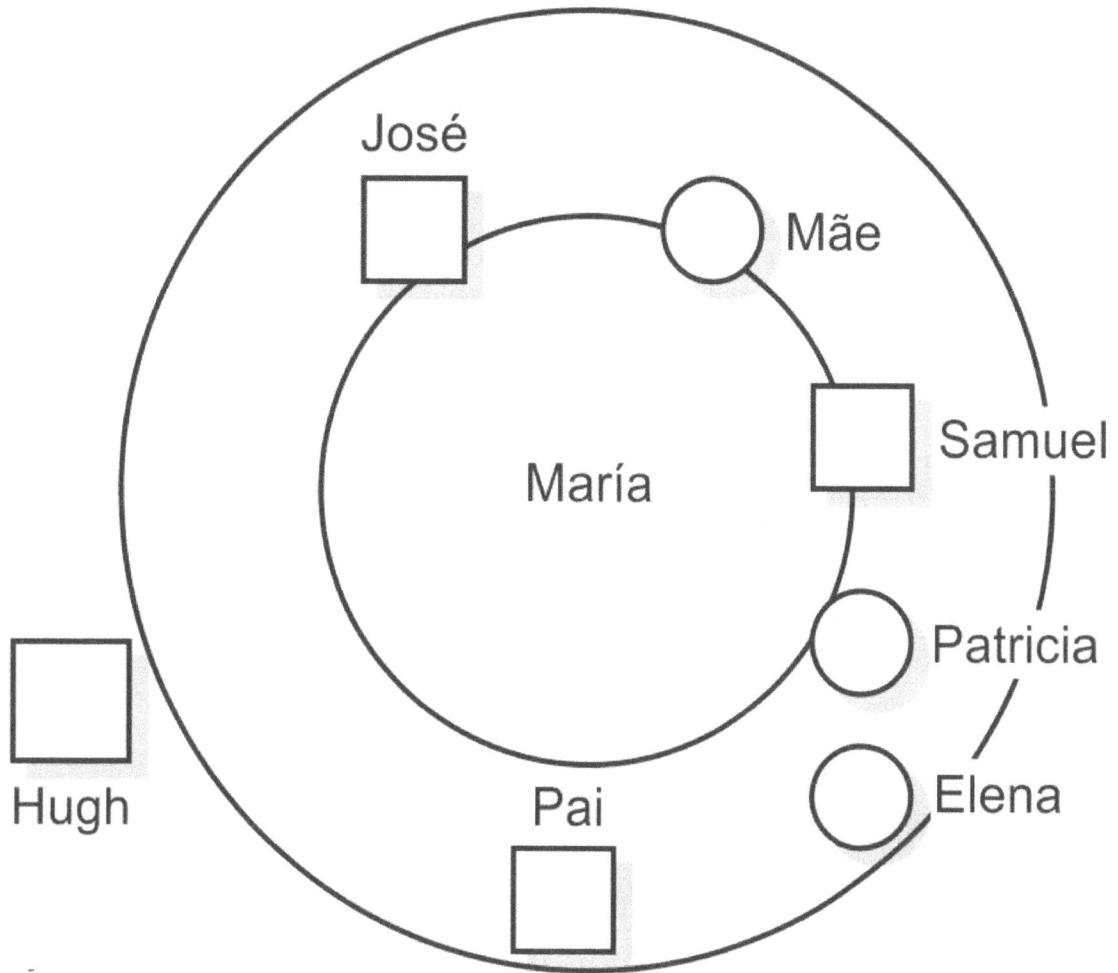

Figura 3.9 Genograma Social construído de Maria.

LIMITAÇÕES DO GENOGRAMA

Fatores que limitam a utilidade do genograma têm relação com o tipo de informação coletada nas entrevistas. O primeiro tipo de informação coletada é factual, como informação demográfica, dados de ocorrências significantes e os estágios da vida familiar. O segundo tipo de informação tem relação com inferências sobre a funcionalidade familiar, como a natureza de relacionamentos-chave, triângulos e padrões multigeracionais. A confiabilidade e a validade do genograma são limitadas conforme a acurácia e quais tipos de informação são gerados pelo terapeuta e pelo cliente. Falta de acurácia de informação pode ocorrer devido à pobreza de recordações ou desconhecimento de ocorrências, ou desejo de guardar segredos do terapeuta e de outros membros da família (McGoldrick et alii, 1999). Possivelmente, o terapeuta não faça perguntas sobre certas coisas importantes por restrição do tempo ou por medo de causar quebra no seu relacionamento com o cliente. Embora seja muito fácil avaliar a confiabilidade e a validade do genograma num protocolo padrão usado, muitas informações importantes podem se perder (McGoldrick et alii, 1999). Entretanto, é imperativo manter a integridade do instrumento, assim que as perspectivas de uma variedade de membros da família sejam incorporadas no genograma. O cliente e o terapeuta podem considerar uma variedade de interpretações para novos ou repetidos padrões, e análises cuidadosas em outro momento podem ser repetidas. Para que isso aconteça, é essencial manter flexibilidade na entrevista do genograma, na abertura em temas abrangentes e hipóteses, e no uso de mecanismos gráficos que favoreçam uma mudança familiar sistêmica.

DISCUSSÃO

O genograma tem mostrado ser um poderoso instrumento terapêutico para terapia familiar sistêmica e um coadjuvante para outras formas de terapia, tais como EMDR, terapia familiar estrutural, terapia psicodinâmica, terapia familiar narrativa e muitas outras formas já descritas no Cap. 2. Entrevista com genograma pode ser usada para entender e para intervir em sistemas familiares de pessoas de diferentes etnias e *backgrounds* raciais, transtornos particulares e doenças (ex.: abuso de substância, doença de Huntington, HIV), desafios sociais (ex.: pobreza, marginalização) e crises de vida (ex.: guerra, furacão). Através do genograma, os alvos do EMDR podem ser identificados e as dinâmicas da família podem ser reveladas. Usando papel ou *software* (*Genogram-Maker Millennium*, 2005; *Relativity*, 2002), o genograma pode ser desenhado na sala de terapia com o cliente ou pelo terapeuta após a terapia se lembrando do funcionamento familiar. A profusão de informações importantes para a família pode ser vista rapidamente no genograma, incluindo datas de nascimento, morte, eventos críticos na família, saúde e padrões de relacionamento (tais como proximidade, conflito e abuso), e comportamento individual (como abuso de substância, doenças e papéis particulares desempenhados na família). Usando a entrevista com genograma, terapeuta e cliente descobrem ligações entre questões atuais e história familiar passada, regras multigeracionais ou legados, e áreas de força e resiliência dos clientes. Essa informação pode ser usada para avaliação, interpretação e intervenção.

REFERÊNCIAS

Bowen, M. (1978). Family therapy in clinical practice. New York: Aronson.

Carlock, R. S., & Ward, J. (2001). Strategic planning for the family business: Parallel planning to unite the family and business. New York: Macmillan.

Genogram-Maker (Version 1.0) [Computer Software]. (1985). Atlanta, GA: Humanware.

Genogram-Maker Millennium (Version 1.1.6) [Computer Software]. (2005). Atlanta, GA: GenoWare. Available from http://www.genogram.org.

Hockley, J. (2000). Psychosocial aspects in palliative care: Communicating with the patient and family. Acta Oncologia, 39(8), 905–910.

Jolly, W. M., Froom, J., & Rosen, M. G. (1980). The genogram. Journal of Family Practice, 10(2), 251–255.

Kaslow, F. (1995). Projective genogramming. Sarasota, FL: Professional Resources Press.

Kent-Wilkinson, A. (1999). Forensic family genogram: An assessment and intervention tool. Journal of Psychosocial Nursing and Mental Health Services, 37(9), 52–56.

Kerr, M. E., & Bowen, M. (1988). Family evaluation. New York: Norton.

Lerner, H. (1994). The dance of anger. New York: Harper & Row.

Liossi, C., Hatira, P., & Mystakidou, K. (1997). The use of the genogram in palliative care. Palliative Medicine, 11(6), 455–461.

McGoldrick, M., & Gerson, R. (1985). Genograms in family assessment. New York: Norton.

McGoldrick, M., Gerson, R., & Shellenberger, S. (1999). Genograms: Assessment and intervention. New York: Norton.

Milewski-Hertlein, K. A. (2001). The use of a socially constructed genogram in clinical practice. American Journal of Family Therapy, 29, 23–38.

Relativity (Version 3.0) [Computer Software]. (2003). Silver Spring, MD: WonderWare. Available from http://www.interpersonaluniverse.net.

Richards, W. R., Burgess, D. E., Peterson, F. R., & McCarthy, K. L. (1993). A psychosocial assessment tool for hospice. Hospice Journal, 9(1), 1–12.

Rigazio-DiGilio, S. A., Ivey, A. E., Kunkler-Peck, K. P., & Grady, L. T. (2005). Community genograms: Using individual, family, and cultural narratives with clients. New York: Teachers College Press.

Spoljar-Vrzina, S. M. (2000). Genograms of exile and return families in Croatia: A medical anthropological approach. Coll Anthropology, 24(2), 565–578.

Visscher, E. M., & Clore, E. R. (1992). The genogram: A strategy for assessment. Journal of Pediatric Health Care, 6(6), 361–367.

Watts, C., & Shrader, E. (1998). The genogram: A new research tool to document patterns of decision-making, conflict and vulnerability within households. Health Policy and Planning, 13(4), 459–464.

CAPÍTULO 4
Tratamento de Abuso Familiar com EMDR:
Movimento dos Olhos Para Movimento do "Eu"[12]

Marcelle Manon[13]

Nos meus primeiros 50 anos, estava acostumada às dores emocionais vindas como ondas em um mar turbulento. Assim como as marés, essas dores também diminuíam. Mas chegou um momento em que essas ondas passaram a não recuar e se tornaram mais fortes, e mais intensas. Finalmente, elas estavam como uma forte correnteza seguida por um grande muro de arrebentação que batia duramente levando embora minha vida, deixando um rastro de destruição no caminho. Eu não aguentava mais, mas mantive o ritmo da rotina de trabalho e da vida doméstica, e gastei mais e mais tempo sofrendo numa estrada sem fim e desconhecida.

Meu médico me deu uma licença de trabalho para tratamento de depressão. Ingressei num programa ambulatorial intensivo de 5 dias por semana que incluía terapia individual, terapia de grupo, controle da raiva, aprender a lidar com relacionamentos e ambiente de trabalho pesados. Por já ter usado a terapia para lidar com obstáculos que inibiam meu desenvolvimento e felicidade ao longo dos anos, aceitei bem a oportunidade.

Minha terapeuta individual foi treinada para usar Dessensibilização e Reprocessamento Através de Movimentos Oculares (EMDR) e nós discutimos o uso da técnica do lugar seguro. Embora eu sempre tenha tido a habilidade de confortar outras pessoas eu não tinha aprendido a fazer isso comigo mesma.

BACKGROUND FAMILIAR

Meus pais foram casados por 37 anos. Sou a filha do meio. Tenho uma irmã mais velha e um irmão mais novo. Via a minha família regularmente, embora fôssemos um pouco distantes.

Os traumas tratados com EMDR foram enraizados na infância e envolviam ou foram causados por minha mãe, alguns se estenderam ao meu pai e a minha irmã. Falar sobre cada membro da família durante a terapia foi difícil e me causou ansiedade e lágrimas. Pude ver a mãe abusiva que tive, meu pai alienado em seu próprio mundo utópico e percebi que minha irmã e eu tínhamos sido criadas desde a infância para sermos distantes uma da outra e ter um relacionamento competitivo.

Nossa mãe era a mais velha de duas filhas. Ela sempre enfatizou a importância de o primogênito ser um menino, o que a fazia se sentir um desapontamento para o pai. Ela sempre falava do quanto era injusto que a irmã mais nova não carregasse esse fardo do gênero e por isso era mais amada pelos pais. Meus avós nunca falaram de tais pensamentos a mim, ainda que eu tenha sido próxima a eles até sua velhice.

A intensidade dos sentimentos da minha mãe foi passada para os seus filhos e quando sua primeira filha, minha irmã, nasceu e não era menino, minha mãe declarou que ela era um desapontamento ainda maior para seu pai (e também seu marido e a família dele). Ela sentiu que meu nascimento, uma segunda menina, tornou ainda pior a sua vida. Parece que muitas vezes para ela as questões dela com a irmã se confundiam nos cuidados com

---

[12] Este capítulo apresenta uma visão de EMDR narrada por uma cliente, para ajudar a educar clínicos e clientes para que outros possam ser curados. O relato emocional significativo da Sra. Manon, junto com sua descrição de várias memórias trabalhadas durante o tratamento e os resultados das sessões de processamento, traz uma ilustração excelente da terapia. Sua agitação emocional e vida adulta perturbada são um reflexo do quadro de abusos, traições e caos intrínsecos à sua família de origem. Como indicado pelo modelo de Processamento Adaptativo de Informações – PAI (abordado no Cap. 1), seus sintomas eram o resultado de experiências negativas da infância que foram armazenados disfuncionalmente em seu cérebro. Essas memórias traziam emoções e perspectivas que geravam seu senso negativo de si mesma e sua inabilidade para funcionar e se relacionar alegremente. O processamento de memória desses eventos precoces resultou em um aprendizado acelerado e numa transformação concomitante de sua identidade pessoal e autoeficácia. No Cap. 1, Shapiro descreve de forma didática os procedimentos e protocolos do EMDR empregados pela terapeuta e o modelo PAI usado como guia no tratamento. O Apêndice de Kaslow, adiante, elucida a perspectiva do sistema familiar.

[13] Marcelle Manon é um pseudônimo para proteger a identidade de todos os envolvidos.

minha irmã e eu. Seus discursos sobre nosso gênero "inferior" poderiam durar por horas e se tornavam abusivos, tanto verbal como fisicamente, como, por exemplo, quando ela penteava nosso cabelo era com tanta força que arrancava tufos pela raiz enquanto gritávamos e chorávamos.

Finalmente, um filho (meu irmão mais novo) nasceu e ela teve a criança que poderia amar abertamente. Ela era uma pessoa diferente quando ele estava presente e o tratou com carinho durante toda a vida, o que para ambos era uma bênção. Ele não caiu no ciclo de abuso.

Ela permaneceu obcecada no gênero em toda a próxima geração. Durante minha primeira gravidez, ela me dizia que se eu não tivesse um menino, ela, meu marido, meu pai e meu avô não me perdoariam.

A afirmação sobre gênero que ficou definitivamente comigo foi uma em que ela fazia com sua voz estridente me lembrando, ao longo dos anos, que ela havia dado à luz "dois erros e um filho" e que ela não via absolutamente nenhuma serventia para o segundo erro. O EMDR me ajudou a identificar e a remover a dor das questões que resultaram no pensamento sobre mim mesma de ser um inútil segundo erro.

Minha mãe era uma mulher inteligente e talentosa. Era magra e tinha um guarda-roupa incrível, com sapatos combinando, chapéus e luvas para todas as ocasiões. Ela era muito envolvida em nossa comunidade pós-Segunda Guerra e estava sempre vestida impecavelmente. Ela mantinha uma agenda social ocupada, focada em construção de centros comunitários e *playgrounds*, bem como presidindo comitês para várias caridades. Publicamente, todos a admiravam.

Na privacidade, a personalidade dela era volátil. Nunca sabíamos quem iríamos encontrar quando passávamos pela porta da frente. Ela poderia estar bem ou furiosa e erguendo uma cinta. Quando pequena, eu sempre torcia por companhia, porque ela se comportava bem quando outra pessoa estava presente. Naqueles momentos, eu ficava muito orgulhosa de ser sua filha. Os momentos mais sombrios era quando estávamos a sós com ela, pois era quando o abuso acontecia.

O resultado do nosso relacionamento é que em mais de 20 anos, desde sua morte, eu nunca senti falta dela. Uma reflexão triste quando se pensa num relacionamento de alguém com sua mãe. O processo de EMDR me ajudou a entender que apesar do meu desejo pela modelo de vida perfeita americana[14], não era minha realidade, nem minha culpa que isso não existisse em nossa casa.

Meu pai era o mais novo de três filhos. Ele era inteligente, tinha grande senso de ética no trabalho, fazia amigos facilmente e era constantemente referido como um bom homem pela família, colegas de trabalho e amigos. A família sempre falava do quanto ele era mimado por sua mãe e nós víamos que isso ainda acontecia conforme crescíamos, ela continuava deixando fazer tudo do jeito dele. Algumas vezes, quando as coisas não aconteciam de acordo com o que ele queria, ele tinha ataques de fúria. Uma cunhada dele me falou que, mesmo com 70 anos de idade, ele era ainda o garoto egocêntrico de mais de 50 anos atrás. Ele era conhecido por evitar pessoas, lugares e assuntos que não gostava. O abuso em nossa casa era provavelmente dessa categoria. Se ele não admitia a existência disso, isso não existia.

Minha irmã era 3 anos mais velha do que eu. Nós éramos próximas e eu ainda me lembro da maravilhosa gargalhada dela e de brincarmos na praia quando éramos muito pequenas. Ela era minha melhor amiga. Porém, quando eu tinha 4 anos de idade parece que, do dia para a noite, tudo mudou como se uma parede tivesse se erguido. A gargalhada foi substituída por um silêncio anormal que se instalou em nossa casa. Algumas coisas não eram discutidas com ninguém, nem entre nós mesmas.

Foi a confirmação do silêncio da minha irmã décadas mais tarde que me fez conhecer o EMDR. Ela havia atingido um ponto em sua própria terapia, em que questionava por que nunca teve raiva de nosso pai enquanto eu expressava raiva por ele durante minha adolescência.

Foi a segunda vez que ela me ligou para discutir nossa infância durante as décadas de sua terapia em andamento. Na primeira vez, ela telefonou para mim para validar a memória de um ritual realizado às sextas-feiras à noite, quando ainda éramos crianças. Ela então declarou o assunto encerrado, nunca mais deveria ser mencionado. Presumi que ela queria evitar a memória, porque trazia à tona uma terrível realidade, a qual contrastava com a infância perfeita inventada e descrita por ela às outras pessoas.

Em sua segunda ligação, anos mais tarde, minha irmã perguntou sobre meu ódio adolescente em relação ao nosso pai. Para explicar isso, tive de quebrar o silêncio que tinha começado décadas antes quando, com 4 anos de idade, fui sexualmente molestada na pré-escola. A reação da minha irmã foi rápida e ela compartilhou sua lembrança. "Mamãe recebeu um telefonema, ficou furiosa, saiu depressa e trouxe você para casa." Ambas lembrávamos da minha roupa, que meu vestido e meus sapatos estavam "estragados" porque eu tinha me

---

[14] N. da T.: Para isso os norte-americanos usam a expressão All-American-Mom-and Apple-Pie, usada no original deste livro.

molhado, que eu estava chorando e implorando para minha mãe não me bater mais. Minha mãe me fez jurar segredo, mas quando meu pai chegou, procurei me confortar nele. Ele também não estava nem aí para mim. Aquela foi a primeira vez que eu fiquei com raiva dele e quando parei de acreditar que qualquer um dos dois estaria ali para me proteger. Minha irmã e eu começamos a conversar como a raiva cresceu.

Apesar de termos compartilhado nossas memórias daquele dia, ela continuou teimando que nossa infância foi maravilhosa e que papai tinha feito isso acontecer. Não concordei e ela declarou o assunto encerrado. O silêncio retornou e durou até a sua morte devido a um câncer vários anos depois.

Sua infância fantasiosa ficou ainda mais clara para mim depois da morte dela. Viajei para o seu funeral e muitas pessoas que lá estavam não sabiam que ela tinha uma irmã. Não havia nenhuma foto minha no apartamento onde ela havia residido por 27 anos. Pareceu significante para mim, no entanto, que ela houvesse discutido meu abuso sexual com uma prima, que compartilhou isso com outro parente, ambos trabalhavam no campo da saúde mental.

ACONSELHAMENTO E *BACKGROUND* TERAPÊUTICO

Comecei a terapia na adolescência, quando nossos pais decidiram que minha irmã e eu precisávamos. Ambos se recusaram a ir a qualquer sessão, porque para eles isso não era um assunto familiar e eles não eram o problema. Nós éramos apenas filhas ruins – ainda que uma filha ruim fosse a presidente da classe e só tirasse notas máximas outra filha ruim progredia numa escola para superdotados acadêmicos e se destacasse no coro do colegial de toda a cidade.

Quando a terapia se estagnou, eu entrei num grupo de um hospital psiquiátrico, onde eu era a única que estava limpa, sóbria, estudando e não havia estado em detenção juvenil. Assim, aprendi coisas novas de meu grupo, embora não o que meus pais queriam, e trilhei um caminho em direção a uma rebelião silenciosa. Quando as coisas em casa pioravam, fugia direto para a casa de meus avós maternos ou para a casa de meus tios maternos, que eram sempre ambientes mais amáveis. Uma vez que isso começou, a terapia foi encerrada.

Na faculdade, dois professores de psicologia observaram que eu estava indo mal e me ofereceram ajuda. Descobri que se lidasse com aspectos específicos de um impasse, seria possível encontrar alternativas viáveis, algo que eu não sabia antes. Com o assunto específico resolvido, eu poderia deixar a terapia e, se outro aspecto viesse à tona, retornar. Então, comecei a lidar com cada problema isoladamente. Assim, 30 anos depois, voltei para tratar de assuntos específicos: depressão pós-parto, o rompimento do meu primeiro casamento, a mistura de nossa família durante meu casamento atual etc. Eu via a terapia como um instrumento para me ajudar nos momentos difíceis.

Minha irmã e eu tínhamos visões opostas sobre terapia. Ela teve várias sessões por semana por, aproximadamente, 20 anos e se tratava com dois terapeutas pouco antes da morte. Estranhamente, a morte dela foi o evento que me levou para o EMDR, porque abriu um enorme abismo negro para uma depressão profunda, algo que nunca tinha tido antes. Minha vida mudaria para sempre.

A EXPERIÊNCIA COM EMDR

Quatro anos após a experiência com EMDR, minha avaliação é de que ele foi um grande presente para a minha vida, para aprender que sou uma sobrevivente do abuso em muitos aspectos. Pude, finalmente, com o EMDR fazer mais do que aguentar o abuso. Agora, não sou mais vítima dele.

As primeiras sessões foram baseadas em discutir meu *background*, aprender como relaxar e me acalmar quando começasse a ficar tensa, e estabelecer a base para as sessões reais em que eu lidaria com as minhas questões de trauma. Também identifiquei uma série de elementos positivos que desejava ter em minha vida, por exemplo, substituir crenças negativas existentes (ex.: "Eu fracassarei") e sentimentos relacionados com crenças positivas (ex.: "Eu posso conseguir"). Foi levantado o que era verdadeiro e o que era falso em minha vida, levando em conta o sucesso do meu segundo casamento, o inverso do primeiro que terminou em divórcio.

Fiz uma lista de alvos específicos que poderíamos focar durante minhas sessões de EMDR, tanto de eventos específicos como de categoria mais ampla de sentimentos angustiantes. Os alvos incluíram: ser um fracasso, ser um desapontamento, sentir-me desonesta, sentir-me perdida o tempo todo, não me sentir amada, ser paralisada pelo medo, ter sido rotulada como "estragada", devido ao molestamento quando pequena, ter sofrido várias formas de abuso, ser inadequada, ter sido ensinada a não mostrar que sou esperta ou as pessoas não gostariam de mim e ter salvado a vida da minha mãe quando eu a queria morta. Todas essas questões me causavam sofrimento extremo.

Cada alvo foi trabalhado em uma ou mais sessões. Começamos pela identificação de uma imagem do evento com a crença negativa e emoções associadas. Eu as graduei na escala *Subjective Units of Disturbance* (SUDS) de 0 a 10, com 0 sendo nenhum estresse e 10 o estresse mais alto possível. Então, estabelecemos um objetivo para substituir isso por uma imagem e por um pensamento positivo. Esse processo exigiu máxima confiança em mim e na terapeuta para recordar eventos, sentir as sensações evocadas, ouvir, sentir e cheirar as memórias. Depois da identificação e graduação dos elementos do evento alvejados, foquei neles com todas as sensações relacionadas, enquanto movia meus olhos de um lado para o outro, seguindo os movimentos dos dedos ou lápis da terapeuta. Esse processo era repetido conforme eu processava os vários aspectos do incidente. Após cada série de movimentos oculares, conversávamos sobre o que eu havia experimentado e quais outras imagens, memórias e sentimentos através do processo. Isso, por vezes, evocou emoção primitiva; houve náusea, dificuldade para respirar; perdi minha voz. Repetimos o processo de focalização do material, enquanto me engajava nos movimentos oculares até diminuir significativamente o estresse.

Substituímos as imagens e crenças negativas por outras positivas (i.e., gritos por palavras de conforto, ser mandada para meu quarto por ser confortada). Ganhei em cada sessão um sentimento mais positivo sobre meu próprio valor como pessoa. A sessão era concluída com a checagem das sensações sobre o trauma (i.e., eu ainda queria vomitar? Eu ainda sentia falta de ar?). Se, por acaso, sentisse essas coisas em algum grau, continuávamos até essas sensações sumirem. Finalmente, avaliei a quantidade de perturbação e atribuí um valor do SUDS ao trauma: geralmente era de 0 a 3, com 0 o trauma totalmente processado. Compreendi que o trauma poderia diminuir ainda mais com o passar do tempo. Isso era um pensamento incrivelmente confortante.

Cada sessão subsequente começou com uma revisão de minha sessão anterior e meu progresso. Pela quarta sessão, eu não apenas entendi que estava fazendo progresso, mas aceitei que minha alma estava se curando. Após cada sessão, minha vida se tornava mais controlada. Isso acontecia graças ao encorajamento para recuperar a autoestima e a alegria perdidas em algum lugar da minha infância. Pareceu que, apesar de estar com 50 anos de idade, não era muito tarde para começar.

Uma sessão subsequente focou em eventos traumáticos que incitaram a primeira ligação da minha irmã. Foi o ritual de enema de sexta-feira à noite, que acontecia desde que eu consigo me lembrar e parou por volta do segundo grau. (Lembro-me que pontuei esse ritual com um 8 na escala SUDS.) Minha mãe enchia uma bolsa d'água com água morna e sabão. Primeiro, minha irmã tinha que deitar no piso do banheiro para receber seu enema. Depois, minha mãe enchia a bolsa para mim. Eu tinha que deitar no piso do banheiro, enquanto minha irmã esvaziava seu cólon e entrava na banheira de água quente. Tínhamos que segurar o fluido morno de sabão até sentirmos que iríamos explodir. Se tivéssemos um acidente no piso, minha mãe ficava furiosa e nos esfregava nas fezes, e então, tínhamos que limpar tudo. Depois de esvaziar meu cólon, eu tinha que entrar na banheira com minha irmã. Então, minha mãe colocava um grande aquecedor elétrico na frente da banheira para que nós não pudéssemos sair, e ela deixava o banheiro. Uma vez, quando ainda era quase um bebe, lembro que ainda precisava evacuar depois de entrar na banheira, mas como tinha muito medo de sair, fiz dentro da banheira. Minha irmã ficou perturbada e chorou, eu levei uma surra. Quando minha mãe retornou, ela levou minha irmã (que tinha entre 5 e 8 anos de idade) e me deixou sozinha na banheira. Lembro-me de ter escutado minha irmã chorando e implorando: "Mamãe, por favor, não". Por manter a loja aberta nas noites de sexta-feira, meu pai não estava em casa para testemunhar ou evitar que o ritual acontecesse.

Por quatro décadas, minha irmã e eu nunca mencionamos esses eventos, apesar de termos dividido o quarto quando criança. Naquele telefonema, anos depois, minha irmã disse que a nossa mãe a levou para o outro banheiro, onde ela se deitou no piso, e fez minha irmã aplicar-lhe um enema. Minha irmã reviveu o trauma quando surtou em uma colonoscopia, no momento em que o médico introduziu o scope no seu reto. Isto disparou sua memória.

Durante o EMDR, eu consegui falar sobre todas as memórias relacionadas aos rituais de sexta-feira à noite. Tanto quanto a narrativa de eventos, tive que vivenciar e trabalhar as sensações: da umidade pingando da claraboia, a friagem do piso rosa e verde, as faíscas e cheiro de calor do aquecedor elétrico marrom, a dor e a cólica do enchimento de minhas entranhas, a sensação lamacenta de ter minhas mãos esfregadas nas fezes e o terror da ponta enorme do enema entrando em mim, o calor escaldante da água da banheira, o sabor salgado das minhas lágrimas e o medo da fúria da minha mãe. Apesar do meu número alto de SUDS no início da terapia, ele diminuiu no decorrer do tempo e substituiu os pensamentos por imagens positivas, e completou o processo. Isso tudo foi muito importante para mim no momento em que fui para minha própria colonoscopia e não tive nenhuma ansiedade indevida.

Outro aspecto negativo partilhado pelo EMDR era a sensação de sempre me sentir desonesta. Isso veio de meus pais, quando me chamavam de mentirosa. Até mesmo aos 50 anos de idade, levantava todas as manhãs provando a mim mesma que era uma pessoa honesta. Isso foi, particularmente, doloroso por ter trabalhado duro para manter minha integridade e viver uma vida baseada na realidade. Sim, foi verdade que quando criança eu recorri a mentiras em ocasiões, mas quais eram as circunstâncias que levaram uma garotinha a ver mentira como uma parte necessária à sobrevivência?

O EMDR me ajudou a entender que eu sempre começava contando a verdade. Um exemplo disso foi quando meu pai perguntou: "Quem quebrou o corrimão?". Respondi: "Mamãe me empurrou escada abaixo, eu bati no corrimão e ele quebrou". Ele não acreditou em mim e minha resposta fez minha mãe ficar furiosa. Assim, ela retaliou no dia seguinte com mais abuso. Por ter contado a verdade, fiquei num problema ainda maior. Lembro-me de ter dito muitos "Eu não sei" como resposta. Naquela mente de garotinha, eu não mentia, apenas escolhia não responder. O jeito que eu processara a honestidade era que adultos pediam à criança para contar a eles a verdade e induziam-na a mentir para outros adultos para protegê-los. Isso realmente me confundia.

Assim a vida se tornou: papai chegava em casa em dias que mamãe tinha sido abusiva e o interrogatório começava: "Como você conseguiu esta queimadura?" Ou "Quem rasgou a blusa da sua irmã?". A resposta verdadeira era: "a mamãe", mas a resposta segura era: "Eu não sei". Isso não funcionava e papai me chamava de mentirosa, e ficava realmente bravo. Às vezes, ele perdia o controle. Uma vez, ele pegou um martelo e destruiu todas as minhas bonecas e brinquedos, exceto alguns que eu havia escondido. Aqueles foram achados e dados a uma prima. Fui proibida de ter brinquedos ou livros de criança. Isso reforçou minha crença de que nenhum de meus pais admitiria a verdade e que dizer "Eu não sei" não funcionaria mais na nossa casa.

Através do processo de EMDR, descobri que quando criança eu era honesta e falava a verdade. Uma tia me disse que quando pequena, eu contei a ela: "Eles são malvados comigo". Ela conversou com meus pais, que disseram a ela que eu exagerava muito e tinha mentido. Depois que o processo de EMDR sobre isso se completou, minha integridade foi reforçada quando cheguei com outros parentes, que se lembraram de terem tido conversas com meu pai sobre minha mãe e eu. Eles também foram ignorados. Abuso infantil nos anos 1950 não era um tema aceitável, certamente não em famílias de classe média respeitáveis como a nossa.

O que também atingiu um nível acima de 8 na minha escala SUDS foi o senso de passar pela vida com medo de me perder. Esse medo fez parte de mim desde a infância e apesar de ter um grande senso de direção, na época eu sempre levava mapas, telefone celular e escrevia direções. Trabalhamos no tratamento com EMDR minha primeira lembrança de estar realmente perdida. Tinha 3 anos de idade e fomos passear em um lago. Papai estava jogando cartas e fumando um cigarro. Minha mãe tomava banho de sol e minha irmã (6 anos) cuidava de mim. Lembro-me de ter achado alguma coisa que queria mostrar ao meu pai. Então saí andando ao encontro dele. Por algum motivo, me perdi e a pessoa que me achou me levou para uma barraquinha de sorvete, onde ganhei um, e me colocaram no autofalante: "Eu, Marcelle, procuro meu papai".

Ele, minha irmã (assustada) e minha mãe foram correndo ao meu encontro. Não me lembro se minha mãe estava mais brava comigo por ter saído andando ou com minha irmã por ter me perdido. Ela esperou até o dia seguinte, quando meu pai saiu para trabalhar, para nos castigar.

Passados alguns meses, saí vagando pela porta da frente e fui trazida de volta por um vizinho que me encontrou na rua. O castigo foi ficar trancada no armário de casacos com odor de cânfora. Logo depois, me perdi no caminho para o banheiro da escolinha. Foi nesse dia que eu fosse molestada.

Durante a sessão de EMDR sobre o incidente do lago, foquei nas imagens: o cheiro e o som dos pinheiros, o barulhinho de água, a imagem de caçar girinos. Peguei um e a razão pela qual saí procurando meu pai era para mostrar-lhe o que tinha conseguido. Posso me lembrar do calor, o gelado do sorvete, ouvir a altura do som da minha voz saindo do alto-falante e o cheiro do óleo bronzeador Coppertone. Processando o próximo incidente, me lembrei da escuridão do armário de casacos e do cheiro devastador da cânfora, de não conseguir respirar. Também estava muito quente dentro do armário e os casacos, por serem de lã, me pinicavam. Esse episódio me causou problemas futuros com escuridão e claustrofobia.

Esse processo permitiu confortar a garotinha que eu era e reparentalizá-la da maneira que eu quisesse. Aceitei a realidade de que os adultos são responsáveis por cuidar das crianças e não esperar que uma criança de 6 anos consiga fazer isso. Finalmente, entendi que nenhuma criança faz nada errado. Através do EMDR, passei a suportar o cheiro de cânfora, que não me causa mais náuseas. Não preciso mais mudar de lugar quando alguém usando Coppertone senta ao meu lado. Mapas são deixados de lado, exceto em viagem. Agora, o nível SUDS é 0.

Usei o EMDR para processar uma boa carga de culpa. Cresci assistindo a programas de TV, com mães como June Cleaver e Harriet Nelson, e as minhas expectativas faziam meu relacionamento com minha mãe muito mais difícil. Na escala SUDS, meu desejo de que ela morresse chegava a pontuação entre 7 e 10. Ainda assim, quando tive chance de deixá-la morrer, salvei sua vida não uma, mas duas vezes, porém, desejando sempre que ela morresse. O EMDR foi de grande importância para lidar com esse desejo que ela morresse.

A primeira imagem que tenho de querer que ela fosse embora é de estar sentada com minha irmã no alto da escada enquanto minha mãe brigava com meu pai, ameaçando ir embora. Ela arrumou as malas e entrou no carro e nos deixou para trás. Ficamos tão felizes que nos abraçamos. Na mesma hora, ela voltou chorando e dizendo que não tinha nenhum lugar para ir, que não podia voltar para a casa dos pais.

A primeira vez que salvei a vida da minha mãe, eu estava sozinha estudando e ela havia chegado do supermercado. Ela estava na cozinha descalça guardando as compras. Desci para ajudá-la, quando ela derrubou uma garrafa no chão. Um caco de vidro entrou no seu pé e cortou uma grande veia. Ela resolveu remover o vidro do pé e o sangue jorrou para todos os lados. Eu chamei a ambulância e fiz os primeiros socorros. Ela perdeu muito sangue e eu me senti muito culpada por ter pensado em não fazer os primeiros socorros. Teria sido muito fácil deixá-la, mas pensei que seria uma escolha imoral.

A segunda vez, eu estava novamente sozinha fazendo as tarefas escolares. Ela chegou da sua aula noturna com o nosso velho Fiat e o estacionou na garagem no fundo da casa. O motor continuou ligado e a porta de saída da garagem não abriu. Desci as escadas e a encontrei caída perto da porta, e com o motor do carro ligado. O monóxido de carbono estava saindo do escapamento e enchendo a garagem. Pensei em deixá-la lá só mais um pouco, mas, novamente, chamei a ambulância.

Tratei, no EMDR, a culpa que eu sentia pelos pensamentos de não querer salvá-la. Durante o processo, as visões e outras sensações dos incidentes foram sentidas, organizadas e substituídas pelos sentimentos: "fiz escolhas válidas" e "sou uma boa pessoa". Isso enganchou com outras áreas já identificadas. Eu podia ver meu valor e saber que não tinha sido aleijada pelos meus medos. Provei que estou longe de ser inadequada. Eu era qualquer coisa, menos um fracasso. As coisas negativas que eu ouvi sobre mim não eram verdadeiras.

Os abusos ainda precisavam ser resolvidos na minha memória. Eu já podia mencionar ter sido molestada sem discutir os detalhes, mas tinha dificuldade em entender por que era tão traumático, se não tinha sido um estupro violento, mas apenas toques inapropriados. Processar os eventos com EMDR me permitiu entender que o trauma era mais do que só o molestamento.

Trabalhamos com a sequência de eventos durante e depois do molestamento. Entendi que os níveis de sofrimento sentidos envolveram vários aspectos, sendo o maior em como o problema foi tratado uma vez descoberto. Este aspecto mudou minha vida como mulher e como ser humano.

Começamos com uma imagem de uma menininha feliz que gostava de ir à escola, da professora, da classe, assim como minha irmã mais velha. Tínhamos comprado recentemente vestidos rodados bonitos. Meus cabelos eram cacheados. Eu estava usando um daqueles vestidos naquele dia. Minha mãe me levou à escola. Quase no final da aula, tive que ir ao banheiro. Fui mandada sozinha e no caminho encontrei o zelador. Ele me disse que eu estava bonita no meu vestido novo e quis me mostrar alguma coisa no armário dele. Ele quis tocar meus cachos e me dar um abraço. Ele começou a tocar no meu corpo, e me pediu para tocá-lo "apenas como um médico e uma enfermeira" examinam pessoas. Ele colocou seu pênis para fora e me fez tocar e colocou sua mão em minha roupa de baixo. Então, a inspetora abriu a porta.

Ela me agarrou, me levou ao seu escritório e chamou minha mãe. Ela berrava e me mandou ficar quieta. Ela me deixou lá e ficou gritando com alguém no corredor. Minha mãe entrou, sem fôlego. Ela estava brava e gritava com a mulher e comigo. Eu ainda tinha que ir ao banheiro, mas sempre que abria a boca para pedir permissão, me mandavam ficar quieta. Então, não pude segurar mais e fiz no chão. Agora, minha mãe estava realmente brava e me surrou, algo que raramente ela fazia na frente de outras pessoas. Ela me agarrou pelo braço e marchou para casa. Nem parou na minha classe para pegar meus pertences. Ela berrou durante todo o caminho e, de vez em quando, agarrava meu braço, me levantava do chão e me batia repetidamente por ter estragado meu vestido novo e meus sapatos. A essa altura, eu estava com frio e não entendi o que havia feito de errado. Eu estava chorando tanto que não conseguia respirar direito e quis parar, mas ela não deixou e andou mais rápido ainda. Minhas pernas doíam e ela começou a me arrastar e a machucar meu braço. Fui avisada para não contar a ninguém nada do que havia acontecido. Minha irmã já havia chegado da escola quando chegamos e quis saber o que estava acontecendo. Eu quis contar, mas não queria apanhar de novo. Então, eu nunca disse uma palavra. Tentei consolar-me com meu pai quando ele chegou do trabalho, mas antes que eu pudesse contar a ele, minha mãe disse que fui má e estraguei minhas roupas, e o carpete da escola. Ele, aborrecido, me mandou direto para a cama.

Então, ela cortou meus cachos. Meu novo corte de cabelo tinha pontas para todos os lados. Estava horrível! Ela só me deixava ir de calças à escola e me fez usar sapatos ortopédicos. Ficava imaginando o que eu havia feito para não poder mais ser bonita.

Ela me fez ficar em casa por dias, dizendo que eu estava "estragada", um termo que eu não entendia. Ela disse para nunca contar a ninguém o que aconteceu, porque se a pessoas ficassem sabendo seriam proibidas de brincar comigo ou gostar de mim. Também, nenhum garoto decente iria querer se casar comigo. Ela disse que minha família não iria me querer por perto se eles soubessem. Então, distanciei-me da maioria dos meus familiares porque não me sentia digna de estar junto deles, mas, principalmente, porque eu tinha medo de que alguém conversasse sobre o assunto, ou que o segredo escapasse. Olhando para meu passado percebo que, embora não me sentisse totalmente sem valor, eu me sentia com menos valor do que o resto da minha família.

Através do processo de EMDR, revivi as sensações; entre elas, a profundidade do sentimento de ser desprezível, a alegria de rodar meu vestido e a tristeza de ver meu cabelo sendo cortado. Pude derramar as lágrimas que tinham sido engolidas e quebrar o resto do silêncio que tinha sido imposto em torno do episódio traumático. Uma vez que o nível SUDS foi abaixado, comecei a entender que o trauma foi mais do que o molestamento: foi a devastação dos eventos que se seguiram. Esses eventos foram um solo fértil no qual os pensamentos e sentimentos negativos floresceram e se tornaram a fundação sobre a qual construí a minha vida.

Foi difícil reviver o trauma e visualizar as imagens, sensações, sentimentos e pensamentos, mas o alívio fez valer o processo. O resultado foi maravilhoso! O EMDR fez com que me sentisse livre pela primeira vez. Pude ver o meu potencial e mudar muitas coisas enraizadas em pensamentos e sentimentos negativos em mim. Desenvolvi um senso de libertação real e senti prazer em perceber que os episódios de abuso sexual e suas ramificações estavam com pontuação zero na escala SUDS. O trauma não pode mais definir minha vida, como aconteceu por quase meio século. Desde que completei o processo do EMDR, percebi que por me sentir indigna e estragada desde os quatro anos até mais de cinquenta, cada decisão tomada durante esse período foi baseada no sentimento de que eu não merecia a felicidade. Isto incluía dois casamentos abusivos, por eu acreditar que- assim como os meus pais- qualquer um que me amasse tinha o direito de abusar de mim.

Após concluir o EMDR, eu posso olhar para trás e ver as razões pelas quais eu achava aceitável ter um marido que insistia em dizer que uma mulher não tem o direito de dizer não quando ele quisesse ter relações sexuais. Um marido que me forçava a fazer sexo ou ameaçava me transformar em abajur ou numa barra de sabão (como os nazistas faziam na II Guerra Mundial) quando estivesse bravo comigo. Pude ver claramente por que tolerava abuso conjugal e considerava o abuso de álcool e drogas comportamentos aceitáveis em casa.

Conscientizar-me de qualquer desses abusos antes de passar pelo processo do EMDR teria dado 10 na escala SUDS. Agora pontuam 0 na escala e são apenas uma parte de como eu me tornei a pessoa que hoje sou. A diferença também está clara na minha habilidade de dar limites e fazer escolhas melhores. Nenhuma outra forma de terapia teve tanto sucesso e ajudou no meu desenvolvimento como mulher e como pessoa. Outros terapeutas tinham focado o preconceito de gênero que fazia parte das questões da minha mãe e alguns estavam convencidos de que era uma rivalidade de gêneros com meu irmão. O EMDR foi crucial para entender as dificuldades da minha mãe, que queria ter um filho e não uma filha. Aprendi também a não dar continuidade a essa ideia.

Um tema recorrente que vejo pós-EMDR é que havia uma multiplicidade de pensamentos ilógicos vindos de uma infância distorcida. Acima de todos, está o velho ditado: "Crianças devem ser vistas e não escutadas". Isto virou o conceito de que crianças boas ficam quietinhas e crianças más ficam se mexendo. Assim, aprendi a ficar sentada em silêncio por horas. O pior é que eu tinha tanto medo de fazer barulho ou me mexer que me negava funções normais do corpo, como ir ao banheiro. Eu engolia tosses, silenciava espirros. Eu tinha muita dificuldade em controlar minha asma, que às vezes era incontrolável devido a alergias ou emoções. Muitas vezes, eu sentia como se um elefante estivesse sentado no meu peito e não conseguia respirar. Nestas vezes, eu fazia barulho e, portanto, ouvia que era uma criança má. Mesmo durante o processo do EMDR, a minha questão da respiração emergia. Minha terapeuta vivia repetindo para eu me lembrar de respirar, pois às vezes ainda esquecia de fazê-lo. Às vezes, ainda preciso me lembrar de que não há problema em fazer barulho para respirar e que continuo sendo uma boa pessoa.

O EMDR me ajudou a entender que alguns pensamentos não são válidos e que eu posso neutralizá-los simplesmente tomando fôlego e sorrindo. Então, hoje, posso usar técnicas aprendidas com o EMDR nas bases construídas atuais, porque alguma coisa do passado pode insinuar-se no meu presente. Por outro lado, esses incidentes são menores e sou capaz de lidar facilmente com eles, devido às mudanças que experimentei com o EMDR. Sou capaz de me reforçar a partir de crenças positivas que agora tenho sobre mim mesma e de usar algumas das técnicas para me acalmar e relaxar. Técnicas que aprendi nas primeiras sessões de EMDR.

Isto ocorreu no último final de semana, quando me perguntaram por que será que não fiz planos de longo prazo. As técnicas do EMDR me permitiram lembrar eventos de 50 anos atrás de um jeito tranquilo. Lembrei-me de ter sido levada ao médico por um período de aproximadamente 4 anos. Durante uma consulta, ele disse à minha mãe que havia uma boa chance de que eu não chegasse à idade adulta. Eu estava lá naquela hora. Como resultado, não planejei viver por muito tempo e, assim, fiz apenas planos de curto prazo. Usando as técnicas do EMDR, não tive medo de me lembrar e a lembrança foi completa, como o local do prédio, os cheiros do consultório, o carro em que íamos. Lembrei-me até o nome dele e dos procedimentos médicos pelos quais minha irmã e eu passamos, esses procedimentos chocaram meu pai quando compartilhei com ele essa parte da lembrança. A experiência como um todo foi libertadora. Não apenas cheguei à idade adulta, como vivi o suficiente para conhecer meu primeiro neto, que nasceu esse ano e fiz um plano de longo prazo: estar envolvida na vida dele.

Através do EMDR eu identifiquei outros pensamentos irracionais que carrego desde a infância, tais como: a) Se o abusador me fala que está me batendo porque ele me ama, então eu mereço o abuso; b) Sou uma pessoa ruim, porque alguém fez algo contra mim; c) Eu não consigo fazer nada direto porque não é o que esperam de mim; d) Mereço menos da vida que os outros. Esses pensamentos tinham regido minha vida de forma tão dura que a cada manhã eu tinha que começar o dia do fundo poço da indignidade, de forma que nunca dois dias estavam conectados. Agora, quase 5 anos depois que completei minhas sessões de EMDR, eu acordo sentindo que cada dia é um bom dia e não tenho que começar novamente reafirmando meu valor. Ser mulher é uma parte maravilhosa do que sou e não apenas uma classificação de gênero.

Como eu obtive resultados a partir da terapia com EMDR, uma coisa que eu não tinha experimentado em outras terapias se tornou clara: *"sou uma sobrevivente de abuso"*. Posso erguer minha cabeça e saber que não estou mais vulnerável a um abusador. Não tolerarei isso em minha família ou entre meus pares, nem tolerarei ficar num ambiente de trabalho nocivo. Por não duvidar mais de mim mesma, e como minhas escolhas são muito bem pensadas, as pessoas não podem mais me oprimir com culpa ou mensagens negativas. Fico curada um pouco mais a cada dia e estou aprendendo que minhas intuições são boas. Não há nenhuma chance de me sentir mutilada ou incapaz de tomar decisões por medo ou pelo pensamento que só seria capaz de tomar decisões ruins.

Atualmente, sou capaz de lidar com a realidade como parte de uma reação natural a uma situação. Um exemplo recente disso foi o diagnóstico e o tratamento de câncer da minha filha. Não apenas esse é um problema médico severo, mas devido ao tipo de câncer, ela não poderá mais realizar seu sonho de carreira: pilotar helicópteros da Guarda Costeira

Isso está acontecendo junto com outras situações incluindo potencialmente preocupações de saúde com risco de vida, nossa casa está à venda sem nenhum comprador, o acidente de caminhão do meu marido, um filho na escola de direito e outro filho cujo casamento será feito há algumas centenas de quilômetros daqui. Cinco anos atrás, eu teria me afundado em uma depressão que ficaria enraizada em meus sentimentos de fracasso e inadequação. Hoje, observo que, embora a totalidade desses eventos pareça esmagadora, eu posso me permitir encontrar alegria neles. Minha filha sobreviverá ao câncer e encontrará outro caminho na carreira, meu marido vai sarar e o caminhão será consertado, nosso filho está indo bem na escola de direito e nós celebraremos alegremente o casamento de nosso filho em qualquer lugar.

Ainda carrego minha lista de traumas originais em meu diário para me reassegurar de minha boa saúde mental e emocional. Quando me sinto meio para baixo, abro a minha lista e vejo que qualquer coisa que aconteça agora não terá o poder de me fazer voltar àquele lugar escuro do meu passado. Hoje, tenho as habilidades aprendidas no tratamento com EMDR para me confortar e manter as coisas numa perspectiva real, e espontaneidade para procurar ajuda adequada se encontrar mais algum dos traumas reais da vida.

Para minha terapeuta, que foi minha guia e companhia através do EMDR: você sempre terá um lugar reservado em meu coração; porém, todos os nomes, incluindo o dela, foram omitidos neste espaço anônimo. Seu profissionalismo, amabilidade e suave encorajamento continuam sendo uma parte de minha cura. Você estava presente em espírito conforme fui sendo capaz de recontar os eventos da minha vida. Sem você, eu estaria ainda vivendo no silêncio e essas palavras não teriam sido possíveis. Muito obrigada!

APÊNDICE[15]

Análise da Dinâmica e Funcionamento Familiar de uma Perspectiva Familiar Sistêmica

Florence W. Kaslow

Percebe-se, no texto acima, que a autora cresceu num ambiente familiar altamente disfuncional, que aparentava para o mundo externo estar muito bem. A mãe poderia ser encantadora e era percebida assim na comunidade por suas numerosas participações. O pai era agradável e superficial, porém, frequentemente física e emocionalmente ausente. Ele usou a evitação e negação como seu maior mecanismo de defesa (teoria psicodinâmica e psicologia do ego). Ele se recusou a acreditar nas alegações da filha de que sua esposa era abusadora e conspirou com a esposa e filha mais velha para manter esse segredo, dessa forma, escondia a realidade do mundo externo. Assim, ele não ofereceu auxílio ou proteção à autora. Para aqueles que usam um diagnóstico relacional familiar, a mãe poderia ser considerada portadora de um transtorno de personalidade do eixo II, provavelmente perfazendo os critérios para borderline com características histriônicas (American Psychiatry Association, 1994; Kaslow, 1996). Dentro da constelação familiar, ela oscilava entre esperar que as duas garotas fossem próximas uma da outra, para isso dividiam o quarto e a banheira, e ainda assim, colocava uma contra a outra, dessa forma, elas não poderiam dividir informações importantes. Ela também se esforçou para separar as garotas do pai, o que fazia essa filha se sentir sozinha, amedrontada e isolada. Essa família se parece com muitas famílias disfuncionais que apresentam sintomatologia de abuso do Eixo II: crueldade, segredo, manipulação, raiva explosiva, fraude, negação, cisão e confusão. Essas características estavam, certamente, entre as apresentadas pela família da autora do relato.

Antonio Madrid (Cap. 6) assevera que os laços mãe-bebê devem se estabelecer imediatamente após o nascimento e devem continuar depois, mesmo antes da fase de vinculação (psicodinâmica, relações de objeto, teoria do vínculo). Em vez de experimentar laços em um nível físico básico primitivo, a autora do relato acima, quando criança, foi cercada pela rejeição. Em vez de amor incondicional, parece que ela viveu a sensação da infelicidade e de ser um erro indesejado – apenas porque não tinha um pênis. E assim o trauma começou quase no nascimento e foi continuamente repetido e reforçado.

Percebe-se que a mãe da autora acima acreditava que o seu pai e o seu marido só valorizavam filhos e desvalorizavam filhas. A mãe internalizou essa visão como uma extensão da sua própria falta de autoestima, e ficou tão fixada nessa questão de gênero e na necessidade de adquirir um senso positivo de autovalor, que parecia abominar-se e rejeitava suas duas filhas.

Parece que os enemas semanais eram administrados sadicamente, não porque as meninas estivessem doentes, mas de maneira ritualística e repetitiva que era dolorosa e odiosa para as duas crianças. Outra atitude degradante foi a mãe forçar a filha mais velha a lhe aplicar enema a cada semana (fazendo- a deixar a mais nova sozinha na banheira e ir com ela gritando "não mamãe, não"). Sádica e masoquista a mãe nos faz tentar imaginar que tipo de pecado ela tentava expurgar, para se punir e punir suas crianças. Seria o pecado de não ter gerado apenas filhos homens? Pensando dessa forma, podemos dizer que essa mãe sofria de distorção cognitiva severa. Talvez uma crença sobre uma suposta preferência exacerbada do pai, que ela foi perpetuando, ao invés de recusar e afirmar seu próprio pensamento de que aquelas ideias eram simplesmente inaceitáveis e que ela e suas filhas tinham valor do jeito que eram.

Podemos deduzir que a culpa da mãe e vergonha deviam ser enormes. Ela foi cuidadosa em engajar esse abuso apenas às sextas-feiras à noite, quando o marido trabalhava até tarde e não havia ninguém mais por perto para flagrá-la e encerrar seu comportamento abusivo e danoso. Isso continuou até seu filho nascer; talvez, então, ela tenha se sentido suficientemente inocentada por ter sido capaz de dar à luz um menino. Torna-se impossível observar se a obsessão da mãe era proveniente de seu pai e/ou de seu marido, ou se era dela mesma, como uma versão exagerada da crença de muitas pessoas da geração de seu pai de que ter um filho era uma benção maior do que ter uma filha. Tal crença ainda permanece em culturas como a chinesa e outras asiáticas. O fato de a irmã da mãe da autora não se sentir estigmatizada ou envergonhada por ser mulher parece indicar que o pai delas não repugna mulheres '*per se*'. Essa crença da mãe também é refutada pelo relato da autora de ter sido próxima desse

[15] Neste comentário, menciono entre parênteses a teoria sobre a qual é feita uma interpretação específica. Assim, o leitor poderá fazer remissão ao Cap. 2, onde as teorias são abordadas.

avô materno. Portanto parece ter havido um sério dano cognitivo na percepção da mãe da autora que pode ter sido, ou não, transmitida transgeracionalmente (teorias Bowenianas e contextuais). Essa distorção foi corrigida com sucesso na terapia com EMDR, onde a paciente foi auxiliada a se ver novamente como valiosa e boa, e não como deformada, maculada e indigna.

A despeito de toda a patologia da família, também percebemos que a autora teve realmente muita força para seguir em frente, e poderia ponderar de onde isso veio. De que outra forma ela poderia ter voltado à escola depois de molestada pelo zelador e ter sofrido subsequente humilhação pelos funcionários e por sua mãe. Essas pessoas aumentaram o trauma daquela criança e a puniram. Ela é muito determinada e inteligente para ter se saído bem apesar de sua vida familiar infeliz e conflituosa. A prova de sua coragem e inteligência existe aqui, nesse capitulo, também escrito, tão cuidadosamente recontado e analisado. Ela parece muito grata por ter tido a chance de fazer essa terapia *quando ela quis* com um habilidoso terapeuta EMDR, que a ajudou a obter paz de espírito, uma chance de ressignificar sua vida mais positivamente, se autoconfortar, e trabalhar seu segundo casamento para que ele deixasse de ser abusivo e pudesse se tornar amável e mutuamente respeitoso.

Ela reconhece e agradece as pessoas que a ajudaram e a apoiaram: seus avós maternos, tios- irmã mais nova da mãe e seu marido-, enfim, todos que expressaram amor, afeição e a acolheram quando ela fugia de casa. Ela não podia contar a eles o motivo, senão seria punida por revelar o segredo do abuso, assim ela dizia: "Estou apenas infeliz e gostaria de ficar aqui por uns dias". Eles ligavam para os pais dela e diziam que ela estava bem, e ela sabia que tinha um ou dois dias para tão necessariamente ser querida e poder respirar.

Obviamente, a senhora Manon teve, contudo, várias perdas precoces na vida adulta. Ela mencionou que sua mãe morreu uns 20 anos atrás. Seu primeiro casamento foi abusivo e terminou em divórcio. Ao longo dos anos, seu pai permaneceu desinteressado, alienado superficial e emocionalmente indisponível. Seu segundo casamento também foi abusivo e parece ter ficado abalado quando ela estava perto dos 50 anos de idade. Mas foi a morte de sua irmã que a levou a ficar descompensada. Mesmo com sua irmã fazendo terapia, a comunicação entre ambas ainda era precária. Isso acontecia, provavelmente, em virtude do constrangimento causado pelos abusos da mãe. O contato entre ambas foi curto e somente aconteceu quando ainda eram crianças. Ainda havia muita memória reprimida.

Em sua narrativa, a autora parece desconcertada com a morte da irmã. Isso se tornou o evento primordial que estilhaçou sua habilidade para continuar mantendo seu tênue controle sobre a realidade e a motivou a procurar terapia. Nessa hora, felizmente, ela encontrou alguém habilidoso em EMDR.

Minha interpretação da regulação ou a resposta para "Por que isso aconteceu?" é: a senhora Manon era frequentemente acusada de mentir ou exagerar para encobrir as ações abomináveis de outras pessoas. A única pessoa que poderia testemunhar e validar a realidade de sua triste história de vida seria sua irmã. Com o falecimento dela, não havia sobrado ninguém. Assim, ela temia em dizer: "Sim, isso aconteceu. Não foi sua imaginação. Você não inventou tudo isso. Você não é louca". E o fato de seu pai dizer que não aconteceu e não ter acontecido com o seu irmão, não muda o fato de ter acontecido com você.

CONCLUSÃO

Subsequentemente à leitura do capítulo e falando à autora do relato para oferecer um *feedback* editorial, disse a ela que sua narrativa tinha evocado várias respostas e perguntei se estaria interessada em ouvi-las. Essas respostas estão aqui, porque adicionam mais ao trabalho do terapeuta familiar e porque mostram como poderia ser a intervenção em conjunto com o EMDR se o paciente está disposto a ir mais longe no seu tratamento. Ela definitivamente foi, e resolveu prosseguir.

Sugerimos a ela ter uma conversa sobre seu relato com sua tia, com quem ela sempre manteve bom relacionamento. Os votos de segredo não eram mais necessários. Seu marido já estava ciente de todas essas informações. Tanto ela quanto o marido seguiram com longas conversas telefônicas com a tia. Apesar de chocada com a profundidade e a extensão do sofrimento da sobrinha, ela conseguiu se abrir e testemunhar os seguintes fatos:

- A avó materna trouxe do Leste Europeu o costume de aplicar enemas em todos ao sinal de qualquer doença. A tia também havia sido submetida a eles e os detestava, mas sua mãe nunca os tinha usado ritualisticamente. A tia não usou os enemas em seus filhos. Ela considerava uma prática odiosa.

- Quando a sobrinha fugiu para se esconder em sua casa, ela reclamou de abuso. Eles viram aquilo como uma revolta adolescente, porque era um comportamento tão inaceitável e inimaginável, que eles não acreditavam que o abuso realmente acontecia. Então, eles ofereceram chá e simpatia, mas não tentaram intervir para protegê-la. A tia expressou arrependimento por ter sido tão inocente na época.

- Seu pai foi retratado como um bonzinho-superficial, nunca envolvido emocionalmente com seus filhos e não foi percebido como alguém que conseguia manter um relacionamento por muito tempo. Uma sugestão poderia ter sido convidar o pai para uma sessão de terapia familiar de duas gerações. Seu irmão também poderia ter sido incluído. A autora conta que isso foi tentado, mas nenhum dos dois acreditava em terapia, especialmente desde que ela e a irmã começaram a se tratar e se tornou a profissão da tia.

- A tia mantinha um relacionamento caloroso e mutuamente carinhoso, e respeitoso com o seu próprio pai. Ela não o percebia como um machista ou que pensasse que homens são preferíveis ou melhores que as mulheres. Checando isso posteriormente, poderia validar a habilidade da autora de formular suas próprias impressões válidas.

Obviamente, segredos familiares que escondem abusos, violência, distorções, comportamentos vergonhosos e responsabilidade parental na forma de conspiração silenciosa, e fugir da responsabilidade de proteção aos filhos são repreensíveis. O EMDR oferece uma oportunidade para a pessoa se enxergar nascida numa família mais feliz e cuidadosa, a qual o indivíduo é amado e cuidado incondicionalmente, e aprende a se autoconfortar e se ver de maneira muito mais positiva. Isto é, de fato, um presente terapêutico. Talvez, conforme a autora continue a encontrar sua paz interior, seu auto-respeito, ela possa fazer o mesmo com seus filhos e encontrar a cura para o maior rompimento que a fez presa a um comportamento desintegrado. Talvez, esta seja a próxima pedra em sua jornada de cura.

REFERÊNCIAS

American Psychiatric Association. (1994). *Diagnostic and statistical manual of mental disorders* (4th ed.). Washington, DC: Author.

Kaslow, F. W. (1996). *Handbook of relational diagnosis and dysfunctional family patterns.* New York: Wiley.

PARTE II
PROBLEMAS DE APEGO

CAPÍTULO 5
Tratando Questões de Apego Através do EMDR e Uma Abordagem Familiar Sistêmica

Debra Wesselmenn

John Bowlby, o fundador da teoria do apego, chegou a ver o apego entre o bebê e sua mãe como uma ligação natural. Nas décadas de 1940-50, conforme observou os efeitos dramáticos de uma longa separação parental no bem-estar das crianças, ele concluiu que a natureza e a estabilidade das relações de apego das crianças têm impacto direto no desenvolvimento da personalidade. Nas décadas seguintes, a teoria do apego foi expandida conforme os pesquisadores observaram que a qualidade do apego em famílias intactas[16] variava de acordo com o nível de sensibilidade parental (Bowlby, 1988).

Os comportamentos difíceis apresentados por crianças que preenchem os critérios para o diagnóstico de Distúrbio Reativo de Vinculação da Infância (Associação Americana de Psiquiatria, 1994) podem ser desafiadores tanto para pais quanto para profissionais. Os critérios de diagnóstico incluem perturbação acentuada e comportamentos interpessoais inapropriadamente desenvolvidos, combinados com histórico de cuidados patogênicos. Embora seja uma desordem dificilmente diagnosticável, o termo apego "ansioso" ou "inseguro" descreve a qualidade do apego de crianças pequenas que não são confortadas satisfatoriamente pela presença dos pais durante uma situação experimental destinada a elevar a ansiedade deles. Um estado de apego ansioso parece aumentar o risco de problemas emocionais e comportamentais durante a infância e adolescência, e parece estar relacionado à baixa sensibilidade dos pais e responsáveis durante os primeiros anos de vida da criança (Ainsworth, 1982; Main, Kaplan & Cassidy, 1985). Em um estudo feito pelo Instituto Nacional de Saúde Infantil e Desenvolvimento Humano (NICHD)[17] Rede de Pesquisa de Cuidados com Prematuros (2004), a desregulação do afeto em bebês parece estar associada a um estado de apego inseguro e problemas posteriores de sociabilidade, de aprendizagem, de comportamento. Entre um grupo de garotos levados a uma clínica de saúde mental, devido a problemas de comportamento, 80% tinham um *status* inseguro de apego, comparados a apenas 28% de um grupo de controle (Greenberg, DeKlyen, Speltz & Endriga, 1997). Outro estudo concluiu que o retraimento passivo e a agressão em crianças de escolas primárias, especialmente meninos, estavam associados a estressores de vida atuais e a relacionamentos emocionais inseguros (Renken, Egeland, Marvinney, Mangelsdorf & Sroufe, 1989).

Em um estudo de resolução de problemas mãe-adolescente, adolescentes com ligação emocional insegura apresentaram níveis maiores de raiva e evitação em comparação aos adolescentes seguros (Kobak, Cole, Ferenz-Gilies, Fleming & Gamble, 1993). Adolescentes emocionalmente inseguros mostraram menos competência social e níveis mais altos de sintomas internos e externos quando comparados ao grupo seguro (Allen, Moore, Kuperminc & Bell, 1998). Outro estudo com adolescentes concluiu que a ideação suicida está fortemente associada a um estado de desorganização do afeto (Adam, Sheldon- Keller & West, 1996). Geralmente, crianças e adultos com relações afetivas conturbadas na infância parecem ter reflexos dessa dificuldade na regulação de seu estado interno (Fonagy et alii, 1997).

Comparações entre Apego, Processamento Adaptativo de Informação e Modelos de Sistemas Familiares

Utilizar o ponto de vista dos três modelos, apego, Processamento Adaptativo de Informação e sistemas familiares, pode melhorar o entendimento do clínico sobre os sintomas relacionados ao apego. Apesar dos modelos se apoiarem em visões parecidas, cada um traz uma peça diferente do quebra-cabeça para examinar a conceitualização e o planejamento do tratamento.

Teoria do Apego

---

[16] N. da T.: Família intacta - com estrutura formal, biparental, não divorciada.

[17] N. da T.: NICHD – National Institute of Child Health and Human Development

Bowlby (1944, 1973) primeiro percebeu a importância da relação de apego mãe-criança quando descobriu altos índices de quebra de vínculo precoces nas histórias de delinquentes juvenis. Em estudos posteriores, ele observou efeitos negativos sérios provenientes de internações prolongadas sem contato parental (devido ao medo de contaminação) em crianças pequenas, incluindo superficialidade nas relações da criança e índices mais altos de delinquência bastante tempo depois da reunificação com os pais (Bowlby, 1973, Robertson & Bowlby, 1952).

Com formação psicanalítica, Bowlby desenvolveu sua teoria do apego no contexto da escola de teorias das relações objetais da psicanálise. Tanto a teoria das relações objetais quanto a do apego enfatizam a importância da relação imediata entre mãe-bebê e enxerga a interação mãe-bebê como diretamente influente no funcionamento interpessoal posterior. No entanto, da perspectiva de relações objetais, a mãe como objeto de amor está ligada à necessidade primária do bebê de mamar no seio, enquanto que os teóricos do apego veem a ligação do bebê como primária e não secundária para a necessidade de gratificação oral. Bowlby descreveu a ligação emocional como vital à sobrevivência do bebê, enquanto motivador para a procura do bebê pelo contato com a mãe (Ainsworth, 1969).

Colega de Bowlby, Mary Ainsworth estudou os padrões de ligação emocional relacionados à qualidade da sensibilidade parental. Ela começou sua pesquisa com mãe-bebê na década de 1950 em Uganda (Ainsworth, 1967), onde desenvolveu um procedimento de avaliação chamado "Situação Estranha", que envolve a mãe deixar a criança, de mais ou menos um ano, com um estranho e depois pegá-la. Através de seus estudos, ela descobriu que os bebês sintonizados sensível e emocionalmente, desenvolveram ligações emocionais seguras. De forma confiante, eles exploravam o ambiente e iam até suas mães para receber conforto.

Ainsworth (1967) observou que bebês cujas mães eram menos sensíveis e receptivas às "pistas" desenvolveram uma de duas categorias de apego inseguro: ambivalente/resistente ou evitativo. Bebês classificados como ambivalentes/resistentes em sua ligação com a mãe mostraram-se excessivamente pegajosos e exigentes quando elas retornaram da "Situação Estranha". O estilo de suas exigências foi julgado como adaptativo. No entanto, o estilo de respostas de suas mães foi inconsistente ao preencher a necessidade emocional deles. De modo oposto, os bebês categorizados como evitativos na ligação com sua respectiva mãe se mostraram indiferentes sobre seu paradeiro, mesmo depois que ela voltou. A falta de sofrimento mostrada pelos bebês evitativos também parece adaptativa, à medida que as respectivas mães se mostraram desconfortáveis com emoções expressas e foram mais capazes de tolerar a proximidade quando seus bebês se mostravam emocionalmente indiferentes (Ainsworth, 1982; Gossmann, Fremmer-Bombik, Rudolph & Grossmann, 1988; van IJzendoorn, 1992).

Sroufe (1998) concluiu que, por volta da idade escolar, crianças com ligações emocionais seguras eram vistas pelos professores como sendo cooperativas. E crianças ambivalentes/resistentes eram tipicamente percebidas como excessivamente dependentes, pegajosas e, algumas vezes, nervosas. Crianças evitativas eram vistas como arredias, extremamente independentes e, algumas vezes, hostis.

Uma quarta categoria, desorganização do afeto, foi identificada quando os pesquisadores observaram que um pequeno número de crianças demonstrava comportamento temeroso em reunião com progenitor, incluindo paralisação, olhos ou boca cobertos, giros e bater as mãos. Em estudos envolvendo bebês maltratados, a desorganização do afeto se mostrou ligada ao abuso (Carlson, Cicchetti, Barnett & Braunwald, 1989; Main & Hesse, 1990; Main & Solomon, 1986). No entanto, em estudo de famílias sem abuso, a desorganização do afeto em bebês também se mostrou ligada a traumas (ou perdas) não resolvidos em um ou dois dos pais e associada a comportamentos ou sintomas parentais que, de alguma maneira, são assustadores para o bebê (Lyons-Ruth & Block, 1996; Lyons-Ruth & Jacobvitz, 1999; Main & Hesse, 1990; Main & Solomon, 1990; Schuengel, Bakermans-Kranenburg, van IJzendoorn, & Blom, 1999). Pela idade escolar, crianças desordenadas apresentavam comportamentos tanto de vigilância para com os adultos ou comportamentos punitivos e controladores (Cassidy, 1998; Lyons-Ruth, Alpern & Repaholi, 1993).

O estilo do afeto tende a ser transmitido intergeracionalmente. Consistentemente, pesquisadores concluíram que existe uma correspondência de 70% a 80% na qualidade de afeto nos pais e na qualidade de afeto nos seus filhos (Grossman et alii, 1998; van IJzendoorn, 1992. Benoit & Parker (1994) observaram a mesma situação afetiva transmitida em famílias por três gerações, com a mesma consistência.

Modelo de Processamento Adaptativo de Informação e Teoria do Apego: Pontos de Vista em Comum

O Modelo de Trabalho Interno (MTI) da teoria do apego de Bowlby (1989), e o Processamento Adaptativo de Informação (PAI), de Shapiro (2001), compartilham o ponto de vista de que as primeiras experiências de vida influenciam profundamente as percepções e emoções ao longo de toda vida. Bowlby teorizou que as primeiras experiências das crianças envolvendo figuras de apego primárias têm um impacto significativo em seu desenvolvimento MTI, ou seja, em suas percepções relacionadas a autovalor, a confiabilidade das pessoas e à sua visão de mundo como seguro ou inseguro (Main et alii, 1985). Similarmente, Shapiro propôs que quando um evento doloroso da infância é processado inadequadamente, a rede de memória que contém pensamentos, imagens, emoções e sensações associadas pode ser disparada por situações na vida atual do sujeito e, de alguma maneira, remanescente do evento anterior.

O Modelo PAI fornece uma estrutura para conceitualizar como as memórias não resolvidas, angustiantes dos pais, podem levar a uma desorganização do apego em seus filhos. Quando a experiência de proximidade dos pais toca nas experiências de danos ou traumas de sua própria infância, armazenadas disfuncionalmente, as emoções dolorosas, as cognições e as sensações relacionadas podem ser novamente vividas pela mãe. Portanto, a proximidade com o filho pode levar a pensamentos, sensações e emoções angustiantes, que interferem na sua habilidade de responder sensivelmente às necessidades de seu filho, que, por sua vez, pode criar uma sensação de insegurança na criança. Uma mãe com um sofrimento agudo relacionado a memórias disparadas pode exibir expressões faciais, tons de voz ou outros tipos de respostas emocionais e corporais que são ameaçadores e desorganizadores para a criança.

Sistemas Familiares e Modelos de Apego: Visões Compartilhadas

Tanto os sistemas familiares quanto os modelos de apego defendem o ponto de vista de que os estilos de apego e comportamentos interpessoais dentro de famílias, uma vez estabelecidos, são auto-reforçadores e persistentes (Bowlby, 1989; Haley, 1963; P. Minuchin, 1985; S. Minuchin, 1974), mesmo através de gerações (Bowen, 1978; van IJzendoorn, 1992). Marvin (2003) e Stevenson-Hinde (1990) reconheceram que as categorias de apego (seguro, resistente, evitativo e desorganizado) correspondem aos quatro padrões familiares de proximidade e distanciamento observados pelo teórico sistêmico-familiar Salvador Minuchin (1974): adaptativa, superenvolvida, desengajada e caótica. A família adaptativa tem limites apropriados, permitindo aos membros tanto ligação quanto autonomia compatível com famílias que demonstram apegos seguros. A superenvolvida é "próxima demais", devido a limites difusos, compatível a famílias que apresentam apegos resistentes/ambivalentes. Famílias desengajadas têm limites rígidos e falta de ligação, compatíveis com os sinais de apego evitativo. A família caótica tem limites instáveis e pode compartilhar traços com famílias que apresentam desorganização do apego.

S. Minuchin (1974) observou que famílias saudáveis têm uma hierarquia onde os pais mantêm a maior parte do poder. Numa hierarquia saudável, as crianças respeitam o poder de seus pais e também os veem como cuidadores generosos. Mais conflitos são experienciados em famílias em que falta uma hierarquia apropriada. A baixa qualidade do apego interfere na hierarquia familiar saudável, uma vez que as crianças com apego perturbado não conseguem confiar completamente nos pais. Consequentemente, não procuram os pais quando precisam ser confortadas e não respeitam a figura de autoridade dos pais. Falta-lhes o senso de "eu sou o pequeno, você é o grande e eu dependo de você".

Limites familiares estabelecidos e hierarquia podem se tornar perturbados quando novos membros se unem à família. Por exemplo: uma criança que leva uma desordem de apego para seu novo lar adotivo ou substituto pode introduzir um padrão caótico de relacionamento a uma família anteriormente estável e adaptativa, impactando nos relacionamentos interpessoais dentro do sistema familiar.

O Tratamento das Questões de Apego

Pesquisadores estudando o estado do apego na fase adulta através do uso da Entrevista de Apego Adulto (EAA) identificaram um número de adultos que possuíam um estado de apego seguro, apesar de muitas experiências perturbadoras de apego na infância (Hesse, 1999; Pearson, Cohn, Cowan & Cowan, 1994). Pareceu que, de alguma maneira, esses indivíduos processaram e resolveram suas experiências afetivas angustiantes anteriores, permitindo que eles "adquirissem" um estado seguro de apego. Como filhos de pais seguros a vida toda, os filhos de adultos com estado de apego de "segurança adquirida" tiveram ligação segura, quebrando, assim, qualquer processo de transmissão intergeracional de insegurança que possa ter existido.

O estado de apego de "segurança adquirida" pode ser comparado ao estado de um adulto que atingiu a diferenciação, como descrito pelo teórico sistêmico-familiar Murray Bowen (1978). Bowen afirmou que um indivíduo que não alcançou a diferenciação de sua família de origem, naturalmente projeta os padrões da família de origem na relação marital e na relação parental; a autodiferenciação leva a uma libertação das dinâmicas patológicas anteriores.

O EMDR (Shapiro, 2001) pode ajudar o cliente a se diferenciar dos padrões primários da família de origem pelo reprocessamento das memórias primitivas angustiantes. Em numerosos estudos, EMDR tem sido apresentado como um método eficaz para resolver memórias angustiantes tanto em adultos (Ironson, Freund, Strauss & Williams, 2002; Lee, Gavriel, Drummond, Richards & Greenwald, 2002; Power et alii, 2002) quanto em crianças (Chemtob, Nakashima, & Carlson, 2002; Jaberghaderi, Greenwald, Rubin & Zand, 2004). O protocolo EMDR é descrito como um facilitador do sistema natural de processamento de informações, integrando crenças e pensamentos mais adaptativos relacionados ao evento, e aliviando o sofrimento afetivo e somático (Shapiro, 2001). EMDR pode ajudar crianças e pais a processar materiais disfuncionais armazenados, criados na infância primária, incluindo afetos negativos, respostas somáticas e crenças negativas, tais como "Sou detestável", "Os outros não são confiáveis", "A proximidade não é segura" e "Eu serei abandonado". O reprocessamento do material negativo armazenado relacionado com perdas não resolvidas ou traumas pode permitir que os pais tenham experiências mais positivas de proximidade com seus filhos e permaneçam mais atentos às suas necessidades. Similarmente, o reprocessamento por EMDR de material negativo armazenado com crianças pode permitir que elas tenham mais experiências positivas de proximidade com seus pais.

A terapia familiar sistêmica e a terapia EMDR são abordagens diferentes, mas complementares para melhorar os relacionamentos afetivos. O EMDR pode remover os obstáculos para ligações afetivas em um indivíduo, criando uma janela de oportunidade para a proximidade. Mas essa janela de oportunidade pode se fechar se a família não estiver pronta para receber e aceitar o membro da família de volta. Ao invés de apoiar e encorajar a mudança, padrões interpessoais negativos estabelecidos dentro da família podem sabotá-la. Por exemplo: o EMDR pode ajudar uma criança adotada a resolver a raiva e a falta de confiança nos cuidadores, relacionadas a experiências anteriores, mas os novos sentimentos de confiança e desejo de proximidade da criança serão frustrados se os pais adotivos continuarem com hábitos previamente estabelecidos de se distanciarem e disciplinarem com raiva. A terapia familiar pode ajudar toda a família a estabelecer novos padrões de carinho, proximidade emocional e disciplina positiva, que vão reforçar as mudanças interpessoais da criança. Similarmente, o EMDR pode ajudar o pai (ou a mãe) a se livrar de sentimentos enraizados do passado de desconfiança e raiva, e a terapia familiar pode ajudar a família a apoiar essas mudanças através do desenvolvimento de novos comportamentos familiares relacionados à expressão de sentimentos.

PROCESSO TERAPÊUTICO

A seguir, apresentamos algumas estratégias gerais combinando abordagens da familiar sistêmica com abordagens do EMDR, úteis para o trabalho com famílias afetadas por apego parental-filial perturbado:

- Desenvolva uma relação confiável com cada membro da família.

- Identifique memórias angustiantes relacionadas ao apego que estão afetando a criança ou um dos pais (essas memórias podem ser trabalhadas mais tarde no EMDR).

- Use estratégias de terapia familiar para aumentar comportamentos familiares saudáveis, como dar carinho, receber carinho, comunicação, ouvir e empatia.

- Engajar os pais em sua própria terapia EMDR, se necessário, para remover bloqueios observados na capacidade dos pais de desenvolver ou reparar laços afetivos com seus filhos.

- Treine os pais para confortarem e apoiarem a criança na sessão e use estimulação bilateral com a criança e os pais para fortalecer o afeto positivo e sensações associadas com dar e receber carinho.

- Reprocessar as memórias angustiantes da criança usando EMDR e treinar os pais para segurarem a criança durante a fase de dessensibilização para criar uma experiência de cuidado e ajudar com a regulação das emoções.

- Use o EMDR para focar e reprocessar disparadores presentes na criança e/ou pai/mãe e criar um modelo positivo para padrões de relacionamentos futuros.

- Conforme a criança e os pais experimentam sucesso em casa, use a estimulação bilateral para fortalecer sensações e sentimentos positivos relacionados. Algumas crianças têm dificuldade em aceitar prazer e se comportam mal depois de ter obtido sucesso. Neste caso, a estimulação bilateral pode aumentar a tolerância ao prazer e ao sentimento de sucesso.

Fase 1

A abordagem EMDR segue oito fases de tratamento (Shapiro, 2001). Fase 1: Histórico de Vida, que tipicamente inclui um questionário sobre as reclamações do cliente e da família, estado mental, e prontidão para o tratamento. Em adição, o terapeuta pode acessar a qualidade das relações de apego dentro do sistema familiar perguntando ao membro, ou membros, da família completando a entrevista conforme eles descrevem as várias relações na família e anotam as relações que aparecem próximas, próximas demais, superprotetoras, distantes, controladoras ou abusivas. O terapeuta deve investigar problemas na hierarquia, que são problemas em dar ou receber carinho, estabelecimento de limites e aceitação de autoridade. Um genograma (Kaslow, 1995; Kerr & Bowen, 1988; McGoldrick & Gerson, 1988) pode ajudar a conceitualizar a história geracional completa, conforme as perguntas do clínico sobre problemas de relacionamentos, separações, traumas, perdas de pais e avós.

O terapeuta também deve questionar sobre qualquer complicação médica ou situacional experimentada no período gestacional e durante o nascimento ou pós-parto, envolvendo a mãe ou a criança, que pode ter interferido com a vinculação (Main & Hesse, 1990; Madrid, Cap. 6). Em caso de adoção, é importante juntar informações sobre os pais biológicos, razões para não ficarem com a criança, onde morou antes da adoção e o ajustamento que seguiu a chegada ao novo lar. O terapeuta também deve ouvir se houve situações recentes que podem ter causado o estresse familiar e interferido com a proximidade e confiança, tais como violência doméstica (Stowasser, Cap. 12), separação ou divórcio (Klaff, Cap. 14), abuso de drogas ou álcool, perdas ou traumas recentes, ou estressores familiares, como desemprego, trabalhar em dois empregos ou mudanças.

Fase 2

Durante a fase 2 (Preparação), o terapeuta começa a estabelecer uma consciência de que o consultório é um lugar seguro para a família expor questões e fazer mudanças. Desde o primeiro encontro com a família, o terapeuta deve criar uma aliança terapêutica comunicando sua preocupação com o bem-estar de cada membro da família (Byng-Hall, 1999).

Algumas vezes, uma criança deseja imensamente se ligar aos seus pais, mas não consegue tolerar os sentimentos de vulnerabilidade associados aos métodos tradicionais de ligação através da necessidade de conforto ou da necessidade de aprovação. Nesse ponto, a criança pode se comportar mal numa tentativa de rejeitar, machucar ou irritar seus pais. A força do mau comportamento e raiva da criança desestimula os pais a fazer com que ela se sinta conectada – um sentimento que ela necessita desesperadamente – enquanto evita o sentimento de vulnerabilidade. As repetidas respostas raivosas dos pais, portanto, fortalecem os comportamentos provocativos da criança. O terapeuta pode ajudar os pais a entender que em um nível mais profundo, mais primitivo, a criança está exprimindo um desejo duplo.

"Mãe, você consegue pensar em alguma situação em que seja normal um adulto machucar uma criança?" Isso promove uma abertura para que a mãe possa responder: "Claro que não! Não existe nenhuma situação em que seja normal um adulto machucar uma criança!", responde a mãe abastecendo, assim, a criança com a informação que ela precisa para mudar de perspectiva de maneira bem-sucedida. Simultaneamente, é reforçada a posição do pai (ou da mãe) como provedor de cuidados e figura de autoridade aos olhos da criança.

As fases 5 até 8 – Instalação, Escaneamento Corporal, Fechamento e Reavaliação – são seguidas de acordo com o protocolo padrão (Shapiro, 2001).

A Abordagem de Três Etapas

O EMDR é uma abordagem de três etapas que se refere ao passado, presente e futuro. Depois que experiências passadas são reprocessadas, experiências presentes às quais associações negativas foram desenvolvidas por crianças ou seus pais devem ser focadas e reprocessadas. Situações atuais que desencadeiam reações negativas por parte de crianças com estado de apego perturbado podem ser surpreendentemente benignas. Por exemplo: ser confortado, receber elogio, obter um sucesso ou participar de uma celebração familiar tradicional pode desencadear uma reação negativa numa criança que aprendeu que a proximidade não é segura ou que experiências positivas não duram muito. Depois do reprocessamento de memórias e de desencadeadores atuais, a criança (ou um dos pais) pode ser guiada numa imaginação de sucesso futuro, enquanto a estimulação bilateral é utilizada para fortalecer o afeto, as sensações e as cognições positivas associadas. Similarmente, cada vez que um dos pais (ou a criança) relata uma experiência bem-sucedida, como respostas tranquilas para uma situação difícil, ou uma experiência positiva de proximidade, o clínico pode fortalecer o afeto, as sensações e as cognições positivas associadas com estimulação bilateral.

Exemplos de Casos
Caso 1: Jack e Mãe Substituta

Jack, 7 anos, foi levado à terapia por sua mãe substituta devido a seus severos problemas de comportamento. Jack e seu irmão biológico de 3 anos foram levados para a casa da mãe substituta há 4 meses, depois que duas tentativas anteriores de lares substitutos fracassaram. A mãe substituta é divorciada e tem duas filhas adultas. Os garotos foram tirados de seu lar original há, aproximadamente, um ano devido a abuso e negligência por parte da mãe biológica. A mãe biológica estava presa por tráfico de drogas e o Estado tomava as providências para tirar a guarda das crianças. Os sintomas de Jack, segundo o *Manual Diagnóstico e Estatístico para Transtornos Mentais* (DSM-IV; Associação Americana de Psiquiatria, 1994) preenchiam os critérios para distúrbio reativo de vinculação da infância, transtorno de estresse pós-traumático, transtorno desafiador opositivo e transtorno de déficit de atenção e hiperatividade; pelo último, ele estava sendo tratado com um medicamento estimulante. A mãe substituta relatou que Jack estava tendo frequentes crises incontroláveis de raiva. Em algumas ocasiões, sua raiva era desencadeada quando suas ordens eram recusadas; em outras, Jack acordava agitado, irritado e explodia sem motivo. Ele estava destruindo a casa; quebrava objetos, arrancava pedaços do papel de parede e urinava no duto de aquecimento. Ele não obedecia a instruções e regras, e não respondia a recompensas e consequências. Jack, claramente, não respeitava sua mãe substituta como figura de autoridade, não aceitava que ela o confortasse ou acolhesse. A mãe substituta se mostrava capaz de confortar e acolher, isso era evidente pelo bom cuidado com o garoto de 3 anos.

Durante a fase de preparação para o EMDR, a relação terapêutica com a mãe substituta foi central. Ela precisava saber se a terapeuta realmente entendia o que ela estava passando e também era importante que ela confiasse na capacidade da terapeuta. Jack, por outro lado, precisava saber que ele não podia provocar a terapeuta ou controlar a terapia. Ele precisava se sentir compreendido. Isto foi realizado através de empatia, humor e estabelecimento de limites claros.

O mau comportamento de Jack foi reformulado quando explicado à mãe substituta que ele se empenhava em travar essas "batalhas" contra ela, para se conectar a ela, sem que essa ligação desencadeasse sentimentos intoleráveis de vulnerabilidade. O mau comportamento de Jack também foi enquadrado novamente por ele. Sabendo da necessidade dele em se sentir poderoso e no controle da situação, a terapeuta informou a Jack o quanto era ruim ele deixar sua "rigidez emocional" controlá-lo e machucá-lo. De forma solidária, a terapeuta mostrou a Jack o quanto ele perdia tempo por ser indisciplinado, e deixava de viver e se divertir. A terapeuta também disse ao garoto, novamente de maneira solidária, o quanto esperava que ele ficasse mais forte para, dessa forma, superar sua rigidez emocional e fazer escolhas que o permitiriam ter uma vida mais feliz.

A mãe substituta foi ensinada a usar abordagens paradoxais ao mau comportamento de Jack para evitar as "guerras pelo poder". Ela aprendeu a agradecer a Jack por se comportar mal, pois ele recebia afazeres domésticos como consequência para seu mau comportamento, então, ela estava tendo muito mais ajuda nas tarefas de casa. Ao mesmo tempo, ela demonstrava grande pesar por ele estar perdendo tanto tempo de diversão e, amavelmente, ratificava o fato de ele ser um garoto esperto, e logo aprenderia a fazer melhores escolhas. Isto permitiu que a mãe substituta provesse conforto quando Jack tentava provocar raiva. Ela dava a Jack a responsabilidade sobre os problemas de comportamento dele mesmo. A mãe substituta também aprendeu a fazer comentários alegres como respostas às tentativas de Jack de manipular, como "Boa tentativa" (com um sorriso sincero). Quando gritava, ela respondia elogiando-o por seu "talento artístico".

Depois de implementar essas estratégias, a estimulação bilateral foi utilizada para auxiliar o fortalecimento. Foi pedido à mãe substituta que segurasse Jack como se ele fosse um bebê. E Jack foi instruído a relatar as sensações de conforto físico em seu corpo, enquanto ele ouvia os tons de estimulação bilateral pelos fones de ouvido, até estar completamente relaxado. Além disso, a terapeuta realizou estimulação bilateral na mãe substituta com toques alternados, enquanto ela prestava atenção a seus próprios sentimentos e sensações associados ao ato de segurar Jack. Depois, foi pedido a Jack que escutasse mensagens de carinho de sua mãe substituta, enquanto ela continuava segurando-o no colo e ele continuava ouvindo a estimulação bilateral. Jack e sua mãe substituta foram instruídos a continuar com os abraços e os aconchegos com intervalos regulares em casa.

Nas sessões seguintes, enquanto Jack estava no colo de sua mãe substituta, a terapeuta o guiava na criação de um lugar seguro, o qual, neste caso, era a casa da árvore. Jack também criou a imagem de um baú gigante de metal para guardar todas as suas memórias angustiantes entre as sessões. Duas imagens foram fortalecidas com estimulação bilateral auditiva.

Após a fase de preparação, duas das lembranças traumáticas mais representativas de Jack foram focadas e reprocessadas com EMDR. A terapeuta pediu à mãe substituta de Jack que o segurasse durante o reprocessamento para auxiliar a regulação emocional e prover conforto enquanto ele se sentia vulnerável. A primeira memória processada por Jack foi ter acordado no meio da noite e descobrir que estava totalmente sozinho no apartamento de sua mãe biológica. A segunda memória foi um espancamento grave com cinto. As cognições negativas relacionadas às duas lembranças incluíam "Eu sou ruim", "Eu não mereço ser amado", "Eu não estou seguro" e "Eu não posso confiar". Durante a Fase de Instalação, Jack conseguiu instalar "Não foi minha culpa", "Eu posso ser amado" e "Eu posso confiar na minha nova mãe para cuidar de mim. Agora, estou seguro". Ao final de cada sessão, Jack passou a aceitar o carinho de sua mãe substituta. Imediatamente após o término do processamento dos traumas com EMDR, a mãe relatou que o padrão de Jack de acordar de manhã extremamente irritado e explosivo havia parado.

Aproximadamente no sexto mês de terapia, a mãe biológica de Jack perdeu definitivamente o direito de guarda das crianças e a mãe substituta deu entrada ao processo de adoção. Os sentimentos de Jack de remorso e perda emergiram, junto com sentimentos de culpa e deslealdade por sua mãe biológica. A mãe substituta disse a ele que uma das razões pelas quais ela o amava, era porque ele era um garoto amoroso que amava sua mãe biológica, e isto deu a Jack "permissão" para amar as duas. EMDR foi usado para ajudá-lo a processar os sentimentos de perda e remorso.

Depois de completado o trabalho com eventos passados, desencadeadores atuais e recentes foram reprocessados. Por exemplo: a chegada de um novo irmão de criação desencadeou em Jack crises de ciúmes. Ouvir "Não", frequentemente desencadeava respostas opositivas. Portanto, essas situações eram trabalhadas com EMDR. EMDR também foi usado para instalar e fortalecer imagens positivas de futuros feriados e reuniões familiares. Conforme a mãe substituta e Jack começaram a relatar experiências bem-sucedidas, a estimulação bilateral auditiva foi usada para reforçar o acesso às sensações e aos afetos positivos associados.

Uma sessão foi voltada à leitura de uma história (veja Lovett, 1999) sobre Jack, escrita pela mãe substituta com direção da terapeuta. A história descrevia como Jack estava superando suas crenças e comportamentos passados, e descobrindo o amor e a segurança em sua vida nos dias atuais. A estimulação bilateral foi usada para fortalecer o sentimento de capacitação criado pela história. Para aumentar as experiências positivas de proximidade em casa, Jack e sua mãe substituta continuaram a ler a história, sempre juntos.

Muitas sessões foram voltadas ao importante trabalho de ajudar Jack a verbalizar seus sentimentos com sua mãe substituta e ajudá-la a se harmonizar com o filho, e prover proteção e conforto. A mãe relatou que Jack estava melhorando em cooperação e afeto, e que ele a procurava bastante para se aconchegar. Depois de 14 meses de terapia, a adoção foi finalizada. A terapia semanal regular foi concluída. Jack e sua mãe adotiva foram enviados à terapia de manutenção, conforme fosse necessário.

	Agressão Física	Discussão	Choramingar	Ignorar uma direção	Deixando uma tarefa incompleta
Pré-tratamento	6	47	62	28	98
Pós-tratamento	0	9	9	2	8

Tabela 5.1 Incidentes de Pré e Pós tratamento documentado no período de um mês

A Tabela 5.1 mostra a frequência de comportamentos, conforme documentados pela mãe substituta um mês antes da terapia e um mês depois de completar a terapia semanal regular. Os números relatados para o mês anterior à terapia, provavelmente, são menores aos números reais, uma vez que Jack passou finais de semana mais folgados. Naquele mês, ele não estava sendo observado por sua mãe substituta.

A junção do EMDR com terapia familiar proveu uma intervenção efetiva para Jack e para sua nova mãe. O EMDR removeu os bloqueios para o desenvolvimento dos laços afetivos e a terapia familiar ajudou Jack e sua mãe a se tornarem mais próximos emocionalmente, romperem o negativo, estabelecerem padrões emocionais e comportamentos adaptativos.

Caso 2: Julie e sua Mãe

Julie, 13 anos, foi levada à terapia por sua mãe biológica por estar sendo desafiadora em casa, faltando às aulas e passando todo o seu tempo com amigos. A mãe de Julie já fazia terapia EMDR individual, trabalhando para resolver suas experiências de negligência e abuso emocional na infância. Quando Julie tinha 3 anos de idade, seus pais se divorciaram. Sua mãe descobriu que seu marido (o pai da garota) a molestava. Julie tinha uma irmã mais velha. Durante a primeira sessão de terapia, tanto sozinha quanto com sua mãe, ela permaneceu em silêncio com teimosia.

Os sintomas de Julie eram condizentes com os critérios do DSM-IV para Transtorno Opositivo Desafiante (Associação Americana de Psiquiatria, 1994). Foi formulada a hipótese de que Julie tinha desenvolvido uma desorganização do apego relacionada aos traumas não resolvidos da mãe, bem como seu próprio trauma precoce.

O processo de terapia foi semelhante ao de Jack e sua mãe, exceto que a mãe de Julie tinha questões próprias relacionadas a afeto. Provavelmente, porque a mãe estava trabalhando em seu próprio processo terapêutico há algum tempo, ela foi capaz de admitir nunca ter sido muito carinhosa com Julie, mas que estava disposta a fazer qualquer coisa que fosse solicitada. O trabalho terapêutico individual da mãe ajudou a remover afetos, sensações, crenças e reações negativas que podem ter interferido na habilidade dela de ser sensível e afetuosa com Julie no passado, mas agora precisava de um treinamento bastante diretivo em terapia familiar para reparar intencionalmente os laços prejudicados no relacionamento com sua filha. A terapeuta trabalhou com a mãe o desenvolvimento de uma lista de mensagens de carinho para ela entregar a filha antes da sessão com as duas juntas. A terapeuta a treinou em como aconchegar a filha e, então, compartilhar as mensagens de carinho. Enquanto isso, a terapeuta fortalecia as sensações positivas associadas de Julie com estimulação bilateral. Julie permaneceu calada e chorosa durante a sessão, mas ficou ansiosa para repetir a sessão na semana seguinte. A primeira sessão de aconchego e transmissão de carinho foi filmada e, posteriormente, a terapeuta e a mãe assistiram ao filme juntas. A mãe foi capaz de fazer críticas sobre si e notou que Julie tinha se encolhido em seu colo, e "parecia ter 3 anos de idade". A terapeuta reconheceu as observações da mãe e afirmou que o estado regredido de Julie daria uma chance para que ela pudesse reparar o vínculo perdido quando Julie era pequena. A sessão de transmissão de carinho foi repetida várias vezes como parte da Fase de Preparação. A mãe segurava Julie, provendo conforto e regulação da emoção, enquanto o abuso sexual era reprocessado com EMDR.

Depois desse reprocessamento, Julie se tornou mais verbal. Ela afirmou que se sentia muito mais próxima de sua mãe durante as sessões e perguntou se elas poderiam ficar mais próximas em casa. Julie, sua mãe e a terapeuta tiveram muitas ideias. Finalmente, as duas concordaram em jantar juntas todas as noites, sem assistir à televisão, e usar esse tempo para conversar sobre o dia. Elas também concordaram em ficar juntas próximo à hora de dormir, vendo fotos de família e conversando sobre histórias familiares. Quando a terapia foi concluída, Julie não faltava às aulas, estava sendo cooperativa em casa e continuava a procurar tempo livre para passar com sua mãe.

Caso 3: Ben, um Padrasto

Ben foi procurar a terapia pouco tempo depois de se casar com Gail. A terapeuta havia trabalhado com Gail no passado. Gail tinha dois filhos adolescentes de seu primeiro casamento. Ela pediu um horário, porque Ben estava cada vez mais irritado com seus dois filhos.

Ben cresceu em um lar adotivo na América do Sul. Ele sofreu abusos físicos e sexuais de um irmão mais velho, que também morava no lar adotivo. Quando adulto, Ben se entregou ao alcoolismo, mas estava sóbrio há dois anos. Seu primeiro casamento foi com Gail. Foi levantada a hipótese de que ele carregava memórias não resolvidas em relação à perda de vínculo afetivo no passado e ao trauma, e que seus traumas do passado estavam interferindo em sua habilidade de desenvolver um relacionamento positivo com os filhos de Gail.

Como parte da fase de preparação, a terapeuta guiou Ben na "ponte de afeto", um método que utiliza afetos atuais para fazer uma ponte com experiências anteriores associadas a reações atuais (Shapiro, 2005; Watkins, 1971). Primeiro, foi pedido a Ben que levantasse uma situação com os garotos que tenha deixado ele nervoso e que ele permitisse que essa situação se tornasse vívida em sua mente. Então, Ben foi requisitado a descrever a raiva que sentia, prestar atenção às sensações associadas em seu corpo e deixar sua mente "flutuar para trás", para a infância. Ben, imediatamente pensou em uma situação em que o irmão mais velho tinha abusado dele. O irmão tinha, na época, aproximadamente a mesma idade dos enteados de Ben e o exercício o ajudou a entender como o passado estava afetando seu relacionamento com os filhos de sua mulher.

Seguindo o trabalho de EMDR de desenvolvimento de recursos, as experiências primitivas de Ben foram focadas e reprocessadas. Isto foi seguido por terapia familiar. Por exemplo: quando os garotos reclamaram que o padrasto nunca participava de nenhum jogo, Ben explicou que desde os 5 anos de idade teve de trabalhar no campo e nunca teve tempo para aprender a jogar. Os garotos concordaram em ensinar alguns jogos a Ben. Nas semanas seguintes, eles ensinaram Ben alguns jogos de cartas e sinuca, aumentando as experiências positivas de ligação e de diversão entre eles. Ben descreveu sentimentos recém-descobertos de proximidade com os garotos e relatou que suas crises de irritação haviam cessado.

CONCLUSÃO

Crianças com diagnóstico de TRANSTORNO DE APEGO REATIVO distúrbio reativo de vinculação da infância e crianças com apego inseguro ou desorganizado podem apresentar sintomas internalizados ou externados que são extremamente desafiadores, tanto para pais quanto para profissionais. Existem muitas formas de relacionamento perturbado com o vínculo pais-filhos. Por exemplo: os filhos podem ter apego inseguro devido ao estado de apego inseguro dos pais ou podem ter desorganização do apego devido a traumas ou perdas não resolvidas dos pais. Uma criança dotada pode sofrer de desorganização do apego devido a maus-tratos e membros da família adotiva podem exibir padrões interpessoais negativos em resposta aos sintomas da criança. Uma criança num lar substituto pode sofrer de distúrbio reativo de vinculação da infância causado por abusos parentais e passagens por muitos lares substitutos diferentes. E crianças que moram com seus pais podem apresentar sintomas relacionados ao apego devido a intervenções médicas dolorosas quando muito pequenas e em grandes períodos de internação.

O Modelo Interno de Funcionamento de Bowlby (IWM, em inglês), é compatível com o modelo de Processamento Adaptativo da Informação (PAI) do EMDR, pois ambos reconhecem a influência das primeiras experiências relacionais em padrões de relacionamentos interpessoais na infância, adolescência e idade adulta. Bowlby observou que experiências primitivas dolorosas com cuidadores podem levar a MTI negativo, que são percepções negativas relacionadas aos outros, a si e ao mundo. As percepções negativas podem se tornar uma profecia auto-realizadora. Por exemplo: a falta de confiança de uma criança nos outros e sentimentos de não ser merecedora de amor podem levar a um retraimento mal-humorado e a um comportamento agressivo, e isto pode promover reações negativas das pessoas ao redor do indivíduo e posterior reforço das percepções infantis negativas.

O EMDR (Shapiro, 2001) pode resolver traumas e perdas precoces, e permitir à criança ou ao adulto se livrar de velhos padrões de resposta a experiências e reagir de nova maneira em relacionamentos atuais. Para prevenir que padrões negativos estabelecidos no sistema sabotem mudanças positivas feitas individualmente por membros da família, a terapia familiar pode ser utilizada para romper os padrões negativos, mudar limites doentes e melhorar a comunicação, a empatia e o dar e receber carinho. Independente da má qualidade do apego ser inerente ao sistema familiar ou decorrente de eventos exteriores à família atual, a integração da terapia familiar com EMDR pode ajudar o sistema a se adaptar e apoiar mudanças positivas em membros da família.

Como mostrado nos três estudos de caso, com as intervenções apropriadas, uma família afetada por relacionamentos com uma péssima qualidade de afeto, pode ser ajudada a se livrar de padrões negativos intrincados e desenvolver vínculos familiares mais seguros. Uma vez estabelecidos, os novos padrões podem se tornar um legado saudável para os futuros familiares.

REFERÊNCIAS

Adam, K. S., Sheldon-Keller, A. E., & West, M. (1996). Attachment organization and history of suicidal behavior in adolescents. *Journal of Clinical and Consulting Psychology, 64*, 264–272.

Ainsworth, M. D. S. (1967). *Infancy in Uganda: Infant care and the growth of love.* Baltimore: Johns Hopkins University Press.

Ainsworth, M. D. S. (1969). Object relations, dependency, and attachment: A theoretical review of the infant-mother relationship. *Child Development, 40,* 969–1025.

Ainsworth, M. D. S. (1982). Attachment: Retrospect and prospect. In C. M. Parkes & J. Stevenson-Hinde (Eds.), *The place of attachment in human behavior* (pp. 3–29). New York: Tavistock.

Allen, J. P., Moore, C., Kuperminc, G., & Bell, K. (1998). Attachment and adolescent psychosocial functioning. *Child Development, 69,* 1406–1419.

American Psychiatric Association. (1994). *Diagnostic and statistical manual of mental disorders* (4th ed.). Washington, DC: Author.

Benoit, D., & Parker, K. (1994). Stability and transmission of attachment across three generations. *Child Development, 65,* 1444–1456.

Bowen, M. (1978). *Family therapy in clinical practice.* New York: Aronson.

Bowlby, J. (1944). Forty-four juvenile thieves: Their characteristics and home life. *International Journal of Psycho-Analysis, 25,* 19–52, 107–127.

Bowlby, J. (1973). *Attachment and loss: Vol. II. Separation – Anxiety and anger.* New York: Basic Books.

Bowlby, J. (1988). Developmental psychiatry comes of age. *American Journal of Psychiatry, 145,* 1–10.

Bowlby, J. (1989). The role of attachment in personality development and psychopathology. In S. I. Greenspan & G. H. Pollack (Eds.), *The course of life: Vol. 1. Infancy* (pp. 119–136). Madison, CT: International Universities Press.

Byng-Hall, J. (1999). Family and couple therapy: Toward greater security. In J. Cassidy & P. R. Shaver (Eds.), *Handbook of attachment: Theory, research, and clinical applications* (pp. 625–645). New York: Guilford Press.

Carlson, V., Cicchetti, D., Barnett, D., & Braunwald, K. (1989). Disorganized/disoriented attachment relationships in maltreated infants. *Developmental Psychology, 25*(4), 525–531.

Cassidy, J. (1988). Child-mother attachment and the self in 6-year-olds. *Child Development, 59,* 121–135.

Chemtob, C. M., Nakashima, J., & Carlson, J. G. (2002). Brief-treatment for elementary school children with disaster-related PTSD: A field study. *Journal of Clinical Psychology, 58,* 99–112.

Cline, F. W., & Fay, J. (1992). *Parenting teens with love and logic.* Colorado Springs, CO: Pinon.

Fonagy, P., Target, M., Steele, M., Steele, H., Leigh, T., Levinson, A., et al. (1997). Morality, disruptive behavior, borderline personality disorder, crime, and their relationship to security of attachment. In L. Atkinson & K. J. Zucker (Eds.), *Attachment and psychopathology* (pp. 223–274). New York: Guilford Press.

Greenberg, M. T., DeKlyen, M., Speltz, M. L., & Endriga, M. C. (1997). The role of attachment processes in externalizing psychopathology in young children. In L. Atkinson & K. J. Zucker (Eds.), *Attachment and psychopathology* (pp. 196–222). New York: Guilford Press.

Grossmann, K., Fremmer-Bombik, E., Rudolph, J., & Grossmann, K. E. (1988). Maternal attachment representations as related to patterns of infant-mother attachment and maternal care during the first year. In R. A. Hinde & J. Stevenson-Hinde (Eds.), *Relationships within families: Mutual inf luences* (pp. 241–260). Oxford: Clarendon Press.

Haley, J. (1963). *Strategies of psychotherapy.* New York: Grune and Stratton.

Hesse, E. (1999). The Adult Attachment Interview: Historical and current perspectives. In J. Cassidy & P. R. Shaver (Eds.), *Handbook of attachment: Theory, research, and clinical applications* (pp. 395–433). New York: Guilford Press.

Hughes, D. (1997). *Facilitating developmental attachment: The road to emotional recovery and behavioral change in foster and adopted children.* Northvale, NJ: Aronson.

Ironson, G., Freund, B., Strauss, J. L., & Williams, J. (2002). Comparison of two treatments for traumatic stress: A community-based study of EMDR and prolonged exposure. *Journal of Clinical Psychology, 58,* 113–128.

Jaberghaderi, N., Greenwald, R., Rubin, A. S. D., & Zand, S. O. (2004). A comparison of CBT and EMDR for sexually abused Iranian girls. *Clinical Psychology and Psychotherapy, 11,* 358–368.

Kaslow, F. W. (1995). *Projective genogramming.* Sarasota, FL: Professional Resource Press.

Keck, G. C., & Kupecky, R. M. (2002). *Parenting the hurt child: Helping adoptive families heal and grow.* Colorado Springs, CO: Pinon.

Kerr, M. E., & Bowen, M. (1988). *Family evaluation.* New York: Norton.

Kobak, R. R., Cole, H. E., Ferenz-Gillies, R., Fleming, W. S., & Gamble, W. (1993). Attachment and emotion regulation during mother-teen problem solving: A control theory analysis. *Child Development, 64,* 231–245.

Lee, C., Gavriel, H., Drummond, P., Richards, J., & Greenwald, R. (2002). Treatment of PTSD: Stress inoculation training with prolonged exposure compared to EMDR. *Journal of Clinical Psychology, 58,* 1071–1089.

Levy, T. M., & Orlans, M. (2000). Attachment disorder as an antecedent to violence and antisocial patterns in children. In T. M. Levy (Ed.), *Handbook of attachment interventions* (pp. 244–258). San Diego, CA: Academic Press.

Lovett, J. (1999). *Small wonders: Healing childhood trauma with EMDR.* New York: Free Press.

Lyons-Ruth, K., Alpern, L., & Repacholi, L. (1993). Disorganized infant attachment classification and maternal psychosocial problems as predictors of hostile-aggressive behavior in the preschool classroom. *Child Development, 64,* 572–585.

Lyons-Ruth, K., & Block, D. (1996). The disturbed caregiving system: Relations among childhood trauma, maternal caregiving, and infant affect and attachment. *Infant Mental Health Journal, 17*(3), 257–275.

Lyons-Ruth, K., & Jacobvitz, D. (1999). Attachment disorganization: Unresolved loss, relational violence, and lapses in behavioral and attentional strategies. In J. Cassidy & P. R. Shaver (Eds.), *Handbook of attachment: Theory, research and clinical applications* (pp. 520–554). New York: Guilford Press.

Madanes, C. (1986). Integrating ideas in family therapy with children. In H. C. Fishman & B. L. Rosman (Eds.), *Evolving models for family change: A volume in honor of Salvador Minuchin* (pp. 183–203). New York: Guilford Press.

Main, M., & Hesse, E. (1990). Parents' unresolved traumatic experiences are related to infant disorganized attachment status: Is frightened and/or frightening parental behavior the linking mechanism? In M. Greenberg, D. Cicchetti, & E. M. Cummings (Eds.), *Attachment in the pre-school years: Theory, research, and intervention* (pp. 161–182). Chicago: University of Chicago Press.

Main, M., Kaplan, N., & Cassidy, J. (1985). Security in infancy, childhood, and adulthood: A move to the level of representation. *Monographs of the Society for Research in Child Development, 50*(1/2, Serial No. 209), 66–104.

Main, M., & Solomon, J. (1986). Discovery of an insecure-disorganized/disoriented attachment pattern. In T. B. Brazelton & M. Yogman (Eds.), *Affective development in infancy* (pp. 95–124). Norwood, NJ: Ablex.

Main, M., & Solomon, J. (1990). Procedures for identifying infants as disorganized/disoriented during the Ainsworth Strange Situation. In M. Greenberg, D. Cicchetti, & M. Cummings (Eds.), *Attachment in the pre-school years* (pp. 121–159). Chicago: University of Chicago Press.

Marvin, R. S. (2003). Implications of attachment research for the field of family therapy. In P. Erdman & T. Caffery (Eds.), *Attachment and family systems: Conceptual, empirical, and therapeutic relatedness* (pp. 3–27). New York: Brunner-Routledge.

McGoldrick, M., & Gerson, R. (1988). Genograms and the family life cycle. In B. Carter & M. McGoldrick (Eds.), *The changing family life cycle* (2nd ed., pp. 164–186). New York: Gardner Press.

Minuchin, P. (1985). Families and individual development: Provocations from the field of family therapy. *Child Development, 56,* 289–302.

Minuchin, S. (1974). *Families and family therapy.* Cambridge, MA: Harvard University Press.

NICHD Early Child Care Research Network. (2004). Affect dysregulation in the mother-child relationship in the toddler years: Antecedents and consequences. *Development and Psychopathology, 16,* 43–68.

Pearson, J. L., Cohn, D. A., Cowan, P. A., & Cowan, C. P. (1994). Earned- and continuoussecurity in adult attachment: Relation to depressive symptomatology and parenting style. *Development and Psychopathology, 6,* 359–373.

Power, K., McGoldrick, T., Brown, K., Buchanan, R., Sharp, D., Swanson, V., et al. (2002). A controlled comparison of eye movement desensitization and reprocessing versus exposure plus cognitive restructuring versus waiting list in the treatment of post-traumatic stress disorder. *Clinical Psychology and Psychotherapy, 9,* 299–318.

Renken, B., Egeland, B., Marvinney, D., Mangelsdorf, S., & Sroufe, A. L. (1989). Early childhood antecedents of aggression and passive-withdrawal in early elementary school. *Journal of Personality, 57*(2), 257–281.

Robertson, J., & Bowlby, J. (1952). Responses of young children to separation from their mothers. *Courrier Centere Internationale Enfance, 2,* 131–142. shap_c05.qxd 11/3/06 9:16 AM Page 129

Schuengel, C., Bakermans-Kranenburg, M. J., van IJzendoorn, M. H., & Blom, M. (1999). Unresolved loss and infant disorganization: Links to frightening maternal behavior. In J. Solomon & C. George (Eds.), *Attachment disorganization* (pp. 71–94). New York: Guilford Press.

Shapiro, F. (1995). *Eye movement desensitization and reprocessing: Basic principles, protocols, and procedures.* New York: Guilford Press.

Shapiro, F. (2001). *Eye movement desensitization and reprocessing: Basic principles, protocols, and procedures* (2nd ed.). New York: Guilford Press.

Sroufe, L. A. (1988). The role of infant-caregiver attachment in development. In J. Belsky & T. Nezworski (Eds.), *Clinical implications of attachment* (pp. 18–38). Hillsdale, NJ: Erlbaum.

Stevenson-Hinde, J. (1990). Attachment within family systems: An overview. *Infant Mental Health Journal, 11,* 218–227.

van IJzendoorn, M. H. (1992). Intergenerational transmission of parenting: A review of studies in nonclinical populations. *Developmental Review, 12,* 76–99.

Watkins, J. G. (1971). The affect bridge: A hypnoanalytic technique. *International Journal of Clinical and Experimental Hypnosis, 19,* 21–27.

CAPÍTULO 6
Reparando Falhas no Vínculo Mãe-Bebê

Antonio Madrid

O vínculo mãe-bebê (MIB)[18] é uma conexão poderosa e instintiva que existe entre a mãe e a criança – é a cola emocional que une mãe e criança, habilitando a mãe a se comprometer e a gostar da exaustiva e altruísta tarefa da maternagem (Klauss & Kennell, 1976). O vínculo é real e duradouro. É com ardor e brilho que a mãe cuida de seu filho. Uma dança intrincada e complexa entre mãe e filho engloba os domínios biológico, emocional, comportamental e espiritual. É considerada a fundação de todos os relacionamentos na vida da criança (Klauss, Kennell & Klauss, 1995).

Quando o MIB está ausente, a mãe, frequentemente, sabe disso. Ela pode dizer: "Alguma coisa está faltando aqui" ou "Eu me sinto diferente em relação a ele do que com meus outros filhos", ou "Eu não tenho qualquer sentimento maternal por esta criança".

Problemas de vínculos são frequentemente flagrantes e, em regra, fáceis de detectar. Uma mãe pode dizer que ama seu filho, mas não gosta dele. Outra pode confessar abertamente que não ama seu filho. Muitas mães sentem que alguma coisa estava errada com seu filho desde o nascimento. Algumas mães dizem que quando seguraram seu bebê pela primeira vez, imaginaram a possibilidade de alguém ter entregado a criança errada. Uma mãe pode comentar que seu bebê era inafetivo, nervoso, com cólica, adoentado ou que a rejeitava.

Surpreendentemente, problemas de MIB são usualmente acidentais. Não é culpa da mãe nem do filho. Com investigação clínica focada e apropriada, suas causas são óbvias e sua solução é completa.

Vinculação Mãe-Bebê

O conceito de vinculação humana mãe-bebê foi proposto originalmente pelos pediatras Marshall Klauss e John Kennell, da Case Western Reserv, em 1976. Eles revisaram estudos demonstrando que mães animais separadas de sua cria ao nascer rejeitam seus bebês (Klauss & Kennell, 1976, 1982). Por exemplo: em cordeiros separados ao nascer e a separação continua por 4 horas, 50% das ovelhas rejeitam seus filhotes. Se a separação perdurar entre 12 e 24 horas, a taxa de rejeição atinge 75%. Em contraste, se as 24 horas de separação não começarem até 2 a 4 dias após o nascimento, todas as ovelhas aceitam novamente seus filhotes (Poidron & Lê Neindre, 1979).

Estudos com macacos são igualmente afirmativos. Mães separadas de seus filhotes por 1 hora após o nascimento ainda mostram uma preferência por eles na situação de escolha. Se a separação durar 24 horas, a preferência das mães por seus filhotes parece desaparecer. Quanto mais cedo após o nascimento ocorrer a separação, mais fortes seus efeitos.

Klauss & Kennell (1976) propuseram que o vínculo mãe-bebê também ocorre em seres humanos e que esse vínculo é biológico, psicológico e emocional. Eles perceberam isso como uma interação complexa, na qual um forte padrão de resposta emocional é mutuamente apreciado, antecipado e reforçado. Klauss & Kennell propuseram que a vinculação mãe-filho é forte nos seres humanos e que ocorrerá espontaneamente, a não ser que alguma coisa séria impeça esse processo, e que os dois impedimentos mais comuns à vinculação são a separação física ao nascer e a separação emocional durante a gestação, nascimento ou logo depois. A separação emocional é normalmente causada por algum trauma na vida da mãe, evocando nela emoções incompatíveis com a vinculação.

Se quaisquer desses impedimentos à vinculação (separação física ou emocional) estiverem presentes, as chances de vincular serão reduzidas. M. H. Klauss (comunicação pessoal, 2004) notou que a mãe fará grande esforço para vincular, mesmo diante de separação ou trauma, e existem amplas provas de que estes obstáculos são frequentemente superados. Há muitos caminhos para vinculação, disse Klauss, porque os seres humanos são altamente adaptativos; por outro lado, quando esses impedimentos não são superados, usualmente resultam em um problema de vinculação.

---

[18] N. da T.: *Maternal-Infant Bonding*.

Problemas de Vinculação Mãe-Bebê

Mães que não vinculam frequentemente agem de forma diferente de mães vinculadas. Vários estudos compararam mães que tiveram contato imediato ou prolongado com seus filhos imediatamente após o nascimento (i.e., duas ou três horas de contato ininterrupto) com mães cujos filhos foram levados imediatamente para a enfermaria após o nascimento. Klauss et alii (1972) descobriram que mães com contato extra foram mais afeiçoadas e mais confortadoras, mesmo um ano depois. Sousa et alii (1974) notaram que 77% das mães que tiveram muito contato ainda estavam amamentando aos 2 meses, comparadas com 27% das mães com rotina normal. Do mesmo modo, Johnson (1976) notou que 83% das mães com contato imediato estavam ainda amamentando, comparados com 16% de mães com contato tardio. De Chateau (1976) descobriu que mães com contato imediato eram mais afeiçoadas: elas beijavam e olhavam amorosamente seus bebês com mais frequência, limpavam menos os seus bebês e amamentavam mais. Aos 3 meses, seus bebês sorriam, gracejavam mais e choravam menos.

Consequências mais sérias têm sido notadas por outros autores. Durante um estudo de segmento de 17 meses, O'Connor et alii (O'Connor, Vietze, Sherrod, Santler & Althermeier, 1980) concluíram que bebês que tiveram contato imediato limitado com suas mães experienciaram mais abuso, negligência, abandono e falhas não orgânicas no desenvolvimento. Em um hospital na Tailândia, a introdução de quarto-canguru[19] e contato imediato com o lactente reduziu a frequência de abandono de 33 em 10.000 nascidos por ano para 1 em 10.000 (Klauss & Kennell, 1998). Resultados similares foram concluídos na Rússia, Filipinas e na Costa Rica quando contatos imediatos e quarto-canguru foram introduzidos.

Crianças que não vincularam desenvolvem uma série de dificuldades, incluindo problemas médicos. Cassibba, van IJzendoorn, Bruno & Coppola (2004) concluíram que crianças com bronquite asmática recorrente revelaram ter menos segurança na sua mãe em comparação a crianças saudáveis. Mead (2004) teorizou que rupturas de vínculo precoce são capazes de causar desequilíbrio de longo prazo na função reguladora autônoma e podem ser a raiz da diabetes tipo 1. Mantymaa et alii (2003) documentaram que problemas na interação mãe-bebê são preditores significantes de problemas de saúde crônicos e recorrentes na criança, e que aspectos interacionais são associados com a saúde física subsequente da criança. Problemas na vinculação parecem introduzir estresse crônico na vida do bebê. Klinnert et alii (2001) documentaram que problemas parentais notáveis em três semanas podem causar estresse tão severo que impacta o sistema imunológico do recém-nascido.

Quando a mãe não se vincula ao bebê, o estresse é introduzido em toda a família. É comum famílias irem à terapia por problemas de falta de vinculação entre mãe e filho. Nada que a criança faça parece agradar a mãe e, muitas vezes, isso causa conflito entre os pais. Embora haja ajuda por estratégias comportamentais ou terapia familiar, a dor subjacente da família possivelmente nem seja tocada até que o vínculo em si seja tratado e reparado.

Quando um problema com o MIB é claramente identificado, uma terapia pode ser introduzida como parte importante de um tratamento mais amplo. Essa não é uma alternativa para uma terapia familiar, mas pode fazer a terapia familiar mais efetiva por eliminar o aparentemente impenetrável obstáculo entre mãe e bebê. Quando a mãe começa a sentir que ama seu bebê, a criança sente e responde a esse estímulo; isso pode mudar a dinâmica da família inteira. Podemos ouvir mães dizendo: "Quando finalmente fui conectada ao meu filho, toda a família ficou bem".

Vínculo Mãe-Bebê e Aproximação

A importância do relacionamento mãe-bebê foi reconhecida por teóricos da relação objeto e psicodinâmica. Sua ênfase no desenvolvimento psicossocial através de um curto período de tempo da vida, Erikson (1963) postulou que a habilidade infantil para confiar e se sentir seguro era crítica para o desenvolvimento sadio. Mahler (1971) e Klein (1975) hipotetizaram que a qualidade do relacionamento precoce da criança com sua mãe determinava a qualidade dos seus relacionamentos na fase adulta. Kernberg (1975) e Kohut (1977) afirmaram que problemas de saúde mental em adultos podem ser entendidos como resultados de déficits no relacionamento precoce mãe-bebê.

Apesar de os termos vinculação e apego serem muitas vezes usados como sinônimos, para o propósito deste capítulo "vinculação mãe-bebê" é considerado como uma série de emoções e comportamentos primitivos, e instintivos que existem na mãe. Apego é entendido como os sentimentos e comportamentos que existem na criança (Kennell & Klauss, 1998). Apego é o resultado de ações maternas, conscientes e especialmente inconscientes, que provavelmente começam desde a vinculação inicial e continuam pelo curso da infância do filho. Schore (2003) escreveu que aproximação é o produto de a mãe estar sintonizada ao seu bebê e atenta às suas necessidades.

---

[19] N. da T.: termo adotado para nomear o estilo de programa em que é mantido o bebê no quarto com a mãe, em vez de mantê-lo no berçário.

Através de uma rede de comunicação entre mãe e bebê, a criança espera que suas necessidades sejam saciadas, seus estados internos refletidos e seus picos de emoções negativas modulados por ela.

Nas aproximações seguras, perturbações normais nesses padrões de sincronização são regularmente restauradas. Isto leva a expectativas na criança que a tranquilidade não está longe, que é um importante ingrediente na formação de uma estrutura interna para lidar com estresse (Kohut, 1977). Sintonização e ressonância, que são os componentes essenciais para brotar o apego, fazem parte da ligação instintiva da mãe para o bebê. Sem a formação desse vínculo mãe-bebê é difícil imaginar que o apego ocorra. De fato, MIB pode ser considerado uma condição necessária, porém, não suficiente de apego.

Problemas de apego não são problemas de MIB. Déficits de apego são o resultado de separação prolongada ou de falta de sintonização contínua entre mãe e filho. Apego mal adaptativo pode resultar em comportamentos patológicos na criança (Bowkby, 1973; Schore, 2003). Rompimentos no vínculo mãe-bebê não resultam necessariamente em um transtorno do *Manual Diagnóstico e Estatístico de Doenças Mentais*.

PROCESSO TERAPÊUTICO

Reparar problemas de MIB geralmente é rápido. Como crianças são filogeneticamente programadas para vincular com suas mães (Klass &Kannell, 1982), elas usualmente farão isso de forma automática quando a mãe iniciar a vinculação. Crianças com mais idade frequentemente responderão positivamente em escolher sua mãe. O foco da terapia em MIB é remover o impedimento para vincular assim que o relacionamento mãe-criança é reparado.

A terapia MIB (Madrid, Skoleck & Shapiro, 2006) é um processo de quatro passos: 1) identificar o impedimento original da vinculação, 2) processar o evento, 3) instalar um nascimento alternativo 4) seguimento. A terapia MIB incorpora e é paralela às oito fases do EMDR (Shapiro, 2001). O primeiro passo equivale às três primeiras fases do tratamento com EMDR: História Clínica, Preparação e Avaliação. O segundo passo da terapia MIB complementa as fases 4 a 6 do EMDR; o terceiro passo é uma expansão adicional e modificação das fases 5 a 7 do EMDR. Finalmente, o quarto passo da terapia MIB é comparável à oitava fase do EMDR (Shapiro, 2001).

O tratamento MIB, apesar de não ter se desenvolvido a partir da terapia familiar sistêmica, tem muitos elementos em comum com a abordagem construtivista pós-moderna e a terapia narrativa de Michael White e David Epston (1990). White e Epston afirmaram que a linguagem molda eventos provendo significado e interpretação; eles "hipotetizaram" que um senso de realidade do indivíduo é organizado através das histórias que ele conta sobre ele mesmo e sobre sua vida. White desenvolveu uma técnica de "externalização" de problemas, pela qual dificuldades são redefinidas como existindo fora da pessoa, em vez de percebidas como caracterológicas e residindo dentro do indivíduo. Clientes são ajudados na "redefinição" dos problemas; eles reconstroem sua história de vida para criar novas narrativas que proporcionam visões mais adaptativas de si e de suas situações. A mudança da narrativa é pensada para resultar em interações interpessoais mais efetivas.

Esses dois elementos principais da terapia narrativa, histórico de desconstrução das histórias e reconstrução de narrativas alternativas (Goldenberg & Goldenberg, 2000), têm semelhança com o enfoque adotado na terapia MIB. O tratamento por MIB reconceitualiza falhas de vinculação como resultado de uma falta de oportunidades, não de deficiência parental. Na terapia MIB, o paciente desenvolve e adota uma nova história de nascimento. Por outro lado, diferente da terapia narrativa, que também foca sobre exceções e mudanças do comportamento atual, o foco da MIB é primariamente revisar a experiência histórica. Também, diferente da maioria das terapias familiares, o tratamento MIB primariamente proporciona sessões individuais para a mãe (ou cuidador não vinculado).

Identificando o Impedimento Original para Vinculação

A mãe, ao ouvir que os sentimentos de afastamento do seu filho são o resultado de algum evento acidental ou fora do controle dela, frequentemente sente um grande senso de alívio e esperança. Ela carrega consigo um enorme fardo pela vida de seu filho e descobrir que ela não é a causa será o primeiro passo em fazer a diferença. Essa reformulação alimentará a motivação necessária para a terapia e a engajará como uma participante ativa no processo.

É imperativo identificar o impedimento para vinculação. Como mencionado anteriormente, dois impedimentos são a origem dos problemas do MIB: separação física no nascimento e separação emocional (usualmente base do trauma) na época do nascimento.

1. *Separação física* pode ocorrer devido aos acontecimentos no hospital que mantêm a criança longe de sua mãe, incluindo a necessidade da mãe pela anestesia geral, parto cesáreo, permanência na UTI neonatal, ficar na

incubadora, adoecimento da mãe, mãe ou bebê supermedicados, mãe voltar para casa sem o bebê (Klauss e Kennel, 1976). Crianças adotadas também sofrem de problemas de vinculação (Madrid & McPhee, 1980).

•

2. *Separação emocional* ocorre quando a mãe experimenta outra emoção tão intensa e incompatível, e bloqueia a vinculação. Como a maioria dessas emoções brota de eventos traumáticos, o EMDR emerge como o tratamento de escolha na cura desses impedimentos[20] emocionais para vinculação. Trazidos pela mãe através de uma história cuidadosa, esses eventos podem incluir morte na família, problemas conjugais, doença durante a gestação, falta de abrigo, extrema pobreza ou outro trauma severo.

O Levantamento de Vinculação Mãe-Bebê (MIB em inglês) (veja Madrid, Ames, Horner, Brown & Navarette, 2004; Madrid, Ames, Skolek & Brown, 2000) foi desenvolvido para ajudar na identificação desses eventos. Uma versão simplificada (Madrid et alii, 2006) em forma de *checklist* é apresentada na Tabela 6.1.

Tabela 6.1 Rápida Referência de Levantamento de Vinculação Mãe-Bebê

Separação Física

Mãe separada da criança logo após o nascimento.

Mãe teve um parto muito difícil.

Criança doente ao nascimento.

Criança gêmea ou trigêmea.

Criança ficou na unidade de cuidados intensivos ou na incubadora.

Mãe foi anestesiada para o parto.

Mãe teve medicação pesada.

Mãe ficou muito doente após o parto.

Mãe foi separada da criança no primeiro mês.

Criança foi adotada.

Outra separação.

Separação Emocional

Mãe teve problemas emocionais durante a gestação.

Mãe teve problemas emocionais após o parto.

Mãe teve morte na família dentro dos dois primeiros anos da criança.

Mãe teve um aborto dentro dos dois primeiros anos da criança.

Mãe e pai se separaram antes do nascimento ou logo após.

Mãe foi dependente de drogas ou álcool na época do parto.

Mãe se mudou antes ou logo após o parto.

Severos problemas financeiros.

Gravidez indesejada.

Novo romance na vida da mãe.

Outras emoções.

Fonte: MADRID, A.; SKOLEK, S; SHAPIRO, F. "Repairing failures in bonding trough EMDR", in: *Estudo de Caso Clínico*, 5:271-286, 2006.

Esses eventos foram denominados por Pennington (1991) como eventos de não vinculação (NBE).[21] Há mais de um NBE na história da mãe. Ocasionalmente, ao longo do curso da psicoterapia, o NBE é uma pista falsa[22] e, em

---

[20] Do latim *impedimenta*, *baggage*.

essência, é apenas outro evento. Por exemplo: a mãe processou uma pista falsa NBE, identificou-a como perda do seu marido antes da criança ter nascido. Seguindo seu tratamento, ela não estava progredindo no relacionamento com sua criança. Subsequentemente, outro NBE foi descoberto: sua culpa devastadora por ter tido um filho fora do casamento. Uma vez identificado e processado, teve imediata resolução na sua vinculação com seu bebê.

Processando o Evento de Não Vinculação

Esse passo da terapia MIB supre da quarta à sexta fase do EMDR (Dessensibilização, Instalação e Checagem Corporal) após as fases de Preparação e de Avaliação. O objetivo desse passo é processar e modificar o evento (ou eventos) que bloqueou a vinculação. O alvo é o NBE, identificado pela mãe e pelo terapeuta, tendo em mente que pode existir mais de um NBE. Por exemplo: o irmão da mãe pode ter morrido dois meses antes de ela engravidar; o marido pode ter perdido o emprego; ela pode ter estado muito doente durante a gestação. Cada NBE deve ser processado até a escala SUDS chegar a zero ou 1 (se ecologicamente válido).

Não é incomum para a mãe ser surpreendida pela intensidade das suas reações ao NBE. Ela pode ter retido as emoções e as memórias do evento pelos cantos do seu inconsciente para reconstruir sua vida. Sem uma forte reação emocional é improvável que o âmago do NBE tenha sido desenterrado. Como exemplo, mãe foi processar um NBE suposto: sem casa e solteira quando deu à luz seu bebê. Havia apenas um SUDS moderado de 4 e não havia expressão emocional, conforme ela baixou o SUDS para 0. Por outro lado, quando ela se lembrou que teve de se mudar em virtude das muitas críticas de seus pais, o SUDS foi a 9 e ela trabalhou todo esse trauma com sentimentos intensos. O resultado de metabolização desse NBE a levou a um vínculo mais próximo com sua filha.

Quando a mãe é separada da criança após o nascimento, a separação em si pode constituir um trauma. Muitas histórias têm sido reportadas, em que a mãe foi detida forçadamente quando se dirigia em direção ao berçário para ver seu bebê; a separação pode ter ocorrido por horas ou dias, causando uma dor emocional traumática. Quando não houver mais sentimentos acerca de um NBE associado com o nascimento da criança, então a mãe está preparada para trabalhar com um nascimento alternativo.

Instalação do Nascimento Alternativo

A quinta fase do protocolo padrão do EMDR é fortalecer e acentuar uma crença relacionada com o incidente original, e que reflita uma autopercepção positiva. Na terapia MIB, essa crença positiva é realçada posteriormente pela instalação de uma imagem de um nascimento alternativo, que é positivo e satisfatório para a mãe. Isso também funciona como um modelo positivo.

Em certas ocasiões, os primórdios do nascimento alternativo evidenciam-se no segundo passo. Quando isso ocorre, é possível explorar o que esse sentimento poderia parecer. Por exemplo: uma mãe pode processar a morte de um irmão ocorrida antes de ela conceber seu filho; ela pode refletir que teria sido tão bom ter uma gravidez sem pesar (dor). Ela pode ser encorajada a refletir como isso poderia ocorrer.

Em certos eventos é importante imaginar um novo nascimento. Deve ficar claro que a mãe pode imaginar alegremente o seguinte:

- Cada trimestre.
- Parto e nascimento fáceis.
- O primeiro choro do bebê.
- Bebê se deitando sobre o peito da mãe.
- As primeiras horas.
- Os primeiros dias.
- Voltar para casa.

O nascimento alternativo precisa incluir também os NBEs resolvidos. Os impedimentos para a vinculação agora se foram, ela pode "imaginar" e "experienciar" um nascimento sem NBEs. Por exemplo: ela pode sentir o que é estar grávida sem o pesar da morte de alguém querido. Ela pode encontrar o que sente em uma gravidez saudável, sem ficar nauseada todos os dias. Ela pode saber que gosta de abraçar seu filho ou filha depois do nascimento. Ela pode ter um lar caloroso para viver com seu bebê. Ela pode ter o marido durante o trabalho de parto.

---

[21] N. da T.: *Nonbonding Events (NBE).*

[22] N. da T.: O autor chama a pista falsa de red herring (arenque vermelho, expressão idiomática que se refere a situações aparentemente isoladas, mas que envolvem várias questões subjacentes.

Na checagem para o fortalecimento dessas imagens, usamos uma escala de graduação de A até F. Qualquer coisa que não se aproxima do grau A deve ser suspeito; isso usualmente significa que é necessário trabalhar o processamento do NBE. Quando um novo nascimento é instalado com sucesso, lágrimas e emoção intensa frequentemente acompanham a imagem.

Seguimento

O passo do seguimento da terapia MIB incorpora o presente e o futuro como no protocolo padrão do EMDR (Shapiro, 2001). Nas sessões subsequentes, a mãe é encorajada a identificar quaisquer disparadores atuais que sejam inibidores da sua nova experiência de vinculação. Esses disparadores são alvejados de acordo com o protocolo padrão EMDR. Por exemplo: uma mãe sentiu distância de sua filha adolescente, quando esta expressou uma falha nos cuidados para com aquela.

Ocasionalmente, o vínculo será explorado separadamente. Sendo novo, ele pode ser tenro, frágil e suscetível a danos, mas isso pode ser reparado. A mãe precisa identificar o que aconteceu desde a época do novo rompimento. Usualmente, algum tipo de emoção assalta a mãe ou a criança. Por exemplo: a mãe de uma criança com asma disse ao filho em uma discussão que ele sentiria quando ela morresse. A asma imediatamente voltou. Quando ela se deu conta de quão terrível foi sua explosão de raiva, voltou para casa e desculpou-se. O chiado parou durante uma hora. Retornar ao protocolo padrão de EMDR e processar o disparador que causou a super-reação nela, e incorporar um modelo para um comportamento positivo alternativo (ex.: outros meios de verbalizar seus sentimentos) ajuda na prevenção de outra crise.

Noutro caso, uma mulher grávida recebeu a visita de seus pais num final de semana e eles a agrediram verbalmente a ponto de ela perder a filha. Ela processou os insultos de seus pais através do EMDR e "encontrou" sua filha novamente. A ajuda de um processamento compreensivo na interação rompida sustenta um vínculo em andamento, e o evento subjacente à reação dessa mulher inclui o disparador e um modelo positivo alternativo futuro.

A mãe também é encorajada a identificar situações futuras, em que ela pode se sentir incerta sobre sua nova perspectiva. Por exemplo: a mãe ficou admirada com sua reação ao abraçar o bebê recém-nascido de seu amigo. Isso foi processado com sucesso com EMDR. Isso também é muito útil para reeducar a mãe sobre MIB e os eventos que podem ocorrer. Ela pode ser ensinada como reparar as situações. Ela é encorajada a fazer contato com o terapeuta.

Seguindo um curso bem-sucedido em terapia MIB, as mães comumente relatam terem tido uma mudança substancial no relacionamento com seu filho. Elas asseveram amar suas crianças, estarem mais afetivas e dizem que seus filhos não são mais um problema. Ao ser amada por sua mãe, a criança responde imediatamente. Crianças pequenas ficam calmas, são mais afetivas e menos exigentes. As mães costumam dizer que os bebês engatinham até o colo delas e as crianças crescidas telefonam espontaneamente para dizer que as amam.

A terapia individual do vínculo maternal descrita tem impacto familiar maior com crianças pequenas, abaixo de 8 anos de idade. No entanto, conforme as crianças ficam mais velhas, elas podem ter suas próprias questões desenvolvidas ao longo do tempo e, possivelmente, precisam ser incluídas no processo. Se uma garota adolescente tem um ressentimento guardado por longo tempo sobre não se sentir amada e ser tratada distante por sua mãe, ela pode se beneficiar do primeiro alvo desses sentimentos com EMDR e, então, criar uma infância nova e íntima, que pode ser instalada com o EMDR. Pais que se sentem distanciados de seus filhos por razões que cabem nos paradigmas MIB também podem ser tratados. Por exemplo: nascimento do filho e morte do avô paterno concomitantemente. O pai dessa criança pode processar a morte de seu pai com EMDR e criar um novo nascimento para seu filho com a experiência do sofrimento.

Exemplo de Caso

Lucile, mãe de uma menina de 5 anos de idade. Ela foi abordada por sua amiga, que tinha um conselheiro estudante de graduação que conhecia terapia MIB. O estudante declarou que Lucile era um caso didático de não vinculação.

Lucile alegou não gostar da tarefa de ser mãe. Sua filha a exauria, ela era uma "peste". Seus sentimentos a desapontavam. Ela tinha tido vontade de ser mãe. Atualmente, a experiência era terrível. A filha, segundo ela, não era uma criança feliz.

Ela se culpava por esses sentimentos. Ela tentou se aproximar de sua filha através de terapia individual, mas isso não funcionou. Uma amiga apresentou a vinculação mãe-bebê e, pela primeira vez, ela teve alguma esperança e auto-respeito.

Sua história é um caso clássico de rompimento MIB recheada com vários NBEs. No início da gestação, ela se mudou de uma cidade tranquila, onde tinha muitos amigos, para uma cidade ameaçadora, onde não conhecia ninguém. Ela ficou tão nauseada durante toda a gestação, que passou a maior parte do tempo acamada. O trabalho de parto foi muito longo e extremamente doloroso. Foi submetida à cesariana. Totalmente exausta, ela não foi informada o suficiente para conhecer as condições de seu bebê ou mesmo o seu sexo. Ela dormiu por 3 horas, e quando acordou e perguntou sobre sua bebê, os funcionários não lhe deram suporte. Várias horas depois, ela estava abraçada à sua bebê e lembrava de ter pensado, "Alguma coisa está errada aqui. Eu não tenho nenhum sentimento por este bebê."

Durante a hospitalização, ela desenvolveu uma doença permanente que deveria ser tratada pelo resto da vida. Ela retornou para casa se sentindo mutilada e derrotada. Depois de cinco meses, ela iniciou uma terapia individual e foi medicada com antidepressivos. Ela relatou que o primeiro ano foi um pesadelo.

A primeira sessão foi usada para a coleta de informações e para explicações de que qualquer um estaria desprovido de sentimentos passando por aquela situação. As teorias sobre o MIB foram discutidas e ela chorou confortada. Os alvos para EMDR foram identificados: mudança, doença durante a gravidez, o longo trabalho de parto e a cesariana, não ter visto seu bebê, doença no hospital, retorno para casa mutilada e derrotada. O EMDR foi feito com um exercício do Lugar Seguro.

No segundo encontro, Lucile trabalhou com a mudança e o enjoo durante a gravidez. Ela foi capaz de processar completamente a melancolia sobre a mudança e a solidão na nova cidade. Ela não conseguiu processar completamente a náusea da gravidez. Ela foi estabilizada com a utilização do Lugar Seguro e o terapeuta solicitou para ela guardar o resto dos sentimentos sobre a gravidez no consultório. Ela foi encorajada a fazer anotações entre as sessões sobre sentimentos e imagens que ocorressem.

A terceira sessão foi devotada a processar a náusea durante a gravidez. Ela se lembrou com grande emoção de quão terrível foi sua sensação de desconforto e dor, e da impossibilidade de amar alguém que a fez se sentir tão doente. Os focos de Lucile foram: deitando no sofá, contorcendo-se de dor e com náusea. Isso a fez abaixar o SUDS até 1. De forma espontânea, ela começou a pensar como poderia ter sido se tivesse sido ajudada durante a gravidez. Ela foi encorajada a brincar com suas ideias por algum tempo. Ela graduou aqueles pensamentos para realidade com um "B". Isso indicou que havia, provavelmente, mais a fazer sobre a gravidez.

A quarta sessão começou com o relato de Lucile dizendo que estava se dando bem com a filha. O SUDS foi checado: para mudança (0) e para gravidez (4). Ela usou o restante da sessão processando sentimentos e imagens da gravidez, o torturante parto, e o pobre cuidado médico recebido depois. Todos esses alvos foram abaixados para SUDS de 0 ou 1.

A quinta sessão começou com o relato de Lucile dizendo que estava se dando melhor ainda com a filha. O SUDS foi checado para mudança (0), gravidez (5) e parto (4). Cada alvo foi processado. Ela foi tomada de intensa emoção durante a maior parte da sessão. Cada alvo foi novamente checado e ela registrou SUDS de 0 a 1 para cada um deles, indicando que estava preparada para instalar um nascimento alternativo.

Lucile começou a imaginar o novo nascimento nas duas sessões prévias. Ela já trabalhava a mudança. Foi orientada a imaginar o primeiro trimestre, desta vez saudável e alegre. Ela fez isso e graduou essa realidade como "A" para sentimento. Duas séries de sete movimentos oculares sedimentaram o processo. Ela imaginou o segundo trimestre e atribuiu um grau "C". Mais trabalho precisou ser feito. Foi questionada sobre o que ainda a incomodava no segundo trimestre. Ela falou de quão enjoada esteve, quão pouca ajuda médica recebeu e quão difícil foi amar alguém que a tornou tão violentamente doente. Esse alvo foi processado com EMDR até que seu SUDS chegasse a zero. Voltando a imaginar um saudável segundo trimestre, ela marcou um "A" e isso foi solidificado com duas séries de sete movimentos oculares. O terceiro trimestre foi de modo similar: inicialmente baixo grau, mais processamento por EMDR e, então, uma boa imagem. Ela poderia imaginar a gestação inteira como alegre e saudável, o bebê nascendo e sendo colocado sobre ela. Ela sorriu alegre com essa imagem.

Lucile começou a sétima sessão declarando que sua filha passou a ser "o amor da vida". Ela também declarou não estar depressiva. Essa era a primeira vez que isso acontecia desde o nascimento da sua filha. Essas foram duas claras indicações de que o vínculo tinha surtido efeito. Essa sessão foi usada para verificar se algo precisava ser mais trabalhado. O nível de SUDS para todos os alvos ainda estava 0 e a nova gravidez e o nascimento sentidos como reais (A). Lucile disse que quando pensou no nascimento da filha, ela se imaginou com alegria "a menina saltou fora rapidinho; eu a amamentando e ela dormia comigo."

Três semanas depois foi ministrada a sessão de seguimento. Ela falou da satisfação entre ela e a filha. Ela se sentia maravilhada quando pensava no nascimento da filha. Ela falou sobre o amigo estudante da graduação. Lucile contou ao seu amigo sobre a terapia. Sua filha ficou muito atenta durante a história. Ao término, a filha chegou perto da mãe, segurou sua cabeça e olhou profundamente em seus olhos. Elas estavam (ambas) impressionadas e mobilizadas pela experiência.

Checamos as áreas alvejadas (gravidez, parto, pós-natal) que ainda estavam com um 0 de SUDS. Ela mencionou ainda se sentir mal com relação ao tempo após o nascimento: quando foi para casa e estava depressiva, sozinha e com uma criança que não amava.

Todos esses alvos foram processados e reduzidos a 0. Ela, agora, poderia imaginar o primeiro ano como uma saudável, alegre mãe. Ela declarou: "Agora, eu sei como é amar minha filha". Ela sentiu que o tratamento estava completo.

Seis meses depois, ela foi contatada e contou que estava bem. Sua vida havia mudado e sua filha também. Um ano mais tarde, ela escreveu uma nota dizendo: "Nós estamos realmente bem. Sinto que estamos finalmente vinculadas. Outro dia, minha filha disse: 'Mamãe, eu desejava ter três de você, assim, se eu perdesse uma, ainda teria mais duas'. Ela está sempre dizendo coisas como esta. E muitas vezes, quando ela está brincando sozinha, ela está cantando ou cantarolando. Sinto que agora ela realmente é uma criança feliz".

Os traumas circundantes à gestação e ao nascimento foram o foco do tratamento, e Lucile foi capaz de trabalhar através daqueles traumas e imaginar um parto alternativo. Ocasionalmente, uma mãe pode imaginar um novo nascimento, sentindo que ele não é real e não deveria ter sido imaginado. Muitas vezes isso ajuda a explicar que a nova história é uma "história emocional" e não irá interferir na história física. É como uma estrada paralela, com cada história em ambos os lados do centro divisor. Ela pode viajar de qualquer lado sempre que quiser ou sempre que for apropriado.

VINCULAÇÃO MÃE-BEBÊ: ASMA E VINCULAÇÃO

Asma na infância é epidêmica nos Estados Unidos. Em 1994, afetou aproximadamente 5 milhões de crianças. Esta é a doença crônica mais comum da infância. É a que mais faz a criança faltar aulas nas escolas (Lara et alii, 2002).

A conexão entre asma na infância e problemas mãe-criança tem sido documentada por seis décadas de estudos. Os autores têm classificado as mães da seguinte forma: distante (Turnbull, 1962), rejeição (Gerard, 1953; Miller & Baruch, 1950; Pucell, Berstein & Bukantz, 1961), ressentimento (Bentley, 1975), engasgando (Abramson, 1954; Garner & Warnar, 1959), narcisista e fria (Sandler, 1964), superprotetora (Bentley, 1975; Rogerson, Hardcastle & Dugild, 1935), conflitada sobre dependência (Mohr & Richmond, 1954) e depressiva (Mrazek, Klinnert, Mrazek & Macey, 1991). Alguns autores notaram que essas mães tiveram dificuldades parentais (Bentley, 1975; Klinnert et alii, 2001; Lilljeqvist, Smorvik & Faleid, 2002).

Partindo desses estudos, que parecem culpar as mães pela asma de seus filhos, três pesquisas acharam que crianças com asma tiveram histórias de nascimento compatíveis com problemas de vinculação (Feinberg, 1988; Pennington, 1991; Schuartz, 1988). Entre 70% e 80% das mães de asmáticos foram consideradas não vinculadas, comparadas com 25% das mães de crianças saudáveis, e crianças asmáticas tiveram frequentemente dois ou mais NBEs na história delas. Os resultados foram tão eloquentes que Schwartz (1988:92) escreveu: "Se uma criança tem asma, o mais provável é que ela não tenha vínculo". Uma das conclusões desse estudo foi que a personalidade da mãe teve pouca relação com causar asma aos filhos. Penso que as mães foram vítimas de um rompimento na vinculação.

Com a sugestão de que perturbações na MIB podem estar associadas com o desenvolvimento de asma na infância, parecia lógico que os sintomas de asma talvez possam ser ajudados se o vínculo melhorou. Dois estudos piloto demonstraram que isso pode ser verdade. No primeiro estudo (Madrid et alii, 2000), seis mães de crianças asmáticas foram tratadas com uma terapia voltada à reparação do vínculo. Cinco crianças apresentaram melhora completa ou possível melhora. Isso ocorreu com redução nos medicamentos. Duas crianças tiveram completa remissão de todos os sintomas. No segundo estudo (Madrid et alii, 2004), quinze mães de asmáticos foram tratadas com o mesmo tipo de terapia. Doze crianças sintomáticas melhoraram, incluindo 7 méxico-americanas cujas mães foram tratadas na Espanha. Oito de 10 crianças regularmente tomando medicações não precisaram mais delas.

Esses estudos usaram o tratamento de sete passos descrito anteriormente. Embora o veículo particular para processar os traumas nesses estudos tenha sido a hipnose, explorações usando EMDR estão mostrando que os resultados são igualmente úteis e, em alguns casos, melhores.

CONCLUSÃO

Animais que não vinculam abandonam seus filhotes. Humanos, embora algumas vezes possam se sentir inclinados a essa direção, tendem a parar o curso e fazer o melhor que podem, apesar de terem um pouco dos sentimentos que fazem o ato de parentalizar ser agradável. Sem esses sentimentos gratificantes, as mães carregam os deveres de cuidar de maneira heroica, altruísta, compensando da melhor maneira a falta de sentimentos de amor "instintivo" (Madrid & McPhee, 1980).

Desprovidas do sentimento de amor de suas mães, crianças agem como se estivessem sempre procurando por algo inatingível; elas são nervosas, carrancudas, desapontadoras. Relatos de mães mostram que sempre havia alguma coisa diferente ou faltando na criança. A falta de vinculação pode levar a problemas mais sérios: aumento de estresse, abuso, falha de desenvolvimento e problemas médicos. Associados com questões crônicas de falta de sintonia, problemas de aproximação (relacionamento) podem existir com transtornos de personalidade e outras formas de psicopatologia severa.

Problemas de vinculação mãe-bebê não são defeitos da mãe, nem do filho. Eles ocorrem acidentalmente e de causas facilmente identificadas: separação física ao nascer ou separação emocional (trauma de base) em torno da gestação ou nascimento.

Detectados com antecedência, os problemas de vinculação podem ser remediados rapidamente e de forma eficiente. A terapia envolve identificar o NBE, metabolizar através do EMDR (ou outro processo focado no trauma), recriar um novo nascimento e seguir no tratamento dos efeitos.

A terapia MIB pode ser uma valiosa parte do plano de terapia familiar quando vincular é uma questão, quando os eventos que interferiram com a vinculação são identificados e quando a criança ainda é nova. Tentar o tratamento na primeira fase da terapia é o caminho mais fácil e tende ao sucesso. O vínculo mãe-bebê é dirigido por um poderoso instinto primitivo, que mãe e filho esperam com suas mentes, corpos e almas. Aqui está a principal força atrás da eficiência da terapia MIB.

REFERÊNCIAS

Abramson, H. (1954). Evaluation of maternal rejection theory in allergy. Annals of Allergy, 12, 129–140.

Bentley, J. (1975). Asthmatic children away from home: A comparative psychological study. Journal of Asthma Research, 13, 17–25.

Bowlby, J. (1973). Attachment and loss: Vol. 2. Separation, anxiety, and anger. New York: Basic Books.

Cassibba, R., van IJzendoorn, M., Bruno, S., & Coppola, G. (2004). Attachment of mothers and children with recurrent asthmatic bronchitis. Journal of Asthma, 41, 419–462.

de Chateau, P. (1976). Neonatal care routine: Inf luences on maternal and infant behavior and on breast feeding. Umea, Sweden: Umea University Medical Dissertations.

Erickson, E. H. (1963). Childhood and society (2nd ed.). New York: Norton.

Feinberg, S. (1988). Degree of maternal infant bonding and its relationship to pediatric asthma and family environments. Unpublished doctoral dissertation, San Francisco School of Professional Psychology.

Garner, A., & Wenar, D. (1959). The mother-child interaction in psychosomatic disorders. Chicago: University of Illinois Press.

Gerard, M. (1953). Genesis of psychosomatic symptoms in infancy: The influence of infantile trauma upon symptom choice. In F. Deutzch (Ed.), The psychosomatic concept in psychoanalysis (pp. 124–130). New York: International Universities Press.

Goldenberg, H., & Goldenberg, I. (2000). Family therapy: An overview (5th ed.). Pacific Grove, CA: Brooks/Cole.

Johnson, N. W. (1976). Breast feeding at one hour of age. American Journal of Maternal Child Nursing, 1, 12.

Kennell, J. H., & Klaus, M. H. (1998). Bonding: Recent observations that alter perinatal care. Pediatric Review, 19, 4–12.

Kernberg, O. F. (1975). Borderline conditions and pathological narcissism. New York: Aronson.

Klaus, M. H., Jerauld, R., Kreger, N., McAlpine, W., Steffa, M., & Kennell, J. (1972). Maternal attachment: Importance of the first post-partum days. New England Journal of Medicine, 286, 460–463.

Klaus, M. H., & Kennell, J. H. (1976). Maternal-infant bonding. St. Louis, MO: Mosby.

Klaus, M. H., & Kennell, J. H. (1982). Parent-infant bonding. St. Louis, MO: Mosby.

Klaus, M. H., Kennell, J. H., & Klaus, P. H. (1995). Bonding. Reading, MA: Addison-Wesley.

Klein, M. (1975). The psychoanalysis of children. New York: Dell.

Klinnert, M., Nelson, H., Price, M., Adinoff, L., Leung, D., & Mrazek, D. (2001, October).

Onset and persistence of childhood asthma: Predictors from infancy. Pediatrics, 108, 4 [Online].

Available from http://www.pediatrics.org/cgi/content/full/108/4/e69.

Kohut, H. (1977). The restoration of the self. New York: International Universities Press.

Lara, M., Rosenbaum, S., Rachelefsky, G., Nicholar, W., Morton, S., Emont, S., et al. (2002). Improving childhood asthma outcomes in the United States: A blueprint for policy action. Pediatrics, 109(5), 919–930.

Lilljeqvist, A., Smorvik, D., & Faleide, A. (2002). Temperamental differences between healthy, asthmatic, and allergic children before onset of illness: A longitudinal prospective study of asthma development. Journal of Genetic Psychology, 163(2), 219–227.

Madrid, A., Ames, R., Horner, D., Brown, G., & Navarrette, L. (2004). Improving asthma symptoms in children by repairing the maternal-infant bond. Journal of Prenatal and Perinatal Psychology and Health, 18(3), 221–231.

Madrid, A., Ames, R., Skolek, S., & Brown, G. (2000). Does maternal-infant bonding therapy improve breathing in asthmatic children? Journal of Prenatal and Perinatal Psychology and Health, 15(2), 90–112.

Madrid, A., & McPhee, X. (1980). The treatment of pediatric asthma through maternal-infant bonding in hypnosis. Journal of Pre and Perinatal Psychology Association of North America, 1(1), 24–28.

Madrid, A., Skolek, S., & Shapiro, F. (2006). Repairing failures in bonding though EMDR. Clinical Case Studies, 5, 271–286.

Mahler, M. S. (1971). A study of the separation and individuation process. Psychoanalytic Study of the Child, 26, 403–422.

Mantymaa, M., Puura, K., Luoma, I., Salmelim, R., Davis, H., Tsiantis, J., et al. (2003). Infantmother interaction as a predictor of child's chronic health problems. Child Care, Health, and Development, 29, 181–191.

Mead, V. P. (2004). A new model for understanding the role of environmental factors in the origins of chronic illness: A case study of Type 1 diabetes mellitus. Medical Hypotheses, 63, 1035–1046.

Miller, H., & Baruch, D. (1950). The emotional problems of childhood and their relation to asthma. AMA Journal of the Diseases of Children, 93, 242–245.

Mohr, G., & Richmond, J. (1954). A program for the study of children with psychosomatic disorders.

In G. Caplan (Ed.), Emotional problems of early childhood (pp. 78–104). New York: Basic Books.

Mrazek, D. A., Klinnert, M. D., Mrazek, P., & Macey, T. (1991). Early asthma onset: Consideration of parenting issues. Journal of the American Academy of Child and Adolescent Psychiatry, 30, 277–282.

O'Connor, S., Vietze, P. M., Sherrod, K. B., Sandler, H. M., & Altemeier, W. A. (1980). Reduced incidence of parenting inadequacy following rooming-in. Pediatrics, 66(2), 176–182.

Pennington, D. (1991). Events associated with maternal-infant bonding deficits and severity of pediatric asthma. Unpublished doctoral dissertation, San Francisco School of Professional Psychology.

Poindron, P., & Le Neindre, P. (1979). Hormonal and behavioral basis for establishing maternal behavior in sheep. In L. Inichella & R. Panchari (Eds.), Psychoneuroendocrinology in reproduction (pp. 147–178). Amsterdam: Elsevier/North-Holland Biomedical Press.

Purcell, K., Bernstein, L., & Bukantz, S. (1961). A preliminary comparison of rapidly remitting and persistently "steroid-dependent" asthmatic children. Psychosomatic Medicine, 23, 305–310.]

Rogerson, C. H., Hardcastle, D., & Dugiud, K. (1935). A psychological approach to the problem of asthma and asthma-eczema-prurigo syndrome. Guy's Hospital Report, 85, 289–308.

Sandler, L. (1964). Child-rearing practices of mothers of asthmatic children, Pt. II. Journal of

Asthma Research, 2, 215–255.

Schore, A. N. (2003). Affect regulation and repair of the self. New York: Norton.

Schwartz, M. P. (1988). Incidence of events associated with maternal-infant bonding disturbance in a pediatric population. Unpublished doctoral dissertation, Rosebridge Graduate School, Walnut Creek, CA.

Shapiro, F. (2001). Eye movement desensitization and reprocessing: Basic principles, protocols, and procedures (2nd ed.). New York: Guilford Press.

Sousa, P. L. R., Barros, F. C., Gazalle, R. V., Begeres, R. M., Pinheiro, G. N., Menezes, S. T., et al. (1974, October). Attachment and lactation. Paper presented at the 15th International Congress of Pediatrics, Buenos Aires.

Turnbull, J. (1962). Asthma conceived as a learned response. Journal of Psychosomatic Research, 6, 59.

White, M., & Epston, D. (1990). Narrative means to therapeutic ends. New York: Norton.

CAPÍTULO 7
Melhorando Relacionamentos: Terapia Conjunta de Casal

Mark D. Moses

> *Casamento é o triunfo da esperança sobre a experiência.*
>
> Oscar Wilde

Casais e Apego

Um impulso do indivíduo para se vincular é o âmago de todo relacionamento. Essa necessidade é normal e saudável (Zimberoff & Hartman, 2002). No nível básico, dois indivíduos que desejam, procuram e se unem num relacionamento formando um casal. Os fatores complexos de natureza sexual e sócio-emocional distinguem uniões românticas adultas de outros relacionamentos (Feeney, 1999).

A escolha do parceiro constitui uma busca por qualidades que faltam na sua família de origem ou um desejo familiar de manter o que estava satisfazendo e/ou uma necessidade de curar feridas emocionais (Shaver & Hazan, 1993). O indivíduo implicitamente, talvez inconscientemente, escolhe um par na esperança e promessa de um senso de complementaridade (Donovan, 2003; Scharff & Scharff, 1987). Quando valores comuns, aspirações e apoio mútuo estão presentes no jogo prevalecem a harmonia e satisfação (Gottman, 1999). Para ilustrar: Dave vê em Sarah a qualidade que lembra o jeito calmo e calado de sua mãe. Sarah é atraída pela paixão de vida de Dave, que ela experimenta como um contraste excitante com os membros de sua família desengajada.

Para a maioria, as fascinações e atrações iniciais são a sustentação por meses e, talvez por anos, antes de os desafios começarem. Quando eventos no relacionamento são experimentados como ruptura do vínculo, as feridas resultantes, se não resolvidas, comprometem o relacionamento. Como os problemas de apego podem ser compreendidos e resolvidos na terapia? Este capítulo aborda a natureza de relacionamentos, questões de apego, dificuldades relacionais encontradas em casais e tratamento de terapia de casal que integra EMDR (Shapiro, 2001).

Teoria do Apego

A teoria do apego é vista como uma das mais convincentes e pesquisadas explanações de relacionamentos amorosos de adultos (Johnson, Millikin & Makinen, 2001; Shaver & Hazan, 1993). Bowlby (1988) conceitualizou que "proximidade" (contato), "base segura" (segurança) e "porto seguro" (conforto e proteção) são fundamentais para a saúde dos relacionamentos humanos. Bowlby construiu a teoria do apego sobre o vínculo mãe-bebê (ou cuidador-criança) e, mais tarde, observou "notáveis similaridades" estabelecidas em vínculos de relacionamento do adulto (Hazan & Zeifman, 1999). Segundo ele, são necessidades vitais, do berço ao túmulo.

Estilos de Apego

Baseados na pesquisa de Bartholomew e Horowitz (1991), quatro protótipos de estilo de apego adulto têm sido identificados: "seguro" mais três estilos inseguros, "preocupado", "evitativo" e "temeroso". Pessoas seguras são caracterizadas por procurar intimidade com pouca preocupação sobre abandono. Elas prontamente se abrem, são inclinadas a inverter com seus pares em tempos de necessidade, mas também têm a resiliência para administrar o próprio estresse emocional e as emoções expressadas por seu parceiro. Pessoas preocupadas também procuram intimidade, mas tendem a exibir altos níveis de ansiedade por abandono. Pessoas evitativas são caracterizadas por significantes níveis de evitação à intimidade e baixos níveis de ansiedade sobre abandono, e pessoas temerosas são pessoas caracterizadas por altos níveis de evitação à intimidade e ansiedade sobre abandono (Davila, 2003).

Quais as implicações e predições na complementação de estilos de apego em casais? Banse (2004) corroborou a forte correlação entre satisfação do relacionamento e o estilo de apego. Houve uma correlação negativa entre satisfação do relacionamento e apego temeroso tanto em mulheres quanto em homens. Banse concluiu que os efeitos negativos do estilo temeroso e evitativo poderiam ser compensados pelo estilo do parceiro ou a combinação de estilos do casal. Por outro lado, um estilo de apego preocupado no marido é associado com baixa satisfação em ambos os parceiros, com nenhuma compensação para balancear o relacionamento (ex.: uma esposa atenciosa).

Será que a segurança do apego muda naturalmente ao longo do tempo em um casamento? Treboux, Crowell & Waters (2004) exploraram o grau de segurança do vínculo percebido, comparando casais em novos relacionamentos com casais formados 6 anos antes. Eles concluíram que segurança do apego geralmente aumenta com o tempo. Treboux et alii também corroboraram o valor do estilo seguro como oferecendo porto seguro em situações de estresse, como o relacionamento seguro afetou a satisfação conjugal. Como previsto pela teoria do apego, o mesmo não foi verdadeiro nos relacionamentos inseguros.

A chave da questão é: estilos de relacionamento podem mudar? A pesquisa de Mouting indica que é possível melhorar a "segurança do apego" (Gottman, 1994; Mikulincer, 1999). Estilos de apego podem flutuar através dos ciclos de vida, devido aos estressores contextual, ambiental e situacional, incluindo a complementação do parceiro (Love & Murdock, 2004). A possibilidade de mudar o estilo de apego por reparação de danos do relacionamento e modificação do estilo relacional tem sido validada (Bartholomew & Horowitz, 1991; Johnson, 2004; Johnson & Wiffen, 2003). O relacionamento terapêutico por si pode cultivar segurança do relacionamento se incluir os elementos de saúde do vínculo saudável (ex.: segurança, validação, entendimento e reabilitação) combinado com sintonização terapêutica.

Experiências de Apegos Não Resolvidos: Problemas Inerentes

"Danos de apego" são ferimentos que ocorrem quando uma figura significativa, pais ou parceiro, falha na resposta durante uma fase crítica de necessidade. Na vida conjunta do casal, esses incidentes dolorosos não resolvidos de um passado são suscetíveis de ser disparados por eventos similares, tendo um tema recorrente. Quando isso ocorre, são criadas barreiras no relacionamento (Johnson, 2004).

Para ilustrar uma questão comum, considere Bill e Carla, que depois de vários anos de casamento são flagrados por um padrão de desconexão. Bill sofre de medo de abandono enraizado na perda do pai na infância. Carla sobreviveu a um ambiente familiar caótico e emocionalmente abusivo, no qual vozes alteradas representam hostilidade. Carla tem um estilo de apego temeroso e Bill tem um estilo de apego preocupado. Em situação de estresse, Bill explode elevando a voz em um tom estridente e Carla, tipicamente se retrai e grita, resultando numa severa falta de compreensão e limitações na intimidade deles. As ativações respectivas de suas questões de apego os isolaram em percepções de abandono e traição, respectivamente. O casamento está num impasse, preso em interações negativas que perpetuam a continuação de ofensas e desconexão.

Karpel (2001) caracterizou as manifestações de impasse como uma intensa reatividade (disparadores), significante excitação ou arraso afetivo, distorções perceptuais, inflexibilidade de respostas, previsibilidade (repetição) de interação, diminuição da habilidade para empatia com o parceiro e uma falta de aprendizagem na terapia. De acordo com a teoria do apego, impasses são resultados diretos de bloqueios ou desgastes na conexão entre o casal. A partir de uma visão sistêmica, as hiper-reações ou sub-reações dos parceiros alimentam "sequências interacionais" disfuncionais.

Tais impasses pintam a experiência do relacionamento e obscurecem a "emoção mais suave". Para Bill e Carla, os sentimentos profundos, primários, mais suaves de melancolia e medo jazem debaixo de expressões recobertas secundárias de raiva e rejeição. Eventos suavizadores, caracterizados por uma mudança de hostilidade para entusiasmo na energia, também são bloqueados por barreiras defensivas. Tanto as emoções mais suaves quanto os eventos suavizadores são necessários para intimidade e apegos saudáveis (Gottman, 1994).

Mirando Danos de Apego de Casais

Olhando de uma perspectiva do Processamento Adaptativo de Informação (PAI) do EMDR (Shapiro, 2001), uma super-reação e super-regulação do casal (ex.: encerramento) em interações repetitivas são abastecidas por material traumático encapsulado no cérebro e disparadas por um dos cônjuges. Quando processadas incompletamente e armazenadas, experiências de apego "t" (pequenos traumas) são disparadas e distorções ou outros bloqueios podem ocorrer (Shapiro, 1995). Estudos de Protinsky, Sparks & Flemke (2001) aplicando EMDR em casais com questões de apego concluíram que incidentes dolorosos de um ambiente passado invalidativo devem ser acessados e processados antes que o casal possa seguir adiante. Kalow, Nurse & Thompson (2002:303) sugeriram que, através do EMDR, "[casais] seguem adiante com um mesmo objetivo de apegos vitais com proximidade aumentada, um princípio maior da terapia familiar sistêmica". Shapiro (2001:288) deu apoio quando afirmou: "Usando EMDR para neutralizar memórias anteriores, o casal pode alcançar uma dinâmica mais saudável e dar peso apropriado aos problemas e discordâncias atuais".

Uma Abordagem de Terapia de Casais para Questões do Apego: A Síntese

Um casal hipotético entra em terapia e alguma melhora é feita para estabilizar a crise atual. Por outro lado, o progresso deles estacionou num patamar negativo e eles permanecem desconectados. Eles não podem mover adiante certos impasses. O terapeuta suspeita que danos de apego residuais subjacentes estejam impedindo o progresso deles. O terapeuta implementa uma abordagem integrativa sistêmica familiar – EMDR conjuntamente (com os dois presentes) para tratar aqueles obstáculos e, finalmente, liberar o relacionamento para seguir adiante.

O protocolo de EMDR e Terapia de Casal Conjunta (Moses, 2002, 2003) é um híbrido de três constructos de terapia familiar: experiencial (Terapia Focada na Emoção: TFEm), psicodinâmica (Relações de Objeto) e construção social (Terapia Narrativa). Todas as abordagens fazem interface em diversos aspectos e são compatíveis com EMDR, uma "terapia integrativa". Como Maxfield (2002:403) salientou: "O EMDR tem elementos de várias orientações psicológicas tradicionais (...) [incluindo] terapias integrativas". A união dessas abordagens é esboçada a seguir.

Durante a fase de avaliação do tratamento, o terapeuta emprega aspectos de TFEm, Relação Objeto e Terapia Narrativa quando faz a entrevista para história pessoal. Os genogramas da família de origem (Kaslow, 1995; McGoldrick, Gerson & Shellenberger, 1999) são reconstruídos, e o estilo de apego, eventos traumáticos e padrões são identificados.

Então, o terapeuta implementa o protocolo de EMDR para processar esses resíduos de danos de apego para que novos caminhos sejam abertos. EMDR em conjunto trata esses obstáculos liberando o relacionamento para seguir adiante. Na fase final, TFEm e Terapia Narrativa proporcionam uma estrutura para o casal recontar suas histórias, praticar novas habilidades e imaginar um futuro mais positivo.

A seguir, é apresentada uma breve discussão dessas abordagens de terapia familiar, suas várias interfaces e os meios como elas acomodam o protocolo EMDR.

Relações de Objeto

O conceito fundamental da teoria original do apego de Bowlby (1988) é baseado na necessidade inata humana de vinculação e é desenvolvido na Teoria das Relações de Objeto. Quando o desenvolvimento do relacionamento é impedido, a Teoria das Relações de Objeto/Psicodinâmica propõe: "Os efeitos de traumas passados interferem no funcionamento atual, na trajetória desenvolvimental relatada ou em ambos" (Kaslow et alii, 2002:311). O EMDR é compatível com processamento de informação psicodinâmica (Shapiro, 2001; Wachtel, 2002). Duas características principais da Terapia das Relações de Objeto/Psicodinâmica são: associação livre e transferência (Scharff & Scharff, 1987). Associação livre é congruente com os três fluxos de pensamentos, sentimentos e imagens encorajados no processamento por EMDR. Na terapia de casal, as transferências são tratadas entre os cônjuges, em vez de um trabalho direto entre o paciente e o terapeuta, como na Terapia Psicodinâmica individual (Donovan, 2003).

Terapia Focada na Emoção

Como uma terapia experiencial, TFEm[23] envolve emoções chaves na organização de crenças e comportamentos do apego. O alvo da TFEm é "reprocessar experiências e reorganizar interações para criar um vínculo seguro entre os cônjuges" (Johnson, 2004:12). "Deslocamentos" emocionais são vistos como sinais importantes de tensão perturbadora do apego. Congruente com os princípios das terapias experienciais, o EMDR facilita um processamento natural com *input* mínimo ou direção do terapeuta. O EMDR também foca sobre experiências sentidas corporalmente, cuidadosamente acompanhadas, enquanto conecta informações cognitivas com material emocional. Existe divergência, pois o EMDR dá menos ênfase à verbalização (i.e., articulando simbolicamente experiências e escuta reflexiva) durante o processamento do que a maior parte das terapias experienciais (Bohart & Greenberg, 2002).

---

[23] N. da T.: Terapia Focada na Emoção. Optou-se pela sigla TFEm para não confundir com a sigla em português da Terapia Familiar Estrutural.

Terapia Narrativa

O objetivo da Terapia Narrativa é a "desconstrução" de histórias velhas e problemáticas e a "reconstrução" de narrativas novas e esperançosas sobre o *self* e o relacionamento através de constelações de questões e diálogo extensivo (Freedman & Combs, 2000; White & Epson, 1990). A Terapia Narrativa é derivada do construtivismo social, que postula que os discursos de indivíduos de vários contextos sociais (ex.: família, amigos e parceiros) imprimem a realidade deles. Na Terapia Narrativa de Casal, cada parceiro testemunha a recontagem de suas respectivas histórias com o objetivo de compreensão, modificação e integração (Freedman & Combs, 2000). Similarmente, o EMDR esforça-se para mudar a "Crença Negativa" para "Crença Positiva" usando a matéria crua de "cognições preferidas" e "Entrelaçamentos Cognitivos" para construir um "modelo futuro positivo" (Shapiro, 1995). Ambas as abordagens encorajam uma reedição de realidades subjetivas sobre o *self* em contextos relacionais. No entanto, a Terapia Narrativa e o EMDR diferem nos focos e procedimentos. Terapia Narrativa está originalmente envolvida com mudanças cognitivas através de questionamento e discussão, enquanto o EMDR está focado na mudança tanto na experiência quanto na crença, com um mínimo de questionamento ou diálogo.

Aplicando EMDR à Terapia de Casal

O EMDR tem sido aplicado à terapia de casal, tanto como tratamento paralelo individual como em conjunto, com ambos os parceiros presentes (Karpel, 2001; Kaslow at alii, 1002; Litt, 2000; Moses, 2002, 2003; Protinsky at alii, 2001; Shapiro, 1995; Zangwill, 2000).

Vantagens em Integrar EMDR e Terapia de Casal

Em uma tarefa de estudo analítico, Protinsky et alii (2001:163) indicaram que casais em tratamento conjunto com EMDR, comparados com um grupo controle que recebeu TFEm sem EMDR, se beneficiaram de uma "elevada experiência emocional" e, como resultado, os parceiros estavam "mais interessados no engajamento emocional". Protinsky et alii concluíram que o EMDR como uma intervenção na Terapia de Casal Conjunta pareceu acrescentar efetividade terapêutica. O EMDR foi entendido, na aplicação de Protinsky et alii, como uma intervenção breve de processamento rápido no contexto da terapia de casal. Sistematicamente, o relacionamento é sempre visto como o "paciente" e o sistema de casal é, então, trabalhado conjuntamente. A intenção de aplicar EMDR nesse modelo é a de ajudar no relacionamento e o casal a progredir para além de impasses; não é entendido como duas terapias individuais paralelas. Um protocolo de terapia de casal com EMDR foi desenvolvido com base nesses relatos de terapeutas em EMDR (Moses, 2002, 2003).

PROCESSO TERAPÊUTICO

Toda experiência é conhecimento: tudo mais é apenas informação.
Albert Einstein

Objetivo da Terapia

Terapia de Casal Conjunta aplicando EMDR acrescenta empatia ao "parceiro testemunha", conforme o "parceiro trabalhado" consegue trabalhar a reatividade do apego disparador (Moses, 2003). Johnson e Wiffen (2003) propuseram que a terapia de casal pode oferecer padrões alternativos de resposta e renovados meios de conexão. O reforço do vínculo do par proporciona resiliência relacional e proteção emocional mútuas.

Diretrizes

O terapeuta que trabalha conjuntamente com EMDR deve assegurar os seguintes elementos:
Segurança: através da instalação de estabilidade, recursos suficientes e comprometimento.
Equilíbrio: através do estabelecimento de equidade; por exemplo, ambos os parceiros devem participar.
Contenção: através do estabelecimento de sistemas de apoio contextual suficientes.

O Processo de EMDR com Casais

O objetivo de integrar o EMDR na terapia de casais é reparar danos de apego, enquanto proporciona uma experiência tangível de disponibilidade, empatia e a promessa de confiabilidade. Essa experiência permite ao casal construir confiança dissolvendo suas defesas (estilos de apego protetivo) e reencontrando um apego íntimo. Quando os parceiros se conhecem e se apaixonam, no primeiro momento, eles compartilham narrativas pessoais positivas, bem como experiências dolorosas e medos. Revelações desse tipo e com uma profundidade de sentimentos, de acordo com Hazan & Zeifman (1999), podem constituir um teste de comprometimento e confiabilidade futura, bem como uma tentativa de aceitação mútua e afetuosa. "Conforme os membros do casal começam a servir como fonte mútua de suporte emocional, seu relacionamento leva a um componente de vinculação adicional chamado *porto seguro*" (Hazan & Zeifman, 1999:350).

O esquema (Figura 7.1) ilustra a propensão natural de um casal para se apegar. Isso começa tipicamente com compartilhamento e frequentemente com a promessa de cura mútua. Mais tarde, feridas (i.e., traição, abandono, rejeição, não validação e não responsividade) ocorrem no relacionamento e isso pode resultar em distanciamento ou conflito crônico. O casal pode procurar terapia. Na terapia, estabilidade e comportamento emergente (mudança de primeira ordem) melhoram. Mais profundamente, mudança sustentadora (segunda ordem) é procurada. Se um impasse é percebido e o casal permanece aprisionado, o EMDR é considerado para processar as questões individuais de apego e construir religação entre os parceiros. Então, a terapia do relacionamento pode continuar com o casal vinculado mais seguramente.

**Os indivíduos entram no relacionamento
com danos de apegos anteriores**

União e Apego
Cura Mútua

Danos de Apego

- Traição de confiança
- Abandono
- Isolamento
(Johnson & Whittem, 2003)

Conflito ou Distanciamento Crônico

ou

Terapia de casal
Estabilização e mudança de primeira ordem

Impasse

- disparador — defensividade
- falta de compreensão — baixa empatia
- progresso lento — baixa segurança

(Johnson & Whitten, 2003; Karpel, 2001)

EMDR
Processamento de crenças e emoções centrais
Mudança de Segunda ordem

Cura mútua e reconexão

Continuação da terapia de casal com apego seguro saudável

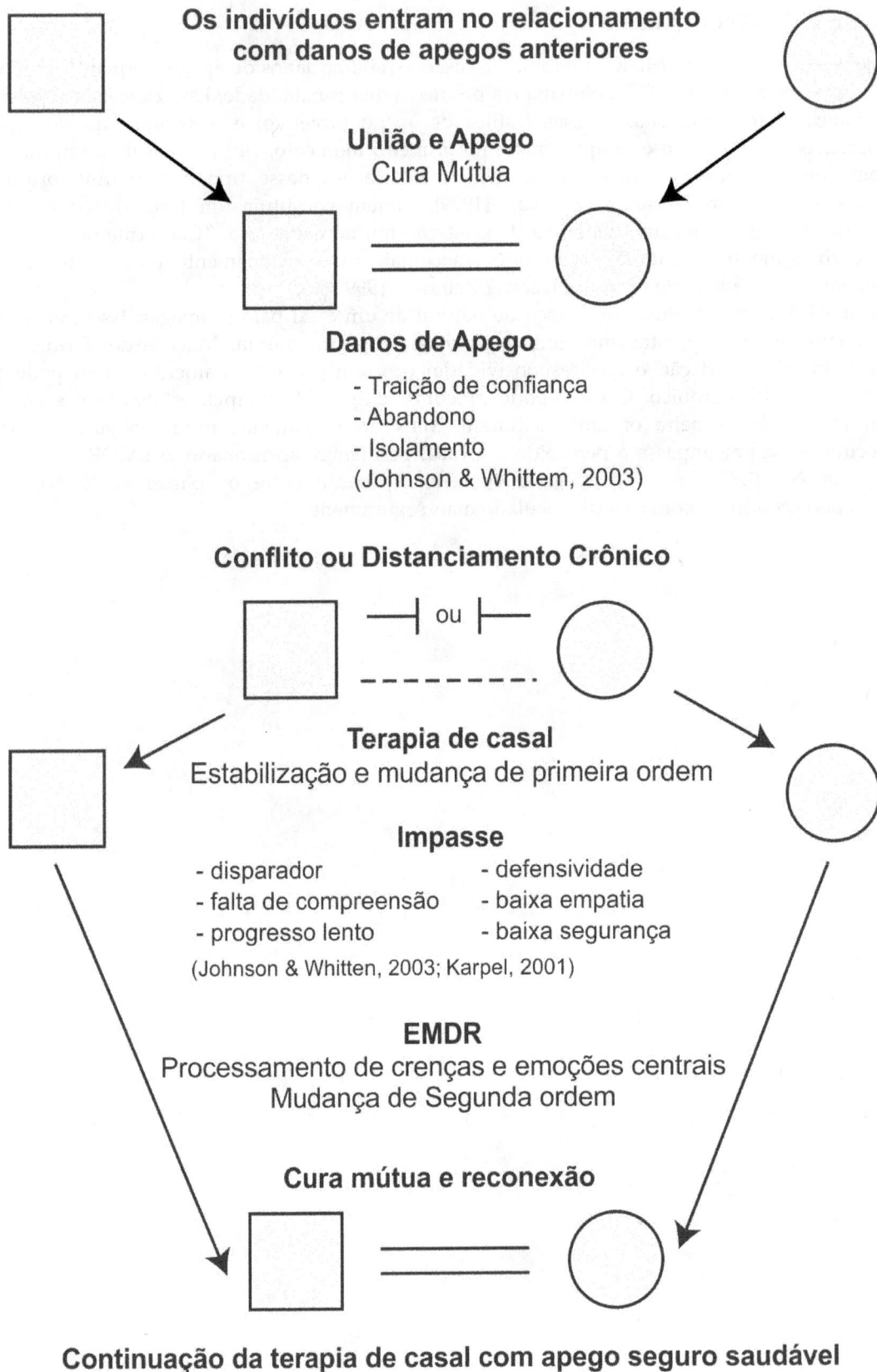

Figura 7.1. Um modelo para EMDR e questões de apego em terapia de casal

Processos e Procedimentos do Tratamento

O protocolo para casais (Moses, 2003) oferece segurança através de sua estrutura, conforme faz as oito fases do protocolo de três estágios do EMDR (Shapiro, 2001) integrado na abordagem apresentada a seguir:

Fase 1: História

O terapeuta colhe informações, as quais incluem uma "história do trauma" completa, particularmente relatada para danos de apego. De acordo com Byng-Hall (1999), uma maior segurança do apego no casamento é o grau de coerência nas narrativas dos parceiros sobre relacionamentos familiares. O terapeuta investiga o afeto e coerência de narrativas sobre as famílias de origem, bem como os relacionamentos atuais, usando os instrumentos a seguir.

Um "genograma" é útil em identificar padrões transgeracionais e relacionais (McGoldrick et alii, 1999). Os genogramas podem ser desenvolvidos com uma estrutura temática (ex.: questões de saúde, adição, papéis de gênero). Outra abordagem desenvolvida por Kaslow (1995) é o genograma projetivo, que enfatiza uma série de perguntas abertas, encoraja associação livre e os clientes desenham seus próprios genogramas. Um genograma de apego é uma entrevista focada nos vínculos de apego com a família de origem focada em associações para valores projetivos e temáticos. Adaptadas a partir da Entrevista de Apego Adulto (veja Bartholomew & Horowitz, 1991), as seguintes questões podem ser exploradas: a) relacionamento entre pai e mãe, e de qual deles você era próximo; b) relacionamento entre irmãos; c) relacionamento entre membros significativos da família estendida e algumas figuras parentais; d) senso geral de proximidade, base segura e porto seguro na família de origem de cada um; e) qualquer história de trauma experimentado ou testemunhado; f) quaisquer crenças sobre si em relacionamentos; g) quaisquer rejeições, separações, traições ou perdas; e, h) atenção do terapeuta sobre quaisquer temas e crenças sobre estilo de apego (ver Cap. 3).

É vital identificar "recursos positivos" dentro do relacionamento e também notar as áreas de dificuldade. Exemplos são trabalhar cooperativamente com os pais, compartilhando um humor comum e "afastamentos positivos" em torno dos problemas apresentados.

A adequação do casal para a intervenção conjunta com EMDR precisa ser avaliada. As circunstâncias adiante podem ser sinais de preocupação: a) se o compromisso para o relacionamento não é claro; b) se as questões de trauma requerem terapia individual antes da prontidão para a terapia de casal; e, c) se a segurança dentro do sistema do casal não foi estabelecida.

Fase 2: Preparação

O terapeuta explica o procedimento do EMDR para o casal, obtém o consentimento mútuo, e as instruções de procedimento e ordem de processamento são apresentadas. As instruções para o "parceiro testemunha" são cuidadosamente explicadas. O terapeuta posiciona o "parceiro testemunha" de acordo com as preferências do parceiro que está sendo trabalhado (ex.: próximo ou atrás do parceiro que está sendo trabalhado) e, então, o instrui sobre os parâmetros para um testemunho compassivo: "Fique focado, fique calmo e silencioso, olhe ao longe durante os passos, não faça barulho. Instruções de fechamento serão oferecidas no final da sessão de processamento" (veja discussão final). O terapeuta ajuda o parceiro que está trabalhando a identificar e visualizar o lugar seguro e, então, conduz o cliente em uma série de movimentos oculares ou outra estimulação bilateral. Técnicas de relaxamento são introduzidas, se necessário, para proporcionar ao cliente métodos de autotranquilização para lidar com perturbações que possam emergir dentro ou entre as sessões.

Fase 3: Avaliação

A fase 3 alveja eventos e padrões de danos de apego. O terapeuta sempre começa com as questões de relacionamento e segue o cliente seja qual for o caminho que ele tomar. O terapeuta geralmente usa um dos três métodos para identificar alvos: 1) identificação clara do alvo pelo casal ou do indivíduo durante a fase de avaliação, 2) instruções de flutuar para trás focado em sensações corporais ou 3) uso da técnica de flutuar para trás através de imagens guiadas (Moses, 2003; Zangwill, 2000) para induzir uma memória. Uma vez identificado o alvo, os componentes associados seguintes são verbalizados: Crença Negativa, Crença Positiva, Sensações físicas e localizações, Unidades Subjetivas de Perturbação (SUDS) e Validade da Cognição (VoC). Isso estabelece a linha de base para o processamento (veja Shapiro, 2001; Cap. 1).

Fases 4 a 7: Processamento

As fases 4 a 7 constituem o núcleo do reprocessamento e dessensibilização. O terapeuta foca sobre o primeiro dano de apego atual e, então, explora quaisquer "canais de memória" relacionados. Não é a proposta do presente capítulo descrever os detalhes do processamento com EMDR (veja Shapiro, 2001), mas a Fase 7, Fechamento da Sessão, será explicada a seguir:

1. *Interrogar o "parceiro trabalhado"* para identificar qualquer resquício e explicar que o processamento interno pode continuar durante a semana (memórias, sonhos etc.). O "parceiro trabalhado" é orientado a anotar qualquer material pertinente que possa surgir e compartilhar na próxima sessão.

2. *Instruções e reflexões de fechamento para o "parceiro testemunha"* consistem da seguinte declaração do terapeuta: "Sem rotular, patologizar, interpretar ou esclarecer o problema, limite o foco de seus comentários em como você foi impactado emocionalmente".

3. *Construir pontes para acessar o material* pode ajudar a conectar de modo completo conteúdos significativos da sessão. Seguindo o depoimento do impacto emocional do "parceiro testemunha", o terapeuta sensibiliza o "parceiro testemunha" a ver como ele pode inadvertidamente ter disparado o parceiro. Além disso, podem ter sido disparadas questões no "parceiro testemunha" que podem ser identificadas nesse momento. Possibilidades para novas interações e modelos futuros também podem ser colhidos e desenvolvidos com o terapeuta.

4. *Apreciação mútua* é compartilhada com as seguintes instruções: "Compartilhem um com o outro uma qualidade sobre o outro que você apreciou profundamente em nosso tempo juntos hoje. Faça contato com o outro, pelo menos contato visual, e eu simplesmente escutarei".

5. *As instruções para o intervalo entre as sessões* envolvem as recomendações do terapeuta para o casal evitar discutir a sessão de EMDR para assegurar que qualquer processamento individual contínuo não seja interrompido. No evento que o "parceiro trabalhado" compartilhou material, o cônjuge poderia ser treinado a responder como um afetuoso ouvinte.

Fase 8: Reavaliação

Na próxima sessão, ambos os parceiros comparecem. O terapeuta então determina se são necessárias mais sessões de EMDR para o primeiro parceiro antes de trocar para o outro parceiro. Para manter o equilíbrio, cada troca de processamento em EMDR é limitada a duas ou três sessões para cada cônjuge. A alternância de períodos pode ocorrer várias vezes durante o tratamento do casal. Quando os parceiros estão prontos para a troca, o protocolo descrito anteriormente é repetido.

Reflexões Sobre o Processo de Terapia

Um protocolo de três estágios de EMDR é aplicado inicialmente pela identificação dos disparadores no relacionamento "atual", processando os canais "antigos" de memórias e instalando modelos para um relacionamento "futuro" mais conectado. A terapia torna-se sistêmica acessando os respectivos pontos individuais para as interações do relacionamento. Esse processo é um trabalho dentro e entre (Johnson, 2004). O terapeuta funciona como um intérprete das questões e um pacificador para o desarmamento mútuo de disparadores. É vital reconhecer a competição e comparação no relacionamento do casal. O terapeuta deve ter precaução especial no planejamento do tratamento, incluindo decidir a ordem de processar quando: a) um parceiro tem mais traumas ou está mais severamente traumatizado do que o outro; b) um parceiro é mais familiarizado ou mais experiente com o EMDR; c) um parceiro tem resposta mais dramática ou "comovente"; d) um parceiro não tem muita ou nenhuma resposta; ou, e) há uma rivalidade sobre quem é o "melhor cliente".

Exemplos de Casos

Caso 1: Meg e Greg: Um Caso de Abandono e Traição

O Problema Presente

Meg e Greg, casados há 9 anos, agora por volta dos 30 anos entraram para a terapia de casal numa crise que se seguiu à explosão de raiva de Greg quando soube de encontros extraconjugais de Meg (veja Figura 7.2).

Background

Meg percebia seu pai como distante e sua mãe como "crítica e controladora". Meg individuou-se através de rebeldia e desenvolveu um "estilo de apego evitativo". Pessoas com esse estilo tendem a ter uma necessidade relativamente baixa de relacionamento, são capazes de ser auto-suficientes e não são emocionalmente abertas ou afetivas (Davila, 2003). Greg é filho único de um casamento conflituoso. Seus pais se divorciaram quando ele tinha 5 anos, devido a casos extraconjugais de seu pai. Greg sentia que ele e sua mãe nunca se recuperariam do abandono de seu pai. Isso o deixava com um "estilo de apego preocupado". Pessoas com esse estilo tendem a questionar se são dignas de amor, obsessivamente preocupadas sobre rejeição e são dependentes nos relacionamentos. Essas pessoas procuram reasseguramento sobre o amor e compromisso de seus parceiros. Elas idealizam parceiros e, ainda assim, são hipercríticas com eles quando suas necessidades não são satisfeitas. (Davila, 2003).

Problema Apresentado: "infelicidade", casos, "comunicação pobre".

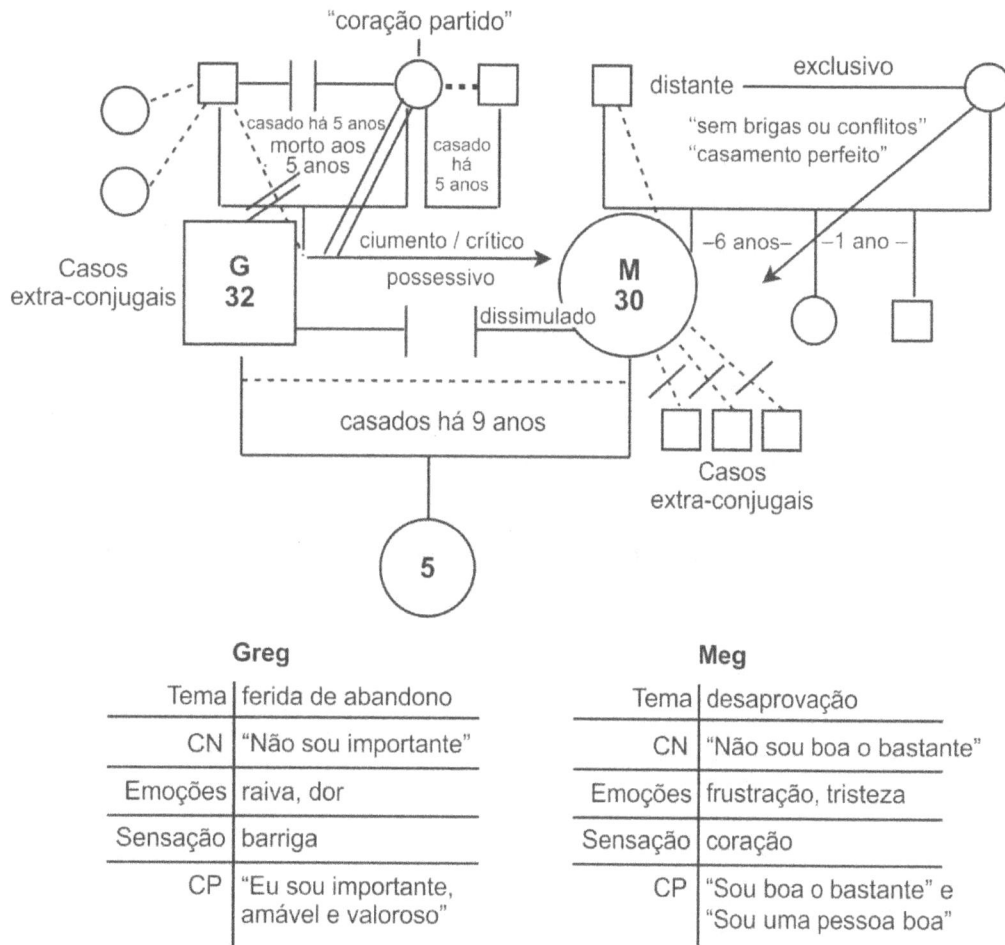

Greg		Meg	
Tema	ferida de abandono	Tema	desaprovação
CN	"Não sou importante"	CN	"Não sou boa o bastante"
Emoções	raiva, dor	Emoções	frustração, tristeza
Sensação	barriga	Sensação	coração
CP	"Eu sou importante, amável e valoroso"	CP	"Sou boa o bastante" e "Sou uma pessoa boa"

Figura 7.2 Genograma Greg e Meg.

Curso do Tratamento

As sessões iniciais focaram a vinculação, o levantamento da história e identificar sistemas inter-relacionais do casamento (ex.: distanciador e perseguidor). O teor emocional incluiu raiva e desespero por parte de Greg, e culpa e sufocação por parte de Meg. Nas 4 sessões seguintes, um quadro para compreensão, responsabilidade e perdão foi desenvolvido. Uma decisão mútua foi feita para introduzir EMDR na terapia conjunta. Greg escolheu trabalhar primeiro.

O Processamento de Greg

A Crença Negativa de Greg era: "Não sou importante" e sua Crença Positiva era: "Sou bom o bastante". Sua pontuação na escala VOC era 2 (de 1 a 7, em que 7 é completamente verdadeiro) e suas emoções identificadas eram "raiva" e "dor". Sua pontuação na escala SUDS era 8 (de 0 a 10, em que 10 é a máxima perturbação imaginada) e a localização do sentimento estava na sua barriga.

Greg quis que Meg ficasse perto dele e segurando sua mão. Meg se tornou uma "testemunha compassiva". A seguir, o lugar seguro foi instalado. O alvo foi a interação de Greg com o abandono do pai e a figura foi um jogo de *baseball* quando era garoto, um que seu pai assistiu. Conforme Greg processava a cena dolorosa, sua agonia era palpável. Os canais relacionados envolveram sua raiva dirigida ao pai e identificação com o compromisso de sua mãe. Seu SUD se neutralizou e a crença "Eu sou importante, louvável e valoroso" tornou-se válida (VoC = 7).

Meg chorou pela dor da infância de Greg. Ela disse: "Sinto muito por ele. Nunca vou machucá-lo assim" (um evento tranquilizador). A sessão terminou com expressões de apreciação e um silencioso e pungente olhar que não tinha estado presente há algum tempo (proximidade). Na sessão seguinte, durante a apresentação de reavaliação, Greg relatou: "Não sinto mais raiva e agora consigo dormir". Foi decidida uma troca para Meg processar.

Processamento de Meg

A memória alvejada de Meg foi a interação crítica com sua mãe e seu alvo foi uma cena de sua mãe perguntando alguma coisa quando ela (Meg) estava com 10 anos de idade. A implicação percebida foi que ela havia caído um pouco diante das expectativas de sua mãe. A Crença Negativa de Meg era: "Não sou boa o bastante". As emoções "frustração e tristeza" foram localizadas em seu coração com SUD 8. Sua Crença Positiva foi: "Sou boa o bastante" e "Sou uma pessoa boa", com um VOC 2.

Meg tomou a mão de Greg, como se ele proporcionasse alguma base importante para ela. Após instalar o lugar seguro, ela imaginou uma típica cena da hora da refeição, embargada pelas críticas de sua mãe. Ela descreveu seu "coração batendo rápido" e uma urgência para "fugir e ter uma vida secreta". O processamento de Meg foi emocionalmente intenso com soluços, resultando na neutralização do seu SUD para 0 (relaxamento e alívio). Instalamos um Entrelaçamento Cognitivo de: "Minha mãe não é a autoridade de meu valor", a qual levou a confiança de: "Sou boa o suficiente", "Sou uma boa pessoa", com um VOC 7.

Greg refletiu: "Eu senti sua dor ... Senti carinho por Meg quando, finalmente, ela disse: 'Sou uma pessoa boa'" (evento tranquilizador). Percebendo uma ligação com o casamento e o que ele pode oferecer, Greg prometeu ser "menos crítico e mais cuidadoso em como conduzir as coisas (...) Não quero parecer com a mãe dela". A sessão foi concluída com expressões de profunda apreciação mútua.

Na sessão seguinte, Meg contou que estava impressionada por sentir afeição por Greg e reportou um renovado relacionamento físico. Ela percebeu que seus sentimentos de culpa e desmerecimento tinham bloqueado seu progresso emocional. Paralelamente, Greg relatou não ter nenhuma de suas prévias suspeitas e estava "mais confiante" (base segura) no casamento.

Dois meses depois do término do tratamento, eles voltaram para, em suas palavras, "trabalhar algumas questões sexuais". Quatro sessões de trabalho focal ajudaram o casal na iniciação da negociação mútua. A reaproximação íntima deles, emocional e sexualmente, estava se mantendo.

Revisão

Os impasses no tratamento dissolveram como resultado do processamento por EMDR, que permitiu uma experiência emocional compartilhada levando a aumentar a sintonização, que é um entendimento mais profundo, com empatia e conexão. Depois de duas sessões de EMDR, a terapia de casal progrediu mais rapidamente e com sucesso.

Caso 2: Tim e Sarah: Um Caso de Falta de Responsividade e Falta de Validação

Casados há 20 anos, a preocupação de Tim e Sarah eram seus três filhos, que estão todos bem e se encaminhando para suas próprias vidas (veja Figura 7.3).

Apresentação do Problema

A preocupação era a desconexão mútua. Tim passou por um episódio depressivo maior 5 anos antes e periodicamente se sentia "triste e num estado desconectado". Sarah queixava-se de "falta de paixão" no casamento. Ambos expressaram compromisso e desejo de ficarem juntos, embora Sarah tenha admitido fantasias com outra pessoa. Ela havia tido desejos ao longo dos anos, mas nunca cedeu àqueles impulsos. Sarah estava em terapia individual e foi encorajada por seu terapeuta a entrar numa terapia de casal para enfrentar seus problemas antigos com Tim.

Background

Tim, o mais novo de três irmãos, nasceu em uma "família bem-sucedida" e a ênfase era sobre a *performance*. Seu pai e um irmão eram médicos, e seu outro irmão era advogado. Eles tinham uma barreira de privacidade em torno de emoções, pois a expressão de sentimentos era vista como fraqueza em sua família competitiva, macho-dominante. Tim tinha uma loja de roupas e trabalhava longas horas. Ele desfrutava de um sucesso moderado, até que uma recessão econômica resultou em falência, desemprego e diminuição do senso de autovalia. Essa situação precipitou um episódio depressivo de 9 meses. As Cognições Negativas de Tim, "Eu sou deficiente" e "Não sou bom o bastante" emergiram no seu trabalho de processamento. O disparador no relacionamento era repetidamente a percepção do desapontamento de Sarah. Apesar de querer desesperadamente agradar sua esposa, ele ficou confuso sobre como realizar essa meta temida. Tim demonstrou um estilo de apego temeroso. De acordo com Davila (2003), pessoas com esse estilo tendem a questionar se são dignas de amor; elas temem rejeição ainda que se sintam atraídas a entrar num relacionamento. Uma vez num relacionamento, elas temem intimidade e tendem a ser inibidas (emocionalmente) e passivas (fisicamente).

Problema atual: "desconectado" (T & S),
"depressão" (T), "falta de entusiasmo" (S)

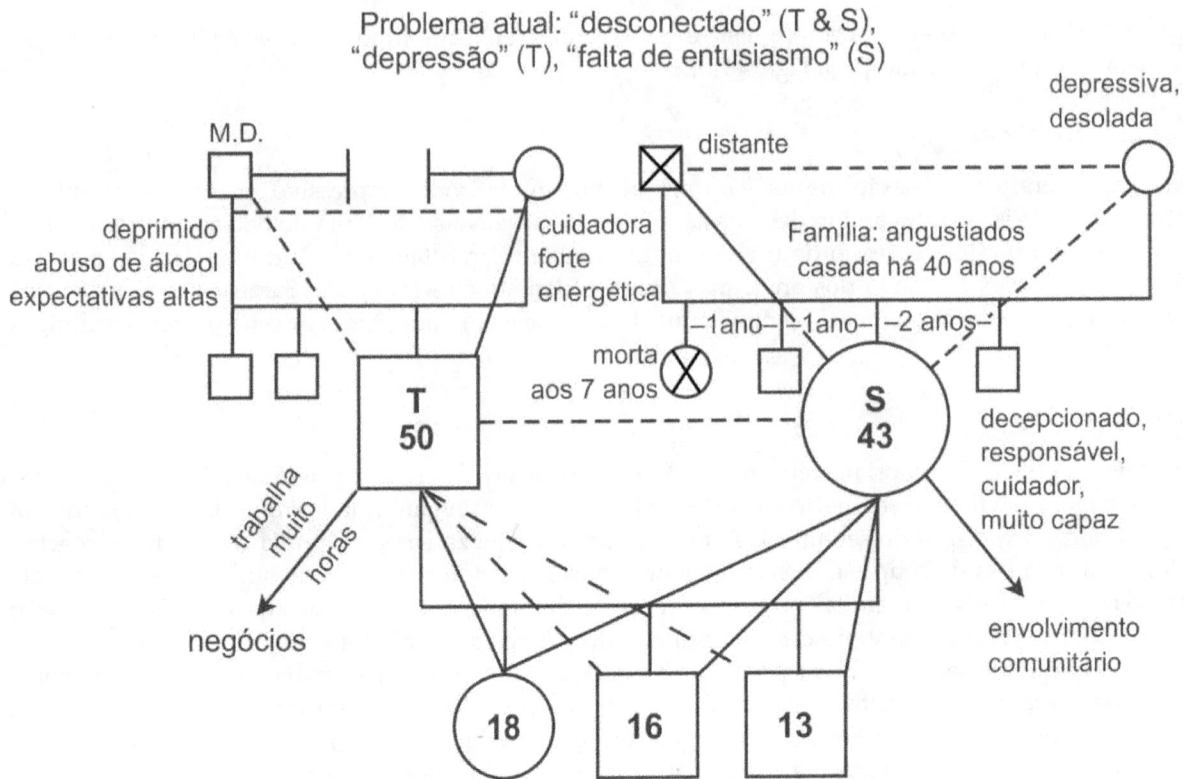

Figura 7.3 Genograma Tim e Sarah.

Tim

Assunto	danos da rejeição
CN	"Sou incapaz"
Emoções	triste, frustrado
SC	peito
CP	"sou capaz e amável"

Sarah

Assunto	danos da desvinculação
CN	"Não posso me controlar...se me permitir sentir"
Emoções	solidão
SC	corpo todo
CP	"Sou boa o suficiente", "Posso expressar minhas emoções com segurança"

Sarah é de uma família de classe média amorosa e apoiadora. Ela é a segunda menina, terceira entre quatro filhos, e se beneficiou de uma vida segura no início. Quando Sarah tinha 5 anos, sua família foi marcada pela morte trágica de sua irmã mais velha em um acidente de automóvel. Sarah, sua mãe e seus dois irmãos sobreviveram ao acidente. Sua mãe era a motorista e se sentiu profundamente responsável; ela caiu numa depressão crônica da qual nunca, de fato, se recuperou. Como uma filha sobrevivente, Sarah aprendeu a evitar sobrecarregar sua mãe, agora indisponível a qualquer de suas necessidades, especialmente as emocionais, e proporcionar cuidados a seu pai e a seus irmãos. Sarah cresceu para ser capaz, cuidadora, confiável como esposa, mãe, amiga e membro da comunidade. Sua Crença Negativa emergiu como: "Não estou no controle se eu me deixar sentir". Ela desenvolveu um "estilo de apego" predominantemente "preocupado". Pessoas que proporcionam cuidado excessivo têm um potencial para a exigência, são sensíveis como se suas necessidades nunca fossem completamente preenchidas (Davila, 2003).

Curso do Tratamento

As sessões iniciais focaram a vinculação e levantamento da história. O terapeuta percebeu que Sarah viveu em um desespero silencioso, relutante para expressar suas necessidades. Tim sentia-se profundamente inadequado, aturdido sobre como ser um marido aceitável para Sarah. O grau de disparadores mútuos e impasses fizeram Sarah se sentir "enfastiada" e Tim sentir-se "sem esperança", o que levou à decisão de introduzir EMDR no tratamento. Sarah foi a primeira a ser trabalhada. Essa ordem fez pender a balança, pois Tim tinha sido visto como o paciente, a começar por sua depressão, e Sarah sentia que a necessidade dos outros vinha sempre antes das suas. Os seguintes trechos são referentes às duas sessões seguintes.

O Processamento de Sarah

Sarah posicionou Tim perto dela sem qualquer contato. Depois de instalado o lugar seguro, ela focou em seu profundo vazio e dor quando estava sozinha com Tim. Ela se lembrou de se sentir irremediavelmente sozinha durante o episódio depressivo de Tim 5 anos antes.

Terapeuta: Você pode trazer uma imagem representativa dessa experiência?

Sarah: Sim. Vejo Tim olhando fixo para fora da janela, sentado inerte e sem expressão.

Terapeuta: Quais palavras se enquadram na imagem que expressem sua crença negativa sobre si mesma agora?

Sarah: Não tenho o controle... Estou sozinha... Vou desaparecer.

Terapeuta: Traga aquela imagem... O que você gostaria de acreditar sobre você mesma agora?

Sarah: Tenho controle suficiente para ficar bem, expressando meus sentimentos (VoC = 3).

Terapeuta: Que você sente agora quando pensa na cena daquela imagem?

Sarah: Sinto-me desesperada e apavorada.

Terapeuta: Numa escala de 0 a 10, em que 10 é a máxima perturbação, que nível de perturbação (SUD) você tem?

Sarah: É muito forte, talvez 8.

Terapeuta: Onde você sente isso no seu corpo?

Sarah: Aqui [gesticula para seu coração]... e em tudo... Eu não consigo fazê-lo reagir.

Terapeuta: [Instrui Sarah para seguir seus dedos: movimentos oculares (MBs)] Você pode deixar sua mente flutuar para trás e voltar no tempo desde quando você teve esse mesmo sentimento?

Sarah: Uau! Minha mãe apareceu de repente... tipo cena superposta. Ela está na pia, com o olhar fixo... ela não está lá... como num transe... não realmente lá... e eu sou uma garotinha me sentindo sozinha.

Terapeuta: [MBs] Vamos com isso... [MBs] Que apareceu?

Sarah: Preciso ser uma boa garotinha ou estarei sozinha e desintegrada...

Sarah: Posso expressar meus sentimentos e ficar bem.

Terapeuta: [MBs] Que apareceu?

Sarah: Estou um pouco mais calma. Estou um pouquinho mais distante da imagem... Vejo minha mãe como uma mulher triste e sinto compaixão por sua perda.

Terapeuta: [Volta para a memória alvo] Você pode trazer o incidente original?

Sarah: Não estou me sentindo tão frustrada... Sinto compaixão por Tim. Ele estava sofrendo uma perda, também... como minha mãe... ele tinha sentimentos tristes sobre isso...

Sarah: Estou tendo sentimentos e necessidades também.

Terapeuta: Vamos com isso... [MBs]

(SUDS = 0; VOC = 6) Posso deixar Tim saber do que preciso.

Reflexão do "Parceiro Testemunha"

Terapeuta: Tim, sem rotular, patologizar, interpretar... como você foi afetado?

Tim: [Para Sarah] Eu posso ver, pela primeira vez, as semelhanças entre a não disponibilidade de sua mãe e quando eu estava depressivo. Sinto muito mesmo e não quero continuar afetando você dessa maneira [efeito tranquilizador].

Compartilhando Apreciação Mútua

Terapeuta: Compartilhem [um com o outro] uma qualidade... que você realmente... apreciou...

Sarah: Eu apreciei como você realmente estava aqui... quero dizer que emocionalmente, eu senti você aqui.

Tim: Eu apreciei que você compartilhou o que você precisa. Agora, posso ajudar você [porto seguro].

Processamento de Tim

Depois de duas sessões de processamento por EMDR com Sarah, Tim escolheu focar sobre seu sentimento de inadequação no casamento. A cena com Sarah rapidamente se ligou a uma cena de quando ele tinha 10 anos em um teatro da escola. Tim se sentindo "Não bom o bastante" aos olhos de seu pai, comparado com seus irmãos mais velhos. Suas cognições preferidas de "Estou aprendendo" e "sou louvável" foram instaladas com uma confiança renovada em sua habilidade para estar mais emocionalmente vinculado a Sarah. Durante o compartilhar da apreciação mútua, Sarah revelou (um evento tranquilizador) expressando seu orgulho pelo empenho de Tim para entender e estar disponível a ela (porto seguro).

Revisão

Embora o casal tenha trabalhado muitos conflitos e mais negociações nos 4 meses de tratamento, 6 sessões de EMDR moveram os impasses de Sarah e Tim que os incomodavam por anos. O processamento focado também deu a Sarah e a Tim esperança e motivação para experimentarem diferentes meios. Ao término, eles saíam para dançar e tinham reassumido sua intimidade física. Em virtude de Tim e Sarah estarem em tratamento individual, uns poucos contatos por telefone com seus respectivos terapeutas viabilizaram uma coordenação bem-sucedida de tratamento que evitou uma triangulação.

CONCLUSÃO

Cada parceiro traz força e questões para o relacionamento. As etiologias de muitas questões de apego são encontradas em pequenas experiências traumáticas "t", resultando em limitações de apego, tais como vínculos que estão bloqueados por impasses. Em contraste, grandes traumas "T", que são aqueles relacionados com eventos de ameaça à vida, tais como assalto, abuso e outros traumas sérios, requerem avaliação e prudência para determinar se EMDR conjunto é indicado ou contra-indicado. Danos de apego são as bases dos impasses de casais. Quando feridas são disparadas por eventos específicos e situações atuais na vida do casal, resíduos emocionais encapsulados podem estimular reações, levando a padrões disfuncionais, sintomas e constrangimentos no relacionamento. A reparação de danos de apego pode resultar em reconexão do casal e tem se mostrado empiricamente corretiva (Hazan & Zeifman, 1999).

O terapeuta pode conceitualizar as qualidades de um estilo de apego seguro como um modelo para um relacionamento mais saudável, mais continente e estável (Davila, 2003). Estilo de apego inseguro (i.e., temeroso, preocupado e evitativo) é caracterizado e, muitas vezes, marcado por temas de abandono, não validação ou traição. O terapeuta pode ser guiado a determinar cada estilo de apego do respectivo parceiro, influenciado por vários estilos de apego no cérebro como "sinalizadores de canal" no processo de tratamento. Discussão do estilo, suas origens e seus inter-relacionamentos podem sensibilizar os parceiros para os conflitos um do outro. Além disso, uma compreensão da dinâmica do estilo de apego do casal pode ajudar o terapeuta a mapear um menor curso para a terapia pela identificação de cognições e emoções na preparação para o processo de EMDR.

A limitação da categorização dos estilos de apego está nos aspectos de estilos variáveis e mistos que ocorrem na realidade das pessoas. Portanto, tão valioso quanto são esses esquemas, rótulos fixos, assumidos ou impostos, devem ser evitados. Uma curiosidade respeitosa sobre as narrativas, crenças e estilos únicos dos clientes se mostrará mais efetiva.

Certamente, o objetivo em todas as terapias é ajudar os parceiros a desenvolver mais interações adaptativas, mais habilidades positivas e conexões saudáveis. Então, "por que aplicar EMDR"? A promessa do EMDR está em sua exclusividade de processamento rápido de danos de apego. Danos que são frequentemente o cerne das questões relacionais. Através do processamento por EMDR, cada parceiro tem uma oportunidade para reeditar e dessensibilizar resíduos dos danos de apego do passado em um ambiente seguro e, consequentemente, sensibilizar um ao outro sobre disparadores dolorosos. Pelo rompimento completo desses impasses, o casal está livre para crescer cognitiva, afetiva e espiritualmente.

Por que Trabalhar Conjuntamente?

A eficácia do EMDR com indivíduos está bem estabelecida, mas sua adaptação para terapia de casais está menos documentada. Por outro lado, através de uma abordagem sistêmica, o casal é visto como o paciente. Trabalhar em conjunto equilibra o sistema, pois nenhum parceiro é identificado como o "problema" e ambos têm a oportunidade de experimentar *insights* sobre o passado um do outro que pode não ser compartilhado no nível da consciência. Trabalhando em conjunto, cada um tem a oportunidade de avaliar feridas passadas, conforme o parceiro testemunha compassivamente, vicariamente experiencia a dor e ativa sintonização mútua. Esse acréscimo de empatia e compreensão pode precipitar uma mudança fundamental, conforme as narrativas velhas, pesadas e perturbadoras são substituídas por histórias novas, leves e mais afetuosas. A carga emocional reduzida de experiências passadas possibilita ao casal responder sem reatividade, com menos ênfase no passado e com mais energia na interação presente. Dessa forma, o tratamento é corretivo para o sistema.

Resultados de estudos de terapia de casal indicam que técnicas cognitivas sozinhas não produzem mudança substancial, a menos que acompanhadas por mudanças emocional, comportamental e experiencial (Atkinson, 1999; Johnson, 2004). Ressaltando, compreensão é importante no processo da terapia. Holmes (1998:69) enfatizou que desenvolver consciência das "necessidades de apego não atendidas anteriormente" do outro encoraja a aceitação. Enfatizou ainda que o apego não age num "caminho contrário deliberadamente, mas um tanto pela influência de modelos inconscientes".

Três abordagens terapêuticas e seus respectivos processos – TFEm, Terapia Narrativa e EMDR – são integrados em vários estágios do tratamento. A abordagem de terapia de casal integrativa apresentada neste capítulo inclui a TFEm na exploração de padrões e estilos de apego. Como podemos observar nos estudos de caso, técnicas associadas com Terapia Narrativa são usadas para a obtenção de história, identificação de questões de apego e desenvolvimento de possibilidades futuras flexíveis e mais esperançosas. O processamento do EMDR de questões de apego proporciona uma experiência emocional poderosa que rompe impasses que têm bloqueado o progresso no relacionamento.

Pensando no desafio de integração, nenhuma das abordagens de terapia familiar é aplicada na forma completamente ortodoxa. Isto é, a integração dessas abordagens requer seleção de componentes e modificação de cada modelo na síntese, a combinação levando a uma nova assimilação. Por outro lado, a intenção é preservar a integridade fundamental de cada abordagem de terapia familiar tão bem quanto a fidelidade do protocolo de EMDR.

Quando o EMDR é Apropriado na Terapia de Casal?

O terapeuta deve estar atento para aplicar o EMDR conjuntamente somente após ter assegurado o comprometimento, a segurança e o consentimento mútuo dos parceiros. A associação do EMDR é contra-indicada em casos de trauma severo ou relutância, hostilidade ou intolerância por um ou ambos os parceiros devido à intensidade emocional envolvida. EMDR com casais também é uma abordagem para ser usada apenas por terapeutas experientes, bem treinados e seguros com os recursos para manobrar os sentimentos fortes que a terapia pode gerar.

Indicações e contra-indicações

A literatura e a experiência revelaram alguns pontos sobre indicação e contra-indicação no uso do EMDR em conjunto.

O EMDR é indicado na terapia de casal: a) para casais que buscam o entendimento mútuo, empatia e sensibilidade a eventos disparadores; b) para casais com dificuldade em ser vulnerável um ao outro; c) para casais em impasse no tratamento e que precisam da segurança de um processo estruturado para processar questões subliminares; e, d) para casais que não conseguem ir além de personalização ou projeção.

Contra-indicações para o trabalho conjunto com EMDR: a) história de trauma (grande "T") complexo ou severo; se feita uma exceção, o terapeuta deve ser muito cuidadoso, assegurando recursos suficientes e em uma necessária e estreita coordenação com um terapeuta individual primário requisitado; b) dissociação significante em um dos parceiros; c) quando o parceiro está relutante em tentar EMDR com o "parceiro testemunha"; d) falta de compromisso para com o relacionamento; e) inabilidade do terapeuta para controlar sessões conjuntas para proporcionar segurança; f) intensa hostilidade ou conflito, nesse caso, deve-se primeiro reduzir a intensidade da hostilidade; g) propensão para o "parceiro testemunha" usar o material trabalhado contra o outro (Litt, 2000); h) se o "parceiro testemunha" é inábil ou relutante para deixar o parceiro ter toda atenção do terapeuta ou interromper o processo falando ou andando em volta (Litt, 2000); i) falta de tolerância de um ou de ambos os parceiros, ou do terapeuta para a intensidade emocional; e, j) tempo insuficiente para o trabalho.

Quando o Tratamento Conjunto Não é Recomendado ou Possível

Se o EMDR conjunto não for indicado ou possível, o tratamento individual continua sendo uma opção (para um ou ambos) e pode ser o tratamento de escolha. Cada terapeuta pode ter uma orientação relativamente mista individual com terapia de casal.

Os seguintes cuidados devem ser considerados. Primeiro, os riscos envolvidos em desequilíbrios do sistema podem fazer mais mal ao relacionamento ou para um, ou ambos os parceiros. A despeito do melhor esforço do terapeuta ter sido feito em sessões individuais, um parceiro muito sensível ou muito competitivo poderá se sentir rejeitado ou menos favorecido. Segundo, existe um potencial para aumento do apego emocional do cliente ao terapeuta em sessões individuais e, portanto, é melhor que sejam evitadas sessões separadas. A menos que existam circunstâncias extenuantes, não há necessidade de adicionar mais complexidade a casais com desafios substanciais. Com esses cuidados em mente, o terapeuta pode encaminhar ao tratamento individual indicado, permanecendo disponível ao casal e a tratamentos coordenados.

Terceiro, triangulação é um risco quando outro terapeuta envolvido não é familiarizado ou desinformado sobre o EMDR. É imperativo educar o terapeuta individual e vê-lo como um recurso. Para evitar triangulação, é importante coordenar o tratamento com EMDR conjunto com outro terapeuta individual envolvido.

Finalmente, o desenvolvimento de tratamentos para casais desafiados por questões de apego é continuamente pesquisado. Estudos mais rigorosos são necessários para determinar fatores mais efetivos na síntese de vários modelos de terapia de casal e aplicações específicas do EMDR. Três áreas de pesquisas empíricas que poderiam beneficiar o desenvolvimento do EMDR em terapia de casal são: o estabelecimento dos instrumentos de avaliação mais eficientes para prontidão, o refinamento de indicações e contra-indicações, e estudos para averiguar a eficácia de resultados com seguimento longitudinal.

REFERÊNCIAS

Atkinson, B. (1999, July/August). The emotional imperative: Psychotherapists cannot afford to ignore the primacy of the limbic brain. Family Therapy Networker, 22–23.

Banse, R. (2004). Adult attachment and marital satisfaction: Evidence for dyadic configuration effects. Journal of Social and Personal Relationships, 21(2), 273–282.

Bartholomew, K., & Horowitz, L. (1991). Attachment styles among young adults. Journal of Personality and Social Psychology, 61, 226–244.

Bohart, A., & Greenberg, L. (2002). EMDR and experiential psychotherapy. In F. Shapiro (Ed.), EMDR as an integrative psychotherapy approach (pp. 239–261). Washington, DC: American Psychological Association.

Bowlby, J. (1988). A secure base. New York: Basic Books.

Byng-Hall, J. (1999). Family and couple therapy. In J. Cassidy & P. R. Shaver (Eds.), Handbook of attachment: Theory, research, and clinical applications (p. 628). New York: Guilford Press.

Davila, J. (2003). Attachment processes in couple therapy. In S. Johnson & V. Whiffen (Eds.), Attachment processes in couples and family therapy (pp. 124–143). New York: Guilford Press.

Donovan, J. M. (2003). Short-term object relations couples therapy. London: Routledge.

Feeney, J. (1999). Adult romantic attachment and couple relationships. In J. Cassidy & P. R. Shaver (Eds.), Handbook of attachment: Theory, research, and clinical applications (pp. 355–377). New York: Guilford Press.

Freedman, J. H., & Combs, G. (2000). Narrative therapy with couples. In L. J. Bevilaqua (Ed.), Comparative treatments for relationship dysfunction (pp. 342–361). New York: Springer.

Gottman, J. M. (1994). What predicts divorce? Hillsdale, NJ: Erlbaum.

Gottman, J. M. (1999). The marriage clinic: A scientifically based marital therapy. New York: Norton.

Hazan, C., & Zeifman, D. (1999). Pair bonds as attachments. In J. Cassidy & P. R. Shaver (Eds.), Handbook of attachment: Theory, research, and clinical applications (pp. 336–354). New York: Guilford Press.

Holmes, J. (1998). Defensive and creative uses of narrative in psychotherapy: An attachment perspective. In G. Roberts & J. Holmes (Eds.), Narrative in psychotherapy and psychiatry (pp. 49–68). Oxford: Oxford University Press.

Johnson, S. M. (2004). The practice of emotionally focused couple therapy. New York: Brunner-Routledge.

Johnson, S. M., Millikin, J., & Makinen, J. (2001). Attachment injuries in couples relationships: A new perspective on impasses in couples therapy. Journal of Marital and Family Therapy, 27, 145–155. Johnson, S., & Whiffen, V. (2003). Attachment processes in couples and family therapy. New York: Guilford Press.

Karpel, M. (2001). EMDR in couples therapy: Targeting the repetition compulsion in chronic conf lict. Handout from presentation at Smith College, School of Social Work, Northampton, MA.

Kaslow, F. (1995). Projective genogramming. Sarasota, FL: Professional Resource Press.

Kaslow, F., Nurse, A., & Thompson, P. (2002). EMDR in conjunction with family systems therapy. In F. Shapiro (Ed.), EMDR as an integrative psychotherapy approach (pp. 289–318). Washington, DC: American Psychological Association.

Litt, B. (2000). EMDR in couples therapy: An ego state approach. Paper presented at the EMDR International Association Convention, Toronto, Ontario, Canada.

Love, K., & Murdock, T. (2004). Attachment to parents and psychological well-being: An examination of young adult college students in intact families and stepfamilies. Journal of Family Psychology, 18(4), 600–608.

Maxfield, L. (2002). Commonly asked questions about EMDR and suggestions for research parameters. In F. Shapiro (Ed.), EMDR as an integrative psychotherapy approach (p. 403).

Washington, DC: American Psychological Association.

McGoldrick, M., Gerson, R., & Shellenberger, S. (1999). Genograms: Assessment and intervention (2nd ed.). New York: Norton.

Mikulincer, M. (1999). Adult attachment style and affect regulation: Strategic variation in self-appraisals. Journal of Personality and Social Psychology, 75, 420–435.

Moses, M. (2002, June). EMDR and conjoint couples therapy. Paper presented at the EMDR International Association conference, San Diego, CA.

Moses, M. (2003). Protocol for EMDR and conjoint couples therapy. EMDRIA Newsletter, 8(1), 4–13.

Protinsky, S., Sparks, J., & Flemke, K. (2001). Using eye movement desensitization and reprocessing to enhance treatment of couple. Journal of Marital and Family Therapy, 27, 157–164.

Scharff, D., & Scharff, J. (1987). Object relations family therapy. New York: Aronson.

Shapiro, F. (1995). Eye movement desensitization and reprocessing: Basic principles, protocols and procedures. New York: Guilford Press.

Shapiro, F. (2001). Eye movement desensitization and reprocessing: Basic principles, protocols and procedures (2nd ed.). New York: Guilford Press.

Shaver, P., & Hazan, C. (1993). Adult romantic attachment: Theory and evidence. In D. Perlman & W. Jones (Eds.), Advances in personal relationships (Vol. 4, pp. 29–70). London: Jessica Kingsley.

Treboux, D., Crowell, J., & Waters, E. (2004). When "new" meets "old": Configurations of adult attachment representatives and their implications for marital functioning. Developmental Psychology, 40(2), 295–314.

Wachtel, P. L. (2002). EMDR and psychoanalysis. In F. Shapiro (Ed.), EMDR as an integrative psychotherapy approach (p. 124). Washington, DC: American Psychological Association.

White, M., & Epsom, D. (1990). Narrative means to therapeutic ends. New York: Norton.

Zangwill, W. (2000, June). Integrating EMDR into sex and relationship therapy. Poster presented at the EMDR International Association conference, Toronto, Canada.

Zimberoff, D., & Hartman, D. (2002). Attachment, detachment, nonattachment: Achieving synthesis. Journal of Heart-Centered Therapies, 5 (1), 3–94.

PARTE III
PROBLEMAS E CONFLITOS CONJUGAIS

CAPÍTULO 8
Integrando EMDR e Teoria de Bowen no Tratamento de Disfunção Relacional Crônica

Nancy Knudsen

Encontrar e manter um relacionamento saudável com um companheiro é o objetivo de vida para a grande maioria das pessoas. Para alguns, o processo ocorre naturalmente; para outros, a busca de um relacionamento saudável e duradouro é uma fonte de desapontamentos crônicos. Alguns indivíduos são tão preocupados por sua inabilidade de encontrar satisfação nessa área de vida que se tornam sintomáticos. Relatos de baixa autoestima, isolamento, desesperança, desespero e ansiedade social são algumas das queixas mais comuns. Esses indivíduos são frequentemente marginalizados em suas famílias ou têm relacionamentos conflituosos.

O conceito de Disfunção Relacional Crônica foi desenvolvido para descrever experiências de pessoas incapazes de encontrar e manter um relacionamento saudável com um companheiro e que sentem considerável perturbação emocional associada. Os tipos de experiências que essas pessoas apresentam na clínica incluem a inabilidade em fazer qualquer contato significativo com um parceiro apropriado, suas escolhas insatisfatórias que fazem com que nenhum relacionamento seja duradouro.

Os clientes que buscam tratamento para problemas de relacionamento podem ser tratados usando a perspectiva sistêmica familiar de Bowen (Bowen, 1978; Kerr & Bowen, 1988) como um pano de fundo teórico para compreender o contexto relacional ampliado. Em adição, o modelo de Processamento Adaptativo de Informação (PAI) (Shapiro, 2001) pode ser usado para o entendimento da ligação psicológica entre experiências críticas do início da vida e disfunções atuais. Juntas, essas teorias proporcionam uma base teórica coesa e uma abordagem de tratamento integrativa para clientes com disfunções relacionais crônicas.

A teoria de Bowen vê a família como uma unidade emocional e usa pensamento sistêmico para descrever as complexas interações internas (Bowen, 1978). Em virtude da natureza humana altamente social e a intensa sensibilidade que os membros de famílias têm uns com os outros, o sistema familiar é visto como uma unidade apropriada de estudo. Mudanças no funcionamento de qualquer membro individual da família são seguidas por mudanças no funcionamento emocional de outros.

Do ponto de vista de Bowen, o problema da Disfunção Relacional Crônica é visto como uma acomodação a certo segmento da população que opera em um nível mais baixo de diferenciação. Em vez de um diagnóstico individual, a teoria de Bowen foca no campo emocional familiar inteiro (Kerr & Bowen, 1988), que inclui a família de origem e a família estendida de cada um dos pais. A atmosfera desse campo emocional familiar determina a habilidade com que um indivíduo equilibra a força emocional básica para a conexão interpessoal, com a que compele para a individuação. O conflito não resolvido entre essas duas forças opostas pode absorver uma grande energia emocional e resultar em constante desapontamento (Kerr & Bowen, 1988). Indivíduos aprisionados nesses conflitos podem ser vistos como tendo disfunções relacionais crônicas.

A partir de uma perspectiva do modelo PAI (Shapiro, 2001), a disfunção relacional crônica é vista no adulto na manifestação de uma série de experiências interpessoais difíceis que ocorrem ao longo do tempo e que nunca foram completamente processadas pelo sistema cerebral natural de processamento de informações. O modelo PAI propõe que dentro de cada indivíduo existe um sistema de processamento fisiológico de informações e que novas informações são incorporadas adaptativamente nas redes existentes de memória por meio de associações forjadas com material previamente armazenado. Uma experiência difícil na infância, tal como perceber rejeição de uma figura parental, pode permanecer congelada no tempo em estado não processado, perdurando junto com fortes emoções e sensações físicas que continuam até serem ativadas quando eventos atuais disparam as memórias precoces (para maiores esclarecimentos, veja van der Kolk, 2002). Crenças irracionais que foram esquecidas na época do evento original são generalizadas para outras situações que se assemelhem às apresentadas supra. Através da facilitação da ativação do sistema fisiológico natural, o modelo PAI e o EMDR tratam os sintomas atuais, como a disfunção relacional crônica, por permitir ao indivíduo reprocessar o material antigo.

Principais Conceitos da Teoria de Bowen

A teoria de Bowen usa uma perspectiva sistêmica que serve como um mapa para entender padrões de relacionamento humano. Murray Bowen, 1978; Kerr & Bowen, 1988 usaram as ciências naturais como um ponto de referência na sua conceitualização de sistemas familiares. Três dos oito conceitos que compõem a sua teoria são discutidos adiante: *diferenciação de self, triângulos* e *sistema emocional da família nuclear.*

Diferenciação do Self

O conceito de *diferenciação do self* (Bowen, 1978; Kerr & Bowen, 1988) é a pedra angular da teoria de Bowen. Tomado do campo da biologia, o conceito de diferenciação se refere ao tempo crítico no desenvolvimento de uma célula quando ela perde a flexibilidade para se desenvolver entre qualquer dos tipos de diferenciação de células, e é substituída interiormente e direcionada para cumprir certo destino, que serve à totalidade. Assim, simultaneamente, estabelece seu próprio curso. Tomando emprestada essa ideia da biologia e aplicando-a aos seres humanos na família, Bowen usou o termo *diferenciação do self* para descrever a capacidade de qualquer indivíduo equilibrar com sucesso duas forças naturais opostas: a força, rumo à distinção, que empurra cada pessoa no sentido de ser independente e única, e a força que propulsiona seres humanos no sentido de juntar esse desejo inerente de pertencer ao grupo e, por conexão, com outras pessoas que oferecem amor e aceitação.

A capacidade de equilibrar essas duas forças difere de família para família e, por extensão, entre indivíduos de uma mesma família. Quando as coisas estão tranquilas no sistema familiar, pode haver mais espaço para os indivíduos expressarem suas diferenças e qualidades únicas, mas quando há mais intensidade emocional, a família exerce mais pressão emocional para pertencer e ser "um de nós". O alcance com que uma pessoa pode ficar firme diante dessa pressão, enquanto continua envolvida com membros da família de maneira calma e atenciosa, é um indicador do seu nível de diferenciação.

Diferenciação também se refere à habilidade de distinguir pensamentos de sentimentos e escolher entre ser guiado pela razão ou pela emoção (Bowen, 1978). Pessoas com altos níveis de diferenciação estão mais aptas a lidar com o estresse, porque estão aptas a sentir fortes emoções e, ainda assim, basear suas ações em um pensamento lógico, racional. Em contraste, indivíduos mais pobremente diferenciados são altamente reativos a outros e baseiam suas ações em pensamentos emocionalmente carregados, frequentemente irracionais.

O terceiro indicador do nível de diferenciação de *self* é o relacionamento de um indivíduo dentro da família de origem. Quando a pressão emocional se torna muito intensa, algumas pessoas sucumbem e se perdem no processo (fusão); outras rompem consigo mesmas emocionalmente, interna ou fisicamente, em um esforço de assegurar seu direito de ser uma pessoa distinta (rompimento). Aqueles com altos níveis de diferenciação são hábeis na solução de questões de relacionamento com seus pais, não se sacrificam e não sacrificam suas conexões com os membros da família.

Triângulos

Pensar em termos de triângulos é fundamental para a aplicação prática da teoria de Bowen. Pegando novamente emprestado do campo da biologia, o sistema familiar humano pode ser visto como uma célula única, com a unidade molecular básica dessa célula sendo o triângulo (Bowen, 1978). Bowen postulou que o sistema emocional de duas pessoas é inerentemente instável e que, sob estresse, uma terceira pessoa denominada "triangulada com" cria estabilidade. Sistemas de mais de três pessoas tornam-se uma série de triângulos interligados.

Existem várias configurações triangulares comuns. O triângulo mais básico ocorre com o primeiro nascimento de um filho. Triângulos ocorrem naturalmente em famílias humanas e se estendem desde a família de origem até a família nuclear. Famílias com altos níveis de diferenciação podem se adaptar a mudanças com flexibilidade, mas famílias com baixos níveis tendem a formar triângulos rígidos. Por exemplo: uma criança pode fundir identidade com um dos pais enquanto se distancia do outro. Triângulos podem vincular duas pessoas contra uma terceira. Assim, se conflitos emergem entre a segunda pessoa fechada, fechamento com a terceira pode ser solicitado pela outra parte e as alianças podem ser variadas.

Sistema Emocional da Família Nuclear

O terceiro conceito importante é o Sistema Emocional da Família Nuclear (Bowen, 1978). Como uma nova unidade familiar é formada, cada parceiro traz certo número de questões não resolvidas de seu passado, proporcional ao nível de diferenciação de suas famílias de origem. Essas questões não resolvidas tendem a carregar para a família nuclear um dos seguintes aspectos: a) conflito conjugal, b) projeção em um filho e c) disfunção no casamento. Uma família em particular pode exibir um desses sintomas predominantemente ou todos os três simultaneamente.

Famílias que passam sobre a sua ansiedade através de "conflito conjugal" tendem a ser encabeçadas por cônjuges infiéis como uma maneira de manejar sua ansiedade. Cada parceiro procura um senso de pertencimento baseado na autonomia concedida pelo outro. Diferenças são pobremente toleradas e são interpretadas como falta de amor.

Projeção ontológica em um filho se refere ao modo da família transferir ansiedade para fora do relacionamento conjugal. Crianças que são rotuladas "especiais" se tornam o maior foco, seja positivo ou negativo, e podem inconscientemente assumir as questões não resolvidas do sistema familiar e realmente se sair pior que seus irmãos. A "disfunção de um cônjuge" pode ser física, emocional ou social: de qualquer modo, uma interdependência entre os dois parceiros em seus diferentes níveis de funcionamento emerge e é mantida pelo sistema. Em vez de negociar suas questões diretamente, essas famílias inconscientemente sacrificam a autonomia de um membro para ficarem juntas. Apesar de que o cônjuge que funciona no nível superior possa ser percebido como mais diferenciado, isso não é necessariamente o caso. Há uma compensação para o superfuncionamento tanto quanto há para o subfuncionamento. Cada posição torna um indivíduo mais vulnerável a uma perturbação emocional ou física e a sintomas associados (Kerr & Bowen, 1988).

A descrição desses três conceitos proporciona ao leitor uma introdução à teoria de Bowen. Os cinco conceitos remanescentes, processo de projeção familiar, processo de transmissão transgeracional, posição de irmãos, rompimento emocional e processo emocional societal, todos contribuem para completar a compreensão da teoria (Kerr & Bowen, 1988).

Revisão da Literatura

Bowen (1978) (Kerr & Bowen, 1988) com sua teoria de sistemas familiares e Shapiro (1995, 2001) com seu modelo PAI e a abordagem do EMDR têm feito contribuições significantes no campo do comportamento humano. Todos têm desafiado contemporâneos a repensar as teorias existentes e instrumentos clínicos, e considerar novos caminhos de pensamento para mudanças. Todos têm utilizado as ciências naturais e o que se conhece sobre o cérebro para informar suas teorias (Kerr & Bowen, 1988; Shapiro, 2001).

O estudo do National Institute of Mental Health original de Bowen (1978:3-16) de esquizofrênicos hospitalizados e suas famílias nos anos 1950 prepararam os fundamentos para a sua teoria. Ele propôs uma escala para descrever o nível básico de diferenciação de *self* que vai de 0 a 100, mas ele ofereceu apenas um perfil geral de como as pessoas funcionam emocionalmente e intelectualmente em cada uma das quatro classes das escalas (Bowen, 1976). Por outro lado, várias tentativas têm sido feitas para criar instrumentos de avaliação para medir níveis de diferenciação (Skowron & Friedlander, 1998; Skowron & Schmidt, 2003). São desenvolvidos ainda estudos que medem aspectos de diferenciação do *self*, tal como o impacto sobre adulto/criança de expectativas dos pais (Bray, Williamson & Malone, 1984) e o nível de reatividade comportamental e emocional (Bartle & Sabatelli, 1995). Esses instrumentos de avaliação têm permitido a casais e famílias pesquisar conduta e número de estudos significantes que correlacionam positivamente o nível de diferenciação do *self* e sucesso conjugal (Benson, Larson, Wilson & Demo, 1993; Miller, Anderson & Keala, 2004; Rosen, Bartle-Haring & Stith, 2001; Skowron, Holmes & Sabatelli, 2003).

Várias pesquisas têm investigado efeitos de tratamentos usando esses instrumentos de avaliação (Bartle-Haring, Glade & Vira, 2005; Bray, Williamson & Malone, 1986). Murdock e Gore (2004) avaliaram a interação entre níveis de diferenciação e níveis de estresse, e demonstraram que lidar com estresse é mais difícil para indivíduos com baixos níveis de diferenciação. Sua conclusão é que, embora a curto prazo a aquisição de estratégias de enfrentamento seja útil para o indivíduo reduzir o impacto de estresse em sua vida, o foco do tratamento no aumento da diferenciação do *self* vai ao longo do tempo elevar o funcionamento.

É relevante para o tratamento de disfunção de relacionamento crônica a aplicação do EMDR para clientes com trauma de base familiar ou memórias perturbadoras. Várias pesquisas têm focado especificamente nessa população e encontrado resoluções rápidas de memórias relacionadas com profundos distúrbios familiares, tais como incesto e abuso crônico (Edmond, Rubin & Wambach, 1999; Lazrove, Triffeman, Kite, McGlasshn & Rounsaville, 1998). Mais relevante ainda é o trabalho de um grupo de terapeutas familiares que tem documentado o uso de EMDR em seus tratamentos como um meio de introduzir completa mudança no sistema (Bardin, 2004; Kaslow, Nurse & Thompson, 2002; Keenan & Farrel, 2000; Protinsky, Sparks & Flamke, 2001; Snyder, 1996).

Vantagens de Integrar EMDR e Teoria de Bowen

Há várias razões incentivando a integração de EMDR e Teoria de Bowen. A maior parte da dor humana e do trauma está diretamente associada com a sensibilidade intensa que os membros da família têm uns com os outros. A Teoria de Bowen oferece uma visão objetiva que pode explicar por que os membros da família se comportam de um jeito ou de outro. Ainda assim, para muitas pessoas o *insight* em si não desfaz as fortes respostas emocionais aprendidas e alojadas no sistema de rede neural. O modelo PAI oferece uma maneira de compreender a lacuna que pode reter novas informações adquiridas entre ser suficiente e refrear os altos níveis de respostas emocionais fortes. O EMDR provê a estrutura terapêutica para integrar completamente os dois. Juntas, essas abordagens enfatizam o desenvolvimento de um equilíbrio saudável entre o *self* e os outros no presente, e encoraja o fortalecimento das relações familiares como preparação para a prontidão em relacionamentos adultos.

PROCESSO DE TERAPIA

O relacionamento crônico disfuncional pode ser visto como um resultado de uma série de experiências perturbadoras que ocorreram dentro do sistema familiar. Algumas dessas experiências caem na categoria de incidentes isolados; muitas delas se associam a eventos repetitivos. O modelo de tratamento descrito aqui utiliza a estrutura básica do protocolo de EMDR com a aplicação clínica da Teoria de Bowen em determinados momentos-chave. A terapia é estruturada em três estágios básicos. No primeiro estágio, durante as Fases do EMDR da História do Cliente, Preparação e Avaliação, o terapeuta auxilia o cliente a desenvolver uma conceitualização e compreensão de padrões de relacionamento na família de origem e situação presente. No segundo estágio, o cliente processa alvos enquanto muda o padrão de seu relacionamento com membros da família e futuros parceiros. No terceiro estágio, o cliente começa a trabalhar os relacionamentos com futuros parceiros, consolidando e melhorando um a um os relacionamentos com membros-chave da família, e empregando novas habilidades enquanto usa EMDR para processar alguma ansiedade relatada.

Estágio 1: História do Cliente e Conceitualização do Caso

A primeira sessão começa com o cliente descrevendo os sintomas presentes. Para clientes com disfunção relacional crônica há uma luta notável entre desejo de intimidade e desespero em não encontrar amor. É importante tomar nota de padrões interativos das mais recentes tentativas frustradas. Por exemplo: uma história de amor à primeira vista com alguém que se mostrou indiferente ou o cliente rejeita cada pretendente em potencial tão rapidamente que o relacionamento nem começa? Qualquer que seja o padrão interativo é provável que tenha ocorrido mais de uma vez e tenha raiz na família de origem.

Uma história completa inclui uma extensiva revisão tanto do sistema emocional familiar quanto dos relacionamentos adultos do cliente. A criação de um diagrama familiar ou genograma que rastreie pelo menos três gerações é um método excelente para obter essas informações (Bowen, 1980; McGoldrick, Gerson & Shellenberger, 1999). As perguntas são feitas enquanto o genograma é desenhado. Exemplo de perguntas: "O que você sabe sobre o casamento de seus avós maternos?", "Como ele foi afetado pelo nascimento de cada filho?", "Algum dos seus pais favoreceu algum filho?" e "Como isso afetou o relacionamento desse filho com o outro pai?". Tanto relacionamentos periféricos quanto relacionamentos envolvidos intensamente são identificados. Relacionamentos peculiares com avós, tios, sobrinhos, primos, irmãos e parentes adquiridos por casamento, como sogros, são registrados. Adquirir tais informações ajuda o clínico a acessar o sistema familiar ao compreender os triângulos-chave, o nível básico de diferenciação e os meios pelos quais o sistema da família nuclear opera.

Conforme o terapeuta e o cliente ganham uma visão ampla do sistema familiar, a visão do cliente sobre si é desafiada conforme ele começa a entender como o sistema tem operado ao longo do tempo. Pela identificação de triângulos, o cliente percebe o comportamento familiar de um modo mais objetivo. Conexões são feitas entre padrões de interação anteriores e atuais.

Por exemplo: Sarah mantinha uma série de relacionamentos breves com homens casados ou não disponíveis. Assim como seu pai foi casado com uma esposa que o desapontou, os homens da vida de Sarah tendiam a estar envolvidos com outras mulheres a quem eles eram incapazes de amar verdadeiramente ou deixar. Sarah estava no mesmo padrão interativo com esses homens, assim como acontecia com pai. Ela funcionava dentro de um triângulo no qual sua presença tirava o foco da habilidade do casal para resolver suas diferenças diretamente. Ajudar Sarah a ver a trajetória do passado foi reverberando no presente e ajudando-a a ter uma visão mais objetiva do seu próprio papel no sistema.

Como o processo da história do cliente revela os padrões multigeracionais que se relacionam com o problema atual do cliente, é importante formular um plano de tratamento compreensivo que inclua dois elementos essenciais: o desenvolvimento de uma estratégia para melhorar a capacidade atual do cliente para enfrentamento e funcionamento no sistema familiar estendido atual, e a organização dos alvos de EMDR que serviram como precursores para os padrões interativos disfuncionais atuais.

Para maximizar a estabilidade do cliente no presente, o terapeuta acessa os apoios e os recursos do cliente, e explora a qualidade dos relacionamentos familiares presentes. São desenvolvidas estratégias para manejar esses relacionamentos no primeiro estágio de tratamento. Assim que o cliente esteja apto a utilizar seu novo conhecimento para mudar a configuração dos triângulos chave são planejadas as intervenções.

Alguns clientes se isolam de certos membros da família devido à ameaça real ou percebida e é importante respeitar essa escolha como um bom autocuidado enquanto mantém objetividade sobre o sistema ampliado. Outros clientes, cujos membros da família ainda são superenvolvidos em suas vidas, requerem assistência em alterar suas respostas a esses membros da família. Isso os ajudará a desenvolver algumas novas habilidades interpessoais e essenciais junto com um melhor autocuidado. Por exemplo: encorajar clientes a serem mais proativos sobre introduzir mudanças no sistema pode começar com o estabelecimento de um simples limite sobre o tempo e a natureza de uma visita.

Sara pode ser treinada em abster-se de falar negativamente sobre sua mãe com seu pai. Ela pode então considerar gastar tempo sozinha com sua mãe para forjar um relacionamento novo, mais adulto. Seria previsível haver resistência ao seu esforço para introduzir uma mudança no sistema e vários cenários seriam revisados, enfatizando o esforço de Sara para ficar calma e não reativa.

Para completar a história do cliente e a fase da conceitualização do caso é criada uma linha do tempo para detalhar eventos-chave no curso da vida do cliente. Essa linha do tempo inclui memórias de incidentes discretos que ocorreram, bem como memórias compostas de encontros típicos que estão associados com um determinado período de tempo. No processo de construção da linha do tempo, eventos nodais que representam mudanças significativas, tais como o nascimento dos irmãos, a morte de avós, um divórcio ou casamento, ou uma mudança para uma nova localidade, são listados tanto quanto eventos perturbadores.

Uma vez completada a linha do tempo, terapeuta e cliente determinam quais incidentes são alvos relevantes para o processamento em EMDR. Devido à probabilidade de haver um número de memórias difíceis relatadas para cada figura parental do cliente, é importante guardar os triângulos na memória. Há uma memória de perturbação da infância que inclui ambos os pais (ou outros dois membros do triângulo envolvido)? Se a memória é só sobre o pai, há outra correspondente sobre a mãe? A lista alvo é compilada e inclui todas as variações do padrão interativo disfuncional, começando com o triângulo primário, usualmente mãe, pai e cliente, e terminando com o relacionamento mais recente. Por exemplo: a primeira memória processada por Sara foi dela mesma, aos 6 anos de idade, testemunhando seu pai criticando sua mãe; depois sua mãe correu chorando para o quarto. Sarah se enrolou no colo do pai enquanto ele a elogiava por ser sua "menininha perfeita".

O EMDR é explicado para o cliente como o âmago do tratamento, pelo qual, processando cada uma das memórias perturbadoras, as fortes emoções armazenadas no corpo desde a infância serão integradas aos conhecimentos mais recentemente adquiridos. O nível de reatividade em relação aos membros-chave da família pode baixar o suficiente para aprender a se relacionar com eles de uma nova maneira. Uma vez que essa sobrecarga é finalizada, os padrões de relacionamento presentes são capazes de mudar.

Estágio 2: Processamento e Mudança de Padrões de Relacionamento

O trabalho de preparação é seguido pelo levantamento e pelo processamento de memórias relevantes listadas na linha do tempo usando o protocolo padrão do EMDR. Após o primeiro alvo ter sido completamente processado, o nível de perturbação sobre outros itens da lista pode ser alterado. Cada item ativo no presente é processado até a lista ser esgotada. Esse processo pode levar meses para se completar e o terapeuta continua a acompanhar o cliente em manejar os contatos com sua família por meios tranquilos e cuidadosos, aplicando conhecimentos adquiridos e melhorando percepções pelo processamento de EMDR.

Utilizando novamente o caso de Sara, esse treinamento envolve uma série de discussões sobre como planejar visitas mais bem-sucedidas com seus pais no tempo presente, incluindo despender mais tempo com sua mãe e não sucumbindo à desaprovação reflexiva do seu pai. Uma vez que o trabalho de EMDR do cliente atinge o presente, as manifestações mais recentes do padrão relacional disfuncional são alvejadas. Ao mesmo tempo, uma blindagem saudável para seleção de parceiros e outros blocos construtores de habilidades relacionais saudáveis são ensinados e praticados. O terapeuta atua como um *coach* do cliente, que é treinado para aplicar seus novos avanços na vida diária. O modelo futuro, os ensaios de novas habilidades e atitudes a respeito de encontros de relacionamentos anteriores constituem o último estágio do protocolo de três fases do EMDR. Quaisquer medos previstos são então processados e um efeito positivo é instalado.

Por exemplo: Sara não era mais atraída por homens que a usavam como uma alternativa para seu relacionamento principal e ela foi capaz de entender seu próprio papel na escolha do padrão interacional familiar que reverberava em seu próprio sistema emocional familiar. Por ter sido capaz de forjar novos relacionamentos com cada um de seus pais, que mostraram uma promessa de desconstruir a antiga ordem, Sara foi preparada a procurar um relacionamento adulto com um parceiro apropriado e disponível. O processamento de alvos dos relacionamentos recentes pode ser feito rapidamente. Foram discutidos critérios para parceiros potenciais e foi implementado um modelo futuro de seleção bem-sucedida pela exclusão de escolhas inapropriadas.

Estágio 3: Estabelecendo Relacionamentos Adultos Saudáveis

O último estágio do protocolo de EMDR faz com que relacionamentos dentro do sistema familiar passem por alterações notáveis. Por exemplo: no caso de Sara, conforme manteve seus objetivos para se relacionar com cada um de seus pais, a família inteira reconfigurou. Sua mãe começou a funcionar com maior nível de diferenciação e o pai tornou-se menos crítico. Completando o tratamento, tem sido um avanço reparar e reelaborar os relacionamentos dentro da família de origem. Relacionamentos individuais são construídos fora das defesas dos triângulos nos quais eles têm operado. Os clientes estão começando a mudar suas posições no sistema e antecipar o arranco emocional para reverter velhos padrões. Conforme os alvos de EMDR são resolvidos, há uma redução marcante da reatividade nos membros familiares, deste modo pavimentando o caminho para conexões saudáveis e positivas.

Se há um membro da família tido como perigoso para manter contato, este é um momento novo para pensar essa posição e possivelmente testar novas possibilidades com a força do cliente. O objetivo do encontro proposto não é esperar que o outro tenha mudado, mas, simplesmente, que o cliente experimente a ele próprio como um adulto, olhando olho no olho outra figura parental que ele costumava ver maior que a vida, mas que agora ele pode ver como apenas outro ser humano. Obviamente, existem aqueles indivíduos que são realmente perigosos. Ainda assim, mesmo nesses casos extremos, uma versão menor de um encontro real pode ser feita. Por exemplo: através de carta, telefonema ou um encontro facilitado em local seguro.

O ato de fazer as pazes com a família com a qual o indivíduo cresceu é um gigantesco passo para a diferenciação do *self* e a abertura do caminho para relacionamentos bem-sucedidos. O cliente pode expressar quem ele é mesmo diante da pressão do sistema emocional familiar? Ele pode pertencer se não agir de acordo com eles? Ele pode se envolver, mesmo sabendo que não dará certo? Esses são alguns desafios que o cliente terá que enfrentar, não apenas com sua família de origem, mas também com quem ele puder ser parceiro. Usar sua própria família como veículo do desenvolvimento dessas capacidades proporcionará a ele o vigor não apenas para fazer uma escolha apropriada, mas também para conduzir ele mesmo a um nível mais diferenciado de *self*.

No estágio final do tratamento, o terapeuta age como *coach* no processo de manutenção e reforço de novas habilidades como um despontar de um novo relacionamento significativo. Essa generalização ocorre em sessões espaçadas e individualmente. Ao final, o terapeuta sempre deixa a opção para o cliente retornar quando ou se for necessário para um ajuste fino de algum aspecto da experiência terapêutica.

Exemplo de Caso

Stanley, 48 anos, procurou terapia num momento em que estava solitário e deprimido. Ele queria ter um relacionamento bem-sucedido com uma mulher, mas percebeu-se completamente sem esperança devido ao seu histórico de relacionamentos. Stanley foi casado durante 7 anos com uma mulher que, segundo ele, nunca o amou. Um dia, ele a deixou por outra mulher e nunca mais a viu. Passados 15 anos, ele manteve uma série de relacionamentos que duraram de 2 a 3 meses. A cada novo relacionamento, ele se tornava mais desiludido. Quando entrou em terapia, ele não mantinha um relacionamento havia mais de 2 anos e seus esforços para namorar tinham praticamente caído por terra, porque ele "não via mais o porquê de se relacionar". Stanley fazia uso de antidepressivos há 4 anos e sentia que eles o ajudavam em alguma coisa. Porém, ele queria uma vida mais completa.

Stanley nasceu na Polônia, o mais jovem de três filhos de pais judeus, que tinham sobrevivido ao Holocausto. Ambas as famílias de origem dos seus pais sofreram grande impacto da guerra. Seu pai perdeu toda a família aos 15 anos e sua mãe perdeu o pai quando ele deixou a Polônia abruptamente. Dado esse cruel pano de fundo de relacionamentos rompidos como resultado de guerra, os pais de Stanley trouxeram para dentro do seu casamento o legado de perdas não resolvidas e sua relutância em confiar novamente em qualquer pessoa.

Conforme foi criado o genograma familiar (veja Figura 8.1), a natureza dos triângulos na família de Stanley foi revelada. O casamento de seus pais foi caracterizado por alto nível de conflitos e cada um dos filhos foi moldado, de modo particular, dentro de seu drama. Seus irmãos mais velhos foram tratados rudemente pelo pai, que batia e os humilhava com xingamentos e ameaças. Stanley, por outro lado, era o favorito do pai. Ele contou ser tratado como um cachorrinho, sempre esperado para distribuir abraços e beijos em troca de um constante fluxo de presentes e *status* especial. A mãe tratou todos os filhos rudemente, mas era especialmente dura com Stanley. Ela o surrava, enquanto seu pai passivamente o ignorava. Em algumas ocasiões, ela rastejava para dentro da cama de Stanley e perguntava a quem ele amava mais: se o pai ou mãe. Ambos os pais repreendiam severamente cada outro para as crianças, como se tentassem puxá-los para o seu lado dos seus contínuos conflitos.

Quando Stanley estava com 13 anos de idade, a família deixou a Polônia com suas economias costuradas dentro de suas roupas e emigrou para os Estados Unidos. Adaptar-se ao novo ambiente, em Nova York, foi perturbador para cada membro da família e os conflitos entre os pais reemergiram com nova ferocidade. Stanley teve a lembrança de ter chegado em casa um dia, aos 14 anos de idade, e só então descobriu que sua mãe e irmão haviam se mudado. Três dias depois, eles voltaram sem dizer uma palavra sobre isso. No ano seguinte, os dois irmãos se mudaram e um dia, sem avisar, a mãe de Stanley foi embora. Stanley foi deixado sozinho com seu pai devastado e falido. Por essa época, Stanley se envolveu com uso de álcool e drogas. Ele se encontrava cheio de desprezo por seu pai, que parecia patético para ele em seu sofrimento.

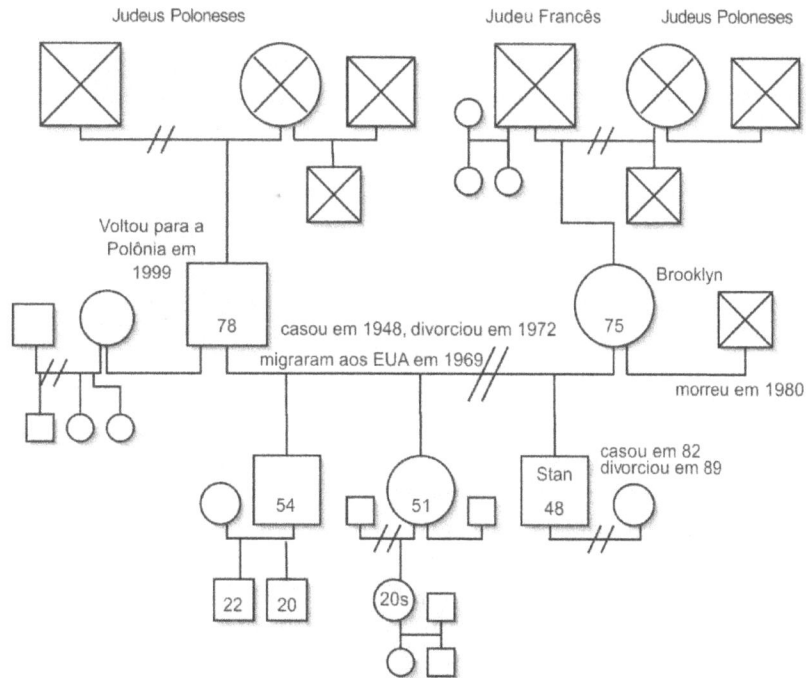

Figura 8.1 Diagrama familiar de Stanley

A história de relacionamentos de Stanley com mulheres começou nesse contexto familiar e sob o uso crônico de substâncias como um meio de lidar com sua dor emocional. Inteligente e bonito, ele aparentemente não tinha problemas em atrair garotas. Teve, aos 15 anos de idade, uma namorada fixa por 2 anos. No entanto, aos 17 anos, ele abruptamente rompeu com o relacionamento e seguiu outro caminho sem nunca voltar atrás. Teve vários relacionamentos depois. Aos 20 anos, encontrou Amy, que se tornou sua esposa. Esse foi um relacionamento tumultuado com altos níveis de conflito. Num determinado dia, depois de 13 anos de casamento, Stanley abandonou Amy por uma mulher com quem se relacionou por 2 meses.

Aos 35 anos de idade, Stanley finalmente tratou seus problemas de 20 anos de abuso de substâncias e tornou-se sóbrio. Poucos anos mais tarde, ele voltou a estudar. Ele entrou em terapia e foi tratado de depressão com medicamentos. Durante sua vida adulta, Stanley ficou 10 anos sem qualquer contato com sua família de origem, que ele descartou como "pessoas patéticas que não merecem o tempo dele". Seus pais se casaram com novos parceiros. Os dois irmãos se casaram e tiveram filhos. Seu pai retornara à Polônia com sua segunda esposa. Até os 48 anos, Stanley manteve pouco contato com os pais. Ele não tinha feito nenhuma conexão entre seu nível de corte com sua família e suas próprias dificuldades em encontrar um relacionamento significativo prolongado.

Processo Terapêutico do Caso

Dado o problema apresentado de Stanley, fazia sentido abordar esse caso usando as duas teorias: teoria de Bowen e EMDR. A avaliação inicial incluiu levantar a história, criar o genograma familiar e compilar a linha do tempo. Conceitos da terapia familiar foram explicados como quando Stanley foi encorajado a observar várias gerações da sua família. Sua curiosidade foi estimulada por ver seu sistema familiar mais objetivamente e ele foi capaz de ganhar uma perspectiva mais ampla sobre quais pessoas, incluindo ele mesmo, se comportaram daquela maneira. Conceitos sistêmicos foram usados para ilustrar como seus sintomas presentes foram o resultado de questões não resolvidas em sua família de origem. No entanto, isso não causou impacto em suas respostas emocionais viscerais para eventos passados ou contatos atuais com membros de sua família. Os modelos EMDR e PAI foram apresentados como veículos para acessar esse material emocional altamente desafiador, de maneira que poderia realmente permitir-lhe superá-los. Então, ele pode absorver seu novo conhecimento e integrar completamente isso com um rol de emoções mais adaptativas.

Na preparação para fazer o processamento por EMDR dos alvos listados sobre a linha do tempo, foi gasta uma sessão desenvolvendo estratégias de enfrentamento e instalando um lugar seguro usando movimentos oculares. A linha do tempo foi, então, revisada para a seleção de alvos. Foi decidido começar com a primeira surra que Stanley se lembrou de ter recebido de sua mãe, depois que ele fez um rastro de barro dentro de casa, quando tinha 6 anos de idade. Esse alvo foi escolhido por ter sido uma experiência nodal, na qual Stanley disse: "o vínculo de amor foi rompido e meu coração se fechou". Por outro lado, essa experiência envolveu sua mãe e não seu pai, discussão e análise prévias de triângulo familiar informaram o contexto no qual essa cena ocorreu. Uma amiga da mãe de Stanley estava presente durante a surra e, da mesma forma que fazia pai dele, ela se sentou passivamente e assistiu ao espancamento.

Esse primeiro alvo foi acessado usando o protocolo padrão do EMDR. A imagem foi Stanley sentado numa cadeira, na cozinha, usando suas galochas enlameadas enquanto sua mãe, de pé sobre ele, encurralava sua cabeça contra a parede. A crença negativa (CN) foi: "Eu não importo" e a crença positiva (CP) foi: "Eu me importo". Sua pontuação na escala VOC foi 2 e as emoções identificadas foram tristeza, desespero e solidão. Sua pontuação de SUDS foi 7 e ele identificou "nenhuma sensação no corpo". (Repare que a pontuação VOC da validade de cognição positiva sobre a escala significa 1 = falso e 7 = completamente verdadeiro; o SUDS gradua a perturbação, em que 0 = nenhuma perturbação e 10 = perturbação grave.)

Foram duas sessões para memorizar o processamento para o nível sem perturbação. Na segunda sessão, a CN foi: "Estou morrendo", e a CP foi: "Estou seguro". Da instalação da CP até o final da sessão, Stanley acrescentou: "Estou seguro e posso amar". O processamento EMDR desse alvo envolveu uma série de intensas emoções, conforme ele gradualmente levou para a cena seu adulto pensando e capacitando para admitir a dor dos outros, incluindo ele mesmo como uma criança e, até certo ponto, a dor de sua mãe.

O segundo alvo escolhido envolveu outro incidente dele sendo espancado pela mãe, agora com o pai assistindo a surra. A CN foi: "Eu não estou seguro" e a CP foi: "Estou seguro". Curiosamente, o processamento primário envolveu sentimentos de Stanley de ofensa e humilhação de ter seu pai, que ele tinha experimentado como um aliado contra sua mãe, do lado dela e contra ele. Stanley estava, agora, processando o modo de como ele se sentiu traído pela manobra de alianças que pode ir sobre um triângulo familiar. O baixo nível de diferenciação dos pais os impeliu a puxar o filho para dentro de seu conflito, sendo que o pai favorecia o filho enquanto a mãe o rejeitava. Em determinados momentos, os pais se aliavam e se posicionavam contra o filho.

Cada memória com perturbações atuais foi processada cronologicamente. Em cada sessão de EMDR de Stanley, os temas recorrentes eram o relacionamento com os pais e o modo como o triângulo funcionava. As emoções dele foram cruas e viscerais. Como as memórias foram lentamente processadas, os *insights* o permitiram perceber sua família mais objetivamente, gradualmente somando um novo senso de integração.

Um alvo particularmente difícil para processar foi a expressão de seu pai com os lábios úmidos franzidos para beijar Stanley; essa foi a memória de incontáveis vezes quando ele experimentou a necessidade de afeto do seu pai como repulsiva. No decurso de quatro sessões de EMDR, Stanley via o senso de afeição física invasiva de seu pai como uma constante ameaça para sua própria individualidade. Ele foi capaz de ganhar distância emocional desses aspectos de seu relacionamento com seu pai pela primeira vez. Isso permitiu que ele ganhasse uma ampla perspectiva, o que continuou por todo do sistema. Por exemplo: ele pôde ver o ciúme de sua mãe e ressentimento da afeição de seu pai por ele, e a ânsia de seus irmãos para ter alguma atenção positiva do pai.

Stanley estendeu-se no processamento do alvo de sua mãe abandonando-o e ao seu pai quando ele era adolescente e em seguida começou a processar sobre a série de mulheres abandonadas por ele. Como fez gradualmente sua trajetória para o presente, ele foi capaz de resolver seu conflito entre anseio por intimidade e ter medo de ser possuído como um objeto para gratificação de alguém, e reconhecer como isso reverberou dentro do sistema familiar. Um novo achado estranho emergiu junto, como desejo por amor.

Quatro meses se passaram. Stanley tinha começado a procurar pela internet mulheres, uma atividade que ele havia feito e parado por anos. Somando-se ao trabalho de processamento por EMDR descrito, um tópico de discussão tinha sido meio para ele desenvolver sua vida social. Stanley casualmente mencionou ter tido um encontro marcado com uma mulher. Várias semanas depois, ele anunciou ter tido uma boa impressão da mulher que havia marcado encontro, e que ela havia dito que ele era "quente". Ele se sentiu muito excitado quanto à possibilidade desse relacionamento progredir para alguma coisa séria. Aquele dia, seu processamento de EMDR o levou da crença negativa "Sou insensível" para a crença positiva "Sou amável", a qual, quando instalada, se desenvolveu para "Eu sou uma pessoa decente". Durante muitas semanas, ele contou que as coisas estavam indo muito bem com Eve, que não morava muito distante, e que eles planejaram uma viagem de 5 dias juntos. Na terapia, ele estava processando agora seu casamento, um período muito carregado de não se sentir digno de amor. Stanley estava muito excitado pelo rápido progresso e o impacto do trabalho foi se estendendo sobre seu recente relacionamento.

Naquela época, a terapeuta remeteu Stanley a experiências ocorridas de entrar em relacionamentos que pareciam ir bem por mais ou menos 2 meses ou assim que ele achasse a mulher imperfeita em algum ponto e a deixasse. Ela sugeriu a ele que isso poderia ainda estar à frente, mas poderia ser conduzido diferentemente. Uma discussão foi iniciada sobre o valor de ele fazer contato com os membros de sua família de origem. Essa tentativa poderia permiti-lo testar sua melhora na capacidade para se envolver, sobre o seu senso de segurança na presença daqueles que muito provavelmente o embaraçariam. Stanley estava intrigado e viu esse desafio como parte do processo que poderia, finalmente, libertá-lo para ser ele mesmo sem ter que romper com os outros. Ele processou o planejamento de duas viagens, uma à cidade de Nova York e outra à Polônia.

Retomar o contato com a família requereu de Stanley lidar com consideração e metas. Várias sessões foram devotadas a esse tópico quanto o desdobramento do novo relacionamento com Eve e os planos subsequentes de se mudar para a cidade da namorada. Como previsto, 10 semanas de relacionamento, o momento chegou quando o velho padrão de Stanley reapareceu com força. Na viagem de acampamento juntos, eles tiveram uma conversa na qual Stanley sentiu que Eve não dava ouvidos para o que ele estava realmente dizendo. Algo estalou dentro dele e ele, de repente, achou que ela não era a pessoa que poderia compreendê-lo. Ele ficou silencioso e longe dela o resto da tarde.

No consultório, vários dias depois, Stanley teve uma dor considerável sobre sua recaída no relacionamento. O resto da viagem foi embaraçoso, e eles não se falaram desde então. Ele se sentia desesperançoso, porque agora via Eve como imperfeita e "não boa o bastante". Ele se sentiu crítico em relação a ela, de maneira que nunca tinha sentido antes. De repente, ela não parecia bonita o bastante, nem inteligente. Ele foi levantando questões sobre querer ou não ir adiante com o relacionamento. Ele não via seu próprio papel na interação de maneira nenhuma.

Felizmente, ele foi capaz de identificar o que tinha acontecido conforme o padrão interativo prognosticado: o modelo de desvio do amor praticado por ele a vida toda. Exatamente como os seus pais fizeram antes dele. O EMDR foi usado para alvejar o evento recente, usando a seguinte configuração. A imagem foi Stanley mentindo, no acampamento, atrás de Eve dentro da barraca, dando a ela o tratamento silencioso. Sua CN foi: "Eu não sou digno de ter necessidades". Sua CP foi: "Eu posso ter necessidades". Sua pontuação VOC foi 2 e sua sensação corporal foi torpor. Seu SUDS foi 9, e a sua sensação corporal foi entorpecimento. Veja adiante um seguimento do processamento feito por ele. (MB se refere à estimulação bilateral):

Senti uma onda de tristeza, então pensei nela: que pessoa boa e gentil que ela realmente é. (MB) Tenho uma sensação no meu estômago como náusea. Sinto como se eu não quisesse ir lá. É um sentimento de terror que eu tenho. (MB) O pensamento é: "Se você me ama, então há alguma coisa errada em você". (MB) Eu quero ser amado e ao mesmo tempo não quero. Estou realmente com medo disto. (MB) Estou com medo de ser amado, porque alguma coisa será exigida de mim que eu não sou capaz de dar. (MB) Eve. Se eu fosse aberto e leve, eu poderia realmente ser feliz com Eve. Eu imaginei um momento de felicidade. (MB) Mais imagens de meus pais (lágrimas). Eu os senti tentando me amar, já o amor deles senti tão desajeitado e esquisito que eu não quero isso tudo. Tenho desconfiança desse amor. (MB) Assim, vejo que me defendo contra esse amor ao encontrar defeitos em outra pessoa.

Quando Stanley voltou ao alvo inicial, ele sintonizou uma parte completamente diferente do dia, que foi encantadora e terna. Ele se sentiu pronto e ansioso para se reconciliar com Eve, agora que ele tinha expulsado a imensa rocha que tinha no seu caminho. Na semana seguinte, Stanley contou que o relacionamento estava mais forte agora do que antes. A reavaliação do último alvo, entretanto, revalidou que ainda havia mais trabalho a ser feito. Agora, o processamento incluiu o seguinte:

Agora, sinto minhas reprovações se dissipando sem meu pensamento fugir (MB) Vi a expressão do meu pai e me lembrei como, muitas vezes, eu me desvencilhei dele. Era como me desvencilhar de mim mesmo. (MB) Eu costumava odiar quando ele recebia os créditos pelas coisas que eu fazia bem. Eu me distanciei para me afastar da possibilidade de ele dominar qualquer parte de mim. Agora, eu quero reengajar-me naquelas partes rejeitadas de mim. (MB) Rejeitar pessoas era também seu *modus operandi*. Quero me reengajar com partes rejeitadas que eram dele. Eu não sou inteiro e quero ser. (MB) Eu acabei de conseguir esse grande desejo, de ser uma pessoa por inteiro. Ter fronteiras saudáveis, saber onde eu estou e o que é outra pessoa. (MB) Estou tendo imagens de cubos de mim que são hemorragias e ferimentos sendo reintegrados a mim. (MB) Eu posso fazer isso. E estou fazendo amizade com essas partes machucadas. Então, minha mãe estava lá porque algumas delas eram dela também. (MB) Eu estou pensando sobre quanto tempo e energia foram gastos com a rejeição dessas partes que pertenciam a eles. (MB) Estou me sentindo esperançoso. Não apenas ser capaz, mas estou realmente perto.

Essa sessão acabou com uma instalação de "Eu posso ser integrado", seguido de um entusiasmo e excitamento por chegar lá. Agora, Stanley procura visitar sua família. Ele não esperava que seus pais tivessem mudado. Ele queria experimentar como um adulto saudável, como manejar-se a si mesmo na presença deles.

Houve mais três sessões depois de 7 semanas de intervalo. Stanley foi capaz de visitar sua mãe e seus dois irmãos na cidade de Nova York, a primeira vez 34 anos depois. Essa visita foi completamente desafiadora por muitos motivos, conforme ele sentia julgamento tão forte sobre cada um deles, que foi duro para ele pensar claramente nos objetivos estabelecidos. Apesar disso, ele conseguiu se relacionar com cada um de forma mais autêntica, sem fugir. Essa visita foi discutida em detalhes e sugestões foram feitas como o que mais ele poderia fazer em futuras interações para "estar mais firme consigo mesmo".

A viagem à Polônia ocorreu um mês depois. Na volta, Stanley contou que ainda não achava seu pai um homem agradável. Ele disse: "Ele ainda me prefere e isso me foi bem desconfortável. Eu não o deixei me beijar nos lábios. Eu tive o *insight* de que se alguém realmente gosta de mim, eu me encolho e corro em outra direção". Contudo, a visita foi muito produtiva e Stanley foi capaz de ficar relativamente calmo na presença do pai. Foi capaz de colocar bons limites e se relacionar de forma adulta. A viagem pareceu-lhe uma parte importante de sua cura. Agora, ele se sente mais estimulado a se mudar com Eve.

Devido à mudança de região geográfica, o tratamento de Stanley terminou nesse ponto. Idealmente, deveria ter encontros ocasionais para continuar trabalhando os avanços no relacionamento, tanto com sua família de origem como com Eve, como ele se deparou com dificuldades ou encontrou-se quando velhos padrões de retraimento foram disparados. Uma base futura usando EMDR também teria sido empregada se tivesse tido mais tempo. Os 6 meses de contato para seguimento com Stanley revelaram que ele e Eve haviam se casado e ele estava satisfeito com a qualidade do relacionamento deles.

DISCUSSÃO

Esse caso oferece uma clara ilustração de benefícios de integrar EMDR com a teoria de Bowen. O problema apresentado de "fugir de amor" poderia ser visto como o resultado de um legado intergeracional com partes componentes reconhecíveis. Aumentar o nível de diferenciação de Stanley permitiu a ele tornar-se menos reativo e mais capaz de permanecer nos relacionamentos diante dos conflitos. O EMDR proporcionou os meios para desconstruir a reatividade intensa que Stanley desenvolveu no sistema emocional familiar. Sistematicamente revisando e processando os eventos ainda perturbadores do passado, Stanley foi capaz de integrar o que tinha aprendido sobre funcionamento familiar com as emoções que estavam dirigindo seu comportamento. O conflito fundamental entre as forças de pertencimento e de individuação, de se conectar com outros já demanda um *self* independente, o qual é o âmago da conquista da diferenciação de *self*, vindo da dificuldade incapacitante para, nas próprias palavras de Stanley, "verdadeira habilidade para executar". O processamento por EMDR integrado com a teoria de Bowen permitiu a Stanley chegar mais completamente ao seu *self* adulto, uma diferenciação de *self* maior, capaz de administrar a si mesmo e a suas emoções.

A integração da teoria de Bowen com o EMDR proporcionou um poderoso e efetivo tratamento de aproximação em indivíduos que sofriam de disfunção crônica de relacionamento. Memórias perturbadoras de coisas que ocorreram no contexto da vida familiar são frequentemente a raiz de dificuldades atuais. Compreensão insuficiente sobre como as famílias operam, relacionamentos não resolvidos com membros chave da família, relacionamentos irracionais e conclusões de sentimentos base sobre eventos passados, enfim, todos contribuem para a replicação de padrões disfuncionais na vida adulta. O protocolo de EMDR, quando implementado adequadamente, localiza as fortes emoções e sensações residuais do corpo que alimentam o pensamento irracional para subsidiar informações mais adaptativas e alcança uma extensa rede de associações.

A teoria de Bowen tem recursos para mostrar o que pode ser sentido frequentemente, como uma série de eventos traumáticos dentro da família. As questões permanentes de "por que essas coisas acontecem em famílias" ou "por que pais tratam mal seus filhos" podem ser compreendidas em um contexto mais amplo, assim aquela culpa pode ser aliviada e a responsabilidade pela mudança pode ser vista como começando pelo *self*. Ter essa informação principal para o processamento por EMDR favorece a uma completa integração de perspectiva adulta. A elegância do protocolo de três fases EMDR possibilita uma reelaboração completa de obstáculos anteriores para a mudança.

Conforme o processamento por EMDR procede através da linha do tempo de alvos relacionados com o padrão relacional disfuncional, os clientes se sentirão menos reativos para os outros em geral. Essa reatividade diminuída é acompanhada por um pensamento mais claro e objetivo, uma marca característica de diferenciação do *self*. Para testar esses atributos recém-descobertos, os clientes são instruídos a voltar à sua família de origem. Isso torna a reelaboração dos relacionamentos emperrados dentro da família verdadeira e abre caminho para aperfeiçoar o funcionamento atual.

REFERÊNCIAS

Bardin, A. (2004). EMDR within a family system. Journal of Family Psychology, 15, 47–61.

Bartle, S., & Sabatelli, R. M. (1995). The Behavioral and Emotional Reactivity Index: Preliminary evidence for construct validity from three studies. Family Relations, 44, 267–277.

Bartle-Haring, S., Glade, A. C., & Vira, R. (2005). Initial levels of differentiation and reduction in psychological symptoms for clients in marriage and family therapy. Journal of Marital and Family Therapy, 31, 121–131.

Benson, M. J., Larson, J. H., Wilson, S. M., & Demo, D. H. (1993). Family of origin inf luences on late adolescent romantic relationships. Journal of Marriage and the Family, 55, 663–672.

Bowen, M. (1976). Theory in the practice of psychotherapy. In P. L. Guerin Jr. (Ed.), Family therapy: Theory and practice (pp. 42–90). New York: Gardner Press.

Bowen, M. (1978). Family therapy in clinical practice. New York: Aronson.

Bowen, M. (1980). Key to the use of the genogram. In E. A. Carter & M. McGoldrick (Eds.),

The family life cycle: A framework for family therapy (p. xxiii). New York: Gardner.

Bray, J. H., Williamson, D. S., & Malone, P. E. (1984). Personal authority in the family system:

Development of a questionnaire to measure personal authority in intergenerational family processes. Journal of Marital and Family Therapy, 10, 167–178.

Bray, J. H., Williamson, D. S., & Malone, P. E. (1986). An evaluation of an intergenerational consultation process to increase personal authority in the family system. Family Process, 25, 423–436.

Edmond, T., Rubin, A., & Wambach, K. G. (1999). The effectiveness of EMDR with adult female survivors of childhood sexual abuse. Social Work Research, 23, 103–116.

Kaslow, F. W., Nurse, A. R., & Thompson, P. (2002). EMDR in conjunction with family systems therapy. In F. Shapiro (Ed.), EMDR as an integrative psychotherapy approach: Experts of diverse orientations explore the paradigm prism (pp. 289–318). Washington, DC: American Psychological Association.

Keenan, P., & Farrell, D. (2000). Treating morbid jealousy with eye movement desensitization and reprocessing utilizing cognitive interweave: A case report. Counseling Psychology Quarterly, 13, 175–189.

Kerr, M., & Bowen, M. (1988). Family evaluation: An approach based on Bowen theory. New York: Norton.

Lazrove, S., Triffleman, E., Kite, L., McGlasshan, T., & Rounsaville, B. (1998). An open trial of EMDR as treatment for chronic PTSD. American Journal of Orthopsychiatry, 69, 601–608.

McGoldrick, M., Gerson, R., & Shellenberger, S. (1999). Genograms: Assessment and intervention (2nd ed.). New York: Norton.

Miller, R. B., Anderson, S. A., & Keala, D. K. (2004). Is Bowen theory valid? Journal of Marital and Family Therapy, 30, 453–466.

Murdock, N., & Gore, P. (2004). Stress, coping, and differentiation of self: A test of Bowen theory. Contemporary Family Therapy, 26, 319–335.

Protinsky, H., Sparks, J., & Flemke, K. (2001). Using eye movement desensitization and reprocessing to enhance treatment of couples. Journal of Marital and Family Therapy, 27, 157–164.

Rosen, K. H., Bartle-Haring, S., & Stith, S. M. (2001). Using Bowen theory to enhance understanding of the intergenerational transmission of dating violence. Journal of Family Issues, 22, 124–142.

Shapiro, F. (1995). Eye movement desensitization and reprocessing: Basic principles, protocols and procedures. New York: Guilford Press.

Shapiro, F. (2001). Eye movement desensitization and reprocessing: Basic principles, protocols, and procedures (2nd ed.). New York: Guilford Press.

Skowron, E. A., & Friedlander, M. L. (1998). The Differentiation of Self Inventory: Development and initial validation. Journal of Counseling Psychology, 45, 235–246. shap_c08.qxd 11/3/06 9:18 AM Page 185

Skowron, E. A., Holmes, S. E., & Sabatelli, R. M. (2003). Deconstructing differentiation: Self regulation, interdependent relating, and well-being in adulthood. Contemporary Family Therapy, 25, 111–129.

Skowron, E. A., & Schmidt, T. A. (2003). Assessing interpersonal fusion: Reliability and validity of a new DSI fusion with others subscale. Journal of Marital and Family Therapy, 29, 209–222.

Snyder, M. (1996). Intimate partners: A context for the intensification and healing of emotional pain. Women and Therapy, 19, 79–92.

van der Kolk, B. A. (2002). Beyond the talking cure: Somatic experience and subcortical imprints in the treatment of trauma. In F. Shapiro (Ed.), EMDR as an integrative psychotherapy approach: Experts of diverse orientations explore the paradigm prism (pp. 57–83).

Washington, DC: American Psychological Association.

CAPÍTULO 9
Integrando EMDR e Terapia de Relacionamento
Imago em Tratamento de Casal

Beverly S. Talan

Conflitos de relacionamento são inevitáveis. Estudos revelam que casamentos e relacionamentos perdem a intimidade e satisfação devido à inabilidade do casal para resolver conflitos e curar sua conexão rompida. Conflitos de relacionamento podem se desenvolver de muitas fontes: infidelidade, disfunção sexual, estresse pós-traumático, traumas passados e violência doméstica. Um parceiro se sente muitas vezes não compreendido pelo outro. Casais em relacionamentos difíceis não têm o conhecimento necessário para resolver conflitos. Faltam entendimento, habilidades e ferramentas necessárias para corrigir a quebra no seu vínculo (Gottman, 2000; Protinsky, Sparks & Flemke, 2001).

A estrutura do casamento tem mudado nas últimas décadas. Expectativas do relacionamento conjugal têm se alargado para incluir amizade, apoio, divertimento, intimidade e bom sexo (Love, 2001). Conflitos de poder resultam de falta de compreensão ou aborrecimento, parceiros que trabalham, movimento feminista, amor livre, casamento aberto, coabitação e a possibilidade de divórcio. Tudo isso tem afetado o casamento tradicional. Pesquisas sobre conflitos conjugais têm concluído que muitos dos aspectos expressados por parceiros têm suas raízes em experiências da infância. Em particular, pobres vínculos na infância são frequentemente relacionados a conflitos sobre apego em relacionamentos adultos (Hendrik, 1992, 2001; Solomon, 2002).

História da Origem dos Conflitos Conjugais: De Freud a Mahler

A primeira pessoa a descrever o impacto de relacionamentos da infância e experiências em relacionamentos em adulto foi Sigmund Freud, o pai da psicanálise (Morris, 2003). Suas teorias sobre os estágios progressivos de maturação focaram sobre a vida interior e atitudes conflitantes do indivíduo. Em particular, ele afirmou que as neuroses adultas têm suas raízes no estágio edipiano da maturação, que ocorre dos 3 aos 5 anos de idade. Os conceitos de Freud foram desenvolvidos depois por Hyman Spotnitz, um proponente da psicanálise moderna (Morris, 2003). Ele acreditava que a raiz da neurose começava bem mais cedo do que a fase edipiana e tratou pacientes pré-edipianos usando várias técnicas, incluindo espelho. Margaret Mahler, mais tarde, renomeou essa fase de estágio de maturação da identidade.

Mahler (Mahler, Pine & Berman, 1975) "hipotetizou" que os seres humanos mudam através de estágios desenvolvimentais de crescimento e sofrimento. Nas primeiras semanas, o recém-nascido não experimenta qualquer diferenciação entre ele mesmo e a mãe, e está num relacionamento simbiótico. Os primeiros estágios de Mahler do desenvolvimento da criança são relacionados às reações da mãe às necessidades da criança. Mahler (1968) afirmou que quando os processos de individuação da criança são perturbados, a criança pode regredir e tentar usar o mecanismo de simbiose. Ela também "hipotetizou" que o processo de simbiose pode ser internalizado e usado através da vida da pessoa em uma tentativa de se vincular com os outros, de aliviar o estresse e conseguir amor.

Outros teóricos também comentaram sobre a importância da resposta da mãe. Por exemplo: John Bowlby (1973) defendeu que comportamentos como choro, contato visual e sorriso, os quais convidam a respostas de apego afetuosas e confiáveis, resultam no desenvolvimento da criança a uma melhor habilidade de lidar com o mundo. Se os pais não encorajam a criança, não proporcionam conforto, segurança e afeto, certamente os danos acontecerão. Bowlby postulou que a criança desenvolve a representação cognitiva de relacionamento de apego primitivo, ao qual ele se referiu como "modelo operacional interior". Deste modo, as experiências iniciais interpessoais da criança tornam-se um modelo operacional para futuros relacionamentos.

Teoria do Apego

A pesquisa de Mary Ainsworth emanou do trabalho de Bowlby sobre a teoria do apego. Ela estudou crianças pequenas se relacionando com suas mães (Gabler, 2002) e observou que após uma breve separação entre mãe e filho, a criança estampava uma das três reações. Algumas crianças ficavam irritadas, difíceis de tranquilizar, inconsistentes e caóticas. Ainsworth se referiu a essas crianças como "ansiosas-ambivalentes". O segundo grupo de crianças (que aparentavam ter suprimido sentimentos de ansiedade e que não pareciam fazer contato com sua mãe) foi referido como "evitativo". O terceiro grupo fez contato com sua mãe. As crianças eram tranquilizadas facilmente e rapidamente voltavam a brincar. Ainsworth as classificou como tendo um estilo "seguro" de apego. Shaver e Clark (1994) notaram que o estilo relacional da mãe influenciava o comportamento da criança durante os primeiros anos de vida. Era como se a criança pensasse: "Posso contar com a disponibilidade de minha mãe?". As crianças perceberão suas mães como: a) consistentemente responsiva, conduzindo para um desenvolvimento seguro da criança; b) consistentemente não responsiva, resultando numa criança evitativa; ou, c) inconsistente, ligada à criança "ansiosa-ambivalente" (Gabler, 2002).

Verzulli (1999) argumenta que problemas de vínculo em crianças incluem sintomas como um pobre controle de impulso, tendências destrutivas, crueldade, agressão, irresponsabilidade, depressão, desamparo, culpa e defensividade. Sensibilidade nas respostas dirigidas à criança pelos pais resulta em um apego seguro, mas rompimento no vínculo pode levar a déficits nas regulações comportamentais e emocionais, porque a criança não confia nem se sente segura. Essas questões podem generalizar para relacionamentos adultos, assim o casamento será uma batalha quando um (ou os dois) não confia no outro ou não se sente seguro. Estilos de apego, criados em resposta a experiências infantis, frequentemente são a causa de conflitos em relacionamentos. Um ciclo rompido de vinculação na infância, como abuso, negligência, múltiplos cuidadores, separação dos pais ou outras causas negativas podem resultar em necessidades não satisfeitas afetando o desenvolvimento do indivíduo. Contudo, adultos com distúrbios de apego podem funcionar bem no emprego e em amizades, suas defesas podem começar a ser quebradas em relacionamentos íntimos e eles podem ter dificuldade em aceitar afeição ou amor, resultando em um conflito de relacionamento.

Déficits do apego infantil podem impactar relacionamentos conjugais de muitas maneiras (Hendrix, 2001). O apego pode afetar a escolha do parceiro (ex.: uma pessoa procura a proteção e segurança que não teve na infância) ou contribui para os temas dos conflitos conjugais (ex.: o parceiro do apego perturbado simbiótico adulto se sente como pequeno ou sem valor) (Verzulli, 1999). Ocorrem discordâncias frequentes quando o parceiro dispara e evoca uma resposta remanescente de comportamentos infantis, e a pessoa com dano de vínculo se sente manipulada ou controlada. Mudar pode ser difícil, dependendo da profundidade do velho ferimento e da severidade da defesa. Além disso, para estudos sobre a influência do apego nos conflitos de casais, estudos neurobiológicos da primeira infância têm acrescentado conhecimento sobre desenvolvimento social e emocional, e têm influenciado nossa compreensão de conflito no relacionamento e suas raízes no desenvolvimento. (Siegel, 2002).

Teoria da Imago

A teoria da imago foi desenvolvida por Harville Hendrix (1992, 1996, 2001), que incorporou e sintetizou conceitos de várias teorias, incluindo aquelas relacionadas com desenvolvimento infantil, apego e relações de objeto (Slipp, 1984). A teoria da imago descreve o curso inconsciente da maior parte do relacionamento adulto inconsciente da atração inicial para o amor romântico e no poder de conflito. Hendrix postulou que quando as pessoas são atraídas por alguém, sua mente inconsciente escolhe uma "imago complementar", alguém que dará a elas o que não tiveram na infância. Apesar de similar ao conceito do modelo operacional interacional de Bowlby (1973), a imago representa as mensagens inconscientes que capacitam alguém para adotar um relacionamento ideal. A imago se refere à imagem ou figura mental que é desenvolvida a partir da acumulação de mensagens positivas e negativas recebidas em experiências relacionais. Hendrix (1996) propôs que essas mensagens de pais, avós, irmãos, tios e tias, pares, professores e parceiros são armazenadas na memória inconsciente da pessoa.

Hendrix (1996) propôs que o relacionamento íntimo está relacionado com o nível de autoestima do companheiro. Quando ignoradas, criticadas ou julgadas, as pessoas tendem a reprimir, negar e repudiar algumas partes positivas e negativas do self. Isso resulta em sentimentos de desilusão, frustração, medo, raiva, desapontamento e uma inabilidade para dar ou receber amor (Hendrix & Hunt, 2004). Ocasionalmente, algumas pessoas tentam projetar suas características indesejadas no parceiro. Podem ter um forte potencial reativo (ex.: tomar sua crença como a única verdade). Hendrix (2001) propôs que uma insistência da pessoa na escolha do parceiro representa uma necessidade simbiótica desde a infância, que pode ser resolvida apenas quando cada pessoa está disposta a mudar, reconhecendo e incorporando suas próprias características ausentes (Hendrix & Hunt, 2004).

Hendrix (1992, 2001) propôs que a batalha por poder é um estágio normal para os relacionamentos e que ela provê uma oportunidade para o casal se compromissar novamente, passar por transformação e mergulhar completamente num relacionamento consciente de amor verdadeiro e saúde. Ele usou o termo "complementaridade" para se referir ao equilíbrio de poder em relacionamentos conjugais; um parceiro é referido como "minimizador" e o outro como "maximizador". O traço característico do minimizador, que reprime ou diminui afetos, inclui controle e é pseudo-independente, fechado, excluído, autocentrado, compulsivo, implosivo e dominante; em contraste, maximizador expande ou exagera afetos e é mais dependente, controlador, difuso, centrado nos outros, impulsivo, explosivo e submisso. Glaber (2002) afirmou que esses papéis dirigem o curso das batalhas de poder, que são completados para resultar eventualmente em processo de cura.

A teoria de Hendrix tem algumas coisas em comum com outras abordagens familiares sistêmicas (Gerson, 1996). Em particular, a teoria da imago reconhece a transmissão intergeracional de níveis de maturidade e funcionamento emocional proposta por Bowen (1978). Gerson afirmou que, apesar de os conceitos individuais psicanalíticos ou comportamentais dominarem o campo de saúde mental, o pensamento sistêmico parece ter revolucionado a prática psicoterapêutica. Questões familiares são entendidas como espalhadas pelas gerações, com ansiedade sistêmica impactando casais e famílias. Por exemplo: evidência apresentada por Fauchier e Margolin (2004) mostrou que interações em um subsistema familiar influenciam os outros subsistemas familiares. Eles examinaram a conexão entre relacionamentos conjugais e entre pais e filhos, focando em como um conflito no casamento pode romper os cuidados parentais.

Pesquisas que investigaram o relacionamento entre *status* de apego e seleção do parceiro produziram conclusões inconsistentes. Por exemplo: Brennan e Shaver (1995) concluíram que existem correlações não significantes sobre as taxas de estilos de apego. Ahzan e Shaver (1994) sugeriram que existe evidência de que os parceiros são selecionados por sua habilidade de confirmar expectativas positivas ou negativas relacionadas a apego. Existem algumas pesquisas que indicam que pessoas se casam com seu estilo complementador defensivo (Marrone, Hannah, Bause, Long & Luquet, 1998). Por exemplo: uma pessoa passiva-agressiva pode ser atraída inconscientemente por personalidades agressivas. Gabler (2002) explorou relacionamentos teóricos e empíricos entre teoria do apego e teoria da imago. Ela usou os constructos da teoria do apego para examinar um elemento amplamente sem suporte da teoria da imago: a natureza complementar dos estilos defensivos dos parceiros. O estudo promoveu um apoio empírico para mostrar que os parceiros estampam os diferentes estilos de apego.

O valor terapêutico do processamento emocional pode ser enfatizado por vários teóricos. Van der Kolk, McFarlane e Van der Hart (1996) afirmaram que acessar as dores emocionais negadas pode ser essencial para um processamento adequado. Similarmente, Greenberg e Pavio (1997) estabeleceram que a experimentação dessa dor em terapia emocionalmente orientada é mais adequada para um resultado bem-sucedido. Johnson e Williams-Keeler ((1998) concluíram que a recuperação do trauma era mais relacionada com receber conforto de uma pessoa significativa do que com a severidade da história traumática.

Terapia de Relacionamento Imago

A terapia de relacionamento imago (TRI) (Hendrix, 1996, 2001) é usada para processar experiências negativas, a fim de curar feridas da infância, resolver conflitos conjugais e crítica, e aumentar a proximidade e intimidade. O objetivo do tratamento é que os parceiros se tornem individualmente inteiros e conscientes, e um "casal intencional"; esse conceito enfatiza a importância de fazer escolhas conscientes e deliberadas e não escolhas reativas. O casal é encorajado a identificar suas defesas e revelar o seu *self* interior vulnerável e ferido um para o outro, podendo assim sair do estágio de reatividade para entrar num estado consciente de seu relacionamento. A TRI deriva da teoria do apego e teoria da relação objeto na intenção de recriar a ligação que foi perdida na infância e melhorar a intimidade do casal (Slipp, 1984). As memórias do âmago do *self* de alguém, assim como memórias cognitivas, afetivas, sensoriais e comportamentais são compartilhadas com segurança com o parceiro e assim a pessoa ferida pode ser amparada literal e figurativamente, e validada a fim de recuperar partes não desenvolvidas do *self* (Hendrix & Hunt, 2004). Experiencialmente, "identidades perdidas" são identificadas e o potencial escondido da pessoa pode ser descoberto.

EMDR

Eye Movement Desensitization and Reprocessing (EMDR) (Shapiro, 1995, 2001) é uma psicoterapia criada para acessar e processar as memórias perturbadoras e feridas profundas da infância, e trazê-las para uma resolução adaptativa (Shapiro, 2001; Shapiro & Maxfield, 2002). O modelo do processamento adaptativo de informação (PAI) que "governa a prática do EMDR convida os clínicos a olharem para o quadro do cliente como um todo para identificar os eventos passados que contribuem para a disfunção, os eventos presentes que desencadeiam perturbação, e as habilidades e recursos internos que precisam ser incorporados para uma vida saudável e adaptativa no futuro" (Shapiro, 2002:27).

"O EMDR é uma abordagem positiva, auto-atualizadora, não apenas um modelo de dessensibilização do *self*, onde nós apenas redirecionamos as questões óbvias e deixamos as pessoas continuarem mancando pela vida com outras questões inibidoras" (Shapiro, 2003).

A Integração do EMDR e a Terapia de Relacionamento Imago

Tanto o EMDR quanto a TRI são terapias compreensivas integrativas baseadas em várias abordagens, incluindo psicodinâmica, comportamental, cognitiva, experimental, orientação-corpo-mente, sistemas de família de origem, transpessoal, interpessoal, teoria do apego, teoria de relação objeto (Hendrix, 1992; Shapiro, 2001). Cada terapia tem um protocolo padrão. Shapiro (2001) e Hendrix (2001) propuseram que, para a obtenção dos resultados mais eficientes e efetivos, os terapeutas precisam seguir esses protocolos.

Gabler (2002) notou que o EMDR, quando combinado com uma terapia de casal orientada emocional e experiencialmente, se mostrou útil quando reprocessa emoções que tipicamente abastecem as interações disfuncionais do casal. A pesquisa de Gabler indicou que essa combinação pode amplificar a intimidade, aumentar a ligação e promover mudança. Protinsky et alii (2001) investigaram o tratamento de casais com EMDR combinado com uma abordagem baseada em emoção e experiência. O resultado desse estudo indicou que esse tratamento combinado parecia intensificar a experiência emocional que Johnson e Talitman (1997) identificaram como sendo importante para o resultado bem-sucedido da terapia.

Em um segundo estudo, Flemke e Protinsky (2003) concluíram que a intimidade é incrivelmente intensificada em casais quando EMDR e técnicas imago são integradas, como o "Diálogo Cuidador-Criança". Esse estudo sugeriu que combinar uma terapia familiar, tal como TRI, com EMDR pode promover mudança e resolução, e aumentar a compaixão e intimidade em conflitos maritais e relacionais. O protocolo usado por Flemke e Protinsky usou diálogos imago para criar um despertar emocional, descoberta do *self* e resposta empática com o parceiro. Se o casal tiver um impasse, e um disparador não processado puder ser identificado, o EMDR pode ser introduzido para uma cura muito melhor das feridas de infância. De acordo com os autores, o processamento de feridas e traumas da infância pela integração de EMDR e TRI pode ajudar o casal a estabelecer uma conexão mais íntima.

Processo Terapêutico

Na abordagem terapêutica interativa descrita neste capítulo, o TRI é usado para organizar e identificar alvos não processados para processamento EMDR, facilitar a comunicação entre os parceiros e ajudar os casais a se tornarem menos reativos e mais intencionais, distintos e mais unidos. O casal é requisitado a comparecer a doze sessões de terapia. O EMDR é implantado com os dois parceiros presentes, onde um parceiro processa uma questão, enquanto o outro escuta, observa, se concentra nas experiências do parceiro e em suas próprias experiências internas, e toma notas para dividir depois (Protinsky et alii, 2001). O parceiro ouvinte pode abraçar o outro literal ou figurativamente, enquanto o parceiro que está processando expressa dor em um ambiente seguro. O casal experimenta vinculação e conexão.

O papel do terapeuta é criar um ambiente seguro para a expressão da emoção e facilitar o diálogo, aumentando, assim, o conhecimento dos parceiros sobre si e sobre o outro. Em vez de trabalhar os indivíduos separadamente, o terapeuta mantém o foco na relação marital e trabalha com o casal.

Os passos básicos da TRI são: a) compreensão das feridas e frustrações da infância, b) criação de perfis dos pais e parceiros, c) aprender Diálogos dos Casais, d) resolver a raiva, e) experienciar contenção e autocontrole, f) expressar carinho e apreciação, g) desenvolver uma visão do relacionamento no futuro (Hendrix, 2001). O casal passa de forma sequencial pelos passos.

Diálogo dos Casais

O Diálogo dos Casais se torna uma ferramenta de transformação, ajudando os parceiros a se tornarem mais distintos como indivíduos e a obterem uma conexão melhor. O Diálogo é uma técnica de comunicação estratégica e inclui variações designadas a ajudar os casais na expressão de frustração, raiva e medo, bem como necessidades e desejos, de maneira calma e segura. O Diálogo de Casais consiste em três partes:

1. A primeira, é o espelho em que um parceiro (emissor) expressa sentimentos sobre o sentimento ou evento frustrante e o parceiro ouvinte (receptor) espelha ou reflete de volta o que é ouvido, fazendo com que o emissor saiba que foi ouvido. O ouvinte convida o emissor a expressar mais sobre a mensagem e continua a espelhar até que a mensagem esteja completa.

2. O segundo componente do Diálogo é a validação do receptor de que o que o emissor expressou faz sentido e é verdadeiro para o emissor. O ouvinte não precisa necessariamente concordar com o emissor, mas precisa apenas aceitar que o que ouviu é verdadeiro para o emissor. O receptor pode explorar o que machuca ou amedronta o parceiro e quais memórias da infância estão relacionadas. Esse processo ajuda o parceiro ouvinte a pôr de lado a reatividade e a se tornar mais consciente e compassivo.

3. O terceiro componente do Diálogo é a empatia expressada pelo receptor, que precisa deixar de lado seus próprios sentimentos e se antenar ao emissor, imaginando o que o emissor pode estar sentindo. Quando o emissor se sentir compreendido, e as experiências tiverem sido validadas com empatia, o processo é revertido e o receptor se torna o emissor e vice-versa (Hendrix, 2001).

Diálogo Pai-Criança

Outra forma do Diálogo de Casais é o Diálogo Pai-Criança. Ele direciona as feridas da infância e é usado como veículo para cura. Um dos parceiros (emissor) é encorajado a se reportar a um tempo doloroso na infância e pede ao outro parceiro (receptor) para assumir o papel de pai ou mãe do emissor. O receptor pede ao emissor para expressar os mais profundos ferimentos e a pior frustração da infância, e o parceiro que está representando espelha a mensagem, valida e enfatiza. O parceiro/ouvinte pergunta a criança/emissor o que ele precisa do cuidador para curar a dor. O casal, então, assume seus papéis originais como dois parceiros. O ouvinte pergunta: "Como seu parceiro, o que posso fazer para ajudar você a curar aquilo?". Frequentemente, o parceiro que faz o papel do cuidador é mais compassivo e entende a necessidade do outro na infância, o que reflete frequentemente no que ele sente falta no seu relacionamento adulto. Esse Diálogo Pai-Criança, muitas vezes, é poderoso o suficiente para desencadear e processar feridas cravadas profundamente e permite que os parceiros cresçam e se curem na relação (Hendrix, 2001, 2005).

Fases do Tratamento

O sequenciamento das fases do tratamento usado nesse modelo integrativo combina aspectos tanto do EMDR quando da TRI e segue o protocolo das duas abordagens.

História do Cliente, Planejamento do Tratamento e Preparação

Durante as primeiras fases do tratamento, o terapeuta estabelece *rapport* com os clientes. O desenvolvimento da percepção pelo terapeuta é crucial tanto na TRI quanto no EMDR, porque a habilidade do terapeuta pode funcionar como recurso em terapia (Hendrix, 2001; Shapiro, 2001, 2002). Durante essa fase, o casal é informado sobre os efeitos das experiências primárias da infância no desenvolvimento e relacionamentos posteriores. Os conceitos básicos da TRI e do EMDR são explicados. A primeira fase do EMDR envolve o recolhimento da história clínica para determinar a prontidão do cliente para EMDR e um plano de tratamento é conceitualizado pela identificação de padrões alvo no passado, no presente e no futuro. Novos alvos continuam a ser identificados quando o processo começa. Do mesmo modo, o terapeuta imago também pode pegar um histórico do casal na primeira e na segunda sessões. Esse processo continua durante o tratamento, conforme informações da história são eliciadas durante o uso de Diálogo de Casais.

Tanto em EMDR como em TRI os recursos positivos dos clientes são explorados para fortalecer o ego, melhorar a terapia e estabelecer suficiente estabilização. Exemplos de recursos utilizados em EMDR são: visualização do lugar seguro (Korn & Leeds, 2002; Shapiro, 2001); exercícios de relaxamento, meditação e memórias positivas para lembrar os clientes de tempos em que eles se sentiram no controle e lidar com sofrimento emocional. Correspondentemente, a TRI usa exercícios de visualização guiada para ajudar a estabelecer um lugar seguro para que quando se confrontarem com experiências dolorosas ou cognições negativas eles possam lembrar que têm um lugar de segurança.

Outros recursos TRI são memórias positivas, apreciações, afirmações e inundar o parceiro com mensagens afirmativas para lembrar o casal do potencial de cura dessas ideias (Hendrix, 2001).

O cliente e o terapeuta também identificam possíveis traumas "T" e "t" como alvos a serem processados em EMDR, incluindo eventos perturbadores do passado e do presente que evocam estresse. A TRI é usada para explorar feridas primitivas no desenvolvimento de cada cliente, por exemplo, durante estados de vinculação primitiva, exploração e identidade. Em EMDR, as técnicas de flutuar para trás ajudam o cliente a lembrar algum evento primitivo, ajudam a identificar e reprocessar as memórias implícitas que estão congeladas devido ao trauma primitivo. A técnica de flutuar para frente leva o casal à criação de uma visão mútua ao direcionar qualquer ansiedade que possa existir sobre seu futuro. Reprocessar seus medos pode resultar na identificação de recursos, tais como soluções e estratégias de enfrentamento (Shapiro, 2002, 2003; Young, Zangwill & Behary, 2002).

Processamento

São propósitos do EMDR e da TRI identificar, processar e transformar memórias armazenadas disfuncionais e mobilizar o indivíduo para melhorar a sua saúde mental. Ambas as vertentes enfatizam a importância de processar eventos prematuros e sair da reatividade para entrar na consciência. Processamento significa trabalhar para romper o legado de várias memórias e criar novas associações e adaptações mais efetivas. O EMDR usa estimulação dual, como movimentos oculares, toques e sons bilaterais (Shapiro, 2001); a terapia imago usa várias formas do Diálogo de Casais para acelerar o processo. A TRI também utiliza anedotas, poesias e filmes para aprofundar as emoções e o processo. Por exemplo: apresentar partes do filme *Duas Vidas*[24] da Disney, ilustra visualmente a briga por poder pai-criança. Em ambas as abordagens, o terapeuta facilita e fica fora do caminho dos clientes, permitindo que sigam o processo, que naturalmente os move na direção da cura e da mudança (Hendrix, 2001; Shapiro, 2001).

A terapia ajuda os parceiros com o Diálogo de Casais usando espelho, validação e enfatização para continuar processando questões incompletas. Para ter certeza de que o casal está num estado de equilíbrio emocional, técnicas de autocontrole aprendidas na Fase de Preparação podem ser usadas. Se for evidente que algumas experiências dolorosas não foram acessadas e processadas durante a TRI, ou o casal tem dificuldade em ir para frente, introduzir o EMDR para lidar com o impasse e processar o material não processado parece permitir que a transformação ocorra mais prontamente (Shapiro, 2001, 2002). O EMDR é usado de acordo com o protocolo padrão, mas com o parceiro presente para prover apoio e validação.

De acordo com a continuação do processamento, traumas e questões primitivas se tornam menos dolorosas, passado e presente parecem ser gradativamente mais toleráveis. Além disso, processar feridas da infância com TRI e EMDR opera para fortalecer a compaixão e intimidade do casal, estabelecendo uma conexão de cura e criando mudança em relacionamentos difíceis (Protinsky et alii, 2001).

Exercícios Orientados para o Futuro

Quando a dessensibilização é completada, e perturbações do passado e do presente são focadas e reprocessadas, a terapia focaliza mudanças para intensificar a habilidade do cliente de fazer escolhas futuras (Shapiro, 2001). Similarmente, a TRI introduz um fluxo experiencial de características positivas e exercícios de apreciação para o casal, tais como resgatar o romance, reconsiderar, reestruturar a raiva e outros exercícios orientados para o futuro (Hendrix, 2001). A re-visualização do outro, de uma pessoa abusiva e cruel para outra que é emocionalmente ferida, é efetiva durante o Diálogo de Apoio Imago. Um parceiro segura o parceiro ferido e pergunta: "Como era ser criança na sua família?" e "Qual foi a pior parte?". Outra forma de re-visualizar o outro é através de imaginação guiada, quando cada parceiro convida o parceiro ferido a se juntar a ele (ou a ela) em um lugar seguro, para voltar à casa da infância e para se apoiarem um ao outro em seus novos pensamentos positivos. O processo imago continua com re-romantizar (apreciações, inundações, carinhos e exercícios divertidos), reestruturando as relações por perguntas ao outro por suas necessidades, pela aprendizagem em lidar com a raiva mais efetivamente e escrevendo uma visão mútua do relacionamento no futuro, para promover cura, conexão e um amor mais maduro e saudável.

Transformação

EMDR e TRI parecem trabalhar juntos para intensificar a transformação através de um processamento mais profundo, e resolução de traumas e feridas primitivas da infância. Através da curiosidade e do uso do Diálogo de Casais, cada parceiro aprende sobre ele mesmo, sobre o outro e o relacionamento. O casal muda de um relacionamento de amor inconsciente e competições pelo poder, para um estágio de relacionamento de amor consciente, que inclui comprometimento, compreensão das resistências, resolução de raiva e medo, aceitação dos riscos e abraçar o amor verdadeiro. A informação é colhida, experiências dolorosas são processadas, opções são descobertas e novas decisões são tomadas.

---

[24] N. da T.: *Disney's The Kid*, dirigido por Non Turteltaub, escrito por Audrey Wells, com Bruce Willis e Spencer Breslin.

Exemplo de Caso

Ellen e Marty se dirigiram à terapia em meio a uma severa disputa por poder. Casados há quase 30 anos e com dois filhos casados, eles relataram que vinham tentando sobreviver ao casamento desde seu início. Recentemente, Marty havia tido um caso e queria deixar o casamento. Ellen ficou abalada. Marty aceitou ir à terapia de casal e eles chegaram em crise. A terapia de relacionamento imago foi escolhida inicialmente como modalidade de tratamento. Por meio do Diálogo de Casais, a história foi revelada e os estágios de desenvolvimento de Ellen e Marty foram explorados. Durante o curso do tratamento, eles aprenderam o Diálogo de Casais de várias formas, criando uma corrente contínua de terapia. Para completar o protocolo, mesmo que talvez tenha se sentido constrangido, o casal se comprometeu a ficar na terapia e no processo por pelo menos 12 sessões. Eles também concordaram em incluir a resolução da abordagem EMDR. O objetivo era dessensibilizar seus traumas e reprocessar as informações recolhidas no curso da terapia. As sessões terapêuticas continuaram bem além do contrato original de 12 sessões.

As histórias de Ellen e Marty eram parecidas. Abandono e rejeição começaram na fase de vinculação, isso formou a estrutura para o resto da infância e foi reafirmado na relação conjugal. Ellen se adaptou ao seu passado se tornando maximizadora; a adaptação primitiva de Marty era ser minimizador. Quanto mais Ellen mostrava raiva e brigava pelo que ela não teve quando criança e o que ela queria e precisava no casamento, mais Marty fugia do terror de se tornar muito próximo e experienciar suas feridas de abandono e rejeição novamente.

Ellen e Marty podem ter escolhido um ao outro, inconscientemente, para se tornarem mais parecidos um com o outro. Apesar de se defenderem do fato de possuírem suas partes negativas, negadas, e suas partes positivas, renegadas, seu desejo escondido pode ter sido ser mais igual ao parceiro. Parece que maximizadora e minimizador se uniram inconscientemente para se tornar um par imago, para que pudessem curar suas feridas de infância.

Ellen

Ellen tinha 9 anos quando sua mãe morreu. Tornou-se responsabilidade de Ellen fazer as tarefas domésticas e cuidar de seus irmãos e de seu pai, que era alcoólatra. Apesar de seu pai ter se casado novamente, a madrasta de Ellen teve um derrame e viveu com ela e Marty durante a vida do casal. As responsabilidades aumentaram e o papel de cuidadora de Ellen se tornou um fardo mais pesado.

A perda da mãe biológica foi um alvo passado significativo para Ellen e a figura que representou a pior parte daquele incidente foi o pai contando que a mãe tinha morrido. Ela ficou "estupefata". Não permitiram que ela visitasse a mãe. Ellen esperava que a mãe fosse voltar do hospital. Por ter sido imposta a responsabilidade de cuidar dos irmãos mais novos e do pai alcoólatra, Ellen nunca teve a chance de sofrer ou chorar. Ellen não teve a oportunidade de dizer adeus a sua mãe. Pela primeira vez na vida, durante o processamento EMDR ela começou a sofrer a perda da mãe e isso se tornou o alvo.

Ellen expressou sua raiva e frustração com Marty pelo caso extraconjugal. Isso desencadeou os sentimentos primitivos de Ellen de abandono por sua mãe. Marty ouviu e espelhou tudo o que Ellen disse a ele. Marty foi encorajado a pôr de lado suas reações às mensagens de Ellen e ver "o mundo dela", sabendo que depois ele teria a oportunidade de responder. Ele pediu confirmação à Ellen para ver se tinha "entendido tudo certo" e continuou o espelho até "entender tudo". Quando Ellen terminou, Marty validou e enfatizou o que tinha aprendido sobre Ellen, experimentando a dor da mulher, ele se tornou mais compassivo.

Devido à dor e à raiva que sentia de seu pai sobre da morte de sua mãe, Ellen concordou em fazer o diálogo Pai-Criança e pediu a Marty para fazer o papel de seu pai. Conforme instrução, ela fechou os olhos e se permitiu voltar à manhã em que seu pai contou que sua mãe tinha morrido. Marty deixou de lado o papel de marido para fazer o papel de pai e perguntou: "Como é para você esta manhã, sabendo que sua mãe morreu?". Ele espelhou, validou e enfatizou conforme descreveu sua dor para seu "pai". Após duas sessões de Diálogo Pai-Criança, o EMDR se tornou a escolha terapêutica para clarear o trauma não resolvido sobre essa questão para Ellen e eventualmente instalar cognições positivas. O Diálogo Pai-Criança da TRI a ajudou a superar os sentimentos de dor e raiva em relação ao pai e a ajudou a se sentir mais confortável com os outros aspectos envolvidos na morte da mãe, como a dificuldade de voltar à escola.

O EMDR permite processamento e resolução mais profundos. Apesar de a TRI ter sido extremamente útil em ajudar Ellen e Marty a identificar e a processar suas feridas primitivas da infância, o EMDR foi adicionado para suplementar e aprofundar o processo terapêutico. Ellen escolheu vibradores nas mãos, coordenados com tons auditivos para a estimulação dual para ser usado no EMDR e assistir ao quadro em um vídeo em sua mente com os olhos fechados. O Diálogo Pai-Criança da TRI a ajudou a superar os sentimentos de dor e raiva sobre seu pai.

Usando a técnica EMDR de flutuar para trás, Ellen foi capaz de entrar em contato com suas cognições negativas: "Eu não sou boa", "Falta-me confiança" e "Eu sou incapaz". Quando a TRI foi insuficiente para alcançar e reprocessar completamente essas questões negativas, o EMDR muitas vezes foi capaz de dessensibilizar e reprocessar os pensamentos e sentimentos negativos de Ellen. Muitas vezes, o EMDR e a TRI foram usados na mesma sessão. Se a questão do tempo não permitia as duas terapias, o EMDR era usado em sessões subsequentes. As cognições positivas de Ellen eram: "Estou segura e tenho controle" e "Eu sou boa da maneira que sou"; elas foram instaladas quando a fase de dessensibilização foi completada.

Um alvo atual para Ellen foi sua incapacidade de confiar em Marty, devido ao caso extraconjugal e às frequentes mentiras. A adaptação familiar da infância de Ellen com o papel de cuidadora continuou com seu marido, seus dois filhos e, finalmente, seus netos. Mágoa e raiva estiveram profundamente cravadas por muitos anos. Ela e Marty estavam bem comprometidos com o processamento e com o uso do Diálogo de Casais imago, mas Ellen não conseguiu chorar ou expressar raiva por seu abandono na infância, o qual foi desencadeado quando Marty a traiu. Com a ajuda adicional do EMDR e a perda da mãe como alvo, ela foi capaz de processar e clarear os bloqueios que interferiam na cura de feridas antigas. Marty foi capaz de ampará-la em sua dor e dar apoio em seu novo desejo de cuidar de si mesma sem sentir vergonha ou culpa. Uma vez que os desencadeadores passados e futuros foram clareados, Ellen foi capaz de criar um padrão futuro e reescrever a visão de relacionamento para seu futuro. O modelo PAI do EMDR e o diálogo imago foram úteis em criar uma visão saudável de futuro para Ellen.

Marty

Quando foi pela primeira vez à terapia, Marty lembrava pouca coisa de sua infância. Ele tinha dificuldade em se lembrar de eventos com seus pais, irmãos ou eventos em que ele figurava. Com o uso do Diálogo Pai-Criança e a introdução do EMDR para processar feridas profundas da infância, Marty começou a lembrar mais da sua infância primitivamente disfuncional. Engatilhado pela necessidade que Ellen tinha de cuidar dele, o que o incomodava, ele se lembrou de quando tinha 5 anos, vestindo macacão, sentado na escada, procurando por alguém com quem pudesse conversar. Não havia ninguém por lá. Ele não tinha amigos, nem podia se divertir. Ele estava com fome a sua mãe o chamava, mas ele estava com medo de ir para casa. A mãe de Marty estava esgotada, se sacrificando para criar sete filhos sem nenhum dinheiro. A necessidade de Ellen de cuidar de Marty era ameaçadora para ele, devido à falta de atenção de sua mãe. Essa cena se tornou seu alvo passado.

O Diálogo de Casais permitiu a Marty expressar de maneira segura o terror que sentia. "Não mereço amor, eu sou uma pessoa ruim, não mereço ser amado, não confio em mim." Ele tinha dificuldade em expressar tudo isso. "Não mereço coisas boas", ele dizia. E se sentia um "desapontamento". Ellen foi capaz de espelhar, validar e enfatizar essas coisas enquanto chorava e sentia compaixão. Ela segurou Marty literal e figurativamente, entrando no mundo dele e deixando suas coisas de lado. Ele foi capaz de processar sua infância negativa encaixando suas cognições positivas "Mereço ser amado, eu sou uma pessoa boa, sou amável, posso confiar em mim mesmo, estou bem".

Outros fatores que exacerbavam o conflito marital eram ansiedade, irritação, depressão e *flashbacks* de Marty em relação ao seu tempo de combate na Guerra do Vietnã. Ele foi o único sobrevivente de seu grupo, e sofria com um sentimento imenso de culpa e responsabilidade pelo incidente. Para compensar seus sentimentos negativos ligados às questões de guerra, a atual incompetência dos colegas de trabalho, ele acabou assumindo mais tarefas para si. O aumento de seu foco no trabalho teve impacto em seu tempo e atenção para seu relacionamento com Ellen, e intensificou os sentimentos dela de rejeição e abandono. O estresse pós-traumático dele diminuiu quando a culpa de ter sobrevivido se tornou o alvo e o EMDR foi usado para diminuir o impacto dos sentimentos negativos. Apesar de a TRI ter sido poderosa na cura do relacionamento, incorporar o EMDR para trabalhar as questões dele relacionadas à Guerra do Vietnã resultou em uma melhora significativa na autoestima de Marty e em sua habilidade de se vincular com Ellen.

A mudança no relacionamento se tornou significativa quando os sentimentos de terror e inadequação foram dessensibilizados e reprocessados usando o Diálogo Imago e com a cura de sua dor passada através do EMDR. Neste caso, a integração da TRI e EMDR foi muito bem-sucedida. O uso dos dois métodos pareceu acelerar o processo e intensificar a cura de suas feridas da infância primária. Tanto Ellen quanto Marty tiveram déficits de proteção e privações quando crianças. O relacionamento adulto deles espelhava o passado e replicava as feridas de suas infâncias. A segurança foi estabelecida em terapia usando o Diálogo de Casais e imagens guiadas e eles foram capazes de repetir incidentes primitivos com o parceiro presente para acolhê-los em sua dor. Quando isso foi clareado, outros canais foram focados e processados com sucesso. Quatro sessões de EMDR foram conduzidas com Ellen apoiando Marty através de contato visual, validação e empatia. Frequentemente, ela se aproximava de Marty e o segurava em seus braços. Sua prontidão e empatia foram muito curativas e foram bem aceitas por Marty. Houve transposição de muitas barreiras relacionadas aos traumas primitivos da infância.

Exercícios como inundar um ao outro com frases positivas, re-visualização um do outro como pessoa ferida ao invés de pessoa má ou abusiva e aprender a pedir o que cada um quer ou precisa ajudou a transformar Ellen, Marty e seu relacionamento. Outras atividades positivas aprendidas por eles foram: diversão, trocar presentes e demonstrar carinho. Eles se tornaram capazes de dar e receber carinho. Atualmente, Ellen e Marty vão à terapia com menos frequência, se sentem mais seguros em seu relacionamento, e possuem as técnicas e ferramentas que precisam para continuar sua jornada através de ligações e separações mais saudáveis.

CONCLUSÃO

Como ilustrado no exemplo de Ellen e Marty, a integração de EMDR e TRI pode resultar em processamento completo, compreensivo e na transformação da relação marital. As duas práticas ajudam o cliente a processar memórias inconscientes ou implícitas que mantêm necessidades incompletas da infância, defesas relacionadas a traumas e feridas primitivas da infância, e experiências passadas que parecem ter efeito em relacionamentos atuais e futuros.

A TRI é usada para criar transformações maritais processando experiências negativas pelo Diálogo de Casais para curar feridas da infância primária, resolver o criticismo e conflitos maritais, e intensificar a ligação, a comunicação e a intimidade. O reprocessamento com EMDR muda o indivíduo através da resolução de memórias traumáticas, dessensibilizando desencadeadores, eliminando sofrimento emocional e reformulando crenças associadas; isto muda o casal através dos efeitos sistêmicos do crescimento pessoal de cada parceiro e das experiências compartilhadas dentro da sessão.

Apesar de os métodos do EMDR e da TRI serem diferentes, eles tendem a ser similares em seus objetivos e filosofias. Vantagens de integrar EMDR e TRI podem incluir resolução mais rápida e profunda dos traumas e feridas primitivas da infância, e aumento da compaixão e intimidade, permitindo ao casal estabelecer uma ligação de cura, o que quebra a simbiose criada na infância primitiva. A separação devida ao crescimento pessoal permite que o casal respeite as diferenças de cada um, o que frequentemente resulta em ligações bem melhores. A integração de EMDR com TRI parece prover dessensibilização, reprocessamento e cura mais abrangentes do que cada uma das terapias individualmente.

REFERÊNCIAS

Bowen, M. (1978). Family therapy in clinical practice. New York: Aronson.

Bowlby, J. (1973). Attachment and loss: Vol. 2. Separation: Anxiety and anger. New York: Basic Books.

Brennan, K., & Shaver, P. (1995). Dimensions of adult attachment, affect regulation, and romantic relationship functioning. Personality and Social Psychology Bulletin, 21, 267–283.

Fauchier, A., & Margolin, G. (2004). Affection and conflict in marital and parent-child relationships. Journal of Marital and Family Therapy, 30(2), 197–211.

Flemke, K. R., & Protinsky, H. (2003). Imago dialogues: Treatment enhancement with EMDR. Journal of Family Psychotherapy, 14(2), 31–45.

Gabler, G. J. (2002). Complementarity of defensive style in intimate relationships. Journal of Imago Relationship Therapy, 5(2), 29–43.

Gerson, R. (1996). Family systems theory and imago therapy: A theoretical interpretation. Journal of Imago Relationship Therapy, 1(1), 19–41.

Gottman, J. (2000). The timing of divorce: Predicting when a couple will divorce over a 14 year period. Journal of Marriage and Family, 62(3), 737–745.

Greenberg, L., & Pavio, S. (1997). Working with emotion in psychotherapy. New York: Guilford Press.

Hazan, C., & Shaver, P. (1994). Attachment as an organizational framework for research on close relationships. Psychological Inquiry, 5, 1–22.

Hendrix, H. (1992). Keeping the love you find: A guide for singles. New York: Pocket Books.

Hendrix, H. (1996). The evolution of imago relationship therapy: A personal and professional journey. Journal of Imago Relationship Therapy, 1(1), 1–17.

Hendrix, H. (2001). Getting the love you want: A guide for couples. New York: First Owl Books. (Original work published 1988)

Hendrix, H. (2005). Getting the love you want: Couples workshop manual. New York: Imago Relationships International. (Original work published 1979)

Hendrix, H., & Hunt, H. (2004). Receiving love: Transform your relationship by letting yourself be loved. New York: Atria Books.

Johnson, S. M., & Talitman, E. (1997). Predictors of success in emotionally focused marital therapy. Journal of Marital and Family Therapy, 23, 135–151.

Johnson, S. M., & Williams-Keeler, L. (1998). Creating healing relationships for couples dealing with trauma: The use of emotionally focused marital therapy. Journal of Marital and Family Therapy, 24, 25–40.

Korn, D. L., & Leeds, A. M. (2002). Preliminary evidence of efficacy for EMDR resource development and installation in the stabilization phase of treatment of complex posttraumatic stress disorder. Journal of Clinical Psychology, 58, 1465–1487.

Love, P. (2001). The truth about love. New York: Simon & Schuster.

Mahler, M. (1968). On human symbiosis and the vicissitudes of individuation. New York: International Universities Press.

Mahler, M., Pine, F., & Berman, A. (1975). The psychological birth of the human infant: Symbiosis and individuation. New York: Basic Books.

Marrone, J., Hannah, M., Bause, M., Long, J., & Luquet, W. (1998). The Imago Developmental

Adaptation Profile (IDAP): Preliminary scale development. Journal of Imago Relationship Therapy, 3, 49–62.

Morris, J. (2003). Maturation: Imago theory versus psychoanalytic theory. Journal of Imago Relationship Therapy, 5(2), 1–13.

Protinsky, H., Sparks, J., & Flemke, K. (2001). Using eye movement desensitization and reprocessing to enhance treatment of couples. Journal of Marital and Family Therapy, 27(2), 157–164.

Shapiro, F. (1995). Eye movement desensitization and reprocessing: Basic principles, protocols, and procedures. New York: Guilford Press.

Shapiro, F. (2001). Eye movement desensitization and reprocessing: Basic principles, protocols, and procedures (2nd ed.). New York: Guilford Press.

Shapiro, F. (2002). EMDR treatment: Overview and integration. In F. Shapiro (Ed.), EMDR as an integrative psychotherapy approach (pp. 27–56). Washington, DC: American Psychological Association.

Shapiro, F. (2003, September). Adaptive information processing and case conceptualization. Paper presented at EMDRIA Conference, Denver, CO.

Shapiro, F., & Maxfield, L. (2002). Eye movement desensitization and reprocessing (EMDR).

In M. Hersen & W. Sledge (Eds.), Encyclopedia of psychotherapy (Vol. 1, pp. 777–785). New York: Elsevier Science.

Shaver, P., & Clark, C. (1994). The psychodynamics of adult romantic attachment. In J. M.

Masling & R. F. Bornstein (Eds.), Empirical perspectives on object relations theory (pp. 105–156). Washington, DC: American Psychological Association.

Siegel, D. (1999). The developing mind: Toward a neurobiology of interpersonal experience. New York: Guilford Press.

Siegel, D. (2002). The developing mind and the resolution of trauma: Some ideas about information processing and an interpersonal neurobiology of psychotherapy. In F. Shapiro (Ed.), EMDR as an integrative psychotherapy approach (pp. 85–122). Washington, DC: American Psychological Association.

Slipp, S. (1984). Object relations: A dynamic bridge between individual and family therapy. New York: Aronson.

Solomon, M. F. (2002). Connection, disruption, repair: Treating the effects of attachment trauma on intimate relationships. In M. F. Solomon & D. J. Siegel (Eds.), Healing trauma: Attachment, mind, body and brain (pp. 372–345). New York: Norton. van der Kolk, B. A., McFarlane, A. C., & Van der Hart, O. (1996). The black hole of trauma. In B. van der Kolk, A. McFarlane, & L. Weisaeth (Eds.), Traumatic stress (pp. 3–19). New York: Guilford Press.

Verzulli, S. (1999). Disturbed attachment, abuse, and imago therapy. Journal of Imago Relationship Therapy, 4(1), 1–16.

Young, J., Zangwill, W., & Behary, W. (2002). Combining EMDR and schema-focused therapy.

In F. Shapiro (Ed.), EMDR in conjunction with family systems therapy (pp. 181–208). Washington, DC: American Psychological Association.

CAPÍTULO 10
EMDR e Terapia de Casal Focada na Emoção para Casais Veteranos de Guerra

Nancy Errebo & Rita Sommers-Flanagan

Um combatente da guerra global contra o terrorismo se casou 18 dias antes de sua partida ao Iraque e voltou para casa um homem diferente. O casal se dirigiu ao Vet Center em busca de ajuda. "O olhar dele parece vazio", disse a jovem mulher, e seus próprios olhos refletiam preocupação e confusão. "Ele não é mais legal, então eu saio sozinha para dançar, só para relaxar, ou para deixar ele com ciúmes. Parece que agora o único jeito de chamar a atenção dele é deixá-lo nervoso. Estou quase desistindo."

Para ajudar casais de combatentes como esse, os terapeutas precisam entender o efeito da guerra nos soldados, o impacto da experiência dos soldados nos relacionamentos íntimos, e a eficácia da terapia individual e da terapia de casal. Essas considerações são discutidas neste capítulo.

Trauma de Guerra e Transtorno de Estresse Pós-Traumático Complexo

Silver e Rogers (2002) delinearam vários elementos específicos de trauma de guerra que ajudam a explicar por que veteranos de guerra muitas vezes desenvolvem transtorno de estresse pós-traumático complexo (TEPT):

- Exposições prolongadas adaptam o sistema nervoso a níveis mais altos de excitação e solidificam visões negativas do *self*, dos outros e do mundo.

- Traumas múltiplos são altamente difusos.

- Os traumas de guerra são deliberadamente infligidos por e em seres humanos.

- Os combatentes são tanto vítimas quanto causadores; muitos jovens que se alistam pela nobre causa de defender seu país descobrem a realidade cruel de que a sobrevivência em combate requer que o indivíduo experimente e inflija brutalidade.

- Os combatentes são ao mesmo tempo poderosos e impotentes; eles têm carta branca para usar força mortal para dominar o inimigo, no entanto, existe toda a possibilidade de que letalidade semelhante seja usada contra eles. Essa dicotomia causa uma confusão interna enorme.

- Testemunhar repetidamente que o pior pode acontecer faz com que os combatentes sintam necessidade constante de se antecipar e se preparar para o pior.

- Por terem colocado suas vidas em linhas de batalha por seu país e conterrâneos, eles têm uma relação diferente com a sociedade, com o governo e com a bandeira pela qual lutaram. Portanto, revoluções sociais, desastres naturais, ameaças terroristas e guerras são mais pessoais e problemáticas para os combatentes do que para os outros cidadãos.

Efeitos dos Sintomas de Transtorno de Estresse Pós-Traumático em Veteranos e Seus Relacionamentos Íntimos

O *National Vietnam Veterans Readjustment Study*[25] (Kulka et alii, 1990) concluiu que famílias de veteranos de combate com TEPT apresentavam mais violência, problemas conjugais, problemas parentais e problemas de comportamento das crianças do que famílias de veteranos sem TEPT. Os sintomas de TEPT prejudicam as

---

[25] N. da T.: Estudo Nacional de Reajustamento de Veteranos do Vietnã.

tentativas do combatente de reintegração na sociedade e restabelecimento da proximidade e intimidade que ele[26] tinha com a família antes de partir.

Re-experimentando os Sintomas

Memórias intrusivas tomam posse de alguns veteranos durante o dia e invadem seus sonhos à noite. Devido ao seu horror, um veterano pode acordar de um pesadelo de um combate mortal e perceber que está apertando as mãos ao redor da garganta da esposa. Dessa forma, o medo pode tomar conta da cama do casal.

Sintomas de Hiperexcitação

A hiperexcitação do sistema nervoso autônomo pode tornar o veterano insone, irritado, intenso e imprevisível (Foa, 2000). Em resposta, a tensão na família pode aumentar e chegar a um nível em que algumas vezes só uma explosão violenta de palavras ou ações pode trazer algum alívio (Errebo, 1995).

Sintomas de Entorpecimento Emocional

Os sintomas intrusivos e excitativos do TEPT são devastadores, todavia, o entorpecimento emocional pode produzir uma consequência ainda mais triste e perniciosa da guerra: o rompimento dos vínculos afetivos (Ainsworth, 1989; Mitchell, 1999). O entorpecimento emocional é agrupado com o feixe de evitação de sintomas do TEPT e é caracterizado por interesse diminuído em atividades significantes, sentimento de afastamento dos outros e variação restrita de afeto. Litz et alii (1997) encontraram uma correlação significante entre sintomas de entorpecimento emocional e os de hiperexcitação; eles levantaram a hipótese de que o entorpecimento é uma resposta a níveis insuportáveis de hiperexcitação. Veteranos conhecem muito bem a fragilidade da vida e o quanto dói perder alguém que eles amam. Portanto, frequentemente, eles resistem ao apego. Certa vez, um veterano do Vietnã explicou a sua terapeuta: "O pior no TEPT é que ele causa mudança, de maneira que você não consegue mais amar ninguém. Se você ama alguém, você pode perdê-lo. E aí, você sente medo novamente". Outro veterano disse: "Tenho muita dificuldade em deixar minha esposa sair de casa sem mim. Nossa vizinha traiu o marido enquanto ele estava no Iraque. E muitos dos meus colegas receberam cartas 'Dear John'[27] quando estavam lá. Simplesmente, não consigo confiar na minha esposa como eu confiava antes e isso não é baseado em nada que *ela possa ter feito*".

Sintomas de Evitação

Ao tentar evitar dor ou medo, culpa e tristeza, os veteranos podem se afastar da sociedade, da família, e até mesmo de seus próprios sonhos e desejos (Errebo, 1995; Haley, 1978). Assim, suas famílias são obrigadas a fazer escolhas por eles. Por exemplo: veteranos têm aversão em fazer planos, seja para um passeio de final de semana ou para investimentos financeiros de longo prazo, pois a guerra os ensinou que planos dão errado e o pior sempre acontece, e eles, provavelmente, não viverão o bastante para ver os planos se materializarem. Pensam que não merecem um futuro porque sobreviveram quando tantos outros morreram. Isso tem um forte impacto na relação conjugal, pois antecipar os eventos e a alegria de dividir uma vida é uma das coisas mais íntimas que um casal pode fazer.

De acordo com Sarah Haley (1978:262):

> Andamos particularmente preocupados com a expansão do que parece ser uma mudança radical para a passividade em oposição aos medos do passado (...). Apesar de os veteranos do Vietnã terem sido caracterizados nos meios públicos e clínicos como tendo reações explosivamente agressivas, esses episódios são frequentemente marcas acentuadas de uma passividade mais embrutecida.

Um estilo de enfrentamento passivo, aliado com a antecipação contínua de perigo, torna mais difícil conviver com desafios de vida comuns, esperados.

---

[25] Apesar do aumento do número de mulheres no serviço militar norte-americano, usaremos neste capítulo a expressão "ele" a todos os combatentes. A pesquisa citada foi realizada com combatentes masculinos e os homens ainda são a grande maioria de soldados em combate.

[27] N. da T.: expressão em inglês que significa uma carta que rompe o noivado ou outro relacionamento íntimo.

Problemas nos Relacionamentos Conjugais dos Veteranos

Experiências traumáticas não resolvidas podem ter efeitos negativos duradouros em relacionamentos íntimos. Vários estudos examinaram o impacto do TEPT de veteranos em suas parceiras e concluíram subsequentes dificuldades de comunicação e de intimidade nesses relacionamentos (Coughlan & Parkin, 1978; Maloney, 1988; Verbosky & Ryan, 1988). Em um estudo da qualidade e relacionamentos de homens veteranos do Vietnã, Riggs et alii (Riggs, Byrne, Weathers & Litz, 1998) concluíram que mais de 70% dos veteranos TEPT e suas companheiras relataram níveis clinicamente significativos de estresse no relacionamento comparados aos 30% dos casais não TEPT. Eles relataram uma grande quantidade de estresse e tinham dado mais passos a caminho da separação e do divórcio do que veteranos não TEPT e suas parceiras. O grau de estresse no relacionamento estava correlacionado à severidade do TEPT, especialmente com o entorpecimento emocional. Veteranos com TEPT relataram maior ansiedade acerca de intimidade com a parceira do que veteranos sem TEPT. Também as companheiras de veteranos com TEPT relataram maior ansiedade acerca da intimidade do que as companheiras de veteranos sem TEPT.

Certamente, nem todo veterano desenvolve TEPT, mas muitos experimentaram dificuldades no reajustamento à vida civil devido a exposições traumáticas e separação prolongada de sua família e cultura (Burham, 2004). Relações íntimas repercutem em resposta. Experiências de guerra muitas vezes criam um sofrimento profundo e progressivo nos veteranos e em suas famílias (Coughlan & Parkin, 1987). De uma perspectiva sistêmico-familiar, a alternância entre entorpecimento e hiperexcitação que pode existir mesmo sem um diagnóstico completo para TEPT rompe o apego e a intimidade, e lança o veterano dentro do papel identificado de paciente (S. M. Johnson, 2002). O casal se vê perdido em meio a um círculo de retraimento e crítica. Devido ao retraimento de seu marido, a esposa pode, como último recurso, tomar todas as responsabilidades para si, controlando os humores do marido, protegendo-o do ambiente. O resultado é o aumento da exaustão, raiva e ressentimento (D. R. Johnson, Feldman & Lubin, 1995). Eventualmente, ela pode também se retrair.

Ligações de afeto com a parceira podem ser prejudicadas devido à competição vinda da relação dos veteranos com as memórias de guerra, que são mais vívidas e dramáticas do que o cotidiano familiar. O veterano, em alguns casos, pode pensar que não é importante o que não envolve consequência de vida – ou morte (Hayman, Sommers-Flanagan & Parsons, 1987). Portanto, ele se afasta de sua esposa e foge para um mundo interior e não a convida para compartilhar. Como disse um veterano: "Minha esposa e eu éramos estranhos quando voltei do Vietnã. Não existem palavras para descrever uma zona de guerra e eu não queria infligir isso a ela de maneira nenhuma".

Quando o veterano tenta se abrir sobre sua experiência, ele se arrisca a sofrer rejeição da esposa. Por exemplo: um soldado telefonou e se correspondeu com a esposa o máximo que conseguiu, contando tudo o que estava acontecendo em Fallujah e Mosul, Iraque. Relatou as mortes que tinha testemunhado e as mortes causadas por ele. A esposa pediu que parasse, confessando que não aguentava ouvir sobre a guerra. Depois, conforme o relato do veterano, ele chorou:

> Ela pensa que sou um monstro. Eu sou um assassino treinado e fiz o que tinha de fazer. Ela disse que eu era como um fantasma para ela. Nós estávamos loucamente apaixonados antes. Ela não consegue lidar com o fato de que matei tantas pessoas. Passei por campos minados com meu Bradley.[28] Os soldados dependiam de mim para guiá-los e havia tantos buracos de bala naquele Bradley. Nos meus sonhos, eu estou completamente sozinho em uma cabaninha de barro. Os insurgentes vêm em minha direção e eles se transformam em demônios. Eu preciso que minha esposa me conforte, mas eu não posso contar a ela o que estou passando.

Considerações do Tratamento

Um tratamento compreensivo para casais afetados por traumas de guerra irá incluir algumas sessões individuais e também sessões com os dois parceiros juntos.

---

[28] N. da E.: tanque de guerra usado pelos combatentes norte-americanos.

Terapia Individual

O tratamento de veteranos de guerra tem sido amplamente estudado e o U. S. Department of Defense and Veteran Affairs[29] (VA/DoD, 2003) desenvolveu um *guia prático* para tratamento individual. Uma das terapias recomendadas é EMDR (Shapiro, 2001). Vários estudos (Carlson, Chemtob, Rusnak, Hedlund & Muraoka, 1998) têm demonstrado a eficácia do EMDR para tratar o TEPT em veteranos de guerra.

O EMDR foi empiricamente produzido pela observação dos movimentos sacádicos dos olhos na percepção de memórias antigas. Ele é guiado pelo modelo de Processamento Adaptativo de Informação (PAI), que postula que todos têm um sistema de processamento de informações inerente que normalmente cura o sofrimento emocional, mas que pode ser devastado por severos distúrbios e por experiências traumáticas. O veterano com TEPT é encurralado em padrões cognitivos, emocionais, comportamentais e relacionais negativos porque seus traumas de guerra permanecem não processados (Shapiro, 1995, 2001). Considera-se que a memória traumática esteja armazenada em uma forma de estado-dependente somatossensorial; quando é estimulado, muitas vezes o veterano é incapaz de controlar sua reação. O tratamento EMDR facilita o processamento dessas memórias e procede em oito fases. Por exemplo: ao tratar o casal mencionado na sessão anterior, o EMDR seria usado tanto com o combatente quanto com a esposa para processar as memórias das experiências da guerra e as dificuldades de intimidade. Enquanto o veterano tinha a experiência direta das memórias de guerra, as reações da esposa às cartas do marido também podem ser categorizadas como um trauma para ela, que necessitava de processamento (Shapiro, 2001). A essência do protocolo de três etapas é ajudar um indivíduo em sofrimento a processar memórias dolorosas e, fazendo isso, se tornar mais responsivo ao presente e capaz de moldar melhor o futuro (Shapiro, 1995, 2001).

Terapia de Casal

A pesquisa em terapia de casal e familiar para veteranos de guerra é escassa. Glynn et alii (1999) estudaram os efeitos de adicionar terapia comportamental familiar para colaborar com o tratamento de veteranos com TEPT. Apesar de a terapia de exposição ter ajudado com alguns sintomas do TEPT, esses pesquisadores não encontraram nenhum efeito adicional na terapia comportamental familiar. Em um pequeno estudo piloto, Monsor, Schnurr, Stevens e Guthrie (2004) aplicaram *Cognitive-Behavioral Couple's Treatment*[30] (TCCC) em sete casais, nos quais o marido foi diagnosticado com TEPT devido a experiências de combate. Os maridos perceberam apenas uma melhora modesta nos sintomas de TEPT, mas não relataram melhora no relacionamento. As esposas relataram melhora no relacionamento e perceberam melhora nos sintomas de TEPT do marido.

Existem vários modelos clínicos para trabalhar com trauma em casais e famílias. Alguns deles incluem *Emotionally Focused Therapy*[31] (S. M. Johnson, 2002), *Critical Interaction Therapy*[32] (D. R. Johnson et alii, 1995), o modelo Cinco Passos de Figley (1988). Outras abordagens de terapia de casal (incluindo a psicanalítica, a narrativa, a cognitivo- comportamental, a estrutural e os modelos estratégicos) também foram utilizadas com os veteranos.

A terapia de casal focada na emoção (TFEm; S. M. Johnson, 2002) tem se mostrado muito útil com casais veteranos. Isto é descrito em várias teorias, incluindo a teoria sistêmica-estrutural de Salvador Minuchin (Minuchin & Fishman, 1981); o humanismo não patologizador, de Carl Rogers (1961); o aqui e agora, estância Experiencial de Fritz Perls (1973); e a teoria do apego, de John Bowlby (1978). O método TFEm foi derivado empiricamente por observação de como os casais reparavam seu relacionamento em terapia e foi validado em estudos controlados (S. M. Johnson & Greenberg, 1998).

A essência da TFEm é ajudar um casal em sofrimento a construir um apego mais seguro focando, no momento da sessão terapêutica, na experiência emocional de cada parceiro e nas dinâmicas interpessoais entre eles. Especificamente, o terapeuta TFEm ajuda os clientes a desenvolverem e a diferenciarem suas emoções por observar, refletir e validar o afeto de cada parceiro, e reestruturar efetivamente seu relacionamento interpessoal (S. M. Johnson, 2004).

---

[29] N. da T.: Departamento de Defesa e Assuntos de Veteranos dos Estados Unidos da América.

[30] N. da T.: Terapia Cognitivo-Comportamental para Casais.

[31] N. da T.: Terapia Focada na Emoção. Optou-se pela sigla TFEm para não confundir com a sigla em português para Terapia Familiar Estrutural.

[32] N. da T.: Terapia de Interação Crítica.

Processo Terapêutico

O processo terapêutico descrito aqui é uma integração da TFEm e do EMDR. Em conceitualização de caso e planejamento de tratamento, o EMDR e a TFEm podem ser entrelaçados harmoniosamente. Muitos dos seus conceitos teóricos e procedimentos são compatíveis ou paralelos uns com os outros.

A TFEm e o EMDR são descritos separadamente. Depois, os paralelos entre os dois tratamentos são discutidos. Então, um plano é apresentado para combinar EMDR e TFEm em um tratamento compreensivo para casais afetados por traumas de guerra.

Terapia de Casal Focada na Emoção

O primeiro objetivo do método TFEm é facilitar as mudanças em padrões interacionais rígidos, negativos, por acessar e reprocessar as respostas emocionais de cada parceiro. O segundo objetivo é ajudar o casal a interagir nas sessões de novos jeitos que criem uma relação de segurança, confiança, proteção e conforto. Os parceiros, então, são capazes de ajudar um ao outro a regular os afetos negativos e reforçar o senso de *self*. As mudanças ocorrem primeiramente na sessão, com o apoio do terapeuta. Com o tempo, o casal se comporta espontaneamente de novas maneiras fora da sessão.

Estágios da Terapia de Casal Focada na Emoção

O método TFEm é realizado em três estágios e nove passos (S. M. Johnson, 2004):

Estágio 1: Desescalada dos Ciclos Negativos de Interação

Passo 1. Juntos, o terapeuta e o casal criam uma aliança e definem o centro dos conflitos nas questões de insegurança do apego do casal. Quando uma figura de apego é indiferente, humanos respondem com ansiedade ou evitação. Quando um indivíduo sente que o apego está sendo ameaçado, mas ainda não foi desligado, pode fazer tentativas desesperadas de receber afeto, tais como se agarrar, implorar, perseguir e até mesmo tentar monopolização agressiva. Estratégia de evitação (como focar-se em tarefas ou engajamento emocional limitado ou evitado) pode ocorrer quando a esperança por uma resposta é mínima. Um terceiro estilo de apego inseguro, chamado evitação medrosa, é a combinação da procura por proximidade e depois negá-la quando é oferecida. Especificamente, como os parceiros empregam estratégias de apego ansioso e esquiva isolada que são as marcas do apego inseguro?

Passo 2. O ciclo interacional negativo em que essas questões de conflito são expressas é identificado pelas descrições do casal e pelas observações do terapeuta da interação deles. Será que o casal se encontra em um ciclo de perseguição/retraimento, retraimento/retraimento, ataque/ataque ou uma combinação dos três? O padrão perseguição/retraimento pode ser tipificado por uma esposa que critica furiosamente e exige atenção de um marido inexpressivo. Quanto mais ela procura, mais ele se retrai. O padrão retraimento/retraimento é visto em casais em que os dois temem engajamento emocional. Também pode acontecer quando um "perseguidor" desiste.

Em alguns casais, a tensão e a hostilidade se elevam a um nível em que os dois criticam furiosamente e culpam um ao outro ou acabam usando violência física. Isso pode acontecer quando um "retraído" se sente impelido a reagir quando encurralado por um "perseguidor".

Passo 3. Emoções desconhecidas sustentando posições interacionais são acessadas. Por exemplo: o "perseguidor" reconhece o medo e o desejo que o impulsiona, e o "retraído" expressa a vergonha que fundamenta sua perturbação.

Passo 4. O problema é ressignificado em termos de ciclo negativo, acentuando emoções e necessidades afetivas. O casal se une para ver o ciclo como um inimigo comum, e fonte de privação e sofrimento emocional.

Estágio 2: Mudando Posições Interacionais

Passo 5. Emoções relacionadas ao apego, aspectos do *self* e necessidades negadas são integradas às interações do casal. Por exemplo: um marido "retraído" reconhece e expressa o quanto ele teme a crítica da esposa e o quanto ele deseja ser aceito.

Passo 6. As experiências e novas respostas interacionais de cada parceiro são aceitas pelo outro parceiro. O terapeuta ajuda cada parceiro a assimilar as novas respostas em seu ponto de vista sobre o outro.

Passo 7. Expressão das necessidades e vontades, engajamento emocional e eventos de ligação que redefinem o apego entre os parceiros.

Estágio 3: Consolidação e Integração

Passo 8. Novas soluções para relacionamentos antigos emergem. Os parceiros se percebem em novos comportamentos fora da sessão terapêutica.

Passo 9. Novas posições e novos ciclos de comportamentos afetivos se consolidam e se tornam a *nova dança do casal.*

Terapia Focada na Emoção Adaptada para Sobreviventes de Traumas

Em *Emotionally Focused Couple Therapy with Trauma Survivors,*[33] S. M. Johnson (2002) integrou e consolidou os nove passos TFEm na estrutura de três estágios, que estão adequados aos estágios de terapia individual para sobreviventes de traumas de McCann e Pearlman (1990). Esse protocolo adaptado se destina a TEPTs complexos, nos quais sistemas de compreensão, percepção de si e do outro, e a capacidade para regulação de afeto foram profundamente afetados pelo trauma.

Estágio 1: Estabilização

Tarefa 1. Criar um contexto seguro. Estabelecer segurança e confiança com sobreviventes de traumas demora e deve ser explicitamente colaborativo. A aliança terapêutica é vital e monitorada ao longo do processo terapêutico.

Tarefa 2. Clarear padrões irracionais e as emoções que os moldam. Ciclos interacionais negativos de ataque e alienação são rastreados. Respostas emocionais que refletem o impacto do trauma e da insegurança do apego são identificadas. Os parceiros são ajudados a enxergar um ao outro como aliados na luta contra o ciclo negativo.

Estágio 2: Reestruturando os Laços: A Construção do Self e Capacidades Relacionais

Tarefa 1: Expandir e reestruturar a experiência emocional. Os parceiros sentem-se seguros o bastante para reconhecer e expressar seus medos e inseguranças, e os meios de se protegerem.

Tarefa 2. Expandindo o self com o outro. Expressar vulnerabilidade cria um novo senso de *self*, o qual enriquece o relacionamento com o outro.

Tarefa 3. Reestruturação das interações através da acessibilidade e responsividade. O foco se transfere de culpar o parceiro para examinar como cada indivíduo habitualmente interage um com o outro.

Estágio 3: Integração

Em cada estágio, a influência do "dragão" (S. M. Johnson, 2002:33) do trauma nas interações do casal é explicitamente endereçada e o casal é capacitado a enfrentar o dragão. Assim, cada parceiro não culpa o outro e percebe que o ciclo emocional negativo é o inimigo.

EMDR para Casais Afetados por Trauma de Guerra

O protocolo padrão de oito fases e três estágios do EMDR, precisa de pouca, se é que precisa de alguma modificação para reprocessar memórias traumáticas relacionadas à guerra. Os alvos são selecionados a partir de uma história militar e civil completa, e a sequência pode ser feita cronologicamente ou em agrupamentos. Os agrupamentos podem ser feitos por tipo de incidente (ex.: tiroteios, morte de amigos ou sensação de impotência ou abandono) ou por assuntos como responsabilidade, segurança e escolha.

Na preparação do veterano para o processamento EMDR é essencial entender que os veteranos frequentemente têm problemas para identificar um lugar seguro. Portanto, é mais prudente usar a ideia de um lugar de calmaria ou bem-estar, onde é possível relaxar (Silver & Rogers, 2002). Desenvolvimento de Recursos e Instalação[34] (Korn & Leeds, 2002) pode ser valioso, particularmente para ajudar os indivíduos no relacionamento conjugal como recurso. Por exemplo: certa vez, um veterano percebeu que havia perdido o contato com a ternura e intimidade que ele sentia por sua mulher. Conforme ele se imaginou sentado próximo à esposa na noite de seu casamento, ele ficou maravilhado por sentir as sensações físicas de seus braços em torno dela e a cabeça dela em seu ombro. As sensações foram reforçadas por estimulação bilateral e foram instaladas como recurso positivo. Naquela

---

[33] N. da T.: Terapia Focada nas Emoções com Sobreviventes de Traumas.

[34] N. da T.: Desenvolvimento e Instalação de Recursos.

noite, ele levou flores para a esposa e preparou um jantar especial. O sentimento de ligação reencontrado ofereceu conforto durante o reprocessamento de uma memória de confronto nas ruas de Bagdá.

O Papel do Trauma "t" em Trauma de Guerra e Casais Veteranos

O trauma "t" é o termo de Shapiro (1995, 2002) para experiências perturbadoras que não preenchem os critérios do *Diagnostic and Statistical Manual of Mental Disorders*[35] (DSM) para TEPT. Apesar de serem menos dramáticos e mais comuns do que os traumas "T" como guerra e estupro, esses eventos podem ser igualmente angustiantes e não devem ser subestimados no trabalho com veteranos. Eles devem ser acessados formalmente na fase da história e reprocessados com EMDR. Um trauma "t" comum entre os veteranos significa a maneira como eles foram tratados depois da guerra. Muitos veteranos do Vietnã foram cuspidos e chamados de "infanticidas". E desses eventos, eles se lembram.

Também é útil usar o EMDR para as feridas emocionais que um cônjuge pode ter deliberada ou inadvertidamente cometido contra o outro. As parceiras de veteranos comumente contam que eles, em sua preocupação com as memórias intrusivas ou em seu estado de entorpecimento emocional, ignoram ou tentam proibir as necessidades emocionais delas. Por outro lado, os veteranos dizem não ter nenhuma emoção, a não ser raiva. Gentilmente questionados sobre as razões para a ocultação dos sentimentos, eles, muitas vezes, se rendem e dizem: "Eu disse a ela como eu me sentia uma vez e ela usou isso contra mim". Quando pedidos para clarear a afirmação, responderam que a esposa riu, mudou de assunto, contou a alguém o segredo ou usou a revelação depois como um sinal de fraqueza em alguma briga. Essas respostas sozinhas já têm um efeito negativo, porém, misturadas a outras interações fazem o veterano se sentir rejeitado pela sociedade quando volta da guerra.

Paralelos Entre EMDR e Terapia Focada na Emoção: Hipóteses, Conceitos e Intervenções

Entender os conceitos paralelos entre EMDR e TFEm facilita uma integração suave entre as duas terapias. Os paralelos são considerados a seguir.

Hipóteses Similares

EMDR e TFEm são terapias de processamento de informações e presumem que as emoções e crenças negativas bloqueiam o acesso das pessoas aos seus recursos internos. PAI, que fundamenta o EMDR, supõe que o sofrimento é causado por informações disfuncionais armazenadas na rede de memória. Quando essas informações são estimuladas por disparadores atuais, elas produzem uma cascata de memórias associadas, emoções dolorosas, sensações corporais e crenças negativas. Reprocessar as memórias traumáticas com EMDR resulta em resoluções adaptativas (Shapiro, 1995, 2001, 2002). A TFEm, fundamentada na teoria do apego, supõe que o processamento falho das informações causa ciclos negativos. É esperado que pessoas inseguramente apegadas respondam seletivamente e tenham uma percepção distorcida dos comportamentos do parceiro. Seu "medo intenso, crônico reduz a memória funcional, aumenta o processamento superficial de informações, gera propensões cognitivas extensas e toma o lugar de todos os outros processamentos" (S. M. Johnson, 2002:51). Quando as emoções associadas com as questões centrais do apego são acessadas e reprocessadas, os parceiros sentem-se mais seguros um com o outro e podem usar as habilidades de comunicação que já possuem (S. M. Johnson, 2002).

Posturas Similares do Terapeuta

A primeira e mais importante lição do EMDR é: "Fique fora do caminho do processamento espontâneo". A postura do terapeuta TFEm é muito similar. Em vez de agir como um estrategista, criador de *insight*, ou especialista, o terapeuta TFEm é um consultor que colabora com o casal na reconstrução de seu relacionamento. Os indivíduos não são vistos como deficientes ou inábeis, nem seus desejos por ligação, necessidades de validação e respostas emocionais aos parceiros são vistos como patológicos. De preferência, os clientes são vistos como prisioneiros de padrões rígidos, negativos de processamentos, expressão emocional e interações (S. M. Johnson, 2002).

---

[35] N. da T.: Manual Diagnóstico e Estatístico de Desordens Mentais.

O Trauma "t" e Prejuízos do Apego

O trauma "t" é um incidente angustiante que não preenche os critérios do DSM para evento traumático, mas pode ser a chave para a patologia do cliente. O trauma "t" pode se tornar um alvo EMDR em fases futuras do tratamento. O paralelo TFEm para o trauma "t" é o prejuízo do apego, definido como abandono e violação da confiança dentro da própria relação do casal. Os prejuízos do apego ocorrem quando um dos parceiros, em extrema vulnerabilidade, busca o outro e é ignorado ou rejeitado. Consequentemente, a confiança do parceiro prejudicado se desintegra.

Entrelaçamento Cognitivo e Inferências Empáticas

Apesar de o terapeuta ficar fora do caminho do reprocessamento espontâneo o máximo possível, intervenções especiais são aplicadas quando o processamento parece bloqueado ou quando falta nos indivíduos experiências, aprendizados e conceitos positivos necessários para integrar o trauma a redes adaptativas de memórias. Em EMDR, um "Entrelaçamento Cognitivo" é usado para ajudar o cliente a acessar o recurso necessário. Por exemplo: quando um veterano tem dificuldade em se livrar da culpa de ter sobrevivido, o terapeuta pode dizer: "E se isso acontecesse com seu filho?". Um conceito TFEm paralelo é a inferência empática. S. M. Johnson (2002) oferece uma afirmação simples que ajuda o cliente a aclarar a compreensão de sua experiência. Por exemplo: o terapeuta pode dizer: "Eu acho que ouço você dizer que você não é apenas ambivalente sobre ter confiança aqui, mas uma parte de você rebela-se sobre essa ideia" (S. M. Johnson, 2002:91).

Fase de Avaliação e Investigação Evocativa

Para serem reprocessadas, as emoções negativas devem ser acessadas, experimentadas e toleradas de forma suficiente para a resolução acontecer. Na fase de avaliação do EMDR, o paciente identifica a imagem traumática, a "crença negativa", emoção e sensações corporais. O acesso é imediatamente seguido da dessensibilização durante a qual o terapeuta faz afirmações tranquilizadoras para encorajar o cliente a ficar com o processamento emocional até que ele mude naturalmente. A intervenção TFEm para avaliar, experimentar e tolerar emoções é a "investigação evocativa", na qual os parceiros são requisitados a focarem diferentes sensações corporais, desejos associados e significados. O terapeuta faz afirmações tranquilizadoras para manter a ligação entre eles e encorajá-los a ficarem com a experiência emocional.

Crença Positiva e Expansão do Self

O terapeuta EMDR pede ao cliente para identificar uma "crença positiva", que é o oposto da "crença negativa", associada ao trauma. A crença positiva fornece uma direção para o reprocessamento. A visualização do comportamento futuro, baseada na crença positiva, pode se desenvolver espontaneamente durante o reprocessamento ou a visualização do comportamento futuro pode ser selecionada como alvo numa sessão subsequente. No paralelo da intervenção TFEm e "expansão do *self*", o cliente visualiza uma identidade escolhida. Conforme a identidade é representada na sessão terapêutica, o senso de *self* começa a mudar.

Tratamento Integrado EMDR e Terapia Focada na Emoção para Casais Afetados por Traumas de Guerra

O tratamento, que inclui tanto sessões individuais quanto de casal, é projetado para ser utilizado por um terapeuta trabalhando sozinho, apesar de que uma abordagem de grupo pode ser utilizada. É executado em 25 a 45 sessões, podendo durar de 12 a 24 meses. A duração do tratamento reflete a realidade de que o tratamento para trauma de guerra é complexo. Apesar do protocolo padrão da TFEm ter sido planejado para durar entre 8 e 20 sessões, S. M. Johnson (2002) concluiu que cerca de 30 sessões são necessárias para casais veteranos de guerra. Doze sessões EMDR foram necessárias para reprocessar as memórias dos veteranos de guerra, eliminando o diagnóstico de TEPT em 78% dos participantes (Carlson et alii, 1998). O desafio para o terapeuta é focar igualmente no processamento do trauma individual e na reestruturação da interação do casal. Deve-se ter em mente que esse tratamento não é adequado quando existe efetivamente abuso de substâncias que põe em risco a vida do indivíduo, tentativas de suicídio ou violência doméstica.

Objetivos Terapêuticos

Existem quatro objetivos principais nessa terapia integrada: 1) construir uma ponte na lacuna entre as maneiras que cada parceiro estrutura as experiências emocionais internas e o sistema dinâmico de seu relacionamento íntimo (S. M. Johnson, 2002); 2) reprocessar as memórias de guerra para que elas não afetem a vida cotidiana; 3) reprocessar os prejuízos no apego; e, 4) recriar o relacionamento como porto seguro para os dois parceiros.

Estabilização, História e Preparação: Sessões 1-10

Nas primeiras sessões com o casal, o terapeuta estimula um apego positivo com os dois parceiros sendo acessível, transparente e responsivo às suas preocupações e questionamentos. A conexão com o terapeuta promove estrutura e conforto conforme os parceiros exploram o mundo intimidante das emoções desconhecidas e memórias traumáticas não processadas.

Estabelecer confiança com um veterano pode requerer atenção especial. Veteranos frequentemente perguntam: "Você não estava lá, então como pode entender o que eu passei?". O terapeuta valida a preocupação e a afirmação de confiança: "Não vivi o que você viveu, mas posso ver o quanto você está sofrendo. Sou hábil em tratamentos que ajudaram outros veteranos".

Nessas sessões iniciais, o ciclo emocional negativo e a luta do centro do apego inseguro são acessados. Um plano de trabalho focado e objetivos são trabalhados relacionando a criação da esperança e da confiança que uma relação mais próxima e segura com o alívio do TEPT pode alcançar. Em virtude de os veteranos com trauma de guerra frequentemente alternarem entre euforia e entorpecimento emocional, eles podem procurar proximidade, mas a rejeitam quando é oferecida. O veterano, muitas vezes, desconfia da esposa e se vê como detestável (S. M. Johnson, 2002). Esse estilo de apego evitativo foi desenvolvido na guerra; o indivíduo aprende a não se apegar, pois um amigo pode ser perdido em um instante. Muitos veteranos com casamentos de longa data são bem conscientes quanto a isso, apesar de não serem capazes de proporcionar a mudança por conta própria. O terapeuta frequentemente escuta: "Eu não sei como ela me aguentou todos esses anos". Um veterano do Vietnã, lembrando-se de como ficava fora de casa bebendo todas as noites e ignorava os pedidos de atenção de sua esposa, disse cheio de remorso: "Que direito eu tinha de destruir todos os sonhos dela?".

Sessões Individuais Para Cada Parceiro

Depois das sessões conjuntas iniciais, uma sessão individual (ou duas) para cada parceiro é agendada. O objetivo das sessões individuais é fortalecer a aliança terapêutica com cada parceiro, observar e interagir com cada um independente do outro, e obter informações que podem ser censuradas na presença do outro parceiro. Um histórico completo do trauma é colhido na sessão individual, incluindo o trauma "T" e o trauma "t" da família de origem, eventos militares e pós-militares. Atenção especial deve ser dada aos prejuízos do apego que ocorreram na relação do casal, porque a resolução desses prejuízos é fundamental para os sentimentos de segurança emocional do parceiro.

Os parceiros são individualmente ajudados a identificar autocrenças traumáticas negativas, desencadeadores atuais, crenças futuras desejadas e comportamentos que se tornarão alvos EMDR na próxima fase do tratamento. Recursos positivos são identificados. Os parceiros são encorajados e ajudados a dividir essas informações um com o outro na próxima sessão conjunta; esse processo é o início do aumento de abertura emocional para o outro.

Os parceiros são auxiliados a desenvolver regulação emocional, um pré-requisito necessário tanto para as fases 4 a 7 do EMDR quanto para o trabalho TFEm do casal. Na sessão terapêutica, com o apoio do terapeuta, cada parceiro aprende a acessar a emoção sem ser devastado por ela. O exercício do "Lugar Seguro" e o EMDR para a instalação de recursos podem ser úteis. Não se espera que os casais estejam aptos para mudar padrões emocionais negativos fora das sessões durante essa fase.

A segunda tarefa da primeira fase é clarear os padrões interacionais e as respostas emocionais que os moldam (S. M. Johnson). O terapeuta e o casal veem como os ciclos de ataque e alienação são o dragão a ser derrotado. Nesse momento fica claro como respostas emocionais de cada parceiro reflete estados traumáticos e insegurança do apego. O terapeuta, então, incentiva o par a comunicar e refletir essas observações em uma narrativa coerente; com isso capacitando-os a observar a dança, o retrocesso e aliarem-se contra o dragão. Por exemplo: o terapeuta pode dizer: "Você cruzou os braços quando ela pegou sua mão. É isso o que acontece quando ela procura proximidade? Você não consegue aceitar aquele toque?". Quando o casal ressoa na narrativa do terapeuta de suas interações negativas, o terapeuta questiona temporariamente e infere suas respostas emocionais subjacentes e as estruturas em termos de trauma e apego inseguro.

O terapeuta ajuda cada parceiro a ficar com suas emoções, ao invés de recusá-las. O terapeuta pode dizer: "Sua voz parece furiosa quando você diz que ele ignora sua dor e, ainda, posso ver lágrimas em seus olhos, então talvez você sinta tristeza e pesar também. Isto é verdade? Você consegue dizer a ele de maneira simples o quanto você se sente abandonada e o quanto você deseja que ele fique do seu lado?".

Reestruturando Ligações e Reprocessando Memórias Perturbadoras: Sessões 11-39

Aqui, o EMDR e a TFEm apoiam e aprofundam as memórias. O EMDR ajuda a processar memórias traumáticas para que o passado possa ser superado e interações do presente não mais constituam desencadeadores. A TFEm permite ao casal recriar seu relacionamento como solo seguro no qual eles podem calma e confiantemente enfrentar juntos seu dragão de traumas.

Em termos TFEm, um casal está pronto para começar o segundo estágio quando os parceiros estão conscientes de seu ciclo negativo, quando estão menos estupefatos, mais esperançosos e mais engajados um com o outro. Esse estágio possui três tarefas:

Tarefa 1. Expandir e reestruturar a experiência emocional. Individualmente, cada parceiro expressa emoções evitadas e as integram ao autoconceito e conversas com o outro parceiro. Os afetos precisam ser incluídos, ouvidos, compreendidos e apreciados, bem como inseguranças e medos são clareados e conduzidos para o parceiro. O terapeuta ajuda ativamente os parceiros a se moverem entre expressão emocional e contenção emocional para que possam se sentir confortáveis no controle de si. Importante observar que expressões de carinho podem ser tão desconcertantes quanto críticas. "O que acontece quando ela diz o quanto você é importante para ela? Você consegue olhar para ela? O que você vê no rosto dela?" O terapeuta eleva as emoções centrais e respostas afetivas para enfatizar seu significado. "É difícil entender que ela te valoriza tanto, não é? É difícil continuar olhando para ela. Vergonha e esta crença 'eu não tenho valor' fazem você congelar e baixar a cabeça." O EMDR seria usado para identificar e processar as memórias que causam essa emoção e essa crença.

Tarefa 2. Expandindo o self com o outro. Os parceiros integram agora a consciência de emoções primárias e necessidades afetivas em um novo senso de *self*. É uma chance para um veterano que foi prejudicado pela guerra para afirmar um novo senso de *self*. O terapeuta ressalta quando um dos parceiros é capaz de estender a mão para o outro em meio a questões sobre trauma ou apego e consegue usar o relacionamento como porto seguro. O terapeuta eleva a responsividade dos parceiros pedindo que eles perguntem um para o outro o que ele precisa.

Tarefa 3. Acessibilidade e responsividade. O terapeuta ajuda cada parceiro a reconhecer seu estilo de interação habitual e ativar ainda mais as interações do casal para construir ligações seguras. Assumir e dividir riscos emocionais de vulnerabilidade e encorajamento são validados. O terapeuta pode fazer a observação: "John, você está dizendo a Mary abertamente o quanto é difícil para você pedir para ser apoiado. Você consegue vê-la aprendendo a chegar em você futuramente? Você pode olhar para ela e dizer o que isso significa para você?". As sessões de EMDR são agendadas para o reprocessamento das memórias de guerra e dos prejuízos do apego. Respostas, crenças e afetos do indivíduo são usados para identificar as memórias específicas que são o fundamento da patologia. O terapeuta e o casal decidem juntos se vão agrupar as sessões de EMDR ou se irão intercalar com sessões de casal.

Trabalho com Casais e Sessões EMDR

O EMDR é um tratamento individual. Existem vantagens e desvantagens em ter o parceiro presente nas sessões de EMDR. O parceiro que testemunha pode ter *insights* e empatia, o que poderia aproximar o casal. No entanto, o parceiro traumatizado pode não estar pronto para dividir alguns materiais, especialmente se envolvem sentimentos negativos sobre o parceiro que testemunha. Também, o parceiro que testemunha pode achar difícil lidar com seus próprios sentimentos no decorrer da sessão. O terapeuta e o casal podem discutir essas considerações e decidirem conjuntamente o que pode ser melhor.

Consolidação e Integração: Sessões 40 a 45

Na Fase de integração da TFEm, melhoras na autodefinição, definição do relacionamento e resiliência de cada parceiro a estresses traumáticos são apontadas em afirmações positivas sobre si, sobre o relacionamento e sobre resiliência. Em termos EMDR, o trauma atingiu uma resolução adaptativa marcada pela ausência de desencadeadores, uma crença positiva válida e melhora no funcionamento.

Exemplo de Caso

Bart e Cindy

O casal foi atendido no Vet Center, um dos 206 ambulatórios de tratamento comunitários que compõem o *Reajustment Counseling Service of the Department of Veterans Affairs*[36]. Uma abordagem similar pode ser seguida por profissionais particulares, seja independente ou conjuntamente com o programa *Veterans Affairs*.

Bart e Cindy, cada um com 38 anos, se apaixonaram e se casaram quando os dois estavam servindo o exército. Os olhos de Cindy brilharam e ela descreveu seu marido, um belo soldado competente. "Todo mundo o respeitava. Até o coronel pedia seus conselhos." Bart foi atraído pelo entusiasmo, bom humor, inteligência e integridade de Cindy. "Ela tem os valores mais admiráveis do que qualquer pessoa que eu conheça. Ela é sensual, inteligente e engraçada, ao mesmo tempo". Durante o namoro e começo do casamento, eles se divertiram muito, e desenvolveram um laço matrimonial e sexual bem próximo.

Em 1991, Bart foi convocado para a Arábia Saudita, a Operação Tempestade no Deserto, enquanto Cindy ficou nos Estados Unidos. Por estar numa unidade médica, Bart nunca esperou estar em meio a uma batalha. No entanto, na mudança de uma unidade para outra, houve uma emboscada e Bart atirou em um soldado iraquiano e o matou. Abalado e envergonhado, ele nunca contou isso a ninguém, nem mesmo à sua esposa.

Em 1992, os dois foram dispensados do exército e começaram carreiras civis. Bart como técnico médico em emergência e Cindy como enfermeira domiciliar. Eles tiveram uma filha em 1993 e um filho em 1995. Apesar do sucesso como profissionais e como pais, o relacionamento deles era vazio e desapontador. Eles nunca se divertiam e o relacionamento sexual foi reduzido a nada. O diálogo a seguir ilustra como o apego um com o outro tinha se deteriorado.

Bart: Cindy costumava ser afetuosa e aberta. Agora, ela se veste em outro quarto. Eu me sinto rejeitado e sem amor.

Cindy: Nunca deixei de amar você. Sua falta de autoconfiança que é o problema.

Bart: Tenho um trabalho estressante. Eu quero chegar e ser abraçado pela Cindy.

Cindy: E é a isso que nossa vida sexual se resume. Eu não quero nem fazer parte disso mais.

Processo Terapêutico do Caso

Em 1992, Bart e Cindy foram atendidos brevemente depois da dispensa do exército. Eles aprenderam sobre respostas traumáticas e fizeram uma ligação de confiança com a equipe do Vet Center. Nove anos se passaram até eles retornarem. É comum que ex-combatentes jovens procurem ajuda para se reajustarem à vida civil e depois voltem quando sua vida de problemas já está formada.

Em 2001, eles começaram dois anos de terapia intensiva. A descrição de caso adiante mostra claramente que veteranos, mesmo quando são indivíduos brilhantes e bem-sucedidos como Bart e Cindy, muitas vezes precisam de muita ajuda. O tratamento TFEm/EMDR pode ser altamente benéfico para casais veteranos como esse.

Estabilização, Histórico, Preparação

Bart e Cindy descreveram uma dança confusa de apego ansioso e evitação imparcial em que cada um fazia o papel de perseguidor e retraído:

Cindy: [Com voz aguda e olhos marejados] Ele trabalha 11 horas por dia. Quando chega em casa, ele grita com as crianças. Eu tenho que me intrometer para protegê-las, pois eles têm medo dele. Ele come depressa – nem senta conosco. Aí, ele sai de novo por mais três horas para ajudar um de seus amigos a consertar o carro ou rebocar o porão. Estou cansada disso!

---

[36] N. da T. Serviço de Aconselhamento e Reajustamento do Departamento de Assunto de Veteranos.

Bart: [Na defensiva] Olha, sou eu quem dá mais sustento aqui. Meu trabalho é, no mínimo, muito bem-sucedido. Estou cansado quando chego em casa e espero ter alguma consideração da minha família – ou pelo menos paz e tranquilidade. As crianças estão sempre fora de controle, então, sim, eu me irrito um pouco. Ah... e Cindy não mencionou que ao invés de me receber na porta com um beijo, como ela costumava fazer, ela fica sentada na frente do computador, jogando um jogo de fantasia com seus amigos virtuais.

Cindy: [Ainda chorando] Eu já tentei de tudo para ter alguma resposta emocional de Bart. Agora, desisti oficialmente. Ele tenta fazer com que me sinta culpada por jogar esse jogo, que é minha única válvula de escape criativa e meu único contato com adultos inteligentes. E apesar de não mostrar afeto nenhum em nenhuma outra hora, quando ele chega da casa dos amigos lá pelas 10:30 da noite, ele sempre tenta me convencer a fazer sexo. Eu estou farta disso também.

Bart: Nós não fazemos sexo há um ano. Eu durmo no sofá quase todas as noites. Eu não entendo o que está acontecendo. Tudo o que faço é para Cindy e ainda assim, aos olhos dela, tudo o que faço está errado.

Terapeuta: [Refletindo sobre o ciclo negativo e as emoções encobertas] Então, Cindy, eu acho que compreendo que você se sente negligenciada. Você procurou meios de chegar até Bart e nada funcionou. Você parece zangada. Ainda assim eu não consigo parar de pensar se você também está triste e com medo. Bart, você trabalha tanto e parece que deseja o afeto e a admiração de Cindy. Diga-me, você tem medo de ter perdido ela para sempre?

A descrição do terapeuta do ciclo negativo e das emoções encobertas ressoou em Cindy e Bart e deu a eles esperança. Em sessões individuais, cada um revelou memórias traumáticas que foram focadas com EMDR no segundo estágio da terapia.

Sozinho com o terapeuta, Bart contou sobre ter matado o soldado iraquiano e quando tinha 12 anos descobriu que sua mãe estava tendo um caso extraconjugal. Os dois eventos estavam invadindo seu relacionamento com Cindy. Ele acreditava ser uma pessoa ruim e que corria o risco de perdê-la. Portanto, quando ela o criticava, ele tentava fazê-la feliz sendo uma "pessoa melhor", o que significava fazer o que ela quisesse e fazer hora extra para comprar coisas para ela. Ele ressentia que seus esforços não rendiam sexo, aprovação e afeição, mas, ao invés de conversar, ele era condescendente, reservando sua irritabilidade e sua crítica para as crianças.

Na sessão individual, Cindy lembrou que quando tinha 6 anos de idade entrou no meio dos pais para parar uma briga. A partir daquele momento, ela "tomou o controle da família", porque acreditava "Eu posso depender apenas de mim mesma". Ela estava representando o mesmo papel agora, ficando entre o marido e os filhos sempre que havia conflito entre eles. Cindy também se lembrou de um prejuízo de apego que ocorreu assim que Bart voltou da Arábia Saudita. Perturbada com a morte de seu querido pai, ela ficou abalada quando Bart ordenou de forma grosseira que ela parasse de chorar, dizendo: "Um dia de choro é o suficiente". Seu comportamento era visivelmente contrastante com o apoio amoroso que ele deu quando ela perdeu um bebê um ano antes da guerra.

Em sessões de casal subsequentes, eles adquiriram uma consciência crescente de como esses eventos estavam sendo reativados em seu ciclo negativo. Eles estavam prontos para começar o segundo estágio da terapia.

Reestruturando Laços e Reprocessando Memórias Perturbadoras

Tarefa 1. Expressão e integração de emoções evitadas. Reprocessamento de memórias traumáticas. O transcrito a seguir mostra o progresso no trabalho com emoções evitadas:

Bart: Quando não nos tocamos, eu sinto medo, aflição e dor no estômago.

Terapeuta: Como é para você, Bart, expressar esse medo, essa aflição e essa dor? Eu sinto que você precisa desesperadamente do carinho de Cindy, mas não consegue estender a mão em direção a ela.

Bart: Eu me fecho. Se eu ficar ocupado e não deixar Cindy cozinhar para mim ou esperar por mim, então eu não ficarei vulnerável a ser abandonado. Eu não preciso dela, porque sou auto-suficiente. Eu sinto que preciso trabalhar cada vez mais para ganhar dinheiro e dar a ela tudo o que ela quiser para, então, ela me dar o que eu quero na cama. Mas não funciona e eu fico frustrado e com medo.

Terapeuta: Um enorme medo e desejo. Bart, você consegue dizer a Cindy quão desesperadamente você precisa do toque dela e o quanto você tem medo de tentar alcançá-la?

Bart: Eu posso tentar. Cindy, eu preciso de você. Você é a razão pela qual eu volto para casa à noite. Eu amo meus filhos, mas volto pela minha esposa. Eu me sinto tão perdido e com medo quando você não me toca.

Terapeuta: Cindy, como é para você ouvir Bart expressar a necessidade dele pelo seu toque e o quanto de medo ele sente quando você o rejeita?

Cindy: Sexo é uma droga que ele usa para se sentir melhor. Eu odeio que ele tenha medo de mim. Por que não consigo ajudá-lo a ser o homem forte e confiante que ele era?

O casal se tornou apto a expressar e a conter suas emoções conforme focam no ciclo negativo na sessão. Eles começaram a caminhar juntos e a meditar. Neste ponto, ambos começaram suas próprias sessões EMDR, intercaladas com terapia de casal. O primeiro alvo EMDR era a memória de Cindy de interromper a briga dos pais. No final daquela sessão, sua crença positiva era: "Eu posso confiar no meu marido". Então, ela parou de se intrometer entre Bart e os filhos quando havia conflito entre eles. Foi uma mudança bem recebida por Bart, o que diminuiu o senso de ter que "andar em ovos" para evitar a desaprovação de Cindy.

Cindy também teve uma sessão focando a memória de Bart a mandando parar de chorar pela morte do pai. No curso do reprocessamento, ela se deu conta de que tinha perdido a confiança no marido naquela noite e que toda a perspectiva sobre seu casamento tinha mudado. Conforme a dor da imagem da frieza de Bart em face do seu sofrimento diminuiu, ela viu a resposta dele através da lente da experiência de guerra dele e conseguiu perdoá-lo.

Impressionado com as experiências EMDR de Cindy, Bart estava pronto para se concentrar no pior dia de sua vida. A sessão começou com a seguinte imagem: areia voando ao vento, pessoas correndo, caos, medo e tensão devastadores. Sua crença negativa era: "Sou uma pessoa ruim". Sua crença positiva preferida era: "Sou uma pessoa boa. Eu mereço ser feliz". Seu escore na escala VOC era 2 (1 = completamente falso e 7 = completamente verdadeiro). Ele sentia culpa e vergonha, classificados como 8 na escala SUDS (0 = sem sofrimento e 10 = extremo sofrimento).

No fim da sessão, ele disse: "Eu me sinto bem e mais calmo. Qualquer um faria a mesma escolha. Isso não faz de mim uma pessoa ruim". Nessa época, seu nível SUDS era 5.

Na sessão seguinte, duas semanas depois, era óbvio que o processamento tinha continuado (veja Shapiro, 2001, para discussão sobre o processamento entre sessões):

Bart: [Descrevendo uma sessão de meditação] Eu estava vendo o rosto do soldado iraquiano e me sentindo deprimido. Do nada, a imagem mudou para eu me ver lá, de pé, e eu senti alegria... alegria por estar vivo. [Veja Zangwill & Kosminsky, 2002, para discussão sobre meditação e EMDR.]

Terapeuta: Quando você pensa no incidente, vem o quê?

Bart: Eu me lembro do caos, mas agora parece mais sereno. Eu ainda vejo os olhos dele e o sangue. Eu ainda sinto arrependimento, mas não sou mais tão crítico sobre mim mesmo. Naquele ponto, não era uma escolha. Qualquer outra ação teria sido suicídio.

Bart relatou que seu nível SUDS era 3. O processamento EMDR começou com um diálogo prévio neste ponto:

Bart: [Depois de várias séries de movimentos oculares] Cindy disse para mim que sexo é uma droga. Talvez seja verdade. Quando me sentia mal, eu a procurava. Será que era por causa do sentimento de vergonha por ter tirado a vida de um homem? [Depois de outra série de movimentos oculares] Eu mereço mais do que ser apenas um colega de quarto para minha esposa.

A sessão acabou com um SUDS 0 e um VOC 7 para afirmação positiva "Eu sou uma pessoa boa. Eu mereço ser feliz".

O transcrito a seguir é de sua terceira sessão EMDR, duas semanas depois:

Terapeuta: Quando você relembra a memória de guerra, o que é que você tem aí agora?

Bart: Eu vejo um cara deitado na areia [SUDS = 0]. Eu o matei em cumprimento do dever. Faria a mesma coisa novamente [Mudando de assunto]. Eu disse a Cindy que não estou feliz sendo apenas um colega de quarto e que eu não vou viver assim. Eu disse: "Você pode ficar com metade do meu salário e eu vou encontrar minha felicidade em algum lugar". Eu não me desculpei. Naquela noite, quando cheguei em casa, ela estava fazendo o jantar... inclusive minha sobremesa favorita. Ela não cozinhava há meses.

Tarefa 2. Expandindo o self com o outro. Depois das sessões iniciais de EMDR, foi mais fácil para o casal admitir suas emoções e necessidades e incorporá-las a um novo senso de *self*.

Terapeuta: Então, nós aprendemos das sessões de EMDR que nenhum de vocês tem se sentido seguro com o outro desde a guerra. Como foi para vocês se darem conta disso?

Cindy: Eu perdi meu marido carinhoso. No lugar dele estava um estranho, frio e insensível.

Bart: A terapia me fez pensar menos em mim mesmo. Eu quero ser de novo o ombro no qual você pode chorar.

As afirmações de Bart e Cindy foram transformadas em alvos para EMDR de acordo com o protocolo de três etapas. Cindy desenvolveu um modelo futuro para ser responsiva sexualmente a um Bart forte, sensível. Bart desenvolveu um modelo futuro para confortar Cindy quando ela chorasse em seus braços.

Tarefa 3. Acessibilidade e responsividade. Respostas positivas um para o outro eram encorajadas e validadas pelo terapeuta:

Bart: Por que ficar de luto pelo o que eu não posso mudar, em vez de me regozijar com o que tenho, quem eu sou e com o bem que eu estou fazendo? Eu estava tentando me livrar da culpa por ter me tornado um cavalo de batalha.

Cindy: Tentando concertar externamente o que estava quebrado internamente: seu senso despedaçado de si mesmo.

Terapeuta: Cindy, conforme você fala, vejo em seus olhos você olhando Bart com ternura. Você vê isso também, Bart? Você pode dizer a Cindy como é para você ver isso?

Bart: Cindy, é como se o sol estivesse saindo e o gelo em meu coração se derretendo.

Consolidação e Integração

O fragmento seguinte mostra a nova dança do casal:

Bart: É seguro discordar de Cindy agora. Eu digo a ela o que espero dela.

Cindy: Ele não é agressivo, então eu não tenho medo dele. Ele não se rebaixa mais, então eu o respeito. Bart voltou para nossa cama. Eu consigo ser sexualmente desinibida, porque ele teve a coragem de ser alguém novo. Eu mudei também. Não preciso mais controlar tudo.

CONCLUSÃO

Este capítulo ofereceu a terapeutas um método para integrar TFEm com EMDR para o tratamento de veteranos de guerra e seus cônjuges. Nas 24 a 45 sessões, que duram entre 12 e 24 meses, focando tanto nas memórias traumáticas da guerra quanto da infância e nos prejuízos de apego do relacionamento em si um terapeuta pode ajudar um casal veterano a trabalhar as memórias traumáticas e recriar o relacionamento como um porto seguro para ambos.

O objetivo da terapia é alcançar o tratamento mais completo no tempo mais curto, enquanto mantém o cliente estável, dentro de um sistema estável. A integração EMDR e TFEm em psicoterapia com veteranos ajuda de várias maneiras. Primeiro, a união dos dois tratamentos aumenta a compreensão da terapia reduzindo a reatividade dos dois parceiros dos desencadeadores atuais de traumas passados, enquanto aumenta simultaneamente a segurança e a estabilidade emocional do relacionamento em si. Segundo, tanto EMDR quanto TFEm são tratamentos focados nos traumas e emoções, e eles vão ao coração do problema rapidamente, motivando, assim, os casais a trabalharem mais. Finalmente, a esposa incluída no tratamento aumenta a participação e o apoio, e muda o papel do veterano como paciente.

O exemplo de caso de Bart e Cindy ilustra a eficiência e a sincronia da combinação dos dois métodos. O casal estava empolgado por descobrir como o seu ciclo emocional negativo de crítica, culpa e retraimento tinha sido criado e mantido por experiências traumáticas. Isso motivou o casal a trabalhar sistematicamente os traumas "T" da guerra, os traumas "t" da infância e os prejuízos no apego em seu próprio casamento. Num período de dois anos, eles emergiram do desespero para um estado renovado de confiança, respeito e conexão um com o outro.

Bart e Cindy têm problemas de vida particulares, mas ainda assim, suas brigas são bastante representativas dos traumas, questões e preocupações vividas por outros casais veteranos. Os benefícios da combinação EMDR e TFEm parecem ser relevantes para uma larga escala de veteranos e suas companheiras.

REFERÊNCIAS

Ainsworth, M. (1989). Attachments beyond infancy. American Psychologist, 44(4), 709–716.

Bowlby, J. (1978). Attachment theory and its therapeutic implications. Adolescent Psychiatry, 6, 5–33.

Burham, G. (2004). One teammate's journey with PTSD. Blast, 36–38.

Carlson, J. G., Chemtob, C., Rusnak, K., Hedlund, N., & Muraoka, M. (1998). Eye movement desensitization and reprocessing (EMDR) treatment for combat-related posttraumatic stress disorder. Journal of Traumatic Stress, 11, 3–24.

Coughlan, K., & Parkin, C. (1987). Women partners of Vietnam vets. Journal of Psychosocial

Nursing and Mental Health Services, 25(10), 25–27.

Errebo, N. E. (1995). Object relations family therapy and PTSD: Family therapy with four generations of a Vietnam veteran's family. In D. K. Rhoades, M. R. Leaveck, & J. C. Hudson (Eds.), The legacy of Vietnam veterans and their families: Survivors of war — Catalysts for changes: Papers from the 1994 National Symposium (pp. 420–427). Washington, DC: Agent Orange Class Assistance Program.

Figley, C. R. (1988). Post-traumatic family therapy. In F. M. Ochberg (Ed.), Post-traumatic therapy and victims of violence (pp. 278–294). New York: Brunner/Mazel.

Foa, E. B. (2000). Psychosocial treatment of posttraumatic stress disorder [Special issue].

Journal of Clinical Psychiatry, 61(Suppl. 5), 43–51.

Glynn, S. M., Eth, S., Randolph, E. T., Foy, D. W., Urbatis, M., Boxer, L., et al. (1999). A test of behavioral family therapy to augment exposure for combat-related posttraumatic stress disorder. Journal of Consulting and Clinical Psychology, 67, 243–251.

Haley, S. A. (1978). Treatment implications of post-combat stress response syndromes for mental health professionals. In C. R. Figley (Ed.), Stress disorders among Vietnam veterans (pp. 254–267). New York: Brunner/Mazel.

Hayman, P. M., Sommers-Flanagan, R., & Parsons, J. P. (1987). Aftermath of violence: Posttraumatic stress disorder among Vietnam veterans [Special issue]. Journal of Counseling and Development: Counseling and Violence, 65(7), 363–366.

Johnson, D. R., Feldman, S., & Lubin, H. (1995). Critical interaction therapy: Couples therapy in combat-related posttraumatic stress disorder. Family Process, 34, 401–412.

Johnson, S. M. (2002). Emotionally focused couple therapy with trauma survivors: Strengthening attachment bonds. New York: Guilford Press.

Johnson, S. M. (2004). The practice of emotionally focused couple therapy: Creating connection (2nd ed.). New York: Brunner-Routledge.

Johnson, S. M., & Greenberg, L. (1998). Relating process to outcome in marital therapy. Journal of Marital and Family Therapy, 14, 175–183.

Korn, D. L., & Leeds, A. M. (2002). Preliminary evidence of efficacy for EMDR resource development and installation in the stabilization phase of treatment of complex posttraumatic stress disorder. Journal of Clinical Psychology, 58(12), 1465–1487.

Kulka, R. A., Schlenger, W. E., Fairbank, J. A., Hough, R. L., Jordan, B. K., Marmar, C. R., et al. (1990). Trauma and the Vietnam war generation: Report of findings from the National Vietnam Veterans Readjustment Study. New York: Brunner/Mazel.

Litz, B. T., Schlenger, W., Weathers, F., Caddell, J., Fairbank, J., & Lavange, L. (1997). Predictors of emotional numbing in posttraumatic stress disorder. Journal of Traumatic Stress, 10, 607–618.

Maloney, L. J. (1988). Post-traumatic stresses on women partners of Vietnam veterans. Smith College Studies in Social Work, 58(2), 122–143.

McCann, I. L., & Pearlman, L. A. (1990). Psychological trauma and the adult survivor. New York Brunner/Mazel.

Minuchin, S., & Fishman, H. C. (1981). Family therapy techniques. Cambridge, MA: Harvard University Press.

Mitchell, S. A. (1999). Attachment theory and the psychoanalytic tradition: Reflections on human rationality. Psychoanalytic Dialogues, 9(1), 85–107.

Monson, C. M., Schnurr, P. P., Stevens, S. P., & Guthrie, K. A. (2004). Cognitive-behavioral couple's treatment for posttraumatic stress disorder. Journal of Traumatic Stress, 17, 341–344.

Perls, F. (1973). The Gestalt approach and eye witness to therapy. New York: Bantam.

Riggs, D. S., Byrne, C., Weathers, F., & Litz, B. (1998). The quality of intimate relationships of male Vietnam veterans: Problems associated with posttraumatic stress disorder. Journal of Traumatic Stress, 11, 87–101.

Rogers, C. R. (1961). On becoming a person. Boston: Houghton Miff lin.

Shapiro, F. (1995). Eye movement desensitization and reprocessing: Basic principles, protocols, and procedures. New York: Guilford Press.

Shapiro, F. (2001). Eye movement desensitization and reprocessing: Basic principles, protocols, and procedures (2nd ed.). New York: Guilford Press.

Shapiro, F. (2002). EMDR treatment: Overview and integration. In F. Shapiro (Ed.), EMDR as an integrative psychotherapy approach: Experts of diverse orientations explore the paradigm prism (pp. 27–55). Washington, DC: American Psychological Association.

Silver, S. M., & Rogers, S. (2002). Light in the heart of darkness: EMDR and the treatment of war and terrorism survivors. New York: Norton.

Verbosky, S. J., & Ryan, D. A. (1988). Female partners of Vietnam veterans: Stress by proximity. Issues in Mental Health Nursing, 9(1), 95–104.

Veteran Affairs and Department of Defense Clinical Practice Guideline Working Group. (2003, December). Management of post-traumatic stress. Washington, DC: Veterans Health Administration, Department of Veterans Affairs and Health Affairs, and Department of Defense Office of Quality and Performance (10Q-CPG/PTSD-04).

Zangwill, W. M., & Kosminsky, P. (2002, December). The need to strengthen the mindfulness component of EMDR. EMDRIA Newsletter, 4–5.

CAPÍTULO 11
Trauma Sexual em Casamentos Disfuncionais: Integrando Terapia Estrutural e EMDR

Wilhelmina S. Koedam

Trauma sexual é um evento debilitante. Quando ocorre durante a infância, o abuso pode ter um impacto vitalício. Claramente, sofrer um abuso na infância representa um fator de risco significante para múltiplos problemas de saúde física e mental em adulto (McCauley et alii, 1997; Sachs-Ericsson, Blaser, Plante & Arrow, 2005). Estudos têm mostrado que abuso na infância é fator de risco significante para depressão, alcoolismo, abuso de substância e tentativa de suicídio com o passar do tempo.

Nos Estados Unidos, incidente de abuso sexual na infância é estimado em 16% a 20% dos homens e 33% das mulheres. Na população clínica, essa estimativa aumenta significativamente para 30% dos homens e 50% das mulheres (Briere, Evans, Runtz & Wall, 1988). De acordo com numerosos estudos, o abuso na infância contribui para dificultar relacionamentos adultos (Rumstein-Mc-Kean & Humsley, 2001) e contribui com incidente de comportamento violento contra esposa e filhos (Davis & Petrectic-Jackson, 2000). Referências mais específicas para os efeitos de longo prazo de abuso sexual na infância sobre relacionamento romântico e intimidade são encontradas em Jacquet (1999), que conclui que sobreviventes experimentam problemas com intimidade sexual, confiança, conflito, negatividade e volatilidade no compromisso. Finkelhor, Hotaling, Lewis e Smith (1989) sugeriram que sobreviventes de abuso sexual reportam mais rompimento conjugal e menos satisfação sexual do que pessoas sem história de abuso.

Baseado em seu estudo, Jacob e Veach (2005) sugeriram que sobreviventes masculinos de trauma de abuso sexual sofrem significante estresse crônico, com sintomas de irritabilidade, raiva, depressão e ansiedade. Adicionalmente, casais contam se engajar em reedições do abuso em termos de "papéis de abusador e conivente", bem como desconexão emocional, brigas por poder e controle (Jacob & Veach, 2005:294). Em outros estudos observando homens sobreviventes de abuso sexual, o abuso pareceu ter efeitos significantes sobre identidade de gênero masculina e violência doméstica (Kiakeating, Grossman, Sorsoli & Epstein, 2005; Lisak, 1994, 1995; Mejia, 2005). Os relacionamentos de sobreviventes de trauma emocional ou sexual são frequentemente cheios de problemas relacionados com o abuso original em torno de questões de poder, confiança e limite. Sobreviventes de abuso sexual podem brigar desesperadamente em seus relacionamentos conjugais, especialmente nas áreas de intimidade, sexualidade e apego (Jacquet, 1999; Rutter, 1993), e frequentemente têm dificuldade com a expressão da sexualidade (Najman, Dunne, Purdie, Boyle & Coxeter, 2005). Apesar disso, sobreviventes de trauma podem ser surpreendentemente resilientes e adaptativos. Eles são tão cientes da dor e do sofrimento da criança, que se tornam pais muito sensitivos e cautelosos.

O abuso também impacta o funcionamento interpessoal do sobrevivente em termos de contribuir para uma pobre habilidade de comunicação (Champion De Crespigny, 1996) e mínima coesão familiar (Nelson & Wampler, 2000). Além disso, sobreviventes podem manifestar sintomas de distorções de identidade sexual (Transtorno Dissociativo de Identidade) (Basham & Miehls, 2002; Koedam, 1996).

Herman (1992) salientou os efeitos de trauma interpessoal sobre sobreviventes e propôs uma nova categoria diagnóstica: Transtorno de Estresse Pós-Traumático Complexo. Ela argumenta que a violência intencional no relacionamento interpessoal resulta em um padrão clínico distinto que inclui três amplas áreas de perturbação: multiplicidade de sintomas, mudanças caracterológicas com distúrbio de identidade e vulnerabilidade para reincidência em causar danos. Em avaliações empíricas (Perkovitz, van der Kolk, Roth, Mandel & Resick, 1997; van der Kolk et alii, 1996), esse constructo mostrou-se intrinsecamente relacionado com Transtorno de Estresse Pós-Traumático (TEPT). Os sintomas listados atualmente entre os critérios de TEPT no *Diagnostic and Statistical Manual of Mental Disorders IV - DSM-IV* (American Psychiatric Association, 1994:425) incluem o seguinte:

Mais comumente visto na associação com o estressor interpessoal (...) modulação de afetos debilitada; *self* destrutivo e comportamento impulsivo; sintomas dissociativos, queixas somáticas; sentimentos de ineficiência, vergonha, desespero ou falta de esperança; sentimentos de risco permanente; uma perda de crenças antes admitidas, hostilidade; retraimento social; sentir-se constantemente ameaçado; prejuízo no relacionamento com os outros; ou uma mudança de características prévias de personalidade da pessoa.

Casais sobreviventes de abuso que procuram uma terapia de casal, frequentemente apresentam problemas no relacionamento, intimidade, fidelidade, violência, um senso de aprisionamento, sentimentos de traição, queda de autoestima, impotência, codependência e uma necessidade de controlar ou ter poder. Suas histórias individuais tornam-se críticas para entender que tipo de intervenção praticar, conforme esses indivíduos continuam a responder um ao outro de modo quase estilizado e previsível.

Terapia Familiar Estrutural

A Terapia Familiar Estrutural (TFE) (Kaslow, 1981) é uma das muitas abordagens sistêmicas para intervenção familiar. A teoria sistêmica familiar, articulada no trabalho de Murray Bowen (1996), conhecido como teoria sistêmica de Bowen, parece ter sido um dos seus antecedentes. O trabalho de Bowen é centrado na força emocional que influencia o modo de funcionamento da família nuclear e da família extensa. Seu trabalho foi desenvolvido na Menninger Clinic nas décadas de 1940-50, em que ele tentou envolver a família no tratamento de um jovem paciente psicótico e desenvolveu uma hipótese a respeito do relacionamento mãe-paciente. Seu contínuo trabalho clínico e pesquisa levou ao desenvolvimento da teoria sistêmica familiar de Bowen, que inicialmente postulava seis conceitos entrelaçados: triângulos, família nuclear, processo emocional, processo de projeção familiar, transmissão transgeracional e posição de irmãos (Bowen, 1966; Toman, 1961). Mais tarde, mais dois conceitos foram adicionados: corte emocional e regressão societal (Bowen, 1976). A chave da compreensão da teoria dos sistemas é o conceito de que há comportamentos automáticos, previsíveis entre os membros da família (Papero, 1983). A premissa teórica fundamental é a homeostase e a ideia de que forças de oposição entre uns e outros criam equilíbrio dinâmico. Rompimentos desse estado homeostático causam a emergência de sintomas de disfunção (Papero, 1983). Adicionalmente, Bowen (1983) introduziu conceitos de pertencimento e individuação como força maior operando no sistema familiar.

Salvador Minuchin et alii (Minuchin, Montalvo, Guerney, Rosman & Schumer, 1967) que trabalharam com meninos em tratamento residencial da Wiltwyck School, em Nova York, acharam que as mudanças terapêuticas individuais das crianças não eram muito grandes quando elas retornavam para suas casas. Essas descobertas foram encontradas novamente mais tarde no trabalho de Minuchin e Montalvo com o doutor Lester Baker (Minuchin, Rosman & Baker, 1978), um pediatra endocrinologista, no Children's Hospital, na Filadelfia, que descobriram que seus pacientes diabéticos pioravam quando enviados de volta para casa. Seus achados em pesquisas psicossomáticas sugeriram que características familiares, tais como fusão, superproteção, rigidez e inabilidade para resolver conflitos contribuíram para a recorrência de acometimento de episódios médicos das crianças (Rosenberg, 1983).

A base teórica da terapia estrutural assume que a família é mais do que a soma de seus indivíduos dinâmicos; é um conjunto de relacionamentos entre membros da família que são estruturados em torno de arranjos específicos, que formam a estrutura da família (Minuchin, 1974). De acordo com a TFE, a unidade familiar disfuncional é caracterizada por emaranhamento (os membros da família tendem a ser superenvolvidos e intrusivos com outros membros), desligamento (pouca coesão entre os membros da família), fronteiras (membros da família têm muita rigidez e falta de limites) e a falta de homeostasia saudável (Aponte, 1992; Huycle, 2000; Minuchin, 1974; Rosenberg, 1983). Esses conceitos têm muito em comum com a teoria de Bowen de homeostase, triângulos, individuação, rompimento emocional, pertencimento e ansiedade. Tudo isso contribui para a quebra do processo familiar.

Minuchin (1974) postulou que a abordagem estrutural familiar é baseada no conceito de que a família é mais do que a soma das biopsicodinâmicas individuais de seus membros. Os membros das famílias se relacionam de acordo com certos arranjos que governam suas transações. Esses arranjos, embora muitas vezes não explicitamente declarados ou mesmo reconhecidos, formam um todo; essa é a estrutura de uma família. A realidade de uma estrutura é de uma ordem diferente de um membro individual. No modelo de terapia de casal, o contexto é um conceito central, "é a ruptura ou expansão dos contextos interpessoais nos quais a pessoa está inserida que permite novas possibilidades de o comportamento emergir para o indivíduo" (Melito, 1988:32). Minuchin também postulou a importância das fronteiras em famílias funcionais, estabelecendo que as fronteiras não pudessem ser nem muito difusas nem muito rígidas e que o objetivo é criar uma estrutura ideal na qual as funções essenciais da família são suporte, nutrimento e socialização de seus membros individuais.

Quando o trauma emocional ou sexual sofrido por um ou ambos os parceiros não está resolvido, isso tende a exacerbar os conflitos interpessoais e perturbar as interações. Casais sobreviventes de trauma exibem muitos dos padrões interativos clássicos alvejados na TFE; eles incluem emaranhamento e desligamento, fronteiras rígidas e difusas, e falta de habilidade na resolução de conflitos.

Basham e Miehls (2002) apresentaram uma revisão de "aconselhamento sintético de casais" para casais com história de traumas. O objetivo do aconselhamento de casal é criar sínteses para construir "um plano unificado com diferentes constructos" (Basham & Miehls, 2002:254). A metáfora é útil para descrever o ponto de vista. Se você visualiza fixamente um cristal, a textura e a cor parecem diferentes dependendo sobre que parte do vidro multifacetado você está observando. Similarmente, a estrutura dessas sínteses teóricas muda de cor e forma durante as diferentes fases da terapia de casal. O aconselhamento sintético de casal é um modelo dinâmico, fluido, no qual diferentes modelos de terapia emergem e recuam conforme as fases de aconselhamento se desenvolvem (terapia de casal orientada por fase) e as questões apresentadas evoluem ao longo do tempo. Abarca muitos componentes de tratamento da TFE, tais como o uso de ratificação, distanciamento, ruptura de fronteiras e treinamento de habilidades de comunicação. Basham e Miehls também incluem em seu modelo para TEPT questões como as sexuais e distúrbios de identidade, associações afetivamente carregadas e fluidez do papel de "expectador-vítima-vitimizador". Esses clínicos postularam que sobreviventes de trauma muitas vezes reinterpretam um padrão de vítima, vitimizador e observador em seus relacionamentos adultos. Esses indivíduos podem trocar de papéis com seus pares ou filhos. Isso pode disparar grande estresse e disfunção na dinâmica familiar e homeostase.

A TFE pode ser utilizada com casos de violência conjugal leve a moderada (Bagarozzi & Giddings, 1983; Goldenberg & Goldenberg, 2004; Straus & Gelles, 1986; Taylor, 1984). Outro modelo para tratar casais cujos membros sofreram trauma é a terapia cognitivo-comportamental, que incorpora tentativas de aproximação psicoeducacional (Compton & Folette, 1998; Riggs, 2000).

Dessensibilização e Reprocessamento Através de Movimentos Oculares

O modelo de Processamento Adaptativo de Informação (PAI), de Shapiro (2001), propõe "um equilíbrio neurológico em um sistema fisiológico distinto que permite a informação ser processada para uma 'resolução adaptativa'" (Shapiro, 1995:29). Consequentemente, o que é útil na experiência será aprendido e armazenado para o futuro. Ela postulou que quando um trauma severo é experimentado pela pessoa, ocorre um desequilíbrio no sistema nervoso, que então faz com que o sistema pare de funcionar. Assim, as imagens, as sensações físicas, os sons e os sentimentos são mantidos em um estado perturbado. Os componentes do trauma continuam a ser disparados por estímulos internos e externos, e podem ser revelados em sintomas comuns de TEPT, tais como pesadelos, *flashbacks*, memórias corporais e pensamentos intrusivos. Shapiro (1995:29) postulou que a maior parte das patologias é "derivada de experiências anteriores da vida que determinam nas ações um padrão persistente de afetos, comportamentos, cognições e consequentes estruturas de identidade".

Shapiro (1995:30) hipotetizou que a estimulação bilateral (i.e., movimentos oculares, toques nos joelhos, sinal luminoso, estimulação auditiva bilateral) dispara um mecanismo fisiológico que ativa o sistema de processamento de informação. Ela desenvolveu uma abordagem de tratamento, a Dessensibilização e Reprocessamento Através de Movimentos Oculares (EMDR), na qual o cliente engaja nos movimentos oculares em procedimentos estruturados enquanto foca no material perturbador do trauma. Com o EMDR, a pessoa é capaz de processar o material em um modo mais adaptativo e criar uma resolução adaptativa.

No seu livro sobre EMDR, Shapiro (1995:14) explica:

> O modelo considera a maioria das patologias como derivadas de experiências anteriores da vida que determinam nas ações um padrão persistente de afetos, comportamentos, cognições e consequentes estruturas de identidade (...). As contínuas respostas negativas repetitivas para estímulos do presente são similares à resposta inicial aos traumas anteriores. Frequentemente, as pessoas não têm nenhuma conexão para suas reações do dia presente e memórias anteriores de trauma. O EMDR é um sistema de processamento de informações que acessa os traumas iniciais, define distorções cognitivas ou sistema de crenças associados com a memória traumática, as emoções que ainda se mantêm conectadas ao trauma, e onde residem no corpo aquelas emoções. Como esses componentes de memória de trauma precoce são identificados, a técnica de processamento de informações EMDR funciona para dessensibilizar e diminuir o impacto da perturbação do trauma, e permite ao indivíduo reprocessar o

evento e essas sequelas emocionais e cognitivas para uma resposta mais adaptativa para a memória e estímulos atuais.

Descrições do uso de EMDR na terapia conjugal são absolutamente novas na literatura. Protinsky, Sparks & Flemke (2001:161) descrevem um caso no qual o EMDR foi usado em sessões conjuntas em uma tentativa de aumentar a intimidade e vulnerabilidade com uma "testemunha compassiva bem-sucedida", que esses clínicos consideraram ser "crucial para o sucesso terapêutico".

PROCESSO TERAPÊUTICO

Visão Geral do Tratamento

Este capítulo descreve uma abordagem de tratamento que combina TFS e EMDR na terapia conjugal quando um (ou os dois parceiros) teve uma história de abuso sexual na infância. Nessa abordagem, o terapeuta começa com TFS e, então, muda para tratamento com EMDR do parceiro traumatizado. Essa mudança é para processar a experiência de abuso do sobrevivente para que ele possa se engajar numa resolução adaptativa. Isso ajusta a base para o sobrevivente responder diferentemente para os possíveis disparadores na sua vida tanto como no relacionamento. Uma vez que o processo EMDR é completado e os parceiros participam em conjunto do relato da intervenção do EMDR, eles retomam as sessões conjugais de TFS enquanto integram *insights* e adaptações, e o sobrevivente do trauma ganha com o trabalho de EMDR. Essa abordagem envolve a aplicação do protocolo padrão de EMDR, que também usa os elementos principais de TFS, tais como aliança, reestruturação de fronteiras difusas e rígidas, requalificação e dramatização.

"Aliança" implica em o terapeuta conectar-se com cada um dos parceiros desde o início do tratamento e criar uma sensação de segurança. É essencial no tratamento de indivíduos traumatizados, porque reduz o seu medo de estar desprotegido nas situações carregadas emocionalmente; esse medo é central para respostas de sobreviventes e reações em âmbitos emocional e social. Por exemplo: se o parceiro traumatizado experimentar uma sensação de inutilidade e vergonha devido a experiências da infância, é imperativo que o terapeuta reconheça verbalmente um atributo positivo ou habilidade da pessoa durante as sessões de casal. Adicionalmente, o terapeuta encoraja os parceiros que é seguro explorar as suas dificuldades diante do relacionamento e que essas questões não serão tratadas de maneira constrangedora.

"Fronteiras" são reestruturadas por redefinições na família. Quando um casal está fusionado e falta individuação ou há um significativo grau de desconexão emocional, o terapeuta desempenha um papel para ajudá-lo a redefinir e criar novas estruturas para trazer os membros a um equilíbrio mais funcional e emocionalmente saudável. Isso pode requerer mais tempo individualmente e menos minucioso de cada um ou ajudar o indivíduo que está desconectado para tentar aproximá-lo do seu parceiro com mais intimidade e de modo mais confiante.

"Redefinição" muda a definição de um evento para fazê-lo parecer mais razoável e compreensível. Isso revisa a perspectiva do casal sobre o problema e, assim, os parceiros podem considerar diferentes soluções. Em alguns casais, por exemplo, uma mulher pode ver seu marido como supercontrolador, quando ele atualmente está tentando diminuir medos de abandono por sempre estar ciente de onde e o que está fazendo. Por redefinir o comportamento como baseado no medo de abandono, a esposa pode ser capaz de se engajar em algum comportamento de confiança restabelecida ao invés de perceber como sendo controlada.

"Dramatizações"[37] são interações terapêuticas facilitadas que trazem o conflito conjugal e representam o problema dentro da sessão de casal. O terapeuta pode, então, ajudar o casal a experimentar suas comunicações disfuncionais e padrões de comportamento em um ambiente seguro. Muitas vezes, o casal encenará repetitivamente no mesmo roteiro, de modo que o contexto e a mensagem subjacente da interação são os mesmos, embora o conteúdo possa variar dependendo da interação real, tal como, um parceiro sempre envergonhar e intimidar o outro para manter o controle do relacionamento. Destacando o roteiro nas sessões e ajudando o casal a fortalecer diferenças, as respostas mais espontâneas podem ser ferramentas valiosas.

Frequentemente, um parceiro com histórico de abuso interfere na terapia de casal; ele fica bloqueado para trabalhar seu relacionamento devido a sequelas traumáticas. Por exemplo: Seth estava incapaz para resolver conflitos com sua esposa e queria terminar o tratamento, porque ele se sentia frustrado e angustiado. Embora sua

---

[37] N. da T. Dramatizações: criadas por J. L. Moreno, constituem o âmago da metodologia psicodramática, que tem o primeiro caso registrado de terapia de casal.

inabilidade parecesse má vontade e resistência, sua resposta era determinada por reatividade do trauma-base. Além disso, um parceiro traumatizado pode experimentar uma ab-reação emocional durante a dramatização, experimentando uma revivência do trauma. Em tal ponto, é prudente para o terapeuta desviar do modelo tradicional de TFS e mudar para o EMDR para trabalhar com o trauma que está sendo disparado pelo parceiro ou situações atuais. Há duas alternativas que podem ser utilizadas. Shapiro (1995) sugere uma base individual, porque o sobrevivente pode estar mais vulnerável na presença do parceiro que disparou do que das reações. Contrariamente, Potinsky et alii (2001) recomendaram autorizar o parceiro a participar do processamento por EMDR como uma "testemunha compassiva", porque isso tende a desenvolver a intimidade e a compaixão. No modelo integrado discutido, é dado ao sobrevivente a escolha pelo EMDR sozinho ou em sessões em conjunto. Seguindo a sessão de EMDR, o terapeuta usa estratégias da TFS para assistir o casal na incorporação de *insights* e adaptações geradas pelo trabalho com EMDR com a restauração do relacionamento e modelando a competência para restabelecer as dinâmicas familiares.

Sessão Inicial

A sessão inicial com o casal em crise de vínculo agrupa não apenas as razões pelas quais procuraram terapia de casal, mas também uma história abrangente falando sobre as famílias de origem, casamentos anteriores, relacionamentos, preocupação com saúde, histórias sexuais, experiências terapêuticas e uma avaliação de histórico de abuso. A história pessoal torna-se crítica para o entendimento de qual tipo de intervenção iniciar, como esses indivíduos continuam a responder um ao outro de maneira estereotipada e predizível. É vital que o terapeuta apresente informações sobre TEPT e seu impacto sobre o indivíduo, e seus relacionamentos. O terapeuta usa para essas informações para "redefinir" o comportamento disparado do parceiro abusado como resultado de sua reatividade a estímulos internos e externos; a redefinição muda a perspectiva do casal sobre o problema. Além disso, o terapeuta explica que embora eles estejam entrando para uma terapia oficialmente de casal, as sessões podem revolver em torno das histórias individuais. O terapeuta também introduz a possibilidade de utilizar EMDR no contexto da consulta de casal. Devido aos medos do sobrevivente de vulnerabilidade, a opção de sessões individuais de EMDR é apresentada. É perguntado então ao sobrevivente se ele está disposto a compartilhar e é informado à (ao) parceira(o) sobre o processo de EMDR para aumentar a sua afetividade, compreensão e intimidade. Isso é feito ao final da sessão de EMDR ou mais tarde, na sessão de casal, dependendo do nível de emotividade dos participantes ao final das sessões de EMDR.

Terapia Familiar Estruturada

A sessão inicial com um casal em crise requer uma sessão não apenas para coletar informação, incluindo as razões de o casal entrar na terapia conjugal, mas também uma história abrangente de suas famílias de origem, casamentos anteriores, relacionamentos, preocupação com saúde, experiências terapêuticas e uma avaliação de histórico de abuso. Quando está claro que algum dos parceiros tem uma história de abuso ou negligência, apresentar a teoria do TEPT é vital. Isso permitirá aos membros do casal uma melhor compreensão do comportamento do parceiro e reatividade a estímulos internos e externos que estão disparando o indivíduo no contexto do relacionamento.

Isso é especialmente válido quando as dramatizações trazendo o conflito e apresentando o problema na sessão de casal, ocorrem na TFE; um deles pode ver uma ab-reação ocorrendo durante a sessão. No início da sessão conjugal, o terapeuta deve estar apto para vincular fluidamente com cada membro do casal para criar uma sensação de conexão e segurança com cada um. Essa vinculação com pacientes em TFE é essencial e deveria progredir para indivíduos traumatizados tanto quanto o medo de estarem inseguros em situações emocionalmente desafiadoras é central nas suas respostas e reações em redes emocionais e sociais. Assim como indivíduos traumatizados que têm problemas com confiança, muitas vezes fazem esforços enormes para evitar dor adicional, a "resistência" manifestada em desistências de terapia é um dilema estrutural comum que o terapeuta pode encontrar. Vincular-se com o casal, especialmente o sobrevivente, é essencial para que ele possa ganhar confiança e acreditar que as intervenções terapêuticas irão ajudar e o terapeuta compreende, e pode se relacionar com as preocupações conjugais, e é acolhedor a respeito da história do trauma e seus efeitos no relacionamento.

O conceito de redefinição, que permite que o casal consiga mudar a perspectiva de um problema e, portanto perceba soluções diferentes, também é central nesse modelo. Frequentemente, o terapeuta irá ressignificar e redefinir para que a família possa desenvolver caminhos alternativos para a visão do problema e possa estar aberta a soluções adicionais e a comportamentos alternativos para lidar com os problemas levantados. Os sobreviventes de trauma também têm várias questões de limites, pois seus limites pessoais foram violados quando eles eram submetidos a abuso. Então, casais em que um ou ambos os parceiros são sobreviventes de abuso lutam para criar limites saudáveis no contexto do seu relacionamento íntimo. Teorias estruturais consideram os limites rígidos e difusos como componentes da homeostase disfuncional nas famílias. Casais com característica de sobrevivência de traumas ultrapassam limites pessoais ou criam muros impenetráveis, e precisam aprender novas maneiras de interação e comunicação baseadas na confiança, na segurança e compaixão. A dramatização implica em trazer o comportamento problema para a sessão para que possa ser observado pelo terapeuta. No entanto, as intervenções estruturais podem ser assustadoras e percebidas como vergonhosas pelos sobreviventes de traumas. Terapeutas estruturais podem exacerbar ou intensificar o conflito dentro da sessão para ajudar o casal a criar novas interações e soluções em um ambiente seguro, controlado. O terapeuta estrutural trabalha visando a redução do sintoma como um esforço para reestruturar os padrões de transação familiar para que as mudanças perdurem.

Processos de Intervenção em EMDR

Fase 1: Histórico do Cliente e Plano de Tratamento

Apesar de o terapeuta já ter colhido a história geral durante a terapia conjugal inicial, a história do trauma do cliente é explorada com mais detalhes antes do processamento em EMDR. O plano de tratamento inclui identificar alvos específicos: memórias passadas que desencadeiam conjunto de respostas patológicas, situações atuais que disparam o indivíduo e o objetivo para respostas futuras nas situações de vida do indivíduo. É recomendado que o parceiro do sobrevivente esteja presente durante essa fase para prover apoio, e aumentar sua compreensão e compaixão. O parceiro também pode ajudar a identificar alvos de tratamento. Isto cria um novo tipo de aliança entre o casal. Não apenas eles podem identificar as transações difíceis e dolorosas no relacionamento, como também podem clarear mal-entendidos, comportamentos e comunicações mal-interpretadas.

Fase 2: Preparação

Esta fase estabelece o modelo de trabalho terapêutico que define as expectativas do cliente. Ter o compartilhamento do parceiro nesta fase fortalece uma aliança, intensifica a determinação, cria expectativas diferentes, o que pode ajudar a moldar um senso de competência no casal.

O terapeuta avalia a segurança do cliente, porque o trabalho individual do sobrevivente de trauma pode ser emocionalmente muito desafiador e desgastante. O *rapport* positivo com o terapeuta, já estabelecido durante as sessões de TFE, é essencial, pois o cliente pode experimentar sentimentos de vulnerabilidade e perda de controle. A inclusão do parceiro no estágio do relato pós-EMDR intensifica o senso de apoio no sobrevivente. Muitas vezes é terapeuticamente apropriado que o parceiro esteja disponível para levar o cliente para casa depois de uma sessão em EMDR, independentemente de ter ocorrido ou não o relato e compartilhamento.

Fases 3 a 7: Processamento

Geralmente, as fases 3 a 7 são feitas somente com o cliente, a menos que esteja sendo usado o modelo de terapia conjunta (Protinsky et alii, 2001). Essas fases seguem o protocolo padrão de EMDR (Shapiro, 2001). Após completar a fase 7, as sessões de EMDR e o processo são revisados com o indivíduo e o parceiro. Isso permite que o parceiro antecipe, intensifique e adicione no registro das imagens, memórias e manifestações comportamentais entre sessões de EMDR.

Fase 8: Reavaliação

A fase 8 abre as sessões de seguimento com a avaliação do quão bem o material trabalhado foi processado e se é necessário um novo processamento. Durante esse tempo, novos materiais podem emergir, os quais precisarão ser processados com EMDR. O *input* do parceiro pode criar uma forte aliança do casal e influenciar positivamente na reestruturação do relacionamento, conforme o casal consegue agora se unir com empatia, compreensão, novas visões um sobre o outro. Mudanças no sistema de crenças dos sobreviventes e aumento da segurança no relacionamento criam alterações no comportamento conjugal. Frequentemente, o parceiro consegue compreender o sobrevivente e não mais ficará reativo ou interpretará errado o comportamento dele, reduzindo assim os conflitos.

O Protocolo de Três Estágios

O protocolo tríplice resumido é necessário para o êxito do EMDR. O primeiro estágio processa eventos passados que são a fundação da disfunção atual. O segundo estágio alveja o presente e localiza estímulos atuais que disparam respostas problemáticas. O terceiro estágio foca sobre comportamentos e escolhas do futuro (Shapiro, 1995). Essa estrutura entrelaça favoravelmente o foco da terapia familiar, especialmente naquela em que o propósito da TFE é mudar comportamentos e comunicações disfuncionais, identificando os disparadores no contexto do relacionamento. Ela reestrutura ainda o casamento com novas perspectivas, habilidades de comunicação e comportamentos.

Re-implementação da Terapia Familiar Estruturada

Como complementação ao EMDR, é indicada a mais tradicional implementação de TFE. Se novo material traumático emerge nas próximas sessões de casal, o EMDR pode novamente ser implementado para lidar com essas questões que emergiram. A aplicação será focada novamente sobre os aspectos apresentados no relacionamento e como requalificar e recriar comunicações mais apropriadas, fronteiras e estrutura no relacionamento. Compaixão e sensibilidade para as questões do sobrevivente que está envolvido são úteis na criação de um clima emocional e ajuda a habilitar o casal a tentar novos comportamentos e interações. Uma revisão das questões originais do casal que os levaram à terapia é novamente indicada como uma nova compreensão de possíveis disparadores e dinâmicas que levam aos comportamentos problemáticos. Como o sobrevivente processou sua reatividade aos disparadores, os ressignificou como tal, e processou meios mais adaptativos com o EMDR, novas soluções para questões conjugais e desconstrução de impasses deve pavimentar um engajamento do casal numa reestruturação positiva de casamento usando o modelo TFE.

Exemplo de Caso

Composição da Família

Seth, o marido, tem 37 anos; Emily, a esposa, tem 36. Eles têm três filhos: Amanda, 9 anos; Leslie, 3 anos; e Danny, 1 ano. Seth, um empresário bem-sucedido e Emily uma dona-de-casa. Seth e Emily se casaram e se divorciaram. Cinco anos após o divórcio, eles se casaram novamente. A filha mais velha nasceu do primeiro casamento e os dois mais novos são frutos do recasamento. A filha do meio nasceu com problemas de saúde e passou por sérias intervenções médicas. Isso gerou um grande estresse ao relacionamento do casal, pois, ela necessitou de monitoramento 24 horas durante o primeiro ano de vida e houve inquietação constante sobre sua saúde. Leslie sofreu numerosas cirurgias para corrigir seu desfiguramento. Além disso, o nascimento de Danny, enquanto Leslie ainda era submetida a cuidados médicos significativos e intervenções, causou ainda mais estresse em Seth e Emily.

Encaminhamento

Emily foi encaminhada por um amigo, que a aconselhou terapia de casal devido ao estado caótico do seu relacionamento. Emily agendou uma sessão, porque acreditava que Seth estava "tendo uma crise da meia-idade e o casamento estava caindo em frangalhos".

Apresentação dos Problemas

Emily ligou para agendar e disse ter ficado louca porque ouviu rumores de que Seth estava tendo um romance. Ele afirmava o contrário e ficou enfurecido com as confrontações de Emily. Quando ela persistiu em confrontá-lo sobre suas atividades extraconjugais, ele ficou violento, a empurrou e a apertou, esmurrando a parede e quebrando o para-brisa do carro. Então, ele berrou e, finalmente, saiu de casa. O casal se dirigiu à primeira sessão em crise. Os aspectos de seu temperamento violento e *acting-out* foram localizados na primeira sessão, e um contato seguro foi estabelecido. Emily foi aconselhada a resistir em confrontar Seth com suas suspeitas e alegações, e esperar até o momento da terapia, onde havia segurança, ambiente controlado para apresentar suas suspeitas. Seth foi solicitado a pedir a Emily para parar de pressioná-lo e caso ela não parasse, deixá-la saber que ele estava deixando a casa por um curto período, assim como não incrementar aquela situação, mas também não abandoná-la ou descontar nela medos e suspeitas.

História Conjugal e Avaliação

A análise do terapeuta sugeriu que as questões de fusão e desligamento foram fatores críticos nas interações do casal. Seth e Emily viviam continuamente conflitados. Seth alegou sentir que Emily não manifestava desejo sexual. Emily contou que tendo em vista a convicção de que Seth estava envolvido em atividades extraconjugais e mentia ostensivamente, o comportamento dela estava justificado. Seth, por outro lado, estava determinado a usar sua violência, seu poder financeiro e interpessoal, e seu senso de direito de se libertar de sua esposa e filhos. Nenhum pareceu capaz de resolver os conflitos.

Havia uma história de anos de disfunção e brigas. Além dos supostos romances múltiplos de Seth, Emily confessou um romance extraconjugal. Apesar de Seth ter uma história de infidelidade sexual, ele foi incapaz de tolerar emocionalmente o romance de Emily.

Conforme as sessões de casal continuaram, o terapeuta "hipotetizou" que o progresso do casal estava bloqueado pela continuação da tendência de Seth para violência, conquistas, e abandono de sua família. Por cada membro do casal continuar entrincheirado em sua dinâmica de interações estilizadas, o terapeuta conduzia a explorações profundas de suas histórias individuais.

Cada parceiro sofria sequelas de trauma relatado. Emily sofrera severo trauma psicológico e sexual, além de incesto. Ela havia feito terapia individual antes e parecia ter melhorado um pouco seus mecanismos de enfrentamento e exibido menos sintomas de TEPT que Seth, que nunca participou de uma intervenção terapêutica. Por outro lado, Emily exibia características de uma sobrevivente de incesto e de filha adulta de um alcoólatra (Bestty, 1992), alternando entre tornar-se raivosa, então subitamente apaixonada e, finalmente, aceitando os comportamentos violentos de Seth por permitir que ele voltasse repetidamente para casa, começando o ciclo novamente (Courtois, 1988; Loring & Cowan, 1997). Emily contou que sua autoestima foi desmoronando como resultado do abuso verbal dele, constantes críticas e, sobretudo, aventuras extraconjugais.

A avaliação de Seth revelou que ele lutava contra os sintomas não tratados de TEPT. Eles foram relacionados a uma série de traumas psicológicos e sexuais não tratados e graves nas mãos de vários homens e uma mulher. Seth também tinha um diagnóstico de dislexia e passou muita vergonha por não conseguir ser bem-sucedido na escola. Um dos seus maiores medos secretos continuava a ser sua inabilidade presente para ler, além de um nível primário. Ele se tornou dependente de Emily para revisar todo o material escrito, como documentos legais, antes de fechar uma transação de negócios. Isso aumentou o ressentimento de Seth por Emily, como fez sentir vergonha e impotência por sua incapacidade. Ele começou um tratamento para sua dislexia, mas logo abandonou o programa de leitura. Quando Emily puxou o assunto na sessão, Seth afirmou que estava relutante em gastar seu tempo com um programa de leitura, porque ficaria ausente de seus lucrativos negócios; ele admitia que seu sucesso financeiro era vital para sua autoestima. Seth exibia sinais clássicos de memórias disfuncionais armazenadas, que eram expressas em sistemas de crenças distorcidas e comportamentos. Seu afeto instável, conquistas sexuais e abandonos pareciam um escape dos sentimentos opressivos disparados pelos conflitos dentro do casamento.

Seth evidenciou muitos sintomas que Herman (1992) descreveu como as sequelas de traumas de infância. Incluem *flashbacks* e pensamentos intrusivos, distorções de identidade (embora sem evidência de dissociação), labilidade de afeto, dependência sexual, comportamento compulsivo, uso de esteroide e comportamento antissocial com violência, atuação e hipersexualidade. Seth começou a tomar o papel de abusador durante suas fúrias, usando o abuso psicológico e o abuso físico. Essa resposta ao trauma de um homem pode ser, em parte, computada pelas crenças sociais e expectativa de masculinidade e é salientada nos achados da pesquisa:

> Homens sobreviventes de trauma são mais prováveis que mulheres para externalizar sua dor e, nesse processo, perpetuar a violência interpessoal e continuar o trágico ciclo de dor. (...) [Frequentemente] a socialização do papel de gênero masculino é vinculada com vergonha e aprisionamento das capacidades de enfrentamento comunicativo e emocional em homens (Mejia, 2005:32-33).

Violência na família foi outro componente da interação do casal. Quando Seth foi confrontado com suas mentiras e infidelidade, ele recorreu ao empurrão, aperto e ao soco. Ele estabeleceu: "Ela não me deixará sozinho e esta é a única maneira que sei fazer: ir embora quando ela me atormenta".

Processo Terapêutico do Caso

Inicialmente, Seth e Emily se dirigiram ao consultório para lidar com seus contínuos e dramáticos conflitos que poderiam escalar para episódios violentos de gritos, empurrões e socos, além das constantes tentativas de Seth em abandonar a família. Devido às questões de fusão, desligamento, falta de habilidade para resolução de conflito, pobre habilidade de comunicação, rigidez e falta de limites, a TFS foi a linha de tratamento usada para o casal. Suas fronteiras eram completamente difusas. Emily estava extremamente fusionada e dependente, e Seth continuamente desconectado.

Durante as sessões iniciais, padrões repetitivos mal adaptativos de comunicação eram evidentes. Esses padrões foram pontuados para enfatizar que o foco terapêutico poderia ser sobre o comportamento repetitivo e padrões verbais mais do que sobre detalhes dos incidentes específicos do casal.

O objetivo do tratamento: honrar fidelidade, estabelecer fronteiras saudáveis, comunicação com qualidade e dar suportes mútuos. Esse objetivo foi estabelecido nas primeiras sessões. O contrato seguro foi discutido e, como numa conduta de contenção, Seth e Emily concordaram em tentar praticar as táticas de desescalada, como esperar até a terapia antes de discutir tópicos explosivos.

O processo de juntar marido e mulher foi iniciado cedo nas interações. Isso é frequentemente realizado para achar áreas comuns de interesse ou ligação dentro da habilidade de cada parceiro, por meio da construção de um senso comum de respeito mútuo e vinculação.

Uma das premissas primárias de TFE é que a tentativa de reconstruir disputas e problemas familiares que ocorrem fora da sessão de terapia é menos eficaz que dramatização, uma técnica que traz o conflito ou problema para dentro da sessão. Esse processo ajuda a família a experienciar suas interações comportamentais disfuncionais em uma situação controlada. A presença do terapeuta proporciona uma intensidade recomendada e, analisando seus papéis, comportamentos e comunicações, podem considerar formas alternativas e meios mais funcionais de comportamento. Uma vez que o casal tenha experimentado um novo meio de interagir como um resultado da dramatização, eles são encorajados a praticar essa mudança adaptativa em casa.

Embora Seth e Emily fossem ativamente engajados na terapia de casal, Seth retornava à sua violência, mentiras e infidelidade. Quando "aprontava de novo", ele enfrentava indo embora, sendo violento fisicamente ou desaparecendo para punir sua esposa pela confrontação. A despeito do esforço do terapeuta em usar técnicas da TFE como aproximação, dramatização e redefinição, Seth continuou respondendo de modo extremamente instável. Ele tentava intimidar Emily verbalmente durante a sessão; se não desse certo, ele saía do consultório do terapeuta, como ele fazia em casa. Essas ações tumultuaram os sentimentos de abandono de Emily e seus problemas de abuso. Ela era uma sobrevivente de trauma tanto quanto era uma adulta filha de um alcoólatra. Tornou-se evidente que suas patologias individuais e seus entrelaçamentos eram tão intensos e profundos que usar apenas TFE era insuficiente para conduzir as últimas mudanças que eles precisavam e queriam.

Era aparente que a história de trauma e sistema de crenças individuais de Seth tinha sido focada, que sua vida foi dirigida por sua autoconcepção prejudicada. Isto era manifestado nos comportamentos posteriores dele de aventuras para provar sua masculinidade, grandes negócios de dinheiro para esconder seu analfabetismo (sua maior e mais secreta vergonha) e atormentando qualquer pessoa que "cruzasse seu caminho" para declarar seu poder pessoal.

Chegou-se à conclusão de que a prática de EMDR para tratar os traumas precoces de Seth era indicada antes da continuação da terapia de casal. O casal concordou que Seth precisava acessar, processar e resolver adaptativamente os efeitos da sua história traumática, e ele consentiu no tratamento com EMDR.

Em seguida, eles exploraram suas histórias de traumas individuais nas sessões conjuntas, na aplicação das fases 1 e 2 do protocolo EMDR. Esse processo foi tão libertador para ambos que rendeu alguns *insights* nos seus padrões de longa data. Seth e Emily expressaram que compartilhar suas histórias traumáticas nas sessões alimentou novos sentimentos de proximidade e confiança que estiveram ausentes em seu relacionamento. Ambos notaram que depois de compartilhar suas histórias dolorosas, eles poderiam dar mais apoio e incentivo um ao outro.

Embora a discussão da teoria do EMDR seja ganhar uma compreensão do impacto do trauma prévio, Seth e Emily estavam aptos para requalificar suas crenças e comportamentos duradouros disfuncionais. Eles estavam não apenas livres um para o outro, mas também imensamente hábeis enquanto começaram a mudar para reestruturar suas interações. Após essa sessão de teoria, Seth começou EMDR individual.

Primeira Sessão de EMDR de Seth

Seth começou sua sessão de EMDR com uma descrição do incidente disparador. Quando ele tinha aproximadamente 9 anos de idade, um zelador do prédio o atraiu para o porão dizendo que lá havia uma infinidade brinquedos. Chegando ao local, o zelador o molestou sexualmente. Sua crença negativa foi: "Sou burro e gay". Ele reportou sentimentos de confusão, raiva, vergonha e tristeza, com tensão e opressão no peito. Sua crença positiva foi: "Sou um heterossexual normal que fez uma escolha ruim na infância". Começando o EMDR, ele foi capaz de descrever o perpetrador e o incidente inicial, e então afirmou: "Depois que isso aconteceu, eu não me importei. Então, ele estava abusando um pouco de mim? Eu voltei. Eu ia uma vez na semana e ele me levava para o apartamento dele. Isso foi adiante mais de um ano. Percebi que ele já tinha feito isso e eu queria todas as bugigangas do porão que eu não tinha em casa".

Ele ficou muito triste com a falta de interesse dos pais nele e a repreensão que ele recebeu deles por estar mal na escola. Ele também discutiu as necessidades da mãe de que ele estivesse sempre limpo, a ponto de deixá-lo em carne viva na banheira e não permitir que ele brincasse para não se sujar. "Até hoje, eles nunca me falaram que me amavam!"

Até esse ponto, a rejeição e abuso familiar foram processados.

Depois de cada série de movimentos oculares, Seth narrou detalhadamente memórias adicionais de atentados ou molestações reais. Por exemplo: durante uma série de movimentos oculares, ele disse:

> Um ou dois anos mais tarde, eu estava em uma escola particular. Um dos professores era um homem velho. Ele era fonoaudiólogo. Duas ou três crianças andavam juntas. Eu era um do grupo em saída de campo para Manhattan na casa dele. As crianças tinham 12 ou 13 anos e brincavam se acariciando um ao outro. Nós saímos. Um dos meninos me disse que ele queria ser meu namorado. Ele era mais velho. Medo dele. Respondi: Não! O menino correu atrás de mim. Por quê? Por quê? Ainda vejo a cara do menino. Quis bater nele. DE JEITO NENHUM!

Entre as séries de movimentos oculares, ele admitiu ter ficado muito incomodado devido aquele garoto ter pensado que ele era gay.

A próxima série de movimentos oculares começou e ele afirmou: "A polícia veio e perguntou a minha mãe se eu dormi na casa [do fonoaudiólogo] dele. Eu disse a eles que não sabia de nada e para me deixarem em paz... Parei de ir ao porão".

Depois de outra série de movimentos oculares, ele disse:

> Tutora feminina, 22 anos de idade, nós transamos. Queria provar que era um homem e não gay. Garotinho solitário, mal orientado e sem amor. Eu fazia tudo por atenção. Eu não acho que sou gay. Eu tenho me agredido – burro! Eu estou com 40 anos. Eu não consigo ler, nem escrever!

Neste ponto do EMDR, ele começou a chorar muito e disse: "Esse é meu mais vergonhoso segredo. Meu amigo me disse: 'O que, você é burro?'. Isso machuca". Ele chorava.

Seth disse que a crença mais profunda negativa oculta não é que ele era gay, mas que ele é burro; ele disse que ele gastou sua vida tentando provar duas crenças negativas. Ele descreveu alguns novos *insights* e explicou que tentou provar para si que não era gay por aventuras e exibindo comportamentos agressivos para ser macho. Ele também relatou que malhava e tomava esteroides para parecer grande, forte e machão. Disse ter sido levado a provar que não era burro se tornando um empresário de sucesso, enquanto escondia o fato de que mal conseguia ler.

Seth escolheu fazer uma sessão dupla de EMDR, pois sentiu que assim ele seria capaz de tolerar melhor isso.

Durante as sessões seguintes, o trabalho com EMDR foi reprocessado e a segunda parte do protocolo foi instituída através do foco e da discussão em disparadores atuais da vida dele, tais como dificuldade de leitura, a qual ele encontrava diariamente na condução do seu negócio e em várias questões jurídicas; seus negócios, que o punham em contato diário com mulher; e sua escolha por malhar com esteroides para parecer forte e grande. Questões futuras (fase 3) foram discutidas em termos de continuar terapia individual, terapia de leitura e afastamento dos esteroides.

Relato da Sessão de EMDR de Casal

Seth convidou Emily para ouvir seu relato das sessões de EMDR. Assim, ela poderia ter uma profunda compreensão de suas crenças subjacentes e os tipos de estímulo que o disparavam. Durante o relato, as teorias de EMDR foram revistas. Um dos conceitos ocultos principais foi que eventos traumáticos do passado são as sustentações para respostas disfuncionais atuais para a vida e que Seth estava respondendo a estímulos que o disparavam no dia-a-dia básico. Adicionalmente, o terapeuta enfatizou o conceito de que o indivíduo conecta esses eventos traumáticos a outros eventos da vida, similar ao *hyperlink*, na internet, de forma que os eventos e interações atuais podem disparar respostas disfuncionais da pessoa. Essa ressignificação validava e recompunha distorções cognitivas e crenças.

O relato foi útil para ambos. Emily foi capaz de ver Seth como um humano vulnerável, sendo que ele estava terrivelmente ferido e em vez de violento ou vergonhoso conquistador. Seth foi capaz de grandes *insights* e de resolver algumas das crenças disfuncionais que ele mantinha sobre si.

Resumo da Terapia de Casal

A integração de EMDR na terapia de casal capacitou Emily e Seth a desmontarem os padrões estilizados, repetitivos de comunicação e interações que eles se engajaram quase que diariamente. Na TFS, o desmantelamento desses padrões disfuncionais é essencial para melhora no casamento.

Uma expectativa positiva no subsistema conjugal é que o marido e a mulher se comunicarão com intimidade, apoiando um ao outro, e exibindo amor e conexões sexuais. Seth e Emily não mostravam nenhum desses atributos quando começaram a terapia. Depois da intervenção com EMDR, eles foram capazes de se conectar e comunicar em um nível mais íntimo e honesto. Seth expressou que Emily parecia "uma melhor amiga, pela primeira vez no casamento [deles]", percebendo como ela o amava incondicionalmente. Foi como uma surpreendente conscientização de que ele tinha dificuldade de integrar o conceito de merecer qualquer tipo de amor incondicional, dada a história de sua família de origem.

Conforme eles retomaram o aconselhamento conjugal, uma aliança positiva entre Emily e Seth foi evidente. Eles começaram a se comunicar sem brigas constantes e sem gritaria. Mais do que cruzar continuamente as fronteiras de cada um e competir continuamente, eles aprenderam um caminho para distanciarem-se fisicamente deles mesmos e encontrarem tempo para esfriar com um específico e comum acordo de espera antes de continuar suas discussões. Eles também começaram a definir e a formar fronteiras entre eles. Assim, eles ficam menos fusionados, com uma conexão de amor. Ambos começaram a ser mais conscientes dos disparadores do outro e atentos para ter compaixão e consideração em não exacerbar respostas que ligam seus disparadores. Eles modificaram suas reações e atitudes um com outro de modo mais produtivo e harmonioso.

Instituir as técnicas de TFE criou um senso de competência em ambos. Essa abordagem integrada foi muito produtiva, conforme superou o impasse do processo conjugal. Por desviar questões para a terapia individual da terapia de casal, o marido teve a oportunidade de expressar memórias de medo e ser vulnerável em um contexto controlado e protegido. Além disso, a esposa foi capaz de participar do relato e oferecer a ele conforto e compreensão.

Um dos desafios foi apresentar a implementação da poderosa abordagem de tratamento individual EMDR para o casal e fazer com que os dois entendessem e concordassem em desviar o foco da crise na família para preocupações individuais. Outro desafio é fazer o indivíduo candidato para o EMDR confiar no terapeuta e fazer com que o cônjuge faça o trabalho de terapia intensa, e compartilhe com o parceiro. A vantagem de integrar EMDR e terapia de casal nesse caso foi que isso permitiu ao marido superar suas respostas emocionais devastadoras para eventos menores, os quais poderiam então levar ao aumento do drama entre o casal. Além disso, o reconhecimento de sua história pessoal e sua crise de identidade como um resultado de seus traumas de infância permitiu a ele reprocessar suas crenças disfuncionais e tornar-se emocionalmente acessível para o trabalho posterior de casal.

CONCLUSÃO

Sobreviventes de trauma sexual exibem significantes dificuldades interpessoais, especialmente quando engajados na intimidade, relacionamentos de longa duração. Seus relacionamentos podem ser barrados por intensos conflitos, desconfiança, e questões sexuais e de controle. Comportamentos disruptivos, para si e para outros, são pontos altos de seus relacionamentos.

TFE (Minuchin, 1974) é o modo de terapia familiar escolhido para o tratamento desses casais. Entretanto, se as disfunções individuais do sobrevivente de trauma se sobrepõem à terapia de casal, uma parte do tratamento de casal é crítica para conseguir sucesso. Então, a aplicação de EMDR para o processamento de traumas passados é indicada.

Como mostramos no estudo de caso, terapia de casal torna-se estagnada quando o casal está inapto para resolver conflitos e reestruturar fronteiras. Ficou claro que Seth e Emily foram contaminados por recorrência contínua de seus traumas do passado com relatos de interpretações distorcidas de intimidade, confiança e conflitos. Como o casal tinha começado a extraviar-se nos rígidos limites da sua dinâmica, era aparente que a sequela do trauma individual precisava ser localizada antes da terapia conjugal continuar.

A abordagem integrativa descrita neste capítulo envolve afastamento da terapia conjugal para lidar com uma história de trauma individual de ambos os parceiros, através de um tratamento essencialmente individual, EMDR. As sessões de EMDR foram compartilhadas com o outro parceiro em uma sessão de relato ou através de sua participação como uma testemunha. Após isso, a terapia de casal continuou. Através do uso desse protocolo aparentemente ainda incomum, isso pode ser muito efetivo.

Essa intervenção requer o terapeuta para estabilizar um bom nível de confiança e para um bom vínculo ou uma boa aliança com os membros do casal. A vulnerabilidade que sobreviventes de trauma experimentam enquanto o outro está engajado no EMDR é significantemente multiplicada por saber que eles estarão expressando dor, eventos vergonhosos com seus parceiros, que eles amam, mas estão embebidos em conflito. O risco emocional é grande e a pessoa necessita de muita coragem para engajar nesse processo. Já a consequência positiva para o entendimento mútuo é expressiva. Além do mais, a resolução de questões passadas libera o casal assim que os parceiros começam a progredir e começam a criar mudanças para o crescimento e a intimidade.

A combinação de TFE e EMDR pode ter grandes benefícios terapêuticos para casais em que um ou ambos os parceiros tiverem sofrido trauma sexual ou físico, ou abuso emocional ou verbal. A pesquisa clínica na integração de EMDR com várias abordagens sistêmicas familiares é uma área rica e promissora de estudo que pode expandir um repertório clínico de manejo terapêutico.

REFERÊNCIAS

American Psychiatric Association. (1994). Diagnostic and statistical manual of mental disorders (4th ed.). Washington, DC: Author.

Aponte, H. (1992). Training the person of the therapist in structural family therapy. Journal of

Marital and Family Therapy, 18(3), 269–281.

Bagarozzi, G. A., & Giddings, C. W. (1983). Conjugal violence: A critical review of current research and clinical practices. American Journal of Family Therapy, 11(1), 3–12.

Basham, K., & Miehls, D. (2002, March). Transforming the legacies of childhood trauma in

couple therapy: The biopsychosocial assessment as compass and anchor. Smith College Studies in Social Work, Northampton, 72(2), 253–278.

Beatty, M. (1992). Codependent no more. Center City, MN: Hazeldon.

Bowen, M. (1966). The use of family theory in clinical practice. Comprehensive Psychiatry, 7, 345–374.

Bowen, M. (1972). Toward the differentiation of a self in one's own family. In J. Framo (Ed.),

Family interaction: A dialogue between family researchers and family therapists (pp. 111–173). New York: Springer-Verlag.

Bowen, M. (1976). Theory in the practice of psychotherapy. In P. Guerin (Ed.), Family therapy (pp. 42–90). New York: Gardener.

Briere, J., Evans, D., Runtz, M., & Wall, T. (1988). Symptomology in men who were molested as children: A comparison study. American Journal of Orthopsychiatry, 58, 457–461.

Champion De Crespigny, J. (1996). The experience of couples in intimate study. Dissertation Abstracts International, 58(9), 5109B.

Compton, J., & Folette, V. (1998), Couples surviving trauma: Issues and interventions. In V. Folette, J. Ruzek, & F. Abueg (Eds.), Cognitive-behavioral therapies for trauma (pp. 321–352). New York: Guilford Press.

Courtois, C. (1988). Healing the incest wound: Adult survivors in therapy. New York: Norton.

Davis, J. L., & Petrectic-Jackson, P. A. (2000). The impact of child sexual abuse on adult interpersonal functioning: A review and synthesis of the empirical literature. Aggression and Violent Behavior, 5, 291–328.

Finkelhor, D., Hotaling, G., Lewis, I., & Smith, C. (1989). Sexual abuse and its relationship to later sexual satisfaction, marital status, religion, and attitudes. Journal of Interpersonal Violence, 4, 379–399.

Goldenberg, I., & Goldenberg, H. (2004). Family therapy: An overview (6th ed.). Pacific Grove,

CA: Brooks/Cole-Thomson Learning.

Herman, J. (1992). Trauma and recovery. New York: Basic Books.

Huycke, J. D. (2000, Spring). Unpublished manuscript, University of Wisconsin, Milwaukee,

School of Social Welfare, Course in Social Work Practice.

Jacob, C., & Veach, P. (2005). Intrapersonal and familial effects of child sexual abuse on female partners of male survivors. Journal of Counseling Psychology, 3, 284–297.

Jacquet, S. (1999). Sexual abuse experiences and family environment in childhood as predictors of sexual dysfunction and premarital relationships in adulthood. Dissertation Abstracts International, 60(9), 4501B.

Kaslow, F. (1981). A diaclectic approach to family therapy and practice: Selectivity and synthesis. Journal of Marital and Family Therapy, 7, 345–351.

Kia-Keating, M., Grossman, F., Sorsoli, L., & Epstein, M. (2005). Containing and resisting masculinity: Narratives of renegotiation among resilient male survivors of childhood sexual abuse. Psychology of Men and Masculinity, 6(3), 169–185.

Koedam, W. (1996). Dissociative identity disorder in relational contexts. In F. W. Kaslow (Ed.), Handbook of relational diagnosis and dysfunctional family patterns (pp. 420–433). New York: Wiley.

Lisak, D. (1994). The psychological impact of sexual abuse: Content analysis of interviews with male survivors. Journal of Traumatic Stress, 7, 525–548.

Lisak, D. (1995). Integrating a critique of gender in the treatment of male survivors of childhood abuse. Psychotherapy, 32, 258–269.

Loring, S., & Cowan, G. (1997). Codependency: An interpersonal phenomenon. Sex Roles: A Journal of Research, 36,115–123.

McCauley, J., Kern, D. E., Kolander, K., Dill, L., Schroeder, A. F., DeChant, H. K., et al. (1997). Clinical characteristics of women with a history of childhood abuse: Unhealed wounds. Journal of the American Medical Association, 277(17), 1362–1368.

Mejia, X. (2005, Winter). Gender matters: Working with adult male survivors of trauma. Journal of Counseling and Development, 83, 30–37.

Melito, R. (1988). Combining individual dynamics with structural family dynamics. Journal of Marital and Family Therapy, 14(1).

Minuchin, S. (1974). Families and family therapy. Cambridge, MA: Harvard University Press.

Minuchin, S., Montalvo, B., Guerney, B. G., Jr., Rosman, B. L., & Schumer, F. (1967). Families of the slums. New York: Basic Books.

Minuchin, S., Rosman, B. L., & Baker, L. (1978). Psychosomatic families: Anorexia nervosa in context. Cambridge, MA: Harvard University Press.

Najman, J. M., Dunne, M. P., Purdie, D. M., Boyle, F. M., & Coxeter, P. D. (2005). Sexual abuse in childhood and sexual dysfunction in adulthood: An Australian population-based study. Archives of Sexual Behavior, 34, 517–526.

Nelson, B., & Wampler, K. (2000). Systemic effects of trauma in clinic couples: An exploratory study of secondary trauma resulting from childhood abuse. Journal of Marital and Family Therapy, 36, 171–184.

Papero, D. (1983). Family systems theory and therapy. In B. Wolman & G. Stricker (Eds.), Handbook of family and marital therapy (pp. 137–158). New York: Plenum Press.

Pelcovitz, D., van der Kolk, B. A., Roth, S., Mandel, F. S., & Resick, P. (1997). Development of a criteria set and a structured interview for disorder of extreme stress (SIDES). Journal of Traumatic Stress, 10, 3–16.

Protinsky, H., Sparks, J., & Flemke, K. (2001, April). Using eye movement desensitization and reprocessing to enhance treatment in couples. Journal of Marital and Family Therapy, 27(2), 157–164.

Riggs, D. S. (2000). Marital and family therapy. In E. B. Foa, T. M. Keane, & M. J. Friedman (Eds.), Effective treatment for PTSD (pp. 280–301). New York: Guilford Press.

Rosenberg, J. B. (1983). Structural family therapy. In B. Wolm & G. Stricker (Eds.), Handbook of family and marital therapy (pp. 159–185). New York, Plenum Press.

Rumstein-McKean, O., & Hunsley, J. (2001). Interpersonal and family functioning of female survivors of childhood sexual abuse. Clinical Psychology Review, 21, 471–490. shap_c11.qxd 11/3/06 9:20 AM Page 241

Rutter, M. (1993). Resilience: Some conceptual considerations. Journal of Adolescent Health, 14, 626–631.

Sachs-Ericsson, N., Blazer, D., Plant, E. A., & Arrow, B. (2005). Childhood sexual and physical abuse and the 1-year prevalence of medical problems in the National Comorbidity Survey. Health Psychology, 24, 32–40.

Shapiro, F. (1995). Eye movement desensitization and reprocessing: Basic principles, protocols, and procedures. New York: Guilford Press.

Shapiro, F. (2001). Eye movement desensitization and reprocessing: Basic principles, protocols, and procedures (2nd ed.). New York: Guilford Press.

Straus, M. A., & Gelles, R. J. (1986). Societal change in family violence from 1975–1985 as revealed by two national surveys. Journal of Marriage and the Family, 48, 465–479.

Taylor, J. W. (1984). Structured conjoint therapy for spouse abuse cases. Social Work, 63, 259–265.

Toman, W. (1961). Family constellation: Its effects on personality and social behavior. New York: Springer. van der Kolk, B. A., Pelcovitz, D., Roth, S., Mandel, F., McFarlane, A., & Herman, J. (1996). Dissociation, somatization, and affect dysregulation; The complexity of adaptation to trauma. American Journal of Psychiatry, 153, 83–93.

CAPÍTULO 12
EMDR e Terapia Familiar no Tratamento de Violência Doméstica

Julie E. Stowasser

Violência doméstica (VD) tem sido definida como um padrão de comportamento físico e verbal onde há a intensão de controlar outra pessoa em um relacionamento íntimo existente, passado ou desejado (Walker, 1979). Violência doméstica é distinguida de comportamento "simplesmente disfuncional" pelo uso repetitivo por uma pessoa de poder e tática de controle para coagir outra a agir ou a acreditar que ela não teria outra escolha. Essa conduta pode assumir várias formas e pode ser difícil para vítimas, perpetradores e também terapeutas reconhecer quando o abuso é subsequentemente minimizado ou negado (Harway & Hansen, 1993).

Na intervenção com indivíduos com questões de VD é importante promover a cessação de todos os comportamentos da categoria do controle e abuso, e não simplesmente limitar-se a intervir para tratar a violência ou abuso físico atual. Sem intervenção efetiva, o ciclo da violência pode progredir do abuso verbal e/ou psicológico para invasão física, resultando em danos corporais e, em alguns casos, na morte da vítima, do perpetrador ou de ambos (Dutton, 1998; Herman, 1997; La Violett & Barnett, 2000; Jafe, Wolfe & Wilson, 1990). Crianças também podem ser prejudicadas psicológica e fisicamente (ou por serem abusadas ou por testemunhar VD diretamente contra alguém) (American Psychological Association [APA], 1996; Jacobson, 2000; Jafe, Wolfe & Wilson, 1990: La Violette & Barnett, 2000). Além do mais, ocorrem danos se o comportamento de abuso interfere com o relacionamento pais-criança ou rompe o vínculo da criança com cuidadores. O abuso também pode afetar vizinhos, sócios de trabalho e outros se o impacto se estender dentro daqueles relacionamentos.

Um cuidadoso trabalho de introdução (Harway & Hansen, 1993) com vítimas é necessário para clarear todas as formas de abuso, incluindo as formas sutis e secretas. Similarmente, questionar de forma direta o abusador pode resultar em conseguir uma revelação mais completa (Peterman & Dixon, 2001). Na história de adultos envolvidos em relacionamentos abusivos, muitas vezes eles experimentaram direta ou indiretamente situação de VD na infância (APA, 1996; Coley & Severson, 1993; Dutton, 1998; Jacobson, 2000; Crowng, Bartholomew, Henderson & Trinke, 2003; Walker, 1994). Alguns autores (Krowng et alii, 2003; Walker, 1994) se referem a isso como a "transmissão intergeracional da violência".

Embora a VD não seja confinada a uniões heterossexuais ou a homens como abusadores, este capítulo foca em homens heterossexuais como ofensores, porque 85% de VD são praticadas por homens contra mulheres (Renninson & Welchans, 2000). As vítimas podem experimentar sintomas psicológicos, não limitados à depressão, que incluem ansiedade, transtorno de estresse pós-traumático (TEPT), dissociação, transtornos alimentares, queixas somáticas e pobre autoestima. (Dutton, 1998; Herman, 1997; La Violette & Barnett, 2000; Walker, 1979, 1989, 1994). Alguns esforços têm sido postos em prática para categorizar os tipos de agressor e, no entanto, não há um perfil preciso para um perpetrador de VD (APA, 1996; Dutton, 1995, 1998; Sonkin & Dutton, 2003; Wallce & Nosko, 2003) e nenhum perfil da vítima (APA, 1996; La Violette & Barnett, 2000; Walker, 1994).

A proposta de Lenore Walker (1979) como um modelo para entender e tratar violência doméstica, a Teoria do Ciclo de Violência, hipotetizou que embora cada relacionamento abusivo seja único, a maior parte dos incidentes abusivos pode ser mapeada para seguir um ciclo violento que consiste de três fases: 1) uma escalada de tensão, 2) a liberação do abuso, 3) amor, arrependimento, fase de lua-de-mel. Lenore Walker postulou que apenas o abusador pode interromper a fase de escalada. Caso contrário, ele continuará até a violência liberada (Walker, 1994). A vítima pode agir para cortar, mas não para prevenir a fase da escalada e pode não ter a escolha de partir. Uma vez que o abusador projeta a sua tensão, ele pensa e sente voltar à normalidade, permitindo consciência e remorso para seguir na fase de lua-de-mel, na qual promete e deseja reparar, e refaz conexão com a vítima (Walker, 1979, 1994). Mais adiante, alguns casais podem não estender o estágio de lua-de-mel do ciclo. Frequentemente, o abusador nega o abuso ou reorganiza o evento para minimizar ou justificar seus comportamentos, ou joga a culpa na vítima (Dutton, 1998). Se confrontado com seu comportamento, ele pode se vingar tratando com mais violência a vítima, achando uma nova vítima (i.e., o terapeuta) ou tratando de abandonar a família (Madanes, 1995).

Dessensibilização e Reprocessamento Através de Movimentos Oculares

Dessensibilização e Reprocessamento Através de Movimentos Oculares (EMDR) (Shapiro, 1995, 2001) é um método integrado de psicoterapia que incorpora aspectos da cognitivo-comportamental, Gestalt, psicodinâmica, sistêmica e outras psicoterapias estabelecidas. Tem sido demonstrada a eficácia do EMDR no tratamento de TEPT (Edmond, Rubin & Wamback, 1999; Pollock, 2000). Embora alguns estudos de EMDR sobre TEPT incluam vítimas de violência doméstica, as vítimas formam um subgrupo e não a população específica focada. Até agora, não há publicações de estudos sobre EMDR que foquem o tratamento específico de vítimas e perpetradores de violência doméstica. Por outro lado, McMulin (1998) combinou EMDR e prevenção à reincidência com tratamento de ofensor sexual, e Pollock (2000) reportou sucesso no tratamento de um TEPT que se desenvolveu para transgressão homicida. Também foi mostrado que o EMDR é efetivo na redução da sensibilidade para dor física, um benefício para as vítimas sobreviventes que experimentam dor crônica ou sintomas somáticos disparados intermitentemente (Grant & Threlfo, 2002).

O EMDR é uma psicoterapia de 8 fases que foca memórias prejudiciais originais ao invés da sequela traumática sozinha. O tratamento por EMDR inclui uma tríplice vertente que alveja os eventos passados relatados do trauma e seus disparadores atuais, e facilita uma compreensão da apropriação de opções do cliente para o futuro no contexto da memória original; portanto, proporciona uma aproximação compreensiva do tratamento (Shapiro, 2001; Shapiro & Maxfield, 2002). O EMDR pode aliviar sintomas negativos e transtornos causados por abuso e negligência infantil, além de exposição na infância e vida adulta à violência doméstica por focar essas memórias que contribuem e mantêm a presente disfunção. Embora ciente do passado, o EMDR não procura explorar e compreendê-lo. Como algumas abordagens de terapia familiar (ex.: Minuchin, 1974), o EMDR é prospectivo em sua orientação para a sintomatologia atual do cliente e futuras acomodações.

Terapia de Ação Social

Minuchin (1974) (veja também Becvar & Becvar, 1988; Kaslow, 1982) era um inovador na escola sistêmica de terapia familiar e desenvolveu a Terapia Familiar Estrutural, uma das orientações sistêmicas de família mais utilizadas atualmente (Green & Framo, 1981). Acompanhado por Jay Haley em 1962, ele designou e liderou o programa de tratamento e treinamento *Structural Family Therapy*. Madanes e Haley, subsequentemente, se separaram e Madanes foi desenvolver a *Therapy of Social Action*[38] (TSA), uma fusão da aplicação de estratégica (Madanes, 1981, 1990, 1995) e estrutural (Becvar & Becvar, 1988). TSA distingue-se por sua visão de estrutura familiar como um lugar onde alguns membros da família têm mais poder causal, escolha e, consequentemente, responsabilidade pessoal do que outros. Por exemplo: um pai tem mais responsabilidade e escolha do que seu filho. A TSA declara que o adulto abusador tem mais poder e responsabilidade para a estrutura familiar e é autenticamente o primeiro agente de mudança para a família. A TSA também é prospectiva e é designada para assistir ao perpetrador em assumir a total responsabilidade por suas ações e aliviar a carga de danos que ele causou aos membros da família dele. Isso também pode ser usado para acompanhar alguns agressores em seus próprios sofrimentos, que cometeram comportamentos interpessoais agressivos (Madanes, 1981, 1990, 1995; Pollock, 2000, Waldo, 1987).

A TSA é um método de 12 passos para tratar perpetradores, vítimas e suas famílias. Os 12 passos são: 1) prestação de contas pelo delito; 2) demonstrar por que isso foi errado; 3) comunicar a dor espiritual que causou; 4) entender a dor que também causaram no agressor; 5) confessar outras ofensas e vítimas na família; 6) entender a dor causada a todos que também cuidam da vítima; 7) apresentar desculpas de forma verdadeira; 8) permitir a outros membros da família que também apresentem desculpas à vítima; 9) delinear consequências para futuras ofensas; 10) organizar a família para se proteger contra vitimizações futuras; 11) estabelecer e marcar reparação para o ofendido; e, 12) reorientar a família para uma vida "normal" (Madanes, 1995). Os passos 1 até 7 e 11 são partes da "desculpa" do perpetrador, um crítico e necessário componente do tratamento TSA.

O único papel da vítima no tratamento TSA é determinar que a desculpa do perpetrador seja sincera e que demonstra incumbência e responsabilidade. McNamara e Dhami (2003) examinaram a função do exercício de desculpa no aumento de empatia do ofensor, reduzindo o comportamento anti-social e aumentando a segurança da vítima. A pesquisa deles mostrou validade, mas alívio inconsistente para vítimas e perpetradores, a despeito da responsabilidade ou sinceridade percebida no pedido de desculpa. Houve apenas um estudo de resultado avaliando TSA. Madanes (1995) contatou 72 das primeiras 75 famílias tratadas com TSA dois anos após o tratamento completo. Ela reportou uma taxa de 96% de sucesso com 69 famílias sobrevivendo livre de violação.

---

[38] Terapia de Ação Social em português.

PROCESSO TERAPÊUTICO

O terapeuta de VD se junta à família como uma pessoa forte e diretiva que fornece a liderança, e fortalece ou muda a estrutura da família conforme necessário. Respeitando mandatos éticos e legais (Cervantes, 1993) para inquirir sobre abusos do passado e atuais, ele faz perguntas específicas para clarear todas as formas de VD. O terapeuta avalia a letalidade e proíbe terapia conjunta quando algum único item está presente em qualquer lista de letalidade (ex.: Bogrado & Mederos, 1999; Hart, 1990), quando há alguma ordem restringente ou se o ofensor recebeu mandato legal de tratamento. O terapeuta também descarta sessões conjuntas quando o perpetrador nega responsabilidade, a vítima expressa medo ou há violência física (no período de 12 meses), ameaças de violência, abuso de substância ou transtorno de personalidade (Berry, 1995; Bograd & Mederos, 1999; deBecker, 1997; Hart, 1990). Se qualquer dessas circunstâncias surgir durante o tratamento, o clínico faz o encaminhamento e conduz sessões individuais, como segurança na primeira fase no tratamento da VD. Em tais instâncias, nenhuma das partes estará presente para as fases 2 até 8 de EMDR e o pedido de desculpa não será tentado. Se os companheiros são vistos juntamente, as sessões focarão apenas em psicoeducação, planejar segurança e monitoramento de comportamento interpessoal até o casal estar pronto para retomar as sessões conjuntas.

Quando integrar EMDR e TSA no tratamento de casais com questões de violência doméstica, a fase de coletar a História de VD atual é intensa e é inicialmente conduzida separadamente para melhorar a segurança da vítima e aumentar o potencial para a total revelação. No passo 1 da TSA, além de relatos de violência em gerações anteriores, o Relato da História do perpetrador também inclui um relato de suas ofensas contra a vítima. Como perpetradores podem negar, minimizar ou evitar a plena responsabilidade (Dutton, 1995, 1998; Madanes, 1995; Walker, 1979, 1989, 1994), o relato da vítima e de outros membros da família da vítima da violência pode ser cruzado contra o dele.

O material coletado na fase 1 de EMDR é complementar com o passo 1 de TSA, em que o perpetrador e a vítima são inquiridos sobre as piores coisas que já aconteceram a eles. O terapeuta EMDR também pergunta sobre seus pequenos traumas "t" (ex.: rejeições e desapontamentos) e grandes traumas "T" (ex.: abuso e assaltos). Como a história é narrada, o terapeuta monitora o cliente para a avaliação referente ao trabalho preparatório necessário de EMDR (fase 2 do EMDR) e identifica memórias alvo para o reprocessamento (fase 3 do EMDR).

Concorrente com as fases 1 a 3 de EMDR e passos 1 a 6 de TSA, instruções sobre EMDR e TSA são proporcionadas, tanto quanto informações sobre outras questões, tais como cuidados paternais e maternais, e TEPT. Mais adiante, os objetivos incluem: a) VD, incluindo seus efeitos sobre a vítima, as crianças e o perpetrador (APA, 1996; Jaffe, Wolf & Wilson, 1990); b) o ciclo de violência (Walter, 1979); e, c) estratégias que o casal pode usar para resolver conflitos e mudar o ciclo (Stowasser, 2001). Os objetivos comportamentais essenciais são estabelecidos e o casal trabalha na mesma direção usando TSA e EMDR. Os seguintes objetivos são incluídos:

- Eliminar violência física e ameaças.
- Reduzir a negação e a responsabilização da vítima.
- Usar habilidades não violentas na resolução de conflitos.
- Aumentar o poder e a responsabilidade pessoal de cada indivíduo.
- Reforçar apropriadamente as fronteiras.
- Desenvolver empatia por si e pelos outros.
- Reparar relacionamento onde for apropriado.

O terapeuta pode criativamente utilizar certo número de intervenções indicadas para estabilizar a família e limitar a escalada. Por exemplo: escrever instruções para o intervalo entre as sessões (Stowasser, 2001), negociado com antecedência, comunicação aberta sobre estresse e cooperação de cada parceiro; proporcionar a eles orientações para o relato do intervalo entre as sessões e sugerir comportamentos específicos a considerar se o outro parceiro não é cooperativo. Quando iniciada por um parceiro sem a ciência ou cooperação do outro, o intervalo entre as sessões pode ser potencialmente inseguro (Rosen, Matheson, Stith, MacColom & Locke, 2003). O EMDR pode ser usado para ensaiar imaginariamente o uso de tais instrumentos antes de reprocessar traumas (e também na terceira fase). Para fazer isso, a TSA pode fortalecer o senso de responsabilidade. Tais intervenções são justificadas antes do processamento de EMDR de VD na família.

Como o terapeuta de TSA prepara todas as partes para o pedido de desculpa, ele procura motivar os parceiros a parar a VD naquele momento e nas próximas gerações. O terapeuta procura dar sentido à violência e mudar a metáfora de algo que glorifica a violência e destorce a força e o poder para algo que signifique impotência, fragilidade, perda do poder e derrota. As vítimas e seus filhos muitas vezes tentarão proteger o pai das consequências de seu comportamento. O terapeuta de TSA fica atento para prevenir sempre as famílias para não minimizar a seriedade da violência estabelecendo claramente que o abuso é errado e apontando consequências espiritualmente dolorosas do abuso. O terapeuta deixa claro que cada membro da família (não apenas o perpetrador) é responsável pelas ações dele, indiferente de provocações. Manter o abuso em segredo é psicologicamente prejudicial e pode ser interpretado pela vítima como prova de que o abuso foi, de algum modo, culpa dela. O segredo também é uma forma sutil de negação de que o abuso aconteceu e pode resultar na adoção da vítima de uma auto-avaliação errada, tal como "Eu sou louca" por acreditar que isso aconteceu ou por sentir perturbação.

O processamento de EMDR nas fases 4 a 8 pode aumentar a segurança do cliente quando é estrategicamente empregado para resolver as memórias perturbadoras do perpetrador relacionadas aos comportamentos mal adaptativos atuais. Reprocessar as experiências precoces do perpetrador enquanto vítima pode aumentar a empatia por si mesmo e pelos outros. Por exemplo: sua inabilidade ou indisposição para tolerar o afeto negativo e cognições errôneas associadas com sua própria vitimização podem inibir sua aceitação da angústia experimentada pelos outros. Em troca, reprocessar suas memórias do abuso perpetrado no outro pode aumentar seu senso de responsabilidade com a vítima, em decorrência daquelas ações e quando a terceira parte do protocolo é empregada, pode ajudá-lo em alternativas de comportamento que são psicológica e fisicamente mais saudáveis para ele, sua vítima e sua família.

O reprocessamento do abuso passado também beneficia a vítima em livrar-se da recordação da vergonha do abuso, aliviando-a da carga e da culpa (primeira e segunda partes), e estrategicamente imaginando opções preventivas (planos de segurança) e alternativas para respostas estáticas, tais como frieza ou escalação (da violência) da época da agressão física e verbal (terceira parte). O EMDR empresta velocidade a TSA pela intensificação das habilidades do cliente para tolerar afetos dolorosos. Resolver essas questões centrais da VD ajudará a reduzir e a eliminar brigas em casa. Consequentemente, o EMDR pode ser considerado uma escolha ética oferecida aos membros da família afetados pela VD.

Exemplo de Caso

As terapias EMDR e TSA foram integradas no tratamento de um casal: Rick e Jennie Roth. As famílias de origem de ambos os parceiros foram historicamente imersas em várias gerações de violência verbal, psicológica e física. Quando criança e adolescente, cada um testemunhou e foi submetido a esses abusos. Jennie também experimentou negligência emocional, física e médica. Rick e Jennie se conheceram na infância, tornaram-se namorados na escola secundária e depois se separam nos três anos de colégio, reataram e se casaram. Tiveram dois filhos. Rick agrediu psicologicamente Jennie durante 4 anos depois do nascimento do segundo filho. Sua VD física continuou interminavelmente pelos seguintes 12 anos, enquanto ele regularmente empregava controle e outras formas de abuso. Depois de 16 anos de casamento, Jennie deixou Rick por causa da perpetração dele e de outros incidentes fisicamente violentos. Ele entrou em terapia em uma agência de VD. Rick era um destruidor típico, minimizando alguns de seus comportamentos abusivos e negando totalmente outros (Dutton, 1998; Madanes, 1995). Por outro lado, ele admitia ter um comportamento prejudicial, mas que amava sua esposa. Seus objetivos terapêuticos fixados foram mostrar seu amor e respeito por ela e "ser um homem de bem". Rick recebeu 4 meses de educação sobre VD e na preparação para o pedido de desculpa na TSA, começou um acerto de contas dos abusos que perpetrou à esposa e aos filhos. Em suas sessões de EMDR recorrentes, ele processou experiências traumáticas da infância, incluindo abusos físico e emocional infantil recebidos de sua irmã mais velha. Seu pai sempre instigava essas atitudes da filha como uma forma de entretenimento familiar. Ele também localizou na sua infância uma tentativa de matar sua irmã. Ele afirmou que estava se sentindo calmo e que sua esposa observava que essa "fantástica" terapia estava funcionando.

O tratamento de Rick foi interrompido devido à transferência do terapeuta e a TSA não foi completada. Ele ficou 15 meses em tratamento com terapia verbal tradicional intermitente de VD. Ele ficou estável e, embora ainda ansioso e por vezes raivoso, não estava violento. Sua vida doméstica melhorou consideravelmente e ele retornou à vida com sua família.

Três anos e meio após a terapia de Rick com EMDR, ele encaminhou sua esposa para tratamento com EMDR. Ela havia participado previamente de uma terapia verbal por, aproximadamente 5 anos, focando sobre VD, dificuldade em trabalhar com pessoas, a ameaça de vida em um tratamento de tumor cerebral e outras temidas situações. Por outro lado, a despeito do tempo de terapia, ela ainda sofria de TEPT crônico.

A família de Jennie era intergeracionalmente abusiva, alcoólatra e frequentemente sanguinária e violenta, em contraste com a violência controlada da família de Rick. Ela contou que do lado da mãe, as mulheres foram fisicamente abusadas, mas eventualmente se defendiam de forma violenta. Jennie cresceu sendo abusada verbalmente e foi chamada de burra, repulsiva, prostituta de base militar. Em várias ocasiões, ela foi fisicamente, emocionalmente e medicamente negligenciada. Ela teve bronquite crônica, pneumonia e vertigem ainda jovem e fez um senso disso tudo pela adoção da *crença negativa* "Há alguma coisa errada comigo", "Eu não mereço", "Sou desonrosa" e "É minha culpa".

Ela chegou para sua terceira sessão perturbada física e emocionalmente, e descreveu um recente jantar com o sogro como convidado. Jennie disse que o jantar foi estressante e ela sentiu dores no corpo. Ela alvejou o jantar com EMDR e durante a fase de reprocessamento conectada com a última agressão física de seu marido, que havia ocorrido 4 anos antes, durante "a preparação" para uma visita e para um jantar com o sogro. Ela saiu da sessão livre da dor, emocionalmente intacta e surpresa com a consciência de que o corpo dela podia "pegar" dor e que a velha dor poderia ser disparada por eventos atuais. Isso deu a Jennie um novo contexto para pensar sobre si mesma ao invés de pensar que ela estava fisicamente defeituosa e mentalmente louca. Em virtude de suas obrigações profissionais, o primeiro tratamento de Jennie terminou depois de 4 sessões, embora incompleto.

Cinco anos depois de concluída a terapia inicial de Rick e 2 anos depois da conclusão terapêutica de Jennie, eles retornaram para tratamento de casal. Jennie estava empregada como uma bem-sucedida cientista do governo. Contudo, o abuso verbal de alguns colegas estava disparando sintomas em Jennie e ela se sentia insegura.

Embora predição não seja ciência, o potencial de Rick para homicídio e violência foi avaliado como muito baixo pela escala *Hart's Lethality Assessment* (1990) (Bograd & Mederos, 1999; Cattaneo & Goodman, 2003; Peterman & Dixon, 2001) e informações clínicas, e o casal preencheu critérios específicos para terapia de casais com famílias abusivas (Bograd & Mederos, 1999). Rick estava tomando responsabilidade e não estava culpando ou justificando seu comportamento. Ele não agrediu sua família e não intimidou ninguém, nem foi violento com sua família por 5 anos, bem mais que o período livre de violência recomendado de 12 meses. Ele não tinha história criminal, nem questões de abuso de substância por mais de 20 anos. Rick teve tratamento para narcisista e TEPT, mas não era diagnosticável pelos critérios do *Diagnostic and Statistical Manual of Mental Disorders* (DSM-IV) (American Psychiatric Association, 1994).

Jennie sofreu TEPT crônico (DSM-IV) (American Psychiatric Association, 1994) e foi verbalmente abusada no trabalho e em casa por seus filhos. Ela se dirigiu à terapia disposta a se curar, mas os traumas não resolvidos tornaram difícil localizar interações estressoras atuais. Ela não estava tomando medicação e não tinha abuso de substância ou antecedentes criminais. Jennie tinha um plano de segurança e também conhecia os seus limites de proteção (deBecker, 1997) quando Rick tentava violência. Entretanto, ela atacou Rick fisicamente enquanto esperavam pelo início da terapia de casal. Seu comportamento foi avaliado como uma explosão agressiva. Para Rick, foi um teste para não violência. Não foi entendido com escalada de abuso doméstico. Não obstante, o terapeuta, mediante TSA, coloca claros limites sobre cada comportamento e esclarece as possíveis consequências legais.

Foram atendidos como casal, individualmente, e conjuntamente com o outro observando. Evitação e ansiedade sobre suas questões de VD remanescentes foram rapidamente evidenciadas quando eles, inicialmente, focaram sobre seus filhos e os efeitos que a violência e o controle de Rick tinham tido sobre os filhos e sobre os relacionamentos com mulheres. A evitação foi respeitada, assim como suas necessidades declaradas foram direcionadas com a educação provida para reorientá-los para os objetivos de tratamento previamente estabelecidos. Os alvos para reprocessamento foram selecionados e o "Lugar Seguro" (Shapiro, 2001), e outros exercícios de relaxamento foram executados, incluindo um escolhido para ajudar a reforçar o senso de segurança do *self* (Steele, 2004). Sessões anteriores foram reavaliadas e diminuídas o suficiente para reduzir a necessidade de um futuro trabalho de recurso, além das opções padrão da fase 2 do EMDR. As experiências anteriores de Jennie com médicos e psicoterapeutas deixaram-na com questões que requeriam, de vez em quando, intervenções como as de crise que prolongaram a terapia e desviavam o processo dos objetivos de tratamento escolhidos, mas permaneciam dentro das orientações flexíveis tanto do EMDR quanto de TSA.

O reprocessamento de alvos de crise com EMDR das fases 3 a 8, educação e suporte permitiram que o casal se fortalecesse no tratamento. Cuidadosamente, ele preparou suas desculpas para a esposa e os filhos. Como a vergonha é uma característica de muitos agressores (Dutton, 1995; Wallace & Nosko, 2003) e Rick estava cada vez mais consciente e ao mesmo tempo magoado (Pollock, 2000) pela dor submetida à sua família, foi crucial estruturar o pedido de desculpas para que ele pudesse se curar.

Sessões de EMDR de Rick

As sessões de EMDR de Rick trataram questões de família relacionadas com abuso físico na infância e abuso emocional contínuo por um pai e irmão. Outros alvos incluíram sua raiva, seu medo de não ser perfeito e seu próprio comportamento abusivo quando criança e quando adulto. A resolução dessas questões pareceu oferecer uma transição fácil, que permitiu a ele alvejar o abuso em sua esposa e reduzir sua postura degradante, e o isolamento de outros.

Primeira Sessão de EMDR de Rick

Rick relatou frustração por Jennie ainda ter sintomas de TEPT dizendo: "É mais ou menos cansativo (...) realmente vale a pena tudo isso? Sou uma espécie de maldito se faço, maldito se não posiciono [assim como ele tinha sido, enquanto crescia] (...) Ela definitivamente sabe o que não quer, e sou praticamente tudo que ela não quer". Ele acrescentou: "Ela está muito brava e eu não sei porque", enquanto, ao mesmo tempo expressando consciência conflitante: "Não sou bom o bastante e isso é tudo minha culpa". Rick estava se apresentando como vítima. Conferindo, ele reportou uma pontuação na escala SUDS de 7, onde 0 = nenhuma perturbação e 10 = pior perturbação possível.

Acessar uma memória precoce através da sensação (Shapiro, 2001) de frustração de "não conseguir" levou a uma experiência anterior com seu pai e a formulação de um alvo anterior, "conduta do meu pai". A imagem foi observando o jeito de andar empinado do pai: "Sabe tudo". "Ele anda como se fosse melhor do que todo mundo, como se ele fosse alguém especial". Os sentimentos de Rick são "engraçados", "realmente engraçados" [riso], "realmente bons" "desconcertados" e "fantásticos". "Ter um pai como esse... isto realmente era [fantástico] (...) Ser um Roth, nós estávamos num plano totalmente diferente do universo. A família Roth era tão superior aos demais". (No estabelecimento do alvo EMDR, o terapeuta se abstém de prover informação corretiva, como faz ao trabalhar com o modelo TSA.) Explorando as sensações associadas com aqueles sentimentos, Rick descreveu estar esquisito na cabeça, com náusea e outras tensões em seu corpo. Sua crença negativa (CN) foi: "Não sou bom o bastante, eu tenho que ser perfeito e no controle" e "Eu sou perigoso". A crença positiva (CP) que ele escolheu primeiro foi: "Estou muito melhor do que eu era". Ele explicou isso dizendo: "Se eu voltasse àquela época, eu atiraria nele". Mais adiante, na reflexão, ele disse: "Eu sou uma excelente pessoa. Estou aprendendo e melhorando o tempo todo. Eu não tenho que ser perfeito, posso cometer erros". Sua pontuação para a escala VOC foi 6,5, em que 1 = completamente falso e 7 = completamente válido. Ele avaliou sua perturbação emocional como 1 na SUDS.

O alvo, a primeira incursão de Rick no seu traço de narcisismo, permaneceu sem questionamento mais profundo, embora o nível mais alto de SUDS e CN de "Eu sou um perigo" pudesse ter sugerido isso. Rick negou alguns sentimentos fortes e sensações quando reprocessava, apesar de sua rígida postura, apertando a mandíbula e tenso no início. O alvo foi reprocessado para um SUDS de 0 e VOC de 7, com sua CP adequada para a consciência de que poderia ser especial na presença dos outros sem se comportar como seu pai ou ser abusivo, e, poderia sentir a simultânea particularidade dos outros. Seu processamento também teve *insight* e experimentou alguma empatia por seu pai acerca de como o comportamento dele e do pai eram intergeracionalmente transmitidos e aprendidos, o que então permitiu o perdão por seu pai e ele mesmo para seguir adiante.

Segunda Sessão de EMDR de Rick

Rick escolheu como seu próximo alvo "Eu preciso estar à frente das pessoas" – ser o primeiro na fila da calçada, na auto-estrada e em uma mercearia. Ele contou que seu pai dirigia muito rápido e como o empurrava para frente, afirmando: "Eu sempre tive que ser aquele que era seguido pelos outros. Eu sempre tive que estar à frente". Seu conflito era aparente. Ele sabia que seu comportamento era rude e potencialmente perigoso ainda que sentisse intensamente prazeroso por ser "especial". Sua imagem abriu espaço à sua frente na auto-estrada, na calçada e dentro da loja, e estava apressado para simplesmente ficar na frente dos outros. Sua CN era: "Ninguém sabe quão especial eu sou se não estou na frente". Sentimentos eram de frustração, impaciência, intolerância, raiva e ansiedade. Tensão em todos os músculos e sensação indefinida no estômago. Sua pontuação SUDS agora era mais apropriadamente 10. A CP era: "Eu sou bom o bastante". Sua pontuação VOC era 4.

Terapeuta: [Tocando bilateralmente os joelhos do cliente.]
Rick: [Com alguma surpresa] Estou sentindo náuseas.
Terapeuta: [Tocando bilateralmente os joelhos do cliente] Ok, vamos com isso!

Rick: Sinto-me melhor. Estranho! Uma estranha imagem surgiu dentro da minha cabeça. É de manhã e estou sentado em meu convés tomando meu café. Vejo alguém descendo a montanha e eu penso: "Ah sei, se eu partir já, estarei à frente" [risadas].

Terapeuta: [Tocando bilateralmente os joelhos do cliente] Informe as sensações no seu corpo e vamos com isso.

Rick: Estava calmo. Eu [eu imaginário] apenas preparei outro copo de café e então fui para o trabalho. Posso me lembrar das vezes em que desci metade do caminho da montanha e me lembro que esqueci meus óculos de sol. [Rick está percebendo que a necessidade de ser o primeiro nem sempre é benéfica.]

Terapeuta: [Tocando bilateralmente os joelhos do cliente] Apenas vamos com isso.

Rick: [Suavemente] Muito mais relaxado. Há muito menos tensão [refletindo]. Eu realmente sou bom o bastante. [Rick parou para argumentar como o comportamento de seu pai tinha parecido normal e como seus próprios comportamentos agora pareciam "ignorantes". Ele afirmou que tinha visto *flash* em várias imagens do passado e ficou admirado com a interação dos outros quando ele tentava ser o primeiro. O terapeuta o guiou de volta para seu alvo e solicitou seu SUDS, que havia passado de 2 para 3.]

Rick: Há ainda alguma coisa (...) que diz que realmente eu sou mais especial do que os outros.

Terapeuta: [Tocando bilateralmente os joelhos do cliente] Ok, vamos com isso!

Rick: Ainda estou me divertindo com aquele sentimento de ser especial.

O terapeuta ofereceu um entrelaçamento paradoxal sobre o conflito de Rick e a carga danosa de ser especial e sozinho ao invés de comum e conectado com os outros. Rick corrigiu o terapeuta, dizendo: "Esse é o problema de não ser mais especial, mas nós somos todos unicamente especiais". O terapeuta disse: "Vamos com isso".

Terapeuta: [Tocando bilateralmente os joelhos do cliente.]

Rick: Isso é mais realista (...) parece muito bom (...) no meu estômago e cabeça. Eu estava passando por cima de meus sentimentos em situações como essa e agora estou percebendo uma melhora, sinto isso bem.

Ele reportou SUDS de 1 ou "meio" e fez conexões espontâneas com várias memórias divertidas de seu irmão mais velho abusivo o levando para atividades culturais. Essas memórias positivas foram fortalecidas com mais toques bilaterais. O VOC se moveu para 6,75. Ele acreditava que poderia chegar a 7 depois de algum tempo dirigindo ou indo a um armazém. Uma aplicação de modelo futura foi oferecida e ele afirmou que podia ver adiante as experiências potencialmente divertidas, como comprar guloseimas. Uma avaliação subsequente desse alvo revelou que, embora Rick ainda dirigisse rápido em algumas ocasiões, isso ocorreu sem compulsão de estar na frente e agora era prazeroso. Em um ano, ele sorriu dizendo: "Eu até deixo as pessoas ficarem na minha frente".

Com o reprocessamento adicional, as defesas de Rick sobre o abuso de sua família diminuíram. Sobretudo, seu sentimento de tolerância e empatia também aumentou e ele se sentiu mais confortável para falar diretamente sobre os danos que havia cometido à esposa e aos filhos. Ele também expressou mais gratidão pela maternidade de Jennie, porque sem a atenção dela, ele pensou, seus filhos poderiam ter sido "ainda mais prejudicados" em virtude de seu comportamento.

Oitava Sessão de Rick

A primeira lembrança de violência de Rick foi dele mesmo como uma criança caçando seu cachorro, querendo matá-lo (o segundo incidente, o desejo de matar sua irmã, havia sido reprocessado 5 anos antes). O cachorro havia entrado no seu quarto, onde ele se escondia de sua família e se acalmava fazendo modelos de brinquedos. O cachorro ficou agitado ao vê-lo e correu para cima dele, quebrando vários de seus modelos.

Terapeuta: [Tocando bilateralmente os joelhos do cliente e notando sua mandíbula contraída, pulsação nas veias do pescoço e têmpora] Como foi aquilo?

Rick: Foi intenso (...) tipo uma experiência fora do corpo (...) pareceu muito assustador. [Ele parecia assustado e Jennie, que o observava, viu que a mandíbula dele apertava e soltava, seu rosto ficou vermelho e as veias pulsavam. Rick afirmou não ter percebido isso.]

Séries adicionais de toque foram administradas com nenhuma mudança nos sentimentos ou imagem e, embora aparentemente presente na sala, Rick parecia estar dissociado de seus sentimentos. Baseado no julgamento clínico, na intuição e no *feedback* de que Rick estava emperrado observando o garoto, que ele perseguiu seu cachorro e depois foi punido, um entrelaçamento cognitivo foi oferecido: foi perguntado a Rick se ele poderia voltar na memória e estar com seu menino interior, e, ver o que o menino sentia.

Terapeuta: [Tocando bilateralmente os joelhos do cliente] E o que está presente agora?

Rick: Ele está confortado por saber que [o menino] ele teve alguém que o entendeu.

Terapeuta: E onde você sentiu este conforto?

Rick: [Indicando o coração] Aqui.

O processamento continuou até que suas emoções fossem reduzidas, consciente de que o evento foi consolidado, o VOC foi de 7, o escaneamento corporal foi claro e um futuro modelo foi instalado com sucesso.

A Última Sessão de EMDR de Rick

Rick alvejou seu pior e último incidente de violência: "o monstro do galpão". Esse evento ocorreu enquanto ele e Jennie preparavam a casa para jantar com seu pai. Aquele foi o incidente que levou a família a fazer terapia 5 anos antes. Jennie, sua vítima, estava novamente presente na sessão. Observando a imagem, ele disse que ficava em perigo por causa do seu eu raivoso, "o monstro". Nota-se, Rick sentia naquele momento seus sentimentos, e não estava sugerindo uma desconexão ou dissociação dos seus sentimentos, que incluía um senso de desassossego e choque, com tensão em sua mandíbula e músculos faciais. A CN era: "Eu não tenho escolha". Na exploração de sua CP, Rick se referiu a si próprio como um monstro: "Ele não tem mais nenhum propósito, não há nenhuma razão para sua existência. Antes, eu sentia que não tinha nenhuma escolha, esse era o único jeito de me sentir inteiro. Eu era ouvido. Eu era temido. Eu era capaz de me expressar. Aquela era a única maneira das pessoas entenderem isso. Mas agora, tenho muitas escolhas". A CP era: "Eu tenho uma soma concreta de escolhas".

Terapeuta: [Tocando bilateralmente os joelhos do cliente.]

Rick: Sinto segurança. Na minha cabeça. [Repare que apesar de Rick negar falta de segurança no estabelecimento de alvos, agora ele diz que se sente seguro, sugerindo que segurança pode ser uma questão importante. No entanto, durante o processamento EMDR, o terapeuta não confronta o cliente sobre as aparentes contradições, como ele poderia fazer durante a TSA, mas, em vez disso, simplesmente confia no processo.]

Terapeuta: [Tocando bilateralmente os joelhos do cliente] Apenas observe aquilo.

Rick está novamente apertando sua mandíbula, sua veia pulsa e seu corpo está rígido. Jennie observa silenciosamente, com alguns sinais em sua face, mas agora ela não interrompe. Depois de várias séries, seus sintomas físicos suavizam e ele volta para seu alvo junto com sua CP emergente, que afirmou estar com VOC de 6: "Eu tenho escolha para não ser mais aquela pessoa" e começando o escaneamento corporal. Ele disse se sentir relaxado e confiante. Ele foi questionado sobre o que faria em uma situação similar no futuro e reportou confiança e calma, e não escalando na antecipação de ser julgado por seu pai como "não sendo perfeito".

Sessões de EMDR de Jennie

Jennie teve mais incidentes para processar do que Rick e as pontuações dela foram mais elevadas em seus respectivos SUDS. Ela direcionou o tratamento para o abuso na infância e negligência, e vários outros cometidos por seu marido. Como Rick, todos os seus incidentes processados dirigiram-se para disparadores atuais e envolveram uma futura base para instalar novas respostas comportamentais, caso ocorra algum evento similar no futuro.

Pequenas crises (fora do plano do tratamento) foram atendidas de tempo em tempo, mas Jennie confiou ao terapeuta sua ideação suicida e medos realistas de ser rotulada "louca" ou ser hospitalizada. Ela havia sido hospitalizada antes, quando revelou a mesma coisa para um bacharel em aconselhamento inexperiente. Suas inquietações aumentaram, como os sentimentos associados com ambos trabalhando sobre o material e vivendo com seu ex-abusador, suscitou sua autoaversão por ter ficado com ele. O conflito foi tremendo, ela não via o marido agora como o homem que ele foi. Ela revelou que ao longo do tratamento, ela pensou interromper o tratamento várias vezes. O incidente da hospitalização foi alvejado e reprocessado com sucesso. Na semana seguinte, depois de observar um acidente em que vários oficiais da polícia negligenciavam uma vítima feminina ferida, Jennie notou uma mudança em sua resposta. Em vez de extrema explosão, ela agora experimentava uma calma e atribuiu essa mudança ao trabalho com EMDR, dizendo para si mesma: "Isto funciona!". Com isso, ficou clara sua vontade de continuar a terapia até completar.

Oitava Sessão de EMDR de Jennie

Após reprocessar o primeiro evento de abuso físico de Rick que ocorreu depois do nascimento do segundo filho e um representativo evento de abuso verbal no trabalho, Jennie escolheu trabalhar as questões que envolviam seu tumor cerebral e o tratamento do mesmo. Esse alvo pareceu ter várias conexões ativas com o passado e com o presente. A imagem alvejada foi sendo seu *self* adulto na posição fetal na cama. Sua CN foi: "Não sou uma boa pessoa. Eu tenho que fazer algo ruim. Eu mereço isto". As emoções foram "abandono, raiva, desesperança, doença e completa devastação" sentidas em todo seu corpo. Ela estava visivelmente trêmula. Sua pontuação SUD foi de 10. Sua CP foi: "Acabou. Sou uma sobrevivente. Eu mereço o melhor", com um VOC de 2.

Terapeuta: [Tocando bilateralmente os joelhos da cliente.]

Jennie: Vieram à tona sentimentos de raiva no corpo inteiro e estou com as pernas dormentes.

Terapeuta: [Tocando bilateralmente os joelhos da cliente] Apenas observe.

Jennie: [Chorando e tremendo] Todo mundo pensou que fui cuidada por eles naquela época, mas eles não cuidaram.

Várias séries depois, seu alvo pareceu estar com SUDS de 0 e VOC de 7. Durante o escaneamento corporal, Jennie reportou se sentir suicida. Quando solicitada para "apenas observe isso", ela se conectou com uma memória de quando tinha 7 anos de idade, negligenciada física e emocionalmente, até ser cuidada mais tarde por uma vizinha. Ela afirmou: "Foi quando pensei pela primeira vez em suicídio. Eu pensei que se eu me matasse, talvez eles pudessem me notar!". Ela contou que desde essa época sua ideação suicida ocorreu diariamente, às vezes com significante intensidade. Com várias séries de processamento, ela direcionou questões de seu julgamento e mensagens de outros de que ela era louca. "Eles dizem que isso é coisa da minha cabeça." Jennie então emperrou na culpabilidade de sobrevivente por ser a única remanescente de seu grupo de apoio do câncer. Ela sentiu culpa e indignação por estar viva. Afinal, ela era rotulada de "má". Ela não aceitava que os "bons" cristãos pudessem morrer. Isso não fazia sentido para ela. Um entrelaçamento cognitivo foi oferecido:

Terapeuta: Que você poderia dizer a uma criança que diz: "O padre me disse que isso aconteceu porque eu sou má?".

Jennie: Isto é besteira! Arruma outro padre! [risos]

Terapeuta: [Tocando bilateralmente os joelhos da cliente] Vamos com isso.

Jennie: [Tirando vantagem do que aprendeu] Isso [o tumor cerebral] mudou minha vida. Eu abandonei uma carreira lucrativa, trabalhava 60 a 80 horas por semana e nunca via meus filhos. Isso me levou a saber que eu tinha um relacionamento abusivo. Eu não sabia. Isso realmente me abriu muitas portas.

Terapeuta: [Tocando bilateralmente os joelhos da cliente] Apenas observe isso.

Jennie: [Sentindo-se presa e se referindo a sua raiva] Ela simplesmente não desaparece. Por que ainda lido com isso?

Terapeuta: Há alguma coisa que você gostaria de dizer?

Jennie: Sim, eu quero dizer f____-se e vai embora.

Terapeuta: [Tocando bilateralmente os joelhos da cliente] Vamos com isso.

Jennie: Ok, humm... legal! Eu disse para isso f___-se e vá embora, mas sou grata a isso por mudar minha vida.

Processando, ela prontamente progrediu para um SUDS de 0 e VOC de 7 relacionado com ser uma forte sobrevivente, capaz de confiar em seu julgamento, sabendo que seu tratamento do tumor e sua infância tinham se completado, e que ela é uma boa pessoa e merecedora de vida. Quando questionada na sessão seguinte o que havia ganhado quando trouxe à tona o "tumor cerebral", ela expressou surpresa e não havia experimentado nenhuma de suas ideações suicidas que tinham sido evidentes antes.

Resumo do Foco Terapêutico da Terapia Familiar de Ação Social

Uma vez que os alvos de disparadores atuais foram tratados e novas respostas comportamentais foram instaladas, o foco da TSA (abreviação para o termo em inglês) foi retomado. Rick foi preparado para pedir desculpa à família. Seus filhos, agora adultos, que haviam optado por terapia individual foram solicitados a participar de uma sessão estendida e aceitaram prontamente. Cada depoimento deles recordou os abusos emocionais e físicos desferidos por Rick a Jennie.

A família foi então estrategicamente posicionada. Jennie se sentou ao lado de Rick com seus filhos, Aaron e Rick Jr. Rick, primeiro, pediu desculpa a Jennie por tudo o que aconteceu desde a época da escola secundária. Ele se desculpou por interferir nos direitos dela, por fazê-la se sentir uma louca, burra ou sem valor e por fazê-la sentir medo dele. Ele culminou prometendo ser, pelo resto da vida, o marido que ela sempre mereceu, celebrando cada dia juntos, fazendo tudo para ela se sentir valorizada e amada. Jennie, previamente orientada pelas instruções de TSA, aceitou suas desculpas e o beijou. Rick continuou com suas desculpas separadas para cada filho.

Depois das desculpas, Rick compartilhou seus medos com a sua família o seu medo de que eles pudessem rejeitar seus esforços e sua crença de que eles teriam esse direito. Durante o processo, os filhos mantiveram um contato físico ininterrupto com a mãe e vigilante contato visual com o pai. Rick Jr. pensativamente expressou que não recordava de ter se sentido assim tão leve e estava muito surpreso pelo processo. Ele fazia rapidamente "muitas conexões" entre sua criação e como ele se conduzia no seu relacionamento com mulheres. O terapeuta se juntou novamente à família e fortaleceu as percepções de Rick Jr. Ele poderia mudar seus comportamentos atuais e também retornar à estreita relação que ele já tinha tido com sua mãe. Ele concordou. Ele não largava a mão de sua mãe desde que havia começado o pedido de desculpa. A família foi encorajada a viver de forma segura e livre de abuso. Aaron expressou sua satisfação em saber que era realmente amado, levantou-se e abraçou toda a família.

Na sessão de acompanhamento do casal, cada um reportou que a família estava indo bem. Jennie achou seus filhos mais próximos e o mais velho começou a ter mais contato com o mais novo. Tudo estava de acordo com o que ela sempre esperou. Ela se sentia segura com sua escolha de estar com seu marido e consideravelmente leve quando questionada sobre como estavam indo as coisas ao lado dele. Rick estava grato por sua família e revelou estar mais aberto às situações. Apesar dos benefícios que a terapia ofereceu para cada um dos filhos, eles não aderiram a ela. Pareceu que a família estava em um bom momento para encerrar o tratamento.

Como cortesia, os comentários de Rick e Jennie estão incluídos. Embora seus 4 meses de terapia tenham sido estendidos para um período de 6 meses, eles afirmaram que devido às fortes emoções experimentadas, poderiam ter desistido do tratamento se não tivessem bem estruturados, conduzidos e contidos pelo terapeuta, ou as sessões tivessem sido limitadas a 50 minutos. As sessões foram de uma hora e meia a 2 horas, e de até quatro horas quando conduzidas para o passado, permitindo o tempo necessário para o mais completo processamento e questionamento dos temas seguintes. Eles enalteceram as qualidades do terapeuta de receptividade, genuinidade, congruência, senso de humor e confiança. Tudo isso foi importante para a eficiência do EMDR e para o processo terapêutico, o que inspirou neles confiança e disponibilidade para ficarem quando a terapia se mostrava difícil. O casal também ressaltou que eles foram capazes de reduzir a evitação do reprocessamento, conforme os alvos do EMDR eram escritos em um quadro branco para facilitar a visão.

CONCLUSÃO

TSA e EMDR se mostram como uma produtiva combinação para o tratamento de VD. Quando usados com uma cuidadosa seleção de casais, o EMDR e o TSA podem reparar os danos causados às vítimas, fortalecer relações, e inibir o abuso eliminando o TEPT, aumentando a responsabilidade individual, desenvolvendo habilidades de resolução de conflitos sem violência e aumentando a empatia para si e para os outros.

O EMDR realmente processa traumas individuais, simplifica a resolução de questões atuais e proporciona opções de comportamentos alternativos para o futuro. Isso fortalece a probabilidade de um abusador voluntariamente continuar no tratamento de TSA. A TSA proporciona um contexto para o tratamento por EMDR facilitando o senso de responsabilidade, aumentando a segurança da vítima. O EMDR e TSA clareiam o caminho para a progressão do perpetrador de uma memória vergonhosa para uma mais responsável de seu passado e podem aumentar sua autoestima mais rapidamente pela mesma razão. Reduzir a vergonha tornará mais provável que o abusador possa tolerar emoções negativas na presença da vítima, completando os passos da apologia do TSA e participando de uma reorganização apropriada da família. Utilizar EMDR e TSA conjuntamente é uma escolha ética para reduzir a transmissão transgeracional de violência doméstica e os comportamentos associados.

No trabalho com esses desequilíbrios por violência doméstica há muitos cuidados e ressalvas a considerar. O mais importante, o objetivo primário de trabalhar com famílias que sofrem violência doméstica, é proporcionar segurança. Em um mundo perfeito, o tratamento poderia ser administrado sob uma "responsabilidade coordenada comunitariamente" (Murphy, Musser & Matton, 1998) com especialistas em violência doméstica.

A violência doméstica como uma classificação não tem correspondência diagnóstica no DSM-IV (American Psychiatric Association, 1994). No entanto, resulta num dano mental e físico e pode culminar em homicídio ou suicídio. Uma variedade de questões que o terapeuta poderia tentar incluir no plano de segurança, o manejo de questões de transferências do cliente, a contratransferência do terapeuta e as reviravoltas que o tratamento pode tomar fora das sessões impactam o processo terapêutico. Consultas e supervisões são recomendadas a terapeutas inexperientes. Um curso introdutório em violência doméstica não proporciona o nível necessário de habilidades na avaliação e no tratamento.

Estudos de Harway e Hansen (1993) sublinham a necessidade de educação adequada para terapeutas em VD. Nesse estudo, duas vinhetas foram analisadas e avaliadas por membros da *American Association for Marriage and Family Therapy*. Os resultados para uma das vinhetas concluíram que 40% dos terapeutas falham em dirigir as questões de um casal violento; 91% dos terapeutas que identificaram a violência a minimizaram. Ademais, 55% dos terapeutas "não interviriam" e apenas 11% alegaram que iriam imediatamente ajudar a vítima. Infelizmente, 14% diagnosticaram incorretamente a questão da violência. A outra vinheta foi baseada em um desempenho real de casais em que ocorreu homicídio da mulher. Nessa vinheta, apenas oito (2%) dos 362 responderam corretamente e anteciparam a letalidade do marido.

A VD é largamente transmitida transgeracionalmente. O presente capítulo é uma opção para um tratamento efetivo e para uma compreensão não apenas da vítima e do perpetrador, mas também dos filhos. Esses métodos também são igualmente produtivos quando as mulheres são as perpetradoras e os homens são as vítimas, e quando ambos são "mutuamente" violentos, e dentro de casais de mesmo sexo. Embora o tratamento sugerido favoreça a saúde, intervenções precoces com agressores, suas vítimas e seus filhos vítimas poderão prevenir muito sofrimento e podem interromper a transmissão intergeracional de violência.

Como as famílias com histórias de violência têm questões complexas que permeiam muito de suas vidas, é recomendado que seus grupos mantenham alguma conexão com seu trabalho pós-tratamento de EMDR e TSA. Eles podem se envolver com checagem nos seus tratamentos sustentadores, programas de apoio de 12 passos ou outras atividades orientadas para o desenvolvimento em que a responsabilidade final é uma chave característica.

REFERÊNCIAS

American Psychiatric Association. (1994). Diagnostic and statistical manual of mental disorders (4th ed.). Washington, DC: Author.

American Psychiatric Association. (2004). Practice guideline for the treatment of patients with acute stress disorder and posttraumatic stress disorder. Arlington, VA: American Psychiatric Association Practice Guidelines.

American Psychological Association. (1996). Violence and the family. Washington, DC: Author.

Becvar, D. S., & Becvar, R. J. (1988). Family therapy: A systemic integration. Boston: Allyn & Bacon.

Berry, D. B. (1995). The domestic violence sourcebook. Los Angeles: Lowell House.

Bograd, M., & Mederos, F. (1999). Battering and couples therapy: Universal screening and selection of treatment modality. Journal of Marital and Family Therapy, 25, 291–312.

Cattaneo, L. B., & Goodman, L. A. (2003). Victim-reported risk factors for continued abusive behavior: Assessing the dangerousness of arrested batterers. Journal of Community Psychology, 31, 349–369.

Cervantes, N. N. (1993). Therapist duty in domestic violence cases: Ethical considerations. In

M. Hansen & M. Harway (Eds.), Battering and family therapy (pp. 147–155). Newbury Park, CA: Sage.

Cooley, C. S., & Severson, K. (1993). Establishing feminist systemic criteria for viewing violence and alcoholism. In M. Hansen & M. Harway (Eds.), Battering and family therapy (pp. 42–53). Newbury Park, CA: Sage.

de Becker, G. (1997). The gift of fear. New York: Little, Brown.

Dutton, D. G. (1995). The batterer: A psychological profile. New York: Basic Books.

Dutton, D. G. (1998). The abusive personality: Violence and control in intimate relationships. New York: Guilford Press.

Edmond, T., Rubin, A., & Wambach, K. G. (1999). The effectiveness of EMDR with adult survivors of child sexual abuse. Social Work Research, 23, 103–117.

Grant, M., & Threlfo, C. (2002). EMDR in the treatment of chronic pain. Journal of Clinical Psychology, 58, 1501–1520.

Green, R. J., & Framo, J. L. (1981). Introduction to structural family therapy. In R. Green & J. Framo (Eds.), Family therapy (pp. 443–444). New York: International Universities Press.

Hart, B. (1990). Assessing whether batterers will kill. St. Paul: Minnesota Center Against Violence and Abuse. Retrieved November 6, 2005, from http://www.mincava.umn.edu/documents/hart/hart.html.

Harway, M., & Hansen, M. (1993). Therapist perceptions of family violence. In M. Hansen &

M. Harway (Eds.), Battering and family therapy (pp. 42–53). Newbury Park, CA: Sage.

Herman, J. (1997). Trauma and recovery. New York: Basic Books.

Jacobson, W. B. (2000). Safe from the start: Taking action on children exposed to violence.

Washington, DC: U.S. Department of Justice, Office of Juvenile Justice and Delinquency

Prevention. Retrieved July 2, 2004, from http://www.ncjrs.org/pdffiles1/ojjdp/182789.pdf.

Jaffe, P. G., Wolfe, D. A., & Wilson, S. K. (1990). Children of battered women. Newbury Park, CA: Sage.

Kaslow, F. W. (1982). History of family therapy in the United States: A kaleidoscopic overview. In F. Kaslow (Ed.), The international book of family therapy (pp. 5–37). New York: Brunner/Mazel.

Kwong, M. J., Bartholomew, K., Henderson, A. J., & Trinke, S. J. (2003). The intergenerational transmission of relationship violence. Journal of Family Violence, 17(3), 288–301.

LaViolette, A. D., & Barnett, O. W. (2000). It can happen to anyone: Why battered women stay. Thousand Oaks, CA: Sage.

Madanes, C. (1981). Strategic family therapy. San Francisco: Jossey-Bass.

Madanes, C. (1990). Sex, love, and violence. New York: Norton.

Madanes, C. (1995). The violence of men. San Francisco: Jossey-Bass.

Maxwell, J. P. (2002). The imprint of child physical and emotional abuse: A case study on the use of EMDR to address anxiety and a lack of self-esteem. Journal of Family Violence, 18, 281–293.

McMulin, T. (1998). Combining EMDR with relapse prevention programs to enhance treatment outcomes with sex offenders. EMDRIA Newsletter, 3(2), 20–24.

McNamara, M. R., & Dhami, M. K. (2003, June). The role of apology in restorative justice.

Paper presented at the 6th International Conference on Restorative Justice, Vancouver, British Columbia, Canada.

Minuchin, S. (1974). Families and family therapy. Cambridge, MA: Harvard University Press.

Murphy, C. M., Musser, P. H., & Maton, K. I. (1998). Coordinated community intervention for domestic abusers: Intervention system involvement and criminal recidivism. Journal of Family Violence, 13, 263–284.

Peterman, L. M., & Dixon, C. G. (2001). Assessment and evaluation of men who batter women. Journal of Rehabilitation, 67(4), 38–42.

Pollock, P. H. (2000). Eye movement desensitization and reprocessing (EMDR) for posttraumatic stress disorder (PTSD) following homicide. Journal of Forensic Psychiatry, 11, 176–184.

Rennison, C. M., & Welchans, S. (2000). Bureau of Justice special report: Intimate partner violence.

Washington, DC: U.S. Department of Justice, Office of Justice Programs. Retrieved

July 2, 2004, from http://www.ojp.usdoj.gov/ bjs/pub/pdf/ipv.pdf.

Rosen, K. H., Matheson, J. L., Stith, S. M., McCollum, E. E., & Locke, L. D. (2003). Negotiated time-out: A de-escalation tool for couples. Journal of Marital and Family Therapy, 29, 291–298.

Shapiro, F. (1995). Eye movement desensitization and reprocessing: Basic principles, protocols and procedures. New York: Guilford Press.

Shapiro, F. (2001). Eye movement desensitization and reprocessing: Basic principles, protocols and procedures (2nd ed.). New York: Guilford Press.

Shapiro, F., & Maxfield, L. (2002). Eye movement desensitization and reprocessing (EMDR): Information processing in the treatment of trauma. Journal of Clinical Psychology, 58, 933–946.

Sonkin, D. J., & Dutton, D. G. (2003). Treating assaultive men from an attachment perspective. In D. Dutton & D. Sonkin (Eds.), Intimate violence: Contemporary treatment innovations (pp. 105–134). New York: Haworth Maltreatment and Trauma Press.

Steele, A. (2004). Developing a secure self: An approach to working with attachment in adults.

Gabriola Island, British Columbia, Canada: Author.

Stowasser, J. E. (2001). The packet: An integrated handbook for perpetrators and victims of domestic violence. San Luis Obispo, California: Author.

Waldo, M. (1987). Also victims: Understanding and treating men arrested for spouse abuse. Journal of Counseling and Development, 65, 385–388.

Walker, L. (1979). The battered woman. New York: Harper & Row.

Walker, L. (1989). Terrifying love. New York: Harper & Row.

Walker, L. (1994). Abused women and survivor therapy. Washington, DC: American Psychological Association.

Wallace, R., & Nosko, A. (2003). Shame in male spouse abusers and its treatment in group

therapy. In D. Dutton & D. Sonkin (Eds.), Intimate violence: Contemporary treatment innovations (pp. 47–74). New York: Haworth Maltreatment and Trauma Press.

PARTE IV
PROBLEMAS INFANTIS E FAMILIARES

CAPÍTULO 13
Separação Complexa, Processos de Individualização
e Transtornos de Ansiedade no Adulto Jovem

Laura Roccietta Tofani

Na teoria familiar sistêmica, a passagem de um indivíduo pelo início da vida adulta é uma fase crucial no ciclo de vida familiar (McGoldrick, Gerson & Shellenberger, 1999). Essa fase evolucional é de isolamento e considera-se que muitas formas de transtornos de personalidade têm seu início durante esse período da vida. No início da vida adulta, o indivíduo passa por um processo de separação e individualização que envolve tarefas para si e para o sistema familiar de múltiplas gerações. Estas incluem o desenvolvimento de um sistema de limites autônomos e padrões maduros de interação que permitem ao jovem se tornar mais responsável e com mais autodomínio, com um sentido estável da própria personalidade. O adulto jovem pode, então, procurar intimidade ao invés do isolamento nos relacionamentos de origem extrafamiliares, criar laços sem medo de união ou de rejeição e desenvolver novos esquemas autorreguladores de ação para uma vida de total independência. Além disso, à medida que o adulto jovem se separa e se individualiza, o sistema familiar precisa sofrer alterações. Gerações mais velhas (i.e., pais e parentes com papéis paternos e maternos) precisam renegociar seus relacionamentos interpessoais.

Em muitas culturas, as pessoas continuam o processo de diferenciação durante toda a vida. No entanto, a fase de sair da casa dos pais é a mais delicada, porque um bom resultado faz uma diferença significativa no desenvolvimento psicológico subsequente do indivíduo (Cancrini & La Rosa, 1991). Qualquer intervenção terapêutica na fase de sair da casa dos pais precisa ter o propósito de ajudar um jovem a desenvolver ferramentas para essa importante transição. No nível familiar, algumas forças emocionais familiares complexas interferem nessa transição, como, por exemplo, os processos de projeção familiares, o sentido de lealdade com relação aos mitos familiares e os padrões familiares passados de geração em geração (Neill & Kniskern, 1982). O processo de projeção familiar foi conceitualizado por Bowen (1978) e ocorre quando os pais projetam parte de sua imaturidade em um ou mais filhos. O conceito é que o filho, objeto da projeção, desenvolva um nível mais baixo de diferenciação da própria personalidade.

Nas famílias com padrões de disfunção moderados (Beavers & Voeller, 1981), membros familiares jovens na fase de sair da casa dos pais desenvolvem sintomas neuróticos, incluindo transtornos de ansiedade com sintomas obsessivos e fóbicos. Uma pesquisa mostra que a ansiedade infantil é muito influenciada pelo estilo de cuidados paternos e maternos, pela percepção do apoio familiar (Rapee & Melville, 1977) e pelos padrões de relacionamento familiares.

O Transtorno de Ansiedade Social (Associação Americana de Psiquiatria, 1994) é considerado como um transtorno comum em adultos jovens. O início do transtorno ocorre normalmente durante a adolescência e é o 3º transtorno psiquiátrico mais predominante, após abuso de drogas e depressão (Kessler et alii, 1994); o transtorno aumenta o risco de depressão vitalício do paciente em aproximadamente 4 vezes (Schneier, Johnson, Hornig, Liebowitz & Weisman, 1992). Os sintomas são ocasionados pelas exigências dessa fase evolucionária que necessita, em muitos aspectos, de movimento em relação à autonomia. O transtorno de ansiedade social é caracterizado por um medo marcante ou persistente de uma ou mais situações sociais, ou de desempenho e a preocupação com possíveis humilhações ou constrangimentos. A exposição a uma situação social temida provoca ansiedade, que pode tomar a forma de uma crise de pânico circunstancialmente predisposto. A fuga, a ansiedade antecipada ou a angústia na situação social ou de desempenho temidas interfere significativamente com o desempenho relacional ou ocupacional da pessoa, ou ocorre uma angústia profunda com relação à fobia. Com o passar do tempo, torna-se intensamente debilitante e desmoralizante.

De acordo com o modelo de Processamento Adaptativo de Informação de Shapiro (1995, 2001), uma situação sintomática neurótica em adultos jovens com um processo de separação incompleto, pode estar ligado às separações não resolvidas e a outros traumas antigos. Além do mais, muitos pacientes relatam que a fobia começou em resposta a uma experiência traumática ou constrangedora específica (Schneier et alii, 1992), resultando em um impacto mais ou menos grave sobre os estados mentais e em uma incapacidade de enfrentar um novo estágio de desenvolvimento.

Pesquisa e Indícios Clínicos

Na pesquisa em sistemas familiares, muitos estudos chegaram à mesma conclusão: o desenvolvimento e a transmissão da ansiedade dentro da família originam-se de uma ausência de individualização nos membros da família (Namyslowska & Siewierska, 1994). As famílias com um paciente identificado no espectro dos transtornos de ansiedade apresentam emaranhamento e tendência a difundir tensão psicológica para um ou mais "triângulos emocionais" (Oppenheimer & Frey, 1993). O conceito de triângulos foi introduzido por Bowen (1978) recomendando que quando houvesse aumento de ansiedade entre dois membros da família, uma terceira pessoa vulnerável seria previsivelmente recrutada pelo sistema para reduzir os níveis de ansiedade.

Autores relataram metacomunicações parentais instruindo o jovem adulto com ansiedade a evitar o comportamento exploratório que os pais consideram perigoso; consequentemente, o jovem adulto aprende a agir independentemente apenas naquelas áreas em que seus pais consideram seguras (Rapee & Melville, 1977). Nessas famílias, as interações entre os membros estão concentradas no controle das emoções para evitar tanto o conflito interpessoal quanto o intrapessoal (Laurent, 2000). As teorias de vinculação apoiam achados semelhantes: considera-se que crianças com apego ansioso têm mães ansiosas que são caracterizadas como intrusivas (importunas) ou muito controladoras e disponíveis à criança somente em determinados períodos (Crittenden, 1997).

Ugazio (1998) descreveu um padrão relacional familiar específico, no qual a mãe encoraja a independência e a autonomia pessoal em outros membros da família, enquanto desenvolve um relacionamento consolidado com a criança fóbico-ansiosa que tem como base as necessidades emocionais maternas. Assim, a criança tem um dilema: um relacionamento protetor intenso com a mãe faz com que se sinta segura e amada, porém, sem autoconfiança, enquanto mais independência satisfaz sua autoestima, mas aumenta sua ansiedade à medida que se sente desprotegida quando está fora da ligação importante.

Tratamento

Nos níveis familiar e individual torna-se importante que o terapeuta trabalhe nas duas polaridades: a necessidade da criança por proteção (com risco de baixa autoestima) contra a necessidade de independência (acompanhada pelo medo de novas situações). Esses são os dois esquemas que permeiam a criança e seu mundo mental ampliado da família.

A eficiência clínica do EMDR (Shapiro, 2001) com os Transtornos de Ansiedade e Transtornos de Pânico é apoiada por observações e por pesquisas múltiplas (Feske, 1998; Goldstein & Feske, 1994; Shapiro & Forrest, 1997). A terapia do EMDR é apropriada para o tratamento de síndromes de ansiedade, porque se dedica aos traumas nos padrões relacionais de apego e nas memórias não processadas que promovem ansiedade, formando a base dos pensamentos de ansiedade, dos sentimentos e dos comportamentos do adulto jovem (para compreender melhor como os "estados se tornam traços", veja Perry, Pollard, Blakely, Baker & Vigilante, 1995). Relatos e experiências clínicas também apoiam o uso de um protocolo específico do EMDR para indivíduos fóbico-ansiosos (Shapiro, 1999). O protocolo de fobia relacionado de 11 estágios inclui os oito estágios padrão (Shapiro, 1995) mais as fases desenvolvidas para tratar a ansiedade antecipada e o comportamento de fuga. Mais especificamente, o EMDR tem mostrado resultados eficientes na prática clínica com ansiedade de desempenho (Foster & Lendl, 1996), com o teste de ansiedade (Maxfield & Melynk, 2000), com as fobias sociais (Smith & Poole, 2002) e com o Transtorno de Ansiedade Generalizado (Lazarus & Lazarus, 2002).

A Capacidade de Integração

A integração da terapia dos sistemas familiares e o EMDR maximizam o resultado com cada abordagem fornecendo uma contribuição específica (Shapiro, 2002), de acordo com seu potencial. A terapia familiar identifica e trata os padrões de disfunção familiares que imprimem uma autoimagem e identificam o desenvolvimento (Shotter & Gergen, 1989). O EMDR reprocessa os elementos de eventos opressivos, criando mudanças no indivíduo. O EMDR ajuda na definição e no tratamento dos conflitos emocionais e cognitivos intrapessoais, e desregulação do afeto pessoal no paciente identificado "que não pode ser igualmente tratado no nível familiar".

PROCESSO TERAPÊUTICO

Ajuda Recursiva em uma Intervenção de Duplo Nível

A terapia familiar sistêmica e o EMDR são integrados no tratamento dos adultos jovens com problemas de separação complexa para modificar aspectos estruturais, defesas e respostas do indivíduo e da família. Essas duas abordagens induzem mudanças individual e familiar de "forma recursiva" (Siegel, 1999), portanto, cada uma influencia a outra de forma circular. De fato, o objetivo da terapia de integração familiar e do EMDR é acelerar a mudança criando uma "onda de impacto" entre as dinâmicas e os resultados das duas formas de terapia. Para obter esse efeito de "onda de impacto", o terapeuta intercala sessões considerando as contribuições e os recursos específicos de cada abordagem terapêutica. Esses conceitos são discutidos a seguir.

A terapia familiar sistêmica e o EMDR compartilham dois objetivos importantes. Primeiro, as duas abordagens promovem o autoconhecimento e a autorresponsabilidade, e permitem que o indivíduo e a família mudem para uma "forma autorreguladora" nas direções escolhidas pelo sistema. Segundo, as duas abordagens trabalham na cognição e nas emoções de integração. Na realidade, na Terapia Familiar Experiencial, o "autoconhecimento emocional e cognitivo frequentemente desperta uma integração dos aspectos fragmentados e incompletos do Eu que estão fora da consciência" (Piercy & Sprnkle, 1986:56). Consequentemente, a terapia familiar sistêmica e o EMDR apresentam potenciais diferentes e se complementam, concretizando objetivos intrapsíquicos e interpessoais com uma integração real das duas abordagens e não apenas de uso conjunto (Malagoli Togliatti & Rocchietta Tofani, 2002).

Nesse procedimento de tratamento integrado, a terapia familiar segue as abordagens da terapia familiar sistêmica experiencial (Giat Roberto, 1992; Napier & Whitaker, 1978) com elementos dos estilos da Terapia Familiar Estrutural e de gerações múltiplas (Bowen, 1978; Minuchin & Fishman, 1992). Portanto, inclui técnicas, como, por exemplo, o trabalho no genograma e nos triângulos emocionais, explorando os mitos familiares e reestruturando os limites e os papéis. A Terapia Familiar Experiencial mostrou-se especialmente útil com o adulto jovem que está em transição para sair de casa, porque enfatiza a importância das escolhas pessoais e da consciência do processo contínuo de individualização e da competência, e da responsabilidade do jovem (Neill & Kniskern, 1982). A terapia tem como foco o desbloqueio da expressão emocional direta, estimulando a experiência expandida dentro da família, promovendo a autorrevelação entre os membros da família para quebrar os ciclos rígidos de comportamentos automáticos e mudar o mito familiar sobre a unidade da família.

As técnicas de tratamentos dos sistemas familiares têm o objetivo de promover a individualização, restabelecer os limites organizacionais e emocionais propriamente ditos entre as gerações, e tratar as reações familiares para a separação e as questões emocionais não resolvidas entre o adulto jovem e sua família de origem. Além disso, são usadas técnicas de terapia familiar com base na destriangulação psicológica (Bowen, 1978).

Toma-se como modelo o protocolo padrão para o EMDR. Os oito estágios são utilizados em conjunto com os três princípios básicos (processamento de experiências passadas contribuindo para a disfunção, processamento de disparadores atuais e o desenvolvimento de modelos imaginários de comportamentos e habilidades para ação adaptativa futura). Escolhem-se os alvos que se associam com materiais ou aspectos que promovem a ansiedade dos padrões relacionais insatisfatórios. O EMDR contém vários elementos de processamento emocional e cognitivo que são considerados como clinicamente eficientes. Esses elementos incluem a identificação dos efeitos sensitivos do trauma, separando-os das interpretações afetivas dessas sensações, das associações livres, extração de informações e percepções, criação guiada por imagem e a privação da imagem. Uma das fases do protocolo de fobia (Shapiro, 1999), o modelo futuro proativo, é frequentemente usada.

Modificações menores foram introduzidas na administração do EMDR dentro do procedimento integrado. O estabelecimento de um relacionamento terapêutico adequado, uma avaliação de todo o quadro clínico e a reavaliação das mudanças comportamentais são frequentemente conduzidas durante as sessões de terapia familiar ou são enriquecidas por elementos derivados das observações familiares. Os recursos cognitivos e emocionais também são identificados na troca entre os membros da família.

Alternar diferentes tipos de sessões de terapia já é comum na terapia familiar, especialmente com adolescentes e adultos jovens. Isso é feito para promover a individualização e a separação das modalidades individuais para as modalidades familiares, as quais são oferecidas simultaneamente (mantendo-se uma estrutura sistêmica de referência ou combinando abordagens individuais e familiares). Na abordagem integrada existem frequentes trocas de sessões familiares para sessões individuais de EMDR. Essa técnica pode ser especialmente eficiente com o efeito terapêutico sendo ampliado se o terapeuta conduz a transferência dos conteúdos chave do contexto familiar para o individual e vice-versa, de maneira tal que, nas duas situações clínicas, seja provocada uma onda de impacto. Além do mais, o terapeuta presta atenção cuidadosa ao tempo de troca, de acordo com as necessidades relevantes que se desenvolvem terapeuticamente.

Exemplo de Caso

O seguinte exemplo de caso ilustra esse processo (veja também Figura 13.1). O tratamento consistiu de sessões familiares e individuais de EMDR. O intervalo de tempo entre as sessões individuais foi de sete a 10 dias e entre as sessões familiares de 15 a 20 dias, durante um período total de aproximadamente 10 meses.

Uma Família em Transição

O presente caso envolve um adulto jovem na fase de sair de casa, que apresentou reações de pânico e um humor depressivo de ansiedade como parte de uma fobia social generalizada. Joanne, uma mulher jovem de 20 anos, foi diagnosticada com fobia social generalizada (*Classificação Estatística Internacional de Doenças*, 10ª revisão [CID-10], Organização Mundial da Saúde, 2005) também chamada de transtorno de ansiedade social (*Manual Diagnóstico e Estatístico de Transtornos Mentais*, 4ª edição, Associação Americana de Psiquiatria, 1994). Parecia que a perda grave de autonomia era secundária ao medo de respostas sensitivas, como, por exemplo, tremedeira, tontura, palpitações e pânico, e à ansiedade antecipada da angústia, de desamparo e de perturbação. A personalidade de Joanne parecia estar organizada em torno de suas fobias sociais.

Tipo de Sessão	Temas Clínicos	Necessidades Emergentes Relevantes
Sessões familiares A	Emaranhado, controle mútuo, evtação de emoção!	Necessário explorar dependência
Sessões individuais 1	Eventos traumáticos recentes, auto-exploração	Precisa trabalhar ambivalência em relação à dependência / trabalho em conexões emocionais na família
Sessões familiares B	Pressão por conquistas, ambivalência da mãe, mostrar emoções	Precisa clarear e tratar fortes emoções reprimidas no paciente
Sessões individuais 2	Sentimento de perigo em casa, participação em triângulos, parentalização	Precisa quebrar triângulos e projeções
Sessões familiares C	Trabalhar com triângulos, papéis e comunicação	Precisa desenvolver expressão individual
Sessões individuais 3	Padrões de evitação e comunicação	Precisa usar estratégias sociais diferentes
Sessões familiares D	Subsistema relacional com irmão, estilos pessoais diferentes	Precisa superar o medo da auto-definição
Sessões individuais 4	Elaboração de autoimagens perturbadoras / ser espontâneo	Precisa conectar questões pessoais com história familiar
Sessões familiares E	Dividir nova narrativa	

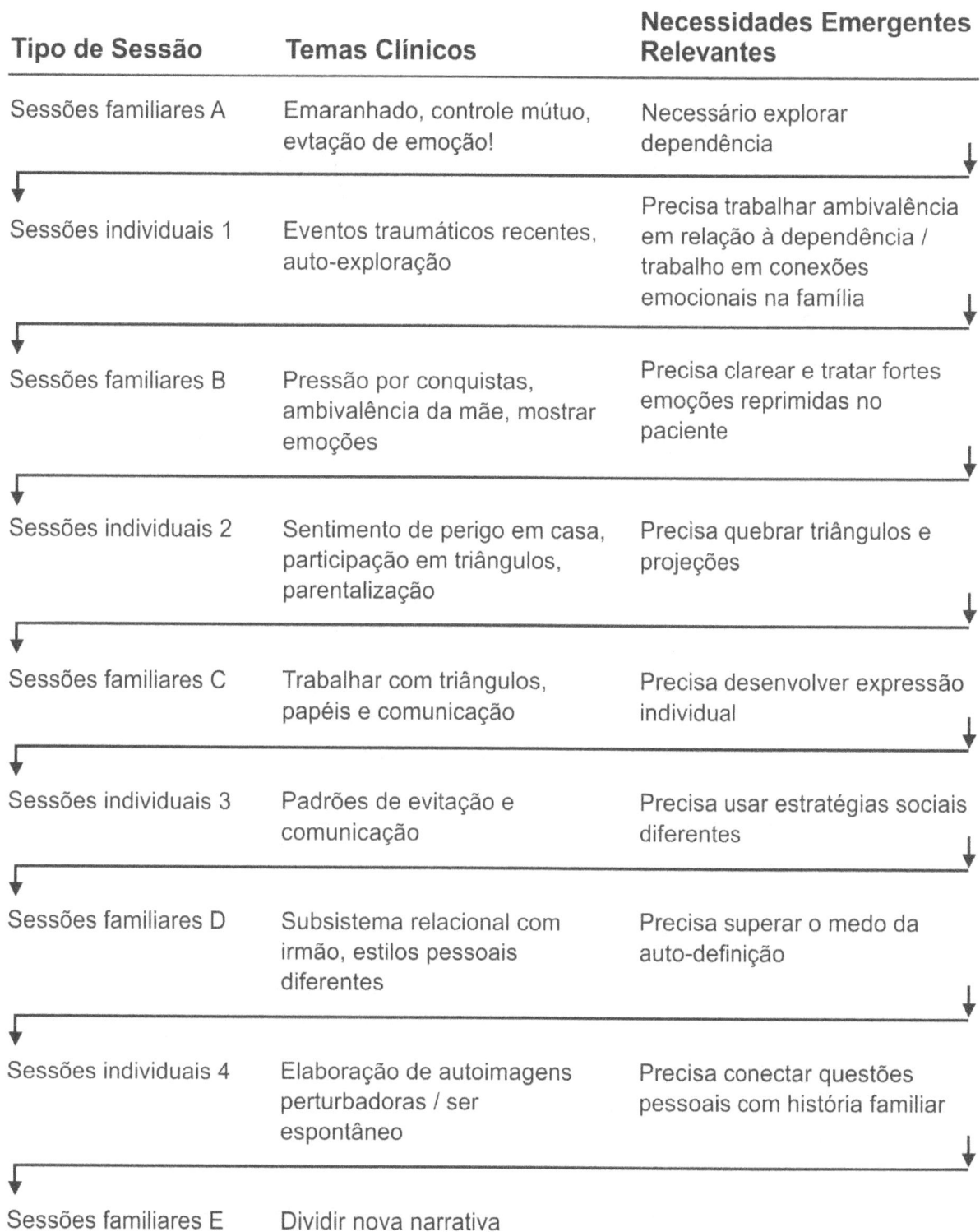

Figura 13.1 Esquema resumindo as interconexões dos tipos de sessões, temas clínicos e necessidades terapêuticas relevantes. As setas mostram como os tipos de sessões apropriadas são determinados pela necessidade terapêutica relevante emergente.

Terapia Familiar

O genograma familiar (Figura 13.2) resume a estrutura familiar e a qualidade dos relacionamentos familiares. O pai de Joanne morreu quando ela tinha 6 anos de idade. Joanne morou com a mãe e duas irmãs, e era muito próxima da avó, bisavó e tia maternas. As sete mulheres moravam em dois apartamentos no mesmo andar de uma grande casa de campo. Frequentemente, as três jovens ficavam com os parentes, alternando entre o apartamento da mãe e o da avó.

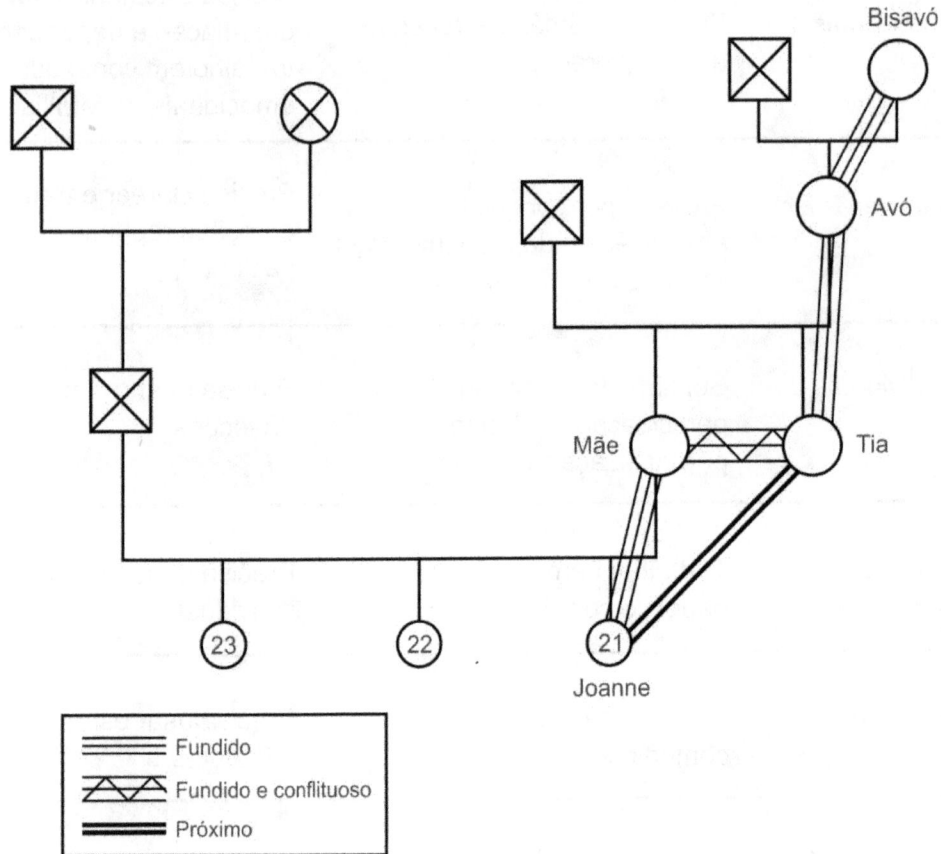

Figura 13.2 O genograma resume a estrutura familiar e a qualidade das relações

A individualização não era fácil nas quatro gerações femininas da família, porque as gerações mais velhas tinham o hábito de controlar todos os assuntos. As quatro gerações tiraram férias juntas no verão e todas sabiam de tudo umas das outras. As irmãs de Joanne iam para a universidade, voltando para casa nos fins de semana, enquanto Joanne começava o primeiro ano fora de casa.

As três adolescentes estavam passando pela fase de sair de casa do ciclo de vida familiar, mas quando a família compareceu à terapia, Joanne havia, em um curto período de tempo, desenvolvido uma regressão tão rápida na autonomia e na autoconfiança que parecia completamente paralisada. Na realidade, no início da terapia, estava dormindo novamente na cama da mãe e procurou pela assistência materna para fazer os trabalhos acadêmicos, assim como fazia quando tinha 16 anos, quando sofreu de depressão. Joanne havia experimentado reações de ansiedade ou de pânico durante 2 meses antes da terapia. Após fracassar no exame da universidade, começou a evitar locais públicos e situações sociais, recusando-se a sair de casa por medo das reações de pânico. Outros sintomas incluíam ansiedade generalizada, dificuldade de dormir, retraimento e pensamentos degenerativos, como, por exemplo: "Eu não valho nada". A família de Joanne tinha certa epistemologia ou filosofia de vida em que não aceitava e não era capaz de compreender como um fracasso relativamente pequeno (o exame) podia ser seguido por sintomas considerados como "fraqueza".

Os títulos seguintes descrevem a interconexão de tipos de sessões descritas na Figura 13.1.

Sessões Familiares A

As sete membras da família frequentaram as primeiras três sessões. As técnicas de terapia familiar foram usadas para desenvolver uma compreensão dos principais padrões de disfunção de relações interpessoais. Estes incluíam mapeamento familiar, atribuições caseiras e questionamento circular, no qual se fazia a mesma pergunta a cada indivíduo. O padrão familiar, a dinâmica e a história de múltiplas gerações foram avaliados nas primeiras três sessões familiares conduzidas com toda a família. Os principais focos foram:

* *Problemas estruturais:* os limites entre os membros da família estavam emaranhados e obscuros, com limites sobrepostos entre Joanne e a mãe, e uma função de cuidados paternos e maternos difusos entre a mãe, a tia e a avó.

* *Problemas relacionados com imagens interpessoais:* a autoimagem de Joanne era a de uma pessoa fraca e doente. Durante a adolescência, recebeu tratamento para humor depressivo de ansiedade. A família se considerava formada por mulheres muito fortes e independentes, com exceção de Joanne, que era considerada muito sensível, assim como o pai, já falecido. Além disso, na avaliação dos sintomas, relatou-se que a mãe de Joanne sofria de ataques de ansiedade com picos em momentos específicos. Consequentemente, os adultos da família receosos de que esse também seria o destino de Joanne, reforçaram sua autoimagem.

* *Comunicação:* a comunicação baseava-se na evasiva de qualquer conflito e da confrontação aberta. Joanne, especialmente, evitava expressar sentimentos e ideias, controlando secretamente as reações dos outros membros durante as sessões de terapia familiar. A família enviou uma dupla mensagem, principalmente para Joanne: por um lado, para continuar concentrada na realização e na expressão da própria personalidade; por outro lado, para suprimir todas as necessidades individuais que eram inconsistentes com a "identidade familiar". Joanne mostrou mais espontaneidade nas sessões individuais do que nas sessões familiares, o que indicava um sinal de sua dificuldade na individualização dentro do contexto familiar, mas também um sinal de sua atitude positiva em relação à terapia.

* *Ciclo de vida familiar e padrões de múltiplas gerações:* a família estava na fase evolucionária do ciclo de vida familiar de sair de casa. A dificuldade com a separação do membro mais jovem e fraco parecia causar ansiedade significativa na mãe e um humor ansioso-depressivo em Joanne. O genograma revelou um padrão de uma aliança forte entre a mãe de cada uma das gerações e sua filha mais nova. A mãe de Joanne expressou o perigo que recaía sobre a situação quando disse que havia uma necessidade urgente para resolver as dificuldades de Joanne em estudar e em ser independente, porque, caso contrário, o próprio problema se tornaria, por assim dizer, uma "gangrena" que destrói o organismo.

De acordo com os conceitos dos sistemas familiares, ao final das três primeiras sessões familiares, os problemas eram reestruturados com relação à mudança evolucionária da vida familiar. A seguinte definição positiva de reestruturação foi dada à família:

Não é um problema pessoal da Joanne, mas um desafio da família. É difícil para ela se diferenciar, encontrar seu próprio caminho e sair de casa em uma família com conexões tão íntimas e com uma perda importante no passado. Além disso, não é fácil, porque a família tem dificuldades em aprovar uma filha que é tão diferente das outras. Ainda há um forte sentimento de perigo tanto em Joanne quanto na mãe (...). Esse realmente é um desafio familiar.

Segundo os conceitos de sistemas familiares experimentais, essa reformulação foi concebida para estabelecer uma meta familiar associada ao campo emocional e para salientar o sentido de unidade, enquanto se introduz a ideia de autonomia e evidencia a importância da responsabilidade e das escolhas da família.

Sessões Individuais 1

Ofereceram a Joanne um espaço separado para explorar as realidades familiares; isso permitiu uma melhor definição dos limites pessoais que foram considerados importantes para o desenvolvimento da individualização e para o tratamento da ansiedade. Os objetivos da terapia individual de Joanne foram determinar a raiz dos limites interpessoais difusos na família e tratar da necessidade emergente de explorar sua independência.

Na primeira das três sessões individuais, Joanne falou de como era importante, para ela e para a família, ser inteligente e ter sempre bom comportamento; sobre seus sentimentos de imperfeição em comparação com suas irmãs; sobre sua ansiedade relacionada aos exames futuros e sobre seus medos de sair de casa e frequentar a universidade por causa das reações de pânico. Os problemas de impotência, baixa autoestima e culpa com relação a não corresponder às expectativas coexistiam. Joanne foi conivente com as projeções familiares de si mesma como o membro fraco e suas próprias atividades diárias ficaram muito prejudicadas. No entanto, sua família esperava uma resolução rápida, assim sugeriu-se o tratamento com o EMDR.

Na sua primeira sessão de EMDR, Joanne trabalhou seu fracasso na prova, com o alvo sendo a cena "Os professores estão rindo de mim". Ela se lembrou do momento quando os professores a provocavam dizendo que ela "deveria saber". Esse alvo era acompanhado por uma crença negativa (CN) de "ser sempre incapaz" e de uma crença positiva (CP) preferida de "ser mais capaz de reagir". Sua pontuação na escala VOC foi 2, na qual 1 representa falso e 7 completamente verdadeiro. Na escala SUDS, na qual 0 representa sem angústia e 10, angústia intensa, ela registrou uma angústia de 8. Joanne identificou sensações físicas de pressão no peito e sudorese nas mãos.

Durante o processamento, Joanne trabalhou sua imagem como incapaz de falar e de quase desmaiando na frente dos professores. Emergiram sentimentos ambivalentes: uma mistura de raiva e vergonha. Estes gradualmente começaram a desaparecer à medida que Joanne se lembrava de outros eventos caracterizados pelos mesmos sentimentos mistos, nos quais ela não havia sido considerada ou protegida, e nos quais a sua própria imagem fora ameaçada. Ela revelou que a fuga ou a desistência foi a estratégia tipicamente usada para lidar com tais situações estressantes.

No reprocessamento do alvo principal, Joanne "descobriu" sua dependência com relação à "opinião de adultos importantes", revelada por pensamentos, tais como: "Eu estava furiosa com os professores... Eles não me ajudaram... Senti-me agredida porque os adultos não me ajudavam". Suas imagens voltaram-se para situações nas quais fazia comparações entre si mesma e suas irmãs. Instantaneamente, desenvolveu um "elo mental". Percebeu que sua mãe a protegia e a controlava muito, mas também que ela, Joanne, queria ser protegida, um círculo ininterrupto.

Durante a fase de dessensibilização com EMDR, com sua livre associação e revelação da percepção, uma reconfiguração das conexões internas começou a tomar forma: "Eu fiz o que de melhor pude... Eu consigo fazer a maior bagunça, mas consigo lidar bem com as coisas... Eu aprendo a fazer melhor". No final da sessão, Joanne passou um videoteipe mental das possíveis ações futuras em situações semelhantes àquela reprocessada no objetivo. Ela expressou alívio e relatou um escore SUDS de 0 a 1.

Durante o reprocessamento, outras questões emergiram. Por exemplo: Joanne percebeu de relance um sentimento específico de perigo para si: "Na minha família não posso mostrar como me sinto... Se me sinto bem ou mal, me sinto ansiosa". Decidiu trabalhar nessa questão em uma sessão de EMDR subsequente. Joanne processou isso e outros assuntos relacionados nas sessões individuais posteriores.

Identificamos outros elementos mais apropriados para serem tratados nas sessões familiares subsequentes. Esses incluíam o senso de dever e as altas expectativas com relação a todos os membros da família, as necessidades de Joanne ser independente e seguir caminhos pessoais, e os papéis de Joanne na estrutura familiar.

Sessões do Núcleo Familiar B

A escolha para mudar para o ambiente familiar foi em razão de dois fatores específicos. Primeiro, a troca de *feedback* pessoal, sendo de "bom-tom" evoluir à sua própria maneira, e as conexões emocionais com os membros da família são questões tipicamente familiares. Segundo, Joanne trabalhara consigo mesma e era importante compartilhar algumas de suas mudanças com os membros da família para apoiar as mudanças emocionais, estimulando uma "troca circular". Na terapia familiar sistêmica experiencial, isso é conseguido ensinando os membros da família a conhecer o outro mais diretamente e intensificando a autorrevelação entre os participantes, o que favorece a integridade. Conduzimos três sessões familiares somente com Joanne, sua mãe, tia e irmãs para articular uma delimitação clara em torno do núcleo familiar, ficando subentendida a inclusão da tia.

Durante essas sessões familiares, discutiram-se a crença materna "Minhas filhas podem ser o que quiserem, mas *precisam tomar consciência* de si mesmas e estarem sempre muito ativas". Isso revelou uma dimensão de controle sutil na família e de limites indefinidos. Além do mais, a filosofia dessa família expressava uma maneira dicotômica de pensar (tudo preto no branco, valores bem definidos) que estava evidentemente ligada à ansiedade em torno da autorrealização.

A terapeuta manteve o foco nas questões emocionais e preparou a mãe de Joanne para conversar sobre sua percepção de si mesma na família de origem. A mãe de Joanne explicou que, embora estivesse muito ligada e amparada pela família, também se sentia controlada. Isso foi reconhecido por Joanne como as mesmas emoções ambivalentes com relação ao controle materno que havia descoberto durante as sessões de EMDR. A mãe se reconheceu nessa mistura de sentimentos e ligou os estados emocionais àqueles da família. A terapeuta auxiliou os membros a perceberem as emoções com relação às restrições pessoais na estrutura familiar. Por exemplo: as duas irmãs de Joanne falaram sobre como cada uma se sentia pressionada e comparada à outra, com a família promovendo um espírito de competição.

Todas foram encorajadas a colaborar pensando em novas maneiras de exercer um julgamento menos recíproco, assim como menos interferência em torno de Joanne. As irmãs de Joanne tinham a incumbência de sair nas noites de sábado e deixar Joanne em casa sozinha, como era desejo dela, sem fazer comentários com relação a essa escolha. Isso poderia fazer uma grande diferença para Joanne, porque na família, não estar disposta a sair era considerado sinal de retração psicológica e visto com ansiedade.

Sessões Individuais 2

Aqui, as sessões familiares tinham atingido um ponto culminante e desenvolvido questões que poderiam ser mais bem tratadas individualmente. De fato, era importante ajudar Joanne a explorar e a esclarecer por si mesma que emoções fortes ela estava controlando ou, pelo menos, não estava expressando, e quais causavam ansiedade. No início das duas sessões individuais seguintes, Joanne revelou que, no momento, era capaz de dormir sozinha e concentrar-se mais nos estudos. Além disso, disse que estava disposta a sair de casa, mas ainda preferia ficar com as irmãs. Sentia-se desconfortável em frequentar as aulas na universidade e sentia-se receosa em conhecer pessoas novas e participar de grupos, que eram problemas duradouros. Joanne relatou nunca ter tido um namorado, embora alguns rapazes tivessem se aproximado dela.

A terapeuta propôs o EMDR para reprocessar o tema em relação ao sentimento de receio e de perigo em casa. O assunto escolhido foi a percepção cognitiva e emocional de perigo. Durante a estimulação do EMDR, Joanne colocou um pensamento específico: "Se eu falar, eu tomo partido e me perco", o que inicialmente pareceu não ter conexão com outros aspectos. À medida que o processamento continuava, esse pensamento foi associado aos sentimentos de ansiedade e impotência, como na seguinte declaração: "Eu me sinto dominada pelas pessoas. Não sei por quê... Eu não quero que as pessoas sofram por minha causa". Ela se lembrou da época em que o pai faleceu e do pensamento que teve: "Eu tenho que trabalhar e não fazer bagunça em casa".

Nesse ponto, uma imagem vívida surgiu. Joanne se lembrou de uma cena traumática que ocorrera muitos anos antes, quando sua tia e sua avó tentaram impedir sua mãe de ir a uma festa com as colegas de trabalho, acusando-a de abandonar as filhas. Todos os adultos começaram a atirar coisa uns nos outros, inclusive óculos, na frente de Joanne e de suas irmãs. Joanne se lembrou de tentar acalmar os ânimos de todos os adultos ou, pelo menos, sentiu que era sua responsabilidade.

Ao processar esse episódio como um assunto, enfatizando basicamente o momento da luta e do tumulto, os seguintes pensamentos passaram pela mente de Joanne: "Eu tenho mais responsabilidade do que as minhas irmãs... Eu poderia não aceitar que minha mãe fosse agredida... Ela estava indefesa. Eu me lembro que a minha tia Clara não conversou comigo ou com minhas irmãs por muitos dias, o que foi uma grande ameaça para mim... Eu me senti psicologicamente insegura e indecisa com relação às pessoas desde aquela época". Com mudanças na experiência sensitiva relacionada ao trauma e o julgamento cognitivo, e com a informação cognitiva sendo integrada emocionalmente, Joanne podia dizer a si mesma: "Talvez nós, filhas, fôramos realmente deixadas muito à vontade, como os parentes estavam dizendo, mas eu me preocupei porque ninguém cuidava da minha mãe... Eu não conheço o relacionamento passado entre minha mãe e os parentes dela... Eu não posso tomar parte na luta delas". Ela explorou sua conexão com a tia, lembrando de imagens de si mesma em diferentes idades, o que indicava que estava mais próxima de sua tia Clara do que da própria mãe. Joanne comentou que essa era a razão de não tolerar o longo silêncio e a distância da tia após a briga familiar e o motivo de se sentir abandonada pela tia e pela mãe.

Durante o processamento de EMDR, Joanne experimentou emoções diferentes: de vigilância à ansiedade, de tristeza a alívio. Além disso, saiu também da crença negativa "Eu sou impotente e sozinha" para a crença positiva "Eu reajo pelo meu bem" e trabalhou mentalmente testando diferentes maneiras de responder às situações familiares.

Sessões Familiares C

Aqui, duas questões de grande interesse para as sessões familiares surgiram a partir do trabalho individual com Joanne. A primeira questão relacionava-se com as raízes da dependência entre Joanne e sua mãe. Enquanto Joanne comportava-se como uma criança parentalizada, com preocupações excessivamente maduras para sua mãe e sua família, apegava-se à mãe. Tinha sentimentos ambivalentes sobre isso: uma mistura de satisfação sobre proximidade e culpa, sobre a necessidade de proteção. A segunda questão relacionava-se com o triângulo entre Joanne, sua mãe e sua tia. Decidiu-se que a sessão familiar forneceria o contexto mais útil nesse momento, para facilitar a individualização de Joanne e para romper os triângulos familiares (e suas projeções).

A sessão familiar seguinte começou com um relatório do progresso de Joanne. Ela disse que não estava sofrendo quaisquer reações de pânico e havia experimentado com uma distância mais emocional a distância de seus parentes durante as férias da família de duas semanas. Estava menos apreensiva com estranhos e escutava menos o julgamento dos outros.

A família foi confrontada com relação ao estilo de comunicação indireta, que estava muito evidente entre a mãe e a tia de Joanne. Isso motivou algumas respostas muito emocionais. A mãe de Joanne expressou sua insatisfação e foi encorajada a limitar a ajuda que recebia dos parentes no seu papel de cuidados maternos. Além disso, a mãe de Joanne realçou o fato de que estivera mais próxima, mas "menos de acordo" com Joanne do que com as outras filhas, até num ponto no qual pensou que havia "prejudicado" muito a Joanne e não podia "deixá-la partir".

A terapeuta provocou uma comunicação direita e uma autoexposição durante as sessões, proporcionando um relacionamento afetivo, porém firme, com cada uma das pessoas. Todas trabalharam na verificação de sua própria participação emocional automática nos triângulos familiares com o objetivo de desbloquear os ciclos rígidos de comportamento automático.

Sessões Individuais 3

Como pareceu muito difícil para Joanne desbloquear expressões emocionais espontâneas e mais autênticas, e articular suas ideias, foram escolhidas sessões individuais para lidar com os padrões de fuga. Nas duas sessões individuais seguintes, Joanne falou sobre a tarefa de observar a comunicação em casa. Ela percebeu que, quando um membro da família recusava a oferta do outro para fazer alguma coisa em conjunto, aquela pessoa assumia o risco de ser considerada indigna de confiança e perdia a afeição dos outros. Joanne frequentemente se sentia presa ao ter que escolher entre ser considerada "estranha" ou participar em atividades consideradas por ela supérfluas só para agradar aos outros. Agora que estava começando a fazer escolhas mais pessoais, ao invés de se sentir coagida no padrão comum de uma receptora passiva ou autodestrutiva, o *feedback* que recebeu havia sido menos provocador de ansiedade do que o esperado. A terapeuta familiar concluiu que os membros da família de Joanne estavam aprendendo a diferenciar entre a antecipação de um comportamento e o comportamento novo real de outros membros da família, o que é um estágio fundamental na diferenciação.

Joanne estava agora mais consciente de sua dificuldade em dizer não a homens jovens que a convidavam para sair e em expressar discordância de outras pessoas em conversas gerais. No passado, normalmente evitava qualquer conflito mentindo, algumas vezes até um ponto no qual a mentira aparecia e ela ficava envergonhada e incapaz de reagir. Com o EMDR, Joanne teve como objetivo a seguinte cena, que foi escolhida porque era um episódio passado com forte impacto: ela estava ao telefone com um rapaz que ela tentava manter à distância com mentiras absurdas. Ela ficou confusa sobre qual das diferentes versões sobre seus compromissos ela havia dado, até que a mentira foi descoberta. Ela ficou muito envergonhada e, como de costume, quase desmaiou.

Reprocessando essa cena, Joanne enfrentou sua incapacidade para assumir responsabilidades por suas escolhas e confrontá-las diretamente com outras pessoas; reconheceu que esses eram os mesmos padrões que ela seguia em casa com seus familiares. No início, Joanne se lembrou de outras imagens de sua forma de comunicação indireta e, então, lentamente seguiu para uma diferente percepção do episódio específico com o rapaz: "Eu me senti aliviada... Eu não me vi mais pálida e fraca ao telefone... Eu estou apenas agindo como uma adolescente... Esse é o meu lado infantil... Essa cena me faz rir agora". A imagem desapareceu e estratégias e episódios semelhantes foram vistos com menos ansiedade e menos autodifamação. Joanne disse a si mesma que mentir podia ser uma defesa, mas podia não ser a única. Ela declarou que precisava desenvolver uma competência social melhor; essa era uma necessidade emergente relevante que parecia ser muito significativa naquele momento. Não considerando o trabalho com modelos imaginários para contato futuro com seus pares, um recurso importante poderia vir do sistema familiar; portanto, uma sessão familiar foi planejada somente com Joanne e suas duas irmãs.

Sessão Familiar com as Irmãs D

Esse grupo das três irmãs foi escolhido para encorajar o compartilhamento de hábitos sociais e para trabalhar a comunicação dentro do subsistema de irmãos, que podia oferecer a Joanne um suporte igual no seu processo de diferenciação. Durante a sessão com Joanne e as irmãs, Joanne falou sobre o medo de confrontá-las, porque envolvia enfrentar sentimentos desagradáveis de conflito e as consequências emocionais de quebrar a "lei de uma unidade familiar unida". Joanne recebeu um *feedback* pessoal mais positivo do que esperava. As três irmãs conversaram sobre memórias comuns e estratégias pessoais diferentes em seus relacionamentos. Joanne expressou alívio e satisfação em pertencer a um subsistema de irmãs em uma posição mais satisfatória, mas novamente disse que teve um desejo forte de autoexpressão e também um medo de expressar opinião divergente das outras ou de conflito com as outras.

Sessões Individuais 4

Joanne voltou às sessões individuais para trabalhar sua ansiedade social profundamente arraigada. Muitas vezes, acreditava que estaria "prejudicando" outras pessoas se as contestasse. A situação parecia emperrada e a terapeuta sugeriu usar o EMDR para encontrar uma imagem simbólica que representasse o que Joanne temia. Durante essa sessão de EMDR, Joanne relatou que ocasionalmente se imaginava como uma loba: "Eu posso machucar com a voz, mesmo estando completamente imóvel... Eu mordo sem querer morder... Fico muito assustada quando ajo como uma loba, que prefiro sempre dizer sim para as pessoas". Continuando com o processamento de EMDR, Joanne começou a pensar sobre a agressividade sem associá-la com o perigo e foi o momento em que ela mais incorporou a imagem de loba, declarando: "Agora a imagem da loba torna-se uma gravura, não está mais viva. É como uma memória... Eu não sou tão perigosa... Eu fico irada, mas não perigosa".

Quando o escore de VOC permaneceu em 4 com relação à crença positiva "Eu consigo ser eu mesma", a terapeuta perguntou a Joanne o que a havia impedido de marcar um 7. Joanne respondeu: "Percebi que se não controlasse tudo, eu me destruiria porque não conseguiria me expressar. Se me comportasse espontaneamente, me sentiria insegura comigo mesma... E, assim, eu fico em casa para não ficar ansiosa... E minha família me deixa furiosa, porque pensa que sou anti-social. Eu me vejo em uma teia gigantesca, tentando escapar de todos aqueles pontos pegajosos". Por meio do EMDR, Joanne identificou sua incapacidade em superar esse conflito como uma parte importante de sua dificuldade na separação. Ela associou todos aqueles pontos aos elementos da história familiar. As intervenções de integração cognitiva foram propostas a Joanne, porque ela se lembrou dos preceitos familiares muito austeros contra a violência e contra a insegurança. O impasse poderia estar associado à inibição da agressividade.

À pergunta da terapeuta "O que você leva para casa hoje?", Joanne respondeu: "Que eu não sou anti-social... Posso me comportar espontaneamente. Não sou obrigada a fugir de algumas coisas". No final das três sessões individuais, Joanne estava disposta a sair e ir a eventos sociais, e pouco tempo depois, uniu-se a um grupo de música local.

Considerando as informações e os temas clínicos tanto da terapia familiar quanto do EMDR, foi possível avaliar que angústia e ansiedade eram as respostas habituais da família, aquelas que atravessaram as quatro gerações e que eram usadas pelo "grupo indiferenciado do estado de ego da família" (Bowen, 1978:545). Essas emoções e seus comportamentos associados foram usados para manter o autocontrole e para evitar os sentimentos opressivos, especialmente aqueles associados com as separações. Expressava-se ansiedade na família sempre que havia um alto nível de estresse ocasionado por fatores internos ou externos e quando as outras defesas de ponderação e atividade constante não eram suficientes. O mito familiar era "Permanecer unidos e ajudar uns aos outros é o único recurso".

Sessão com Toda a Família – E

A última sessão de terapia com toda a família incluiu o compartilhamento da narrativa seguinte, de acordo com as novas linhas da história que emergiu das sessões familiares e das sessões de EMDR. A perda do pai havia causado uma maior aproximação em uma família já rigidamente organizada. Joanne assumira comportamentos consistentes com os atributos do pai, como ser calmo e tímido. A orientação básica da família "sempre estar ativo e evitar conflito" aumentou após a morte do pai. À medida que o tempo passou, o comportamento de Joanne foi rotulado como em contraste com o estilo das outras membras da família que, pelo menos, eram duronas externamente e fazendo o melhor para serem ativamente úteis mutuamente. Assim, Joanne cresceu recebendo imagens de si mesma como uma menina introvertida, sensível e inteligente, mas nem forte, nem independente. A atenção que recebeu tinha a função de desviar a tensão familiar entre os adultos.

Joanne, na realidade, expressava o lado "triste" do humor da família, a consciência da "ferida aberta" da morte do pai e, simultaneamente, um "protesto inconsciente" contra a pressão para ser igual aos outros. A família não podia avaliar sentimentos normais de tristeza, de vulnerabilidade ou de conflito e não podia rejeitar o mito familiar com relação à unidade familiar. A fase da vida familiar, na qual as filhas adultas estavam saindo de casa, provocou um movimento de diferenciação no seio da família. O sistema, despreparado para lidar com essas mudanças, havia atravessado uma crise importante. A terapia promoveu a utilização dos recursos já existentes na família e estimulou metas de auto-expressão e diferenciação.

Em uma sessão de acompanhamento 8 meses mais tarde, Joanne estava assintomática e desfrutando da vida universitária. Em sua família havia uma função com muito mais flexibilidade, refletindo melhor os limites e a comunicação, e havia um sentido abertamente expresso de bem-estar de todos os membros da família.

CONCLUSÃO

O modelo integrador da terapia familiar sistêmica e o EMDR parece estar associado com uma resolução rápida do problema. É necessária uma competência especial do terapeuta, que precisa ser capaz de mudar de papéis, daquele terapeuta que se concentra na resolução de interações atuais entre membros da família para aquele que se concentra em cada membro individualmente, escolhendo a intervenção apropriada para a modalidade incentivada naquele momento (veja Figura 13.1). Essas mudanças exigem habilidades específicas e precaução com relação à mudança entre os dois contextos terapêuticos e as modalidades, e concernente aos limites pessoais de todos os membros da família.

Um Modelo Clínico de Integração

O caso de Joanne e de sua família demonstra que é possível intensificar as potencialidades do EMDR e da terapia familiar por meio de "escolha de temas" apropriados, transpostos de um ambiente para outro e por meio da "sincronização das mudanças" relevantes do ambiente individual para o familiar.

Escolha dos Temas

O terapeuta precisa observar os "temas focais" e os "grupos de conflito". Na terapia de Joanne, exemplos de assuntos focais foram: o perigo associado com a sua independência dentro e fora da família, e o mito familiar com relação à união e concordância. Os grupos de conflito são bem exemplificados pela forma como Joanne e sua mãe queriam ser ajudadas e ligadas aos membros da família, mas ao mesmo tempo sentiam-se limitadas e julgadas. As emoções opostas e conflitantes da espera e do medo de ser independente tinham que ser tratadas para permitir o desenvolvimento de um comportamento mais adaptativo. *Grupos de conflitos cognitivos e emocionais específicos a um indivíduo e a uma família precisam ser processados tanto na família quanto no indivíduo para otimizar o tratamento.*

Troca Entre os Diferentes Tipos de Sessões

Quando os terapeutas tomam decisões de mudar e intercalar dois tipos de sessões, baseiam suas escolhas em dois princípios básicos: o melhor método para a necessidade clínica pertinente ao momento e o melhor ambiente para encontrar os recursos emocionais e cognitivos para a necessidade clínica pertinente. Exemplos tirados da terapia de Joanne são resumidos aqui.

Durante as sessões individuais, o tema da dependência de Joanne em relação à mãe emergiu. Vieram à tona assuntos sobre o comportamento de Joanne como uma criança parentalizada responsável e sobre o entrelaçamento com a mãe, a ponto de precisar de sua ajuda para tudo. Após um processamento individual, o melhor método para esse assunto central foi uma sessão familiar, na qual as percepções de Joanne puderam ser comparadas com as memórias da mãe e uma experiência corretiva na vida real pôde ser estimulada entre todos os membros da família.

Mais tarde na terapia, no final de uma das sessões individuais, ficou claro para Joanne sua necessidade por mais competência social. Ela tinha que considerar e adquirir novas habilidades sociais e encontrar coragem para interagir abertamente com seus pares. O melhor ambiente para encontrar os recursos emocionais e cognitivos pareceu ser o subsistema de irmãs, dessa vez usado como um lugar para um diálogo aberto e compartilhamento de formas de comportamentos sociais, facilitado pela terapeuta.

Em diferentes momentos ao longo da terapia, metas clínicas importantes foram estabelecidas. Joanne precisou definir melhor seu sentimento forte e vago de perigo pessoal, e explorar imagens perturbadoras de sua personalidade. Considerando a importância de descobrir as respostas e os recursos pessoais, as sessões de EMDR proporcionaram o melhor lugar para concentração e elaboração.

Como se observa na Figura 13.1 é basicamente o aparecimento das necessidades clínicas pertinentes vindas das sessões familiares ou das sessões individuais que determina a troca entre os dois tipos de sessões. A interconexão dos temas clínicos e o aparecimento das necessidades pertinentes nas sessões de terapia, e os tipos de sessões estão resumidos na Figura 13.1. A troca otimiza apropriadamente o uso das energias internas pessoais ou familiares e cria uma produção única.

Resumo

A terapia familiar sistêmica e o EMDR podem ser integrados, porque é possível utilizá-los concorrentemente enquanto se mantém uma coerência terapêutica e conceitual com referência a ambos os modelos. Seus objetivos são compatíveis. A abordagem da Terapia Familiar Experiencial permite à família em tratamento mover-se para metas "escolhidas pelo sistema". Do mesmo modo, especificamente em casos nos quais o paciente é um adolescente ou um adulto jovem, a administração do EMDR em sessões individuais encoraja a exploração das "direções verdadeiramente pessoais e promove uma autodiferenciação completa", a partir do ponto de vista psicológico, "por meio da criação de um lugar mental pessoal seguro".

O objetivo da integração da terapia familiar e do EMDR é acelerar mudanças criando uma onda de impacto entre a dinâmica e os resultados das duas formas de terapia. A integração dos dois métodos terapêuticos estimula mudança e processos profundos tanto no paciente individual quanto na família. Ambas as abordagens contribuem para restaurar melhor a integração funcional na personalidade do membro adulto jovem. No tratamento da separação e da individualização, a abordagem integrada ajuda o processo de terapia a mover-se de um envolvimento e ansiedade dominadores para lidar com a autodefinição e a intensidade dos recursos pessoais.

No modelo de integração, o EMDR oferece uma boa percepção das dinâmicas familiares por meio do olhar do indivíduo. Por exemplo: o EMDR foi uma lente poderosa para focalizar o triângulo emocional entre Joanne, sua mãe e sua tia, assim como para identificar as alianças e outros padrões relacionais. Além do mais, o EMDR é especialmente útil na exploração das raízes da dependência, o que mantém o membro familiar jovem ligado à sua família. Além disso, ajuda a pessoa jovem a identificar e a processar o que é importante e vital no espaço mental da família. O EMDR é útil na definição dos grupos de conflitos emocionais e cognitivos que impedem o desenvolvimento de comportamentos mais adaptativos. Finalmente, é um recurso importante quando as transações familiares emperram na terapia.

A terapia familiar é especialmente útil na elaboração das emoções nas sessões do grupo familiar. Um exemplo é a reelaboração familiar em relação a como a mãe de Joanne estava ligada de forma diferente a uma de suas três filhas e de como ela se sentia culpada com essa diferença. Além do mais, o surgimento de assuntos provenientes das sessões familiares facilitou e enriqueceu o processamento durante as sessões de EMDR.

Os mesmos elementos são uma fonte de material para intervenções apropriadas de integração. De fato, os terapeutas podem usar seus conhecimentos das regras da família e os padrões de comunicação observados nas sessões familiares para formular intervenções apropriadas de integração. Por exemplo: em uma das primeiras sessões de EMDR, Joanne estava em um ciclo com pensamentos negativos repetitivos. Ela estava emperrada em sua responsabilidade por ser incapaz de comunicar-se de forma direta tanto na universidade quanto em casa. Considerando que a família evitava o conflito e a confrontação aberta, foi possível propor a seguinte intervenção de integração: "Seus familiares são diretos uns com os outros"? Você poderia aprender com eles? Você acha que pode aprender a fazer isso como adulto?". Isso foi útil para estimular a rede familiar adaptativa de Joanne.

Um aspecto especial permitido pela integração dos dois tipos de terapia é a melhor avaliação e tratamento dos problemas relativos ao desenvolvimento. Por exemplo: no exemplo de caso era possível examinar a experiência da dependência psicológica ao longo das quatro gerações, considerar e tratá-la no indivíduo e na família.

Recomenda-se uma pesquisa na integração das duas abordagens para identificar os assuntos centrais do tratamento e para estudar os processos paralelos entre a modificação da autoimagem no EMDR e as mudanças após uma nova classificação positiva e/ou uma recomposição na terapia dos sistemas familiares.

O modelo de integração da terapia dos sistemas familiares com o EMDR apresentado neste capítulo mostrou bons resultados clínicos no tratamento de muitos problemas existentes em adultos jovens, incluindo a inibição cognitiva e social, os medos e as reações de fobia, os distúrbios alimentares em clientes considerados saudáveis e gagueira. A integração permite encurtar o tempo de recuperação e melhorar os resultados da terapia. Unir as duas abordagens terapêuticas aumenta os resultados da terapia familiar na intervenção delicada com jovens adultos, com resultado de melhora rápida nos processos de separação e de individualização.

Concluindo, o EMDR e o tratamento com a terapia familiar são complementares, seus objetivos são congruentes e seu efeito sinergético melhora e acelera o resultado.

REFERÊNCIAS

American Psychiatric Association. (1994). Diagnostic and statistical manual of mental disorders (4th ed.). Arlington, VA: Author.

Beavers, W. R., & Voeller, M. N. (1981). Family models: Comparing and contrasting the Olson circumplex model with the Beavers systems model. Family Process, 22, 250–260.

Bowen, M. (1978). Family therapy in clinical practice. New York: Aronson.

Cancrini, L., & La Rosa, C. (1991). Il vaso di Pandora: Manuale di psichiatria e psicopatologia [Pandora's vase: Psychiatry and psychopathology manual]. Rome: Nuova Italia Scientifica.

Crittenden, P. M. (1997). A dynamic-maturational perspective on anxiety disorders. Italian Journal of Psychiatry, 3, 28–37.

Feske, U. (1998). Eye movement desensitization and reprocessing treatment for posttraumatic stress disorder. Clinical Psychology: Science and Practice, 5, 171–181.

Foster, S., & Lendl, J. (1996). Eye movement desensitization and reprocessing: Four case studies of a new tool for executive coaching and restoring employee performance after setbacks. Consulting Psychology Journal: Practice and Research, 48, 155–161.

Giat Roberto, L. (1992). Transgenerational family therapies. New York: Guilford Press.

Goldstein, A., & Feske, U. (1994). Eye movement desensitization and reprocessing for panic disorder: A case series. Journal of Anxiety Disorders, 8, 351–362.

Kessler, R. C., McGonagle, D. K., Zhao, S., Nelson, C. B., Hughes, M., & Eshleman, S. (1994). Lifetime and 12 months prevalence of DSM-III-R psychiatric disorders in the United States (Results from the National Comorbidity Survey). Archives of General Psychiatry, 51, 8–19.

Laurent, M. (2000). I disturbi ansioso-fobici in una prospettiva sistemica [Anxious-phobic disorders in a systems theory perspective]. Psicobiettivo, 20(2), 21–45.

Lazarus, C. N., & Lazarus, A. A. (2002). EMDR: An elegantly concentrated multimodal procedure. In F. Shapiro (Ed.), EMDR as an integrative psychotherapy approach (pp. 209–223). Washington, DC: American Psychological Association.

Malagoli Togliatti, M., & Rocchietta Tofani, L. (2002). Famiglie multiproblematiche: Dall'analisi all'intervento su un sistema complesso [Multiproblem families: From analysis to intervention in a complex system]. Rome: Carocci Editore.

Maxfield, L., & Melnyk, W. T. (2000). Single session treatment of test anxiety with eye movement desensitization and reprocessing. International Journal of Stress Management, 7, 87–101.

McGoldrick, M., Gerson, R., & Shellenberger, S. (1999). Genograms: In family assessment. New York: Norton.

Minuchin, S., & Fishman, H. C. (1992). Techniques of family therapy. Cambridge, MA: Harvard University Press.

Namyslowska, I., & Siewierska, A. (1994). Anxiety in the family. Psychiatry in Poland, 28, 547–555.

Napier, A. Y., & Whitaker, C. (1978). The family crucible. New York: Harper & Row.

Neill, J., & Kniskern, D. (Eds.). (1982). From psyche to system: The evolving therapy of Carl Whitaker. New York: Guilford Press.

Oppenheimer, K., & Frey, J. (1993). Family transitions and developmental processes in panicdisordered patients. Family Process, 32(3), 341–352.

Perry, B., Pollard, R. A., Blakely, T. L., Baker, W. L., & Vigilante, D. (1995). Childhood trauma, the neurobiology of adaptation and use-dependent development of the brain: How states become traits. Infant Mental Health Journal, 16, 271–291.

Piercy, F., & Sprenkle, D. (1986). Family therapy source book. New York: Guilford Press.

Rapee, R., & Melville, L. F. (1997). Recall of family factors in social phobia and panic disorder:

Comparison of mother and offspring reports. Journal of Depression and Anxiety, 5, 7–11.

Schneier, F., Johnson, J., Hornig, C., Liebowitz, M., & Weisman, M. (1992). Social phobia: Comorbidity and morbidity in an epidemiological sample. Archives of General Psychiatry, 49, 282–288.

Shapiro, F. (1995). Eye movement desensitization and reprocessing: Basic principles, protocols and procedures. New York: Guilford Press.

Shapiro, F. (1999). Eye movement desensitization and reprocessing (EMDR) and the anxiety disorders: Clinical and research implications of an integrated psychotherapy treatment. Journal of Anxiety Disorders, 13(1), 35–67.

Shapiro, F. (2001). Eye movement desensitization and reprocessing: Basic principles, protocols and procedures (2nd ed.). New York: Guilford Press.

Shapiro, F. (Ed.). (2002). EMDR as an integrative psychotherapy approach. Washington, DC: American Psychological Association.

Shapiro, F., & Forrest, M. (1997). EMDR. New York: Basic Books.

Shotter, J., & Gergen, K. J. (Eds.). (1989). Texts of identity. London: Sage.

Siegel, D. J. (1999). The developing mind: Toward a neurobiology of interpersonal experience. New York: Guilford Press.

Smith, N., & Poole, A. (2002). EMDR and cognitive behavior therapy: Exploring convergence and divergence. In F. Shapiro (Ed.), EMDR as an integrative psychotherapy approach (pp. 151–180). Washington, DC: American Psychological Association.

Ugazio, V. (1998). Storie permesse, storie proibite [Life experiences permitted, life experiences prohibited]. Torino, Italy: Bollati Boringhieri.

World Health Organization (2005). International statistical classification of diseases and related health problems (10th rev.). Geneva, Switzerland: Author.

CAPÍTULO 14
Filhos do Divórcio

Frances (Frankie) R. Klaff

Adultos escolhem o divórcio, mas são os filhos que sofrem as consequências da decisão. Nos Estados Unidos, com 50% dos casamentos terminando em divórcio, mais de 1 milhão de crianças estão envolvidas, representando aproximadamente 30% da população infantil com menos de 18 anos de idade (U.S. National Center for Health Statistics, apud U.S. Divorce Statistics, 2006). Nas sociedades ocidentais, a família nuclear, compreendendo a mãe, o pai e os filhos, é considerada como sendo a unidade básica para a socialização dos filhos (Parsons, 1951). Como muitas famílias não seguem mais esse modelo tradicional, levanta-se a questão se as crianças podem se desenvolver emocionalmente em uma família nuclear fora dos padrões. Ademais, que critérios relacionados com a mudança na estrutura familiar poderiam favorecer ou retardar o desenvolvimento da criança? Dedicou-se muita atenção a examinar se o divórcio tem um impacto negativo no ajuste psicológico das crianças ou se o divórcio está, no momento, tão em moda que pode ser considerado um evento transicional normativo (Kaslow, 1981). O divórcio provoca muitas mudanças funcionais e estruturais. Estas incluem as complicações emocionais e logísticas da ausência de um dos pais, desequilíbrio financeiro e dois sistemas com expectativas e regras diferentes. Em acréscimo, há novos componentes do subsistema, como, por exemplo, figuras parentais, meio-irmãos ou irmãos adotivos e famílias estendidas com disposições heterogêneas de novos personagens (personalidades) e ambientes diferentes que provocam impacto no sistema. O que constitui a "família" para as crianças do divórcio é muitas vezes completamente diferente do que é tradicionalmente concebido como uma família nuclear.

Efeitos do Divórcio na Adaptação na Infância

Visões padronizadas da adaptação na infância enfatizam a importância do relacionamento pais/filhos. A qualidade desse relacionamento normalmente muda com o divórcio. Os sentimentos de culpa, de tristeza, de raiva e de confusão, mais as questões com relação à lealdade e às alianças, muitas vezes modelam (camuflam) as percepções dos pais e da vida da criança. Não é apenas a situação pós-divórcio que afeta a adaptação, mas a natureza da experiência pré-divórcio (Forehand & Long, 2002). De fato, revisões de literatura relacionadas com o divórcio indicam claramente que o clima pré e pós-divórcio, como mensurado pelo conflito interparental, é o indicador mais consistente da adaptação da criança (Amato & Keith, 1991; Emery, 1982). Wallerstein (1983) descreveu a adaptação máxima como a realização de determinadas tarefas psicológicas baseadas na conceitualização de Erikson (1950) dos estágios dos ciclos de vida. Eles reconhecem a realidade do rompimento conjugal, impedindo o conflito e o ressentimento dos pais, e recuperando as atividades cotidianas. Etapas necessárias envolvem a resolução de perda, da raiva, da autoacusação; a aceitação da permanência do divórcio; e o desenvolvimento da esperança sensata em relação aos relacionamentos. Essa formulação implica em que a criança precisa aceitar as "mudanças estruturais sistêmicas externas", assim como alcançar a "reconciliação interna dentro de sua própria personalidade (do seu próprio eu)". Há uma prevalência de três temas: a resolução de questões do "passado", a aceitação e a adaptação à situação do "presente" e a transição para o estado normal em relação ao "futuro".

Tratamento do Divórcio com Base nos Sistemas Familiares

Há muito a terapia familiar é reconhecida como uma modalidade de tratamento eficaz para os problemas infantis em geral (Nichols & Schwartz, 1998) e, em especial, para problemas relacionados ao divórcio (Isaacs & Abelsohn, 1986). Pioneiros como Minuchin (1974) basearam os métodos de tratamento na teoria dos sistemas familiares, nos quais os elementos indispensáveis do funcionamento familiar eficaz necessitam de uma estrutura hierárquica com os pais no comando e distinções claras de limites entre os indivíduos, assim como entre as gerações. Quando esse formato é rompido surgem os comportamentos sintomáticos. Uma estrutura hierárquica bem definida envolve alianças adequadas entre os subsistemas familiares com limites, regras e funções claras, que não são muito permeáveis (resultando em emaranhamento), nem muito rígidas (resultando em desprendimento).

Pesquisa e literatura clínica confirmam que na família divorciada ocorre um desarranjo estrutural na hierarquia, na autoridade, nas funções e nas regras dos relacionamentos familiares. O poder muda, as mudanças de limites e hierárquicas redefinem os inter-relacionamentos familiares e esses rompimentos em sequência podem, por sua vez, resultar em dificuldades de adaptação para a criança (Schulman, 1982; Weltner, 1982). Um exemplo comumente relatado de violação de limite ocorre quando uma criança entra no triângulo de conflito entre a animosidade dos pais e espera-se que tome partido de um dos lados. Teoricamente, apesar das mudanças na composição estrutural, o sistema familiar ainda deve compreender os princípios de organização da hierarquia, com os pais no comando, regras e funções claras, e limites adequadamente permeáveis entre os subsistemas.

A partir da perspectiva desse modelo sistêmico, toda a família era vista como uma unidade de tratamento (Haley, 1980). As intervenções terapêuticas tiveram como objetivo a mudança dos padrões estruturais das interações entre os diversos subsistemas familiares. De maneira interessante, com a mudança na ênfase para o tratamento da família como uma unidade integral, o indivíduo como um subsistema de importância foi desconsiderado. A atenção no comportamento no passado mudou para as interações no presente e a ênfase na dinâmica "intrapsíquica" foi substituída pela ênfase nos relacionamentos "interpessoais", exemplificados por afirmações, tais como "Com a finalidade de induzir uma mudança estrutural, o terapeuta deve concentrar-se não nas experiências particulares, mas no *comportamento* dos membros da família" (Gurman & Kniskern, 1981:316). Assim, durante as décadas de 1980-90, houve um reconhecimento gradual, porém acentuado, de que embora as teorias dos sistemas parecessem sólidas, a reestruturação das famílias não era uma fórmula simples, nem única de resolver os problemas familiares. Tornou-se evidente que a experiência individual (percepções, crenças e sentimentos) foi também uma meta importante e válida de tratamento (Nichols & Schwartz, 1998).

Quando se avalia as crianças do divórcio, é importante considerar ambas as perspectivas intrapessoais. A consideração de todo o sistema familiar é claramente decisiva quando a operação dessa estrutura dinâmica afeta a atividade e a experiência da criança. A consideração do impacto das experiências pessoais das crianças dos eventos "passados" e "atuais" também é de fundamental importância. Na melhor das hipóteses, testemunharam a erosão do relacionamento dos pais; na pior, tornaram-se participantes ativos no conflito, frequentemente muito antes que o processo real de divórcio fosse legalizado e muito depois de seu término.

Modelo de Processamento de Informação Adaptativa Aplicado às Questões do Divórcio

O modelo de processamento de informação adaptativa (Shapiro, 2001) é especialmente aplicável às experiências do divórcio das crianças com ênfase nos elementos de experiências do passado, do presente e do futuro. As crianças normalmente relatam lembranças aflitivas das discussões ou das contendas físicas dos pais. Outros incidentes passados comumente experimentados, como a partida de um dos pais, a redução financeira, a mudança de residência e até mesmo a mudança de todos os sistemas sociais, incluindo a escola e os amigos, são vivenciados como traumáticos. O impacto pode permanecer mesmo após uma aparente estabilização da família. Lembranças passadas podem ser estimuladas no presente, como, por exemplo, quando um dos pais se queixa do outro com relação ao apoio à criança. O não processamento desses eventos pode ligar-se a sintomas comportamentais, somáticos e emocionais, assim como a percepções distorcidas. As emoções para essa população normalmente incluem tristeza, raiva, culpa, dor e sentimentos de perda e abandono. As sensações físicas persistem na forma de dores estomacais e cefaleias (Greenwald, 1999).

As distorções cognitivas, como, por exemplo, "É minha culpa", "Não sou importante" e "Preciso cuidar da minha mãe" podem se tornar crenças arraigadas. Por exemplo: Tony, 40 anos, estava inconsolável após descobrir que sua namorada fora infiel. Durante a terapia, Tony percebeu que sempre sentira culpa por não impedir a infidelidade da própria mãe, quando ele tinha 6 anos, o que levou ao divórcio dos pais. Agora, anos mais tarde, o impacto daquela experiência intensificou a reação com sua namorada. O tratamento de EMDR ajudou Tony a processar adaptativamente os elementos dolorosos de sua memória de infância. Tratado com antecedência, talvez tivesse se tornado menos emaranhado nos problemas dos pais e mais capaz de lidar com o divórcio.

O EMDR ajuda a criança a liberar os sentimentos irracionais de ter que assumir a responsabilidade pessoal pelos problemas e pelos cuidados dos membros da família. Além da resolução "interna" da experiência passada, as mudanças "externas" atuais precisam ser promovidas para apoiar o progresso comportamental e intrapsíquico da criança. Normalmente, envolvem mudanças no comportamento dos pais e naquele de outros subsistemas familiares envolvidos. Portanto, a combinação da terapia familiar e o EMDR facilita o objetivo geral do tratamento da adaptação saudável da criança às mudanças forjadas pelo divórcio.

PROCESSO TERAPÊUTICO

A terapia familiar sistêmica é integral para todos os oitos estágios do tratamento de EMDR da criança e das questões do divórcio, utilizando o princípio de três etapas alvejando os problemas do passado, do presente e do futuro. Especificamente, as lembranças perturbadoras passadas da criança relativas ao divórcio são obtidas e tratadas, assim como os estímulos aflitivos do presente. Enquanto essas questões aflitivas são processadas individualmente, a terapia familiar ajuda a reestruturar as interações de disfunções familiares. Desafios futuros são identificados e buscam-se possíveis soluções. O EMDR é usado para visualizar as habilidades de enfrentamento e as alternativas comportamentais que são desenvolvidas em conjunto com a criança, algumas vezes com a contribuição dos pais.

Durante a fase de coleta da história, as perspectivas materna e/ou paterna da criança e de outros subsistemas contribuem para uma compreensão da estrutura e funcionamento da família e fornecem informações para planejar o tratamento. Na fase de preparação, o trabalho dos sistemas familiares aborda a mecânica do inter-relacionamento, que pode ter, no momento, alguma disfunção. A perspectiva (*insight*) é obtida considerando-se as questões pré-divórcio que possam ter associações incômodas para a criança. Abordar a disfunção sistêmica nesse estágio tem como objetivo reforçar a família como uma base de segurança e pode auxiliar na estabilização das reações emocionais específicas da criança antes que o material perturbador possa ser processado com o EMDR. Um dos pais pode precisar informar, reassegurar ou fazer mudanças ambientais reais para aumentar a segurança antes que os incidentes perturbadores do passado possam ser processados. As questões estruturais com relação aos limites e a hierarquia podem necessitar de atenção, de modo que uma criança não tenha uma função excessiva, assumindo responsabilidade em excesso no novo sistema familiar ou tenha uma função deficiente, regredindo e trazendo à tona questões de assistência afetiva. Esses exemplos realçam alguns dos problemas estruturais no divórcio que podem romper com a adaptação normativa.

A fase de avaliação, que envolve a seleção de alvos, pode também incluir os componentes da terapia familiar. Um dos pais pode identificar incidentes perturbadores, mas a criança, auxiliada pelo terapeuta, seleciona os objetivos reais. A Terapia Familiar Estrutural nesse estágio pode incluir o estabelecimento de limites para diminuir o emaranhamento, como, por exemplo, solicitando que o pai (ou a mãe) permita que a criança fale por si mesma ou encorajando-a a permanecer sozinha com o terapeuta facilitando, desse modo, a liberdade de expressão. Isso é especialmente importante em casos nos quais a criança pode estar com medo de contrariar um dos pais ou com medo de recriminação, ou durante a adolescência quando a privacidade e a individualização são considerações primordiais. Os alvos frequentemente implicam fatores sistêmicos como a triangulação (emaranhamento) no passado ou argumentos atuais dos pais e as violações de limites, como, por exemplo, quando um dos pais critica o ex-cônjuge para a criança ou espera que a criança seja um mensageiro. Os componentes emocionais frequentemente incluem a perda de um dos pais, a angústia com relação à confiança em um dos pais, as esperanças de reconciliação impossíveis, a perda do *status* social ou ciúme em relação ao novo relacionamento de um dos pais. Se a informação não surgir espontaneamente, o terapeuta pode trazer à tona possíveis alvos com assuntos gerais, como, por exemplo, "Qual é a pior parte com relação ao divórcio de seus pais?" Ou assuntos específicos, "De quem é a culpa por seus pais se separarem?", "O que você fazia quando eles brigavam?", "Seu pai telefona para você?" e "Sua mãe lhe pergunta sobre as namoradas de seu pai?".

Durante a fase de dessensibilização podem ser necessários "entrelaçamentos cognitivos" elaboradamente conduzidos para auxiliar no redirecionamento de emoções ou de materiais aprisionados. Categorias incluem:

> *Responsabilidade*: "A culpa é sua se seus pais brigam?", "De quem é a responsabilidade de levar você de volta para a casa de sua mãe no horário?". Essas indagações abordam questões sistêmicas da definição de papéis, de hierarquia, de alianças, de limites e de emaranhamento.
> *Escolha*: "Que você pode fazer se sentir-se triste na nova casa de seu pai?", "Você consegue dizer à sua mãe como você se sente quando ela diz isso?". Essas perguntas têm a finalidade de aumentar a permeabilidade dos limites no âmbito da realidade.
> *Segurança*: "Que você pode fazer se estiver com medo?", "Onde você se sente seguro?". Desenvolver elementos concretos de segurança é essencial antes de abordar a insegurança interna observada, com elementos referenciais fundamentais como "Que você pode dizer a si mesmo se sentir-se com medo?".
> *Novas informações*: "A culpa é da criança se os pais não se entendem?". Abordam-se as distorções e informações errôneas com relação a causa e efeito, a relacionamentos, a papéis adequados ou assuntos sistêmicos.

Durante a fase de processamento, a reestruturação dos relacionamentos familiares pode continuar, como, por exemplo, no estabelecimento de limites para um dos pais excessivamente atarefado ou na ativação de um dos pais mais descompromissado estimulando os entrelaçamentos cognitivos: "Mãe, você vai pegar a Patty na hora certa?" (Segurança).

Padrões futuros incluem a visualização bem-sucedida da administração de um assunto sistêmico problemático como "Imaginar-se dizendo a sua tia que você não quer falar sobre sua mãe" ou a antecipação de pequenos empecilhos e de como a criança lida com eles mais confiantemente.

A fase de reavaliação deve incluir a avaliação da dinâmica familiar, bem como o progresso emocional individual da criança. Provavelmente sejam necessárias sessões de terapia adicionais para tratar da disfunção continuada. É mais vantajoso para outros membros da família que podem se beneficiar do EMDR, serem normalmente encaminhados a um colega terapeuta quando as complicações com as alianças se tornam uma ameaça profissional.

Exemplos de Casos

Caso 1: A Família Dunn

Pam (34) procurou tratamento para os filhos Kendall (7) e Scott (4). O pai das crianças, Jay (36), mudou-se recentemente da casa da família após morar no porão durante um ano. Nesse tempo, o casal oscilou entre conflitos e tentativas de reconciliação. Pam, atraente e bem relacionada, era formada em música e trabalhava como assistente de um quiroprático. Embora mal paga, gostava do trabalho e de sua flexibilidade de horários. Jay era técnico em computação em uma fábrica de automóveis. Pam descreveu a atmosfera volátil e o conflito contínuo com relação às questões dos cuidados paternais e maternais durante a desintegração do casamento. Estava preocupada, porque Kendall estava desatento na escola e tinha perturbações estomacais, não falava e negava os problemas. Pam observou que no último ano de casamento, Jay a maltratara fisicamente em algumas ocasiões. Durante esse período, Pam descreveu Kendall como um "cão de guarda", algumas vezes cerrando os punhos para intervir a favor dela. Uma vez, durante um período de calmaria, Kendall viu o casal abraçado e tentou separá-los, interpretando erroneamente a situação como um conflito.

Além disso, Pam estava preocupada com a tristeza de Scott. Embora não fosse mais extrovertido e expressivo do que Kendall, Scott estava pegajoso. Quando Pam leu para ele o seguinte título em uma folhinha cristã, "Uma família feliz é o paraíso na terra", ele respondeu pesarosamente: "Essa não é a nossa família".

Pam ainda estava com muita raiva de Jay, a quem descrevia como o sabotador atual de seus esforços de cuidados maternais, falava mal dela para as crianças e não incentivava as crianças a fazerem os deveres escolares. A única reclamação de Jay era que Pam interferia com sua capacidade de divertir-se com as crianças, porque ela estava muito voltada para os deveres escolares. Ela os havia matriculado em uma escola cristã particular, mas Jay se recusava a ajudar com o transporte ou com as mensalidades, porque achava que a escola pública era boa o suficiente. Consequentemente, Pam arcou com o ônus financeiro assim como com o transporte e com outras responsabilidades escolares. Deu entrada em uma ação legal contra Jay para obter uma pensão maior para sustentar os filhos, embora as crianças não soubessem disso.

Tratamento: Componente da Terapia Familiar

Pam concordou em participar da sessão conjugal com Jay "para o bem das crianças", embora o desprezasse. Jay, com relutância, tomou parte e concordou em retornar se fosse solicitado, mas nunca tomou a iniciativa do contato. O objetivo terapêutico estabelecido foi a adaptação das crianças. Usando os constructos estruturais de Minuchin (1974), o objetivo para a família Dunn foi o realinhamento do sistema familiar, mudando os relacionamentos disfuncionais por meio do esclarecimento dos papéis parentais. Isso implicou no estabelecimento de um sistema familiar duplo, com hierarquias discretamente separadas e permeáveis, mas com limites claros desarticulando, dessa forma, a triangulação das crianças e possibilitando que elas tivessem relacionamentos saudáveis com cada um dos pais separadamente. A tarefa foi realizada por meio da psicoeducação com o objetivo de normalizar o processo de divórcio e oferecer informações com relação às etapas de uma adaptação saudável para facilitar o reconhecimento dos pais do impacto de seus próprios comportamentos sobre as crianças.

A reestruturação do sistema exigiu um esforço muito grande dos pais para separar seus problemas conjugais das crianças, sem esperar que fossem mensageiros ou que competissem por sua lealdade. Pam precisou reconhecer os limites de seu controle sobre Jay e modificar suas expectativas em relação às tarefas escolares. Levou-se em consideração que, como Pam abriu mão das críticas em relação a Jay, este, por sua vez, pôde se sentir com mais autonomia e respondeu mais favoravelmente à mudança de seu estilo de cuidados paternos. O terapeuta também tratou as crianças separadamente da mãe, para auxiliar a individualização delas, encorajar maior liberdade de expressão de pensamentos sem medo das consequências, normalizar os sentimentos delas, reforçar os limites evolutivamente apropriados e reforçar a autonomia adequada do subsistema de irmãos.

Em resumo, o objetivo global era facilitar o processo relativo ao desenvolvimento da transição para um sistema familiar duplo pós-divórcio adaptativamente funcional. O alinhamento apropriado implica mediar a relação parental de "inimigos de fogo" para "colegas colaboradores" (Ahrons & Rodgers, 1987) e ajudando as crianças a se livrarem dos conflitos dos pais. Estabeleceram-se sessões familiares para vários subsistemas, como, por exemplo, o pai e as crianças, a mãe e as crianças, e com cada uma separadamente para normalizar a nova realidade estrutural. Esses objetivos se alinham com o corpo de pesquisas sobre divórcio que consistentemente conclui que, relacionamentos continuados com os pais em uma atmosfera de apoio e de cooperação minimizam os danos psicológicos (Kaslow, 1981; Klaff, 1983; Kressel, 1985).

Tratamento: Componente do EMDR

A preparação com um "front loading"[39] positivo foi incluída para assegurar recursos adequados e dar uma sensação de segurança para estabelecer as bases para o foco mais tarde dos eventos perturbadores. Recursos positivos foram trazidos à tona com perguntas, como, por exemplo: "O que você gosta de fazer"? e "Qual a melhor coisa de estar com o papai/com a mamãe?". Os sentimentos positivos resultantes foram ampliados por meio do estímulo bilateral (veja Shapiro, 2001). Construir um relacionamento terapêutico satisfatório e confiável com as crianças foi um componente importante do tratamento (Dworkin, 2005). Além disso, proporcionar ou maximizar uma sensação de segurança foi um elemento essencial para essas crianças em razão dos conflitos físicos que presenciaram.

O tratamento com o EMDR levou em consideração os elementos interpessoais individuais priorizando os componentes perceptuais frequentemente negligenciados da experiência das crianças com relação ao divórcio (Klaff, 1983). As sessões individuais com as crianças tiveram como objetivo suas próprias lembranças perturbadoras, sentimentos angustiantes e os eventos passados, presentes e futuro previsto. Experiências dolorosas anteriores à dissolução do casamento, bem como as questões perturbadoras e preocupações previstas foram abordadas. Os terapeutas trouxeram à tona lembranças positivas e negativas por meio de perguntas, como: "Como as coisas estão atualmente na sua vida?" E perguntas específicas como: "Qual a pior coisa de que você se lembra sobre a partida de seu pai?". As informações fornecidas pelos pais foram abordadas com as crianças separadamente como seria apropriado. No início, Pam estava presente nas sessões com Scott, porque ele era muito jovem e ligado à mãe; além disso, a sintonia de Pam com a terapeuta serviu para reforçar a confiança de Scott na terapeuta. Pam foi incluída de forma a apoiar na administração do estímulo bilateral como captadora durante o processamento e como um recurso de informações para o entrelaçamento cognitivo. À medida que a confiança de Scott aumentava, as sessões individuais facilitaram a exploração de material não expressado anteriormente.

Resumo do Tratamento

Kendall escolheu fazer o EMDR sem a presença da mãe. Foram feitas três sessões. Scott frequentou seis sessões combinando o EMDR e ludoterapia, com a presença de Pam durante algumas das sessões de EMDR. A terapia familiar foi incorporada no início e no final de cada sessão. O propósito dessas intervenções era processar as preocupações emergentes (com permissão) como o desejo de Kendall de passar mais tempo com o pai. Sessões de acompanhamento monitoraram o progresso e identificaram novas questões.

Durante o EMDR, Kendall e Scott abordaram problemas, lembranças e emoções, algumas das quais já haviam admitido anteriormente e algumas ainda não haviam sido comentadas. Objetivos incluíram a infelicidade com relação à separação dos pais, o desejo de reconciliação, os sentimentos de perda, a falta da presença do pai e o desejo de passar mais tempo junto dele. No tratamento individual, as crianças resolveram a tristeza e o medo do

---

[39] Nota da T.: Optou-se por manter o termo em inglês que aqui está associado a "fazer tudo no início, no começo, como fazer bastante recurso no início do tratamento.

passado, aceitaram a separação dos pais e reconheceram que não tiveram culpa e eram amadas por seus pais. Nas sessões familiares, aprenderam a negociar algumas mudanças e reconheceram que as regras em cada casa eram diferentes, semelhante a aulas com diferentes professores. O foco do tratamento, nesse caso, mudou para as questões pessoais de Pam como mãe solteira, incluindo preocupações futuras como o impacto de namorar alguém. A seguir, apresentamos uma análise mais profunda do trabalho com Scott.

O EMDR com Scott

Durante a fase de preparação, Scott identificou recursos positivos, como, por exemplo, as visitas aos avós e brincadeiras com os primos. À medida que relembrava de experiências passadas positivas, sentimentos dolorosos de perda foram trazidos à tona. A discussão sobre mudanças estruturais na família ajudou-o a refletir sobre perspectivas mais realistas, normalizar o processo de divórcio e isolar áreas de desconforto para o processo com o EMDR, como não ver muito o pai, sentir falta da mãe enquanto visitava o pai e tristeza com as brigas entre os pais. O lugar seguro estabelecido antes de buscar as lembranças passadas foi, de fato, uma base de segurança composta de recursos positivos de acesso: pessoas e experiências, que também serviram para validar sistematicamente os relacionamentos separados e ligações de Scott com cada um dos pais. O momento seguinte demonstra esse estágio, quando Scott animadamente compartilhou que era dia de fotografia na escola:

Terapeuta: Você vai dar fotografias para quem?
Scott: Para meu pai e para minha mãe.
Terapeuta: Oh, você vai dar uma foto para cada pessoa que é importante para você e que o ama? Mhm... Sua mãe te ama?
Scott: Sim [estabelecido com poucas transmissões de estimulação bilateral – EBL].
Terapeuta: Seu pai te ama?
Scott: Sim [EBL].
Terapeuta: Então os dois te amam?
Scott: Sim [EBL].

Após estabelecer essa base de segurança e recursos, buscou-se, no passado, um alvo evocativo relacionado a um divórcio turbulento:

Terapeuta: Qual foi a pior parte do divórcio?
Scott: As brigas.
Terapeuta: Você se lembra realmente de ocasiões desagradáveis? (Scott identificou uma ocasião quando os pais foram brigar no porão por causa de um cartão postal. Na realidade, era um convite de casamento endereçado à Pam que Jay abrira. Interessantemente, Kendall selecionou a mesma lembrança para seu primeiro alvo, embora Pam não fizesse a menor ideia de que as crianças tinham consciência do incidente e eles nem mesmo houvessem comentado suas lembranças com ela ou entre eles. Isso realça a importância de explorar as próprias percepções das crianças dos eventos, identificando-as e reprocessando-as.)

O estímulo bilateral para Scott foi diversificado para manter o interesse e acomodar um período de atenção menor da criança e incluiu o acompanhamento do movimento manual, de leves batidas nos joelhos e nas mãos. Séries para crianças são mais curtas do que para adultos, igualando aproximadamente à idade da criança, embora não haja uma regra rígida. A concentração e a atenção excelentes de Scott permitiram séries de aproximadamente 10 a 12 transmissões. Pam, quando presente, algumas vezes administrou a estimulação bilateral enquanto Scott a abraçava. Algumas vezes, ele se sentava no colo da terapeuta durante o reprocessamento. Isso demonstra a prática de tornar o processamento tão confortável e natural quanto possível, enquanto se agrega ao protocolo:

Lugar seguro: Brincadeiras com Kendall. (*Interessante observar que ele escolheu o irmão como seu lugar seguro enquanto se lembrava da zona de guerra familiar.*)
Lembrança-alvo: Os pais no porão brigando por causa de um cartão postal.
Imagem: Os pais brigando no porão. Scott está de pé no alto da escada. (Ele desenhou uma figura da luta e ficou olhando para ela enquanto a processava. Além disso, desenhou a si mesmo com lágrimas grandes escorrendo; veja Figura 14.1.)

Crença: crenças algumas vezes precisam ser sugeridas pelo terapeuta à medida que as crianças têm mais dificuldade de abstração. Naquele momento da sessão, a terapeuta já ajudara Scott previamente a desenvolver uma crença: "É coisa deles".

Escala SUD: 10

Sensação Corporal: Cabeça.

Emoção: Ruim, tristeza.

A sequência a seguir indica as respostas de Scott após cada conjunto de estimulação bilateral:

1. Não me lembro.
2. Estou no hall de entrada.
3. Subo correndo para o meu quarto e me enfio debaixo das cobertas para não ouvi-los.
4. O mesmo.
5. Nada.
6. O mesmo.
7. Tristeza.
8. Estávamos na Flórida. Eu pude ir ao *moon walk*[40] com Kendall. Ele ficava me chutando no *moon walk* [risos]. (Como eu me sinto agora?) Feliz [*acessou a lembrança positiva*].
9. Nada. *("Nada" é sempre alguma coisa. Poderia ser nada novo a relatar ou nenhuma mudança de sentimento, ou nenhuma outra angústia ou não estou pensando sobre o incidente.)*
10. O mesmo. (Estávamos na Flórida ou foi após o divórcio?) Antes. (Tudo bem, continue.)
11. A mesma coisa, mas em outro passeio *(evocando outra lembrança da família).*
12. Nada. (Que você sente?) Tristeza *(a lembrança traz à tona a perda).*

Eu quero sentir que eles gostam um do outro *(tipifica a fantasia de reconciliação da criança).* (Possivelmente, é melhor pensar sobre como cada um deles gosta de você). *(A meta terapêutica global é a aceitação do fato do divórcio. Esse entrelaçamento tem sistematicamente como objetivo a aceitação da nova estrutura familiar e dos novos limites, retirando-o da triangulação do conflito dos pais e validando os relacionamentos dele com cada um dos pais separadamente.)*

Figura 14.1

13. Mesma coisa. (O quê?) O que você acabou de dizer.
14. Um pouco bravo.
15. O mesmo. (Onde você sente isso?) *(Pergunta com o objetivo de mudar possível looping.)* Nas minhas pernas.
16. Nada. (E o que você me diz dos sentimentos de braveza?) Passaram. Eu fiquei triste. Ainda está no meu rosto, nos meus olhos. *(Observe que "nada" era "alguma coisa", e a sensação corporal indica tentativa de bloquear as lágrimas.)*
17. O mesmo.
18. Bravo novamente. *(Talvez esteja lutando contra sua tristeza e previamente não expressou raiva contra seus pais.)* (É coisa deles.) *(Esse entrelaçamento trata da destriangulação. As suposições terapêuticas algumas vezes perdem a meta. Fazendo um retrospecto, Scott ainda poderá processar a raiva contra seus pais por causarem isso. Tecnicamente, o entrelaçamento não tratou desse aspecto.)*

---

[40] N. da T.: Moon Walk neste caso, refere-se a uma atração de entretenimento na Flórida, EUA.

19. O mesmo. (Onde você sente isso?) Na minha cabeça. (Que você gostaria de dizer?) *(Meta do entrelaçamento para permitir a verbalização do sentimento e liberar a tensão somática.)* Espero que voltem a ficar juntos. (Meta do entrelaçamento é a aceitação da realidade.) (Você acha que isso aconteceria?) Não. (Pense nisso). *(Era muito tentador confortar Scott, mas a terapeuta se conteve, reconhecendo que Scott estava processando em direção à aceitação interna dos fatos, fundamentalmente um resultado mais duradouro do que o de conforto.)*

20. O mesmo. Está na minha cabeça. (Que podemos dizer à sua cabeça?) *(Acesso ao conforto consigo mesmo. Scott não tem reservas de recursos positivos a partir dos quais evocar.)* Tudo bem ficar triste. (Sim. Pense nisso.)

21. Nada. (Que você sente?) *(Verificando o significado atual de "nada".)* Um pouco bravo, um pouco triste.

22. Nada. Mas o sentimento de tristeza desapareceu. *(Retorno ao alvo para avaliar a perturbação atual.)* (Olhe para o desenho que você fez.)

23. Nada. Desapareceu. (Quando você olha para o desenho, que você sente?) Um pouco mais triste. (Tudo bem ficar triste. É coisa deles). *(Esse entrelaçamento apoiou e normalizou os elementos sistêmicos e emocionais.)*

24. O mesmo que você disse.

25. Mesma coisa. (Que você sente?) Um pouquinho mais feliz. *(Alcançar um escore SUDS de 0 não seria ecologicamente apropriado para a situação. Afinal, ele está lidando com um problema atual e com um conflito parental continuado.)* (Você quer trabalhar um pouco mais ou já foi o suficiente?) *(Isso foi engendrado para dar a Scott algum controle, especialmente importante porque as crianças têm muito pouca escolha e controle em suas vidas. Dar o controle no processo de EMDR favorece a autonomia e a autoestima.)* Foi o suficiente. *(Para encerrar a sessão, um modelo futuro é introduzido para ajudar a atualizar as mudanças emocionais e cognitivas que ocorreram no processamento e para exercitar imaginariamente um novo comportamento.)* (Então, quando você vai para casa, sobre o que você pensa?) É coisa deles. (Tudo bem, pense a respeito.)

26. Tudo bem. *(Parece acontecer em muitos casos, nos quais o processamento parece continuar entre as sessões)* (sorrisos). (E como você se sente agora?) (Entre os olhos.) Melhor.
    SUDS = 3. *(É interessante como até mesmo pequenas crianças claramente avaliam seu nível de SUDS.)*

Na sessão seguinte, Scott informou que a lembrança não o perturbava mais. O processamento contínuo frequentemente ocorre sem esforço de consciência. Em outra sessão, Scott desenhou novamente uma figura da luta (veja Figura 14.2). Relatou seu sentimento de tristeza com relação ao divórcio. Quando a terapeuta perguntou, "Atualmente, qual é a pior parte do divórcio?", Scott respondeu: "Não ficar tempo suficiente com meu pai". O processamento anterior tinha como objetivo um evento passado, mas agora Scott identifica um presente *disparador*, que é outro canal para abordagem. A resolução de um evento complexo, como, por exemplo, o divórcio, envolve chegar a um acordo com os diversos canais e situações que precipitam um acontecimento para as crianças. Uma vez que os exemplos representativos são processados, frequentemente a generalização ocorre. A imagem de Scott representava o retorno para a casa da mãe no domingo à noite. Sua Unidade Subjetiva de Distúrbio era 8 e a sensação corpórea estava nas pernas. Durante o processamento, sua avaliação na escala SUDS caiu para 2 quando relembrou o prazer de estar com o pai.

Figura 14.2

O próximo passo envolveu uma intervenção nos subsistemas familiares integrada com o processo do EMDR. Pam foi convidada a participar da sessão para oferecer um Entrelaçamento Cognitivo (informação nova) lembrando Scott de que logo passaria umas férias de verão prolongadas com o pai. O processamento continuou com Pam na sala. A Unidade Subjetiva de Distúrbio (SUDS) de Scott caiu para 0. A manobra sistêmica foi também para ajudar Pam a apoiar a importância de ambas as famílias para Scott. Isso foi reforçado posteriormente em uma sessão separada com Pam, na qual foi encorajada a "pegar leve" com relação à hora de retorno aos domingos, à reestruturação dos horários das tarefas escolares, a reconhecer seus limites e tirar as crianças da triangulação do conflito com Jay. Mostrou-se a ela que sua atitude de fúria contra Jay estava sendo filtrada por meio das crianças com efeitos adversos. O fato de terem uma relação "prazerosa" com o pai foi formado novamente como sendo saudável para as necessidades de formação de laços masculinos. Sistemicamente fez-se uma tentativa para reestruturar a crença de Pam, de que todas as consequências negativas com relação às crianças eram advindas do pai. Essa ideia é especificamente difícil para pais que se duelam há muito tempo a aceitarem e não havia certeza de que Pam assimilasse essa possibilidade sem terapia pessoal direcionada para a sua experiência de divórcio. Pam pode ter se beneficiado das sessões de EMDR, mas as restrições realistas financeiras e de tempo prevaleceram.

Sessões futuras com Scott abordaram outros aspectos inquietantes atuais do arranjo do divórcio. Scott identificou um problema desconcertante típico vivenciado subsequente ao divórcio. Durante as visitas com o pai, sentia falta da mãe. Isso foi tratado com o EMDR, amparado pelos entrelaçamentos cognitivos para aumentar a sensação de segurança e a escolha de poder de decisão: "Que você pode fazer para se sentir melhor? Ligar para sua mãe?". A terapia familiar, neste caso, processou ainda mais as opções geradas. Seria fútil ou mesmo prejudicial propor soluções durante o EMDR que a criança não pudesse colocar em prática por razões práticas, psicológicas ou de desenvolvimento.

O objetivo geral foi trabalhar com a aceitação do fato de dois sistemas familiares separados e com a administração dos componentes afetivos. Entrelaçamentos cognitivos reconheceram os sentimentos de Scott e a imutabilidade da situação, mas também validaram seu poder de iniciar algumas mudanças, reforçar a afeição com ambos os pais e libertar-se da discórdia pessoal deles. Modelos "futuros" para enfrentamento foram incluídos no processamento e os problemas e medos futuros antecipados foram tratados. A terapia familiar com os pais reforçou a importância de separar os problemas deles das crianças (limites e controle) e não esperar que as crianças atuem como mensageiros (emaranhamento e alianças). Cuidado é necessário se o terapeuta escolhe transmitir a informação obtida na sessão de EMDR para um dos pais. Proteger as crianças é importante e elas algumas vezes relatam que seus pais "comportam-se apropriadamente" na sessão, mas os repreendem severamente mais tarde por trazerem à tona determinadas questões. Esse problema constitui uma questão de limites de si e em si mesmo; consequentemente, é preferível sempre que possível verificar com a criança sobre conversar com um dos pais com relação ao problema e abordar questões com a criança presente, atuando como um advogado da criança.

Acompanhamento Longitudinal

Kendall e Scott lembraram-se das sessões de EMDR e de seu conteúdo, anos mais tarde, quando tinham 14 e 11 anos, respectivamente. Um ano antes, Pam havia se casado com um homem de quem as duas crianças gostavam. Infelizmente, ele era infiel e essa união também terminou em divórcio. As crianças não reconheceram os sentimentos de mágoa como anteriormente, uma vez que aquele não era o pai biológico, com quem ainda mantinham uma forte ligação afetiva. Jay e Pam não estavam mais envolvidos em conflitos exaltados. As crianças estavam totalmente seguras com relação à orientação para sua mãe que não queriam que se casasse novamente. Esse desejo certamente reflete a típica mudança de hierarquia das famílias divorciadas, nas quais as crianças tornam-se parceiros mais iguais na tomada de decisão (Wallerstein & Kelly, 1980).

Durante o desastre de 11/9, Scott vivenciou pesadelos e medos de ficar sozinho na casa e solicitou uma sessão de EMDR, que aliviou sua ansiedade. Na época da redação do presente trabalho, as crianças eram adolescentes talentosos e atraentes, com 18 e 15 anos. Kendall compunha, cantava e tocava violão, e Scott tocava violão na sua própria banda. Tinham um bom relacionamento com cada um dos pais e ainda participavam de atividades esportivas. Kendall acabara de terminar o ensino médio e pretende se formar em música na universidade. Estão envolvidos com os pais, mas dizem à Pam que não podem contar com o pai. Os pais, de fato, foram responsáveis pela fixação adequada de limites e, principalmente, por retirar os meninos da triangulação de seus assuntos e criaram relacionamentos significativos separados com os filhos.

As questões sistêmicas do divórcio são semelhantes para crianças e adolescentes. As violações de limites, com um dos pais buscando aliança contra o outro, são muito comuns e as tarefas de adaptação para o divórcio são as mesmas. Embora um adolescente possa ser cognitivamente mais desenvolvido do que uma criança, podem ocorrer angústias emocionais semelhantes. A confusão cognitiva também pode surgir, porque ainda há uma fidelidade emocional e saudade de um dos pais, mesmo no caso de o adolescente reconhecer um comportamento impróprio daquele pai ou daquela mãe como um cônjuge. Essa fidelidade, por sua vez, enraivece e confunde um dos pais mais responsáveis. O conflito, então, continua em casa quando se pede ao adolescente para julgar e confirmar a "causa" daquele pai ou daquela mãe. Isso é bem demonstrado no seguinte caso.

Caso 2: A Família Pline

Tess, uma menina inteligente e cativante de 14 anos de idade solicitou terapia por causa de um conflito com a mãe, Galen, uma antropóloga, com quem Tess morava juntamente com o irmão de 18 anos, Bradley. Os pais haviam se separado e se divorciado dois anos antes, quando Galen descobriu que Dick estava tendo um caso com sua amiga, Jill. Após a separação e o divórcio, Dick mudou-se para o Novo México, onde passou a morar com Jill. Quando Tess tinha 10 anos, sua família visitara a família de Jill no Novo México. Tess e Jason, o filho de 9 anos de Jill, estavam dormindo no alpendre e foram acordados por barulhos estranhos. Jill e o pai de Tess estavam deitados em um saco de dormir, próximo das crianças, sexualmente envolvidos. Tess até hoje nega que sabia muito bem o que eles estavam fazendo. Ela e Jason conversaram sobre as "coisas esquisitas que aconteceram" e finalmente disse a mãe após a mudança de Dick com a agora divorciada Jill e seus dois filhos. Tess não mantinha contatos telefônicos frequentes com o pai e tinha pavor das visitas anuais a sua nova casa.

Tratamento: Componentes da Terapia Familiar

As primeiras sessões de terapia foram direcionadas a resolver algumas das questões de conflito entre mãe e filha. O conflito era brando e entremeado por períodos de comunicação agradável. No início, na melhor das hipóteses, isso pareceu ser a individualização normal de Tess. Cada uma foi vista separadamente e juntas para respeitar a diferenciação do subsistema, mas Tess solicitou mais tempo de terapia individual. Ela, então, expressou sua raiva com a mãe por lhe dizer que o pai não estava enviando a pensão e que, consequentemente, elas estavam sem dinheiro. O objetivo sistemático foi, novamente, criar limites e uma hierarquia apropriada, de modo que a mãe mantivesse seus problemas longe de Tess e respeitasse que Tess ainda amava o pai. Tess também não queria ser companheira de Galen e se ressentia com o irmão, que não quis participar da terapia. A mãe informou que ele era inteligente, mas desmotivado e não passou no 3º ano do ensino médio. Essas sessões logo resultaram na redução do conflito. Galen também recebeu tratamento individual, incluído EMDR com outro terapeuta.

Tratamento: Componente do EMDR

Tess negou que tivesse quaisquer lembranças do passado. Estava muito cooperativa e amigável, disse que estava bem com relação ao divórcio e voltou seu foco para as questões normativas não relacionadas ao divórcio. No entanto, imediatamente antes de uma visita iminente ao pai, Tess relatou ansiedade e insônia, e expressou grande relutância em relação à visita. Concordou em participar do EMDR com relação à questão. Quando perguntada se podia identificar uma lembrança perturbadora passada, identificou como alvo um incidente que ocorrera durante a visita mais recente ao pai. Interessantemente, embora não tivesse escolhido o incidente do alpendre anteriormente envolvendo o pai e a amante, o tema do alvo selecionado é ressonante daquele evento.

Imagem: Verão passado, Pete de 17 e Jason de 13, filhos de Jill, estavam lá. Jason tem a minha idade, mas muito imaturo e tem transtorno de déficit de atenção/hiperatividade (TDAH). Pete bateu na porta do quarto do pai e de Jill e eles não responderam. Foi constrangedor. Pete ficou nervoso e Jason ficou aborrecido. (E você?) Eu gritei com meu pai mais tarde quando descobri um preservativo na lata de lixo quando estava limpando o banheiro para eles. A camisa do meu pai estava desabotoada e eu o confrontei. Ele disse: "Estou com calor". Mas não estava quente dentro de casa. (A que horas do dia isso aconteceu?) Na hora do almoço.

Sentimento: (Quando você relembra a cena, que sente?) Constrangida. Inaceitável. Eu penso no meu pai com a minha mãe e, em seguida, nele com Jill. Fico com raiva.

SUDS: (Qual a intensidade da mágoa agora?) 10.

Crença: (Como você gostaria de lidar com isso?) Eu gostaria de não me importar. Eles vivem juntos e têm suas necessidades. São pessoas reais. *(A ordem foi invertida, porque a sessão de EMDR não estava, na realidade, pré-programada e pareceu fluir naturalmente na conversação. Ela já fizera o EMDR anteriormente e estava familiarizada com a rotina. A Crença Negativa não foi trazida à tona, mas a declaração de Tess foi tratada como uma Crença Positiva e como um escore da escala VOC foi evocado.)* (Isso é o que a sua mente diz, mas até que ponto isso é verdade?) É duro pensar nisso, mas eu acho que compreendo.

Sensação corporal: (Em que parte do corpo você percebe a sensação?) O estômago está enjoado (vamos com isso).

1. Eu estava brava com meu pai, em seguida, brava com Jill. Eu senti que ela tirou meu pai de mim. Ainda estou brava, mas não tão brava. (Pontuação?) 4. Em meu estômago e tórax.

2. Eu estava confusa. Eu não sabia o motivo.

3. Eu compreendo mais. Tenho menos sentimentos desagradáveis.

4. Não é tão intenso. Não tão ruim.

(Ainda processando. Longo silêncio. O rosto de Tess está sombrio e parece que lágrimas estão brotando.) (Você está triste? Eu pensei ter visto lágrimas.) Um pouco, porque estou perdendo meu pai. *(Vamos com isso.)*

5. Realmente não é nada.

(Qual a pontuação agora?) Um número baixo. Eu realmente não sinto raiva. (Seu estômago?) Não está revirando agora. (Então, que você pode dizer para si mesma para lhe ajudar?) *(Esse entrelaçamento cognitivo traz à tona elementos de responsabilidade e escolha.)* Ele é uma pessoa real, também, e embora seja meu pai, eu tenho que deixá-lo viver.

(Você seria capaz de dizer a seu pai "Eu aceito você com a Jill, mas você pode ser mais conveniente; é embaraçoso para uma criança?") *(Entrelaçamento selecionado para ajudar a estabelecer limites adequados, porque ela está mais velha e capaz de se expressar bem, e ela tem algum poder.)* Eu poderia dizer isso.

(Como ele poderia responder?) *(Esse entrelaçamento testa a segurança da escolha dela.)*

Visto que, atualmente, ele trabalha longe de casa durante a semana, ele poderia dizer que me vê menos frequentemente e, então, ele poderia fazer o que quisesse. (E você aceita essa escolha?) *(Também procurando por sinais de distresse emocional.)*

6. É difícil também, porque é a única época em que eu o vejo. *(Rosto triste novamente.)* (É doloroso.)

7. Eu acho que ele a prefere a mim. (Você pode lhe pedir alguma coisa?). Eu não sei.

8. Eu acho que poderíamos fazer caminhadas juntos, embora não goste deles, ficar um pouco com ele (Almoço?). *(Entrelaçamento cognitivo para ajudar a expandir as opções.)*

9. Sim, isso seria legal. Eu me divirto quando estamos só ele e eu. (E você o vê de forma diferente de sua mãe. Ele é seu pai). (Mhm[41]). *(O entrelaçamento fixa limites no sistema e muda as expectativas de alianças.)* (E agora?)

10. Alegria. Eu sei que provavelmente consigo um jeito de estar junto dele. (Como está o estômago?). Bem. Eu não sei, não estou tendo nenhuma emoção verdadeira. Eu não o via há um ano, exceto um dia em junho, na formatura.

11. Eu me sinto mais calma. Eu espero ansiosa por isso, porque pode ser legal vê-lo. (E Jill?) *(Busca por possíveis desencadeadores não resolvidos.)* Tudo bem.

Nesse momento, o escore de Unidades Subjetivas de Distúrbio (SUDS) era 0. As sensações corporais estavam ausentes e a crença de Tess era congruente (VoC 7). Um modelo futuro imaginando um bom controle da visita foi introduzido.

Resumo do Tratamento

Após essa sessão, Tess visitou o pai no Novo México sem problemas. Um resultado inesperado ocorreu. Telefonemas animadores partiram de Galen, Tess e Dick, cada um com objetivos motivacionais diferentes. Tess estava tão feliz no Novo México que decidiu ficar e ir à escola, que começa dentro de uma semana! Dick achou que era um plano excelente, embora fosse ficar fora por causa do trabalho de domingo à tarde até sexta-feira à noite. Ele se mudaria para Vermont em seis meses e Tess ficaria, basicamente, aos cuidados de Jill.

A saudade do pai e o desejo de estar com ele são típicos de conflitos forjados pelo divórcio. Essa nova conexão com Dick que não ocorrera em uma visita anterior, contemplou a terapeuta com um pensamento inquietante: o EMDR havia funcionado tão bem? Preocupações individuais e familiares surgiram. Os pais entraram em contato com seus advogados e a terapia por telefone com cada membro da família tornou-se essencial. Os sentimentos de Tess em relação ao desejo de ficar com o pai foram validados tanto pela terapeuta quanto, surpreendentemente, pela mãe. Galen fora capaz disso, porque seu advogado, o terapeuta pessoal e o terapeuta familiar informaram-na que uma intervenção da justiça provavelmente levaria meses, porque não havia emergência identificável para apoiar a mudança e Tess, e nem razões muito boas em termos de sua estabilidade, grupo de amizade e disponibilidade parental para prever que o pai não obteria a custódia residencial. No entanto, apesar da intervenção terapêutica, Dick permaneceu concentrado de forma narcisista em suas prioridades ao invés de reconhecer o que era melhor para Tess.

Tess concordou em voltar para casa para resolver a questão por meio dos tribunais. Ela tinha a impressão de que seus desejos seriam imediatamente concedidos e nem a terapeuta, nem a mãe a fizeram mudar de opinião – um exemplo de uma aliança terapêutica e arranjo com um subsistema parental escolhido em razão da crença da terapeuta de que isso era o melhor para Tess. Ela escreveu uma carta ao juiz sob a tutela do pai e, de fato, com o

---

[41] Exatamente como está no original.

apoio da mãe. Essa manobra sistêmica foi elaborada pela terapeuta para neutralizar o conflito, que poderia resultar na resistência de Tess em voltar para casa e, em último caso, reforçava o subsistema mãe-filha.

No seu retorno, Tess processou um dilema proposto pela terapeuta: E se o juiz não apoiasse sua mudança? Ela se concentrou no possível cenário com o EMDR. Durante o processamento, ela lamentou o fato de o pai não poder vê-la. Isso, também, tipifica as reações das crianças de pais divorciados. Um entrelaçamento cognitivo contestava sua crença de que ela era responsável pelos sentimentos e comportamentos do pai: "De quem foi a escolha para que seu pai se mudasse para tão longe?". Isso a ajudou a ter uma perspectiva diferente e a mudar emocionalmente. Em termos sistêmicos, ajudou Tess a redefinir seu alinhamento com o pai, que também a liberou de ter a responsabilidade de protegê-lo. Tess informou que podia chegar num acordo com a situação e reconheceu o dilema de não querer ficar separada dos pais. Reconheceu, também, que era normal ficar triste com relação ao que o divórcio havia lhe causado.

Tess voltou para a escola e imediatamente se ligou novamente aos amigos e ficou animada com relação ao programa escolar. Resolver seus conflitos sistêmicos e o afeto resultante permitiu-lhe voltar a se concentrar em questões normativamente apropriadas e os relacionamentos com seus colegas tornaram-se seu maior projeto. A terapia familiar facilitou o processo de restabelecimento, de forma que Galen fora capaz de alinhar novamente seu comportamento, além de proporcionar apoio emocional. Embora Dick parecesse imutável na época, uma vez que Tess estava estabelecida na casa da mãe, o padrão de contato foi revertido ao que fora antes (em termos sistêmicos, o sistema voltou à estabilidade), e ele não levou a questão adiante. Tess apreciava as visitas ao pai duas vezes ao ano e não se lamentava de ter voltado para casa. As intervenções familiares e o EMDR integrado ajudaram Tess a resolver as tarefas relativas ao desenvolvimento na aceitação da realidade do divórcio.

Para completar a narrativa, Bradley, então com 20 anos, acabara de voltar para a casa da mãe após passar 8 meses morando com o pai e trabalhando em uma fazenda. Ele se matriculou em um cursinho universitário para entrar na universidade e solicitou terapia para lidar com a "ansiedade" e com a "baixa motivação". Ele estava recebendo tratamento com EMDR. Galen permaneceu no tratamento com outro terapeuta em EMDR durante todo o processo de divórcio.

Acompanhamento Longitudinal

Um ano mais tarde, Tess, com 15 anos, voltou à terapia. O pai se mudara recentemente para Massachusetts e entrou com um processo para requer a custódia de Tess sem consultá-la.

Tess não demonstrou muita emoção, mas relatou à terapeuta que não queria se mudar para a casa do pai, embora gostasse dele e da família dele. Na sessão, sem ajuda, escreveu uma carta eloquente ao juiz expressando sua opinião, mas a carta não foi admitida no tribunal, assim como a carta escrita pela terapeuta afirmando que era o melhor para a saúde emocional de Tess permanecer no ambiente no qual tinha relacionamentos positivos duradouros e um senso de comunidade.

Tess pediu apenas três semanas de visita com o pai no verão, porque já fizera outros planos e estava animada para participar em uma missão humanitária de 10 dias em Mississippi e em um acampamento de três semanas, ambos sob os pressupostos da igreja a qual fazia parte. O pai, novamente, respondeu desprovido de suas necessidades narcisistas e recusou-se a considerar os desejos ou as necessidades relativas ao desenvolvimento da adolescente e a reconhecer a importância de manter a estabilidade dentro da zona de conforto de Tess.

O encontro com o juiz foi estressante para Tess. A decisão judicial apoiou a permanência de Tess, mas aumentou as visitas de verão para cinco semanas, com uma semana intermediária com a mãe. O pai pareceu aceitar essa decisão sem má vontade. Todavia, Tess imediatamente começou a dormir excessivamente e interrompeu todas as atividades com os colegas. Metade da sessão de terapia seguinte foi dedicada a relatar a experiência no tribunal com a mãe e a filha, seguida por uma sessão de EMDR apenas com Tess.

Quadro: Estou sentada e a juíza está dizendo: "Não estou lhe dizendo que vou deixá-la ficar, mas quanto tempo você gostaria de visitar um dos pais?"

Respondi: "Se fosse com minha mãe então..." (mais tempo). Ela disse, "Não" e não me deixou continuar. Queria que eu respondesse no geral.

Crença negativa: Eu traí meu pai.

Crença positiva: No meu coração, eu sei qual a decisão certa (VoC 6).

Emoção: Culpa. Preocupação.

Localização: Estômago.

SUDS: 8.

A sequência seguinte indica as respostas de Tess após cada conjunto de estimulação bilateral:

1. Menor sentimento de culpa, mas ainda me sinto culpada.

2. Menos, uma vez que sei o que é certo em meu coração. Ainda sinto culpa, mas não tão intensamente.

3. Tipo de um vazio sombrio. Mas é um vazio positivo.

4. Eu me sinto bem com relação a isso. Como eu me senti no tribunal, eu estava nervosa e muitíssimo estimulada. Estava preocupada com a possibilidade de magoar um dos meus pais.

5. Eu acho que a decisão que tomei foi correta para mim. A influência de meus pais não foi parte de minha decisão.

6. Senti-me em paz com a decisão. (Como está o estômago?) Muito bem. (Então deixe rolar novamente.)

7. Eu disse para mim mesma que sei o que é certo para mim. (Você previu o que acontecerá no futuro?) Meu pai inventará alguma coisa. *(Entrelaçamento cognitivo: o objetivo é liberá-la de seu emaranhamento e deixar de ser um pião no conflito conjugal, bem como reformular o problema de ser congruente em relação ao desenvolvimento para uma adolescente.)* (Não tem nada a ver com escolher entre um dos pais. É sobre sua vida, escola e amigos). Mhm. (Imagem de você mesma no futuro.)

8. Um sentimento bom. Estou no controle da situação.

9. Qual sua pontuação [SUDS] agora? Um. (Que faria cair para zero?) Se não tivesse acontecido ou se nós não pudéssemos ter previsto que ele faria isso e tivesse feito este EMDR antes que tivesse acontecido. (As palavras "No meu coração eu sei o que é certo" ainda servem, ou existem outras palavras que se encaixariam melhor?) Eu sei que o que eu disse foi certo para mim e para essa época da minha vida.

10. Eu tenho um zero agora e o sentimento de culpa desapareceu. Meu estômago se acalmou.

Tess voltou à terapia cinco dias mais tarde. Seus sentimentos positivos permaneceram, apesar do fato de que o pai havia começado a enviar mensagens instantâneas para Tess com relação aos arranjos de verão. Relatou que dissera ao pai que esse era um assunto entre ele e a mãe dela, e que ela se sentia constrangida. Ele concordou e, então, insistiu com mais duas mensagens que serviram para que ela se divertisse dizendo que tinha que desligar para fazer o dever de casa. Disse que era capaz de fazer isso por causa do "surpreendente EMDR". O fato de dormir em excesso cessou com essa sessão de EMDR e ela reassumiu suas relações com os amigos. Alan, seu pai, na época da redação desse texto, entrou com ação novamente para obter a custódia (!), resultando em mais estresse tanto para mãe quanto para a filha. Sessões adicionais continuarão a apoiar Tess durante esse processo.

Os desafios de Tess são típicos de crianças de pais divorciados em que os temas repetidos de conflitos não resolvidos permeiam suas vidas e criam conflitos (frequentemente nas celebrações familiares), promovendo o estresse, a culpa e outras emoções complexas. A terapia familiar é útil no processamento de questões sistêmicas, mesmo quando todos os membros da família, como nesse caso, não estão acessíveis para terapia. O resultado da sessão de EMDR demonstra a eficácia da velocidade do processar questões atuais de divórcio litigioso que podem suceder repetidamente na esperança de que seu impacto será diminuído e aumentarão as estratégias da criança de lidar com o fato, aliviando, assim, as cargas emocionais das crianças em situações nas quais não têm responsabilidade.

CONCLUSÃO

Finalmente, a partir de uma perspectiva do sistema estrutural da família divorciada, a adaptação da criança é dependente do novo alinhamento familiar com uma estrutura hierárquica bimodal, limites claros, com regras parentais não contaminadas por objetivos pessoais – na verdade, uma tarefa difícil de realizar! O componente familiar do tratamento é muito importante, assim como a estrutura em modificação da própria família se torna uma fonte ativadora de perturbações para a criança. As famílias Dunn e Pline ilustram os elementos dos sistemas familiares da desintegração estrutural, rompimento da hierarquia, conflitos de alianças, triangulação das crianças como intermediárias e as consequências associadas. Como podemos observar nesses exemplos, a reestruturação do sistema familiar foi um elemento necessário no restabelecimento. Além disso, ficou aparente a importância de cuidar da angústia interna das crianças por meio do processamento individual do EMDR. A integração dos dois modelos ofereceu uma abordagem terapêutica mais completa.

Como é evidente nos exemplos apresentados, para crianças que estão começando a andar, crianças e adolescentes que são meros participantes dos fatores estruturais, não é suficiente resolver os problemas das crianças, porque as experiências armazenadas internamente também precisam ser abordadas. A experiência interna é composta de lembranças, reações e pensamentos visceralmente armazenados, acumulados durante o processo algumas vezes demorado do conflito pré-divórcio, da instabilidade transicional e recomposição da nova estrutura familiar. O EMDR avalia a perspectiva da criança, que é frequentemente difícil de trazer à tona por meio da terapia falada, da ludoterapia ou da terapia familiar apenas. O EMDR ativa o material relacionado com as complicações afetivas e sistêmicas do divórcio, originadas do passado, ocorrendo no presente e antecipadas no futuro. Esses elementos são frequentemente introduzidos com imagem indelével, intensidade emocional, distorções cognitivas e realidades factuais. O EMDR proporciona uma oportunidade para elucidar e processar esse material interno não resolvido e, nesse particular, acontece um arranjo mais confortável dentro do contexto de um sistema familiar reestruturado. No entanto, se as mudanças dentro do sistema familiar não apoiam o bem-estar da criança, a tarefa da terapia torna-se mais difícil e o objetivo volta-se para ajudar a criança a lidar com a instabilidade e o estresse contínuo.

Para ajudar a criança a lidar com as sequelas da experiência do divórcio, adaptando-se a elas, se ambas as realidades externas (por exemplo: a mudança da estrutura externa da família) e as percepções internas do sistema atual e as feridas passadas são tratadas na terapia, resultados mais satisfatórios podem ocorrer. Levando isso em consideração, o refinamento de incluir o modelo de processamento de informação do EMDR no plano de tratamento oferece uma opção de tratamento mais completa. As complicações afetivas e sistêmicas do divórcio originadas no passado, ativadas no presente e antecipadas no futuro são todas abordadas. A criança é capaz de processar a informação percebida com seus elementos de intensidade emocional, de distorção cognitiva e de realidades factuais com vistas à resolução e a aceitação e, esperançosamente, torna-se mais adaptada no contexto do sistema familiar reestruturado.

Portanto, um protocolo plausível de tratamento para crianças do divórcio precisa abordar elementos do processo estrutural familiar, assim como a experiência interna da criança. No processo de tratamento integrado descrito neste capítulo, a terapia familiar sistêmica estrutural aborda os elementos estruturais "externos", contribuindo para a experiência da criança e o EMDR aborda os elementos somáticos, afetivos, perceptuais e cognitivos "internos" da experiência armazenada da criança que, de fato, "inclui" a experiência de todo o sistema familiar. Para ajudar a criança a lidar com as sequelas da experiência do divórcio, adaptando-se a elas, acontece que se as "realidades" factuais como a mudança da estrutura externa da família e as "percepções" de ambas as realidades e seu significado no passado, presente e futuro são abordados na terapia, um resultado terapêutico mais satisfatório pode ser facilitado. A integração da terapia dos sistemas familiares e o Processamento da Informação Adaptativa como representado pelo EMDR oferecem um modelo contextual abrangente para o tratamento das crianças do divórcio. A equação "Todo o sistema mais a criança em sua totalidade é igual ao tratamento completo" resume a amplitude e a profundidade da terapia familiar integrativa e da abordagem do EMDR.

REFERENCIAS

Ahrons, C., & Rodgers, R. (1987). Divorced families: A multidisciplinary developmental view. New York: Norton.

Amato, P. R., & Keith, B. (1991). Parental divorce and the well being of children: A metaanalysis. Psychological Bulletin, 110, 26–46.

Dworkin, M. (2005). EMDR and the relational imperative: The therapeutic relationship in EMDR. New York: Routledge.

Emery, R. E. (1982). Interparental conflict and the children of discord and divorce. Psychological Bulletin, 92, 310–330.

Erickson, E. (1950). Childhood and society. New York: Norton.

Forehand, R., & Long, N. (2002). Parenting the strong-willed child. New York: McGraw-Hill.

Greenwald, R. (1999). Eye movement desensitization and reprocessing (EMDR) in child and adolescent psychotherapy. Northvale, NJ: Aronson.

Gurman, A. S., & Kniskern, D. P. (Eds.). (1981). Handbook of family therapy. New York: Brunner/Mazel.

Haley, J. (1980). Leaving home: The therapy of disturbed young people. New York: McGraw-Hill.

Isaacs, M. B., & Abelsohn, D. (1986). The dif ficult divorce. New York: Basic Books.

Kaslow, F. W. (1981). Divorce and divorce therapy. In A. S. Gurman & D. P. Kniskern (Eds.),

Handbook of family therapy (pp. 662–696). New York: Brunner/Mazel.

Klaff, F. (1983). Children of divorce: Adjustment with relationship with parents. Unpublished dissertation thesis, The Fielding Institute

Kressel, K. (1985). The process of divorce. New York: Basic Books.

Minuchin, S. (1974). Families and family therapy. Cambridge, MA: Harvard University Press.

Nichols, M. P., & Schwartz, R. C. (1998). Family therapy, concepts, and methods (4th ed.). Boston: Allyn & Bacon.

Parsons, T. (1951). The social system. New York: Free Press.

Schulman, G. L. (1982, Summer). Divorce, single parenthood and stepfamilies: Structural implications of these transactions. International Journal of Family Therapy, 3, 88–112.

Shapiro, F. (2001). Eye movement desensitization and reprocessing: Basic principles, protocols and procedures (2nd ed.). New York: Guilford Press.

U.S. divorce statistics. (2006). Divorce Magazine. Retrieved July 27, 2006, from http://divorcemag.com/statistics/statsUS.shtml.

Wallerstein, J. S. (1983). Children of divorce: The psychological tasks of the child. American Journal of Orthopsychiatry, 53, 230–243.

Wallerstein, J. S., & Kelly, J. B. (1980). Surviving the breakup: How children and parents cope with divorce. New York: Basic Books.

Weltner, J. A. (1982). Structural approach to the single parent family. Family Process, 21(20),203–210.

CAPÍTULO 15
A Criança Como Paciente Identificado:
Integrando Terapia Contextual e EMDR

Barry Litt

Estima-se que pelo menos 2% das crianças com menos de 12 anos e 5% a 18% dos adolescentes sofrem de transtorno depressivo (Birmaher et alii, 1996; Northey, Wells, Silverman & Bailey, 2003) que provavelmente irão persistir na vida adulta (Northey et alii, 2003; Wagner & Ambrosini, 2001). Crianças deprimidas que procuram tratamento ambulatorial têm índices mais altos de comorbidade, e desempenho acadêmico e funcionamento social inferiores (Hammen, Rudolph, Weisz, Rao & Burge, 1999) em relação às que não têm. Além do mais, sintomas depressivos são fortemente ligados a comportamento suicida em adolescentes (Spirito, Valeri, Boergers & Donaldson, 2003) – a terceira causa líder de morte em crianças e adolescentes entre 10 e 19 anos (Centers for Desease Control, 1999). Apesar da severidade do transtorno, a pesquisa sobre depressão infantil está em seus estágios iniciais e pouco é conhecido sobre sua etiologia ou tratamentos efetivos (Messer & Gross, 1995; Northey et alii, 2003).

A pesquisa sobre o desenvolvimento do transtorno depressivo foca-se na contribuição dos genes (Eley & Stevenson, 1999; Whiffen, Kerr, & Kallos-Lilly, 2005), variáveis psicológicas (Gladstone Kaslow, 1995; Joiner & Wagner, 1995), ambiente psicossocial (DiFilippo & Overholser, 2000; Messer & Gross, 1995) ou na interação entre dois ou mais desses domínios (Eley, 2003; Reinherz, Paradis, Giaconia, Stashwick & Fitzmaurice, 2003; Schwartz, Kaslow, Sceeley & Lewisohn, 2000). As terapias que receberam a maior atenção na forma de testes randomicamente controlados incluem intervenção psicofarmacológica (Wagner & Ambrosini, 2001; Wagner, Robb, Findling, Gutierrez & Heydorn, 2004), intervenção psicológica (Brent et alii, 1997; Mufson et alii, 2004; Reinecke, Ryan & DuBois, 1998) e uma combinação de terapia cognitivo-comportamental com medicação (March et alii, 2004). Apesar de intervenções baseadas na família sustentarem a promessa de tratar a depressão infantil, a literatura disponível para pesquisa até 2003 mostra a terapia familiar sistêmica sendo submetida aos rigores da validação empírica somente no estudo de Brent et alii, (Cottrell, 2003; Northey et alii, 2003). Isso é surpreendente, considerando que o criticismo parental, a comunicação pais-filhos ruim, excessivas interações aversivas e o conflito parental são associados com a instalação e o curso da depressão infantil (Cottrell, 2003; Hammen et alii, 1999; Messer & Gross, 1995). Além disso, existem algumas pesquisas limitadas que sugerem que o senso distorcido das crianças da responsabilidade pelos conflitos conjugais de pais está absolutamente relacionado a níveis elevados de mau ajustamento psicossocial (Buchanan, cookie &Dornbusch, 1991; O'Brien, Margolin & John, 1995).

Depressão Infantil por uma Perspectiva Sistêmico-Familiar

A abordagem sistêmica na qual a terapia familiar é baseada presume que a doença mental é um fenômeno irredutível que resulta da interação complexa e repetitiva de biologia, psicologia, família e cultura (Nichols & Schwartz, 1998). Historicamente, a terapia familiar tem procedido na complementaridade, axiomas sistêmicos de "equipotencialidade" e "equifinalidade" (a partir de um único evento, muitos resultados e vice-versa; Simon, Stierlin, & Wynne, 1985). A suposição de que processos familiares mal adaptativos exacerbam, mantém ou simplesmente perdem oportunidades de melhorar sintomas do paciente identificado (Framo, 1982; Prince & Jacobson, 1995). A terapia sistêmica não é diagnóstico-específica e o objetivo é melhorar o funcionamento familiar com a expectativa de que os sintomas – quaisquer que sejam – irão remitir (Northey et alii, 2003).

Não é tão irracional quanto pode parecer, considerando a riqueza de dados relacionando fatores familiares com doenças mentais infantis (Cummings, Davies & Campbell, 2000), o fato de que os pais, filhos sintomáticos e terapeutas nem sempre concordem com os objetivos do tratamento quando a terapia é focada no diagnóstico (ex.: Garland, Lewczyk-Boxmeyer, Gabayan & Hawley, 2004) e a conclusão geral de que terapia familiar é mais eficaz do que tratamento nenhum para uma ampla variedade de transtornos mentais infantis e adultos (Northey et alii, 2003; Pinsof & Wynne, 2000; Shadish & Baldwin, 2003). Além disso, como Northey et alii, 2003:583 enfatizaram:

> Crianças e famílias raramente procuram terapia com transtornos "puros" e sem estressores contextuais. É mais regra do que exceção que crianças e famílias que procuram terapia muitas vezes tenham múltiplas comorbidades, deficiências funcionais e estressores contextuais que impactam em seu quadro clínico apresentado.

Os modelos terapêuticos devem levar em consideração esses fatos, uma vez que os modelos de pesquisa focados em um diagnóstico particular não levam. A natureza holística da terapia familiar é bem apropriada para isso, pois direciona o clínico a examinar os estressores contextuais e a oferecer opções de tratamento que vão além do problema apresentado. Teoricamente, assim, a terapia familiar pode ser uma intervenção efetiva para corrigir processos patogênicos antes de levar à deficiência funcional e distúrbios que já se manifestam melhorando.

Depressão Infantil por uma Perspectiva do Processamento Adaptativo de Informação

O modelo do Processamento Adaptativo de Informação (PAI) de Shapiro (2001:16) propôs que a maioria das condições patológicas é "derivada de experiências anteriores de vida que iniciam um padrão continuado de afeto, comportamento, cognições e consequentes estruturas de identidade". Experiências perturbadoras que são insuficientemente processadas ficam presas no sistema nervoso central em forma de afirmações definidas. Atualmente, a exposição a estímulos estimulantes dispara os afetos, crenças e comportamentos do material original armazenado disfuncionalmente. Shapiro afirmou que uma grande variedade de patologias, incluindo alguns tipos de depressão, pode ter sido configurada por experiências anteriores de vida.

Essa hipótese ainda não foi testada com respeito ao material a mão; não existem testes randomicamente controlados para EMDR no tratamento de adultos ou crianças com transtorno de humor. No entanto, pesquisas existentes sobre EMDR mostram potencial com redução de sintomas associados a transtorno depressivo. Por exemplo: numerosos estudos de adultos com transtorno de estresse pós-traumático (TEPT) (veja Maxfield & Hyer, 2002) e pelo menos um estudo com crianças com TEPT (Chemtob, Nakashima & Carlson, 2002) mostraram que o EMDR é efetivo e reduz os sintomas depressivos comórbidos dos participantes.

O EMDR também pode mudar autocrenças negativas e estilo de atribuições mal adaptativas (Shapiro, 2001), dois traços de cognição que são associados com depressão em adultos (Beck, Rush, Shaw & Emery, 1979), bem como em jovens (Garber & Robinson, 1997; Mris, Schimidt, Lambrichs & Meesters, 2001; Schwartz et alii, 2000). Finalmente, o EMDR tem sido útil para corrigir as atribuições indiferenciadas da responsabilidade de adultos que sofreram abusos na infância pelo comportamento do perpetrador (Edmond, Ruben & Wambach, 1999; Edmond, Sloan & McCarty, 2004; Shapiro, 2001).

A Contextualização do EMDR

A terapia contextual pode ser considerada uma meta-teoria, uma vez que faz uma ponte entre teorias de relação com o objeto com teorias sistêmico familiar; elementos históricos e "desenvolvimentais" (verticais) com elementos do aqui e agora (horizontais) do funcionamento familiar; fazendo significados individuais com padrões transacionais. A teoria contextual é uma abordagem baseada na diferenciação na qual promove uma autodiferenciação para enfrentamento à pressão familiar para obediência, a confiança em recursos internos para autovalidação ao invés de dependência de aprovação dos outros e a superação do desconforto emocional em interesse de ações responsáveis (Boszormenyi-Nagy & Krasner, 1986). De fato, de uma perspectiva contextual, a relação da responsabilidade é intrínseca no bem-estar psicológico.

Princípios da Teoria Contextual

Para a teoria contextual é central o princípio dialético de afinidade, que é a experiência de self que existe como figura para um fundo de não-self ou o outro. Sem parceiros para agir um com o outro, a experiência fenomenológica de self não existe. Enquanto o outro é uma característica intrínseca da identidade de alguém (i.e., figuras de apego), é dito que o próprio e os outros são "ontologicamente" dependentes (Boszormenyi-Nagy, 1965).

Porque a criança em desenvolvimento está formando um self em relação à família como referencial não-self, o sistema familiar introjetado – suas regras, obrigações e permissões – formam um "modelo internalizado de necessidades relacionais" que determina o critério, ou "ajuste", para futuras relações de apego (Boszormenyi-

Nagy, 1965; Framo, 1965, 1982). Uma mulher que cresceu em um lar violento pode achar sua experiência de self validada casando-se com um marido abusivo. Rígida aderência aos papéis complementares de vítima e abusador prendem cada parceiro reciprocamente num contexto de autovalidação familiar, mas estagnado que inibe a autodelimitação e o crescimento.

O *self* e os outros manifestam sua dependência ontológica através de um diálogo sobre papéis de sujeito e objeto. O papel de sujeito é caracterizado pelo recebimento de atenção e o papel de objeto por dar atenção. A personalidade madura, ou diferenciada, é capaz de alternar os papéis de sujeito e objeto em termos mutuamente aceitáveis com um parceiro relacionado (Boszormenyi-Nagy, 1965; Friedman, 1960). O balanço equitativo resultante de necessidades do *self* com os outros caracteriza o modo dialógico de relacionar, o qual é o veículo para a construção da confiança (Boszormenyi-Nagy & Krasner, 1986).

Uma condição patológica existe quando tem um desequilíbrio crônico das posições de sujeito e objeto em um relacionamento comprometido. Expressões familiares como "Tudo é ele" e "Ela ocupa muito espaço" são afirmações da insatisfação disseminada entre aqueles que dominam o papel de objeto. Do mesmo modo, uma condição patológica surge quando o objeto para as necessidades do outro causa um eclipse na autonomia própria. Muitas mulheres foram criadas para acreditar que seu papel é "renunciar suas ambições pessoais e se tornar meramente um cão ou um contexto para as aspirações de seu marido e filhos" (Boszormenyi-Nagy, 1987:63).

O equilíbrio entre dar e receber atenção e cuidados implica uma dimensão ética com o relacionamento. A dimensão de ética relacional – uma contribuição original e notável de Boszormenyi-Nagy (Fowers & Wenger, 1997) – é a peça central da terapia contextual. Também é um conceito facilmente mal compreendido (ex.: Boszormenyi-Nagy, 1997) porque o conceito de justiça se refere ao balanceamento de necessidades ontológicas primariamente – a divisão das posições de sujeito e objeto em um relacionamento – e necessidades (i.e., instrumental) funcionais apenas secundariamente. Uma divisão equilibrada de trabalho pode ser um recurso vital para um casal comprometido, mas essa justiça funcional pode camuflar uma realidade ontológica mais profunda. Um marido que ama cegamente pode executar o papel de cuidador para sua esposa funcionalmente dependente, mas assim, na sua necessidade de ser necessário, ele domina o papel de sujeito.

Devido ao fato de pais e filhos terem opções assimétricas em dar e receber atenção e cuidados, a relação é eticamente desbalanceada: os pais dão mais aos filhos do que os filhos podem dar em troca. Esse fato, do "endividamento" dos filhos, estimula neles uma configuração motivacional chamada "lealdade filial" (Boszormenyi-Nagy, 1987; Boszormenyi-Nagy & Krasner, 1986). A lealdade filial pode ser experimentada subjetivamente como gratidão, culpa, senso de dever ou obrigação com um dos pais, necessidade de aprovação ou não conscientemente de modo algum.

Mas nesse contexto, a lealdade é sobre comprometimento e não sentimentos. A habilidade de uma criança de oferecer atenção apropriada para sua idade aos pais e a habilidade dos pais de recebê-la e reconhecê-la permite que a criança quite o débito e, assim, conquiste o "direito individual", que é a liberdade de fazer reivindicações legítimas por atenção e cuidados dos outros. Mais especificamente, a criança conquista o direito de se individuar: separar, sair de casa e formar lealdades extrafamiliares. Os pais que frustram os esforços de lealdade de seus filhos ou falham no reconhecimento deles, prendem a criança numa posição eterna de dívida (Boszormenyi-Nagy & Krasner, 1986).

Uma Abordagem Contextual Para a Patogênese

Como outras terapias sistêmicas, a teoria contextual presume que muitas doenças mentais, incluindo depressão, são desenvolvidas ou mantidas através de processos familiares patogênicos (Boszormenyi-Nagy & Krasner, 1986). A principal configuração relacional patogênica que afeta crianças é a "parentalização". Diferente da criança parentalizada descrita por Minuchin (1974), a parentalização num contexto ético ocorre quando uma criança é manobrada para o papel de objeto a serviço das necessidades de ego (ontológicas) dos pais, não importa se a criança assume ou não tarefas parentais (funcionais). Além das formas óbvias de exploração, como abuso físico e sexual, a parentalização pode tomar a forma de: bode-expiatório, infantilização ou manipulação da criança, de forma que a lealdade a um dos pais seja deslealdade com o outro – uma configuração relacional chamada lealdades clivadas (Boszormenyi-Nagy & Krasner, 1986).

As necessidades inconscientes de pais necessitados de extrair validação de uma criança dependente moldam a personalidade dela de maneira complementar, de forma que a criança aprende a aceitar o desequilíbrio ético como "normal". A criança cronicamente parentalizada pode desenvolver um "superego contra-autônomo" (Boszormenyi-Nagy, 1965) que inibe a individuação com culpa e ansiedade excessivas. Com isso, a criança é preparada para sentir-se responsável pelo bem-estar dos pais e irá transferir essa atribuição mal adaptativa para outros relacionamentos significativos (Boszormenyi-Nagy 1987).

Teoria Contextual e Modelo de Processamento Adaptativo de Informação: Uma Síntese

A abordagem contextual e o modelo PAI predizem que as experiências infantis formativas afetam tanto a saúde fisiológica quanto o funcionamento relacional. O modelo PAI atribui a patologia à acumulação de eventos traumáticos discretos e a abordagem contextual encaixa esses traumas, grandes e pequenos, em seu contexto relacional. Traumas discretos da experiência de um cliente com a sua família de origem, passados e presentes, são marcadores de operantes contínuos, padrões de vínculo – governante de relações eticamente desequilibradas.

Assistir a sua mãe espancar as irmãs enquanto seu pai assistia passivamente foi um evento traumático para Hal, mas o fato em si refletia a realidade ética cotidiana da vida familiar: que as necessidades da mãe – até mesmo sua necessidade de descarregar seus impulsos sádicos – eram mais importantes do que a segurança ou bem-estar dos filhos. O trauma do evento em si é composto pelo efeito duradouro que a parentalização contínua tem sobre a estrutura da personalidade. Com esse paradigma sistêmico e sua dimensão ética do relacionamento, a abordagem contextual e complementar é aditiva ao modelo PAI de Shapiro (2001). A abordagem contextual mostra ao clínico onde procurar por alvos e o EMDR provê a potência para transformar a experiência.

PROCESSO TERAPÊUTICO

Uma estrutura geral da terapia orientada por fases pode ser descrita como válida para a maioria, se não todas, as referências para tratamento. Uma fase de avaliação, uma fase de contratação e uma fase de intervenção caracterizam as principais tarefas do terapeuta. Na prática, essas fases podem se sobrepor, coincidir ou se repetirem ao longo do curso dos minutos, semanas ou meses. Este capítulo descreve apenas as práticas que são exclusivas à abordagem integrativa.

Fase de Avaliação

Consistente com os objetivos da fase 1 do EMDR (Shapiro, 2001), os objetivos dessa fase são avaliar a patologia a partir dos domínios biomédico, sociocultural, psicológico, transacional (sistêmico) e ético, e desenvolver uma hipótese útil para o problema. Métodos para avaliação específicos dessa discussão incluem avaliar transações e extrair "cognições negativas", recolher a história e identificar as questões da família de origem. A fase formal de avaliação é concluída com a exploração de opções terapêuticas para cada cliente.

Sessões conjuntas são inestimáveis para observar transações que refletem desequilíbrios éticos mais profundos na família. Esses encontros também provêm ao clínico uma oportunidade única para observar esquemas cognitivos mal adaptativos em ação. Quando um conflito ou impasse surge numa sessão, o cliente se torna defensivo ou uma transação patológica é observada, o terapeuta pode parar as interações desveladas e fazer para as partes envolvidas as seguintes perguntas: "Quando isso acontece, o que você pensa sobre você mesmo?" e "Que sentimentos e sensações você percebe neste exato momento?". Cognições negativas eliciadas nessa situação necessitam de pouca preparação por parte do terapeuta e os clientes têm acesso imediato à Gestalt das emoções correspondentes e sensações somáticas. A questão de seguimento "Quando você se sentiu assim antes?" Convida a buscar os desencadeadores atuais para o contexto da família de origem. Essas experiências formam a base para as fases 2 e 3 da abordagem EMDR (Shapiro, 2001).

O recolhimento da história na fase inicial do tratamento é completado em sessões familiares conjuntas e também em sessões privadas com os pais. Essas sessões privadas são úteis para juntar informações sobre o relacionamento do casal e identificar as questões da família de origem de cada adulto. Um genograma de três gerações (ex.: McGoldrick, Gerson & Shellenberger, 1999) ajuda a revelar legados de méritos e débitos, e explorar possibilidades para conquistar direitos através de ação reaproximadora. O genograma também provê uma fotografia econômica para catalogar alvos para posteriores sessões de EMDR. Essa fase culmina no desenvolvimento de uma hipótese válida a respeito das crenças patogênicas salientes, transações e desequilíbrios éticos na família.

Fase de Contratação

Incorporando a fase 2 do EMDR (Shapiro, 2001), o objetivo da fase de contratação é apresentar a avaliação e as opções de tratamento às partes responsáveis de maneira sucinta, compreensível e estabelecer consentimento informado para a terapia. Quando a criança é o paciente identificado, opções comuns para terapia derivadas dessa abordagem são a intervenção biomédica (i.e., encaminhamento para avaliação psiquiátrica ou física), EMDR, terapia familiar conjunta, e consultas com os professores e funcionários da escola. Pode ser oferecida aos pais a mesma opção, com adição de terapia de casais e trabalho com a família de origem.

Uma tarefa útil nessa fase, e passível de ser renegociada periodicamente, é determinar quem, o que e quando da terapia. Como a abordagem contextual enfatiza a autonomia e responsabilidade pessoal, as opções do *menu* de tratamento são apresentadas; os adultos e, dependendo da maturidade, os filhos são convidados a contratar um plano individualizado de tratamento. Por exemplo: um dos pais pode escolher buscar terapia individual (ex.: EMDR e trabalho com a família de origem), enquanto o outro pode desejar participar apenas de trabalho conjunto com os filhos e todas as partes concordam que a criança pode se beneficiar de uma avaliação psiquiátrica e EMDR.

Trabalhar conjunta e individualmente com vários membros da família é clinicamente sinérgico e coeso, e proporciona ao terapeuta uma oportunidade inigualável de observar os relacionamentos entrelaçados entre a estrutura psíquica e o padrão transacional. A lógica dessa abordagem é intuitiva para muitos clientes que apreciam ter um só terapeuta responsável pela família toda e vice-versa. No entanto, é provável que a maioria dos terapeutas não seja treinada para trabalhar dessa maneira, e alguns podem achar útil procurar supervisão em controle de fronteiras e confidencialidade em questões peculiares a essa abordagem.

Fase de Intervenção

Como mencionado anteriormente, a parentalização de crianças é de extrema preocupação para a Terapia Contextual, porque é considerada uma configuração relacional patogênica que pode afetar as gerações seguintes. Várias intervenções comportamentais e sistêmicas podem ser usadas para parar a exploração no nível transacional, mas a mudança mais sutil (porém mais profunda) no equilíbrio de dar e receber é determinada no aumento da tolerância a afeto dos próprios pais, capacidade de autoconforto, acesso a recursos internos adaptativos (ex.: cuidado, controle de impulso, autodiálogo positivo; Schnarch, 1991) e confiança nos diálogos como recurso relacional (Boszormenyi Nagy & Krasner, 1986). Considerando o pai que pergunta a seu filho: "Eu sou um bom pai?" O apelo do pai por aprovação mina seu papel parental: a criança está sendo requisitada a parentalizar seu pai. Esse e os incontáveis afetos duplos que, sem dúvida, prevalecem são sintomas da inabilidade do pai se confortar e se validar.

Parentalização gera parentalização. Como as experiências infantis na família de origem são os principais contribuintes para o atraso no desenvolvimento e o seu relacionamento atual mantém esse atraso na estrutura da personalidade, essas configurações relacionais em si são alvos para EMDR. Kitchur (2005) oferece um guia para alvejar relacionamentos familiares em seu modelo "desenvolvimental" estratégico. Na maioria dos casos, o primeiro alvo para a fase de dessensibilização é a memória dos conflitos entre os pais. O segundo e o terceiro são o relacionamento com cada pai. Alvos posteriores incluem traumas pequenos e grandes, eventos familiares centrais (ex.: nascimentos, mudanças, doenças sérias, mortes) e traumas transacionais (ex.: irmão favorecido, conflito entre pai-irmão). Consistente com a recomendação de Shapiro (2001), Kitchur apoia dessensibilizar os alvos em ordem cronológica.

Os três primeiros alvos (relacionamento dos pais, e cada pai) são especialmente ricos no material que geram e frequentemente um grande progresso pode ser feito pela resolução deles. O reprocessamento das memórias do relacionamento conflituoso dos pais pode aliviar o nó das lealdades fendidas e de um senso distorcido de responsabilidade pelo casamento dos pais. Reprocessar as memórias dos pais é algo terapêutico, quer o evento seja específico ou genérico (ex.: a imagem mais vívida que o cliente tem de seu pai), porque questões de autovalor são personalizações de mérito não ganho (ex.: falta de valor) aos olhos dos pais. Crianças confundem seu autovalor existencial com sua experiência de seu valor na família, o que Boszormenyi Nagy e Spark (1973) chamaram de "contabilidade mérito – baseada da família". Como resultado, cognições mal adaptativas, tais como "Eu não sou bom o bastante", "Eu não me igualo" e "E sou sem valor" são internalizados. O EMDR pode ser efetivo no reprocessamento dessas cognições negativas e na sua Gestalt acompanhante, e pavimentam o caminho para a transformação dos paradigmas relacionais que elas engendram.

Looping ou processamento bloqueado, no qual a perturbação permanece alta por várias séries consecutivas (Shapiro, 2001) é comum nesse tipo de trabalho. Dois entrelaçamentos originais específicos a esse aspecto da terapia têm sido indispensáveis. O primeiro, o "entrelaçamento de diferenciação", é essencialmente um "entrelaçamento cognitivo" (Shapiro, 2001) com inclinação para as questões de diferenciação do *self*. Central a essa estratégia é a transformação do cliente a esses paradigmas de autovalor comparativo e um autovalor existencial. O primeiro, bastante comum, é baseado no livro de contabilidade familiar de méritos e implica uma hierarquia de valores humanos na qual o cliente está tentando ser bom o suficiente para os pais ou se regozijar na aprovação dos pais. O segundo é uma aceitação de que todo ser humano tem um mérito intrínseco que não é sujeito a julgamento quantitativo. "Cognições positivas" indicativas de autovalor existencial incluem "Eu sou valoroso" ou simplesmente "Eu sou".

Especificamente, o entrelaçamento de diferenciação inclui técnicas de como fazer o cliente pensar sobre o pai pelo nome e não pelo título e concepções subentendidas desafiadoras durante a fase de dessensibilização. O trecho seguinte é um exemplo de uma cliente que está dessensibilizando um alvo de sua mãe, Martha:

- Por que a opinião de Martha sobre você é mais importante do que a sua própria?

- E se ninguém conseguir fazer Martha feliz? E se você ganhasse o prêmio Nobel e ela ainda estivesse desapontada, que isso significaria?

- Martha desapontou a mãe dela? Talvez a sua avó devesse ser a juíza final?

- Você acha que Martha pode estar conseguindo conquistar a sua aprovação? Que isso significaria?

- Você acredita que Martha tem habilidades impecáveis como mãe, colhidas do próprio *background* de cuidados, mas escolheu não usar essas habilidades com você porque você é, de alguma forma, diferente?

- Se Martha, de repente, pensasse que você é perfeita e enchesse você de elogios, você seria uma pessoa melhor do que era ontem?

- Percebe a infelicidade de Martha? De quem é esse problema?

Questionamento socrático, ironia e a perspectiva tomada pontuam a fase de dessensibilização para quebrar as ilusões e pensamento mágico da perspectiva infantil, e instalar um raciocínio adulto, executivo.

Como uma técnica acompanhante, o "entrelaçamento somático" funciona sinergicamente com a intervenção cognitiva. Durante a estimulação de atenção dual (EAD), o cliente é orientado a empurrar os dois braços para frente, "como se você estivesse empurrando alguma coisa pesada". Com confiabilidade confusa e surpreendentemente em muitos clientes, essa ação permite derrubar a intensidade do afeto de forma notável – mesmo sem a estimulação de atenção dual. Mais significantemente, essa ação simula (ou estimula) o efeito de ter uma fronteira de ego mais saudável. Os clientes relatam uma melhor separação da figura dos pais, mais compaixão pelos pais como indivíduos, e um senso visceral de que o "problema" reside nos pais e não consigo mesmo. Quando o escore SUDS alcança zero, o cliente repete o procedimento com uma postura relaxada.

Com resolução bem-sucedida de experiências relacionais passadas e atuais, ressentimento e medo abrem espaço para a compaixão e curiosidade, e clientes adultos são mais abertos a melhorar seus relacionamentos da família de origem. O aspecto de modelos futuros do protocolo de três fases do EMDR (Shapiro, 2001) é uma ferramenta importante para preparar os clientes para esse difícil trabalho. O terapeuta e o cliente discutem possibilidades para ação reaproximadora com membros específicos da família. Isso pode acontecer durante as visitas da família ou em terapia conjunta (ex.: Framo, 1976). Muito do trabalho de modelos futuros centra em inocular o cliente contra as reações defensivas e desconfiança dos membros da família. O critério para o sucesso se encontra com a integridade da ação do cliente, não com a resposta dos outros.

Essas intervenções são alvejadas nos adultos com o objetivo de estabelecer práticas parentais responsáveis, mas o EMDR também pode ser usado para curar os ferimentos psíquicos que a criança sofreu com a parentalização. No entanto, quanto mais jovem a criança, mais vulnerável ela será aos processos familiares patogênicos. O EMDR não é substituto para cuidados parentais responsáveis. Desde que o processo de parentalização é remitido e os desequilíbrios éticos são discutidos abertamente na família, o EMDR pode ajudar a corrigir as atribuições mal adaptativas da criança associadas com a história da parentalização e, dentro dos limites, pode ser alvejada para inocular a criança contra possíveis situações de injustiça no futuro.

Exemplos de Casos

Caso 1: Uma Abordagem Familiar

Esta sessão ilustra os princípios do EMDR informado contextualmente com uma vinheta clínica. Para os propósitos deste capítulo, apenas os aspectos do tratamento apropriados a essa abordagem são discutidos, incluindo avaliação familiar, contratação e entrelaçamento das intervenções de EMDR e terapia contextual.

A Fase de Avaliação

A família Blue é branca de classe média, intacta, de quatro pessoas que se dirigiram à terapia com preocupações sobre as oscilações de humor de Judy, 13 anos, sua autorreprovação, declínio no desempenho acadêmico. O problema alcançou um ponto crítico quando os pais, Carol e Hank, pegaram Judy mentindo sobre a evolução de seu relacionamento com um rapaz mais velho. Na discussão que se seguiu, Judy afirmou que desejava estar morta e que ela e o pai decidiram que ela precisava de terapia. Devido ao fato dos pais compartilharem a situação com sua filha e o irmão mais velho estava longe, na faculdade, Carol, Hank e Judy foram chamados para a sessão inicial. Essa discussão é focada na tríade mãe-pai-filha.

Conforme o usual para uma entrevista inicial, os pais foram requisitados a dividir suas preocupações sobre Judy um após o outro e, então, prosseguir suas observações sobre suas contribuições para a família em geral, e depois para cada um em particular. Ter os pais falando primeiro e convidá-los para creditar sua filha é um método elementar na terapia contextual (Boszormenyi-Nagy & Krasner, 1986). As questões seguintes são úteis para eliciar o mérito merecido pela criança e capacidade de cada pai de creditar a criança. Cada questão é seguida por objetivos implícitos entre parênteses:

- *Quem é Judy para você?* (Revela o mérito existencial mais o mérito aos olhos dos pais.)

- *Como ela é útil para você pessoalmente?* (Explora o reconhecimento dos pais das contribuições de lealdade de Judy.)

- *Ela parece sensível ao seu estado de humor? Como você percebe?* (Elicia áreas inexploradas do mérito conquistado por Judy por cuidar).

- *Quais os tipos de desafios que Judy teve que enfrentar que podem ter dificultado as coisas para ela?* (Convida à consideração de mérito conquistado através do esforço.)

Carol e Hank eram bastante disponíveis em reconhecer as contribuições de sua filha, mas não tinham consciência do custo disso para Judy. Os pais davam crédito a Judy por ser um grande conforto para eles emocionalmente, sendo um bom esporte tolerar o mau humor deles junto com seu irmão, e ser a coisa mais importante em suas vidas.

Foi um pouco surpreendente quando Judy admitiu que se preocupava com a felicidade dos pais, sentia necessidade de ser perfeita e tentar fazer uma "cara feliz", porque ela sabia o quanto seus pais eram sensíveis. Judy também descreveu seu desespero por não conseguir igualar seu desempenho acadêmico ao sucesso acadêmico de seu irmão David. Ela sentia que era "burra" e um desapontamento para seu pai em particular, que valorizava o sucesso acadêmico. Finalmente, Judy confessou que precisava manter seu relacionamento com o seu namorado em segredo, porque ela queria alguma coisa que fosse só dela – alguma coisa que não fosse dividida com os pais.

Encontros subsequentes com Carol e Hank, tanto casal quanto individualmente, circularam a fase de avaliação do tratamento. O casal revelou que o relacionamento conjugal estava estagnado, com cada pai recebendo mais conforto de sua filha do que um do outro. Carol e Hank estavam chocados, porém abertos para ouvir como esse fato separado de qualquer comportamento transacional correspondente colocava uma grande responsabilidade parental em sua filha. O perfeccionismo de Judy, a autorreprovação e o privilégio do bem-estar dos pais a despeito de sua própria autoexpressão eram todos evidência de um "superego contra-autônomo". Judy tinha que ficar atrás dos pais para acertar suas necessidades de autodelineação (ser sujeito), porque crescer era desleal a pais que dependiam tanto de sua disponibilidade como objeto. Sua escolha por um rapaz mais velho é sugestiva em relação à busca por cuidados substitutivos.

Os pais começaram a observar melhor as dinâmicas da parentalização, conforme suas próprias histórias familiares eram exploradas. Em uma sessão individual, Hank revelou que, como sua filha, ele sempre se sentiu uma decepção para seus pais. Ele nunca conseguia agradar o seu pai infalível, nem conseguia confortar a sua mãe, cuja necessidade por afirmação era insaciável. Também como sua filha, Hank procurou sua autodelineação em segredo, no caso dele, usando drogas ilícitas e matando aula. As necessidades subjetivas de Hank (dependência) eram eclipsadas por uma mãe necessitada emocionalmente e para quem suas ofertas de cuidado nunca eram suficientes, e um pai aparentemente perfeito a quem ele nunca conseguia se igualar. Psicologicamente, a experiência de parentalização de Hank foi personalizada na forma de duas cognições negativas dominantes: "Eu sou uma decepção" (falha existencial) e "Eu não me igualo" (falha funcional). Hank conviveu com esses esquemas através da reativação deles em sua família atual, o que produziu um comportamento transacional no qual ele alternava os papéis de "coitado de mim" (como sua mãe) e "infalível" (como seu pai).

A história familiar de Carol era significativa em virtude da morte de seu pai quando ela era pequena. O vínculo entre filha e mãe se intensificou conforme e posteriormente houve atração do conforto devido à devoção e à disponibilidade de Carol. A mãe de Carol logo se casou com um homem que "iria cuidar da família" e Carol foi compelida a chamá-lo de papai e tratá-lo com afeição. Isso é o afastamento da intimidade anterior da díade mãe - filha. Constituiu injustiças que encheram Carol de raiva. Carol achava que os adultos eram incapazes ou não queriam escutá-la, exceto por um breve período de rebeldia em seus anos adolescentes, ela sempre parecia a filha leal para sua mãe e padrasto, mas mantinha um relacionamento superficial e distante deles.

A perda do pai e parentalização posterior deram a Carol o "direito destrutivo", ou justificação, para buscar uma parentalidade compensatória em uma figura mais segura: sua filha. A "Lealdade invisível" (Boszormenyi-Nagy & Spark, 1973) à mãe e ao padrasto foi deslocada e colocada na sua confiança em Hank, que acabou sendo traída por ele, com quem ela permanecia distante e desconfiada. Psicologicamente, a experiência de Carol de ir de confidente da mãe à excluída no novo casamento deixou nela duas crenças negativas conflitantes: "Eu sou responsável" (pelo bem-estar da mãe) e "Eu não tenho importância". A terapia contextual resolve o paradoxo reconhecendo que Carol se importava como objeto que oferece, mas não se importava como sujeito que recebe. Esse paradoxo deu origem ao relacionamento de duplo vínculo com Judy. Aparentemente estava doando-se à filha sendo permissiva e agindo mais como uma irmã, mas Carol estava, na verdade, unilateralmente, deixando de oferecer uma disciplina apropriada e permitindo que Judy indiretamente amadurecesse sem cuidados parentais (ex.: Boszormenyi-Nagy & Spark, 1973:82).

Com questões não resolvidas *vis-à-vis* de suas famílias de origem, questões encobertas no casamento e com o filho tendo saído de casa, Carol e Hank estavam vivendo vicariamente através de sua filha, que se encontrava em múltiplos vínculos e lealdades fendidas:

- Em um nível, Judy sabia que seus pais esperavam que ela amadurecesse e agisse com responsabilidade; em outro nível, ela intuía a necessidade de seus pais de possuí-la como objeto cativo.

- Como Hank expressava suas decepções em Judy, ela realizou para ele o trabalho tão necessário de bode-expiatório: uma autodelineação de objeto contra quem Hank se aliviava do fato de ser ele mesmo "a decepção".

- Conforme seu pai estabelecia limites e expressava desapontamento por seu não comprometimento com tarefas, sua mãe era indulgente e se unia a Judy contra Hank. Se Judy se juntava a sua mãe nessa guerra fria contra Hank pela negligência de tarefas que ele promulgou, ela era desleal ao pai. Se executasse as tarefas apropriadas para sua idade, ela abandonava a mãe.

- Embora Judy tenha experimentado angústia considerável, ela era incapaz de expressar essas questões com seus pais, porque isso seria desleal, afinal, até agora seus pais não eram conscientes de seus prejuízos. Eles responderiam que ela era a coisa mais importante no mundo para eles, sem perceberem que esse era justamente o problema. A culpa resultante em Judy só reforçava sua autorreprovação e desesperança.

Judy sofria de humor deprimido em função dos efeitos em rede no funcionamento psicológico, transações e disfunções éticas. Faltava regulação afetiva própria para a idade, e ela havia internalizado múltiplas cognições negativas e atribuições adaptativas. Ela incluía "Eu sou uma decepção, sou responsável" (pelo bem-estar de seus pais) e "Eu não sou boa o suficiente". A semelhança às cognições negativas dos seus pais – até mesmo em algumas escolhas de palavras – era estranha, considerando que seus pais não tinham dividido suas cognições negativas com a filha.

A Fase de Contratação

Após cinco sessões de avaliação (a primeira com os três, a segunda com os pais, a terceira, a quarta e a quinta, com cada um separadamente) e mais duas sessões precisaram ser contratadas para formular o plano de tratamento como segue:

- As sessões familiares para Carol, Hank e Judy (e posteriormente David, quando ele fosse para casa de férias) para fixar fronteiras melhores e começar a desparentalizar Judy. Carol e Hank eram juntamente responsáveis pela determinação do número, frequência e horários dessas sessões.

- Terapia individual, incluindo EMDR, para Carol tratar suas questões de família de origem. Carol poderia assumir responsabilidade por agendar suas próprias sessões.

- Terapia de casal, para ser protelada até que a terapia individual suficiente tenha sido concluída, a ser negociada por Carol e Hank.

- Terapia individual para Judy, incluindo EMDR, para tratar suas cognições negativas.

- Avaliação psiquiátrica para Judy, para terapia antidepressiva.

A Fase de Intervenção

Esta sessão foca na interseção de EMDR e terapia contextual no tratamento da família Blue. Por esse ponto, a Fase 1 (história e planejamento do tratamento) e a maior parte da Fase 3 (avaliação) tinham sido completadas. Para a Fase 2, Carol e Hank foram avisados dos riscos e benefícios da terapia, e avaliados para tolerância à dessensibilização (veja Shapiro, 2001). Para a maior parte, o modelo descrito anteriormente (i.e., alvejar os relacionamentos e experiências da família de origem) guiou a terapia.

Carol

As sessões de EMDR de Carol foram intercaladas com terapia familiar conjunta e encontros individuais, nos quais ela desenvolveu novas opções para se relacionar com seus pais e irmão. A terapia verbal, o trabalho da família de origem, e o EMDR, com uso criterioso de entrelaçamentos somáticos e de diferenciação e trabalho de modelos futuros foram combinados sinergicamente para promover o seu desenvolvimento. Em uma sessão de EMDR essencial, com os braços esticados e focando em seu padrasto, a amargura de Carol se desfez quando ela percebeu o quanto rejeitava por lealdade a seu pai falecido. Cronicamente preenchida com o ressentimento em relação a seus pais, Carol agora olhava com compaixão para a nova família a qual ela fazia parte. Ela percebeu que seus pais, mesmo sem culpa, não tinham a sabedoria e maturidade para navegar na situação a qual eles se encontravam. Apenas recentemente consciente de seus próprios pontos fracos, ela imaginou em voz alta se poderia ter feito alguma coisa melhor.

Os benefícios se generalizaram para muitas outras áreas da vida. Carol não apenas tolerava melhor seu próprio afeto; ela não era mais manipulada pelo domínio matriarcal da mãe ou intimidada pelo comportamento rude de seu padrasto. Ela também tolerava melhor a frustração de Judy e achava mais fácil estabelecer limites e segurá-la por perto. Ela se percebeu em aproximação com Hank conforme o seu ressentimento crônico desapareceu.

Hank

Também passou muitos meses trabalhando nos três alvos baseados na família. Em um momento dramático do EMDR, aumentou seu entrelaçamento de diferenciação, sentiu um alívio visceral quando percebeu que sua mãe era uma pessoa comum e que não era dever de ele fazê-la feliz. Seu relacionamento com ela finalmente se tornou mais fácil e ele concluiu que ela estava mais relaxada em resposta a sua nova atitude.

Neutralizar o seu esquema de inferioridade *vis-à-vis* com seu pai demorou mais tempo e a mudança foi mais gradual. Sessões individuais e familiares foram intercaladas com as sessões de EMDR de Hank e promoveram um *feedback* contínuo sobre seus lapsos nos papéis introjetados de seus pais, e ajudaram a encontrar alvos em EMDR. O aumento da coragem e *insight* permitiu apoiar Hank na responsabilidade pelo retorno de seus papéis familiares que tinham menos impacto negativo na família.

Judy

As sessões de EMDR com Judy foram menos bem-sucedidas e possivelmente ineficientes no começo. O humor de Judy foi melhorado com a terapia de antidepressivos, mas suas cognições negativas não começaram a se transformar até que as dinâmicas familiares fossem significantemente melhoradas. Terapias verbal, individual e conjunta deram a ela *insight* sobre as dinâmicas de sua família e a ajudaram a externalizar os vínculos aos quais ela foi lançada. Conforme o processo de parentalização diminuiu, ela foi capaz de fazer uso dos entrelaçamentos somáticos no EMDR para ganhar perspectiva e coragem para confrontar seu pai quando ele regredisse. Gradualmente, sua depressão melhorou e ela ganhou mais autoaceitação.

A Família

Com Carol e Hank reduzindo, cada um, sua reatividade emocional através do EMDR, eles puderam participar mais construtivamente em terapia de casal. Conforme o processo de parentalização foi reduzido, Judy se tornou capaz de manter a responsabilidade de seus pais. A coalizão de Carol com sua filha abriu caminho para fronteiras mais saudáveis: Carol e Hank se uniram como pais e começaram a estabelecer limites efetivos com Judy, que respondeu com aumento da responsabilidade e autorregularão. Em suma, a "função tribunal da família" (Boszormenyi-Nagy & Krasner, 1986), que é a habilidade familiar de considerar justamente as necessidades de cada membro, foi habilitada.

Discussão de Caso

A terapia familiar contextual facilitada por EMDR foi usada para melhorar o relacionamento conturbado da família Blue e melhorar a diferenciação de cada membro. Judy recebeu intervenções focadas para depressão na forma de terapia farmacológica e EMDR voltado para as atribuições depressoras, uma intervenção sistêmica na forma de terapia familiar. O efeito em rede da abordagem integrada incluiu melhoras no humor, estilo atribucional, autovalor, referenciamento de *self* e crenças adaptativas, e funcionamento psicossocial normal, além de comunicação melhorada e manutenção de fronteiras na família.

Caso 2: Uma Abordagem Individual

Terapia conjunta pode não ser indicada ou plausível para alguns jovens, particularmente adolescentes. Ruth, uma universitária de 19 anos, de uma família intacta, foi atendida em curto prazo para depressão e TEPT, de base individual. A jovem mulher tinha perdido um número excepcional de parentes e amigos em uma idade precoce, e ficou convencida de que sua vida também acabaria rapidamente. Ruth começou a viver apenas para gratificação imediata. Ela começou a abusar de substância na adolescência, foi estuprada por um namorado e subsequentemente se tornou depressiva e desesperançosa. Conforme o EMDR foi usado para resolver as perdas, logo se tornou aparente através de associações de encadeamento e construção de afetos (Shapiro, 2001; Watkins & Watkins, 1997) que um estressor embrionário para Ruth era seu relacionamento com a mãe que, segundo ela, evidenciava traços de personalidade *borderline*.

Como Judy e outros jovens deprimidos (Campbell et alii, 2003), Ruth foi uma criança parentalizada que internalizou uma orientação de valor de super-responsabilidade e um senso profundo de desesperança, pois, ela não conseguia agradar ou confortar sua mãe. A parentalização de Ruth pode ter formado a fundação para que ela personalize as perdas em sua vida e se identifique com a desesperança e futilidade de seus amigos falecidos. EMDR, incrementado com os entrelaçamentos somáticos e de diferenciação, foi usado para alvejar o relacionamento de Ruth com sua mãe. A inicial resolução de seu esquema de super-responsabilidade a levou a um senso de esperança renovado e ela retomou a sua carreira universitária com vigor sem precedentes.

CONCLUSÃO

Apesar de pouco conhecidas as causas da depressão infantil, o tratamento sistêmico que intervém dos domínios biomédico, psicológico e processo familiar é uma abordagem racional que oferece uma grande promessa. A terapia contextual é um paradigma meta-teórico que incorpora dimensões múltiplas de preocupação para o psicoterapeuta. É uma teoria inclusiva que oferece *insight* para uma motivação, além de construir os sentidos de indivíduos, fontes de patologia na família, e objetivos para diferenciação e crescimento. Conceito de lealdade filial explica a vontade de um filho de se tornar objeto cativo das necessidades de dependências dos pais, e a parentalização é um mecanismo patológico que contribui para a depressão e outras formas de patologia.

O EMDR é uma intervenção terapêutica poderosa que pode acomodar e ser assimilado a muitos modelos teóricos (Shapiro, 2001). A união da terapia contextual com EMDR oferece aos clínicos um quadro compreensivo, através do qual processos familiares patogênicos podem ser identificados e intervenções sistêmicas e intrapsíquicas podem ser implementadas. Curar as feridas psíquicas dos adultos melhora a sua habilidade de cuidar responsavelmente de seus filhos e, assim, cria um contexto saudável para a autodelineação de seus filhos.

Judy e sua família melhoraram com a terapia integrada. Apesar de ser impossível saber quais intervenções afetaram nas mudanças ou como elas se combinaram, é notado que o EMDR teve pouco efeito aparente na depressão aos 13 anos de Judy, enquanto os processos familiares persistiram. Em termos contextuais, a lealdade filial de Judy manifestada em sua super-responsabilidade e culpa "contra-autônoma" era proporcional às necessidades dependentes não preenchidas de seus pais. Conforme seus pais progrediram, a necessidade deles de possuí-la no papel de objeto cativo diminuiu e Judy foi liberada para experimentar um senso mais adaptativo diferenciado de *self*. Em termos PAI, até que isso ocorresse, Judy não teria experiências suficientes de seus direitos conquistados (i.e., méritos) para formar redes adaptativas necessárias para que o processamento EMDR pudesse ser feito.

Em contraste, Ruth, de 19 anos, melhorou sem o benefício de intervenção familiar. É provável que, em um ponto, a influência das dinâmicas familiares nas cognições e comportamentos é inversamente correlacionada com a idade. Em conformidade, o EMDR sozinho não é suficiente para melhorar a depressão infantil, em face de dinâmicas familiares patogênicas, até que a criança atinja o fim da adolescência e possa contar com recursos internos mais autônomos e recursos relacionais extrafamiliares.

REFEREÊNCIAS

Beck, A. T., Rush, J. A., Shaw, B. F., & Emery, G. (1979). Cognitive therapy of depression. New York: Guilford Press.

Birmaher, B., Ryan, N. D., Williamson, D., Brent, D. A., Kaufman, J., Dahl, R. E., et al. (1996). Childhood and adolescent depression: Pt. I. A review of the past 10 years. Journal of the American Academy of Child and Adolescent Psychiatry, 35, 1427–1439.

Boszormenyi-Nagy, I. (1965). A theory of relationships: Experience and transaction. In I.

Boszormenyi-Nagy & J. Framo (Eds.), Intensive family therapy: Theoretical and practical aspects (pp. 33–86). New York: Harper & Row.

Boszormenyi-Nagy, I. (1987). Foundations of contextual therapy: Collected papers of Ivan Boszormenyi-Nagy, M.D. New York: Brunner/Mazel.

Boszormenyi-Nagy, I. (1997). Response to "Are trustworthiness and fairness enough? Contextual family therapy and the good family." Journal of Marital and Family Therapy, 23, 171–173.

Boszormenyi-Nagy, I., & Krasner, B. (1986). Between give and take: A clinical guide to contextual therapy. New York: Brunner/Mazel.

Boszormenyi-Nagy, I., & Spark, G. (1973). Invisible loyalties. New York: Brunner/Mazel.

Brent, D. A., Holder, D., Kolko, D., Birmaher, B., Baugher, M., Roth, C., et al. (1997). A clinical psychotherapy trial for adolescent depression comparing cognitive, family, and supportive therapy. Archives of General Psychiatry, 54, 877–885.

Buchanan, C. M., Maccoby, E. E., & Dornbusch, S. M. (1991). Caught between parents: Adolescents' experiences in divorced homes. Child Development, 62, 1008–1029.

Campbell, D., Bianco, V., Dowling, E., Goldberg, H., McNab, S., & Pentecost, D. (2003). Family therapy for childhood depression: Researching significant moments. Journal of Family Therapy, 25, 417–435.

Centers for Disease Control. (1999). Deaths: Final data for 1997. National Vital Statistics Reports, 47, 1–108.

Chemtob, C., Nakashima, J., & Carlson, J. (2002). Brief treatment for elementary school children with disaster-related posttraumatic stress disorder: A field study. Journal of Clinical Psychology, 58, 99–112.

Cottrell, D. (2003). Outcome studies of family therapy in child and adolescent depression. Journal of Family Therapy, 25, 406–417.

Cummings, E. M., Davies, P. T., & Campbell, S. B. (2000). Developmental psychopathology and family process: Theory, research, and clinical implications. New York: Guilford Press.

DiFilippo, J. M., & Overholser, J. C. (2000). Suicidal ideation in adolescent psychiatric inpatients as associated with depression and attachment relationships. Journal of Clinical Child Psychology, 29, 155–177.

Edmond, T., Rubin, A., & Wambach, K. (1999). The effectiveness of EMDR with adult female survivors of childhood sexual abuse. Social Work Research, 23(2), 103–116.

Edmond, T., Sloan, L., & McCarty, D. (2004). Sexual abuse survivors' perceptions of the effectiveness of EMDR and eclectic therapy: A mixed-methods study. Research on Social Work Practice, 14, 259–272.

Eley, T. C. (2003). Something borrowed, something blue. Psychologist, 16, 626–629.

Eley, T. C., & Stevenson, J. (1999). Using genetic analyses to clarify the distinction between depressive and anxious symptoms in children and adolescents. Journal of Abnormal Child Psychology, 27, 105–114.

Fowers, B. J., & Wenger, A. (1997). Are trustworthiness and fairness enough? Contextual family therapy and the good family. Journal of Marital and Family Therapy, 23, 153–169.

Framo, J. L. (1965). Rationale and techniques of intensive family therapy. In I. Boszormenyi-

Nagy & J. Framo (Eds.), Intensive family therapy: Theoretical aspects (pp. 143–212). New York: Harper & Row.

Framo, J. L. (1976). Family of origin as a therapeutic resource for adults in marital and family therapy: You can and should go home again. Family Process, 15, 193–210.

Framo, J. L. (1982). Symptoms from a family transactional viewpoint. In J. L. Framo (Ed.),

Explorations in marital and family therapy: Selected papers of James L. Framo (pp. 11–57). New York: Springer.

Friedman, M. S. (1960). Martin Buber: The life of dialogue. New York: Harper Torchbooks.

Garber, J., & Robinson, N. S. (1997). Cognitive vulnerability in children at risk for depression. Cognition and Emotion, 11, 619–635.

Garland, A. F., Lewczyk-Boxmeyer, C. J., Gabayan, E. N., & Hawley, K. M. (2004). Multiple stakeholder agreement on desired outcomes for adolescents' mental health services. Psychiatric Services, 55, 671–676.

Gladstone, T. R., & Kaslow, N. J. (1995). Depression and attributions in children and adolescents: A meta-analytic review. Journal of Abnormal Child Psychology, 23(5), 597–606.

Hammen, C., Rudolph, K., Weisz, J., Rao, U., & Burge, D. (1999). The context of depression in clinic-referred youth: Neglected areas in treatment. Journal of the American Academy of Child and Adolescent Psychiatry, 38, 64–71.

Hibbs, B. (1989). The context of growth: Relational ethics between parents and children. In L. Combrinck-Graham (Ed.), Children in family contexts: Perspectives on treatment (pp. 26–45). New York: Guilford Press.

Joiner, T. E., Jr., & Wagner, K. D. (1995). Attribution style and depression in children and adolescents: A meta-analytic review. Clinical Psychology Review, 15(8), 777–798.

Kerr, M. E., & Bowen, M. (1988). Family evaluation. New York: Norton. Kitchur, M. (2005). The strategic developmental model for EMDR. In F. Shapiro (Ed.), EMDR solutions: Pathways to healing (pp. 8–56). New York: Norton.

March, J., Silva, S., Petrycki, S., Curry, J., Wells, K., Fairbank, J., et al. (2004). Fluoxetine, cognitive-behavioral therapy, and their combination for adolescents with depression: Treatment for Adolescents with Depression Study (TADS) randomized controlled trial. Journal of the American Medical Association, 292, 807–820.

Maxfield, L., & Hyer, L. (2002). The relationship between efficacy and methodology in studies investigating EMDR treatment of PTSD. Journal of Clinical Psychology, 58, 23–41.

McGoldrick, M., Gerson, R., & Shellenberger, S. (1999). Genograms: Assessment and intervention (2nd ed.). New York: Norton.

Messer, S. C., & Gross, A. M. (1995). Childhood depression and family interaction: A naturalistic observation study. Journal of Clinical Child Psychology, 24, 77–88.

Minuchin, S. (1974). Families and family therapy. Cambridge, MA: Harvard University Press.

Mufson, L., Dorta, K. P., Wickramaratne, P., Nomura, Y., Olfson, M., & Weissman, M. M. (2004). A randomized effectiveness trial of interpersonal psychotherapy for depressed adolescents. Archives of General Psychiatry, 61, 577–584.

Muris, P., Schmidt, H., Lambrichs, R., & Meesters, C. (2001). Protective and vulnerability factors of depression in normal adolescents. Behavior Research and Therapy, 39, 555–565.

Nichols, M. P., & Schwartz, R. C. (1998). Family therapy: Concepts and methods (4th ed.).

Needham Heights, MA: Allyn & Bacon. Northey, W. F., Wells, K. C., Silverman, W. K., & Bailey, C. E. (2003). Childhood behavioral and emotional disorders. Journal of Marital and Family Therapy, 29, 523–545.

O'Brien, M., & Margolin, G., & John, R. S. (1995). Relation among marital conflict, child coping, and child adjustment. Journal of Clinical Child Psychology, 24, 346–361.

Pinsof, W. M., & Wynne, L. C. (2000). Toward progress research: Closing the gap between family therapy practice and research. Journal of Marital and Family Therapy, 26, 1–8.

Prince, S. E., & Jacobson, N. S. (1995). A review and evaluation of marital and family therapies for affective disorders. Journal of Marital and Family Therapy, 21, 377–401.

Reinecke, M. A., Ryan, N. E., & DuBois, D. L. (1998). Cognitive-behavioral therapy of depression and depressive symptoms during adolescence: A review and meta-analysis. Journal of the American Academy of Child and Adolescent Psychiatry, 37, 26–34.

Reinherz, H. Z., Paradis, A. D., Giaconia, R. M., Stashwick, C. K., & Fitzmaurice, G. (2003).

Childhood and adolescent predictors of major depression in the transition to adulthood. American Journal of Psychiatry, 160, 2141–2147.

Schnarch, D. M. (1991). Constructing the sexual crucible: An integration of sexual and marital therapy. New York: Norton.

Schwartz, J. A. J., Kaslow, N. J., Seeley, J., & Lewinsohn, P. (2000). Psychological, cognitive, and interpersonal correlates of attributional change in adolescents. Journal of Clinical Child Psychology, 29, 188–199.

Shadish, W. R., & Baldwin, S. A. (2003). Meta-analysis of MFT interventions. Journal of Marital and Family Therapy, 29, 547–570.

Shapiro, F. (2001). Eye movement desensitization and reprocessing: Basic principles, protocols, and procedures (2nd ed.). New York: Guilford Press.

Simon, F. G., Stierlin, H., & Wynne, L. C. (1985). The language of family therapy: A systemic vocabulary and sourcebook. New York: Family Process Press.

Spirito, A., Valeri, S., Boergers, J., & Donaldson, D. (2003). Predictors of continued suicidal behavior in adolescents following a suicide attempt. Journal of Clinical Child and Adolescent Psychology, 32, 284–289.

Wagner, K. D., & Ambrosini, P. J. (2001). Childhood depression: Pharmacological therapy/ treatment. Journal of Clinical Child Psychology, 30, 88–98.

Wagner, K. D., Robb, A. S., Findling, R. L., Gutierrez, M. M., & Heydorn, W. E. (2004). A randomized, placebo-controlled trial of citalopram for the treatment of major depression in children and adolescents. American Journal of Psychiatry, 161, 1079–1083.

Watkins, J. G., & Watkins, H. H. (1997). Ego states: Theory and therapy. New York: Norton.

Whiffen, V. E., Kerr, J. A., & Kallos-Lilly, V. (2005). Maternal depression, adult attachment, and children's emotional distress. Family Process, 44, 93–104.

CAPÍTULO 16
Integrando EMDR e Terapia Familiar:
Tratando a Criança Traumatizada

Anita Bardin, Joel Comet & Deborah Porten

Quando crianças experienciam um evento traumático, o efeito sobre elas pode ser profundo. Estudos documentam que crianças e até mesmo bebês podem experimentar uma gama de sintomas de estresse pós-traumático (*Zero to Three*, 2005). Outros problemas incluem reações depressivas e ansiosas, retraimento, queixas somáticas, agressões e comportamento delinquente. Os impactos negativos dessas reações são evidentes na família da criança e surgem nos relacionamentos e no desempenho escolar (Cohen, Berliner & March, 2000; Pynoos, Stainberg & Goejian, 1996; Scheeringa & Zeanah, 2001).

As reações e compreensão da criança sobre o trauma são fortemente influenciadas pelas atitudes e respostas dos seus pais (Tinker & Wilson, 1999). Depois do trauma, a criança precisa se sentir segura e perceber seus pais como fortes e protetores, assim como capazes de lidar com os efeitos posteriores. Entretanto, os pais frequentemente experimentam um profundo senso de falta de apoio, tão ansiosos quanto seus filhos, e podem se sentir oprimidos, ansiosos, depressivos e incapazes de atender às necessidades da criança (Chansky, 2004; Figley, 1989). Consequentemente, é imperativo engajar os pais em um tratamento de seus filhos traumatizados, porque eles aumentam o suporte aos filhos no processo de cura.

No Shiluv Institute, em Jerusalém, a vertente de terapia familiar usada é sistêmico-estrutural e desenvolvimental. A teoria familiar sistêmica proporciona uma lente para entender a base de interações entre membros familiares. Essa perspectiva examina o impacto das experiências traumáticas de um indivíduo sobre os padrões inter-relacionais dentro do sistema que reverbera sobre o indivíduo (Kaslow, Nurse & Thonson, 2002). Esses padrões variam dentro de certos limites sobre um continuum desde facilitação de saúde até re-traumatização ou regressão.

A vertente Terapia Familiar Estrutural (TFE) desenvolvida por Salvador Minuchin (1974) vê a família como uma unidade de subsistemas determinada por geração, gênero e função. O termo estrutural "se refere a padrões interacionais que arranjam e organizam os subsistemas componentes da família em constante relacionamento" (Umbarger, 1983:198). A teoria de Minuchin usa vários outros conceitos-chave. Eles são: 1) circularidade, que denota o inter-relacionamento dessas partes que influenciam e são influenciadas umas pelas outras; 2) a mudança em cada membro afetará todos; 3) hierarquia, que descreve o poder de equilíbrio dentro da família; e, 4) fronteiras, que se referem às regras regulando a significação do contato entre pessoas e subsistemas (Minuchin & Fishman, 1981).

A estrutura familiar precisa se adaptar para predizer as mudanças no ciclo desenvolvimental da vida tão bem que não favoreça situações como traumas. Depois de uma experiência traumática de uma criança, suas reações emocionais e comportamentais impactarão sua família. Eles também irão responder emocionalmente, se comportarão reativamente e procurarão por algumas explicações acerca do evento. Se, por exemplo, pais encontram suas crenças espirituais questionadas, induzindo autoculpa (ex.: "Eu pequei"), eles acham difícil proporcionar segurança aos seus filhos. Se havia padrões disfuncionais prévios, eles podem ser ativados (Figley, 1988, 1989). Famílias que experimentaram traumatização secundária (ou para quem experiências traumáticas precoces são estimuladas novamente, ou cuja história familiar é geralmente traumática e disfuncional) terão dificuldade em proporcionar o contexto suportável necessário (Nichols, 1999).

A terapia familiar tem se desenvolvido a partir de uma perspectiva quase totalmente sistêmica e integrou vertentes incorporando necessidades individuais em seus focos. O campo de traumatologia evoluiu de um foco sobre saúde da vítima individual para examinar o contexto familiar no qual a recuperação tem lugar. O exame de casais de veteranos do Vietnã (Nelson & Wright, 1996) e vítimas de abuso sexual (Johnson, 2002) são exemplos dessa abordagem.

Esse foco mais amplo é refletido em pesquisa investigando fatores que predizem o desenvolvimento de reações de traumas em crianças. Esses estudos identificaram variáveis familiares significantes, tais como conflitos conjugais, impedimento familiar de falar sobre o desastre (La Greca, Silverman, Vernberg, Prinstein, 1996), sintomas paternos de TEPT (Kilic, 2003) e a percepção da criança de pais desnorteados ansiosos (Laor et alii, 1997; Riggs, 2000). Quando McFarlane (1987:766) concluiu que o ajustamento dos pais era "um importante determinante para o ajustamento da criança e o ajustamento da criança, em troca, contribui para o ajustamento da família", ele discutiu isso em termos circulares; por outro lado, a maioria dos outros estudos tem examinado apenas de forma linear.

Embora haja muitos dados descritivos, pesquisas não-empíricas têm examinado a eficiência de intervenções familiares como uma abordagem terapêutica para crianças com TEPT (Riggs, 2000). De fato, o site Evidência Clínica do BMJ Publishing Group, analisando a eficácia em tratamento de TEPT, avaliou 20 abordagens de tratamento, mas nem sequer listou a terapia familiar (Bisson, 2004). Dado o impacto do funcionamento da família e pais sobre a criança traumatizada, a terapia familiar é claramente um componente apropriado de qualquer tratamento de trauma (Chansky, 2004).

Modelo de Tratamento Integrativo: EMDR e Terapia Familiar Estrutural

A integração de EMDR (Shapiro, 2001) e TFE como processo de tratamento permite a cura nos níveis intrapessoal e interpessoal (Siegel, 2002). O EMDR alveja as percepções memorizadas disfuncionalmente de um evento traumático. Essas são acessadas e tratadas de acordo com o protocolo de três fases: identificando áreas do passado e presente da disfunção, e alternativas positivas para o futuro. A natureza opressiva dos eventos traumáticos pode bloquear a capacidade cerebral natural de processar material para uma resolução saudável e adaptativa. Através do EMDR, o material não processado é alvejado, ativado e processado usando aplicação de estimulação dual (veja Shapiro, Cap. 1).

A TFE direciona o comportamento da família disfuncional que exacerba as reações da criança, aumenta seu senso de vulnerabilidade e inibe seu restabelecimento. Essas questões são tratadas diretamente através de tais intervenções como psicoeducação sobre trauma, desenvolvimento de habilidades nos pais, tratamento de questões conflituosas e restabelecimento do funcionamento da família. A TFE propõe que para proporcionar o suporte necessário, as famílias precisam ter as funções delineadas claramente, hierarquia apropriada para as idades, claras fronteiras e padrão de comunicação funcional (Minuchin, 1974). Um frágil sistema parental, sistema conjugal conflitado, coalizões através das gerações, e fronteiras rígidas são disfunções que interferem com a habilidade do sistema para focar as necessidades da criança traumatizada.

PROCESSO TERAPÊUTICO

Trabalhar com os efeitos após um evento traumático é mais focado e eficiente quando seguindo claros estágios terapêuticos. A seguir, apresentamos um breve sumário desses estágios que incluem perspectiva do trauma e de terapia familiar sistêmica.

História e Avaliação

O tratamento é baseado em uma avaliação da estrutura familiar tanto quanto na história desenvolvimental individual da criança e funcionamento atual. O envolvimento familiar facilita a avaliação da criança clareando as mudanças no comportamento da criança do funcionamento pré e pós-trauma, incluindo informação sobre a existência de quaisquer traumas prévios que a criança pode não se lembrar. A avaliação de qualquer reorganização pós-trauma na estrutura da família para padrões disfuncionais é necessária. Por exemplo: a família que evita encarar suas próprias respostas emocionais focando exclusivamente na criança (desvio) (Umbarger, 1983) ou questões de ganho secundário, tais como atenção extra para a criança ou intensificação da proximidade dos pais. A cultura e as crenças da família são exploradas. Adicionalmente, medos atuais baseados na realidade podem estar presentes e precisar ser tratados através do desenvolvimento de habilidades e instrução dos pais e da criança. Enquanto dentro de casa os pais proveem segurança básica, fora de casa isso também deve ser averiguado. Os objetivos também são identificados, discutidos e mutuamente concordados.

Fase de Preparação

Na fase de preparação da terapia por EMDR, "o clínico fortalece a aliança terapêutica para que seja firmemente enraizada na confiança e senso de segurança" (Shapiro, 2002:35). Ao trabalhar com criança é vital que a aliança familiar seja similarmente enraizada. Fixar a família como um lugar seguro é um quesito básico. Dramatização na sala de terapia (Minuchin & Fishman, 1981) é usada para criar cenários de padrões desejados na família e comunicação. Isso inclui perguntas aos pais sobre os recursos de seus filhos e melhores recordações. As respostas deles frequentemente revelam recursos internos que podem ser desenvolvidos através da "Instalação de Recursos" ou usados durante o processamento como "Entrelaçamentos Positivos". Isso também gera um vínculo sustentador entre os pais e a criança, o que fortalece o senso de segurança da criança. Tarefas de casa com atividades familiares desafiadoras podem ser usadas para aumentar a coragem da criança e proporcionar experiências bem-sucedidas (ex.: equitação, artes marciais). A habilidade dos membros da família para manejar suas emoções e sensações perturbadoras também é trabalhada. Técnicas de autocontrole (ex.: criar um lugar seguro imaginário) podem ser ensinadas tanto à criança como a outros membros da família.

Trauma, Dessensibilização e Reprocessamento

No processamento do trauma, o protocolo de EMDR pode precisar ser adaptado para a idade desenvolvimental da criança (Greenwald, 1994, 1998; Tinker & Wilson; 1999). Nos casos descritos neste capítulo, a criança preferiu toques mecânicos nas mãos ou toques por membros da família como método de estimulação de atenção dual. Quando o foco direto no material traumático for muito amedrontador, usa-se uma flexibilidade na escolha do foco inicial do tratamento. Por exemplo: em vez de focar sobre a pior recordação da criança, ela mesma pode contar sua história (Lovetty, 1999). Modificações adicionais incluíram uso mais frequente de questionamento direto para instigar a criança a continuar com o processamento.

Quando avaliações revelam que a família está proporcionando segurança e a própria criança está preparada, o trabalho direto sobre a experiência traumática começa. A participação dos pais, através de sua presença na sala, ou por dar colo ou fazendo os toques na criança, proporciona um ambiente de apoio enquanto a criança processa o trauma. Conforme o tratamento progride para o encerramento, ocorrem mudanças no comportamento da criança. Em virtude do impacto no sistema familiar, é essencial trabalhar não apenas as experiências emocionais e comportamentos positivos e negativos da criança, mas também dos membros da família e dos impactos mútuos de uns sobre os outros. As instruções de Shapiro (2001:198) para acompanhar quando "uma assimilação adequada tiver sido feita dentro de um sistema social saudável" são expandidas conforme o sistema social e o indivíduo estão no tratamento. Falta de melhora na recuperação da criança ou do processamento instalado indica uma necessidade de verificar a funcionalidade da família. Os pais estão trabalhando conjuntamente e encorajando a melhora? Os comportamentos sintomáticos da criança estão sendo reforçados? Uma análise dos padrões circulares de interação irá determinar se as intervenções sistêmicas terapêuticas adicionais são necessárias. Algumas vezes, membros familiares adicionais podem pedir EMDR para eles mesmos depois de ver mudanças positivas na criança. Uma constante avaliação utilizando uma ótica individual e sistêmica facilita a cura e integração da unidade familiar por identificação e processamento das perturbações atuais e apreensões futuras.

Exemplos de Casos

Os três casos a seguir ilustram a integração da abordagem sistêmica familiar com EMDR.

Caso 1: Yoav e sua Família

Yoav, um garoto de 9 anos, e seu irmão de 17 anos, Zack, tinham sido esfaqueados. Yoav apresentava sintomas de Transtorno de Estresse Agudo (TEA) e esse era o foco inicial do tratamento. A inclusão de todos os membros da família permitiu um reconhecimento das necessidades específicas de cada pessoa, como os sinais de TEA ou traumatização secundária (Bardin, 2004). Os sentimentos intensos dos pais de impotência inibiram as tentativas dos filhos de superar seus próprios medos. Para os pais ajudarem seus filhos no restabelecimento, eles precisam recuperar as próprias forças, já exauridas por terem imigrado para Israel 5 meses antes do ocorrido.

Durante a adaptação à nova sociedade, a família imigrante está vulnerável e seus membros se sentem dependentes das autoridades. Esse estado de vulnerabilidade foi o pano de fundo no qual o violento ataque ocorreu. A família vinha de uma cultura tradicional patriarcal, em que o relacionamento entre filhos e pais era formal e hierárquico. Em Israel, a inabilidade do pai para prover a família e suas necessidades de contar com seus filhos para serem tradutores e intermediadores com as autoridades ameaçou o papel e a autoimagem, mudando a hierarquia familiar. Depois desse violento ataque, o pai sentiu que tinha falhado em proteger seus filhos. Os filhos mais velhos estavam confusos e constrangidos vendo seu pai em uma posição frágil. Eles tentaram compensar tentando se sentir fortes.

No dia do ataque, Zack estava cuidando de Yoav, seu irmão mais novo, enquanto seus pais estavam no trabalho. Eles foram atacados e esfaqueados no apartamento da família depois da escola. O agressor era desconhecido e não foi preso. O filho do meio, Mann, 14, chegou da escola e encontrou em casa a polícia e as ambulâncias. Ele passou aquele primeiro dia traumático com parentes, enquanto seus pais ficaram cada um com um filho ferido no hospital. Yoav e Zack precisaram de hospitalização imediata; cada um tinha sido esfaqueado severamente. Tiveram sorte de estar vivos.

Duas semanas depois do ataque, Yoav apresentou sintomas que preocuparam a família e a escola. Ele estava com medo de ir sozinho a qualquer lugar (incluindo o banheiro) no pequeno apartamento da família. Ele gritava incontrolavelmente no meio da noite e estava com medo de dormir sem a mãe. Ele se recusava a sair do apartamento sozinho. Zack se mostrava bem e negava qualquer problema. Como todos na família, ele estava envolvido com o irmão mais novo. O pai expressou preocupação de que Zack estava "numa idade em que ele não admitia sentir medo".

Embora não seja típico desse tipo de trabalho, visitas domiciliares foram feitas porque Yoav não estava bem o suficiente para sair de casa. Isso acabou por proporcionar ótimas oportunidades. Toda a família estava presente na primeira sessão. O terapeuta conversou com a família, sentiu sua cordialidade e se informou sobre sua preocupação com Yoav. A história do evento traumático foi contada, os sintomas de Yoav foram descritos e Yoav escolheu um lugar seguro. Para começar o processamento, Yoav escolheu usar toques na mão (estimulação tátil). Mais tarde, movimentos oculares também foram usados. Yoav e o terapeuta se sentaram perto um do outro, com a família em semicírculo. O terapeuta encontrou duas dificuldades em seguir o protocolo padrão. Primeiro, Yoav não era capaz de se lembrar de nenhum dos seus pesadelos. Ele não percebia seus próprios gritos à noite. Segundo, sua atitude sorridente e jocosa estava desconectada da intensidade do evento. Isso demonstrou o quanto ele estava estarrecido e como ele estava se protegendo emocionalmente. Focar na cena específica era muito ameaçador. O terapeuta, então, decidiu começar recontando o evento traumático em ordem sequencial. Yoav segurou os estimuladores táteis e contou sua história para o terapeuta. Ele falava rápido, baixo e com sorrisos inapropriados. Ele descreveu como o estranho entrou pela porta destrancada. O irmão mais velho perguntou, então, o que o homem queria:

Yoav: Subitamente, ele veio e me esfaqueou e empurrou meu irmão. Eu estava em choque e vi sua faca fazendo coisas. Zack dizia: "Mamãe, mamãe". O homem foi embora. Eu levantei.

Após cada série de associações, Yoav parava como se tivesse terminado. O processamento foi rápido, delineado com afeto superficial. O terapeuta focou de volta o evento fazendo perguntas:

Terapeuta: Ele esfaqueou você?
Yoav: Sim. Nós dois. Ele esfaqueou Zack e depois me esfaqueou.
Terapeuta: Onde?
Yoav: No braço, perto do coração. Ele esfaqueou Zack três vezes. A polícia veio.

Ele segurava os estimuladores, enquanto continuou a descrever a ambulância, o hospital, o médico e a dor do tratamento. As intervenções do terapeuta conectaram Yoav aos sentimentos de medo e tristeza que começaram a aparecer em seu rosto. Era duro para ele expressar aqueles sentimentos. Por exemplo: depois de descrever o esfaqueamento do seu irmão e as costas ensanguentadas dele, ele disse que não estava sentindo "nada".

A família estava em silêncio, escutando a história de Yoav. Suas expressões mostravam dor e angústia. O terapeuta pensou que além das defesas da criança contra suas próprias emoções intensas, o garoto havia se preocupado com o aumento do desconforto da família. Essa preocupação em proteger seus pais é um exemplo de uma inversão inapropriada na hierarquia pais-filhos.

Na TFS, entende-se que a posição hierárquica dos pais ensina a criança por modelação. Nesse caso, a necessidade era modelar resiliência, que é a expressão tanto da vulnerabilidade quanto do enfrentamento. Tal modelagem pelos pais daria permissão aos filhos para expressarem seus próprios sentimentos sem medo de serem vistos como fracos ou de arriscar seus pais. Eles precisariam ver que seus pais podem admitir sua dor e continuar funcionando. O terapeuta, então, criou uma dramatização em que cada membro da família contava a sua própria história. A habilidade parental para expressar vulnerabilidade reduziu a ansiedade de Yoav e a necessidade de protegê-los. Uma hierarquia mais funcional foi fortalecida. O compartilhar dessas experiências pessoais autorizou cada membro a se conectar com sua própria traumatização secundária e necessidade de cura.

Cada membro da família disse com sentimento, e a despeito da tensão e tristeza, que todos experimentaram cuidados mútuos. Embora cada um contasse sua própria história, todos eles expressaram grande preocupação em ouvir o mais novo, Yoav. A diferença na reação dos pais foi visível. O pai sentiu que Deus tinha punido seus filhos por causa de alguma coisa que ele havia feito, e a mãe, embora confusa, foi capaz de expressar alívio por seus filhos estarem vivos.

Em resposta aos eventos traumáticos, a família tinha se organizado em torno dos medos e comportamentos regredidos de Yoav, de um modo superprotetor que os impedia de enfrentar seu próprio sofrimento. Isso poderia se transformar numa estrutura, onde os sintomas de enfrentamento da criança e comportamentos regredidos funcionam para desviar e deturpar os problemas familiares. Superproteção parental pode reforçar o comportamento da criança (Minuchin, 1974). Embora essa organização fosse uma tentativa para o sistema cuidar e proteger os seus membros, isso poderia interferir na recuperação de todos e bloquear o desenvolvimento de Yoav para sua independência. Ajudar Yoav a lidar com sua ansiedade poderia não apenas ser fortalecedor para ele, mas poderia também liberar os outros membros da família para seus próprios trabalhos terapêuticos e habilitar o sistema a se organizar para uma unidade mais funcional.

Inter-relacionamentos são circulares e uma mudança em uma parte cria mudanças em outras partes. Uma pequena mudança no comportamento de Yoav poderia proporcionar reasseguramento para sua família e, talvez, ajudá-los a se relacionar com ele de maneira mais crescente e produtiva. Com esse pensamento, o terapeuta decidiu trocar para o presente foco de protocolo de três fases do EMDR e avaliar o nível de medo atual. Foi solicitado que Yoav tentasse ir sozinho ao banheiro. Inicialmente, ele andou apenas dois passos e disse que estava com medo. Nesse ponto, o terapeuta criou uma dramatização dando claras direções para a família sobre como encorajá-lo. Yoav continuou a andar até parar pelo medo. O terapeuta retornou ao EMDR para processar o medo. Yoav focou sobre o banheiro:

Yoav: Alguém está vindo.
Terapeuta: Pense nisso.

Yoav foi silencioso por enquanto. Ele repetiu o mesmo pensamento. O terapeuta pulou o processamento bloqueado através de uma série de questões e uma mudança usando movimentos oculares (EM, em inglês):

Terapeuta: De quem você está com medo?
Yoav: Do ladrão! Mas estou com medo! Alguém está vindo [continuou em *looping*].
Terapeuta: Pense sobre o medo.
Yoav: Estou com medo.
Terapeuta: Onde você sente o medo em seu corpo? Isso machuca em algum lugar?
Yoav: Não machuca em nenhum lugar.
Terapeuta: Agora, pense sobre o que você está com medo, o que você sente.
Yoav: Sim, aquilo virá.

O processamento começou a fluir e durante sucessivas séries de EM (ou movimentos oculares em português), ele falou de seus medos de estranhos e de ataques. Espontaneamente, ele teve associações positivas: "Um dia mais, eu estarei em casa. Uma semana mais, eu vou à escola. É isso. Nada mais". Entretanto, depois de mais processamento:

Yoav: Espere [fecha seus olhos firmemente]. Eu vou à escola. Eu tenho amigos. É isso.

O processamento com EMDR, junto com o suporte da família, permitiu a energia inerente de Yoav reemergir. Uma visita inesperada de um amigo causou agitação nele. Ele queria brincar. Ele e o amigo se foram. Os pais ficaram surpresos. Essa foi a primeira vez que Yoav deixou o apartamento sem os pais, desde que retornou do hospital. O pai estava tão receoso que começou a seguir os garotos. A mãe teve que trazê-lo de volta. Estava claro que a ansiedade dos pais, se incontrolada, poderia sabotar os avanços de Yoav. A diferença entre a mãe e o pai era percebida como uma disfunção que o terapeuta teria de tratar diretamente.

Seguindo a sessão inicial, Yoav não estava mais gritando em seu sono, embora ele reportasse ter sonhos terríveis de manhã. Ele estava ainda receoso, mas tinha ido à escola. Embora precisando de uma companhia no caminho, ele ficava animado enquanto estava lá. Esses ganhos comoventes permitiam que a família, especialmente a mãe, pudesse dormir e se sentir mais esperançosa.

Na segunda visita em casa encontrou a mãe e Yoav esperando. Assim que Yoav viu o terapeuta, ele gritou orgulhosamente: "Eu fui ao banheiro sozinho!". Embora, ele ainda estivesse com medo de cair no sono sozinho, ele dormiu a noite toda. Mudanças comportamentais e emocionais indicaram o movimento de Yoav em direção à saúde. O contínuo suporte da família e a mudança de um silêncio doloroso para um compartilhar mútuo de sentimentos pós-trauma sustentou seu restabelecimento. Agora, era tempo de trabalhar diretamente com as piores memórias. Yoav pediu para continuar com os toques. Ele descreveu a faca indo para trás do seu irmão. Ele ficou agitado. Ele não pôde descrever a expressão do atacante. Sua agitação aumentou e ele disse que queria parar. O terapeuta acessou recursos positivos. Pediu a Yoav para se concentrar naquilo que ele gostaria de fazer com o atacante. Agarrado aos *tappers*,[42] ele disse: "Acerta ele! Acerta ele fortemente!". O terapeuta pediu para ele se concentrar naquilo. Seu corpo e sua expressão facial mudaram. Ele se sentiu bem e pediu para encerrar o trabalho.

Enquanto sua mãe ouvia, sua expressão de dor aumentava. Foi perguntado se ela queria trabalhar. Ela aceitou prontamente. Ela, também, estava sofrendo com pesadelos. O terapeuta seguiu o protocolo padrão de EMDR. A mãe avaliou sua perturbação em 10 = extrema perturbação. Sua crença negativa (CN) foi: "Eu sou uma mãe ruim" que falhou com os filhos. Ela acreditava que eles haviam sido punidos por causa dela. Sua crença positiva (CP) foi: "Eu fiz o melhor que pude" e "Isso acabou". Enquanto processava, ela continuava chorando e se culpando. Ela continuamente retornava a sua confusão e sentindo culpa, dizendo: "Talvez Deus esteja me punindo". Entrelaçamentos positivos foram úteis para desbloquear seu processamento: "Nós sempre podemos proteger nossos filhos?", "Nós podemos entender sempre por que as coisas acontecem?". A sessão acabou com um entrelaçamento positivo final:

> **Terapeuta:** Como são seus filhos?
> **Mãe:** Todos eles são bons.
> **Terapeuta:** Então, você é uma mãe boa o suficiente?
> **Mãe:** [Sorrindo] Ok.

Seu SUDS atingiu um limite tolerável e ecologicamente válido de 2. Ela se sentiu aliviada e fortalecida e não quis mais EMDR. Seus recursos internos a levaram a uma aceitação de que ela é uma boa mãe e que coisas podem acontecer para as quais não há explicação satisfatória.

Na terceira visita, Yoav revelou sonhos que ele agora lembrava que mostravam tentativas de defesa. Sua energia natural estava reaparecendo. Em um dos sonhos, ele se defendeu e correu atrás do "homem mau". Outro sonho mostrou sua ansiedade contínua (e compreensível) sobre ser protegido. Nesse sonho, sua mãe, que era a principal fonte de suporte emocional para Yoav, "ficou doente". Embora os pesadelos voltassem ocasionalmente, a disposição geral de Yoav e funcionamento continuaram melhores. Ele continuou dormindo a noite toda.

Os pais e Yoav foram ao Instituto para a quarta sessão. Os papéis de pais e funcionalidade ficaram mais fortes com o evento traumático. A diferença entre as reações da mãe e do pai foi causa de conflito entre eles. O processo de mudança da superproteção para desenvolvimento de Yoav foi mais difícil para o pai. Para diminuir essa tensão, o terapeuta decidiu fazer EMDR individual com o pai para tratar sua depressão, ansiedade e superproteção. A CN do pai foi sobre seus sentimentos de culpa. Ele sentia que havia pecado, segundo Êxodo 20:5 que, em outras palavras, assevera que os pecados do pai são castigados em seus filhos. Embora associando e verbalizando espontaneamente com afeto apropriado, ele achou difícil seguir o protocolo. O pai precisou desabafar sua autorreprovação e expressar sua confusão e dor conforme procurava compreensão. Ele falou sobre sua responsabilidade por ter trazido sua família a um novo país, onde seus filhos foram feridos. Ele falou de sua mudança no *status* em Israel de um pequeno negociante para um lavador de pratos. Seu senso de si mesmo tinha diminuído. Embora a sessão estivesse difusa, foi catártica. Ele foi capaz de reafirmar que era um pai amoroso, fazendo seu melhor. Esses recursos internos foram instalados através de movimentos oculares. Ele foi embora se sentindo mais calmo.

Durante a semana seguinte, uma sessão individual foi feita com Zack no Shiluv. Zack tinha visto a melhora na sua família e, a despeito de sua afirmação anterior, para o contrário, agora ele queria trabalhar suas experiências traumáticas. Ele fez o protocolo completo. A CN foi: "Eu sou fraco e pequeno". O SUDS dele foi 8 a 9. A CP foi "Acabou. Estou bem" e sua avaliação na escala VOC foi 4. Usando estimulação tátil nas mãos, ele focou em seus

---

[42] N. da T.: recurso eletrônico de estimulação bilateral por toques que o cliente segura em suas mãos.

sentimentos de culpa: "Eu errei. Aconteceu por minha causa". Seu afeto doloroso acompanhou uma descrição detalhada de ser apunhalado pelas costas, cair no chão e ver os pés do homem "indo para Yoav, que nem fazia barulho". Ele descreveu que a experiência no hospital foi que, pela primeira vez, ele viu seu pai chorar. Ao final do processamento, ele disse: "Não foi realmente minha culpa. Nós sempre deixávamos a porta destrancada". O EMDR permitiu que ele saísse da culpa inapropriada e entrasse para uma avaliação mais realista. Seus olhos ficaram fechados na maior parte do processamento. Quando ele os abriu, disse: "Eu me sinto melhor. Acabou".

Decidir usar EMDR com um cliente na presença de sua família baseia-se na habilidade da família para tolerar estresse, suas atitudes com o cliente (continente ou repreendedora), e as necessidades e estágio desenvolvimental do cliente. Apesar de Yoav, 9 anos, se sentir confortável e seguro para trabalhar na frente de sua família, Zack, de 17, precisava de privacidade para expressar fraqueza e vulnerabilidade.

Na sua segunda sessão, Zack reportou que continuava se sentindo melhor e não sentia necessidade de EMDR adicional. Ele estava menos apreensivo e aceitou que não poderia ter lutado com um homem armado com uma faca. Ele estava envolvido com a escola e fazendo planos apropriados para o seu futuro.

A última sessão familiar foi dividida entre os pais e Yoav. Os pais descreveram a melhora de Yoav ainda discordando sobre como prosseguir. A mãe era capaz de expressar seus temores e reconhecer que ela poderia controlá-los para que seus filhos se sentissem seguros. Ela estava brava com seu marido por ainda agir receosamente perto dos meninos (ex.: ligar para casa seis vezes por dia). O pai agora estava consciente de suas dificuldades e poderia aceitar sua necessidade de mudança pelo bem de seus filhos. O terapeuta trabalhou com os pais para melhorar sua habilidade para tomar decisões mútuas. A encenação de suas discussões na sala foi uma oportunidade para cada um aprender a ouvir o outro. Ambos poderiam reconhecer suas diferenças: que o pai permanecia mais ansioso e que a mãe estava mais hábil para dar aos filhos independência apropriada para a idade. Eles foram capazes de concordar nas ações para apoiar a recuperação de Yoav. Eles decidiram permitir que Yoav fosse à escola sem um adulto. Eles também concordaram em reduzir o número de ligações telefônicas que o pai fazia aos filhos por dia. Os pais poderiam agora encorajar Yoav a deixar os resíduos dos comportamentos dependentes que ele tinha desenvolvido como um resultado do trauma. A satisfação de Yoav conforme ele recuperou sua independência foi uma mensagem clara para os pais. Eles poderiam vê-lo crescer. O terapeuta então chamou a atenção de Yoav para checar se mais processamentos seriam necessários:

Terapeuta: Qual é a memória mais assustadora daquele dia?
Yoav: Nenhuma.
Terapeuta: Você me disse que a pior parte foi tê-lo visto esfaquear seu irmão.
Yoav: Sim.
Terapeuta: Pense sobre aquilo agora. [Yoav está segurando o estimulador de mãos.]
Yoav: Não posso.
Terapeuta: Se você pensar nessa coisa assustadora agora, o que acontece?
Yoav: Não quero...
Terapeuta: Ok... Mas nós queremos que você pense sobre as coisas difíceis. Assim, podemos nos libertar dos sentimentos ruins.
Yoav: Assim, eu não vou ficar com medo? Eu quero ser alguém que não é covarde.

Aqui, a CN de Yoav, "Eu sou um covarde", foi expressa claramente pela primeira vez:

Terapeuta: Você não quer ser medroso. Não quer ser um covarde? Você se sente como um covarde?
Yoav: Um pouco.
Terapeuta: Apenas pense nisso. [Yoav ainda aperta o estimulador de mãos.]
Yoav: [Após um momento] Isso é muito ruim... [Ele continuou repetindo isso.]

Como o processamento parou, o terapeuta focou Yoav no seu corpo:

Terapeuta: Quando você está triste, onde você sente a tristeza... Em seu corpo?
Yoav: Não sei [silêncio].
Terapeuta: No lugar em que você foi esfaqueado?
Yoav: Não. Eu não vou ser esfaqueado e pronto.
Terapeuta: Você tem medo em seu corpo?
Yoav: Não sei. Estou com medo... No corpo todo.

Terapeuta: Apenas pense sobre aquilo. Eu sei que é difícil. Mas estamos fazendo isso para ajudá-lo. Nós queremos mandar o medo embora. [Silêncio por alguns momentos, enquanto Yoav ainda apertava o estimulador.] O que você nota?

Yoav: Nada... um pouco... meu corpo está com medo agora.

O terapeuta perguntou onde ele sentia em seu corpo. Ele disse: "Nele todo". Ele explicou que o corpo dele não estava com medo na escola, só em casa. Ele ficou quieto:

Terapeuta: No que você está pensando? [Silêncio.] Difícil falar?

Yoav: Sim [com uma voz triste].

Terapeuta: É difícil se sentir covarde.

Yoav se concentrou e, então, disse: "Acabou... realmente. Existe apenas um pouco de medo em meu corpo". Ele sorriu e seu corpo relaxou. Ele, espontaneamente, devolveu o estimulador ao terapeuta e perguntou se eles tinham acabado. Ele sorriu e pediu para ir embora. Ele tinha sido muito cooperativo para sua idade. Sua nítida mudança de humor indicava que ele se sentia positivo. A afirmação final de Yoav parecia um bom sumário. Ao final do tratamento, ele apresentava um notável desenvolvimento nos seus comportamentos e expressava sentimentos apropriados. Mudanças no sistema familiar tinham permitido não apenas a Yoav, mas a todos os membros da família para que se tornassem suporte uns aos outros.

Yoav terminou o ano escolar com sucesso. Dois meses após o término, em um telefonema, Yoav contou com orgulho que tinha andado sozinho pela vizinhança. Sua mãe acreditava que toda a família estava bem. Zack fez todo esforço para garantir que poderia ser convocado para o exército israelense. Ele também tinha se recuperado bem.

Os sintomas de Yoav depois de uma experiência traumática aguda tornaram-se o foco natural dos cuidados dessa família de imigrantes. O tratamento integrou processamento de informação individual através de EMDR, com a reestruturação de um sistema familiar disfuncional através da TFS. O terapeuta focou sobre ajudar o membro mais angustiado do sistema a encontrar sua força natural, enquanto ajudava a família a suportar o crescimento de cada um.

A teoria sistêmica postula que mudança é parte tanto de ação quanto de reação. As mudanças comportamentais positivas de Yoav permitiram que a família aliviasse um pouco suas ansiedades sobre ele. O aumento do sentimento de habilidade dos pais diminuía seus sentimentos de incapacidade e permitiu que Yoav sentisse a segurança e o apoio que ele necessitava. Um ciclo mutuamente reforçado criou esperança e favoreceu a competência para Yoav e sua família.

Caso 2: Ruti e sua Mãe Revisitando um Velho Trauma

Ruti, uma garota de 10 anos de idade, foi sexualmente molestada por um vizinho adulto. A história traumática da sua mãe combinada com o "esquecimento" prévio da molestação de Ruti aos 6 anos, interferia n o tratamento de um segundo trauma atual. Ruti foi a terceira de oito filhos em uma família bastante ortodoxa. Seu pai trabalhava até tarde da noite. A mãe se sentia orgulhosa em seu papel de dona-de-casa, mas se sentiu desapontada pelo vazio de seu casamento.

Ruti servia de companheira de sua mãe em um casamento infeliz. Presa nessa coalizão geracional cruzada, Ruti estava alienada de seu pai. Tratar a estrutura da família disfuncional era um requisito para uso efetivo do EMDR. A molestação atual de Ruti reavivou as memórias da mãe de sua própria molestação durante a adolescência. Experiências traumáticas não processadas da mãe levaram-na à superproteção, o que impediu o processo de cura da menina.

Quando Ruti foi pegar emprestado alguma coisa de seu vizinho, ela se confrontou com um adulto nu que tentou tocá-la. Ela gritou e correu de volta para seu apartamento. A despeito da vergonha que um incidente como esse poderia trazer para sua família por seus costumes rígidos e comunidade religiosa, a mãe denunciou imediatamente o abuso à polícia, confrontou o atacante e procurou um centro de tratamento para sua filha.

Várias semanas após o incidente, Ruti relutantemente entrou na sala de terapia, agarrada à sua mãe, uma mulher pesada e desgrenhada. Ruti saudavelmente abriu sobre o que havia ocorrido e descreveu seus novos medos de sair de casa em direção ao ônibus da escola. Ela temia a imagem intrusiva da expressão do atacante, quer era especialmente perturbadora na hora de dormir. Sua mãe notou uma regressão qualitativa considerável no comportamento de Ruti após o incidente. Ruti estava pegajosa e mostrava pouca independência. Embora isso sobrecarregasse a mãe, ela acompanhava a filha até o ônibus escolar e a colocava na cama todas as noites. Ruti gozava desse *status* especial com sua mãe, mas os ganhos secundários não eram compensatórios por sua perda de liberdade e de senso de segurança.

O plano inicial do terapeuta foi seguir o protocolo padrão e focar os eventos mais aterrorizantes, mas Ruti escolheu começar pela imagem dela saindo de casa sozinha. "A expressão é muito assustadora para pensar nela", disse a menina. Ela rapidamente forneceu um CN (equivalente a "Estou em perigo"), "É assustador, porque ele pode me machucar". Seu SUDS foi 8. Ela não poderia relatar outra crença positiva que "Eu não quero pensar nisso". Ainda que nada tenha sido formulado como uma autocrença, o terapeuta aceitou a CN e a CP de Ruti porque elas eram apropriadas para seu nível de desenvolvimento (Lovett, 1999). Com o desenrolar do processamento, então fica mais fácil eliciar uma autoafirmação. Quando solicitada a pensar num lugar seguro, Ruti sorriu e acenou para sua mãe. Os movimentos oculares pareciam estranhos para ela, mas ela prontamente aceitou os estimuladores manuais (*tappers*). Conforme ela se concentrava na sua imagem andando sozinha, ela ficava visivelmente incomodada e se queixando de dor no estômago. Isso perdurou imutável por várias séries. O processamento estava emperrado, então um entrelaçamento positivo foi introduzido. Perguntou-se a Ruti se ela poderia imaginar um amigo para andarem juntos. Sua expressão se iluminou quando ela falou sobre sua amiga. Isso foi focado por várias séries. O SUDS caiu para 2. Ruti então, espontaneamente, começou a falar sobre sua grande família. A mãe estava assistindo atentamente a tudo e respondeu ansiosamente quando solicitada a ajudar Ruti a pensar sobre coisas para fazer no ônibus, para que não sentisse medo se o rosto aparecesse. A mãe sugeriu quebra-cabeças e histórias favoritas. Como o processamento estava incompleto, nenhuma CP foi experimentada. A sessão acabou ensinando a mãe como fazer exercícios de relaxamento com Ruti. Ambas queriam voltar a alvejar a hora de dormir.

A mãe começou a segunda sessão com a filha reportando que Ruti tinha ido e voltado de ônibus da escola sozinha. Ela tinha preparado quebra-cabeças para Ruti para o longo percurso. Ruti ainda estava amedrontada pelo rosto quando estava na cama. Sua CN expressada descritivamente, e em um estilo apropriado para sua idade, era "Eu estou com medo. Ele pode me pegar". O SUDS dela era 9 a 10. Essa afirmação é típica do jeito de uma criança de articular uma CN de desamparo. Ela sentia seu medo no estômago. Ela articulou um claro desejo: "Eu quero ser capaz de ir dormir à noite como eu fazia antes". Seu claro desejo era por segurança.

Era muito assustador para Ruti estar focada em seu alvo escolhido. Ela deixou cair os *tappers*. Apenas a mãe mencionou uma molestação anterior, quando Ruti, aos 6 anos, tinha sido arrastada para um beco perto de casa. Ruti se lembrou do incidente e abaixou a cabeça, mostrando nenhuma ansiedade, enquanto sua mãe descreveu o que havia acontecido. A terapeuta, vendo nenhum sinal de traumatização, perguntou a Ruti o que ela pensava sobre ser capaz de se proteger. "Estou ficando maior", ela disse. Esse novo poder foi reforçado com séries de EB[43] e durante a discussão com sua mãe sobre como Ruti estava grande agora e tinha se protegido do vizinho correndo para casa. Até o final da sessão, o nível de SUDS tinha caído para 2 a 3. A crença positiva de Ruti era agora um recurso para ela. Realçando seu aumento na competência, ela reduziu sua ansiedade.

Entre as sessões, Ruti continuou a ir e a voltar da escola sozinha. No entanto, ela estava recusando todo contato com seu pai. A mãe ficou embaraçada e pediu para falar a sós com o terapeuta. Nessa sessão, a mãe disse que depois do incidente, ela disse a Ruti que os homens poderiam ser perigosos e que ela deveria se proteger de "todos" os homens. A mãe sentiu que essa frase tinha causado essa recusa de Ruti em deixar o pai se aproximar dela. Amargamente desapontada com seu casamento, a mãe tinha construído sua vida ao redor de seus filhos. Ela então mencionou dois incidentes em que homens da comunidade tinham tentado acariciá-la quando ela era uma adolescente. Ela explorou as implicações de sua conexão exclusiva com seus filhos e sua raiva direcionada ao marido, e aos homens em geral.

Percebendo o impacto de seus sentimentos sobre Ruti, ela estava ávida para oferecer a Ruti uma mensagem alternativa. Quando Ruti reingressou para a sessão, a mãe falou sobre o pai e quanto ele sentia falta de Ruti. Ela explicou que ela havia dito coisas cruéis sobre ele, porque ela tinha ficado desconsertada depois da molestação. Elas conversaram sobre diferentes homens da família. A mãe passou a mensagem de que homens podem ser amigos e não perigosos. Ela perguntou se poderia vir sozinha para processar suas memórias de abuso, sua raiva de homens e seus sentimentos sobre ela mesma como mulher. Conforme a raiva da mãe dirigida aos homens diminuía, ela não precisava manter Ruti num relacionamento fundido. Ela pode permitir a Ruti se reconectar com o pai e continuar se tornando independente.

---

[43] N. da T.: EB = estimulação bilateral.

Caso 3: David e sua Família Dentro de Uma Rede de Saúde Maior

Nesse caso, a parentalização em um multiproblema familiar disfuncional inibia o processo natural de cura de um trauma infantil e produzia contínua retraumatização. A hierarquia invertida e o trauma precoce não processado precisaram ser tratados. O EMDR foi usado como um elemento em uma abordagem sistêmica mais abrangente e completa. Terapia familiar, orientação aos pais e intervenções de apoio do serviço social precederam o encaminhamento para EMDR e continuaram após o tratamento.

A família G. foi encaminhada pela sua terapeuta de família, que estava trabalhando com os pais e seu filho de 17 anos, um jovem delinquente. O tratamento envolveu David, de 12 anos, que sofria de perturbações do sono há seis semanas. O comportamento de David envolvia levantar-se de hora em hora, acordar às 5:30 da manhã, ir à escola, onde ele era incapaz de funcionar, voltar para casa às 18:30h e cair no sofá da sala até às 20 horas. Seus pais contaram que ele estava com medo e ansioso. O encaminhamento para *Trauma Unit* foi baseado na suposição da família de que o comportamento de David era ligado a um trauma.

David era o quarto de seis filhos. Dois irmãos mais velhos de David fizeram internos a escola fundamental e iam para casa nas férias. Ambos tinham histórias de severos desvios de comportamento. A estrutura da família era caracterizada por um poder hierárquico invertido, com pais inoperantes e fora de controle, filhos ansiosos. Embora os pais tivessem aprendido novas habilidades de pais nos dois últimos anos, eles continuaram a ser desafiados por seus filhos mais velhos, incluindo David. David frequentemente se tornava argumentativo e ameaçador quando não conseguia do seu jeito. Ele jogava suas frustrações fisicamente contra seus irmãos mais novos. Ele não aceitaria *feedback* ou ajuda de seus pais a respeito de seus transtornos do sono. A circularidade de ineficiência parental e os comportamentos problemáticos dos filhos são vistos claramente nessa família.

Uma avaliação da história do trauma revelou o seguinte: a morte de um irmão bebê quando David tinha dois anos e meio; David apanhar de professores; a transferência de David para quatro escolas em 8 anos; o estilo disciplinador físico antigo dos pais; a doença principal do pai; e a história de David sendo intimidado, humilhado por seus irmãos mais velhos por causa de seu peso, comportamento infantilizado e preguiça.

Da avaliação do trauma, emergiram dois temas dominantes: David percebia o mundo como um lugar perigoso e imprevisível, e se sentia incapaz e desprotegido. Em resposta, ele desenvolveu mecanismos, com pouca idade, para se proteger. Sua mãe comentou que, quando seu irmãozinho morreu, David ficava repetindo para ela: "Eu sou um herói, eu não choro". O seu comportamento de valentão atualmente, quando contrastado com a sua imaturidade e medo, foi visto como uma tentativa de se sentir durão e invencível. Os pais de David contaram que da época que o bebê morreu até David ter 7 anos, ele não ficava em nenhum quarto com a porta fechada. Quando David tinha 8, ele desenvolveu um medo de que ladrões iriam sequestrar um dos seus irmãos mais novos. Na época da terapia, ele não conseguia ficar em casa de noite se fosse a criança mais velha ali.

Devido à intrusividade do problema de sono de David, foi decidido fazer deste o primeiro alvo do tratamento. Nem David, nem seus pais conseguiam identificar qualquer estressor específico que pudesse ter causado o ataque dos sintomas atuais. Eles interpretaram isso como uma extensão e exacerbação dos medos antigos. O terapeuta decidiu alvejar o seu trauma mais antigo: a morte súbita do seu irmãozinho. David não tinha recordações conscientes do evento. Baseado na metodologia de Lovett (1999), os pais foram solicitados a escrever a história do evento, como ele poderia ter sido experimentado por uma criança de dois anos e meio. Foi ensinado a David e a seus pais uma técnica de relaxamento.

Na sessão seguinte, o EMDR começou. A mãe leu a história enquanto o pai alternadamente estimulou os braços de David abraçando-o em uma posição de colo. Seguindo a leitura, o humor foi de sofrimento e de dor. Por não ser uma memória consciente para David, o terapeuta procurou indiretamente uma PC. Foi perguntado a David o que ele falaria a um irmão mais novo assustado que poderia sofrer com os mesmos medos. Ele disse: "Acabou. Você está seguro agora". Assim, David criou uma imagem interna (recurso) dele mesmo, como um irmão mais velho e mais esperto que poderia reassegurá-lo de sua segurança atual. A família se abraçou e fez uma oração conjunta para o bebê morto.

O trabalho com EMDR foi combinado com aconselhamento aos pais com o propósito de fortalecê-los em seus papéis de cuidadores e protetores. Fortalecer suas posições hierárquicas poderia proporcionar a David um senso de segurança. Isso potencializou os pais em ajudar David até atingir um tempo normal de sono, encorajando-o a usar a técnica do relaxamento e dando a ele um suporte positivo. Na sessão seguinte, o padrão de sono de David tinha se ajustado ao padrão normal. Dois aspectos de mudança foram notáveis. Primeiro, foi a cooperação de David, desse modo demonstrando o recente desenvolvimento sem medo de ir dormir. O segundo aspecto foi a clara mudança no relacionamento pais-filho. De interações antagônicas e raivosas, ele agora era capaz de aceitar o apoio dos pais.

A história de medo de David, avançando até as últimas manifestações, foi entendida como reverberações de um antigo trauma não processado. Esses medos foram reforçados por traumas adicionais. Dado que a maioria dessas questões continuava ativamente problemática na família (ex.: seus relacionamentos com seus irmãos) ou potencialmente assim (recorrência de indisposição), a equipe não esperava resolução de todos os medos de David nessa primeira intervenção.

Há dois elementos no processamento com EMDR que permitiram as mudanças ocorridas. A primeira foi proporcionar a David a oportunidade de processar sofrimento não resolvido, habilitando-o para encontrar sua crença positiva "Acabou. Estou seguro agora". Isso o levou a uma redução em sua ansiedade para dormir. O segundo elemento foi corrigir a hierarquia entre David e seus pais. No processamento do trauma precoce, com sua mãe lendo o *script* e seu pai o abraçando, David foi capaz de incorporar o "novo" e reassegurador conhecimento adicional que seus pais estavam disponíveis para cuidar e protegê-lo. Ele estava livre de protegê-los. Essas mudanças comportamentais e emocionais mudaram a circularidade rígida do relacionamento pais-filho. Os pais experimentaram a si mesmos como poderosos; eles substituíram uma postura culpada para uma apoiadora.

Assim como as questões do sono permaneceram corrigidas, a mudança positiva nas dinâmicas pais-filho não poderia opor-se aos desafios em curso apresentados pelos contínuos padrões familiares disfuncionais. Os pais persistiram insuficientemente efetivos em proteger David da provocação cruel de seus irmãos e em confrontar a própria agressividade de David, deixando-o se sentir vulnerável. Foi decidido alvejar o medo de David de ladrões e ficar em casa sozinho para provê-lo com uma experiência de habilitação e fortalecimento do seu senso de si mesmo. Durante o processamento por EMDR, a ansiedade de David foi alta e apareceram imagens ameaçadoras de ladrões. Estas foram seguidas por imagens de respostas impotentes (ex.: ele indo embora correndo, sendo amarrado). Durante associações contínuas as respostas dele tornaram-se mais adaptativas e efetivas (chamando alguém para desamarrá-lo, chamando a polícia). Seguindo três sessões de EMDR, David se sentiu confiante que ele poderia ficar em casa como "babá".

O comportamento problemático de David também o havia sustentado numa posição central e levou a ele atenção e senso de poder. Através de novas mudanças, criou um senso de alívio e aumento de proteção por seus pais. Eles também ameaçaram essa posição. David respondeu tentando retomar a centralidade a que estava acostumado. Ele começou a chantagear os pais por demandas irracionais (tal como insistir em que comprassem brinquedos caros) como uma condição para cuidar dos irmãos. Os pais voltaram a respostas ineficientes, agressivas.

O trabalho terapêutico que tinha libertado David de seus medos debilitantes e fortalecido os pais para apropriada posição hierárquica precisou de consolidação. A despeito do forte e afetivo vínculo que tinha sido desenvolvido entre David e seus pais, interações problemáticas entre a família inteira continuaram. Os pais precisaram de um trabalho estrutural contínuo intensivo para estabelecer firmemente a autoridade deles: colocar limites, proporcionar estrutura e posicionar consequências para os irmãos mais velhos e para David. Sem essas mudanças, poderia ser difícil para David sustentar seus ganhos pessoais. A família foi depois reencaminhada ao terapeuta familiar do início do tratamento para continuar o trabalho sobre os padrões disfuncionais da família.

CONCLUSÃO

O sucesso do tratamento de crianças traumatizadas depende da avaliação do sistema familiar da criança e seu papel como uma fonte em potencial de força ou interferência no processo de cura. Frequentemente, a ativa participação dos pais no tratamento é crucial. A criança traumatizada refugia-se dentro da relativa segurança da sua casa, do mesmo modo como ela tenta enfrentar com sua opressiva falta de segurança e confiança. A habilidade dos pais para responder a essas necessidades é fundamental no seu processo de cura. Quando membros da família são traumatizados secundariamente ou quando a parentalização é deficiente, o tratamento precisa lidar mais diretamente com essas questões. Apenas então o EMDR pode ser maximamente efetivo. Então, a compreensão e intervenção pela TFS com a família da criança abrem caminho para processar com sucesso o trauma da criança.

No caso de Yoav e sua família, a presença da família durante o processamento com EMDR de seu membro mais novo deu a ele o suporte e segurança que permitiu processar suas memórias traumáticas. O EMDR para os outros membros da família os permitiu seguir adiante e ganhar força, o que em troca fortaleceu a mudança positiva do filho mais novo. As intervenções de TFS fortaleceram a unidade parental ajudando-os a libertar Yoav de uma posição desviante que o infantilizou. Eles deram o direcionamento e suporte tão crucial para sua cura. No caso de Ruti, o processo de cura natural foi bloqueado por um relacionamento conjugal distante e desapontador. Um relacionamento mãe-filha excessivamente fundido fez Ruti refém do antagonismo da mãe a homens. Apenas quando a mãe abriu e confrontou seu próprio ressentimento contra homens e sua própria molestação, ela pode libertar sua filha para processar seu próprio trauma. No caso de David, engajar os pais no EMDR deu a ele uma experiência de proximidade e suporte raramente sentido nessa caótica família. Seu envolvimento direto nas sessões de terapia revelou uma história de eventos familiares traumáticos que também necessitaram ser processados. Por causa da fragilidade crônica do sistema familiar, o caso foi enviado para a referida agência para continuar o trabalho familiar.

A presença dos pais na sala de terapia proporcionou mais informações necessárias que crianças não poderiam ser requisitadas a proporcionar: história do trauma, eventos críticos, reações dos membros da família ao trauma e, em geral, para os filhos. Observar interações familiares oferece outra dimensão de conhecimento da família. Criar novas interações através de dramatizações provê a família com as habilidades para desenvolver novos padrões e habilidades de crescimento. A oportunidade para testemunhar seu filho lidando com seu trauma conforme ela procede através do processamento por EMDR dá aos pais a esperança de que seus filhos podem se recuperar e que eles podem ter coragem para suportar a recaída da criança para o padrão anterior dela.

Ao trabalhar com crianças é frequentemente necessário modificar o protocolo EMDR para encontrar o nível cognitivo e emocional da criança. Em geral, é preferível inicialmente aceitar a formulação da criança da CN e CP mesmo quando não formulados de acordo com o protocolo padrão. Frequentemente, a criança começará com uma afirmação externa, descritiva para CN e CP, mas depois de uma série (ou duas) de EBs (estímulos bilaterais), geralmente pode dar uma autoafirmação, especialmente se o terapeuta perguntar novamente "Quais pensamentos sobre você mesmo vêm ou vão com aquela imagem?". É útil seguir a direção da criança, assim como encorajar seu envolvimento. Por exemplo: algumas crianças precisam de perguntas para ajudá-las a articular o que elas estão experimentando, outras podem estar aptas para concentrar por apenas curtos períodos de tempo. Nos casos revistos neste capítulo, fortalecer a função parental foi importante para libertar a criança para mudanças individuais positivas. Essas mudanças foram realçadas ou reduzidas pelas reações do sistema. Essa perspectiva ampla do indivíduo realçada dentro do contexto familiar permite a incorporação de abordagens de tratamento que se relacionam com o indivíduo e o contexto. O EMDR e a terapia familiar sistêmica estrutural se completam para isso.

REFERÊNCIAS

Bardin, A. (2004). EMDR within a family system perspective. Journal of Family Psychotherapy, 15, 47–61.

Bisson, J. (2004). Mental health: Post-traumatic stress disorder. Retrieved August 16, 2005, from British Medical Association, Clinical Evidence web site:

http://www.clinicalevidence.com /ceweb/conditions/meh/1005/1005.jsp.

Chansky, T. E. (2004). Freeing your child from anxiety. New York: Norton.

Cohen, J., Berliner, L., & March, J. (2000). Treatment of children and adolescents. In E. Foa,

T. Keane, & M. Friedman (Eds.), Effective treatments for PTSD (pp. 106–138). New York: Guilford Press.

Figley, C. R. (1988). Helping traumatized families. Journal of Traumatic Stress, 1, 127–141.

Figley, C. R. (1989). Treating stress in families. New York: Brunner/Mazel.

Greenwald, R. (1994). Applying eye movement desensitization and reprocessing to the treatment of traumatized children: Five case studies. Anxiety Disorders Practice Journal, 1, 83–97.

Greenwald, R. (1998). EMDR: New hope for children suffering from trauma and loss. Clinical Child Psychology and Psychiatry, 3, 279–287.

Johnson, S. M. (2002). Emotionally focused couple therapy with trauma survivors. New York: Guilford Press.

Kaslow, F. W., Nurse, A. R., & Thompson, P. (2002). EMDR and family systems. In F. Shapiro Ed.), EMDR as an integrative psychotherapy approach: Experts of diverse orientations explore the paradigm prism (pp. 289–318). Washington, DC: American Psychological Association Books.

Kilic, E. Z. (2003). The psychological effects of parental mental health on children experiencing disaster: The experience of Bolu earthquake in Turkey. Family Process, 4, 485–495.

La Greca, A. M., Silverman, W. K., Vernberg, E. M., & Prinstein, M. J. (1996). Symptoms of posttraumatic stress in children following Hurricane Andrew: A prospective study. Journal of Consulting and Clinical Psychology, 64, 712–723.

Laor, N., Wolmer, L., Mayes, L., Gershon, A., Weizman, R., & Cohen, D. (1997). Israel preschool children under Scuds: A 30-month follow-up. Journal of the American Academy of Child and Adolescent Psychiatry, 36, 349–356.

Lovett, J. (1999). Small wonders: Healing childhood trauma with EMDR. New York: Free Press.

McFarlane, A. (1987). Posttraumatic phenomena in a longitudinal study of children following a natural disaster. Journal of the American Academy of Child and Adolescent Psychiatry, 26, 764–769.

Minuchin, S. (1974). Families and family therapy. London: Tavistock.

Minuchin, S., & Fishman, C. (1981). Family therapy techniques. Cambridge, MA: Harvard University Press.

Nelson, B. S., & Wright, D. W. (1996). Understanding and treating post-traumatic stress disorder symptoms in female partners of veterans with PTSD. Journal of Marital and Family Therapy, 22, 455–467

Nichols, W. C. (1989). A family systems approach. In C. R. Figley (Ed.), Treating stress in families (pp. 67–96). New York: Brunner/Mazel.

Pynoos, R., Steinberg, A., & Goenjian, A. (1996). Traumatic stress in childhood and adolescence.

In B. van der Kolk, A. McFarlane, & L. Weisaeth (Eds.), Traumatic stress (pp. 331–358). New York: Guilford Press.

Riggs, D. S. (2000). Marital and family therapy. In E. Foa (Ed.), Effective treatments for PTSD (pp. 354–355). New York: Guilford Press.

Scheeringa, M., & Zeanah, C. (2001). A relational perspective on PTSD in early childhood. Journal of Traumatic Stress, 14(4), 799–815.

Shapiro, F. (2001). Eye movement desensitization and reprocessing: Basic principles, protocols and procedures (2nd ed.). New York: Guilford Press.

Shapiro, F. (2002). EMDR as an integrative psychotherapy approach: Experts of diverse orientations explore the paradigm prism. Washington, DC: American Psychological Association Books.

Siegel, D. J. (2002). The developing mind and the resolution of trauma: Some ideas about information processing and an interpersonal neurobiology of psychotherapy. In F. Shapiro (Ed.), EMDR as an integrative psychotherapy approach: Experts of diverse orientations explore the paradigm prism (pp. 85–121). Washington, DC: American Psychological Association Books.

Tinker, R. H., & Wilson, S. A. (1999). Through the eyes of a child: EMDR with children. New York: Norton.

Umbarger, C. (1983). Structural family therapy. New York: Grune and Stratton.

Zero to Three. (2005). Diagnostic classification of mental health and developmental disorders of infancy and early childhood (Rev. ed.). Washington, DC: Author.

CAPÍTULO 17
Tratamento Integrativo de Abuso
Sexual Infantil Intrafamiliar

Louise Maxfield

A revelação de uma criança sobre o abuso sexual perpetrado por um membro da família usualmente precipita uma crise imediata na família toda. Ao mesmo tempo em que os membros da família lidam com a frequente devastação do impacto pessoal e as emoções esmagadoras de choque, sofrimento, traição, raiva, medo, culpa, vergonha e confusão, oficiais de polícia e trabalhos de proteção à criança demandam interrogatórios e inspeção do funcionamento da família e segurança. Acompanhando essa investigação, o serviço de proteção à criança tipicamente se nega a permitir que a criança continue a viver em casa, a menos que o ofensor tenha sido removido do ambiente familiar. A família se encontra em conflito com a reestruturação familiar. O comportamento da criança usualmente se deteriora, desafiando a extensão de recursos do pai não ofensor (ou dos pais não ofensores). Infelizmente, em muitos casos, membros da família estendida frequentemente tomam partido do ofensor acusado, isolando e insultando as crianças e seu pai ou pais e, como consequência, a família perde esses entes queridos e uma parte importante de seu sistema de suporte. Frequentemente, a criança é chamada para testemunhar contra uma pessoa que ela ama e de quem ela pode estar também com muito medo.

Conforme o tempo passa, os pais trabalham para restabelecer a estrutura e estabilidade da casa e, constantemente, eles descobrem vários problemas que precisam ser tratados. Comumente, são problemas estabelecidos há muito tempo com pobre comunicação e fronteiras inadequadas. Essas questões vão se agravando pelo estresse individual e relacional. Mais tarde, pode haver controvérsias familiares e desafios acerca de futuros contatos com o ofensor. Sintomas individuais relacionados com estresse pós-traumático, depressão, abuso de substância e problemas de conduta também precisam ser trabalhados.

Abuso Sexual na Infância

Abuso sexual na infância (ASI) é uma ocorrência relativamente comum, constituindo 10% de todas as investigações protecionistas da criança no Canadá, com 38% dessas investigações confirmadas (Trocme & Wolfe, 2001). Apenas 2% das crianças foram sexualmente abusadas por estranhos, 27% foram sexualmente abusadas por conhecidos que não são da família (ex.: babá) e 69% foram sexualmente abusadas por membros da família (25% por cuidadores primários e 44% por outros membros da família). Taxas semelhantes de abuso sexual são relatadas nos Estados Unidos (National Clearinghouse on Child Abuse and Neglect, 2005). É preciso notar que é amplamente admitido que o número de casos reportados represente apenas uma pequena porção dos casos reais, porque muitas crianças e jovens não revelam a ninguém (ex.: Alagia & Kirshenbaum, 2005; London, Bruck, Ceci & Shuman, 2005).

A prevalência de ASI tem sido investigada em estudos com amostra da população com mais de mil participantes. Por exemplo: no National Comorbidity Study (Estudo Nacional de Comorbidade) ASI foi reportado por 13,5% de mulheres e 2,5% de homens (Molnar, Buka & Kessler, 2001). Outros pesquisadores têm reportado taxas de prevalência variando de 6% a 34% para garotas e 2% a 11% para garotos (Walker, Carey, Mohr, Stein & Seedat, 2004). Essa diferença nas taxas pode ser atribuída às diferenças metodológicas na definição operacional ou para diferenças na população efetiva avaliada.

O ASI frequentemente tem um impacto danoso nas vítimas. Uma revisão de 45 estudos por Kendall-Tackett, Williams e Finkelhor (1993) determinou que crianças abusadas sexualmente têm mais sintomas que crianças não abusadas, apesar de que um terço das crianças abusadas são assintomáticas. Os sintomas que comumente são reportados incluem medos, estresse pós-traumático, problemas de comportamento, comportamentos sexualizados e pobre autoestima. Kendall-Tacket et alii reportaram que a maior parte da recuperação ocorre durante os primeiros 12 a 18 meses após a revelação.

O impacto do ASI frequentemente continua pela vida adulta, com o ASI relacionado a um aumento de risco para múltiplos problemas de saúde física e mental (ex.: McCauley et alii, 1997; Sachs-Ericsson, Blazer, Plante & Arnow, 2005). O ASI frequentemente ocorre como parte de um padrão mais amplo de adversidade infantil associada com comportamentos familiares mal adaptativos. Os estudos da Adverse Childhood Experiences (ex.: Dube et alii, 2005; Edwards, Holden, Felitti & Anda, 2003; Felitti et alii, 1998) têm determinado que o abuso na infância e disfunção familiar estão associados ao desenvolvimento, décadas mais tarde, da doença crônica, que são as causas mais comuns de morte e incapacidade na América do Norte, incluindo doença cardíaca, câncer, doença do pulmão crônica e do fígado, e ferimentos. Esses estudos também têm determinado que o abuso na infância é um fator de risco significante para depressão, alcoolismo, abuso de substância e tentativa de suicídio.

Numa amostra de população feminina de gêmeas adultas, Kendler et alii (2000) encontraram o ASI sendo um fator de risco não específico para o desenvolvimento de transtorno psiquiátrico subsequente e abuso de substância, e que o risco aumenta com a severidade do abuso. Em um exame de dados dessas gêmeas adultas abusadas estudadas, Bulik, Prescott e Kendler (2001) não encontraram evidências de que certos padrões de abuso estejam unicamente associados com síndromes psiquiátricas específicas, o que confirma achados anteriores que ASI atua como um fator de risco não específico para transtornos psiquiátricos. O risco de psicopatologia era aumentado se o perpetrador fosse um membro da família, se o intercurso fosse tentado ou completado, se fosse usada força ou ameaça e se "alguém para quem a vítima contasse sobre o abuso não acreditasse nela, não a apoiasse ou a punisse pelo abuso" (Bulik, Prescott e Kendler, 2001:447).

O Papel da Família Depois da Revelação

Bulik et alii (2001) identificaram um fator protetor importante: a criança tinha um melhor resultado se ela contasse para alguém sobre o abuso e essa pessoa agisse para fazê-lo parar. Esses achados são consistentes com outros estudos que têm identificado o apoio familiar como preditivo de resiliência (Romans, Martin, Anderson, O'Shea & Mullen, 1995; Spaccarelli & Kim, 1995). Adicionalmente, pesquisa no campo do desenvolvimento infantil tem concluído que o melhor prognosticador de bem-estar do adolescente é o relacionamento do adolescente com sua mãe (Demo & Acock, 1996).

Os pais, muitas vezes, ficam traumatizados pela revelação de seus filhos e podem ter dificuldade em mobilizar os recursos necessários para apoiar o filho (Elliott & Carnes, 2001). Manion et alii (1996) e Hiebert Murphy (1998) concluíram que apoio de amigos e familiares era fundamental para a tarefa desses pais, ilustrando a importância da rede psicossocial para o sistema familiar.

Uma associação entre os sintomas de criança abusada e sua mãe não agressora foi reportada por Deblinger, Steer e Lipmann (1999). Mães depressivas eram mais inclinadas a descrever seus filhos com sintomas de estresse pós-traumático e comportamentos internalizados. Crianças que reportavam depressão eram mais inclinadas a perceber sua mãe como rejeitadora, e as crianças com graus mais altos de estresse pós-traumático estavam mais inclinadas a perceber suas mães como intrusivas e controladoras. Essas relações são correlacionais em natureza, não causais;[44] elas são descritivas dos efeitos sistêmicos do abuso.

Conceitualizações Teóricas

O modelo de Processamento Adaptativo de Informação de Shapiro (2001) considera transtornos comportamentais e sintomas psicológicos como tendo causalidade linear. Especificamente, Shapiro hipotetizou que uma experiência traumática não resolvida ou não processada, como o ASI, resulta em uma gama de sintomas emocionais, cognitivos, somáticos e comportamentais, que pode ser então exacerbada por interações familiares. Por outro lado, a teoria familiar sistêmica conceitua sintomas como sendo criados ou mantidos de modo circular (Nichols & Schwartz, 1995; veja também Cap. 20). Dessa perspectiva, uma ansiedade da criança é vista como aumentada pela atenção dos pais e a superproteção dos pais como fortalecida pelos sintomas da criança. Com relação ao abuso, enquanto muitos terapeutas familiares sistêmicos (especialmente teóricas familiares feministas) afirmam que o agressor é responsável por seu comportamento abusivo, as dinâmicas familiares são usualmente entendidas como mantenedoras do sistema, inibindo a revelação e/ou a proteção preventiva. Teóricos sistêmicos familiares também reconhecem a influência de outros sistemas externos (ex.: serviços de proteção à criança, escola) sobre o sistema familiar. Há duas terapias familiares sistêmicas que são especialmente relevantes no tratamento do ASI: Terapia Estratégica (Madanes, 1990) e Terapia Estrutural (Minuchin, 1974). A Terapia Familiar Sistêmica Estratégica (TFSE) foca principalmente sobre padrões de comunicação; a TFS Estrutural se atenta para a estrutura e papéis familiares, e poder e autoridade associados.

---

[44] N. da T.: correlações de prevalência e não de causalidade linear.

Terapia familiar sistêmica

A Terapia Familiar Estrutural foi desenvolvida por Salvador Minuchin et alii (Minuchin, 1974; Minuchin, Montalvo, Guerney, Rosman & Schumer, 1967) durante seus anos na Wiltwyck School for Boys, em Nova York. Foca sobre o restabelecimento da autoridade hierárquica parental, criação de fronteiras apropriadas e alteração de alianças. Em famílias com abuso sexual intrafamiliar, a estrutura familiar frequentemente está distorcida. Quando a criança se torna parceira sexual do pai, está secretamente triangulada dentro do subsistema conjugal e as fronteiras entre os pais tornam-se mais rígidas. Algumas crianças abusadas ganham poder irregular dentro do sistema familiar, enquanto outras são desvalorizadas e rejeitadas. Nos dois casos, outros distúrbios frequentemente reverberam dentro do subsistema fraternal. Além disso, existem problemas no subsistema mãe-filhos, porque a mãe se absteve de seu papel de protetora.

Jay Haley e Cloe Madanes foram colegas de Minuchin no Philadelphia Child Guidance Center; eles fundaram mais tarde o Family Therapy Institute of Washington, DC, onde desenvolveram e ensinaram a Terapia Familiar Estratégica (Goldenberg & Goldenberg, 2000). A Terapia Familiar Estratégica trata padrões de comunicação mal adaptativos. Por causa do intenso segredo que cerca o abuso na família, a comunicação está tipicamente distorcida e existem déficits de habilidade da família de resolver problemas. Madanes (1990) desenvolveu um modelo de 16 passos para tratar o ofensor, a vítima e família como uma unidade. Sua abordagem envolve a revelação de todos os segredos da família, pedido de desculpas à vítima e a vítima, esperançosamente, conceder o perdão.

Nem a Terapia Familiar Estratégica, nem a Estrutural foram empiricamente investigadas no tratamento de ASI. Contudo, a terapia cognitivo-comportamental focada no abuso para a criança e a família tem sido avaliada e se mostra útil em alguns estudos (ex.: Cohen, Deblinger, Mannarino & Steer, 2004). Por outro lado, um estudo similar por King et alii (2000) não encontrou nenhuma vantagem em incluir pais em seu programa cognitivo-comportamental.

Um dos benefícios esperados da terapia familiar está focado sobre questões que são conhecidas por criar patologia mais tarde. Por exemplo: Whiffen e MacIntosh (2005) concluíram que os efeitos do ASI sobre patologia de adultos eram mediados por várias variáveis, incluindo vergonha ou autocensura, dificuldades interpessoais e estratégias evitativas de enfrentamento. A terapia familiar trata essas variáveis em uma estrutura interpessoal. Posteriormente, o fortalecimento de autorregularão e habilidades de comunicação e fronteiras saudáveis nas sessões de terapia familiar podem contribuir para o desenvolvimento de forças e recursos psicológicos na criança.

Reprocessamento e Dessensibilização Através de Movimentos Oculares

Reprocessamento e Dessensibilização Através de Movimentos Oculares (EMDR) é uma abordagem de tratamento desenvolvida por Shapiro (1995, 2001) para ajudar pacientes no processamento efetivo de eventos angustiantes e traumáticos do passado. É baseado no modelo de Processamento Adaptativo de Informação, de Shapiro, e emprega um procedimento de oito fases para terapia, que trata memórias passadas, disparadores atuais e planos futuros. O EMDR tem sido determinado como sendo eficaz no tratamento de adultos com transtorno de estresse pós-traumático (TEPT) (American Psychiatric Association, 2004; Maxfield & Hyer, 2002). Foi feito apenas um estudo randômico que investigou o tratamento com EMDR em crianças sexualmente abusadas. Jaberghaderi, Greenwald, Rubin, Zand e Dolatabadi (2004) compararam os resultados do tratamento cognitivo-comportamental e EMDR para garotas adolescentes iranianas que tinham sido abusadas sexualmente. Eles constataram que ambos os tratamentos produziram efeitos similares significantes com melhora dos sintomas e comportamento. Devido ao EMDR não requerer que a criança gaste tempo em tarefa de casa relacionada à terapia, os investigadores concluíram que esse é um tratamento mais eficiente. Outros estudos usando EMDR com crianças traumatizadas têm confirmado sua eficiência com essa população (ex.: Chemtob, Nakashima, Hamada & Carlson, 2002; Fernandez, Gallinari & Lorenzetti, 2004; Greenwald, 1999; Lovett, 1999; Soberman, Greenwald & Rule, 2002; Tinker & Wilson, 1999).

PROCESSO TERAPÊUTICO

Uma combinação de terapia familiar e EMDR pode proporcionar um tratamento completo e abrangente para a criança e membros da família não ofensores. Geralmente, o EMDR é usado para processar as memórias aflitivas e emoções, e a terapia familiar é usada para tratar problemas relacionais da estrutura familiar (ex.: fronteiras, papéis, regras); padrões transacionais; questões familiares sobre segurança, censura e culpa;

comunicação; e dificuldades parentais. Consequentemente, a integração dessas duas abordagens pode tratar e resolver as questões-chave e problemas enfrentados pela família e seus membros.

O nosso processo de tratamento integrado tem quatro estágios:

Estágio 1: Estabilização/Proteção.
Estágio 2: Avaliação familiar.
Estágio 3: Processamento.
Estágio 4: Reavaliação e Finalização.

Esses estágios podem se sobrepor. Na terapia familiar, as sessões são conduzidas com várias configurações da família (i.e., díade pai-filho, filhos juntos), bem como a família nuclear intacta inteira. Eventualmente, uma sessão é conduzida com membros da família estendida. Sendo apropriado e seguro, uma sessão pode ser conduzida com o ofensor e membros da família.

O tratamento de abuso sexual intrafamiliar é complicado, devido às variações nas dinâmicas e histórias familiares. Conforme mencionado antes, 44% dos ASI encontrados foram perpetrados por membros da família, como irmãos, primos, tios, tias e avós, e 25% por cuidadores primários, como pais e padrastos (Trocme & Wolfe, 2001). Quando o agressor reside na mesma casa que a criança, os serviços de proteção à criança usualmente insistem para que a vítima ou o agressor deixe a casa. O tratamento é mais complicado nesses casos, porque a família é obrigada a se ajustar ao mandato de mudança e à perda de um de seus membros. A seção seguinte resume os estágios da terapia e ressalta as questões mais relevantes do tratamento e alvos.

Para simplificar esta seção, a situação familiar está configurada com uma mãe não ofensiva protetora com uma criança abusada pelo marido ou namorado da mãe.

Estágio 1: Estabilização

Após a revelação, a família frequentemente luta com a perda do pai e marido, e muitas emoções relacionadas (tais como fracasso, raiva e medo) são eliciadas. A reorganização da família pode ser complicada e dolorosa. Além disso, a falta da renda do transgressor pode levar a família a precisar deixar sua casa e recorrer à assistência financeira. A criança e sua família frequentemente experimentam outras perdas relacionadas e a criança, algumas vezes, é responsabilizada por essas perdas.

A família está usualmente envolvida com múltiplas agências comunitárias. Tipicamente, os serviços de proteção à criança e o departamento de polícia conduzem investigações paralelas, entrevistando mais membros da família, o processo do tribunal familiar e criminal podem seguir. Serviços de aconselhamento podem ser oferecidos para a vítima do abuso e sua família. Também pode haver envolvimento com a avaliação do sistema forense e tratar o transgressor, bem como agências de liberdade condicional ou semiliberdade. Embora as famílias possam se apresentar para tratamento alguns meses depois da revelação original, eles usualmente continuam a ter contato com vários sistemas comunitários por um período prolongado.

É essencial que o terapeuta supra todos os membros da família com informações sobre as limitações legais da confidencialidade tão logo eles estejam cientes da obrigação do terapeuta de reportar abuso infantil. O terapeuta precisa colher o consentimento informado padrão assinado por todos os membros da família envolvidos no tratamento a fim de comunicar a outras agências envolvidas.

O terapeuta também assegura que a família saiba da confidencialidade relativa à sua privacidade pessoal. Por exemplo: a criança pode contar ao terapeuta informações pessoais (ex.: sobre atividades sociais ou uso de substâncias) com o pedido de que o pai não seja informado. Em muitos estados e províncias, a privacidade da criança está legalmente protegida e o terapeuta não pode informar o pai sem a permissão da criança. Essa questão deverá ser discutida antes de iniciar o tratamento e todos os membros devem entender a posição do terapeuta.

Embora os objetivos desse estágio sejam similares para criar uma aliança terapêutica (Shapiro, 2001) e junto com a família (Minuchin, 1974), o terapeuta também assume um papel ativo como um protetor, provendo apoio e informação e guiando a família através dos vários sistemas comunitários. Durante esse processo, o terapeuta começa uma avaliação preliminar da dinâmica familiar.

É essencial que o terapeuta monitore questões referentes à segurança, estimulando a proteção da criança do ofensor e em conformidade com quaisquer ordens judiciais que proíbam ou restrinjam contato com o ofensor. Eventualmente, as crianças têm visitas supervisionadas com o ofensor e o terapeuta deve rever a natureza e qualidade dessas visitas para identificar qualquer abuso emocional.

Estágio 2: Avaliação Familiar

O estágio da avaliação familiar incorpora as Fases 1 e 2 do EMDR. A primeira sessão de tratamento é somente com a mãe, para permitir o compartilhar de complicadas histórias e segredos familiares, o estado legal do processo, o tipo de contato que o ofensor tem atualmente com a família e os desafios confrontando a família (ex.: financeiro, legal, interpessoal). A exclusão da criança nessa sessão favorece para fronteiras apropriadas acerca de informações e reforça a mãe em seu papel como a autoridade parental. Em muitas famílias, a posição privilegiada da mãe na hierarquia parental tem sido corroída. Um dos objetivos do tratamento familiar é apoiar a mãe conforme ela reclama e acerta sua autoridade que o reconhecimento de sua posição seja estabelecido no início da terapia. O terapeuta também avalia a habilidade da mãe para ajustar-se à transformação maciça na situação de vida dela e a disposição para consentir com ordens judiciais acerca do contato com o ofensor. Além disso, o terapeuta determina se e onde a defesa pode ser necessária.

Algumas das próximas sessões são usualmente de família, atendendo a mãe e os filhos. O propósito é desenvolver a comunicação, trabalhando sobre demarcação de papéis, fortalecimento de fronteiras e resguardando a segurança. O terapeuta e a família desenvolvem normas de procedimento para assegurar a segurança emocional de todos os membros durante as sessões familiares. Por exemplo: possivelmente existam regras proibindo xingamentos ou interrupções. Esse processo modela o estabelecimento de estruturas apropriadas, fronteiras e respeito mútuo.

Embora levantar a história seja uma parte da maioria dos protocolos, aqui, pegar a história pode ser algo conceituado como escrever a história, que cada membro considera como real a sua versão da história da família incompleta ou imprecisa. Em famílias onde há segredos, a maioria dos membros têm diferentes experiências sobre qual dos outros não sabe nada. Esse compartilhar de informações é feito usualmente em uma ou mais sessões de família com todos os membros da família intacta. Os membros da família discutem o que aconteceu, quem sabia o que estava acontecendo e os sentimentos relacionados. Frequentemente, um membro da família terá perguntas para outro. Por exemplo: a criança pode perguntar à mãe por que ela estava ignorando o abuso; a mãe pode perguntar à criança se o abuso ocorreu em certa ocasião. A sessão de pegar a história é muito emotiva para todos os membros, e isso permite a expressão de validação e estímulo. O terapeuta possivelmente necessite ser diretivo para ajudar os membros em respostas apropriadas para a revelação dos outros. Depois da sessão, os membros da família se sentem aliviados, em resultado do que eles entendem mais sobre cada um e o que aconteceu. A sessão também identifica questões que precisam ser tratadas numa futura sessão familiar ou de EMDR.

Estágio 3: Processamento

O ASI não é apenas um trauma individual, é um trauma da família inteira. Ademais, a revelação do ASI envolve uma cascata de respostas e mudanças para os membros individuais e a família como uma unidade. Embora esses problemas (e seu tratamento) sejam descritos separadamente neste capítulo, muitos deles ocorrem simultaneamente, exacerbando o nível de distresse dentro da família. O tratamento dessas questões complexas requer flexibilidade e reconhecimento de cada apresentação única da família e necessidades. A maioria das famílias é confrontada com questões centrais semelhantes e essas questões respondem bem à combinação de EMDR e terapia familiar. O processo de integração dessas duas abordagens varia, dependendo de como cada família específica chama a atenção às diversas preocupações.

O EMDR pode ser administrado em um modelo conjunto (ex.: com a mãe presente para apoiar a criança) ou individual. Quando a criança recebe EMDR individualizado, é usualmente melhor se a mãe se juntar à criança para a última parte da sessão, quando ela pode ser provida com um resumo do que a criança processou. Isso reforça seu papel como a autoridade parental e favorece para suprimento e validação, com o terapeuta instigando cada resposta, se necessário.

O Evento Traumático

O processamento do trauma usualmente é feito com EMDR, seguido por relato à família, se apropriado. O modelo de Processamento Adaptativo de Informação, de Shapiro, (2001) conduz a escolha de alvos para o tratamento EMDR; esses alvos incluem os incidentes de abuso passados, sintomas e disparadores atuais, e medos sobre situações futuras. Por exemplo: depois de uma cliente ter processado sua experiência de ser abusada sexualmente, ela então focará eventos presentes que disparam desconforto, tais como ser beijada por seu namorado. Depois disso, ela processará eventos antecipados do futuro que criam apreensão, tais como o medo de ver seu pai-molestador em uma reunião de uma família.

Inicialmente, o tratamento com EMDR envolve tipicamente o processamento de eventos traumáticos. Para cada memória alvo, o cliente identifica uma imagem visual constrangedora, uma crença negativa (CN) relacionada com a memória (ex.: "Eu sou impotente"), uma crença positiva (CP) (ex.: "Eu sou competente"), emoções associadas presentes e a localização dessas sensações correlacionadas no corpo. É perguntado ao cliente sobre o grau de validade da CP quando emparelhada com a imagem sobre a escala VOC (1 = completamente falso, 7 = completamente verdadeiro) e o nível de perturbação emocional na escala SUDS (0 = nenhuma perturbação, 10 = perturbação severa).

Além da experiência de Abuso Sexual na Infância, a criança pode identificar outros eventos perturbadores, tais como a polícia prender o pai, a mãe chorando diariamente e a raiva expressada por outros membros da família. A criança pode sentir culpa sobre o abuso de seus irmãos mais novos ou primos, pensando que outras crianças poderiam ter sido protegidas se ela tivesse revelado antes. Algumas crianças são envergonhadas por seus pares (ex.: chamadas de "gays"); outras se tornam imobilizadas por medos. Crianças geralmente preferem processar o trauma sexual sem sua mãe presente por causa do desconforto de discutir os detalhes do comportamento sexual. Ao invés de envergonhar a criança, esta necessidade pode ser reformulada como a criação de limites adequados à privacidade sexual. Com o EMDR, a criança é capaz de rapidamente resolver as emoções perturbadoras, cognições e sensações somáticas relacionadas com o evento. Conforme mencionado antes, usualmente é melhor que a mãe possa se juntar à criança no relato das sessões de EMDR. Durante o processo, o terapeuta pode propor à mãe, se necessário, respostas de suprimento e validação.

A mãe, provavelmente, também vai precisar processar o abuso de seu filho. Embora as mães raramente testemunhem o abuso real, elas frequentemente criam suas próprias imagens de como aconteceu e essas imagens visuais podem ser usadas como alvo no tratamento. Eventualmente, as imagens envolvem perturbação sobre seu filho sendo machucado ou prejudicado; em outras vezes, elas podem trazer à tona raiva e ciúme. Por exemplo: uma mãe disse: "Eu sei que não foi culpa dela, mas quando eu a visualizo em minha cama com meu marido, eu sinto raiva, como se ela fosse outra mulher. O que devo fazer quanto a isso?". O EMDR é útil para resolver esses sentimentos; durante o processamento, a memória está ligada e integrada com outra informação adaptativa e contextual, que transforma o significado e o conflito afetivo armazenado da memória.

Quando uma mãe também foi sexualmente abusada em criança, suas reações sobre seu próprio abuso frequentemente interferem com a habilidade dela para responder apropriadamente ao seu filho. Isso é especialmente verdadeiro se a mãe também foi abusada pela mesma pessoa que abusou de seu filho (ex.: o pai da mãe). O tratamento em cada caso é frequentemente complexo e prolongado. O EMDR é inestimável e a terapia familiar é essencial.

Responsabilidade

A questão da responsabilidade pelo abuso é frequentemente um tópico controverso, eliciando vergonha, repreensão, culpa e raiva. Teóricos sistêmicos de família (ex.: Faust, 2001; Madanes, 1990) têm recomendado tipicamente que a criança não seja questionada sobre o porquê não avisou, entendendo que tal questionamento injustamente implicaria culpa e indicaria que a criança é percebida como responsável. Discordamos dessa posição e pensamos que pode haver importantes razões para que a criança não revele e, da mesma forma, porque o pai não ofensor não percebeu e/ou protegeu. Para a família discutir livremente tais questões, é imperativo que o conceito de responsabilidade seja clarificado.

O triângulo de responsabilidade (Maxfield, 1988; Wakefield & Maxfield, 1991) proporciona uma simples ilustração desse constructo (veja Figura 17.1); isso é explicado em uma sessão de família. Nesse modelo, o agressor, o pai não agressor e a criança estão representados como tendo cada qual sua responsabilidade. O agressor é visto como sendo 100% responsável por seu próprio comportamento e pelo abuso; ninguém mais é responsável por suas ações. O pai não agressor é responsável por proteger (o que é igualmente estendido aos membros da família e figuras comunitárias). A mãe pode ter um sem-número de razões por não ter reconhecido o abuso (ex.: foi bem encoberto) ou não protegeu (ex.: medo de xingamento, medo de perder a custódia) (Jensen, 2005). Quaisquer que sejam as razões, a proteção ainda é responsabilidade da mãe. A responsabilidade da criança é a revelação. Possivelmente, existam muitas razões para a criança não ter contado (ex.: ameaça de surras, amor pelo abusador). É muito difícil ou impossível proteger a criança se ela se recusa a revelar. E isso em quaisquer que sejam as razões.

Abusador: responsável pelo abuso.
Criança: responsável pela revelação.
Pai não abusador: responsável pela proteção.

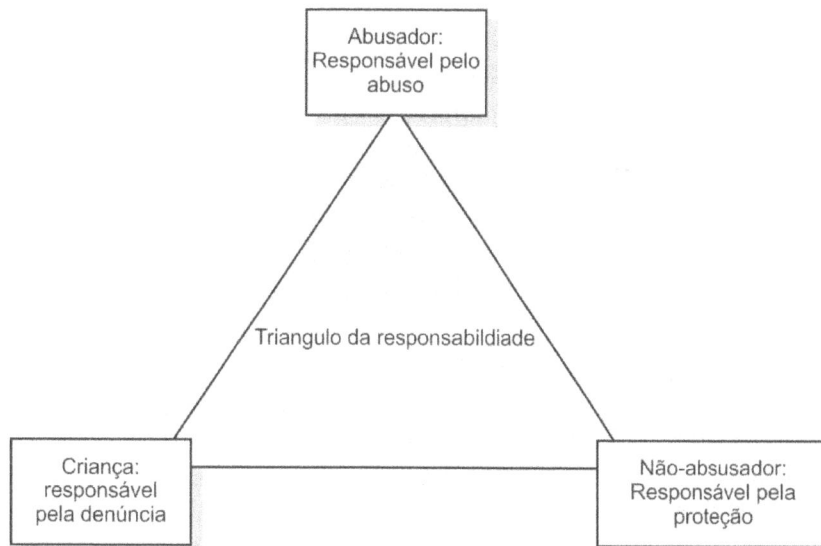

Figura 17.1. O Triângulo de Responsabilidade

Esse modelo situa a responsabilidade completamente do abuso sobre o abusador. Isso também permite à mãe e à criança identificar e tratar questões relacionadas com seu próprio papel na continuação do abuso. Clarificar esses conceitos em uma sessão de família pode ajudar a família a resolver emoções relatadas. Por exemplo: a mãe toma a responsabilidade por sua falta de proteção e pede perdão ao filho por sua falha. Observe que ela não pede perdão pelo abuso atual, isso não é sua responsabilidade. A criança explica que ela foi incapaz de contar ("Ele disse que mataria meu bichinho!"), e a mãe valida os medos de seu filho e reforça o conceito de que a criança não foi responsável pelo abuso. A família então pode resolver o problema sobre quais futuras dificuldades podem ser evitadas através de melhor comunicação e proteção. Esse plano concreto e prático sobre a segurança da família fortalece fronteiras e papéis.

Eventualmente, preocupações sobre responsabilidade continuam a perturbar a mãe ou a criança. Nesses momentos, o tratamento individual de EMDR é usado para processar essas emoções e trazê-las para uma resolução. Com EMDR, a criança considera como real que não pode controlar o agressor nem forçá-lo a parar e que ele é o único responsável. Ela afirma: "Eu era apenas uma garotinha!". A mãe reconhece que, embora tenha falhado em deter o abuso, ela agora tem de agir para proteger sua filha. Apesar disso, é realmente provável que a mãe continue sentindo alguma culpa e que isso nunca será completamente erradicado. Isso é o que Shapiro (1991) chama de uma emoção "ecologicamente válida", ou como uma mãe explicou: "Eu não protegi minha filha, e sempre vou sentir alguma dor e culpa".

Problemas de Conduta da Criança e Dificuldades Parentais

Alguém pode esperar que depois da revelação a vida se torne mais simples e segura para a criança; no entanto, o que se vê usualmente é um aumento de estresse, problemas de conduta e medos. Esses medos podem ser relacionados ao aglomerado de inesperadas e imprevisíveis mudanças na vida da criança, bem como o fluxo de emoções e pensamentos confusos e devastadores. O comportamento da criança pode tornar-se hostil. Simultaneamente, a mãe pode sentir culpa e aflição sobre o ajustamento da criança a todas as mudanças, e ela pode tornar-se superindulgente para compensar, então exacerba as dificuldades de conduta da criança. Ademais, se a mãe era previamente passiva, cedendo a autoridade ao pai, a família pode agora se encontrar sem figura de autoridade.

Nessa instância, o objetivo da terapia familiar é apoiar a mãe em estabelecer uma hierarquia parental, criando papéis apropriados, regras e fronteiras. Isso pode ser pensado em sessões individuais com a mãe e nas sessões familiares tratando papéis e relacionamentos. O EMDR também pode ser usado para ajudar a mãe a alvejar seus sentimentos de incompetência ou culpa e para ajudar a criança na adaptação às mudanças no estilo de vida.

Algumas vezes, a criança desenvolve problemas de comportamento mais severos, tais como agressão, comportamentos sexualizados, abuso de substância e Transtorno da Conduta. Programas especializados têm sido desenvolvidos para assistir essa população (ex.: veja Soberman et alii, 2002). Veja uma descrição detalhada mais adiante.

Relacionamento com o Agressor

As decisões sobre o relacionamento atual com o agressor quase sempre resultam em conflitos na família. Em algumas jurisdições, agressores podem ser encarcerados por períodos longos. Por outro lado, agressores recebem sentenças muito curtas ou estão em suspensão condicional da pena, requerendo da família tomar decisões sobre contatos contínuos. Antes da revelação, o agressor era um amável e valoroso membro da família, e os afetos individuais não mudam necessariamente com a revelação de ASI. Isso pode criar muita confusão pessoal e conflitos familiares. Confusão pessoal responde bem ao tratamento com EMDR, mas conflitos familiares requerem comunicação, negociação e compromisso. Às vezes, o tratamento individual é necessário para prover um membro com privacidade para discutir e aceitar seus sentimentos sobre o ofensor.

Por exemplo: Bobby, de 10 anos de idade, amava seu pai, embora ele tenha abusado do menino. Mesmo assim, Bobby queria manter contato com o pai. Sua mãe, por outro lado, estava tão furiosa com seu marido que proibiu todo contato e fugia rapidamente sempre que seu nome era mencionado. Bobby experimentava severa tristeza pela falta do pai, angustiado continuamente sobre seu bem-estar, mas não poderia compartilhar essas emoções com sua mãe raivosa. Tais situações não são facilmente resolvidas por causa das intensas emoções envolvidas. A mãe de Bobby recusou tratamento individual para si mesma e estava indignada por ter sido traída pelo menino. Consequentemente, o tratamento focou em ajudar Bobby a se ajustar à perda do pai.

Estágio 4: Reavaliação e Finalização

A reavaliação é conduzida, conforme Shapiro (2001), no início de cada sessão. Essa revisão avalia o processamento de todos os alvos identificados. Em particular, para os alvos de EMDR, elementos do passado, presente e futuro são reavaliados. Para a terapia familiar, mudanças planejadas são avaliadas em termos de objetivos específicos e mudanças de comportamento. Conforme os objetivos são atingidos, a finalização é planejada por meios apropriados. Ocasionalmente, um longo tempo de acompanhamento é organizado para assegurar que os objetivos do tratamento sejam mantidos.

Exemplo de Caso

A família Smith – Irene, mãe (40 anos); Mary, filha (13); e Sam, filho (9) – estava em tratamento fazia um ano. Eles receberam terapia familiar, individual e sessões diádicas, bem como uma sessão com John, o pai (40), que tinha abusado sexualmente de Mary.

História Familiar

O relato médico familiar recomenda tratamento para Mary (13 anos). Ela havia tentado se suicidar e o médico a diagnosticou com Transtorno Depressivo Maior e TEPT. Mary vivia com sua mãe e seu irmão. Ela foi abusada sexualmente por seu pai uma única vez 15 meses atrás, mesmo tempo de separação da família. John se confessou culpado no tribunal e recebeu uma sentença de 18 meses de condicional. Ele conseguiu acesso supervisionado aos filhos, mas poucas visitas aconteceram. Irene se divorciou de John e, no momento, estava namorando. Ela foi forçada a arrumar emprego para sustentar a família e seu novo emprego no hospital envolvia turnos à noite. John tinha começado outro relacionamento e agora estava morando com sua nova namorada, uma garçonete com uma filha (7 anos) e dois filhos (3 e 5).

Quatro anos antes, Mary foi sexualmente abusada por seu avô paterno, George. George tinha três filhos adultos (John, outro filho e uma filha) e oito netos. Foi descoberto que George tinha abusado sexualmente de todos os netos, inclusive de Mary e de Sam. Ele confessou a culpa e recebeu uma sentença de 3 anos de prisão, que agora havia sido cumprida.

Depois da descoberta sobre George, Mary, Sam, Irene e John se envolveram em um programa completo de terapia familiar. Atualmente, a família não tem contato com os avós, embora as crianças manifestem sentir saudades da avó. Eles também não tinham contato com seu tio; ele estava bravo pela revelação das crianças e pela prisão de seu pai, apesar de seus próprios filhos terem revelado que eles também tinham sido abusados.

Estágio 1: Estabilização

Devido às revelações de Mary sobre o abuso sofrido por seu pai e as investigações relacionadas terem ocorrido 15 meses antes, a família mantinha pouco contato com autoridades e sistemas comunitários. John estava completando seu tratamento de ofensor sexual e seu período probatório. As crianças mantinham visitas supervisionadas com John e ele pressionava por maior contato.

Os sintomas de Mary eram bastante severos e preenchiam os critérios diagnósticos de Transtorno Depressivo Maior e TEPT. Ela estava socialmente retraída, não estava nem atendendo aos telefonemas de seus amigos e se isolava em seu quarto; na escola, suas notas caíram de 75% para 50%. As duas crianças estavam tendo dificuldade de se ajustar à ausência da mãe à noite. Mary disse: "Antes [do abuso], nós tínhamos nossos pais em casa e agora sou eu e Sam". As duas crianças expressaram solidão e medo. Embora John nunca tivesse ido à casa, Mary e Sam estavam com medo de que ele aparecesse quando eles estivessem desprotegidos. Consequentemente, para prover estabilização nos primeiros meses de tratamento, foi recomendado que Irene reduzisse seu horário de trabalho, de maneira que ela pudesse estar em casa à noite. Isso lhe permitiu estabelecer-se como a autoridade parental que protege, cuida e garante segurança. Irene fez esses ajustes, muito embora isso causasse aperto financeiro. Por solicitação de Irene, o terapeuta, como um defensor, escreveu cartas ao empregador de Irene explicando essa necessidade.

Estágio 2: Avaliação

O terapeuta avaliou tanto a família quanto seus membros individualmente.

Avaliação: A Família

Dentro do sistema familiar havia problemas anteriores ao abuso de Mary por John. Irene descreveu John como autocentrado, narcisista e exigente. Todos concordaram que ele tinha um mau temperamento e que sua fúria era amedrontadora e intimidante. Mary o descreveu como tendo problemas com álcool e descreveu brigas entre ele e Irene. Quando ele se enfurecia, jogava coisas e socava a parede fazendo buracos. Irene chorava.

Mary afirmou não ter afinidade com sua mãe, a quem ela enxergava como "diferente" e "irritante", e alegava não se lembrar de nenhuma experiência de segurança com sua mãe. Em vez disso, Mary relatou que se sentia mais próxima do pai e explicou que ele costumava participar de muitas atividades e que ele ficava muitas vezes orgulhoso dela. Ela disse: "Ele estava ou alegre ou nervoso". Sam não tinha afinidade com seu pai e tanto ele quanto Irene descreveram John como sendo muito crítico em relação a Sam, indiferente e cruel. Apesar disso, Sam clarificou que John podia ser "divertido" às vezes.

Antes de Mary ter sido abusada sexualmente, parece que a estrutura familiar era disfuncional. Havia problemas nos subsistemas conjugal e parental. John era dominante e Irene era desvinculada, passiva e depressiva. Parece que havia um alinhamento entre Mary e John muito antes de ocorrer o abuso. Sam era, frequentemente, o bode-expiatório e deixado de fora.

Depois do abuso e de John ser removido de sua família, era difícil para a família se estabilizar em uma estrutura nova e funcional. Irene tinha dificuldade em estabelecer-se como autoridade parental e ela ainda estava emocionalmente distante. Suas frequentes ausências eram sentidas pelos filhos como uma anulação de sua responsabilidade parental para com sua segurança e proteção. Mary se desvinculou de sua mãe, se isolando em seu quarto, e Sam expressava em ações seu sofrimento e medos.

Avaliação: Irene

Irene se descreveu como muito depressiva por cerca de dois anos depois que seus filhos relataram o abuso sexual por seu sogro. Ela agiu corretamente em relação às revelações dos filhos, reportando imediatamente o abuso às autoridades. Ela não responsabilizou seus filhos e deu muito apoio em suas necessidades. Atualmente, ela estava se sentindo muito positiva e estava gostando do seu novo emprego, embora isso causasse sua ausência da casa à noite. Ela estava namorando e estabelecendo uma nova vida para si. Ela achava que não precisava de terapia individual, mas estava ávida a participar das sessões de família e estava comprometida a fazer tudo o que estivesse ao seu alcance para ajudar seus filhos.

Avaliação: Mary

Durante o primeiro ano após o abuso de seu pai, parecia que Mary estava enfrentando a situação adequadamente. No entanto, ela tentou suicídio porque se sentiu oprimida por vários eventos. Isso incluía ter descoberto que seu pai estava para se casar com a namorada ("Eu senti como se ele tivesse nos substituído!"); sua preocupação em relação à segurança da enteada dele, de 7 anos de idade ("Eu fico pensando que ele vai abusar dela e me pergunto se eu preciso protegê-la"); e o novo emprego da mãe, que requeria turnos à noite ("Eu fico com medo em casa sozinha. E se meu pai vier?"). Além disso, seus colegas de classe descobriram sobre o abuso de seu pai e caçoavam dela, chamando-a de "brinquedinho do papai". Ela se sentia humilhada e vulnerável, e disse: "Muita gente sabe da minha reputação". Mary descreveu o abuso de seu avô como severo e assustador, e explicou que ela o enfrentou dissociando: "Eu apenas não estava lá".

Avaliação: Sam

Sam tinha vários sintomas pós-traumáticos e estava frequentemente triste. Ele identificou múltiplos medos e preocupações (avô, pai, pessoas rudes, alienígenas, vendaval). Ele estava um pouco opositivo, brigava muito com a irmã e não gostava de ser deixado em casa sozinho com Mary. Ele estava muito ansioso sobre as visitas do pai. Sam tinha memórias intrusivas a respeito da ira de John. Embora visse seu pai como uma pessoa sem controle sobre sua raiva e comportamento, Sam disse: "Eu pensava que fosse minha culpa ele estar nervoso". Sam também expressou perturbação sobre o abuso do avô e descreveu seu medo do avô como "100 vezes" pior que seu medo de seu pai. Quando perguntado o que gostaria de mudar, Sam disse: "Não ter que me cuidar sozinho".

Estágio 3: Processamento

O processamento incluiu sessões familiares e individuais com EMDR.

Processamento: Sessões Familiares

O objetivo global de terapia familiar foi alterar a estrutura da família para que todos os membros pudessem funcionar mais efetivamente e cada um pudesse se desenvolver apropriadamente. Isso envolveu mudar o padrão de comunicação, responsabilidades e papéis; deslocamento de alinhamento e melhora das fronteiras. Os objetivos específicos foram: fortalecer a autoridade parental de Irene, diminuir o distanciamento entre Mary e Irene, e resolver os conflitos e perturbações em relação às visitas de John. Várias estratégias foram usadas para atingir esses objetivos.

Irene foi treinada a ser clara em suas diretrizes e consistente com as consequências. Estratégias foram desenvolvidas nas sessões em que Irene esteve sozinha e com as crianças. Irene também se esforçou para estar em casa à noite, promovendo, assim, um senso essencial de segurança e estabilidade nas crianças.

A técnica da Terapia Familiar Estrutural de dramatização foi usada com Irene (conjuntamente com Mary), que dramatizou seu conflito sobre o isolamento da filha, com a terapeuta então proporcionando sugestões para modificações. Habilidades de comunicação foram ensinadas e modeladas. Foi consenso de que havia necessidade de fronteiras mais claras sobre o tempo de Mary ficar sozinha, com mais respeito por parte de Irene e mais tempo em família por parte de Mary. Isso resultou em uma significante redução do conflito entre elas, e a fronteira entre Mary e Irene tornou-se menos rígida.

Mary confrontou Irene sobre o abuso de John, perguntando: "Você notou algo antes daquele dia?". Irene explicou que não tinha notado nenhum sinal do interesse sexual dele por Mary. Ambas então discutiram possíveis prevenções da molestação e concluíram que o incidente abusivo provavelmente tivesse sido inevitável. Essa discussão foi validada por ambas e fortaleceu sua conexão e afeto.

A técnica da Terapia Familiar Estrutural de ressignificação foi usada em uma variedade de ocasiões para redefinir comportamento de modo menos patológico. Por exemplo: Mary se sentia muito "diferente" de seus colegas e, portanto, proporcionar psicoeducação foi útil para normalizar sua experiência. Ela falou com outras pessoas sobre isso, incluindo uma professora e uma amiga da escola, e contou que se sentia capacitada e assertiva.

Um dos aspectos mais difíceis da família era o contato com John. Irene estava muito indignada e preferia que seus filhos não tivessem qualquer tipo de contato com o ex-marido e pai das crianças. Ela reconheceu, no entanto, que isso não era necessariamente o que seus filhos precisavam e queriam, e ela concordou em fazer o que fosse melhor para eles. Mary e Sam trabalharam seus sentimentos em relação a John em sessões individuais (veja discussão adiante), e seus sentimentos mudaram no decorrer do tratamento, com uma resolução de traumas passados e aumento no senso de domínio pessoal.

Depois de John completar seu tratamento de agressor sexual e próximo ao final de tratamento familiar, uma sessão foi feita com John e os filhos. Eles o confrontaram sobre o abuso e ele pediu desculpas. Eles também discutiram suas vontades e as várias opções para as visitas. Mary decidiu que ela queria liberdade para entrar e sair da casa de John por alguns minutos por vez (John mora no mesmo bairro). Sam pediu para continuar com a visitação supervisionada, pois ele ainda não se sentia seguro com o pai. John foi bastante compreensivo com as crianças e permitiu que eles expressassem seus sentimentos e respeitou seus anseios.

Seguindo essa linha, houve uma sessão com Sam, Irene e o namorado de Irene para assegurar que os anseios e necessidades de Sam fossem adequadamente expressados, assim os planos dele poderiam ser postos em ação para garantir sua segurança e conforto quando visitasse o pai. Sam realmente se sentia vulnerável em relação a seu pai; ele temia que John pudesse abusar sexualmente dele no futuro e também não conseguia confiar que ele sempre o trataria com respeito e carinho. As visitas supervisionadas foram mantidas e planos de segurança foram estabelecidos. Por exemplo: Sam poderia interromper uma visita se quisesse. Isso foi estabelecido.

Processamento: Mary

Na Fase de Preparação de EMDR, Mary identificou várias estratégias que usava quando tinha um "dia ruim". Isso incluía um diário, falar com uma amiga, ouvir uma música, enviar uma mensagem para os amigos e viajar na imaginação. O "Lugar Seguro" do protocolo de EMDR foi empregado e Mary identificou uma praia imaginária; durante o processamento, ela expressou alegria e começou a sorrir em resposta a alguns pensamentos positivos sobre a praia.

Mary trabalhou com várias questões diferentes no tratamento. O EMDR foi usado para alvejar os incidentes mais perturbadores, que eram o abuso por seu avô e a humilhação na escola. Curiosamente, o abuso por seu pai não foi tão perturbador para Mary; ela guardava muito mais perturbação relacionada à perda do seu pai para sua nova família. Conforme foram feitas mudanças nas sessões familiares para acomodar sua necessidade de ter um relacionamento com o pai, a perturbação se dissipou.

Mary alvejou o abuso do avô. Sua CN foi: "Eu não sou forte o bastante". Sua CP foi: "Eu estou ficando independente", com um VOC de grau 3; as emoções foram raiva, tristeza e vergonha, com um SUDS de 7; e seu corpo parecia "fechado". O processamento se moveu através de várias emoções, com memórias de vários incidentes surgindo. Ela acabou se lembrando de que havia confrontado seus dois agressores e como resultado de suas revelações, ambos foram presos e considerados culpados. Sua CP mudou para "Eu sou poderosa" e ela notificou que o VOC foi de 7, com um SUDS de 0. Deve ser notado que o terapeuta não estava convencido de que Mary tinha processado todos os elementos de seu abuso pelo avô e estava preocupado porque ela não havia completado as partes do presente e futuro do protocolo. Todavia, Mary declarou que estava sem vontade de fazer mais EMDR sobre o abuso e alegou que não estava mais perturbada por isso e que não havia disparadores presentes, nem apreensões futuras.

Mary também usou EMDR para processar as zombarias na escola, a vergonha relatada sobre todos saberem da molestação pelo pai, e a consequente prisão dele e curto encarceramento. Ela escolheu um incidente quando entrou em sua classe e descobriu que todos estavam rindo dela. Sua CN foi "Eu não sou aceitável"; sua CP foi "Eu estou bem", com VOC de 4. Suas emoções foram humilhação e raiva, com um SUDS de 8. Durante o processamento, Mary recordou eventos de quando se sentiu constrangida sobre sua vitimização ("Eles me chamavam de brinquedinho do papai") e, outras vezes, quando ela estava irada ("Estava fora de controle"). Ela então começou a acessar informações adaptativas e positivas espontaneamente. Por exemplo: ela se recordou de outros amigos e família que tinham dado apoio, e se lembrou de informações sobre Abuso Sexual na Infância previamente providas no tratamento. Como o sofrimento rapidamente declinou, ela mencionou que não tinha disparadores atuais, mas que estava preocupada com o fato de frequentar a escola secundária em setembro. (Repare que o processamento de Mary naturalmente se deslocou para a segunda e terceira fases do EMDR.) Ela disse: "Estou com medo de fazer alguma coisa e eles rirem de mim". Entretanto, conforme processou um modelo futuro sobre frequentar uma escola nova, muito maior, ela rapidamente concluiu: "Eu não estou preocupada, meus amigos irão comigo", que mudou para: "Estarei bem" e outras declarações sobre desejar essa nova fase de desenvolvimento. A sessão acabou com SUDS de 0 para o aborrecimento inicial e um VOC de 7 para a CP "Eu estou bem".

Mary continuou a progredir bem e não houve evidência de que seria necessário fazer mais EMDR. Quando o tratamento acabou, ela foi lembrada de que poderia voltar à terapia se as memórias começassem a importuná-la no futuro. A terapia familiar resultou em muitas mudanças positivas no comportamento de Mary. Ela se tornou menos desengajada e menos raivosa; ela expressou se sentir mais segura e conectada com sua mãe. Seu comportamento também mudou na escola: suas notas melhoraram, ela se tornou mais envolvida socialmente e começou a namorar. Ela expressou conforto com sua sexualidade e sua identidade emergente como uma jovem mulher competente e confiante.

Processamento: Sam

Sam também trabalhou com muitas questões diferentes com EMDR. Sua primeira imagem alvo foi seu avô desenhando em uma pintura que Sam havia feito e não ouvindo o pedido de Sam para que ele parasse. Essa era uma metáfora interessante e um alvo mais seguro para Sam escolher do que o abuso real. Sua CN foi "Eu não posso defender a mim mesmo" e sua CP foi "Eu posso defender a mim mesmo", com um VOC de grau 2. Sua emoção foi descrita como "ruim", com um grau SUDS de 9 e dor em seu coração.

Na segunda série de movimentos oculares, a memória mudou para o dia em que seu pai foi forçado a deixar a casa: "Eu o vi levar suas caixas para fora de casa". Processando continuamente, Sam expressou sentimentos de raiva e tristeza. Ele então, espontaneamente, visualizou a si mesmo "dentro de um ringue de boxe, lutando contra os sentimentos ruins". Ao final da sessão, ele disse: "Eu não sinto tristeza, mas estou com mais raiva".

No início da próxima sessão, ele contou que havia se lembrado de memórias boas com seu pai. O processamento do alvo (pai se mudando) continuou. Quando ele considerou o incidente, disse: "Está incomodando menos que na última vez... Mas ainda está incomodando um pouco. Estou muito sozinho". Ele identificou sentimentos de tristeza e raiva, que situou na base da garganta. O grau SUDS foi 10. Durante o processamento, ele levantou diferentes experiências com o pai e, até o final da sessão, ele passou a se sentir mais aliviado. O grau SUDS estava 1; ele explicou que não poderia ser 0 porque ainda não queria ir à casa do pai.

Na sessão seguinte, Sam alvejou o abuso pelo avô. Dessa vez, ao invés de usar metáfora, ele proveu vívidos detalhes do evento. A imagem foi o avô fazendo cócegas nele, depois acariciando seu pênis. A CN foi: "É minha culpa". A CP foi: "Estou bem". O VOC foi 2, o afeto foi "ruim", o grau SUDS foi 10 e a localização corporal foi o alto do peito. Durante o processamento, Sam pensou em questões de responsabilidade e poder. Ele afirmou: "Isso foi escolha dele, ele tinha uma escolha. Não foi minha culpa!". Essa foi uma afirmação muito positiva para Sam. Ele acabou a sessão se imaginando dizendo ao avô: "Não! Me deixe em paz!". O SUDS estava 0.

Quando sua memória foi revisada em uma sessão posterior, o grau SUDS ainda estava em 0. Sam explanou: "Eu sei que a culpa é do vovô". A memória do pai deixando a casa também foi checada e Sam disse: "Não me sinto inferior agora. Não estou triste. Não estou inseguro. Estou contente que ele se foi. É mais seguro. Papai não pode ferir ninguém". As fases do presente e do futuro do protocolo também estavam completas. Por exemplo: Sam havia expressado algum desconforto sobre ser abraçado por seu pai e lidar com isso em futuras interações. Mais tarde, ele relatou: "Aquilo não me incomoda mais". Depois, ele disse sobre seu avô: "Há um monte de coisas que eu poderia fazer se ele tentasse me tocar de novo!". Além disso, ele se descreveu agindo de modo assertivo na escola, com bons resultados: "Eu costumava sentir que qualquer um poderia fazer qualquer coisa comigo, mas não me sinto assim mais".

Estágio 4: Reavaliação e Finalização

Todos os objetivos da família Smith foram atingidos no tratamento. A estrutura familiar alterada foi mais funcional, com relacionamentos próximos, fronteiras mais claras e comunicação melhor. Mary estava melhor na escola e tinha uma vida social ativa. Sua depressão e TEPT estavam em remissão completa. Sam não estava mais transtornado por memórias intrusivas e ele se sentia assertivo e competente. As questões em relação à visitação foram resolvidas para satisfação de todos. O tratamento terminou com a compreensão de que a família poderia retornar se qualquer problema ressurgisse.

CONCLUSÃO

Este capítulo tratou de questões comumente encontradas por famílias, quando o ASI é cometido pelo marido ou namorado da mãe. Essa situação é muito difícil, por causa dos múltiplos níveis de traição combinados com o rompimento causado quando o pai é forçado a deixar a casa da família. Em virtude das limitações de espaço, não é possível descrever as reações da família quando o ofensor é um avô, um tio, uma tia, mãe, primo ou irmão. Lidar com cada revelação e ajustar as mudanças dentro da família extensa ampliada pode ser excepcionalmente doloroso e muito desafiador. O relacionamento dos outros membros da família com a vítima e o ofensor é impactado pela revelação e submissão a uma inesperada transformação.

Como foi mostrado no exemplo de caso, o sucesso do tratamento de ASI requer trabalho com a criança e sua família, e foco sobre os problemas individuais e familiares. O EMDR é valioso para os membros individualmente no tratamento e processamento do trauma e distresse. Depois do EMDR, os clientes normalmente não estão mais reativos. Pelo contrário, eles estão aptos a responder com mais liberdade e flexibilidade aos vários estressores da vida e da família. Também é antecipado que resolver questões relacionadas com o ASI diminuirá ou eliminará os efeitos deletérios de longa duração.

Em virtude da ocorrência do ASI intrafamiliar dentro do contexto familiar e o impacto da maioria dos membros da família, há múltiplos aspectos familiares que podem ser tratados. Tipicamente, a estrutura da família está disfuncional antes da revelação. A família, muitas vezes, não tem os recursos para se reconfigurar em uma unidade saudável após a revelação. Além disso, a família frequentemente está vacilante com os desafios criados pela ruptura. A terapia familiar ajuda a família a trabalhar esses aspectos, melhorando a comunicação, estabelecendo fronteiras mais fortes e saudáveis, realinhando os subsistemas, estabelecendo autoridade parental e moldando conexões positivas entre as pessoas. O terapeuta também ajuda a família a organizar as questões frequentemente controversas de contato com o ofensor e preocupações em relação à segurança. A integração do EMDR e terapia familiar sistêmica proporcionam uma poderosa combinação, tratando fatores intra e interpessoais, olhando para conteúdo e contexto. As sessões de terapia podem se mover de uma para outra modalidade, com cada uma informando a outra, maximizando, assim, os efeitos.

REFERÊNCIAS

Alaggia, R., & Kirshenbaum, S. (2005). Speaking the unspeakable: Exploring the impact of family dynamics on child sexual abuse disclosures. Families in Society, 86, 227–234.

American Psychiatric Association. (2004). Practice guideline for the treatment of patients with acute stress disorder and posttraumatic stress disorder. Arlington, VA: American Psychiatric Association Practice Guidelines.

Bulik, C. M., Prescott, C. A., & Kendler, K. S. (2001). Features of childhood sexual abuse and the development of psychiatric and substance use disorders. British Journal of Psychiatry, 179, 444–449.

Chemtob, C. M., Nakashima, J. J., Hamada, R. S., & Carlson, J. G. (2002). Brief-treatment for elementary school children with disaster-related posttraumatic stress disorder: A field study. Journal of Clinical Psychology, 58, 99–112.

Cohen, J. A., Deblinger, E., Mannarino, A. P., & Steer, R. A. (2004). A multisite, randomized controlled trial for children with sexual abuse-related PTSD symptoms. Journal of the American Academy of Child and Adolescent Psychiatry, 43, 393–402.

Deblinger, E., Steer, R., & Lipmann, J. (1999). Maternal factors associated with sexually abused children's psychosocial adjustment. Child Maltreatment, 4, 13–20.

Demo, D. H., & Acock, A. C. (1996). Family structure, family process, and adolescent wellbeing. Journal of Research on Adolescence, 6, 457–488.

Dube, S. R., Anda, R. F., Whitfield, C. L., Brown, D. W., Felitti, V. J., Dong, M., et al. (2005). Long-term consequences of childhood sexual abuse by gender of victim. American Journal of Preventive Medicine, 28, 430–438.

Edwards, V. J., Holden, G. W., Felitti, V. J., & Anda, R. F. (2003). Relationship between multiple forms of childhood maltreatment and adult mental health in community respondents: Results from the Adverse Childhood Experiences study. American Journal of Psychiatry, 160, 1453–1460.

Elliott, A. N., & Carnes, C. N. (2001). Reactions of nonoffending parents to the sexual abuse of their child: A review of the literature. Child Maltreatment, 6, 314–331.

Faust, J. (2001). Post traumatic stress disorder in children and adolescents: Conceptualization and treatment. In H. Orvaschel, J. Faust, & M. Herson (Eds.), Handbook of conceptualization and treatment of child psychopathology (pp. 239–265). Amsterdam: Elsevier Science.

Felitti, V. J., Anda, R. F., Nordenberg, D., Williamson, D. F., Spitz, A. M., Edwards, V., et al. (1998). Relationship of childhood abuse and household dysfunction to many of the leading causes of death in adults: The Adverse Childhood Experiences (ACE) study. American Journal of Preventive Medicine, 14, 245–258.

Fernandez, I., Gallinari, E., & Lorenzetti, A. (2004). A school-based EMDR intervention for children who witnessed the Pirelli Building airplane crash in Milan, Italy. Journal of Brief Therapy, 2, 129–136.

Goldenberg, I., & Goldenberg, H. (2000). Family therapy: An overview (5th ed.). Belmont, CA: Brooks/Cole.

Greenwald, R. (1999). Eye movement desensitization and reprocessing (EMDR) in child and adolescent psychotherapy. Northvale, NJ: Aronson.

Hiebert-Murphy, D. (1998). Emotional distress among mothers whose children have been sexually abused: The role of a history of child sexual abuse, social support and coping. Child Abuse and Neglect, 22, 423–435.

Jaberghaderi, N., Greenwald, R., Rubin, A., Zand, S. O., & Dolatabadi, S. (2004). A comparison of CBT and EMDR for sexually abused Iranian girls. Clinical Psychology and Psychotherapy, 11, 358–368.

Jensen, T. K. (2005). The interpretation of signs of child sexual abuse. Culture and Psychology, 11, 469–498.

Kendall-Tackett, K. A., Williams, L. M., & Finkelhor, D. (1993). Impact of sexual abuse on children: A review and synthesis of recent empirical studies. Psychological Bulletin, 113, 164–180.

Kendler, K. S., Bulik, C. M., Silberg, J., Hettema, J. M., Myers, J., & Prescott, C. A. (2000). Childhood sexual abuse and adult psychiatric and substance use disorders: An epidemiological and cotwin control analysis. Archives of General Psychiatry, 57, 953–959.

King, N. J., Tonge, B., Mullen, P., Myerson, N., Heyne, D., Rollings, S., et al. (2000). Treating sexually abused children with posttraumatic stress symptoms: A randomized clinical trial.

Journal of the American Academy of Child and Adolescent Psychiatry, 39, 1347–1355.

London, K., Bruck, M., Ceci, S. J., & Shuman, D. W. (2005). Disclosure of child sexual abuse:

What does the research tell us about the ways that children tell? Psychology, Public Policy, and Law, 11, 194–226.

Lovett, J. (1999). Small wonders: Healing childhood trauma with EMDR. New York: Free Press.

Madanes, C. (1990). Sex, love, and violence. New York: Norton.

Manion, I. G., McIntyre, J., Firestone, P., Ligezinska, M., Ensom, R., & Wells, G. (1996). Secondary traumatization in parents following the disclosure of extrafamilial child sexual abuse: Initial effects. Child Abuse and Neglect, 20, 1095–1109.

Maxfield, L. (1988). Working with victims and their families (Training material for professional training programs). Vernon, British Columbia, Canada: Author.

Maxfield, L., & Hyer, L. A. (2002). The relationship between efficacy and methodology in studies investigating EMDR treatment of PTSD. Journal of Clinical Psychology, 58, 23–41.

McCauley, J., Kern, D. E., Kolonder, K., Dill, L., Schroeder, A. F., DeChant, H. K., et al. (1997). Clinical characteristics of women with a history of childhood abuse: Unhealed wounds. Journal of the American Medical Association, 277(17), 1362–1368.

Minuchin, S. (1974). Families and family therapy. Cambridge, MA: Harvard University Press.

Minuchin, S., Montalvo, B., Guerney, B. G., Jr., Rosman, B., & Schumer, F. (1967). Families of the slums. New York: Basic Books.

Molnar, B. E., Buka, S. L., & Kessler, R. C. (2001). Child sexual abuse and subsequent psychopathology:

Results from the National Comorbidity Survey. American Journal of Public Health, 91, 743–760.

National Clearinghouse on Child Abuse and Neglect. (2005). Child maltreatment 2003: Reports from the States to the National Child Abuse and Neglect Data Systems—National statistics on child abuse and neglect. Retrieved July 31, 2005, from http://www.acf.dhhs.gov/programs/cb/publications/cm03/index.htm.

Nichols, M. P., & Schwartz, R. C. (1995). Family therapy: Concepts and methods (3rd ed.). Boston: Allyn & Bacon.

Romans, S., Martin, J., Anderson, J., O'Shea, M. L., & Mullen, P. E. (1995). Factors that mediate between child sexual abuse and adult psychological outcome. Psychological Medicine, 25, 127–142.

Sachs-Ericsson, N., Blazer, D., Plant, E. A., & Arnow, B. (2005). Childhood sexual and physical abuse and the 1-year prevalence of medical problems in the National Comorbidity Survey. Health Psychology, 24, 32–40.

Shapiro, F. (1991). Stray thoughts. EMDR Network Newsletter, 1, 1–3.

Shapiro, F. (1995). Eye movement desensitization and reprocessing: Basic principles, protocols and procedures. New York: Guilford Press.

Shapiro, F. (2001). Eye movement desensitization and reprocessing: Basic principles, protocols and procedures (2nd ed.). New York: Guilford Press.

Soberman, G. B., Greenwald, R., & Rule, D. L. (2002). A controlled study of eye movement desensitization and reprocessing (EMDR) for boys with conduct problems. Journal of Aggression, Maltreatment, and Trauma, 6, 217–236.

Spaccarelli, S., & Kim, S. (1995). Resilience criteria and factors associated with resilience in sexually abused girls. Child Abuse and Neglect, 19, 1171–1182.

Tinker, R. H., & Wilson, S. A. (1999). Through the eyes of a child: EMDR with children. New York: Norton.

Trocme, N., & Wolfe, D. (2001). Child maltreatment in Canada: Selected results from the

Canadian Incidence Study of Reported Child Abuse and Neglect. Ottawa, Ontario, Canada:

Minister of Public Works and Government Services.

Wakefield, J., & Maxfield, L. (1991). Training manual for the Sexual Abuse Intervention Project: Levels one and two. Vernon, British Columbia, Canada: Author.

Walker, J. L., Carey, P. D., Mohr, N., Stein, D. J., & Seedat, S. (2004). Gender differences in the prevalence of childhood sexual abuse and in the development of pediatric PTSD. Archives of Women's Mental Health, 7, 111–121.

Whiffen, V. E., & MacIntosh, H. B. (2005). Mediators of the link between childhood sexual abuse and emotional distress: A critical review. Trauma, Violence, and Abuse: A Review

Journal, 6, 24–39.

CAPÍTULO 18
Terapia Familiar Médica

Margaret (Peggy) V. Moore

A relação recíproca entre saúde física e mental é bem documentada. Pesquisas têm mostrado que doenças físicas podem resultar em depressão e ansiedade, e que podem exacerbar a doença física. Consequentemente, a provisão de serviços de saúde mental tem se tornado uma prática frequente em hospitais, em departamentos que cuidam de pacientes com doenças crônicas que põem em risco a vida da pessoa (Wise & Rundell, 2002).

Na narrativa de toda vida humana e toda família, a doença é uma característica proeminente. Mesmo que tenhamos evitado doenças sérias em nós mesmos, não podemos escapar de seu alcance na vida de nossas famílias ou em nosso círculo de amizades. A doença nos faz mais próximos uns dos outros em cuidados, e nos separa através da fragilidade e morte. A doença faz com que o ser humano fique sensível quanto à vida, e cria confusão e dúvida. Inspira coragem e medo, esperança e desespero, serenidade e ansiedade (McDaniel, Hepworth & Baird, 1992:1).

Nos últimos anos tem havido um reconhecimento do papel que a família ocupa no curso das doenças médicas. Por exemplo: a recuperação de pacientes com dor crônica parece ser fortemente influenciada pelas atitudes de cônjuge e a qualidade do relacionamento conjugal (Turk, Kerns & Rosenberg, 1992). Similarmente, a recuperação de pacientes com parada cardíaca pela relação da ansiedade e depressão do cônjuge (Moser & Dracup, 2004). Estudos com crianças que sofrem de asma concluíram que crianças com mãe crítica tinham ataques de asma com mais frequência do que crianças cuja mãe não era crítica (Campbell, 1993; Schobinger, Florin, Zimmer, Lindemann & Winter, 1992).

A doença de um indivíduo pode ter um sério impacto nos membros de sua família. Quando um ente querido inesperadamente recebe o diagnóstico de uma doença muito séria ou terminal, membros da família podem desenvolver transtorno de estresse pós-traumático (TEPT) e ter dificuldade em prover um nível apropriado de apoio ao membro enfermo. Posteriormente, crianças desenvolvem problemas emocionais quando um dos pais é diagnosticado com câncer (Visser et alii, 2005). Estudos detectaram que cuidadores de doenças crônicas, como a doença de Alzheimer, têm obtido níveis mais altos de problemas físicos e mentais (Pruchno & Potashnik, 1989).

Don Bloch (1992:xii), um pioneiro no campo de terapia familiar e medicina familiar, descreveu as lutas enfrentadas pelas famílias que lidam com enfermidades:

> Enfermidades crônicas e severas agem como uma lente de aumento para as famílias. Tudo é exagerado, visto como impossível de alívio, altamente intenso, assim como as questões com as quais as famílias lidam no processo de desenvolvimento normal podem se tornar parte de uma distorção ampliada – sintetizando: a situação se torna patológica.

Quando indivíduos lutam contra um problema médico sério ou crônico, sua recuperação é influenciada pelo seu papel na família e pelas reações da família à doença. Por exemplo: Joan, uma mãe solteira de dois adultos, recebeu o diagnóstico de hipertrofia cardíaca, hipertensão e níveis perigosos de colesterol HDL. Ficou claro para os amigos que o estresse implacável de cuidar de seus vários netos e do filho alcoólatra tinha um papel importante na sua doença. Ela estava numa posição em que suas escolhas teriam impacto em sua saúde: ela poderia criar limites apropriados com seu filho e se recusar a permitir sua "bebedeira", reduzindo, assim, o estresse e criando uma oportunidade para uma melhora em sua saúde ou ela poderia continuar a ser usada como uma cuidadora, quando o seu filho estivesse desempregado e sem-teto, consequentemente colocando sua vida em risco.

Quando o médico terapeuta familiar encontra um indivíduo doente, ele leva em conta que o paciente é parte de um sistema familiar e que o grupo todo foi afetado pelo desafio médico. Famílias que enfrentam questões médicas graves ou crônicas, ou a morte de um membro, podem ficar traumatizadas pelas experiências que encontram durante esse período de dificuldades em suas vidas. Elas também podem ficar exaustas pelos cuidados que têm que dar ao ente querido. Rotinas diárias são postas em prática; os papéis podem ser repentinamente revertidos. Cozinhar, cuidar das crianças, pagar as contas e outras tarefas domésticas têm de ser feitas por outro membro da família. Os membros da família podem se confrontar com culpa, depressão e o medo de perder o indivíduo enfermo. Além disso, a doença de um dos membros pode causar o surgimento de velhos conflitos não resolvidos entre os outros membros.

A crise criada pela doença e pela morte pode ser uma janela de oportunidade para a família, em que os membros fazem escolhas que criam mudanças significativas em suas vidas; ou a crise pode se tornar uma barreira, em que os membros ficam presos em padrões e escolhas destrutivas.

Trabalhando com Famílias de Pacientes com Problemas Médicos

O conceito de tratar toda a família cresceu no campo médico nos anos 1960, quando William Dohert, um terapeuta familiar, e Macaran Baird, um médico familiar, desenvolveram um modelo para integrar a prática de terapia familiar com o cuidado médico familiar. Eles explicaram que seu modelo cresceu de uma frustração com o "tratamento orientado individualmente, fragmentado, de crianças com distúrbios psiquiátricos" e afirmaram que tinham criado a terapia familiar médica, em resposta a esse problema (Doherty & Baird, 1983:1). O presente capítulo discute o trabalho de médicos que aplicam os princípios da medicina psicossocial e o trabalho de psicoterapeutas que praticam a medicina terapêutica familiar.

Medicina Psicossocial

Nos últimos 40 anos tem sido visto um aumento no conhecimento sobre os cuidados médicos primários e na compreensão do valor de integrar o tratamento psicossocial para maximizar a cura física. Hoje, a literatura sobre medicina familiar enfatiza a importância de olhar para os efeitos que a doença tem na família inteira, não apenas no indivíduo. O clínico que reconhece os efeitos da emoção na cura pode ser mais efetivo do que o que não reconhece (Doherty & Baird, 1983). Em adição, aqueles que trabalham com medicina familiar, pediatria ou medicina interna afirmam de modo inequívoco que a saúde do paciente é diretamente relacionada com o funcionamento da família.

A integração dos princípios da terapia familiar na prática diária de um médico pode ser um desafio. Para auxiliar nesse processo, Bráulio Montalvo, Margaret Moore et alii (Montalvo, Moore & Schor, 1987; Moore, Cohen & Montalvo, 1988) ensinaram conceitos da terapia familiar em um programa de residência em pediatria. Seu objetivo era sensibilizar os pediatras residentes às dinâmicas das famílias dos pacientes para que eles pudessem identificar e utilizar oportunidades para lidar com problemas familiares. A premissa era que a medicina psicossocial é mais bem ensinada no contexto hospitalar, onde o apoio técnico e profissional pode ser provido. Os residentes foram encorajados a levarem os problemas familiares imediatamente para o time de ensino e essas complexidades da vida real foram usadas como oportunidade para ensinar. A medicina psicossocial se torna mais significativa e útil quando ensinada nesse contexto, em oposição a uma apresentação acadêmica em um currículo separado.

Apesar de o modelo de terapia familiar de Minuchin (1974) ser enfatizado no treinamento médico, não é praticado pela maioria dos médicos em sua prática diária. Em suas discussões sobre os tipos de intervenções disponíveis para os médicos familiares, Doherty & Baird (1983) distinguiram o aconselhamento de terapia familiar e sugeriram que o aconselhamento, ao contrário da terapia familiar, é uma atividade que os médicos podem fazer com grande facilidade. Eles afirmaram: "Intervenções familiares diferem de intervenções de aconselhamento, pois a primeira é mais intrusiva, mais adequada para lidar com resistência, mais potencialmente desestabilizante e com um alcance mais amplo do objetivo" (Doherty & Baird, 1983:89).

Os médicos se deparam com a falta de tempo e apoio quando investigam questões familiares e, consequentemente não podem conduzir uma terapia familiar compreensível. Ao invés disso, são ensinados a ficarem alerta à dinâmica familiar, e são instruídos em intervenções simples e práticas de aconselhamento. O exemplo disso é o caso de uma família psicossomática. O garoto de 13 anos de idade tinha sido submetido a vários testes e avaliações médicas para problemas físicos evasivos, incluindo um breve período de paralisia, asma e constipação crônica, e uma multiplicidade de outras queixas. Ele não estava indo à escola e parecia estar preso à mãe. O pediatra interveio encarregando-se do tratamento de alergia do garoto e tomando a decisão sobre a frequência do garoto à escola; e o médico encarregou o padrasto quanto à dieta do garoto. Essa intervenção resultou em uma reviravolta completa na saúde do menino e nos padrões interacionais em sua família. A autoridade representada pelo médico e sua reestruturação das interações permitiu que a mudança acontecesse.

Terapia Familiar Médica

Enquanto a medicina psicossocial é praticada por médicos, a Terapia Familiar Médica é praticada por psicoterapeutas de várias disciplinas. As raízes da medicina terapêutica familiar são inseridas nas teorias desenvolvidas na Philadelphia Child Guidance Clinic[45] por Minuchin, Montalvo e Haley, nos anos 1960-70. Esse modelo enfatiza o sistema terapêutico como unidade de tratamento e o terapeuta como um participante, ao invés de um observador na terapia (Doherty & Baird, 1983); os clínicos são encorajados a "unirem-se à família" para ajudá-la a mudar suas interações. O modelo de Minuchin (1974) visa a estrutura familiar em quatro maneiras básicas: seus padrões interacionais (como eles interagem uns com os outros), sua adaptabilidade (habilidade para mudar), a relação entre os subsistemas (ex.: sistema parental; subsistema fraterno) e a natureza das fronteiras entre os subsistemas. O foco do tratamento está na mudança de interações para mudar a estrutura familiar.

Recentemente, a terapia familiar médica tem usado uma abordagem eclética à teoria (Doherty & Baird, 1983; Fraenkel, 2005) extraindo, também, do trabalho de Bowen (1978), Minuchin (1974), Satir (1964, 1972, 1988), Haley (1987), bem como Rolland (1994) e Baird, McDaniel, Hepworth & Doherty (Doherty & Baird, 1983; McDaniel, Hepworth & Doherty, 1997). Desde que deixou a Filadélfia, em 1985, Montalvo tem consultado e ensinado no sudeste dos Estados Unidos. Dois dos terapeutas envolvidos nos casos descritos aqui foram seus alunos (Moore e Vinajeras). Da mesma forma que a abordagem dele não se manteve estática, a terapia familiar médica continuou a se desenvolver. Não existe uma escola de pensamento rígida sobre como a terapia familiar médica deveria ser conduzida.

Genericamente, é importante que o psicoterapeuta reconheça os efeitos da doença sobre a família. Nichols e Schwartz (2001) descreveram o uso da terapia familiar no tratamento de doenças crônicas e enfatizaram a importância de trabalhar o impacto que todos os problemas médicos têm sobre a família. Eles recomendaram o uso das abordagens de terapia familiar médica e psicoeducacional como meios de ajudar as famílias a "reconhecerem suas crenças e recursos para evitar que a doença os domine" (Nichols e Schwartz, 2001:335). Eles também enfatizaram que a terapia familiar num contexto médico é um processo colaborador, envolvendo não apenas o terapeuta familiar, mas toda a equipe médica.

Alguns dos papéis do terapeuta familiar médico incluem:
- Educar a família sobre a doença: sintomas, curso e prognóstico.
- Ajudar a família a lidar com a doença e com a mudança dos papéis familiares.
- Ajudar a família a melhorar a comunicação com os médicos e com outros profissionais envolvidos.
- Reduzir os conflitos sobre medicação e sobre questões do tratamento.
- Defender as mudanças no estilo de vida das famílias quando apropriado (ex.: dieta, exercícios).
- Trabalhar com as questões familiares que interferem na recuperação do doente.
- Identificar e trabalhar as questões psiquiátricas que contribuem com a doença e com as reações familiares.
- Identificar e trabalhar as questões interpessoais que contribuem com a doença.

Pesquisa Avaliando a Terapia Familiar Médica

Uma pesquisa feita por Law et alii (Law, Crane & Berge, 2003) demonstrou que a terapia familiar tem um efeito positivo no uso convencional de assistência médica. Eles concluíram que terapia individual, conjugal ou familiar para indivíduos altamente consumistas (aqueles que usam os serviços de assistência médica duas vezes mais do que a média das pessoas) reduz o uso do sistema de saúde significativamente. A associação da terapia teve o efeito de reduzir os cuidados em 57%. Similarmente, em uma revisão (Campbell, 1993) de estudos de famílias com crianças que tinham doenças pulmonares crônicas, o uso mais frequente de assistência médica infantil era precedido pelo uso frequente dos serviços de assistência médica pelos próprios pais, a saúde mental deficiente dos pais, elevado sofrimento materno e elevado estresse familiar. Campbell concluiu que fatores psicossociais predizem o autoconsumo de serviços de assistência médica e concluíram que intervenções que trabalharam com esses problemas familiares reduziram dramaticamente o número de vezes que as crianças foram hospitalizadas ou levadas a alguma clínica.

Dessensibilização e Reprocessamento Através de Movimentos Oculares

---

[45] N. da T.: Clínica de Orientação Infantil da Filadélfia.

Alguns dos objetivos do terapeuta familiar médica envolvem trabalhar os problemas psiquiátricos individuais do paciente e/ou membros da família. Por exemplo: George estava tendo grande dificuldade em apoiar sua esposa no tratamento do câncer. Ele tinha perdido recentemente sua mãe para o câncer e estava lutando contra o sofrimento e o medo de perder também sua mulher; toda vez que ia ao hospital, ele ficava sobrecarregado com a ansiedade. Dessensibilização e Reprocessamento Através de Movimentos Oculares (EMDR) resolveu essas questões para que George pudesse participar ativamente no tratamento de sua esposa.

O EMDR (Shapiro, 2001, 2002) é usado para processar memórias de incidentes angustiantes que contribuem para problemas atuais. O modelo de Processamento Adaptativo de Informação, de Shapiro, postula que quando os indivíduos têm incidentes traumáticos passados não resolvidos, situações atuais podem disparar reações, emoções e cognições relacionadas àquele incidente original. Consequentemente, os indivíduos são incapazes de responder adaptativamente à situação atual. Muitas famílias que lidam com crises médicas têm experiências prévias com doenças e morte que têm sido emocionalmente desafiadoras e não foram processadas adequadamente. Esses indivíduos podem ter muitos sintomas de TEPT, desordens de ansiedade e depressão. Como resultado, eles não são capazes de responder apropriadamente à crise atual.

O EMDR tem sido usado muito eficientemente no processamento de traumas passados e múltiplos estudos sobre tratamento têm revelado sua eficácia nessa abordagem (Maxfield & Hyer, 2002). A American Psychiatric Association[46] (2004) recomenda o uso de EMDR para o tratamento de TEPT. O EMDR também é visto como bastante eficiente no tratamento de fobias traumáticas (De Jongh, Tem Broeke & Renssen, 1999). Além disso, estudos de caso feitos por Kleinknecht (1993) e Lohr; Tolin e Kleinknecht investigaram a eficácia do EMDR no tratamento de fobias médicas (ex.: fobia de agulhas e fobia de sangue [injeção], ferimentos). Após o tratamento, os pacientes foram capazes de tolerar esses procedimentos médicos com ansiedade mínima.

O EMDR também tem sido usado para melhorar queixas físicas, como dor. Shapiro (2001) esquematizou um protocolo específico para o uso do EMDR com doenças e desordens somáticas para trabalhar os desafios físicos e psicológicos que os clientes enfrentam. Um protocolo EMDR para dor crônica desenvolvido por Mark Grant (1999) combina técnicas de tratamento da dor com resolução de traumas. Usando esse protocolo, Grant e Threlfo (2002) conduziram um estudo de caso investigativo com três pacientes que reportaram um declínio nos níveis de dor e afetos negativos, combinados com o aumento da habilidade de controlar a dor (veja também Ray & Zbik, 2001).

PROCESSO TERAPÊUTICO

Quando o trabalho terapêutico com famílias que apresentam questões médicas acontece em um contexto médico, a psicoterapia pode ficar comprometida. Apesar de a terapia poder ser ocasionalmente estruturada e planejada claramente, o terapeuta, muitas vezes, precisa ser flexível o suficiente para tirar vantagem da situação como se apresenta. O tempo do terapeuta com a família pode ser limitado e o seguimento após uma crise imediata nem sempre é possível. No planejamento do tratamento, o terapeuta deve considerar quantas sessões de tratamento serão possíveis. Em alguns casos, o paciente e a família estão disponíveis para apenas uma ou duas sessões. Em outras vezes, o terapeuta é capaz de engajar a família em um programa de tratamento mais abrangente. Devido a essa necessidade de flexibilidade, a integração de EMDR e terapia familiar para famílias com problemas médicos pode envolver sessões individuais de EMDR, sessões de terapia familiar e sessões nas quais o EMDR é usado com vários membros presentes da família. Todavia, o terapeuta deve procurar seguir o protocolo de tratamento o mais rigorosamente possível para maximizar o resultado do tratamento (Maxfield & Hyer, 2002).

Apesar das intervenções descritas aqui terem acontecido em ambiente hospitalar, os médicos em uma variedade de ambientes se veem trabalhando com clientes que têm problemas médicos ou que têm um membro da família com algum problema médico. A compreensão do paciente como um membro da família – não importa quão dispersa ou incomum a família seja – é essencial para avaliação, conceitualização e tratamento.

Um dos primeiros passos em terapia familiar médica é determinar quem são os membros da família. Definir a família impactada pela doença do paciente pode ser difícil. Doherty e Baird (1983) dividiram o termo em duas categorias: família "estrutural", que se refere às categorias legais de participação (ex.: matrimônio, paternidade, aparentados); e família "funcional", que se refere a interdependência cotidiana entre as pessoas. Bloch (apud Rolland, 1994:x) descreveu família como "o sistema problema-definido", significando uma reunião de pessoas afetadas ou afetando o problema, tanto em termos de mantê-lo (causando) ou mudando-o (tratando). A família pode ser assim entendida como um grupo de pessoas que tem um relacionamento emocional e/ou legal

---

[46] N. da T.: Associação Americana de Psiquiatria.

significativo com o paciente. Essas pessoas podem ser apoiadoras ou podem esgotar emocionalmente outra pessoa procurando cuidados médicos.

Um exemplo de família funcional é a constelação que forma o círculo de Jimmy. Judy e sua parceira, Martha, adotaram Jimmy quando ele era bebê. Judy e Martha se separaram e cada um começou um novo relacionamento, mas eles continuaram a compartilhar a guarda. Jimmy desenvolveu asma severa. A constelação incluía Martha (a mãe), Judy (o pai) e o parceiro atual dela. Judy estava vivendo em uma comunidade intencional (pessoas que vivem bem próximas umas das outras com o propósito de prover apoio) e esse grupo também estava intimamente envolvido na vida de Jimmy. Jimmy tinha uma grande família funcional. Outro exemplo é Joyce, cuja família funcional consiste de sua amiga íntima e vizinha. Essa amiga passou a assisti-la depois que seu marido morreu e depois do afastamento de seus enteados.

Fase 1: Recolhimento da História

A prática de conversar com os pacientes sobre sua família e coletar um histórico familiar completo é fortemente recomendada por McDaniel et alii (1992) (veja também Doherty & Baird, 1983; McDaniel, Lusterman & Philipo, 2001). Shellenberger (apud McDaniel et alii, 1997) ilustrou a técnica de pedir ao paciente para que amarre a questão física que está enfrentando com as questões emocionais em sua família. Ela descreveu o caso de uma mulher chamada Marjorie que tinha se machucado seriamente no trabalho. Marjorie tinha dor crônica e sentia que ninguém se importava com sua vida, nem os médicos, nem seu empregador, nem as pessoas do setor onde ela se feriu. Quando Shellenberger começou a conversar sobre a família, um tema semelhante de falta de cuidado foi descoberto. Seu irmão gêmeo criticava o relacionamento de Marjorie com seu filho e ignorava os seus problemas de saúde. Os sintomas físicos eram vistos como um reflexo das questões familiares. Outras questões importantes incluíam afastamento dos membros da família, papéis dentro da família e a história passada da família em lidar com doença.

Também é crítico identificar as prioridades da família. Quando a preocupação primária da família é a saúde de seu ente querido, o terapeuta deve se lembrar de focar nos objetivos e necessidades expressadas. O problema médico é a prioridade. McDaniel et alii (1997) advertiram que o terapeuta deve reconhecer o impacto que a doença crônica tem na família. Um exemplo do erro de não focar na prioridade da família é o caso de uma mulher com esclerose múltipla. Ela estava hospitalizada por depressão e estava sendo vista por uma terapeuta familiar em sessões com seu marido e suas três filhas. O terapeuta familiar ignorou a questão crítica da esclerose múltipla e focou no que ela decretou ser o verdadeiro problema: o superenvolvimento das filhas da paciente com a mãe (McDaniel et alii, 1992). O resultado dessas intervenções errôneas foi que duas das filhas retiraram seu apoio, deixando a terceira filha, que já estava sobrecarregada, como único ponto de apoio aos pais (Nichols & Schwartz, 2001).

O processo de recolhimento da história alerta o terapeuta para áreas onde o EMDR pode ser útil e para relacionamentos na família que estão criando barreiras para a mudança. A construção de um genograma familiar multigeracional (Guerin & Pendergast, 1976; McGoldrick, Pearce & Giordano, 1982; Nichols & Schwartz, 2001) pode fornecer informações sobre a história da família e identificar alvos para EMDR. Quando vários membros da família estão presentes no recolhimento da história e construção do genograma, o terapeuta e os familiares ganham uma visão multidimensional da família. Isso também ajuda a diluir a culpa que pode estar pairando sobre um membro. Por exemplo: saber que avós e tios também se defrontaram com câncer e ataques cardíacos coloca essa questão em uma perspectiva diferente.

Além da avaliação das experiências passadas da família com essa doença e determinar como isso afeta sua postura diante da crise atual, o levantamento da história pode identificar o papel do paciente dentro da família e as mudanças nesse papel causadas pela doença. O papel de outros membros da família também pode ser importante para o *status quo* ou o deslocamento devido à mudança. Questões de afastamento e isolação também são relevantes, pois podem afetar a capacidade de cura do paciente.

Um exemplo desse caso foi uma mulher de meia-idade que ia para a emergência com frequência. Ela reclamava de dor no peito e irregularidade dos batimentos cardíacos, que a levavam à internação. Finalmente, um médico perguntou a ela quem causava sua dor no coração. Uma enxurrada de emoções se seguiu conforme ela falava de seu afastamento dos filhos. Ela descreveu seu marido como retraído e indisponível emocionalmente. A equipe ficou surpresa com a quantidade e qualidade de informações que obteve ao fazer uma simples pergunta relacionada ao papel da mulher em sua família.

Fase 2: Preparação

Durante a Fase 2, o terapeuta introduz EMDR e terapia familiar como opções de tratamento. O terapeuta toma decisões com a família sobre o trabalho a ser feito e o método terapêutico a ser utilizado (os membros da família podem não querer fazer EMDR). A terapia pode então proceder com consentimento informado.

Considerações no Planejamento do Tratamento

Na consulta com a família, o terapeuta precisa decidir qual terapia será mais benéfica e quando provê-la. Fatores a serem considerados são as forças físicas e emocionais processadas pelo paciente e pela família, a severidade do estressor com que estão lidando, e a disponibilidade de um forte sistema de apoio. Por exemplo: um marido que tem que enfrentar uma cirurgia de risco da esposa, e cujos filhos adultos são briguentos e não dão apoio pode não estar pronto para lidar com a intensidade da terapia EMDR. Eles podem se beneficiar mais de terapia familiar, que provê psicoeducação e ajuda o casal a resolver o problema levando em conta a sua situação atual.

Avaliando Interações Familiares e Planejando Intervenções Familiares

O terapeuta se ocupa das interações e afirmações dos membros da família, notando os múltiplos níveis de comunicação. O terapeuta usa essas informações para planejar intervenções apropriadas no sistema familiar. Conforme afirmado anteriormente, existem importantes partes da informação que o terapeuta precisa elucidar: Qual o membro da família que administra o tratamento ou medicação? Quem está responsável? Existe uma avó ou outro membro importante da família estendida a quem a família pede conselhos antes de tentar qualquer ação? É uma família superligada ou desengajada e como isso afeta a maneira como a família lida com o problema médico? Para identificar possíveis alvos para o tratamento EMDR, o terapeuta também ouve e presta atenção a descrições de eventos traumáticos e crenças que podem estar bloqueando as soluções: A família presenciou recentemente a morte de um parente ou amigo próximo? Existiram outras doenças sérias ou hospitalizações no passado? Os membros da família tiveram alguma interação com a equipe médica que tenha sido desagradável ou traumática?

Fases 3 a 7: Avaliação e Processamento

Usando o protocolo de Shapiro (2001) para EMDR com enfermidade, o terapeuta deveria começar com o membro da família que está doente, se sua condição permitir. Outros membros da família podem ser atendidos individualmente para sessões de EMDR, para que suas questões pessoais sobre a doença sejam identificadas. Com crianças pequenas é aconselhável ter os pais presentes durante uma sessão de EMDR. Em seu texto sobre EMDR com crianças, Joan Lovett (1999), uma pediatra comportamental, discutiu sobre aquelas que apresentam queixas somáticas relacionadas a traumas. Lovett recomendou que terapeutas familiares incluíssem os pais como parte importante do processo de tratamento, porque os comportamentos das crianças são geralmente a "súplica" de um problema de família. Por exemplo: crianças que estão passando por terapia EMDR, muitas vezes, olham para um dos pais e dizem: "É você quem está com medo". Também é possível fazer EMDR com o casal quando os dois cônjuges estão presentes. Sessões familiares podem ser intercaladas conforme apropriado. Se a necessidade emerge durante uma sessão familiar, o terapeuta pode prover EMDR para um membro da família enquanto os outros observam e oferecem apoio.

Conforme uma questão é trabalhada e clareada, o terapeuta confere com a família e pergunta o que mudou, se houve alguma mudança nos comportamentos individuais. A mudança de comportamento em um dos membros da família tem efeito no sistema familiar inteiro. Outra questão pode emergir. Por exemplo: um membro da família com fobia de agulha pode ser dispensado de doar sangue ao membro doente. Se a fobia é resolvida, quais as mudanças trazidas no balanço de relacionamentos da família? Talvez o membro com fobia de agulha sempre tenha sido marginalizado pela família e agora tem que vir em socorro do membro doente, tendo que assumir um papel diferente dentro da família. Nesse ponto, o terapeuta poderia querer conduzir uma sessão familiar conjunta para explorar o que está acontecendo atualmente na família.

O terapeuta segue o modelo EMDR para avaliação e processamento quando o EMDR é identificado como o método a ser usado e usa terapia familiar para questões que requerem discussão entre os membros da família. Por exemplo: um indivíduo pode estar ansioso pela proximidade da cirurgia; sua esposa está igualmente ansiosa, mas também se sentindo devastada pela quantidade de cuidados que ela pode precisar ter. O casal pode estar em discordância sobre o papel que seus filhos adultos devem tomar durante e após a cirurgia. Sessões de terapia familiar são recomendadas para definir o papel dos filhos e o estresse sobre a esposa como cuidadora. O EMDR pode ser útil para o paciente e para sua esposa para reduzir a ansiedade em relação à cirurgia, o que pode conduzir a uma atitude mais positiva sobre o procedimento cirúrgico. Se o tempo permitir e se for medicamente apropriado, o EMDR também pode ser usado para direcionar quaisquer sentimentos não resolvidos sobre o envolvimento dos filhos. Usar o EMDR para projeções futuras sobre a cirurgia pode ser muito útil. Assim como em todas as sessões de EMDR, deve haver um fechamento apropriado no fim e reavaliação no começo da próxima sessão. O terapeuta familiar pode também prescrever tarefas para a família entre as sessões. Por exemplo: o terapeuta pode pedir aos membros da família que planejem uma noite juntos antes da próxima sessão.

Aspectos Adicionais

É essencial que o terapeuta familiar reconheça a cultura da família e seu impacto em sua resposta ao membro doente ou terminal. Também é importante que o terapeuta monitore sua própria contratransferência.

Aspectos Culturais

O terapeuta familiar em seu trabalho no contexto médico, clínica de saúde mental ou na prática privada pode encontrar famílias com uma variedade de backgrounds culturais que têm estratégias para lidar com o membro doente. Compreender as diferentes percepções sobre as doenças físicas e mentais, e as crenças sobre doença, saúde e morte é desafiador, porém necessário. Por exemplo: uma família tradicional Navajo[47] parece ter abandonado seu filho hospitalizado que estava morrendo de leucemia. A equipe foi capaz de compreender que os Navajo evitam a morte e questões sobre ela, e que a família estava agindo de maneira racional dentro de seu sistema de crenças. Se os terapeutas não têm conhecimentos sobre a cultura de seus clientes, eles podem pedir para a família informações sobre cultura.

Terapeutas que trabalham com enfermidades médicas precisam formar um quadro da família e determinar onde o paciente se encaixa nesse sistema, porque isso irá afetar o andamento dos cuidados e o resultado da terapia. A despeito da teoria sistêmica familiar em uso, é essencial ver a família como um sistema orgânico vivo que pode estar emperrado e, assim, incapaz de acessar pensamentos e comportamentos que os permitiriam crescer e se desenvolver. Velhas crenças e traumas passados podem guiar comportamentos atuais. Por exemplo: um residente da pediatria estava brigando com uma mãe nativo-americana que recusava um tratamento que ajudaria seu filho a se recuperar de uma doença grave. Quando ele a questionou sobre seus medos e crenças, descobriu que outros membros da família tinham obtido resultados fatais do mesmo tratamento. Ela também revelou que não poderia tomar decisões sobre o tratamento sem consultar um parente influente. Com essas informações, e com um vínculo novo e mais forte com a mãe, o residente foi capaz de prover um cuidado médico melhor. A família estendida se dirigiu ao hospital e discutiu o tratamento, e o idoso influente deu seu consentimento e apoio ao médico e a mãe. A criança teve recuperação completa. Se o médico não tivesse sido capaz de enxergar essa criança e sua mãe em seu contexto familiar e cultural, o resultado poderia não ter sido tão bem-sucedido. Esse exemplo também ilustra como a família experimenta traumas médicos. As maneiras como os membros lidam com a crise atual são relacionadas a traumas passados e como a família e seus membros trabalharam aquelas experiências (Montalvo, 1986, comunicação pessoal).

Contratransferência

A consciência de como os problemas familiares podem disparar as questões familiares não resolvidas do próprio terapeuta também é útil. A doença e a morte não afetam somente a família, mas o terapeuta leva sua própria família de origem para o consultório (Doherty & Baird, 1983; McDaniel et alii, 1997). Quando um terapeuta familiar médico está alerta para suas próprias questões que são disparadas por problemas médicos que seus pacientes estão encarando, ele pode trabalhar mais efetiva e sensivelmente. A consciência desse fenômeno e a vontade de usá-lo como um agente de mudança é um desafio apresentado ao terapeuta. Doherty e Baird (1983:88) explicaram isso bem: "É estranho como a família, na prática de um profissional, pode fazer emergir questões não resolvidas na própria vida do profissional. Tal confrontação profissional traz a oportunidade de desenvolvimento pessoal para o terapeuta". Se esses fatores são examinados abertamente, eles podem ser transformados em caminhos em direção à cura para todos os pacientes envolvidos. Por exemplo: Jan, uma terapeuta familiar que tinha vivenciado a morte de sua mãe resultante de um procedimento médico malsucedido, se deparou com o desafio de trabalhar com uma família que havia tido uma experiência similar. Ela percebeu que sua própria raiva não

---

[47] Tribo indígena da América do Norte

resolvida estava interferindo em sua habilidade de ajudar essa família. Quando ela conseguiu resolver suas próprias questões, o trabalho com a família progrediu muito mais facilmente.

Exemplos de Casos

Caso 1: Fobia de Agulha Quando a Sobrevivência Depende de Agulhas

Jonathan, um garoto de 12 anos de idade, lutava contra uma leucemia. Ele tinha uma longa lista de problemas preexistentes: medo intenso, desesperança, perda de controle, pesadelos, perturbações do sono, sofrimento psicológico, mau humor, irritabilidade, deterioração do interesse acadêmico, medo excessivo de agulhas, palpitações, coração acelerado, hiperventilação, sentimentos de inadequação e baixa autoestima. Ele foi diagnosticado com TEPT, devido a sua condição médica, bem como com transtorno de ansiedade generalizada e transtorno do pânico sem agorafobia.

Jonathan transferiu seu medo e raiva em relação à doença para a equipe médica durante os procedimentos dolorosos a que era submetido, resultando em uma dura luta durante cada procedimento. Todos ficavam exaustos após cada sessão de quimioterapia. A agulha, não o tratamento em si, era a fonte de seu medo: ver agulhas ou pensar nelas engatilhava uma resposta aguda e dramática. Como resultado, a administração de sedação pesada e contenção eram necessárias para todo o procedimento. Era difícil para ele, para a equipe médica e para sua mãe, Susan. Ela, especialmente, sofria de sentimentos de culpa e de impotência. Jonathan era o único filho de Susan. O pai dele havia sumido da vida deles há muito tempo e Susan trabalhava em período integral para sustentá-los. Por causa disso, muitas vezes ela não podia levar Jonathan às consultas. A avó materna, que estava com uma recorrência de câncer na bexiga, levava Jonathan nessas ocasiões.

A assistente social da oncologia pediátrica estava preocupada com a deterioração da relação entre a equipe e a família, os problemas práticos da vida real que essa doença séria causava à mãe e à avó de Jonathan, e o trauma que Jonathan experimentava a cada procedimento doloroso. Por ter trabalhado com essa família por meses, ela conhecia sua história psicossocial e tinha um bom relacionamento de trabalho com a família. A assistente social desenvolveu um plano de tratamento para Jonathan e sua mãe que incluía terapia familiar, arte-terapia, EMDR e intervenções de manejo de caso. Na conceitualização desse plano de tratamento, a assistente social e a consultora EMDR focaram na rede familiar, olhando para as questões que os membros enfrentaram ao longo do tempo. A terapeuta usou várias abordagens da terapia familiar no tratamento dessa família. De uma perspectiva estrutural, ela percebeu que a doença de Jonathan o elevou a uma arena de adultos e sua mãe estava tendo dificuldade em se manter no controle. A doença de Jonathan também fez emergir muitas questões não resolvidas da mãe, trazidas da família de origem, tais como ser abandonada pelo pai de Jonathan e a morte de seu pai por um coágulo de sangue. A terapeuta também teve que produzir uma mudança nos sistemas que estavam impactando na família, como o ambiente de trabalho de Susan e a equipe clínica da oncologia. A assistente social entrou em contato com o empregador de Susan e ela conseguiu uma licença maior do trabalho para poder estar mais tempo com Jonathan; ela também proveu consultas ao corpo clínico, que via Jonathan como um paciente-problema.

As Sessões EMDR de Jonathan

A terapeuta começou a fase EMDR educando Jonathan e sua mãe sobre os efeitos do tratamento EMDR. Ambos concordaram com o uso do EMDR. O trabalho EMDR incluiu tratar os problemas passados, presentes e futuros. No trabalho com a fobia de agulha, a terapeuta procurou e processou todas as experiências passadas e presentes relacionadas ao medo. Depois, ela ajudou Jonathan a criar um modelo futuro, imaginando como ele queria se comportar durante os próximos procedimentos.

A primeira sessão de EMDR foi num sábado, enquanto as outras crianças em tratamento de câncer foram a um parque de diversões local. Jonathan estava deprimido e ele não quis ir ao passeio. Ele estava pálido, com um tom esverdeado na pele. A terapeuta começou a sessão com terapia familiar fazendo Jonathan e sua mãe conversarem sobre a tentativa da anestesia durante os tratamentos de câncer. Ficou claro que a ansiedade dele começou bem com o avanço do tratamento, com Jonathan sentindo náusea e tensão antes de cada tratamento. Com essa informação, a terapeuta identificou essa ansiedade antecipatória como alvo para a primeira sessão de EMDR. Após a sessão, a aparência de Jonathan tinha mudado, sua energia voltou, sua face estava corada e animada, e ele estava ansioso e com pressa para se juntar às outras crianças no parque de diversões. A mãe de Jonathan não conseguia acreditar na mudança física que viu no rosto dele. A resposta que Jonathan e sua mãe experimentaram naquele dia mudou os dois. Um problema que tinha causado uma grande perturbação para a equipe e para a família começou a ser resolvido.

Na sessão seguinte, Jonathan relatou que sua ansiedade sobre receber o tratamento de quimioterapia tinha desaparecido. Ele não sentia náuseas e estava relaxado. Ele agora queria alvejar o momento de dor em que a agulha era injetada. Essa era a pior parte do procedimento, porque ele não tinha nenhum controle. Sua "crença positiva" era o desejo dele de se controlar. Quando requisitado a pontuar a validação de sua crença na escala VOC, em que 1 é completamente falso e 7 é completamente verdadeiro, seu VOC foi 3 e ele se sentiu hesitante e temeroso. Ele classificou essa perturbação em 8 na escala SUDS, em que 0 é nenhuma perturbação e 10 é igual a perturbação devastadora. Ele disse que sentia isso em todo o corpo. No fim da sessão, ele relatou um nível SUDS de 0 e um VOC de 7. Ele disse que se sentia relaxado e controlado.

EMDR e terapia familiar capacitaram Jonathan a enfrentar seu próximo procedimento médico com coragem e equilíbrio. Sua mãe estava aliviada e orgulhosa. A equipe estava agradecida e surpresa. Ele disse: "Minha mãe se sente melhor e eu também". Ele continuou falando de sua mãe: "O pai dela morreu de um coágulo de sangue e eu tenho um coágulo de sangue. Então, sei que isso a preocupa". Agora que ele se sentia calmo e relaxado, a experiência de se submeter à quimioterapia era mais fácil para todos. A assistente social relatou que Jonathan "apresentava uma melhora considerável" com as mudanças evidentes na medida psicométrica. Tanto a Escala de Impacto dos Eventos[48] quanto o Relato da Criança dos Sintomas Pós-Traumáticos[49] mostraram uma diminuição nos sintomas pós-traumáticos após o tratamento EMDR (Vinajeras, 1999).

As Sessões EMDR de Susan

A terapeuta trabalhou individualmente com a mãe de Jonathan, usando o EMDR para ajudá-la a processar sua culpa, frustração e sofrimento. Susan tinha sofrido muitas perdas em sua vida e estava encarando a possibilidade de perder seu único filho. As sessões de terapia com Susan permitiram que ela trabalhasse rapidamente muitos traumas antigos, tais como ser abandonada pelo marido, a morte do pai e a recorrência de câncer em sua mãe. Essas perdas foram colorindo suas reações com Jonathan e ela percebeu que suas interações com o garoto tendiam à supercompensação. Susan usou o EMDR para processar os disparadores que a levavam a ceder às exigências de Jonathan e processar modelos que a permitiram imaginar um funcionamento futuro mais adaptativo. Estabelecer limites mais apropriados para a idade foi difícil para ela, devido ao seu sentimento de culpa em relação à doença e a terapia familiar foi usada com Susan para ajudá-la a estabelecer limites melhores com Jonathan.

Terapia Familiar

A terapia familiar com Jonathan e sua mãe focou em ajudar Susan a reconquistar seu papel de gerenciadora da família. A assistente social a ajudou a se conectar com outras famílias que estavam passando pelo mesmo problema médico. Isso proveu outro apoio adulto e modelagem de papel para ajudar em seus esforços de cuidar de Jonathan da maneira mais normal possível. Por exemplo: antes, Jonathan insistia em fazer tudo do jeito dele e Susan acatava suas ordens. Na terapia familiar, Susan aprendeu como estabelecer melhores limites com Jonathan e se afirmar. Agora, em vez de ceder automaticamente às ordens de Jonathan, ela estava treinada a oferecer várias alternativas razoáveis e a estabelecer limitações no que iria ou não fazer. Uma sessão familiar foi voltada a trabalhar o medo de Jonathan de deixar seu gato para trás quando ele e sua mãe tiveram que deixar o estado para o tratamento. Ele estava essencialmente mantendo a mãe refém por suas ordens e medos em relação ao gato. A terapeuta ajudou Susan a tomar a frente da situação estabelecendo limites sobre os cuidados com o gato. Ela insistia que eles não podiam levar o gato junto e ela combinou com um amigo da família para tomar conta do animal. A terapeuta apoiou os planos da mãe sobre o cuidado com o gato, enquanto demonstrava empatia em relação aos medos de Jonathan de deixar seu animalzinho para trás. Fazendo isso, ela apresentou uma posição adulta unida.

O empregador de Susan nem sempre era prestativo ou compreensivo em permitir suas folgas para acompanhar Jonathan em suas consultas. A resolução de traumas passados ajudou Susan a ser mais segura de si e assertiva com seus empregadores. A assistente social foi capaz de intervir e ajudar na aquisição de férias e apoio

---

[48] N. da T.: *Impact of Events Scale.*

[49] N. da T.: *Child Report of Post-traumatic Symptoms.*

financeiro para que Susan pudesse acompanhar Jonathan a um centro médico numa cidade distante, onde ele fez um transplante de medula óssea.

Jonathan não conseguiu vencer a batalha contra a leucemia. Sua mãe sofreu muito por sua perda, mas não ficou devastada de maneira irreparável. Ela continuou a terapia depois da morte de Jonathan e seguiu em frente com sua vida. A cura nem sempre é a recuperação de uma doença; é sobre restabelecer o equilíbrio em um sistema. O trabalho terapêutico com essa família envolveu a mãe, o filho e a avó, bem como a sistema social e médico. De uma perspectiva sistêmica:

> A vida humana é um longo tecido estirado e ininterrupto de fios biológicos, sociais e culturais (...) os pacientes e as famílias a veem com corpos e mentes, sentimentos, padrões interacionais e sistemas de crenças (...) não existem problemas biológicos sem implicações psicossociais e não existem problemas psicossociais sem implicações biológicas (McDaniel et alii, 1992:1-2).

Caso 2: A Irmã Assustada e Doña Sebastiana

A combinação do serviço social médico e terapia familiar na mesma sessão é, muitas vezes, necessária quando se trabalha com crianças e suas famílias no programa de oncologia pediátrica. Muitas vezes se torna claro para a assistente social que alguns membros da família estão tendo mais dificuldade em lidar com a doença do que o próprio paciente. Como parte do processo de cura, o terapeuta escuta aos sutis pedidos de ajuda dos membros da família. Ele deve estar atento para a oportunidade de levá-los ao consultório para trabalhar a perturbação pela qual a família está passando. Isso provê um ponto de entrada, onde a mudança pode ser estimulada. Quando o terapeuta usa EMDR, os sintomas tomam conta da sala com força total. O caso a seguir é um exemplo de uma intervenção em uma sessão conjunta com a mãe e a irmã mais velha, e aborda sobre seus medos.

Nesse caso, também existe uma metáfora cultural não-verbal da qual o terapeuta estava consciente. No sudoeste dos Estados Unidos, entre a população hispânica, a morte é referida como Doña Sebastiana; ela é descrita como um esqueleto que vem em uma carruagem, com arco-e-flecha. Histórias e canções contam o encontro inevitável com essa figura. Essa imagem folclórica é bastante forte na comunidade onde Mary e sua família moravam.

Mary, uma garota de 13 anos com leucemia, recebeu a proposta para tratamento EMDR e fez bom uso dessa terapia durante suas visitas à clínica de oncologia para quimioterapia. Ela viajava com sua família para um centro médico regional a quase 200 quilômetros de distância. Sua mãe e irmã mais velha frequentemente a acompanhavam e ficavam na Casa Ronald McDonald, perto do hospital. O pai de Mary também ia, mas muitas vezes não ficava até o final da sessão, em virtude de suas demandas de trabalho.

Durante uma de suas sessões de terapia familiar, eles concordaram em ter uma sessão de EMDR que incluiria a família inteira. Logo antes do horário da consulta, o pai de Mary foi embora de repente, dizendo que tinha de voltar para o trabalho. Apesar de sua partida ter sido abrupta, o resto da família viu sua saída como normal. Mary, sua mãe e irmã mais velha ficaram para a sessão.

Elas indicaram inicialmente que raramente falavam sobre a doença de Mary. As duas filhas insistiram que a mãe se beneficiaria do tratamento EMDR e a encorajaram fortemente a tentar. Então, a terapeuta começou com a mãe, questionando-a sobre os estressores em sua vida. Após explorar várias histórias sobre a doença de Mary, a terapeuta decidiu alvejar a memória do dia em que elas receberam o diagnóstico. A mãe relatou a viagem frenética para o centro médico, tentando se encontrar com o pai ao longo do caminho. As filhas ouviram com muita atenção. Ao fim da sessão de EMDR, a mãe relatou que estava se sentindo tão leve quanto uma pluma. Mary e sua irmã estavam sorrindo. Todas estavam sentindo alívio, porque sua mãe foi capaz de falar mais abertamente sobre Mary.

Durante essa sessão, ficou evidente que a irmã mais velha sentia um medo paralisante da morte. Ela disse que ficava o tempo todo preocupada com a possibilidade de alguém de sua família morrer. Seu medo, ela disse, estava centrado no pai, porque seu trabalho de recolher e vender materiais de jardinagem parecia muito perigoso para ela. Quando o pai se atrasava para chegar à casa, ela ligava para todo mundo, perguntando por ele. A terapeuta alvejou esse medo. Após a sessão, seu medo diminuiu e ela não sentia mais ansiedade de que o pai seria ferido ou lesado enquanto viajava "para o deserto aberto" e ela relatou que se sentia relaxada e descansada. A mãe parecia aliviada. A irmã de Mary não podia mais deslocar seu medo da morte para o pai e ela era capaz de reconhecer que Mary era a única que estava dançando com Doña Sebastiana.

Essa família trabalhou duas questões durante essa sessão. A mãe foi capaz de resolver a memória desagradável do dia do diagnóstico e sua filha mais velha pôde lidar com uma ansiedade quase paralisante. *Ter membros da família testemunhando outros membros resolvendo velhas questões problemáticas pode ser uma experiência muito poderosa para todos.* Essa família tocou em suas capacidades de processamento adaptativo e superou uma época difícil em sua vida. Algumas vezes, pequenos movimentos podem trazer maiores características de mudança. Essa família parece ter triangulado a criança doente com a mãe e a irmã. A mãe, Mary e sua irmã estavam alinhadas (intimamente conectadas). Assim, a posição executiva parental na família foi rompida pela aliança da mãe com as filhas, com a exclusão do pai. Por outro lado, o pai de Mary via seu papel como provedor de apoio financeiro para a família e era resistente aos esforços da assistente social para incluí-lo nas sessões de terapia familiar. Sua resistência pode ser devido a crenças culturais sobre seu papel e o da mãe de Mary como cuidadora. Por ter comparecido a poucas sessões de terapia familiar, seus motivos e crenças nunca ficaram claros. Nem sempre é possível fazer um importante membro da família participar das sessões de terapia. No entanto, trabalhar com o que está disponível ainda pode trazer mudanças importantes na maneira como os membros da família interagem e apoiam um ao outro. Structural and Strategic Family Therapies[50] (Minuchin, 1974; Watzlawick, Weakland & Fisch, 1965) afirma que pequenas mudanças no comportamento de um ou mais membros da família cria uma mudança que se propaga na família. Essa crise causada pelo diagnóstico de câncer promoveu a oportunidade para a mudança acontecer. O objetivo era mover a família na direção de interações emocionais mais saudáveis. No entanto, nesse caso, as mudanças pareceram afetar apenas aqueles que participavam da terapia. Conseguir que o pai ficasse mais disponível emocionalmente não foi possível.

Mary teve uma remissão completa e voltou para a escola e mantém vida normal em casa. A assistente social continuou a trabalhar com a família para ajudar a reentrada de Mary no lar, família e escola. A identidade de Mary como a filha doente ou vulnerável não era mais válida. Quando possível, a terapeuta fazia com Mary sessões de EMDR para trabalhar seu reajustamento com um grupo de amigos e seu papel na família. Conforme as visitas de tratamento de Mary diminuíram, as sessões de EMDR e terapia familiar também se encerraram.

Caso 3: O Afogamento

O pastor de uma família cujo filho de um ano quase tinha se afogado em uma piscina contactou uma terapeuta EMDR. Bobby tinha sobrevivido, mas estava em um estado vegetativo quando seus pais o trouxeram de volta do hospital. Ele não apresentava contato ocular, seus membros estavam rígidos e contraídos, e ele não respondia ao ambiente. A terapia começou com os pais. Durante as primeiras sessões de EMDR, que aconteceram durante a primeira semana, a terapeuta focou no sofrimento e no trauma que os pais tinham experimentado.

Para trabalhar com Bobby, a terapeuta orientou a mãe a segurá-lo e tocá-lo, conforme ela contava a história do afogamento. (O processo de ter a mãe tocando bilateralmente a criança promove estimulação não apenas na criança, mas também na mãe – dois de uma só vez.) Quando ela chegou à parte da história onde os salva-vidas tiravam Bobby da piscina e trabalhavam para revivê-lo, a criança enrijeceu. Seu corpo inteiro reagiu à história, como se ele estivesse revivendo a experiência. Na conclusão da narrativa e pela primeira vez desde o acidente, os braços saíram daquela posição presa e rígida. Ele adormeceu nos braços da mãe.

A terapeuta continuou na sessão seguinte. Ela repetiu o mesmo tratamento. Ao fim da sessão EMDR, Bobby fez contato ocular com sua mãe pela primeira vez desde o acidente. Parecia que seu corpo tinha deixado o trauma. Seus pais agora eram capazes de ir adiante com o desafio de ajudá-lo a funcionar ao nível mais alto possível. Eles não estavam presos por seus traumas não resolvidos e aparentemente Bobby também não.

A terapeuta entrou em contato com os pais meses depois e perguntou se o evento original ainda tomava conta deles. Os dois viam o evento como passado e queriam falar sobre os progressos que o filho estava fazendo e os novos desafios com os quais eles se deparavam com uma criança com dano cerebral. Esse caso ilustra uma breve intervenção sobre um trauma recente. A terapeuta reconheceu que todos os membros da família precisavam de resolução do trauma. Por ter trabalhado imediatamente com essas questões, ela preveniu sobre respostas patológicas no futuro e ajudou os pais a irem adiante para que pudessem suprir as necessidades atuais do filho.

---

[50] N. da T.: Terapia Familiar Estrutural e Estratégica.

CONCLUSÃO

Os casos ilustram a importância de trabalhar as experiências traumáticas de membros da família individualmente, enquanto é executado o trabalho com a família como um todo. Essa abordagem reconhece que a família toda é afetada e responde aos afetos que resultam de problemas médicos com os quais o paciente identificado está lutando. O terapeuta, em cada caso, começou com terapia familiar e intercalou com tratamentos EMDR, conforme as questões e disparadores se tornaram claros. O tratamento familiar pode emperrar devido a fatores individuais não processados. Processar as questões que bloqueiam os indivíduos da família pode pavimentar o caminho para uma terapia familiar efetiva. Também, os indivíduos que experimentaram terapia EMDR bem-sucedida reagem de forma diferente com sua família. Isso pode resultar em emperrar a família para fora de um ciclo de interações que não são saudáveis. Por exemplo: o EMDR foi usado com a mãe de um garoto de 17 anos que tinha sido diagnosticado com esquizofrenia. Ela ficou dominada pela depressão e incapaz de funcionar em seu papel chave como "cola" para a família. Após duas sessões de EMDR, ela estava disposta a considerar tentar um antidepressivo e era capaz de assumir sua posição na família. Isso abriu a porta para o terapeuta trabalhar com outros membros da família. A intervenção estratégica e estrutural ajudou a mãe a reestabelecer sua função, e a família foi capaz de alcançar a homeostase novamente. A abordagem de Bowen (1978) para terapia familiar promove diferenciação de um indivíduo da família de origem como divisor de águas para uma mudança no sistema familiar completo; essa perspectiva é útil para o terapeuta familiar EMDR tratar apenas um membro da família (Nichols & Schwartz, 2001).

Os três casos discutidos neste capítulo precisaram de intervenções diferentes. O caso de Jonathan necessitou de abordagens da terapia familiar estratégica estrutural. Ele e sua mãe estavam emaranhados, a ponto de ela ter perdido parte de sua habilidade de tomar decisões, e sua autoridade tendo que ser restabelecida. Isso foi feito facilmente depois que as sessões de EMDR o libertaram da fobia de agulhas e as sessões de EMDR dela libertaram-na do trauma de testemunhar o comportamento extremamente ansioso dele durante os procedimentos médicos, e sua culpa pela inabilidade de estar sempre com o filho. O EMDR se tornou a ferramenta estratégica nesse caso.

O EMDR permitiu que Jonathan mudasse um comportamento que o tinha definido como um paciente problemático. As crenças de Jonathan sobre si mesmo como uma vítima que não tinha controle nenhum sobre seu tratamento mudaram rapidamente. A terapia familiar deu a sua mãe a oportunidade de estar no comando novamente. O EMDR permitiu que ela sofresse de maneira mais saudável. As sessões conjuntas com Jonathan e sua mãe permitiram que ela testemunhasse a transformação que seu filho experimentou na sessão de EMDR, o que proporcionou esperança à mãe.

Todos os membros da família de Mary não estavam presentes na sessão de terapia familiar conjunta descrita. No entanto, a partir de uma perspectiva sistêmica, a mudança de um membro pode impactar na família inteira. Então, o terapeuta pôde continuar confiantemente a trabalhar com todos os membros disponíveis. Esse impacto familiar crucial também é visto no tratamento EMDR, mesmo que essa não seja a intenção original. Nessa sessão conjunta, a família de Mary testemunhou a resolução de questões uns dos outros. Esse processo de testemunho e apoio pode fortalecer os laços familiares. A irmã de Mary não podia mais deslocar seu medo da morte para o pai, pois ela reconheceu que era Mary quem estava dançando com *Doña Sebastiana*. A ausência do pai de Mary era diagnóstico de um problema no núcleo familiar que a terapeuta tentou trabalhar depois.

O caso de Bobby foi bastante direto. Por ter entendido a importância de trabalhar a questão com todos da família, a terapeuta promoveu uma experiência de cura neles. Eles não estavam procurando terapia familiar, mas se beneficiaram porque a terapeuta reconheceu que cada membro precisava de tratamento. O tratamento EMDR rapidamente avaliou o sistema de Processamento Adaptativo de Informação interno e trabalhou com o problema que estava disponível, evitando um marcador de um trauma não resolvido.

Esses casos ilustram como a integração de terapia familiar e EMDR pode promover rápidas mudanças para famílias em crises médicas. Muito frequentemente em casos médicos, apenas o paciente identificado é tratado e o resto da família é deixado por conta própria. Essa abordagem pode sufocar a taxa na qual o indivíduo se recupera, porque ela deixa no sistema familiar outros problemas não tratados. A combinação de EMDR com terapia familiar pode promover uma rápida saída desse dilema. O EMDR aumenta e enriquece a qualidade de terapia familiar.

Por aproximadamente 40 anos, terapeutas familiares têm percebido que grandes passos para a cura ocorrem quando reconhecemos que o que acontece com um membro da família acontece com todos. Os primeiros terapeutas familiares médicos usavam as ideias desenvolvidas por Minuchin (1974) como base para o seu trabalho com pacientes e famílias. Como em qualquer teoria, uma vez plantado em uma área, ele cresce e evolui de acordo com o ambiente. Assim como a família que não é muito rígida, nem muito flexível e é mais bem-sucedida com o manejo de mudanças, são também as teorias psicoterapêuticas que podem esticar, dobrar e crescer, e podem servir melhor aos clientes. A terapia familiar tem sido praticada por aproximadamente 50 anos e muitas escolas de pensamento cresceram ao longo do caminho. O terapeuta pode abordar a família com uma base de conhecimento sólida e boas habilidades familiares clínicas, e escolher uma abordagem eclética que melhore a aplicação básica da teoria de terapia familiar que, provavelmente, será bem-sucedida na maioria dos casos. Manter uma abordagem integrativa para a terapia familiar é essencial e a situação de cada cliente, muitas vezes, determina a direção que a terapia irá tomar. O velho ditado "Comece onde o cliente está" deve ser sempre o primeiro lugar na mente do terapeuta, seja com a terapia EMDR, terapia familiar ou com as duas.

REFERÊNCIAS

American Psychiatric Association. (2004). Practice guideline for the treatment of patients with acute stress disorder and posttraumatic stress disorder. Arlington, VA: American Psychiatric Association Practice Guidelines.

Bloch, D. (1992). Foreword. In S. McDaniel, J. Hepworth, & M. Baird (Eds.), Medical family therapy (p. vii). New York: Basic Books.

Bowen, M. (1978). Family therapy in clinical practice. New York: Aronson.

Campbell, T. L. (1993). Research reports: Impact of family factors on childhood illness. Family Systems Medicine, 11, 433–440.

De Jongh, A., Ten Broeke, E., & Renssen, M. R. (1999). Treatment of specific phobias with eye movement desensitization and reprocessing (EMDR): Protocol, empirical status, and conceptual issues. Journal of Anxiety Disorders, 13, 69–85.

Doherty, W. J., & Baird, M. A. (1983). Family therapy and family medicine. New York: Guilford Press.

Fraenkel, P. (2005). What ever happened to family therapy? Psychotherapy Networker, 29(3), 31–39, 70.

Grant, M. (1999). Pain control with EMDR. Pacific Grove, CA: EMDR Humanitarian Assistance Programs.

Grant, M., & Threlfo, C. (2002). EMDR in the treatment of chronic pain. Journal of Clinical Psychology, 58, 1505–1520.

Guerin, P., & Pendergast, E. (1976). Evaluations of the family system and the genogram. In P.

Guerin (Ed.), Family therapy: Theory and practice (pp. 450–479). New York: Gardner Press.

Haley, J. (1987). Problem solving therapy (2nd ed.). San Francisco: Jossey-Bass.

Kleinknecht, R. A. (1993). Rapid treatment of blood and injection phobias with eye movement desensitization. Journal of Behavior Therapy and Experimental Psychiatry, 24, 211–217.

Law, D. D., Crane, D. R., & Berge, J. M. (2003). The influence of individual, marital, and family therapy on high utilizers of health care. Journal of Marital and Family Therapy, 29, 353–363.

Lohr, J., Tolin, D., & Kleinknecht, R. A. (1995). An intensive investigation of eye movement desensitization of medical phobias. Journal of Behavior Therapy and Experimental Psychiatry, 26, 141–151.

Lovett, J. (1999). Small wonders: Healing childhood trauma with EMDR. New York: Free Press.

Maxfield, L., & Hyer, L. A. (2002). The relationship between efficacy and methodology in studies investigating EMDR treatment of PTSD. Journal of Clinical Psychology, 58, 23–41.

McDaniel, S., Hepworth, J., & Baird, M. (1992). Medical family therapy. New York: Basic Books.

McDaniel, S., Hepworth, J., & Doherty, W. J. (1997). The shared experience of illness: Stories of patients, families, and their therapists. New York: Basic Books.

McDaniel, S., Lusterman, D., & Philpot, C. L. (2001). Casebook for integrating family therapy: An ecosystems approach. Washington, DC: American Psychological Association.

McGoldrick, M., Pearce, J. K., & Giordano, J. (1982). Ethnicity and family therapy. New York: Guilford Press.

Minuchin, S. (1974). Families and family therapy. Cambridge, MA: Harvard University Press.

Montalvo, B., Moore, M., & Schor, E. L. (1987). Psychosocial aspects of pediatrics: Middle level theory building. Family Systems Medicine, 5(1), 65–77.

Moore, M., Cohen, S., & Montalvo, B. (1998). Sensitizing medical residents to fantasies and alignments in the family: Mastering psychosocial skills in medical encounter. Contemporary Family Therapy, 416–433.

Moser, D. K., & Dracup, K. (2004). Role of spousal anxiety and depression in patients' psychosocial recovery after a cardiac event. Psychosomatic Medicine, 66, 527–532.

Nichols, M. P., & Schwartz, R. P. (2001). Family therapy: Concepts and methods. Boston: Allyn & Bacon.

Pruchno, R. A., & Potashnik, S. L. (1989). Caregiving spouses: Physical and mental health in perspective. Journal of the American Geriatrics Society, 37, 697–705.

Ray, A. L., & Zbik, A. (2001). Cognitive behavioral therapies and beyond. In C. D. Tollison, J. R. Satterthwaite, & J. W. Tollison (Eds.), Practical pain management (3rd ed., pp. 189–208). Philadelphia, PA: Lippincott Williams & Wilkins.

Rolland, J. S. (1994). Families, illness and disability: An integrative treatment model. New York: Basic Books.

Satir, V. (1964). Conjoint Family Therapy. Palo Alto, CA: Science and Behavior Books.

Satir, V. (1972). Peoplemaking. Palo Alto, CA: Science and Behavior Books.

Satir, V. (1988). The New People Making. Palo Alto, CA: Science and Behavior Books.

Schobinger, R., Florin, I., Zimmer, C., Lindemann, H., & Winter, H. (1992). Childhood asthma: Paternal critical attitude and father-child interaction. Journal of Psychosomatic Research, 37, 743–750.

Shapiro, F. (2001). Eye movement desensitization and reprocessing: Basic principles, protocols and procedures (2nd ed.). New York: Guilford Press.

Shapiro, F. (Ed.). (2002). EMDR as an integrative psychotherapy approach. New York: Guilford Press

Turk, D. C., Kerns, R. D., & Rosenberg, R. (1992). Effects of marital interaction on chronic pain and disability: Examining the down side of social support. Rehabilitation Psychology, 37, 259–274.

Vinajeras, Y. (1999). Life isn't always a day in the sun: A case presentation. Unpublished master's thesis, Highlands University, Las Vegas, NM, School of Social Work, Integrated Project.

Visser, A., Huizinga, G. A., Hoekstra, H. J., Van Der Graaf, W. T. A., Klip, E. C., Pras, E., et al. (2005). Emotional and behavioral functioning of children of a parent diagnosed with cancer: A cross-informant perspective. Psycho-Oncology, 14, 746–758.

Watzlawick, P., Weakland, J., & Fisch, R. (1965). Change. New York: Norton.

Wise, M. G., & Rundell, J. R. (2002). American Psychiatric Press textbook of consultationliaison psychiatry: Psychiatry in the medically ill. Washington, DC: American Psychiatric Press Inc.

PARTE V
DESASTRES
COMUNITÁRIOS

CAPÍTULO 19
[51]*Resposta a Desastre: EMDR e Terapia Familiar Sistêmica em Estresse no Campo Comunitário*

Robert A. Gelbach & Katherine E. B. Davis

"Desastre" é normalmente entendido como um infortúnio devastador que não é facilmente superado ou reversível. Apesar de nossas vidas continuarem após um desastre, é visivelmente certo que elas serão transformadas de maneira profunda. No entanto, é bem claro que nem todos que viveram um desastre irão desenvolver desordens relacionadas ao trauma, como Transtorno de Estresse Pós-Traumático (TEPT).

Desastre, no sentido usado aqui, muitas vezes acontece a grupos pequenos, tais como a unidade familiar ou até a indivíduos, sem afetar outros diretamente. Este capítulo, no entanto, considera desastres que perturbam e abalam radicalmente o contexto no qual a comunidade vive. O desastre pode ser um evento ou processo natural, tal como terremoto ou furacão, ou uma revolta social como guerra ou revolução. Aqui, comunidades inteiras, regiões ou até mesmo nações são abaladas e devastadas por um grande infortúnio. A estrutura da vida normal para um grande número de pessoas é simultaneamente fragmentada de forma que elas simplesmente não podem continuar com suas atividades normalmente, mas precisam encontrar uma maneira de lidar com a adversidade e resgatar o máximo de sua vida passada e esperanças futuras. A natureza compartilhada de sua desgraça é um componente crítico do desastre; as pessoas são afetadas como indivíduos e também, como membros da sociedade, um status que é frequentemente mediado por sua participação mais íntima no sistema familiar (Erikson, 1976).

O TEPT é conceituado como tendo três grupos de sintomas: memórias ou "reexperiências" intrusivas, evitação e entorpecimento, e excitabilidade aumentada. O consenso de opinião entre os pesquisadores é que o TEPT é um fenômeno universal, apesar de que expressões específicas de sintomas podem ter ligações culturais (ex.: Marsella, Friedman, Gerrity & Scurfield, 2001). Os sintomas de excitabilidade aumentada e "reexperiência" são universalmente relatados na literatura, enquanto evitação e entorpecimento são menos reportados de forma segura. A razão para isso pode ser culturalmente mediada ou pode representar a diferença na maneira em que populações diferentes experimentam o trauma. Por exemplo: depois do tsunami na Índia, os voluntários do EMDR Assistance Program (Programa de Assistência EMDR) relataram que os sintomas de "reexperiência" e excitabilidade aumentada eram comuns. No entanto, a experiência de entorpecimento emocional a qual ocorria nos mesmos indivíduos era vista como uma "transcendência" e, portanto, como um evento positivo, sem nenhuma percepção de que poderia ser um "custo" ao trauma.

O TEPT é relatado em 15% a 25% das populações em situação pós-desastre (van der Kolk & McFarlane, 1996). Os primeiros reagentes e os grupos vulneráveis (ex.: crianças ou aqueles com condições médicas preexistentes) podem experimentar níveis muito mais altos de TEPT. Dentro de toda a população que viveu a mesma catástrofe existirão variações na incidência do TEPT, parcialmente relacionadas com o grau de exposição. Por exemplo: pessoas irão encontrar diferentes números ou qualidades de incidentes, como, por exemplo, maior ou menor letalidade. Cada pessoa afetada experimentou o desastre de maneira diferente. Quando a infraestrutura da comunidade (água, comida, abrigo, ordem civil) é destruída, a incidência de TEPT aumenta. Desastres causados pelo homem podem ser igualmente devastadores e podem adicionar elementos intensificadores ou sentimento de traição ou malevolência.

Sociedades que têm recursos e escolhem usá-los para apoiar a infraestrutura rapidamente e efetivamente protegem sua população do aumento dos níveis de TEPT. Para a criança, a família "é" a infraestrutura. Portanto, quando a família está intacta e pode acessar os recursos essenciais para satisfazer as necessidades da criança, a incidência de TEPT para crianças será menor.

---

[51] Este capítulo descreve o trabalhado do EMDR Humanitarian Assistance Programs (HAP).

O HAP foi criado em 1995 por clínicos respondendo ao bombardeio na cidade de Oklahoma. Desde então, o HAP tem trabalhado pelo mundo atendendo comunidades traumatizadas oferecendo treinamento clínico em EMDR para terapeutas locais.

Impacto de Desastres na Família e Função Social

Embora um diagnóstico completo de TEPT não seja aplicável a todos os sobreviventes, o trauma relacionado a desastre, muitas vezes, produz sintomas que prejudicam o funcionamento de indivíduos em suas famílias e sociedades. Níveis de ansiedade e depressão podem aumentar; adultos podem ficar incapazes de trabalhar ou cuidar de seus filhos; as taxas de dependência química, abuso e suicídio podem aumentar (McFarlane & Yehuda, 1996:163). Crianças também sofrem o impacto do trauma, o que pode ser refletido em problemas de comportamento, pesadelos ou desempenho escolar prejudicado.

Tipicamente, o desastre atrapalha a disponibilidade dos recursos básicos, tais como comida, água, abrigo e cuidados médicos. As súbitas mortes dos indivíduos ou ferimentos graves não afetam apenas aqueles que os amam, mas também extermina os serviços que eles prestavam à comunidade. Infraestrutura de abrigo e saneamento, sistemas de comunicação e transporte, hospitais, escolas, lugares de trabalho e produção econômica podem ser prejudicados ou destruídos. Muitas pessoas podem ser forçadas a fugir de suas casas e a se separar de suas famílias. Sua contínua traumatização pode ser vivida na insegurança de campos de refugiados. Então, desastres também podem se estender por longos períodos, assim como a epidemia de AIDS e as fomes periódicas na África.

Prioridades de Intervenção

O mundo moderno tem "redescoberto" periodicamente traumas psicológicos depois das grandes guerras, mas essa compreensão também foi substancialmente modificada durante o último terço do século XX, através do avanço da neurociência e psicoterapia (van der Kolk & McFarlane, 1996). Ao mesmo tempo, as tecnologias de transporte e comunicação possibilitaram uma resposta mais rápida a desastres, enquanto também fez o foco de atenção mundial se voltar rapidamente para um desastre quando ele ocorre. Isto foi evidente quando ocorreu o tsunami que destruiu o sul da Ásia no fim de 2004, os furacões no sul dos EUA em 2005 e o terremoto devastador no Paquistão também em 2005.

Em contraste, os desastres provocados pelo homem ou aqueles menos ligados a um único evento traumático podem eliciar menos preocupação ou evocar menos respostas generosas e práticas. Alguns casos que podemos apontar são desastres causados politicamente em Ruanda e Kosovo nos anos 1990, a pandemia de AIDS na África, as pequenas guerras e o terrorismo que vem afligindo sociedades como a Irlanda do Norte, Sri Lanka, partes da Indonésia e Timor, Sudão e Haiti. Contraexemplos – onde a intervenção de apoio foi mais substancial – incluem a resposta dos Estados Unidos para o bombardeio politicamente motivado na cidade de Oklahoma, em 1995, e os ataques terroristas de 11 de setembro de 2001, em Nova York e Washington.

Apesar de existir um estresse psicológico inegável para aqueles que sobreviveram a desastres e para muitos que vieram em seu socorro, psicoterapia no período inicial de resposta ao desastre é contra-indicada como estratégia de alívio (Litz, Gray, Bryant & Adler, 2002). Uma questão dominante é: Qual das muitas necessidades humanas deve ser abordada e em qual ordem? A necessidade de priorizar surge de três considerações: primeira: recursos são escassos e esforços prematuros em algumas necessidades de socorro irão criar outras necessidades, que necessitarão de esforços mais valiosos, mais caros ou até impossíveis de serem feitos. A segunda consideração é uma variante da hierarquia de necessidades de Maslow: algumas formas de assistência são simplesmente inúteis quando outras necessidades ainda não foram atendidas. Até as pessoas terem sido tratadas de danos que ameaçam suas vidas, providas com comida e abrigo, e protegidas de ataques físicos, elas normalmente não estão acessíveis, de nenhuma maneira que possa ser significativa ou útil, para psicoterapia. Voluntários em saúde mental bem-intencionados que correm para o local do desastre podem, simplesmente, aumentar o custo e a confusão da tentativa de restauração da ordem. E esforços descuidados de tentar fazer os sobreviventes falarem sobre seu trauma podem resultar em disparadores dolorosos sem resolução. Terceira consideração: as estabilizações física e material são em si mesmas, meios poderosos de reduzir o trauma.

Relato da Força-Tarefa da Sociedade Internacional para Estudo Sobre Estresse Traumático

Padrões emergentes para intervenção estão sendo formulados e testados na prática. A premissa fundamental é que a intervenção psicossocial deve, em primeiro lugar, não causar dano e, em segundo, deve prover apoio oportuno e relevante, em cooperação com aquele oferecido por agências locais para fortalecer a capacidade da comunidade afetada de cuidar de si mesma. Uma afirmação influente sobre as questões contida no relatório da Força-Tarefa (2002) da Sociedade Internacional de Estudos Sobre Estresse Traumático está resumida a seguir.

Padrão de Alívio de Desastre (1)

O padrão internacional de alívio de desastre emergente postula que a "estabilização das condições básicas físicas e materiais para os sobreviventes de desastres é prioridade". Conforme os sobreviventes conseguem localizar seus entes queridos desaparecidos e conseguem ter um teto ou tenda sobre suas cabeças, tratamento médico para seus ferimentos e doenças, e comida para si e seus filhos, seu estresse psicológico declina para um nível mais funcional, em que é possível sustentar e motivar esforços de autoajuda. Calor humano e apoio simples dos ajudantes colaboram para os efeitos positivos. Indivíduos que estão tão incapacitados pelo choque que não conseguem acessar os serviços estão em uma categoria especial e podem se beneficiar com o "primeiro-socorro" psicológico. Conforme os serviços públicos são retomados, escolas e trabalhos são resgatados, o estresse é também reduzido para a maioria das pessoas, que serão capazes de retomar sua vida normal e podem nunca desenvolver TEPT persistente.

Para certa porcentagem de sobreviventes, no entanto, problemas psicológicos, incluindo TEPT, ansiedade e depressão, permanecerão. Motivos para ajuda psicológica emergem em momentos diferentes para indivíduos diferentes. Mães, por exemplo, irão muitas vezes procurar ajuda para seus filhos ou para seus entes queridos antes de procurar ajuda para si.

Padrão de Alívio de Desastre (2)

Intervenções deveriam ser baseadas em uma avaliação das necessidades sentidas e definidas no cenário específico do desastre. A capacidade para avaliar as necessidades varia com a estrutura prévia de serviços de saúde mental na região afetada. Por exemplo: onde avaliações locais não estão disponíveis, o HAP[52] trabalha com agências aliadas para determinar as necessidades antes de implementar projetos de ajuda.

Padrão de Alívio de Desastre (3)

Um terceiro padrão emergente para intervenção é que os "formatos e efeitos dos serviços de saúde mental devem ser documentados". Ainda não existe um consenso amplo entre as agências de apoio onde as terapias são efetivas e úteis para os sobreviventes de traumas de desastre. Consequentemente, em todos esses projetos de treinamento relacionados a desastres, e apesar das frequentes mudanças de circunstâncias, o HAP tenta compilar dados para contribuir com um corpo de pesquisa em expansão. Isso inclui a informação sobre a população traumatizada e as avaliações da eficácia do tratamento EMDR conduzido pelos clínicos locais (Errebo, Knipe & Altayli, 2005; Jarero, Artigas & Hartung, 2006; Konuk, Knipe, Eke, Yusek, Yurtserver & Ostep, 2006; Silver, Rogers, Knipe & Colelli, 2005).

Padrão de Alívio de Desastre (4 e 5)

Intervenções psicossociais deveriam ser conduzidas apenas com o convite de duas ou mais agências de saúde ou do governo da comunidade afetada. As intervenções particulares empregadas devem ser capazes de se integrar com o sistema de cuidado de saúde primário do país. Por exemplo: os HAPs ensinam EMDR aos clínicos locais e métodos de estabilização psicológica a cuidadores não clínicos, mas apenas sob o convite dos líderes de saúde locais.

Padrão de Alívio de Desastre (6)

Evite ensinar intervenções poderosas em saúde mental para indivíduos que não têm o treinamento requisitado para fazer uso efetivo e seguro deles. Isso pode ser uma questão delicada em sociedades que têm sistemas de licenciamento menos desenvolvidos, ou onde os profissionais mais graduados não estão comprometidos com a prática clínica. Talvez dois julgamentos necessitem ser feitos nesse campo: Os profissionais altamente graduados irão realmente realizar o trabalho clínico na área do desastre se treinados em EMDR? Uma grande vantagem de treinar clínicos locais que preenchem esses requisitos é que eles já estão ligados às questões culturais relevantes para a prática psicoterapêutica em seu país. Eles fazem acomodações apropriadas mais rápida e efetivamente do que terapeutas estrangeiros poderiam fazer. O mais importante em treinar clínicos locais é que os voluntários em saúde mental multiplicam seu impacto tanto imediatamente quanto em longo prazo, pois deixam para trás uma capacidade local pronta de suprir as necessidades mentais.

---

[52] Nota da T.: Optou-se por manter a sigla em inglês para o EMDR Humanitarian Assistance Programs (HAP)

Psicoterapia Como uma Resposta Para Desastre

Enquanto evitam intervenções e esforços prematuros, insuficientes, ajustados com o sistema de saúde mental local, os terapeutas podem fazer uma contribuição para alívio e recuperação. O fracasso no planejamento e providência de tratamento efetivo para 15% a 25% da população exposta que apresenta os sintomas de TEPT após 3 meses mostra um refreamento nos esforços subsequentes para recuperação da comunidade. Além do estresse visto diretamente em indivíduos traumatizados e suas famílias, a comunidade sofre o impacto da perda de aproximadamente um quarto da sua força de trabalho. A produtividade debilitada, a perda de serviços comunitários, incluídos serviços escolares para uma grande porcentagem de crianças, e o aumento das taxas de vícios e suicídios impedem posteriormente a recuperação social.

Apesar de parecer que o tratamento de famílias e indivíduos perturbados psicologicamente iria acelerar a recuperação da comunidade, a provisão de psicoterapia efetiva e disponível ainda não é uma prioridade entre as maiores organizações internacionais de socorro em desastres. Existe certo debate sobre a utilidade da psicoterapia para o trauma como uma resposta pós-desastre. Alguns pesquisadores argumentam que outras intervenções socioculturais, que não a psicoterapia, devem ser favorecidas. Por exemplo: Miller e Rasco (2004) têm esse ponto de vista, apesar de estarem focados na desvantagem prática e cultural da terapia "verbal" e não do EMDR. Pelo menos, é isso o que parece. Também existem questões sobre a distribuição dos escassos recursos entre opções de saúde mental concorrentes. Quanto tempo de resposta deve ser devotado a treinar profissionais locais? Quanto tempo deve ser designado para serviço direto? Os recursos devem ser direcionados para tratamentos individuais ou em grupos, com o foco em crianças ou adultos, estabelecer procedimentos de cuidados clínicos ou estabilização não clínica? É cedo demais para trabalhar o trauma ou existem benefícios em trabalhar o TEPT assim que ele surge? Apesar de termos bons trabalhos de compreensão dessas questões, as pesquisas são insuficientes para que essas questões sejam respondidas definitivamente e estudos sugestivos, algumas vezes, levam a diferentes direções (Litz et alii, 2002).

Uma preocupação recorrente, especialmente em sociedades não-ocidentais, é se a psicoterapia é uma intervenção preconcebida culturalmente com consequências negativas. Particularmente, no caso de refugiados e populações traumatizadas em contexto de longos conflitos interétnicos, veem a terapia em si como estigmatizante – carregando a implicação de que sobreviventes de trauma são mentalmente doentes, patologizando assim uma resposta normal a uma situação anormal (ex.: Miller & Rasco, 2004). Em situações altamente politizadas, partidários podem temer que a terapia possa atrapalhar o entendimento de que a perturbação é causada pelo político adversário. Na experiência HAP, clínicos treinados em EMDR e traumatologia têm sido capazes de alcançar além dessas preocupações e adotar um método de tratamento focado no apoio à capacidade natural do cérebro de reprocessar informações perturbadoras para resoluções adaptativas (voluntários HAP, 2005).

Após um Desastre, a Psicoterapia é Diferente

Clínicos em qualquer cultura conduzem tipicamente seu trabalho junto a um *background* de realidades culturais e sociais normais. O desastre pode romper essas realidades. No entanto, as heranças culturais e sociais subjacentes filtram e estruturam os esforços dos sobreviventes para darem sentido ao seu desastre. Esta sessão descreve duas abordagens para psicoterapia pós-desastre que têm se adaptado bem em ambientes culturais diversos.

Dessensibilização e Reprocessamento Através de Movimentos Oculares

O EMDR (Shapiro, 2001) tem provado ser bem adaptativo em diferentes culturas. O EMDR é uma abordagem psicoterapêutica proporcionada a um indivíduo para auxiliá-lo no processamento bem-sucedido de memórias perturbadoras e traumáticas. Vários estudos têm avaliado a eficácia do EMDR em contextos pós-desastre, com crianças e adultos, em vários países e culturas.

Em um estudo controlado, Chemtob, Nakashima e Carlson (2002) concluíram que o EMDR é um tratamento eficaz para crianças que tinham TEPT crônico relacionado a desastre 3 anos depois do furacão Iniki, no Havaí. Essas crianças não tinham respondido a intervenções prévias. Os ganhos com o tratamento EMDR foram seguidos e mantidos em acompanhamento por 6 meses, e visitas por motivos de saúde à enfermeira da escola foram reduzidas significativamente após o tratamento. Resultados positivos com o tratamento EMDR também foram encontrados em crianças na Itália. Fernandez, Gallinari e Lorenzetti (2004) descreveram uma intervenção escolar com EMDR em crianças que testemunharam a queda de um avião em Milão, Itália. Uma intervenção grupal foi realizada com 236 alunos que apresentavam TEPT 30 dias após o incidente. Em uma checagem após 4 meses, os professores relataram que todas as crianças, menos duas, tinham retornado ao seu funcionamento normal após o tratamento.

A eficácia do tratamento nos ataques de 11/9 com sobreviventes logo após o evento foi documentada por Silver et alii (2005), que relataram um projeto de intervenção comunitária HAP na cidade de Nova York. Os clientes fizeram ganhos positivos altamente significantes após um breve tratamento (não mais do que cinco sessões) em uma extensão de resultados variados, incluindo testes sóciométricos validados e escalas de auto-relato. A análise dos dados indicou que o EMDR foi uma intervenção de tratamento útil tanto nas consequências imediatas do ataque terrorista quanto depois.

Em um estudo com os sobreviventes do Furacão Andrew, que comparou os tratados com EMDR e indivíduos não tratados, Grainger, Levin, Allen-Byrd, Doctor e Lee (1997) encontraram diferenças significativas na Escala de Impacto do Evento (Horowitz, Wilner & Alvarez, 1979) e na perturbação subjetiva. Resultados positivos do tratamento com sobreviventes de um terremoto na Turquia foram documentados por Konuk et alii (2006). Resultados similarmente positivos em tratamento EMDR com sobreviventes do tsunami no Sri Lanka foram descritos por Errebo et alii (2005).

Abordagens Sistêmico-Familiares

Um foco clínico em sistemas familiares após um desastre é importante por várias razões. Em muitos países em desenvolvimento, a família é o contexto social e de apoio para muitos indivíduos. A família também media valores e orientações culturais mais amplos (McGoldrick, 1998; McGoldrick & Giordano, 1996). Quando o desastre destrói outros suportes sociais, os laços familiares assumem uma importância mais elevada. Além disso, quando a família em si é o local da perda, a posição da família na identidade do sobrevivente torna-se o ponto principal do trauma.

Desastres, muitas vezes, destroem infraestruturas comunais, incluindo estruturas e funções familiares. Membros da família morrem ou são feridos; outros membros da família experimentam mudanças drásticas em seu *status* familiar, o que pode, em seguida, redefinir seu *status* social mais amplo de maneira devastadora. Mulheres que ficaram viúvas pelo tsunami na Ásia, por exemplo, perderam inteiramente sua rede de proteção social. Não surpreende, então, que muitos dos traumas relatados por clientes que receberam terapia pós-desastre são relacionados a questões familiares.

A teoria dos sistemas familiares ajuda a elucidar essas questões e emprega vários constructos e ferramentas que podem ser particularmente úteis no planejamento do tratamento, avaliação e intervenção. Os principais, entre eles, são: o genograma para mapear rapidamente a constelação das relações na história do cliente (Carter & McGoldrick, 1980; Schellenberger, Cap. 3); terapia familiar focada na interseção dos eventos traumáticos com questões maiores de desenvolvimento familiar (Carter & McGoldrick, 1980); e sensibilidade às transmissões das consequências do trauma no passado, presente e futuro entre gerações (Guerin, 1976). Quando as unidades familiares são quebradas ou os papéis são transformados pelo desastre, a terapia pode ajudar a nova família pós-desastre a se tornar um recurso para os membros familiares sobreviventes, aumentando o senso de controle e definição do self.

As terapias familiares sistêmicas veem o indivíduo em seu contexto familiar. Nem todos os membros da família precisam estar presentes fisicamente na sessão com o terapeuta e o cliente individual. É um princípio de abordagens familiares sistêmicas que qualquer mudança em uma pessoa irá provocar uma mudança em todas as outras no sistema familiar (Guerin, 1976). É como se todos os membros da família estivessem conectados por grandes tiras de borracha imaginárias (Wynne, 1978): um puxão em uma pessoa irá aparecer como um movimento em outra. Assim, qualquer problema com um membro da família é também um problema da família. Reconhecendo essa realidade contextual, voluntários HAP têm incorporado elementos de teoria familiar na abordagem de tratamento, que é ensinada a clínicos locais. Por exemplo: depois do terremoto de 1999 na Turquia, os clínicos turcos foram treinados pelos voluntários HAP para oferecer EMDR aos residentes de um campo de refugiados. Uma mãe levou seu filho para tratamento dos sintomas de TEPT; quando a criança melhorou, a mãe também procurou tratamento. Finalmente, o pai, que não tinha saído do abrigo por semanas, procurou tratamento e também foi ajudado. Clínicos nessas comunidades de abrigo se tornaram antenados a esse tipo de padrão e reconheceram que o cuidado extensivo a um membro da família pode ser o meio para levar outros membros para tratamento.

PROCESSO TERAPÊUTICO

O Humanitarian Assistance Programs (HAP) (Programas de Assistência Humanitária) do EMDR tem mais de dez anos de experiência em respostas a desastres comunitários. O foco primário do HAP é o treinamento de terapeutas locais para tratar o trauma usando EMDR. Esses terapeutas são clínicos culturalmente sintonizados com a sociedade afetada. O HAP também treina paraprofissionais em traumatologia e métodos de estabilização para que eles possam complementar os esforços dos poucos clínicos. O HAP também ajuda os terapeutas e organizações locais a montar estruturas para apoiar serviços contínuos diretos para suas comunidades. Os treinadores HAP aprenderam a enfatizar a sensibilidade à família e à cultura, porque eles aprenderam que os traumas mais dolorosos dos membros da comunidade são ligados ao sistema familiar pré-desastre do cliente, e ao impacto do desastre ao *status* familiar atual e prospecções futuras.

Algumas vezes, os eventos do desastre desencadeiam traumas passados. Quando isso ocorre, o EMDR (com ênfase no material do passado, presente e futuro) tem provado ser especialmente útil no processamento desses eventos a um estado neural, onde não possam mais ser desencadeados. Dois trabalhos assim foram relatados em um trabalho com clientes que já tinham traumas e sobreviveram ao furacão Katrina. Um cliente, que havia sido baleado por um criminoso bem antes do furacão, foi exposto a perigo e tumulto emocional associado ao resgate e trabalho de recuperação. Ele tinha pensamentos intrusivos e sonhos sobre o tiroteio, tinha medo exagerado e incerteza durante o trabalho de resgate, e sensações no lugar em que tinha levado o tiro. O tiroteio foi alvejado com EMDR e os sintomas tiveram remissão após duas sessões. O cliente não tinha alvos relacionados ao furacão para processar. O segundo cliente tinha uma experiência pré-furacão aparentemente moderada que o fazia colocar seu próprio julgamento profissional em questão. Durante as atividades de resgate, ele ficava repassando os erros anteriores e questionando seu julgamento atual, o que atrapalhava sua *performance* e aumentava o medo de que isso iria acontecer repetidamente em sua vida profissional. Uma sessão EMDR focou o evento passado e processou por completo, e uma sessão subsequente processou eventos durante o trabalho de resgate (voluntários HAP, 2005).

Estrutura de Tratamento

O tempo e as circunstâncias limitam a prática pós-desastre. Pode haver muitas pessoas que necessitam de tratamento em situações que não são propícias à terapia. Vários métodos de triagem têm sido usados em projetos HAP; várias reuniões com grupos que têm afinidade (equipes de trabalho, vilas, salas de aula) são realizadas, e nelas a educação sobre o trauma e EMDR é oferecida, algumas vezes incluindo técnicas para estabilização de estados internos (ex.: relaxamento, respiração). A escala de Impacto dos Eventos (Horowitz et alii, 1979) pode ser administrada como um modelo de triagem. Dessa maneira, as duas primeiras fases do EMDR são iniciadas: primeiro, o Recolhimento da História e Planejamento do Tratamento; e, segundo, a Preparação. Quando a terapia EMDR individual é oferecida, essas fases são expandidas conforme o tempo permite para estabelecer melhor definição para o tratamento, algumas vezes incluindo a administração de outras medidas.

Fases Primárias e Estabilização

A terapia familiar sistêmica e o EMDR respeitam a necessidade da estabilização do cliente e sua família, determinando que as necessidades por comida, abrigo e segurança devam ser supridas primeiramente. De fato, uma psicoterapia efetiva irá avaliar se essas necessidades foram preenchidas antes de uma possibilidade de um tratamento estressante. Apontar e fortalecer as estratégias e habilidades dos clientes de autorregularão deve ser a preparação normal para EMDR. Esses são elementos críticos para o trabalho de alívio de desastre. Pessoas em pânico porque suas necessidades básicas não foram atendidas não conseguem fazer bom uso da terapia. Na primeira estratégia do EMDR (Recolhimento da História e Planejamento do Tratamento) a estabilidade do cliente é avaliada; no segundo estágio (Preparação), a estabilidade é aumentada, se necessário. No período imediatamente pós-desastre, clientes com representações complexas e histórico de traumas anteriores podem ser incapazes de se beneficiar de mais do que uma estabilização acentuada, mas isso em si frequentemente traz um aumento significativo no comportamento funcional e é um objetivo central da terapia.

O genograma, uma ferramenta desenvolvida por terapeutas familiares, é particularmente útil no primeiro e no segundo estágio do EMDR para posicionar rapidamente os indivíduos que se apresentam para terapia em seus cenários sociais e familiares (veja Shellenberger, Cap. 3). "O genograma é um mapa que provê um quadro gráfico da estrutura familiar e processo emocional ao longo do tempo" (Carter & McGoldrick, 1980). Isso revela um relance e muita informação que irá impactar no avanço da situação de qualquer pessoa: Quais recursos familiares podem ser levados em conta? Onde estão as pessoas que são importantes para o indivíduo? Qual a posição que essa pessoa tem em relação à família e aos desafios de desenvolvimento que a família enfrenta? No centro do trabalho com o desastre, nem todas as informações podem ou devem ser inferidas, mas o formato permite que as informações sejam coletadas rapidamente e usadas de imediato.

Fases de Processamento

O trabalho familiar sistêmico também envolve a interseção de eventos traumáticos com questões de desenvolvimento familiar (Carter & McGoldrick, 1980), uma ênfase que utilmente informa a escolha de alvos para o EMDR. Se forem usados alvos errados, os efeitos positivos do tratamento são minimizados. A cultura, conforme mediada pela família, define o significado dos eventos e, portanto, define o contorno e as definições do que é traumático, o que leva diretamente o alvo a ser processado. O caso seguinte ilustra as ordens culturais e os deslocamentos familiares quando o desenvolvimento culturalmente normativo dos papéis é rompido pelo desastre. Família, cultura e dor pessoal são consideradas quando é estabelecido um bom alvo para intervenção: "Um filho adolescente assistiu a seu pai, pescador, ser levado pelo tsunami. Ele não conseguiu segurar o braço de seu pai, conforme as ondas batiam no barco onde os dois trabalhavam".

Esse garoto escolheu dois incidentes distintos para alvejar o tratamento. A cena no barco foi o primeiro alvo do garoto, recebendo uma pontuação 10 na escala SUDS, em que 0 = nenhuma perturbação e 10 = perturbação extrema. Poderia ser esperado que o segundo alvo fosse outra cena ou experiência "horrível", como a primeira. Em alguns casos seria. Para esse garoto, no entanto, foi um familiar, definido culturalmente com uma pontuação SUDS de 9. Esse era o seu sentimento de inadequação para substituir seu pai como suporte primário da família, o que era a expectativa cultural. Apesar de ter chegado a esse papel abrupta e prematuramente, ele esperava de si mesmo que assumisse as tarefas sem incerteza, uma expectativa que muitos iriam ver como irracional. De fato, ele era capaz de processar esse fato a uma resolução adaptativa. Ele processou suas memórias com seu pai ensinando-lhe tudo o que sabia sobre pesca e, portanto, percebeu que realmente estava preparado. Ele também reconheceu que era natural experimentar alguma incerteza quando um papel fora do comum era assumido. Ao longo do caminho, o garoto processou suas preocupações mais inconscientes, que de alguma maneira seu *status* "foi beneficiado" com a morte de seu pai.

Entrelaçamentos Cognitivos Culturalmente Apropriados

Em qualquer momento durante o tratamento, o processamento do garoto poderia ter sido bloqueado. Por exemplo: ele poderia não ter acessado a memória de seu pai lhe ensinando como pescar. Numa situação assim, o terapeuta poderia ter usado a estratégia dos entrelaçamentos cognitivos (para parâmetros, veja Shapiro, 2001). Conhecer os costumes familiares e culturais ajuda a construir entrelaçamentos cognitivos apropriados. Nesse exemplo, o clínico poderia ter perguntado: "Onde você aprendeu a pescar?" para incitar o acesso a essa memória adaptativa. Do mesmo modo, se o cliente não se sentisse confortável em falar sobre sua promoção "egoísta" de *status*, o clínico poderia ter dito: "Algumas pessoas poderiam se preocupar com o fato de estarem alcançando um *status* maior, devido ao infortúnio de seus pais. Isso aconteceu com você de alguma maneira?". Esse constructo requer obviamente um conhecimento da família e da cultura.

Linguagem Culturalmente Sensível

O EMDR é culturalmente adaptável em todas as oito fases da terapia. Por exemplo: nos estágios de avaliação e processamento, escalas designam os níveis subjetivos de perturbação usando a escala SUDS (0 = neutro e 10 = a maior perturbação imaginável) e validação de afirmações positivas (escala de Validação da Crença, ou VOC, 1 = completamente falso e 7 = completamente verdadeiro). Essas escalas quase refletem automaticamente a orientação cultural do sujeito, mas normas culturais podem requerer algumas vezes adaptações. Quando o HAP estava treinando clínicos no norte da Europa, os treinadores ouviram: "Nós somos europeus; nós não trabalhamos com extremos". Então, os escores SUDS raramente alcançavam 10; no interior do estado de Nova York, com a tribo Oneida, os treinadores ouviram: "Eu não posso expressar extremos com você, você não é do meu clã". Os treinadores simplesmente ajustaram a escala para servir a cultura.

A linguagem de avaliação também pode ser adaptada. Em alguns países muçulmanos, a linguagem que é usada na Avaliação EMDR (Fase 3) não tem nenhum significado, a não ser o significado errado quando traduzido. Na avaliação: "Quais palavras combinam melhor com aquela imagem (evento) para descrever sua crença negativa sobre você mesmo agora?", a palavra "crença" conota apenas a crença religiosa e é muito global. Os clínicos podem perguntar como fizeram na Turquia: "Quando você pensa naquela imagem (evento), como você define negativamente você mesmo?". Esse palavreado tem especificidade para o evento e alcança o estado negativo de identidade do cliente *vis-à-vis* com o evento traumático. Do mesmo modo, no estágio de processamento ou dessensibilização, as palavras "Que você tem aí?" Não tem nenhum significado, enquanto "O que vem à sua mente?" tem um significado e irá evocar o mesmo material que a afirmação padrão teria evocado em outra cultura.

Considerações Familiares e Culturais Importantes

Mesmo mudanças boas irão requerer alguma adaptação pelos outros membros da família, o que pode ser desafiador. Por exemplo: se o tratamento elimina a evitação de um indivíduo do oceano após o tsunami, isso pode significar que ele pode pescar de novo e, portanto, ajudar sua família e tomar sua posição na organização familiar. Fazer isso é sistemicamente congruente. Se, por outro lado, o indivíduo que se apresenta para terapia é o filho mais velho de um pescador capacitado fisicamente, mas que não consegue voltar para a água, pode não ser sistemicamente congruente que esse filho pesque antes de o pai ser capaz de fazê-lo. Isso pode ser um sinal de deposição do pai na hierarquia familiar, uma perda de dignidade para o pai. Nesse caso, a terapia EMDR do filho pode ser condenada ao fracasso até que essa questão de realidade contextual seja trabalhada.

No Vietnã, Camboja e Indonésia, proteger a dignidade da família e enfatizar a honra da família é importante. A idade de uma pessoa, seu lugar na configuração familiar e até mesmo o nascimento de outros membros definem como alguém responde a situações e a outras pessoas. As crianças são vistas como subordinadas, mas também como foco da responsabilidade dos pais (e frequentemente da família estendida); a família é mais importante do que qualquer indivíduo. Esse foco enquadra qualquer discussão sobre desordem de traumas nesses contextos, porque o que é considerado traumático no Ocidente não é o mesmo que é considerado no Oriente.

Considere o exemplo de algumas viúvas do tsunami na Indonésia. Mulheres que perderam seus maridos também perderam seu *status* social na cultura. Não apenas tiveram que se virar com a questão prática de providenciar comida, abrigo e outros recursos sem seus maridos, mas também não podiam supor que sua permanência na comunidade iria ajudar nessas questões. A escolha de alvos de tratamento para EMDR deve levar esses elementos em consideração. A perda do *status* seria um alvo esperado para clínicos que entendem o contexto social.

Os clínicos que trabalham em contextos de desastres notaram que as mães trazem seus filhos sintomáticos para serem tratados primeiro. A teoria sistêmica familiar "hipotetiza" que o sintoma é carregado pelo membro da família que mais pode se permitir experienciá-lo (Guerin, 1976). Também, um membro da família, muitas vezes uma criança, pode expressar sintomas a fim de trazer outro para tratamento. Se a criança recebe terapia primeiro, várias coisas acontecem. As melhoras da criança demonstram para a mãe que é possível alguém se recuperar dos sintomas de TEPT e reduzem o esgotamento dos recursos da mãe (e, portanto, da família inteira), e ratificam as funções da mãe, mostrando a ela como ser efetiva no seu papel de cuidar da criança (um valor primário em muitas culturas, mais notadamente em áreas atingidas pelo tsunami). Essa intervenção reduz o TEPT no indivíduo e tem grandes ramificações para a família, reforçando as forças da mãe.

O desastre é de fato um estressor, mas nem sempre resulta em um indivíduo ou família menos saudável. Algumas vezes, a família descobre algumas forças que tinham ficado dormentes ou desenvolve uma nova apreciação das habilidades de um de seus membros. Essas mudanças podem resultar em uma família mais resiliente. Desastres também alteram, algumas vezes, os limites da família. Isso pode acontecer de várias maneiras, tais como a perda de membros da família, inclusão de outros em um limite mais próximo ou literalmente através da ajuda disponível a uma família que sempre foi auto-suficiente. Essas "brechas nos limites" podem ser positivas, negativas ou neutras, mas em qualquer caso, elas devem ser consideradas no tratamento de vítimas de desastres.

Tratamento de Grupo

Apesar de ser, muitas vezes, apropriado em contextos de desastre empregar o protocolo EMDR padrão, três outros protocolos são frequentemente aplicáveis: o *Recent Event Protocol* e o *Single Event Protocol*[53] são discutidos no texto clássico de Shapiro (2001). O EMDR Group Protocol[54] para crianças, usando um procedimento chamado "Butterfly Hug" (abraço de borboleta), tem sido desenvolvido especificamente fora do trabalho relacionado a desastre por clínicos EMDR. Todos os protocolos incluem o modelo passado, presente, futuro e as oito fases EMDR.

---

[53] N. da T.: "Protocolo de Evento Recente" e "Protocolo de Evento Único".

[54] N. da T.: Protocolo de Grupo EMDR.

O protocolo de grupo EMDR, que será abordado mais adiante (para descrição mais detalhada, veja Fernandez et alii, 2004), é oferecido para crianças desde os 4 anos (e algumas vezes com modificações para os adultos), que passaram pelo mesmo desastre e reportaram sintomas de trauma como resultado. Um grupo típico irá consistir de oito participantes ou um pouco mais que foram escolhidos previamente. Apesar de o tratamento de sessão única ter sido usado com sucesso (Fernandez et alii, 2004; Jarero et alii, 2006), pelo menos três sessões separadas por dias ou semanas são recomendadas para os participantes de grupos. Os níveis de perturbações e cognições usualmente não são medidos com números com crianças mais novas, mas com gestos de tamanho ("deste tamanho"), palavras descritivas, tais como "o pior ruim", usada por um garoto, ou uma escala de carinhas que dão a amplitude de emoções positivas e negativas com mudanças de expressão. O Escaneamento Corporal (Fase 6) é algumas vezes omitido, porque o processamento rápido em crianças geralmente não deixa resíduos no corpo.

Membros da família podem ser envolvidos em um *continuum* de papéis passivos para ativos. O membro da família pode ser requisitado apenas a estar presente e testemunhar, o que tem um efeito poderoso, ou efetuar uma função. Essa ajuda ativa pode envolver abraçar a criança, contar a ela a narrativa do trauma, ajudar com estimulação bilateral ou fazer um desenho. Isso permite que os pais saibam o que aconteceu e como apoiar mudanças depois. Quando os pais administram a estimulação bilateral, eles parecem obter resultados terapêuticos para si mesmos.

O tratamento de grupos pode ser usado em contextos não privados, como uma tenda ou uma clínica ao ar livre. Os membros do grupo podem obter e manter ganhos individuais. Os pais também podem conversar um com o outro enquanto seus filhos desenham. Isso oferece a eles o mesmo suporte comunitário, ajudando assim a solidificar os ganhos. Os clientes dos grupos não precisam verbalizar informações sobre o trauma. A terapia pode ser feita em dias subsequentes; não há a necessidade de uma semana de tarefas entre as sessões.

Fernandez et alii (2004) relataram uma redução substancial dos sintomas em mais de 90% das crianças após um tratamento em grupo, depois de um desastre na escola delas na Itália. Relatos anedóticos em outras situações são consistentes com esses resultados. O método de grupo é facilmente ensinado tanto para terapeutas novos quanto para experientes. Sua eficácia tem sido documentada na Itália (Fernandez et alii, 2006) e na América do Sul (Jarero et alii, 2006), e parece ser igualmente efetivo nas diferentes culturas, e tem a vantagem de atingir muitas pessoas mais rapidamente, envolvendo segmentos mais amplos da comunidade. Paraprofissionais podem ser ensinados a liderar os grupos sob a supervisão de um profissional, o que permite uma ampla aplicação em sociedades que têm poucos clínicos. Por exemplo: em Gujarat, Índia, após um grande terremoto, clínicos recém-treinados conduziram sessões grupais que abarcaram milhares de crianças traumatizadas. Em Chennai, Índia, após o tsunami, clínicos HAP treinados trataram 5.000 crianças nesses grupos em um ano (voluntários HAP, 2005).

Exemplos de Casos

Dois exemplos de caso, de dúzias que também serviriam, ilustram a maneira na qual cultura e circunstâncias de vida prévias moldam como o trauma engendrado a desastre é expresso. Ao mesmo tempo, eles demonstram os benefícios poderosos de terapia pontual e efetiva.

Caso 1: Grupo de Trabalho com Crianças

Na costa da Tailândia, Aiton Birnbaum (2005, comunicação pessoal) criou uma intervenção, na qual adultos eram requisitados a participar de uma sessão de grupo com seus filhos, que estavam vivendo sintomas variados de trauma. Usualmente, uma criança (ou mais) participava da sessão com sua mãe. Uma curta explanação sobre trauma e EMDR foi oferecida. Papéis e giz-de-cera foram distribuídos, e os pais foram orientados a ficarem atrás de seus filhos enquanto eles desenhavam. Com crianças mais novas, os pais frequentemente auxiliavam os esforços dos filhos para desenhar, e alguns pais conversavam entre si conforme os desenhos eram feitos. Primeiro, as crianças foram orientadas a desenhar alguma coisa que as fazia se sentirem seguras e felizes. Então, foram orientadas a olhar os desenhos e os pais foram instruídos a tocarem alternadamente cada ombro. Foi dito às crianças que elas poderiam levar suas figuras do "lugar seguro" para casa e usar esse método quando elas precisassem se sentir melhor. Também foi ensinado às crianças o abraço de borboleta, um método de autoestimulação bilateral, por toques alternados em seus próprios ombros com os braços cruzados.

O envolvimento dos pais pode ter provido um contato confortante entre pais e filhos, e reforçou o papel dos pais como cuidadores e deu um senso de competência nesse papel. O envolvimento deles também ajudou as crianças a processar suas próprias experiências com o tsunami. As mães, simultaneamente, deram e receberam estimulação bilateral conforme foram expostas às experiências traumáticas próprias e às de seus filhos, e foram capazes de falar com outras mães no grupo que tiveram experiências similares. Algumas mães participaram fazendo seus próprios desenhos.

Depois, as crianças foram orientadas a colocar virado para baixo o seu "desenho feliz" e desenhar uma figura da experiência traumática e indicar seu nível SUDS. Quando isso foi completado, os pais novamente tocaram os ombros alternadamente. Essas séries de estimulação foram repetidas várias vezes. Os clínicos monitoraram as reações nas crianças mais particularmente quando suas atenções pareciam se desviar do desenho. A estimulação foi repetida até parecer que a perturbação das crianças sobre o evento naquela figura havia sido dessensibilizada. Então, as crianças foram orientadas a fazerem um novo desenho e dar uma nova classificação SUDS, e a estimulação bilateral foi novamente administrada. Esse procedimento foi seguido por séries de desenhos; usualmente, a primeira figura representava o evento pior e as figuras seguintes eram de eventos percebidos como menos negativos. Alguns entrelaçamentos cognitivos foram oferecidos durante a dessensibilização quando o processamento parecia bloqueado. Tipicamente, eles eram usados para enfatizar os papéis familiares e a conexão das crianças com seus pais em um esforço conjunto para reconectar as forças naturais do sistema, com ênfase na continuidade a despeito do evento traumático.

Quando cerca de quatro desenhos foram feitos e os eventos descritos foram processados a um estado mais neutro, foi dito a pais e filhos que o reprocessamento poderia continuar depois da sessão. Os pais foram lembrados de que eles poderiam prover conforto sugerindo a criança olhar para a figura feliz, enquanto tocavam nos ombros da criança alternadamente, ou enquanto a criança fazia o abraço da borboleta.

Em cada sessão e durante o curso da terapia, os modelos de passado, presente e futuro foram seguidos. As figuras do trauma evocaram o evento passado e os desencadeadores atuais. A conexão da criança com os pais também refletiu o presente, enquanto o futuro foi focado em um planejamento de continuidade do processamento ou outras possíveis perturbações e maneiras para confortar a criança. Sessões posteriores foram oferecidas, novamente com o envolvimento da família e com o foco em dificuldades remanescentes, incluindo questões cotidianas. As descrições das crianças das perturbações atuais envolviam o mar, elas expressavam o desejo de voltar a brincar na água, como faziam no passado. O medo do mar foi alvejado nas figuras e dessensibilizado.

Em adição, uma excursão à praia com as crianças foi planejada; isso foi designado como uma intervenção sistêmica para a família e comunidade. Mesmo quando os pais recusaram a permissão para a criança participar, a semente foi plantada de que as pessoas podem escolher voltar ao mar. As crianças foram capazes de entrar na água? Quando elas conseguiram entrar na água, isso propiciou um modelo e inspiração para outros na comunidade, incluindo irmãos e pais. Os membros da família também reagiram a esse novo desenvolvimento. Alguns estavam meio apreensivos em confrontar seus próprios medos. Afinal, se uma criança é capaz de voltar ao mar, os pais também não devem ser?

Caso 2: Impacto Familiar da Traumatização Parental

Quarenta crianças no Sri Lanka foram tratadas em uma comunidade com o uso do protocolo de grupo EMDR para crianças enquanto os pais assistiam e ajudavam. Em um grupo, uma criança de 4 anos de idade relatou uma variedade de sintomas de estresse, incluindo pesadelos severos. Seu terapeuta, natural do Sri Lanka, notou sua dificuldade em identificar um "lugar seguro" para desenhar. Mais tarde, numa conversa individual com a mãe, ficou claro que a criança não poderia encontrar um lugar seguro, porque sua mãe estava muito nervosa e tinha batido na criança várias vezes após o tsunami. A voluntária HAP Karen Fort (2005, comunicação pessoal) relata o que aconteceu.

A mãe concordou em fazer terapia EMDR. Sua questão atual era intenso sofrimento e raiva pela perda de dois filhos, mortos pelo tsunami. Ela também tinha pegado para cuidar um órfão de um ano, depois que seu bebê de um mês morreu. A família perdeu sua casa, todos os bens e sua fonte de renda. O bebê adotado chorava constantemente, pois a mãe o segurava com muita força e com raiva. Sua própria mãe, a criança de 4 anos e o bebê de 1 ano acompanharam essa mãe na primeira sessão EMDR. Ela não conseguia parar de gritar irritadamente com a criança de 4 anos quando a sessão começou. Foi oferecida à criança distração com giz-de-cera e papel. O terapeuta supervisor segurou o bebê de um ano enquanto o estagiário do Sri Lanka trabalhava com a mãe em sua primeira sessão EMDR. A avó assistia ansiosa a filha assolada por sofrimento. O foco da primeira sessão, usando o protocolo de evento único, foi a maneira como morreram as duas crianças.

A atmosfera ficou mais tranquila conforme a sessão progrediu e tanto a criança de 4 anos quanto o bebê adormeceram. O SUDS da mãe diminuiu substancialmente para esse evento único. A avó, agora sorridente, expressou gratidão pelo progresso da mãe das crianças. Apesar de um tratamento futuro ter sido indicado, a mãe e sua família tinham ganhado uma ampla proporção de alívio dos sintomas do trauma, permitindo um retorno para um funcionamento mais típico da família pré-tsunami.

Aspectos Adicionais

A natureza devastadora do desastre e as muitas situações dilaceradoras encontradas tornam necessário proteger os clínicos de traumatizações secundárias. Em projetos HAP, relatos embutidos e consultas frequentes com terapeutas seniores abrandam essa possibilidade. Mas a natureza da terapia EMDR também ajuda a reduzir a dose de detalhes traumáticos que um terapeuta experimenta (porque não é necessário e, de fato, muitas vezes contra-indicado que o cliente articule todos os detalhes do trauma). Os clínicos também podem autoadministrar estimulação bilateral ou contar com membros do time para dessensibilizar aspectos do trauma encontrado que ameaçam se fixar. Perceber a potente habilidade do EMDR de reduzir a dor para os clientes é também um antídoto contra traumatização secundária. Conforme disse um estagiário no Sri Lanka: "Algumas vezes alguns relatos me enchem com terror, mas eles vão embora com o caso trabalhado lindamente" (Voluntários HAP, 2005).

CONCLUSÃO

O TEPT é um fenômeno multicultural altamente prevalente em rastros de desastres. O EMDR é uma psicoterapia baseada em evidências, capaz de acomodar variações culturais na expressão de sintomas. Os clínicos tanto no Ocidente quanto no Oriente concluíram que o EMDR é bem estruturado para acomodar suas culturas e os imperativos no tratamento pós-desastre do TEPT.

Complementando o EMDR em cenários de alívio de desastre, a teoria familiar sistêmica foca num constructo social universal: a família. A teoria familiar sistêmica tem a capacidade de iluminar o estresse que o desastre exacerba, de focar nas áreas que necessitam de atenção terapêutica e de apoiar a necessidade do terapeuta de adaptar o EMDR ao contexto cultural do cliente. Os clínicos podem usar o "significado" cultural das memórias traumáticas para processar as informações traumaticamente codificadas que representam uma barreira para uma vivência funcional no presente para o indivíduo e sua família. "Conversas" familiares dão entrada ao clínico para contextos culturais diversificados, pois a família ocupa um papel central em todas as culturas humanas.

A complicação do tratamento em contextos pós-desastre é o fato de que a infraestrutura para suprir as necessidades humanas básicas, tais como comida, abrigos e cuidados médicos de emergência, está desordenada. Em adição, o cuidado de saúde mental pré-desastre era esparso ou inexistente, e o tempo e os recursos devem ser gastos com a capacitação de cuidadores locais antes do emprego de terapias efetivas.

Nos casos apresentados, o uso das conceitualizações e recursos da terapia familiar apoiou um plano de tratamento perspicaz, otimizando os recursos de apoio dos membros familiares e causando impacto no sistema da família estendida junto com a identificação do tópico do tratamento. Não houve desvantagens discerníveis da integração do EMDR com terapia familiar nesses casos.

Clínicos recém-treinados em EMDR promovem a maior parte do tratamento clínico do trauma promovido pelo HAP em contextos de desastre. Dar a eles um treinamento substancial adicional em terapia familiar sistêmica seria impraticável no pouco tempo. No entanto, os clínicos são sensibilizados durante o treinamento EMDR a estarem conscientes das necessidades dos clientes dentro de sua família estendida, comunidade e cultura. Como adjunto, extrair das teorias sistêmico-familiares esses elementos que poderiam ser ensinados rapidamente e efetivamente junto com o EMDR pode ser um desafio útil para o futuro.

Enquanto isso, os times de treinamento EMDR que são sensíveis às questões do sistema familiar parecem ter uma vantagem definida em ensinar EMDR através das fronteiras culturais e confiam em clínicos locais para promover o EMDR a seus compatriotas, o que aumenta o consenso de que questões familiares e sensibilidades aumentadas por desastres serão atendidas no tratamento. Pelo apoio positivo da saúde nos sistemas familiares, o tratamento pós-desastre pode promover uma recuperação mais rápida das comunidades e prevenir transmissão intergeracional dos efeitos do trauma.

REFERÊNCIAS

Carter, E., & McGoldrick, M. (1980). The family life cycle and family therapy: An overview. In E. Carter & M. McGoldrick (Eds.), The family life cycle: A framework for family therapy (pp. 3–20). New York: Gardner Press.

Chemtob, C., Nakashima, J., & Carlson, J. (2002). Brief-treatment for elementary school children with disaster-related PTSD: A field study. Journal of Clinical Psychology, 58, 99–112.

Erickson, K. (1976). Everything in its path. New York: Simon & Schuster.

Errebo, N., Knipe, J., & Altayli, B. (2005). Preliminary program evaluation, Sri Lanka tsunami response/traumatology and EMDR training (Unpublished internal report). Hamden, CT: EMDR Humanitarian Assistance Program.

Fernandez, I., Gallinari, E., & Lorenzetti, A. (2004). A school-based EMDR intervention for children who witnessed the Pirelli Building airplane crash in Milan, Italy. Journal of Brief Therapy, 2, 129–136.

Grainger, R., Levin, C., Allen-Byrd, L., Doctor, R., & Lee, H. (1997). An empirical evaluation of eye movement desensitization and reprocessing (EMDR) with survivors of a natural catastrophe. Journal of Traumatic Stress, 10, 665–671.

Guerin, P. (1976). Family therapy: Theory and practice. New York: Garden Press.

HAP Volunteers. (2005). Informal reports of EMDR Humanitarian Assistance Program volunteers in India, Sri Lanka, Thailand and the U.S. Gulf Coast. Available from: http://www.emdrhap.org.

Horowitz, M. J., Wilner, N., & Alvarez, W. (1979). The Impact of Event Scale: A measure of subjective stress. Psychosomatic Medicine, 41, 209–218.

Jarero, I., Artigas, L., & Hartung, J. (2006). EMDR integrative group treatment protocol: A post-disaster trauma intervention for children and adults. Traumatology, 12(2).

Konuk, E., Knipe, J., Eke, I., Yusek, H., Yurtsever, A., & Ostep, S. (2006). Effects of EMDR therapy on post-traumatic stress disorder in survivors of the 1999 Marmara, Turkey earthquake. International Journal of Stress Management, 13, 291–308.

Litz, B. T., Gray, M. J., Bryant, R. A., & Adler, A. B. (2002). Early intervention for trauma: Current status and future directions. Clinical Psychology: Science and Practice, 9, 112–134.

Marsella, A., Friedman, M., Gerrity, E., & Scurfield, R. (2001). Ethnocultural considerations in the treatment of PTSD: Therapy and service delivery. In A. Marsella, M. Friedman, E.

Gerrity, & R. Scurfield (Eds.), Ethnocultural aspects of posttraumatic stress disorder (pp. 529–538). Washington, DC: American Psychological Association.

McFarlane, A., & Yehuda, R. (1996). Resilience, vulnerability, and the course of posttraumatic reactions. In B. A. van der Kolk, A. C. McFarlane, & L. Weisaeth (Eds.), Traumatic stress (pp. 155–181). New York: Guilford Press.

McGoldrick, M. (1998). Introduction: Re-visioning family through a cultural lens. In M. Mc-

Goldrick (Ed.), Re-visioning family therapy (pp. 3–19). New York: Guilford Press.

McGoldrick, M., & Giordano, J. (1996). Overview: Ethnicity and family therapy. In M. Mc-

Goldrick, J. Giordano, & J. Pearce (Eds.), Ethnicity and family therapy (pp. 1–30). New York: Guilford Press.

Miller, K., & Rasco, L. (2004). An ecological framework for addressing the mental health needs of refugee communities. In K. Miller & L. Rasco (Eds.), The mental health of refugees (pp. 1–66). Mahwah, NJ: Erlbaum.

Shapiro, F. (2001). Eye movement desensitization and reprocessing: Basic principles, protocols, and procedures (2nd ed.). New York: Guldford Press.

Silver, S. M., Rogers, S., Knipe, J., & Colelli, G. (2005). EMDR therapy following the 9/11 terrorist attacks: A community-based intervention project in New York City. International Journal of Stress Management, 12, 29–42.

Task Force on International Trauma Training of the International Society for Traumatic Stress Studies. (2002). Guidelines for international training in mental health and psychosocial shap_c19.qxd 11/3/06 9:30 AM Page 403 interventions for trauma exposed populations in clinical and community settings. Psychiatry, 65, 156–164.

Van der Kolk, B., & McFarlane, A. (1996). The black hole of trauma. In B. A. van der Kolk, A. C. McFarlane, & L. Weisaeth (Eds.), Traumatic stress (pp. 3–23). New York: Guilford Press.

Wynne, L. C. (1978). Knotted relationships, communication deviances, and meta-binding. In M. M. Berger (Ed.), Beyond the double bind (pp. 177–188). New York: Brunner/Mazel.

PARTE VI
CONSIDERAÇÕES FINAIS

CAPÍTULO 20
A Integração de EMDR
e Terapia Familiar Sistêmica

Louise Maxfield, Florence W. Kaslow & Francine Shapiro

Um princípio fundamental da teoria sistêmica é que o todo é maior do que a soma das partes (von Bertalanffy, 1968). Claramente, esse princípio básico pode ser aplicado à integração de Dessensibilização e Reprocessamento Através de Movimentos Oculares (EMDR) e Terapia Familiar Sistêmica (TFS). A combinação de abordagens tem uma sinergia efetiva, com cada um dos dois componentes do tratamento intervindo para maximizar os efeitos individuais do outro. Essa abordagem de tratamento integrativo pode resultar em profundas mudanças para o indivíduo e para a família.

EMDR E TERAPIAS SISTÊMICAS DE FAMÍLIA

As abordagens de EMDR e TFS são em geral muito diferentes. Elas diferem em teoria, identificação do paciente, foco, tempo de acompanhamento e objetivos almejados. Contudo, a maioria das terapias TFS concordaria com a afirmação de Shapiro (Cap. 1, p. 5) de que o "objetivo primário é tratar o quadro clínico inteiro para produzir os mais abrangentes efeitos no tratamento".

Teorias

"Causalidade circular" é um conceito básico da teoria sistêmica; é uma saída da posição de "causalidade linear" apoiada em modelos médicos. A causalidade linear propõe que um evento causa o próximo, em que Goldenberg & Goldenberg (2000) se referem ao "modelo da bola de bilhar": "A" causa "B", "B" causa "C", "C" causa "D". Dessa perspectiva, exposição a vírus causa gripe; a gripe causa sintomas; sintomas causam distresse. Embora modelos lineares reconheçam vulnerabilidades inerentes que podem fazer uma pessoa mais provavelmente sucumbir ao vírus que outra, a direção é linear. Esse modelo tem sido aplicado por alguns para a avaliação de famílias, por exemplo, os que afirmam que maus pais fazem filhos perturbados. No Prefácio, Siegel discute quais estilos emocionais dos pais produzem vários tipos de problemas de vínculos em seus filhos. Essa expressão de causalidade é considerada como modelo linear.

Por outro lado, a maioria das teorias TFS postula causalidade circular. Esse é um modelo galinha-e-ovo de causalidade, no qual cada elemento é visto como um fator de contribuição para o outro: "A" causa "B", "B" causa "A", "A" causa "B", *ad infinitum*. Há um processo recursivo dentro do sistema. Os sintomas individuais são vistos como um produto do sistema e como suprindo uma função dentro do sistema. Tentar entender a origem de "A" fora do papel de "A" no sistema atual é considerado "sem sentido" (Goldenberg & Goldenberg, 2000:14), tanto quanto o significado é encontrado dentro do sistema. Por exemplo: uma reclamação da esposa, de comportamento pegajoso, resulta no distanciamento do seu marido por ele mesmo; o retraimento dele aumenta a sua demanda de comportamento intrusivo, que em troca causa distanciamento pelo marido. Nessa estrutura, a patologia é vista como um problema sistêmico. Enquanto algumas terapias TFS veem a patologia repousando em um indivíduo (ex.: terapias feministas percebem o comportamento violento e abusivo como uma patologia individual), todos veem o sistema como mantendo a patologia. Todos os tratamentos TFS são planejados para tratar e mudar o padrão de interações dentro do sistema, que é a dinâmica interpessoal, embora um menor número também trate a dinâmica interpsíquica e preste atenção para o impacto do indivíduo e vice-versa.

Para alguma amplitude: o modelo do Processamento Adaptativo de Informação (PAI), que fundamenta o EMDR, pode ser visto como apoio a causalidade linear (Shapiro, 2001; Cap. 1). Em termos simples, trauma não processado é apontado como causa de patologia. Especificamente, Shapiro argumentou que quando eventos traumáticos ou perturbadores são inadequadamente processados, eles resultam em uma ampla gama de sintomas e transtornos diagnosticáveis. Sintomas atuais são entendidos como manifestações de memórias disfuncionais não processadas. Shapiro clarificou que sintomas comportamentais frequentemente resultam de uma interação entre as memórias não processadas e as situações presentes. Por exemplo: uma esposa "grudenta" é eliciada por suas percepções das ações do seu marido e influenciada por suas reações; todavia, a causa essencial de sua falta de percepção crônica e comportamentos inapropriados é entendida como sendo o material não processado. No modelo PAI, disparadores atuais e a incorporação de novos comportamentos precisam ser tratados; por outro lado, sistemas interacionais resistentes e crônicos são vistos como baseados em respostas patológicas dentro do indivíduo; contudo, o "relacionamento problemático é simplesmente outro sintoma de um mundo interno ferido" (Shapiro, Cap. 1, p. 28).

Identificação do Paciente

O modelo PAI percebe o problema como residindo primariamente dentro do indivíduo e o tratamento com EMDR é providenciado para o indivíduo, até mesmo através dos membros da família que podem, às vezes, estar presentes na sessão. Os terapeutas TFS veem a família ou um de seus subsistemas (ex.: casal) como o paciente, embora algumas sessões individuais possam ser oferecidas. No modelo integrado descrito nos capítulos anteriores, há um equilíbrio entre a abordagem individual de EMDR e a abordagem sistêmica de TFS. Contudo, os autores dos capítulos (a maioria) designaram a família ou casal como o paciente e recomendaram trazer o material de algumas sessões passadas dentro das sessões de casal ou família para ajudar na mudança da dinâmica sistêmica.

Visão Temporal

No EMDR, a angústia eliciada por situações atuais é apreendida como originada de material passado não processado. O objetivo do tratamento EMDR é assistir o indivíduo no processamento de eventos perturbadores do passado e "libertar clientes de contribuições experienciais que sedimentam a fundação da patologia atual" (Shapiro, Cap. 1, p. 28). Consequentemente, o foco é sobre identificar e processar aqueles eventos passados que são "contribuições experienciais", antes movendo sobre disparadores atuais e modelos futuros. Por outro lado, muitos terapeutas TFS focam sobre interações atuais entre membros da família ou subsistemas. Mesmo assim, algumas terapias TFS tratam questões passadas (ex.: Psicodinâmica/Relações de Objeto, Teoria de Bowen, Terapia Focada Emocionalmente, Terapia Contextual; veja Caps. 2, 7, 8, 9, 10, 15). No tratamento integrativo descrito neste livro, os autores salientaram as vantagens de entender e tratar precursores de disfunções atuais. Quando um membro da família individual resolve lembranças dolorosas e suas heranças, ele é liberado para interagir de modo mais saudável, amoroso e autêntico. A terapia familiar pode, então, ajudar a consolidar mudanças e criar padrões novos e saudáveis de comportamento relacional dentro do sistema.

Focos e Objetivos

O EMDR é uma terapia que transforma memórias perturbadoras e as traz para uma resolução adaptativa, eliminando afetos negativos inapropriados e sensações físicas, e reformulando cognições correlatas. É assumido que essas transmutações interpessoais serão refletidas em mudanças positivas no comportamento e nos relacionamentos. Consequentemente, o foco de tratamento é a identificação e o processamento de eventos anteriores, junto com os disparadores que os reativam antes de introduzir novos comportamentos com modelos futuros.

Na TFS, a avaliação e intervenção são focadas sobre questões relacionadas com a estrutura familiar, dinâmicas, padrões de interação, fronteiras, papéis, regras, mitos, expectativas e comunicações. As primeiras propostas de tratamento são para mudar os padrões interacionais disfuncionais da família e expectativas. Outros objetivos "incluem o desenvolvimento de flexibilidade e adaptabilidade de papéis; um equilíbrio de poder, particularmente na terapia conjugal; o estabelecimento de individualidade dentro da coletividade; e grande limpidez e especificidade na comunicação" (Kaslow, Cap. 2, p. 38). A maioria dos teóricos TFS propõe que mudança individual ocorrerá como um resultado da mudança do sistema (Sander, 1979).

Neste livro, os autores descrevem a integração de objetivos sistêmicos e individuais. Seus capítulos ilustram o equilíbrio entre trabalhar com memórias perturbadoras do indivíduo e as interações do casal ou família. Embora alguns autores (ex.: Koedam, Cap. 11) recomendem completar o trabalho individual antes de engajar na terapia de casal ou família, a maioria incorpora as duas abordagens alternando sessões (veja, para uma completa descrição, Tofani, Cap. 13) ou utilizando sessões conjuntas com o outro membro presente (ex.: Moses, Cap. 7). A abordagem integrativa requer flexibilidade do terapeuta e uma habilidade para se deslocar proposital e conscientemente do individual para o sistêmico, de eventos do passado para interações circulares e para considerar a multiplicidade de objetivos.

TERAPIAS SISTÊMICAS DE FAMÍLIA USADAS NAS ABORDAGENS INTEGRATIVAS

Os autores deste livro descrevem o tratamento integrativo de muitos problemas comumente encontrados por indivíduos e famílias incluindo, mas não limitando para perturbações conjugais, problemas parentais, danos de vínculos, divórcio, abuso e dificuldade de saúde. Em todos os casos, eles descrevem como experiências do passado de um membro da família sendo causa a perturbação para o indivíduo e sua família, e eles detalham uma vertente que tratou o indivíduo, e aspectos sistêmicos do problema.

Estes capítulos descrevem a integração do EMDR com vários tipos de terapias sistêmicas (veja, para descrições detalhadas, Kaslow, Cap. 2). Muitos autores descrevem o uso de Terapia Familiar Estrutural nas suas vertentes integrativas (Bardin, Comet & Porten, Cap. 16; Klaff, Cap. 14; Koedam, Cap. 11; Maxfield, Cap. 17; Tofani, Cap. 13; Wesselman, Cap. 5). Outros registram o uso da Teoria de Bowen (Knudsen, Cap. 8), Terapia Contextual (Litt, Cap. 15), Terapia Focada Emocionalmente (Moses, Cap. 7; Errebo & Sommers-Flanagan, Cap. 10), Terapia Familiar Experiencial (Tofani, Cap. 13), Terapia Familiar Médica (Moore, Cap. 18), Terapia do Relacionamento Imago (Talan, Cap. 9) e Terapia de Ação Social (Stowasser, Cap. 12). Muitos autores também usaram várias técnicas TFS derivadas de modelos de Terapia Familiar Estratégica, Boweniana, Experiencial, Relações de Objeto e Comunicações. Dois capítulos descrevem vertentes inovadoras, uma para deficiências de vínculo mãe-bebê (Madrid, Cap. 6) e a outra para desastres comunitários (Gelback & Davis, Cap. 19).

Exemplo de Caso

No Cap. 1, Francine Shapiro descreve o tratamento de Tara, uma garota de 15 anos, que foi tratada com sucesso com EMDR. Esse caso está resumido aqui para servir de fundamento à discussão de similaridades e diferenças entre os vários modelos TFS, tanto quanto para enfatizar o tratamento integrativo TFS e EMDR.

Tara vivia com a mãe e com o pai. A terapia foi solicitada pela mãe para tratar a ansiedade excessiva de Tara, ataques de pânico e uma forte fobia da escola. Tara se apresentava com uma extrema queda de autoestima, ansiedade social, extrema falta de autoconsciência (com uma postura curvada) e pensamentos suicidas. Depois do tratamento bem-sucedido com EMDR, Tara perdeu a fobia social e a fobia escolar. Sua postura, aparência e conduta melhoraram acentuadamente, e ela desenvolveu novas amizades com pares, que até fizeram uma festa surpresa no aniversário dela.

Infelizmente, os pais de Tara, que a tratavam constantemente de forma que causava na menina um medo inadequado, tiraram-na prematuramente da terapia. Na seção seguinte, revisitamos esse caso e discutimos como algumas das abordagens integrativas descritas neste livro poderiam ser aplicadas à família de Tara se os pais tivessem vontade de engajar-se no processo de tratamento. Começamos com um sumário da história da família de Tara e padrões interativos dentro da família.

O nascimento prematuro de Tara foi um evento crítico. Ela pesava apenas 1 quilo e ficou na Unidade Intensiva Pediátrica por 4 meses com um respirador. Depois de deixar o hospital, sua saúde continuava frágil e seus pais despendiam horas do dia cuidando da filha. Isso foi traumático para a mãe, cuja memória continua eliciando perturbação. Sua mãe também reportava uma história de ansiedade e depressão.

A relação conjugal entrou em conflito quando Tara era bebê, mas os pais não discutiam mais. O pai estava preocupado com seus negócios e raramente ficava em casa. Quando em casa, ele ficava emocionalmente desligado de sua esposa e filha, e assumia um papel patriarcal; suas interações diretas com Tara eram frias e depreciativas.

A mãe acabou desistindo de tentar envolver o pai na vida familiar e passou a se devotar completamente à Tara. Ela era superprotetora de Tara e não apoiava o avanço de sua independência como uma jovem mulher. Por exemplo: quando Tara quis cortar o cabelo, sua mãe não permitiu, dizendo que ela "gostava dele daquele jeito". Tara não tinha permissão para se individualizar ou assumir responsabilidades mais maduras. Ela se sentia um fardo para seus pais, embora eles negassem isso. Tara também se sentia responsável pelo bem-estar de seus pais e ao mesmo tempo duvidosa: "Se eu for para a faculdade, quem vai manter minha família unida? ", essa era a sua autoindagação.

APLICAÇÕES DE VÁRIAS ABORDAGENS INTEGRATIVAS

Nesta seção, sugerimos como as várias abordagens integrativas descritas neste livro poderiam ser utilizadas se os pais tivessem tido vontade de se engajar numa terapia familiar com Tara. Isso teria envolvido discussão sobre os objetivos do tratamento e um acordo pelos membros da família para tratar e mudar problemas relacionais, e talvez tratar questões individuais próprias e histórias da família.

A seguir, descreveremos a conceituação dos problemas familiares de uma perspectiva de abordagens específicas e sugestões de alvos de tratamento, possíveis intervenções e resultados desejados. Esperamos que esses exemplos possam proporcionar uma ilustração prática de aplicação dessas abordagens tanto quanto similaridades e diferenças entre elas.

Terapia Familiar Estrutural

Muitos autores neste livro empregam a Terapia Familiar Estrutural (Minuchin, 1974) em sua abordagem de tratamento integrativo (Bardin et alii, Cap. 16; Klaff, Cap. 14; Koedam, Cap. 11; Maxfield, Cap. 17; Moore, Cap. 18; Tofani, Cap. 13; Wesselman, Cap. 5). A TFS conceitua família como uma organização hierárquica na qual os pais são os executivos no sistema. Contêm vários subsistemas (ex.: díade conjugal, subsistema parental, díades pais-filhos, subsistema fraternal) separados por fronteiras individuais e geracionais (veja, para descrição detalhada, Kaslow, Cap. 2). O tratamento foca sobre reajustar a estrutura da família e a natureza da fronteira, de forma que os membros possam se individuar apropriadamente e se desenvolver emocionalmente. Objetivos são alcançados por alterações de papeis, regras, e a natureza de interações e padrões transacionais, por exemplo, ajudando os pais a assumir autoridade apropriada e desparentalizar filhos.

Uma abordagem da família de Tara pela perspectiva da Terapia Familiar Estrutural identifica vários problemas. O desengajamento entre mãe e pai é evidente na díade conjugal. No subsistema parental falta clareza de definição, os pais não funcionam como uma unidade, não fazem decisões conjuntas e a autoridade parental é inconsistente. A mãe funciona como um pai solo quando o pai está ausente e quando ele volta para casa, ele usurpa sua autoridade e toma decisões arbitrariamente. A díade mãe-filha é um relacionamento emaranhado, com a mãe e filha superenvolvidas uma com a outra, com ambas fazendo queixas quando ele não está presente. O subsistema pai-filha é marcado por distância e desengajamento.

Com essa família, um terapeuta estrutural provavelmente usaria as técnicas realçadas por Kaslow (Cap. 2). Alguns dos objetivos incluiriam fortalecer a autoridade da coalizão parental, de forma que os pais funcionariam mais juntos, como uma unidade, com mais compartilhamento de tomada de decisão e atividades de cuidados paternais. O relacionamento emaranhado no subsistema mãe-filha e a coalizão correlata poderiam ser tratados criando fronteiras pessoais entre Tara e a mãe, ajudando a mãe a ver Tara não perdurando como seu bebê prematuro, mas como uma adolescente pronta para a independência e para estabelecer novos padrões transacionais. O desengajamento na díade conjugal poderia alargar, assim como a distância entre pai e filha poderia ser tratada como um foco de tratamento. Tarefas designadas poderiam incluir atividades familiares planejadas pelos três, o pai ajudando Tara com tarefas, os pais saindo com Tara uma noite na semana e a mãe envolvida em uma atividade ocupacional ou com amigos.

Integração de EMDR e Terapia Familiar Estrutural

O resultado esperado da integração de EMDR e tratamento familiar estrutural é aumentar a diferenciação de todos os membros e clarear fronteiras entre os subsistemas, com Tara livre para individuar, crescendo e se desenvolvendo; e com a mãe desenvolvendo interesses fora da família e tornando-se ela própria uma pessoa; e com o pai tornando-se emocionalmente mais conectado com sua esposa e filha. As abordagens destacadas neste livro, que descrevem a integração dessas TFS e EMDR, tendem a utilizar ambas as terapias simultaneamente, sessões interpessoais de família e individual.

A terapia de Tara poderia ter sido mais abrangente se tivesse incluído o componente da terapia familiar, se a mãe e o pai também tivessem sido beneficiados pelas suas próprias sessões de EMDR para tratar o trauma do nascimento de Tara e infância difícil. De uma perspectiva PAI, essa experiência nodal foi provavelmente processada inadequadamente, com a mãe se tornando ansiosa e superprotetora, e o pai distante e desengajado. Dependendo dos fatores prontidão e segurança, como a habilidade de cada membro do casal de ser continente um ao outro (Shapiro, 2001), poderia ser potencialmente útil tratar essas questões em sessões de EMDR conduzidas em conjunto (Moses, Cap. 7) com a mãe, e o pai presente durante o processamento. Dada a aderência do pai à estrutura patriarcal, trabalhar conjuntamente talvez não fosse possível em virtude do medo dele de abrir emoções e parecer fraco diante da sua esposa. Por essa razão, a decisão por processamento individual ou conjunto precisaria ser cuidadosamente acessada.

Além disso, a história própria de cada pai poderia ser explorada para identificar experiências anteriores que estamparam suas respostas diferentes para o mesmo trauma. Por instância, que experiências da infância causaram a história de ansiedade da mãe, depressão e dependência emocional? Que experiências estabeleceram a base para os comportamentos indiferentes do pai e a separação de suas emoções mais tenras? Poderia ser antecipado que resolvendo essas questões, junto com o trauma do nascimento de Tara, enquanto trabalhando simultaneamente sobre os padrões transacionais da família, ele poderia conseguir uma mudança significativa para essa família.

Terapia Experimental

No Cap. 13, Laura Rochietta Tofani descreve o tratamento de uma jovem mulher ansiosa, que luta para se individuar e se separar de sua família usando uma abordagem que integra Terapia Experimental e EMDR. Há claros paralelos entre esse caso e o de Tara, e sua família. Tofani argumenta que a terapia experimental (Giat Roberto, 1992; Napier & Whitaker, 1978) facilita o processo de individuação, porque "enfatiza a importância de escolhas pessoais e consciência do avanço do processo de individuação, e a responsabilidade e competência da pessoa jovem" (Tofani, Cap. 13). As técnicas de tratamento incluem expressão emocional direta e autorrevelação entre membros da família para "quebrar ciclos rígidos de comportamentos automáticos e para mudar o mito familiar sobre família unida" (Tofani, Cap. 13).

Se a abordagem integrativa de Tofani tivesse sido aplicada em Tara e em seus pais, a terapia experimental poderia assistir a família e entender sua própria epistemologia de vida. Questões que poderiam ser usadas para assistir o pai expressar sua epistemologia incluem: "O que ele quer para a família dele?", "Como ele vê sua filha?", "O que ele pensa sobre o seu relacionamento com a mãe dela?", "Quais são suas esperanças e sonhos para o futuro?". Questões similares poderiam ser perguntadas para cada membro da família tanto quanto sobre os maiores valores deles na vida. A terapia experimental poderia focar sobre as regras familiares e padrões de comunicação, e porque os pais têm restringido o desenvolvimento de Tara; temas familiares, tais como medos opositores de manter proximidade e distância por longo tempo, por segurança e por independência poderiam ser identificados. Os membros da família poderiam ser encorajados e treinados na expressão emocional e autodescoberta a uma grande extensão de respostas apropriadas um ao outro.

Nessa abordagem integrativa, o EMDR poderia ser usado para tratar as ansiedades de Tara e aumentar sua autoconsciência. Poderia também ser usado para processar as experiências das raízes dos medos e ansiedades de cada genitor, tanto quanto os disparadores e bases para comunicação mais apropriada. O resultado esperado poderia ser aumento de autoconfiança, tanto quanto suporte para Tara no seu desenvolvimento, crescimento e individuação.

Terapia Contextual

A Terapia Contextual está descrita por Barry Litt (Cap. 15) e ilustrada com um exemplo de caso que teve muitas similaridades com a família de Tara. A Terapia Contextual (Boszormenyi-Nagy, 1987) foca sobre os legados e lealdades dentro das famílias. Isso leva os membros da família a "receber e manter um registro de méritos e débitos invisível, um sistema de contas multigeracional de investimentos e obrigações com cada relacionamento." (Kaslow, Cap. 2). Quando há um desequilíbrio nesses saldos, questões relacionadas com confiança, direito de posse e dívidas aparecem e um membro da família é frequentemente selecionado como bode-expiatório. O objetivo de tratamento é o rebalanceamento das obrigações do indivíduo no relacionamento familiar.

A aplicação de constructos da Terapia Contextual revelaria que a lealdade filial de Tara causou sua responsabilidade para manter sua família unida. A necessidade da mãe de apoderar-se de Tara em um papel de objeto cativo evita Tara de diferenciar-se e desenvolver um senso de seu próprio direito de posse e mérito. A Terapia Contextual poderia ajudar os pais de Tara a mudar os processos familiares patogênicos. O tratamento poderia envolver os membros da família, tornando-os conscientes e comunicar suas lealdades pessoais e contabilidade de méritos e débitos, e engajar em um processo para tratar e ajustar desequilíbrios. Em particular, a mãe e o pai poderiam ser encorajados a admitir as contribuições de Tara para eles e para a família, e, assim, poderiam reconhecer seu direito de posse merecido.

Na Terapia Contextual, os pais são encorajados a entender o impacto de suas experiências de infância dentro da sua família de origem e para compreender como isso afetou seu senso de lealdade, seu legado, e o equilíbrio de débitos e direitos de posse. O EMDR pode ser efetivamente empregado para tratar memórias passadas dolorosas e para assistir o indivíduo rebalancear o legado. O resultado do tratamento é esperado para incluir "melhora no humor, estilo atribucional, mais aumento na comunicação e manutenção de fronteiras dentro da família" (Litt, Cap.15). Pelo término do tratamento, o desejo de Tara de ir para a faculdade poderia ser certificado como um tributo para todos eles e seu progresso poderia ser celebrado.

Terapia do Apego Mãe-Bebê

Tara nasceu prematura, pesando menos de 1 quilo ao nascer e ficou adoentada durante a infância. No Cap. 6, Antonio Madrid discute falhas na vinculação materno-infantil que podem ocorrer depois do nascimento, como o de Tara. Ele definiu vinculação mãe-bebê (MIB, em inglês) como o lugar primitivo e instintivo de emoções e comportamento que existe na mãe e explicou que isto difere do conceito de apego, que é entendido como um uma experiência da criança. O vínculo biológico, psicológico e emocional entre mãe e criança pode ser comprometido quando a criança é separada da mãe ou quando a mãe está emocionalmente perturbada durante a gestação, nascimento, ou na primeira infância. No Cap. 6, Madrid provê informações completas sobre a avaliação de falas de vinculação mãe-criança e o relato de tratamento da mãe.

A experiência do nascimento de Tara, com imediata e prolongada separação enquanto era monitorada e tratada na Unidade Intensiva Pediátrica, sugere a possibilidade de problemas MIB. Não sabemos as informações sobre o caso, se realmente ocorreu uma falha. Por exemplo: a mãe de Tara não descreveu se sentir emocionalmente desconectada da filha e não alegou não ter tido sentimentos maternais pela criança. Contudo, ela descreveu Tara como difícil de acalmar, nervosa, com cólica e exigente, e era evidente no relacionamento mãe-filha que a mãe de Tara estava frequentemente insatisfeita com a menina. Para extrapolar a teoria, a distância e o comportamento indiferentes do pai, e as atitudes que o caracterizaram podem indicar que não houve uma vinculação paternal.

Assumindo que houve um dano de vínculo, os pais de Tara poderiam ser providos com a Terapia MIB descrita no Cap. 6. Essa abordagem envolve quatro passos: 1) identificar o impedimento original à vinculação; 2) processar o evento; 3) instalar um nascimento alternativo; e, 4) seguimento. O EMDR é usado do começo ao fim do processo e é integrado com a forma de Terapia Narrativa (White & Epston, 1990). No processo, os pais de Tara poderiam ter desenvolvido e adotado uma nova e positiva história de nascimento. Os resultados esperados nesse caso nos levam a crer que eles poderiam vincular com a filha e experimentar sentimentos positivos e apropriados em relação a ela. A mudança relacional poderia reduzir vários estressores entre Tara e seus pais. Até mesmo na ausência de falhas de vinculação, o protocolo MIB poderia ser um coadjuvante útil ao procedimento padrão do EMDR que o terapeuta poderia usar para tratar o trauma do nascimento prematuro de Tara e a fragilidade durante a infância. Além disso, como indicado, o processamento EMDR poderia ser valioso ainda para tratar as experiências subjacentes à história prévia da mãe de superatuação, ansiedade e depressão, tanto quanto o impacto da maternagem restritiva que ela tinha tido sobre Tara. Favoravelmente, a distância do pai e sua atitude vergonhosa para com a mãe e a filha também poderiam ser tratadas.

Teoria Boweniana

No Cap. 8, Nancy Knudsen salienta os componentes da Teoria de Bowen (Bowen, 1978) e descreve sua integração com o EMDR. A terapia de Bowen pode ser aplicada para tratar os pais de Tara na diferenciação das respectivas famílias de origem, diminuindo a fusão emocional deles e permitindo com que Tara prosseguisse sua maturação desenvolvimental. Atualmente, parece que Tara está triangulada dentro do relacionamento dos pais como um meio de dissipar a ansiedade deles, falta de proximidade e conflitos, e que ela é o objeto do "processo de projeção familiar" (Bowen, 1978:477) para quem seus pais têm projetado suas próprias ansiedades. Para avaliar adequadamente essa família, o terapeuta necessita de outras informações sobre o relacionamento dos pais com suas famílias de origem para avaliar o processo de transmissão transgeracional.

Uma prática terapêutica boweniana poderia engajar no genograma com cada um dos pais, perguntando a eles algumas das questões delineadas por Shellenberger (Cap. 3) para apurar mais sobre as lealdades nas suas famílias de origem, vínculos, rompimentos e ressentimentos para determinar quais questões não resolvidas do passado precisam ser revisitadas e resolvidas. O EMDR pode ser usado então para processar as experiências contribuidoras. Isso poderia favorecer sua própria individuação de sua respectiva família de origem, liberando então sua energia emocional e física. Eles poderiam então encorajar e desfrutar o esforço da filha para diferenciar, enquanto ainda permaneciam conectados a ela como sua filha adulta. As experiências atuais que poderiam ter contribuído para as dinâmicas disfuncionais poderiam ser processadas com EMDR, junto com padrões para comunicação e comportamento futuro apropriados.

Terapia Conjugal

Embora seja mais provável que a família de Tara pudesse conseguir o maior benefício de uma das terapias familiares mencionadas aqui, é possível que a mãe e o pai pudessem ter sido submetidos à terapia conjugal, obviamente se eles estivessem inclinados ao tratamento. Dois modelos específicos de terapia de casal são discutidos em capítulos deste livro: Terapia Focada na Emoção (Johnson, 2002, 2004) e Terapia do Relacionamento Imago (Hendrix, 1996, 2001). Ambas proporcionam terapia de casais com trauma e danos de vínculo, e procuram facilitar a expressão de emoção e autodescoberta para aumentar a intimidade e a compaixão. Errebo e Sommers-Flanagan (Cap. 10), Moses (Cap. 7) e Talan (Cap. 9) ilustram como a integração de EMDR com essas terapias permite a resolução de traumas passados, enquanto repara danos e fortalece o relacionamento atual. Uma forma especializada de terapia de casal, a Terapia de Ação Social, TSA em inglês, (Madanes, 1990), é descrita por Julie Sowasser (Cap. 12) para o tratamento de casais em que um parceiro tenha sido fisicamente violentado. Sua descrição detalhada enfatiza a importância da segurança e responsabilidade final.

Se a mãe e o pai de Tara tivessem engajado em uma terapia de casal e o terapeuta tivesse utilizado a Terapia de Relacionamento Imago, de Hendrix (1996, 2001), as sessões poderiam focar o aumento de conexão, comunicação e intimidade. As técnicas de tratamento poderiam envolver identificação e compartilhamento de mágoas da infância, enquanto o terapeuta poderia manter um envolvimento seguro. O par poderia se engajar no Diálogo de Casal, uma técnica de comunicação estratégica designada para assistir o casal expressando emoções e vulnerabilidades. O objetivo é resolver conflitos conjugais e eliminar críticas e ajudar os parceiros a se tornarem um "casal intencional", fazendo escolhas conscientes e deliberadas, e não escolhas reativas. A integração dessa abordagem com EMDR é descrita por Talan (Cap. 9), que sugere que a abordagem de tratamento combinado pode resultar em "suprir e aprofundar a resolução de feridas e traumas da infância precoce" tanto quanto "aumentar a compaixão e intimidade".

A Terapia Focada na Emoção é experiencial (veja Kaslow, Cap. 2) na qual os casais desenvolvem um relacionamento mais seguro dentro da segurança de uma sessão de terapia. O foco é sobre a experiência emocional de cada parceiro e suas dinâmicas interpessoais. O terapeuta ajuda o par a identificar e expressar suas experiências "através de notificar, refletir e validar o afeto de cada parceiro, e reestruturar ativamente a sua relação interpessoal" (Errebo & Sommer-Flanagan, Cap. 10). Quando integrada com EMDR, o tratamento também foca sobre questões de vínculo da infância precoce e danos de vínculo no relacionamento (Moses, Cap. 7).

Terapia Familiar Integrativa

Como os autores de capítulos deste livro, muitas outras pessoas experientes, clínicos bem treinados em TFS, ao longo do tempo adotam cada vez mais uma perspectiva integrativa (Kaslow & Lebow, 2002; Pinsof, 1995) acreditando que estar ligado aos parâmetros de um modelo, de modo exclusivo, não permite oferecer o que pode constituir o tratamento de escolha para um casal específico ou família. Eles expandem seus repertórios de conhecimentos e recursos e incluem novas abordagens de TFS validadas empiricamente, tal como terapia familiar funcional (Alexander & Sexton, 2002), incorporando os modelos e técnicas associadas seletivamente dentro de suas práticas. Uma vez que eles acessaram a apresentação do problema, a situação e o cliente/paciente, eles tentam determinar a teoria que tem o maior poder explanatório para iluminar o caso e adaptar a abordagem adequadamente. Eles podem combinar várias abordagens, indo e vindo conforme a necessidade, ou integrando abordagens sequencialmente, como Pinsof tem recomendado. No paradigma de Pinsof, inicia-se (Fase 1) com a apresentação do problema e tentativa de lidar com ele usando técnicas aqui e agora de escolas teóricas como narrativa, cognitiva-comportamental, comunicação, estrutural, estratégica, focada na solução e sistêmica (veja Caps. 2, 5, 11, 13, 14, 17, 18 e Apêndice D).

Se a família de Tara estivesse recebendo terapia familiar integrativa, o tratamento poderia ter começado com o terapeuta contatando o pai e destacando a importância da presença dele às várias sessões de terapia familiar. Seria importante mostrar a ele a melhora do estado emocional da filha. Uma vez que ele fosse, um contrato de três a seis sessões da família poderia ser negociado e os objetivos para a família se situariam como uma unidade. Cada membro da família poderia ser solicitado a contar sua história sobre a história da família, enfatizando os problemas e os pontos fortes, e o que cada um gostaria de ver mudado. Algumas questões iniciais poderiam ser direcionadas ao pai para enfatizar sua importância na família e tornar o seu papel mais central. O terapeuta poderia comentar que se um membro da família estivesse sofrendo (com dor) todos estariam e, então, ele poderia pedir a cada um para descrever como e onde sentiam ou eram afetados pela dor. A pergunta milagre ("Suponha que uma noite há um milagre e enquanto ele está dormindo o problema que você trouxe para a terapia é resolvido. Como você poderá saber?") tirada da terapia focada na solução pode ser levantada com Tara (de Shazer, 1985; Kaslow, Cap. 2). Sua resposta pode sair através do impacto que estava afundando a família.

Contudo, se nenhum desses tipos de intervenção funcionasse, separadamente ou em combinação na Fase 2, o terapeuta poderia introduzir o trabalho da família de origem e explorar o passado da família. Aqui, o terapeuta integrativo de família poderia voltar à terapia boweniana e se engajar na intervenção do genograma (veja Cap. 3) para ajudar os pais de Tara a tomar o pano de fundo com informações e conexões com o passado deles que são relevantes aos pensamentos, sentimentos e padrões de comportamento atuais. Em conformidade, o terapeuta poderia sugerir uma tarefa de casa para visitar suas famílias de origem, observar a reação de cada um e tentar fechar pendências do passado. Assim, eles não continuariam tendo que projetar distorções cognitivas e super-reatividade do passado sobre o presente e sobre as próximas gerações – neste caso, Tara.

Se o terapeuta escolhesse incorporar a terapia contextual, ele poderia sugerir uma ou duas sessões trigeracionais com Tara, seus pais e membros de ambas as famílias de origem estando presentes. Isso poderia permitir explorar seus legados e lealdades invisíveis ao vivo e a contabilidade de saldos reparados, até que Tara estivesse livre de obrigações e até que todos pudessem sentir que o direito de posse estava reconhecido e honrado. Todos os membros da família poderiam se sentir ajudados pelo reconhecimento de suas recíprocas e mútuas lealdades devidas, e reconhecer suas histórias compartilhadas de sofrimentos e alegrias. Eles poderiam ser encorajados a expressar suas emoções e o terapeuta poderia dar suporte a cada um ficando do seu lado, usando a estratégia de partidarismo multilateral (Boszormenyi-Nagy & Spark, 1973). Dessa forma, cada voz poderia ser fortalecida e ouvida como separada, já como parte da família.

Se isso ainda não acessasse o ponto crucial do problema, o clínico poderia ir para a Fase 3 e tratar a psicodinâmica, trabalho intrapsíquico com os indivíduos envolvidos, usando relações-objeto ou alguns aspectos das terapias experiencial e existencial. O terapeuta, nesse caso, poderia ver apenas Tara e decidir se era importante encaminhá-la ao pai ou para um terapeuta diferente, para que eles pudessem sentir alguém empático unilateralmente. A exploração pessoal dos afetos, as memórias "reprimidas" e os eventos muito antigos poderiam ser tratados, e o material levado de volta à consciência intencional, reinterpretado. Por exemplo: com Tara, pode-se concentrar nos temas contínuos, como falta de vínculo com o seu pai, não ser apreciada ou aceita por seus colegas, e sufocamento por parte de sua mãe, significaram para ela.

Depois que cada um tivesse lidado com seus próprios dilemas e tivesse ocorrido suficiente restabelecimento, a Fase 4 poderia ser iniciada, trazendo a família de volta para compartilhar seus novos *insights*, provendo autoconfiança e aumentando a habilidade de empatia e aceitar uns aos outros como indivíduos, enquanto desfrutam dos resultados dinamicamente envolvidos como grupo familiar.

Incorporando EMDR e TFS Integrativa

De uma perspectiva PAI (Shapiro, 2001, 2002; e Cap. 1 neste livro), respostas disfuncionais crônicas podem ser produto de educação insuficiente e modelação (ex.: informação positiva não está presente nas redes de memória) ou podem ser causadas por experiências perturbadoras não processadas que têm configurado a personalidade do cliente e caracterizado respostas e disparado situações presentes. Tais experiências não processadas resultam de afetos não apropriados, atitudes e comportamentos que inibem a felicidade pessoal e impedem o amor e conexões íntimas, incluindo estimular as vidas da família. Em uma abordagem, EMDR poderia ser incorporado dentro do paradigma de TFS integrativa depois de a Fase 1 ter investigado se educação e oportunidades para comunicação dirigida poderiam curar as rupturas e desarticulações da família. Tanto como qualquer situação clínica, é importante não patologizar reações que são causadas por uma simples falta de compreensão ou de oportunidade para cura espontânea.

Assumindo que a Fase 1 não tenha sido bem-sucedida, o EMDR poderia ser integrado dentro das Fases 2 e 3 para processar as experiências que são identificadas através do genograma, que usa de outros instrumentos de avaliação individual, incluindo uma linha do tempo e as intervenções clínicas, em que há uma identificação de crenças negativas, afetos e sintomas (veja Shapiro, Cap. 1). Situações atuais que são desestressantes para cada membro da família poderiam ser exploradas e técnicas do EMDR poderiam ser usadas para identificar as memórias anteriores que assentam o fundamento para a perturbação. Essas memórias poderiam ser processadas junto com as situações atuais que disparam perturbações. Em cada instância, bases positivas poderiam ser construídas para incorporar sugestões da TFS a respeito de comunicação adequada, fronteiras e hierarquias.

Se na Fase 2 o terapeuta recomendasse que os pais viajassem para visitar suas próprias famílias de origem para completar assuntos inacabados, o EMDR poderia, primeiro, ser usado para processar experiências primárias perturbadoras do passado, quaisquer ansiedades atuais ou antecipatórias, e bases para encontros úteis e adaptativos. O EMDR também poderia ser usado para inocular os clientes contra falhas em potencial atribuíveis à intransigência ou disfunção de seus próprios pais ou irmãos. Toda experiência seria feita para assegurar que o cliente seria capaz de permanecer estável, resiliente e autoassegurado a respeito dos resultados de qualquer comunicação ou confrontação. Uma habilidade conjugal para o terapeuta familiar de qualquer orientação teórica que usa essa estratégia poderia também fazer uma preparação similar para uma visita. Contudo, o processamento por EMDR dessas experiências primárias pode frequentemente tornar esses encontros no mundo real uma opção, como se o "negócio" estivesse "fechado" internamente.

Essencialmente, todos os temas e perturbações em potencial mencionados nas seções prévias poderiam ser tratados através da incorporação de procedimentos TFS com o protocolo de três fases do EMDR (i.e., processando o passado, o presente e o futuro) (veja Shapiro, Cap. 1) para fomentar novas atitudes, afetos positivos e comportamentos adaptativos. Como indicado em todo este livro, a integração de EMDR pode permitir a transformação dos membros individuais da família para ter lugar em uma classificação acelerada, enquanto a estabilidade da família é mantida e saudáveis interações são aumentadas através do processamento de disparadores, e bases necessárias para incorporar respostas adaptativas e comportamentos. A Fase 4 poderia também permitir um compartilhar de realizações, as celebrações de objetivos comuns e uma oportunidade para observar no mundo real interações que poderiam estar na necessidade de atenção adicional na época ou no futuro.

UM ENTRELAÇAMENTO DE PROCESSAMENTO DE INFORMAÇÃO: SINERGIA NA INTERAÇÃO

É um princípio do modelo PAI que reações disfuncionais no presente são sintomas de experiências não processadas guardadas dentro do indivíduo (veja Shapiro, Cap. 1). Dessa perspectiva, famílias disfuncionais são vistas como apenas um sintoma de feridas psíquicas do indivíduo, que geralmente serão manifestadas em incontáveis meios ao longo de toda a sua vida. Tratar diretamente essas feridas pode fixar bases para uma reorganização da estrutura da família e uma transformação do indivíduo em meios que transcendem as fronteiras familiares. Dentro desse entrelaçamento, as técnicas de TFS e modelos são usadas para identificar alvos para o crescimento individual tanto quanto para a mudança na família. Por exemplo, o genograma poderia ser usado para apontar como o membro poderia se beneficiar da terapia pessoal para desfazer os males causados por traumas de infância, legados e outros padrões disfuncionais. O terapeuta poderia explorar com os clientes modos como eles estão sendo conduzidos em envolvimentos profissionais ou sociais pelas mesmas forças que estão causando ansiedades, medos e infelicidade na família. Os problemas familiares poderiam se tornar uma brecha de oportunidade para otimizar funcionamento e desenvolvimento pessoal para todos os membros da família em todos os aspectos da vida. A terapia com EMDR poderia abrir o sistema familiar, assim que habilidades interacionais novas e mais satisfatórias pudessem enraizar e também desfazer os danos causados por seus próprios esparsos cuidados maternos e paternos. Isso pode ter um longo alcance e profundo efeito sobre sua autoimagem e funcionamento em grupo.

A síntese do EMDR e TFS permite ao clínico o espectro inteiro de possibilidades e decide sobre os objetivos terapêuticos com os membros da família, que são instruídos sobre os efeitos de experiências prévias sobre todos os aspectos de suas vidas. O contrato terapêutico poderia decidir se a ênfase permanece sobre interações familiares ou se enfoca o quadro clínico abrangente. Certamente, observando apenas as experiências que impactam a família diretamente é possível que o sistema seja liberado e cesse o ciclo do abuso no presente e em futuras gerações. De forma alternativa, podemos simultaneamente focar sobre desenvolvimento pessoal abrangente e processar alvos que, em adição, libertem totalmente o cliente. Os objetivos de tal terapia poderiam ser um bom funcionamento e harmonia familiar. E os membros individuais que atingissem todo seu potencial seriam capazes de estabelecer nutrimento e relações benéficas com pares e outros membros da sociedade.

CONCLUSÃO

Alguns teóricos TFS, terapeutas e integracionistas usam abordagens que tratam questões intrapsíquicas em um contexto interpessoal (ex.: Terapia Focada na Emoção, Terapia do Relacionamento Imago e psicodinâmica, vínculo e abordagem de relações de objeto). Esses tratamentos são similares ao EMDR em seus focos e objetivos de resolver problemas e curar as feridas que tenham contribuído para causar os comportamentos disfuncionais e as constelações de personalidade individual. De acordo com Talan (Cap. 9): "Ambas as práticas auxiliam em processar as memórias inconscientes ou implícitas que se relacionam com necessidades não satisfeitas da infância, defesas relatadas por feridas da primeira infância e trauma, e experiências passadas que parecem ter um efeito sobre relacionamentos atuais e futuros". A combinação de EMDR e essas terapias sistêmicas de família parecem resultar em rápidas e profundas resoluções, mudanças mais abrangentes, aumento da compaixão e intimidade.

Outros teóricos de TFS e terapeutas focam primariamente nos aspectos interpessoais e transacionais do problema, e observam os indivíduos no contexto da família. Eles diferem do EMDR em sua visão de patologia. Eles proveem diversas abordagens de tratamento em uma tentativa de mudar padrões interacionais disfuncionais da família e expectativas. Talvez seja essa a diferença no foco e perspectiva que permite, dessa maneira, uma integração comovente do nível clínico. O EMDR é primariamente intrapessoal, ao passo que essas abordagens TFS utilizam uma condução interpessoal. O EMDR trabalha o nível pessoal e transforma as raízes de patologia individual, enquanto TFS trata o sistema familiar e foca sobre mudanças nos padrões interacionais. Juntos, essas duas vastas abordagens de tratamento proveem uma abordagem abrangente que trata todos os aspectos de anomalia e disfunção individual, e sistêmica. Como Errebo e Sommers-Flanagan (Cap. 10) salientam, na terapia conjugal integrada "combinar os dois tratamentos aumenta a abrangência da terapia por reduzir a reatividade de ambos os parceiros para disparadores atuais de traumas passados, enquanto simultaneamente aumenta a segurança emocional e a própria estabilidade do relacionamento".

As terapias TFS e EMDR são vibrantes, viáveis, boas abordagens para diferentes grupos de problemas. Quando indicadas, elas podem ser usadas uma atrás da outra, concorrentemente ou sequencialmente, e sua força combinada proporciona uma poderosa modalidade de intervenção. Como abordagens complementares, a combinação pode dar suporte à prática terapêutica do indivíduo e da família para ajudar no alívio de situações turbulentas de vida, pode encorajar o desenvolvimento de nutrição familiar e fomentar o crescimento individual. Essa sinergia potencial tem muitas implicações, personalidade e globalidade. Finalizamos com a citação que iniciou este livro:

Para colocar o mundo em ordem, nós temos que colocar primeiro a nação em ordem; para colocar a nação em ordem, nós temos que colocar primeiro a família em ordem; para colocar a família em ordem, nós temos que cultivar nossa vida pessoal; nós temos que, em primeiro lugar, colocar em ordem nossos corações.

Confúcio

REFERÊNCIAS

Alexander, J. F., & Sexton, T. L. (2002). Functional family therapy: A model for treating highrisk, acting out youth. In F. Kaslow & J. Lebow (Eds.), Comprehensive handbook of psychotherapy: Vol. 4. Integrative/eclectic, (pp. 111–132). Hoboken, NJ: Wiley.

Boszormenyi-Nagy, I. (1987). Foundations of contextual therapy: Collected papers of Ivan

Boszormenyi-Nagy, MD. New York: Brunner/Mazel.

Boszormenyi-Nagy, I., & Spark, G. (1973). Invisible loyalties: Reciprocity in intergenerational family therapy. New York: Harper & Row.

Bowen, M. (1978). Family therapy in clinical practice. New York: Aronson.

de Shazer, S. (1985). Keys to solution in brief therapy. New York: Norton.

Giat Roberto, L. (1992). Transgenerational family therapies. New York: Guilford Press.

Goldenberg, I., & Goldenberg, H. (2000). Family therapy: An overview (5th ed.). Belmont, CA: Brooks/Cole.

Hendrix, H. (1996). The evolution of imago relationship therapy: A personal and professional journey. Journal of Imago Relationship Therapy, 1(1), 1–17.

Hendrix, H. (2001). Getting the love you want: A guide for couples. New York: First Owl Books. (Original work published 1988)

Johnson, S. M. (2002). Emotionally focused couple therapy with trauma survivors: Strengthening attachment bonds. New York: Guilford Press.

Johnson, S. M. (2004). The practice of emotionally focused couple therapy: Creating connection (2nd ed.). New York: Brunner-Routledge.

Kaslow, F. W., & Lebow, J. (Eds.). (2002). Comprehensive handbook of psychotherapy: Vol. 4. Integrative/eclectic. Hoboken, NJ: Wiley.

Madanes, C. (1990). Sex, love, and violence. New York: Norton.

Napier, A. Y., & Whitaker, C. (1978). The family crucible. New York: Harper & Row.

Pinsof, W. M. (1995). Integrative problem centered therapy. New York: Basic Books.

Sander, F. M. (1979). Individual and family therapy: Toward an integration. New York: Aronson.

Shapiro, F. (2001). Eye movement desensitization and reprocessing: Basic principles, protocols and procedures (2nd ed.). New York: Guilford Press.

Shapiro, F. (2002). Paradigms, processing, and personality development. In F. Shapiro (Ed.),

EMDR as an integrative psychotherapy approach: Experts of diverse orientations explore the paradigm prism (pp. 3–26). Washington, DC: American Psychological Association Books.

von Bertalanaffy, L. (1968). General system theory. New York: George Braziller.

White, M., & Epston, D. (1990). Narrative means to therapeutic ends. New York: Norton.

Índice Remissivo

Mais Livros da TraumaClinic Edições

Livros em kindle/e-book também disponível no site da **www.amazon.com.br**

Oferecemos desconto para aquisição em quantidade para livros impressos

Leia mais sobre esse livro em nosso site
www.traumaclinicedicoes.com.br

Para adquirir o livro *Curando A Galera Que Mora Lá Dentro* acesse a **Amazon**

Leia mais sobre esse livro em nosso site
www.traumaclinicedicoes.com.br

Para adquirir o livro *Cure Seu Cérebro, Cure Seu Corpo* acesse a **Amazon**

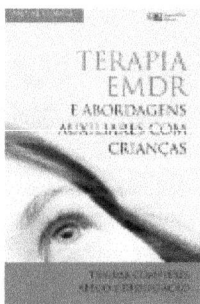

Leia mais sobre esse livro em nosso site
www.traumaclinicedicoes.com.br

Para adquirir o livro *Terapia EMDR e Abordagens Auxiliares com Crianças* acesse a **Amazon**

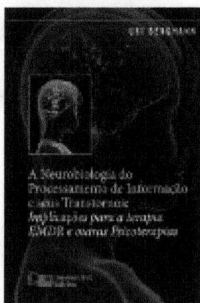

Leia mais sobre esse livro em nosso site
www.traumaclinicedicoes.com.br

Para adquirir o livro *A Neurobiologia do Processamento de Informação e seus Transtornos* acesse a **Amazon**

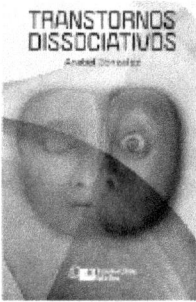

Leia mais sobre esse livro em nosso site
www.traumaclinicedicoes.com.br

Para adquirir o livro *Transtornos Dissociativos*
acesse a Amazon

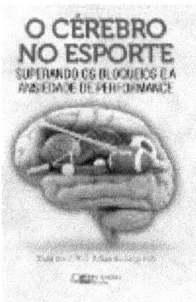

Leia mais sobre esse livro em nosso site
www.traumaclinicedicoes.com.br

Para adquirir o livro *O Cérebro no Esporte*
acesse a Amazon

Leia mais sobre esse livro em nosso site
www.traumaclinicedicoes.com.br

Para adquirir o livro *A Revolução EMDR*
acesse a Amazon

Leia mais sobre esse livro em nosso site
www.traumaclinicedicoes.com.br

Para adquirir o livro *Definindo e Redefinindo
EMDR* acesse a Amazon

Leia mais sobre esse livro em nosso site
www.traumaclinicedicoes.com.br

Para adquirir o livro *Saindo Dessa* acesse a
Amazon

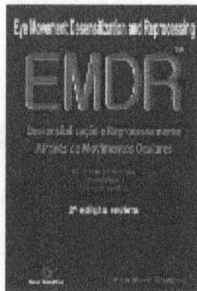

Para adquirir e ler mais sobre esse livro
acesse o nosso site
www.traumaclinicedicoes.com.br

Leia mais sobre esse livro em nosso site
www.traumaclinicedicoes.com.br

Para adquirir o livro *Cure Emocional em
Velocidade Máxima* acesse a Amazon

Leia mais sobre esse livro em nosso site
www.traumaclinicedicoes.com.br

Para adquirir o livro *Dia Ruim... Vá Embora!*
acesse a Amazon

Leia mais sobre esse livro em nosso site
www.traumaclinicedicoes.com.br

Para adquirir o livro *Deixando o Seu Passado
no Passado* acesse a Amazon

Leia mais sobre esse livro em nosso site
www.traumaclinicedicoes.com.br

Para adquirir o livro *O Mensageiro EMDR*
acesse a Amazon

Leia mais sobre esse livro em nosso site
www.traumaclinicedicoes.com.br

Para adquirir o livro *Brainspotting* acesse a
Amazon

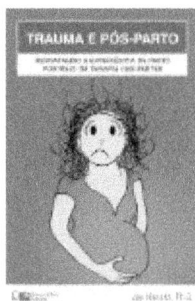

Leia mais sobre esse livro em nosso site
www.traumaclinicedicoes.com.br

Para adquirir o livro *Trauma e Pós-Parto
Mensageiro EMDR* acesse a Amazon

Leia mais sobre esse livro em nosso site
www.traumaclinicedicoes.com.br

Para adquirir o livro *Resolva O Seu Passado*
acesse a Amazon

Para conhecer mais o material da TraumaClinic Edições visite nosso site:
www.traumaclinicedicoes.com.br

Para receber mais notícias e aviso de promoções do nosso material, inscreva-se aqui:
https://app.e2ma.net/app2/audience/signup/1766739/1732906/?v=a

www.ingramcontent.com/pod-product-compliance
Lightning Source LLC
Chambersburg PA
CBHW080548270326
41929CB00019B/3235